U0941137

2022

福建统计年鉴

FUJIAN STATISTICAL YEARBOOK

福 建 省 统 计 局
国家统计局福建调查总队 编

图书在版编目（CIP）数据

福建统计年鉴. 2022 = Fujian Statistical Yearbook 2022：汉、英 / 福建省统计局, 国家统计局福建调查总队编. -- 北京 ：中国统计出版社, 2022.8
ISBN 978-7-5037-9840-5

Ⅰ. ①福… Ⅱ. ①福… ②国… Ⅲ. ①统计资料－福建－2022－年鉴－汉、英 Ⅳ. ①C832.57-54

中国版本图书馆 CIP 数据核字(2022)第 100394 号

福建统计年鉴 2022

作　　者/ 福建省统计局　国家统计局福建调查总队编
责任编辑/ 高媛媛
装帧设计/ 王江波
出版发行/ 中国统计出版社有限公司
地　　址/ 北京市丰台区西三环南路甲 6 号
邮政编码/ 100073
电　　话/ 邮购（010）63376909　书店（010）68783171
网　　址/ http://www.zgtjcbs.com
印　　刷/ 福州万紫千红印刷有限公司
经　　销/ 新华书店
开　　本/ 890mm×1240mm　1/16
字　　数/ 1330 千字
印　　张/ 34.5 印张
版　　别/ 2022 年 8 月第 1 版
版　　次/ 2022 年 8 月第 1 次印刷
定　　价/ 360.00 元　Price: 360.00yuan(RMB)

本书附同版本 CD-ROM 一张，光盘内容以书面文字为准。
如有印装差错，由本社发行部调换。

编委会及编辑人员

EDITORIAL BOARD AND STAFF

编者说明

一、《福建统计年鉴—2022》，是一部信息高度密集的统计资料书。全书系统收录了 2021 年福建省全省及各地区、各部门经济和社会发展各方面的统计数据，以及重要年份福建国民经济主要指标的统计数据，是一部全面反映福建经济和社会发展情况的资料性年刊。

二、全书内容分为 22 个部分：1.综合；2.国民经济核算；3.人口、就业和职工工资；4.固定资产投资；5.对外经济；6.能源；7.人民生活；8.价格指数；9.城市概况；10.财政金融；11.农业；12.工业；13.建筑业；14.交通运输和邮电通信业；15.批发零售、住宿餐饮和旅游业；16.科学和教育；17.文化和体育；18.卫生事业；19.环境保护；20.公共管理和其他社会活动；21.企业调查；22.市县国民经济主要指标。各篇末均附有《主要统计指标解释》。

三、与《福建统计年鉴—2021》相比较，本年鉴在统计内容和编辑上主要做了如下修订：1.主要年份统一调整为 2000、2005、2010、2020、2021 等五个年份。2.根据年报制度变化的新情况，某些篇章的统计指标进行了规范和调整。

四、金门县统计资料除另有注明外，暂未列入本年鉴。

五、本年鉴重要统计数据的资料来源、计算口径等均在各篇另有注明。

六、本年鉴使用的度量衡单位均采用国家统一的标准计量单位。

七、本年鉴对过去发布的统计资料重新进行了核实，凡与本年鉴数据有出入的，以本年鉴为准。

八、本年鉴中部分合计数或相对数由于单位取舍不同而产生的计算误差，均不做机械调整。

九、本年鉴符号使用说明：“空格”表示没有、未掌握该指标数据或不足小数位的数据；“＃”表示其中项。

十、本年鉴产值总量指标按当年价格计算，增长速度和产值指数按可比价格计算。

十一、本年鉴计算增长速度、指数均采用“水平法”。

Editor's Notes

Ⅰ.*Fujian Statistical Yearbook2022* is an annual statistic publication of comprehensive information with highly density. The yearbook covers very comprehensive data in 2021 and some selected data series in important years of provincial and regional levels and in different departments , reflects various aspects of Fujian social and economic development.

Ⅱ.The yearbook contains 22 chapters: 1.General Survey; 2.National Economy Accounting; 3. Population,Employment and Wages; 4.Investment in Fixed Assets; 5.Foreign Trade; 6. Energy; 7. People's Living Conditions; 8.Price Indices; 9.General Survey of Cities; 10.Finance; 11.Agriculture; 12.Industry; 13.Construction; 14. Transportation, Postal and Telecommunication Services; 15.Wholesale,Retail Trades, Hotels, Catering Services and Tourism; 16.Science and Education; 17.Culture and Sports; 18.Health; 19. Environment Protection; 20.Publish Administration and Others; 21. Enterprise Survey; 22.Main Economic Indicators of City Prefecture and County. At the end of each chapter, Explanatory Notes on Main Statistical Indicators are included.

Ⅲ. In comparison with the *Fujian Statistical Yearbook 2021* following revisions have been made in this new version in terms of the statistical contents and in editing:

1.Years mainly uniformed justment 2000、2005、2010、2020、2021 five years. 2. According to the new situation of the annual report system changes, some statistical indexes of the text and the adjustment of the standard.

Ⅳ.The data of Jinmen county are not included in this yearbook except for some additional notes on it.

Ⅴ.Data source, calculation scope for important statistical data in this yearbook are noted in each chapter.

Ⅵ.The units of measurement used in this yearbook are national standard measurement units.

Ⅶ. The statistics data published in the past is re-verified in this book. Any discrepancy between the data of this book, it prevails.

Ⅷ. As a result of the different unit choices,part of the total or relative data produce calculation error in the yearbook,we do not mechanical adjustment.

Ⅸ. Notations used in the yearbook: "Blank Space" indicates absence or ignorance or insufficient decimal place of data indicator; "#" indicates a major breakdown of the total.

Ⅹ.The indicator of production value in this yearbook is calculated according to prices of the year. Growth rate and indices of production value is calculated according to comparable prices.

Ⅺ.Growth rates and indices in this yearbook are calculated by "level approach".

目　　录

Contents

特　　载

ESPECIALLY PRINTED HERE ARE

统 计 表

STATISTICAL TABLE

第一篇　综合

General Survey

第二篇　国民经济核算
National Economy Accounts

第三篇　人口、就业和职工工资
Population,Employment and Wages

第四篇 固定资产投资
Investment in Fixed Assets

第五篇 对外经济
Foreign Trade

第六篇 能源

Energy

第七篇　人民生活
People's Living Conditions

第八篇　价格指数
Price Indices

第九篇　城市概况
General Survey of Cities

第十篇　财政金融保险
Finance,Financial Intermediation and Insurance

第十一篇　农业
Agriculture

第十二篇 工业
Industry

第十三篇　建筑业

Construction

第十四篇　交通运输和邮电通信业
Transportation, Postal and Telecommunication Services

第十五篇 批发零售、住宿餐饮和旅游业
Wholesale,Retail Trades, Hotels, Catering Services and Tourism

第十六篇　科学和教育
Science and Education

第十七篇 文化和体育
Culture and Sports

第十八篇　卫生事业
Health

第十九篇　环境保护
Environment Protection

第二十篇　公共管理和其他社会活动
Publish Administration and Others

第二十一篇　企业调查
Enterprise Survey

第二十二篇　市县国民经济主要指标
Main Economic Indicators of City Prefecture and County

政府工作报告

——2022年1月22日在福建省第十三届人民代表大会第六次会议上

福建省人民政府代省长 赵龙

各位代表：

现在，我代表福建省人民政府，向大会报告政府工作，请予审议，并请省政协各位委员和其他列席人员提出意见。

一、2021年工作回顾

2021年是党和国家历史上具有里程碑意义的一年，也是新发展阶段新福建建设中具有重要意义的一年。这一年，习近平总书记亲临福建考察，明确提出“一个篇章”总目标、“四个更大”重要要求和四项重点任务，向厦门经济特区建设40周年、第44届世界遗产大会、厦门大学百年校庆致贺信，给廖俊波同志母亲回信，宣布武夷山国家公园正式设立，给予福建亲切关怀，全省人民欢欣鼓舞、感恩奋进，八闽大地沐浴春风、生机勃发。这一年，全省上下隆重庆祝中国共产党成立一百周年，扎实开展党史学习教育和“再学习、再调研、再落实”活动，广大党员学党史、悟思想、办实事、开新局，全省人民坚定不移听党话，矢志不渝跟党走，锚定新目标，踏上新征程，建功新时代。这一年，全省上下弘扬伟大抗疫精神，在党中央国务院坚强领导下，迅速果断打赢莆田、厦门等地聚集性疫情歼灭战。全省人民守望相助、共克时艰，广大卫生人员、社区工作者、志愿者、公安干警、党员干部以生命赴使命，用挚爱护苍生，充分展现出强烈的大局意识、大爱情怀和大勇气概。

过去一年，我们坚持以习近平新时代中国特色社会主义思想为指导，全面贯彻党的十九大和十九届历次全会精神，深入贯彻习近平总书记在福建考察时的重要讲话精神，认真落实党中央国务院各项决策部署和省委工作要求，坚持稳中求进工作总基调，立足新发展阶段，完整、准确、全面贯彻新发展理念，积极服务和深度融入新发展格局，扎实做好“五促一保一防一控”工作，全方位推进高质量发展超越，各项工作取得新进展新成效，实现了“十四五”良好开局。

初步统计，全省地区生产总值48810.36亿元、增长8.0%，一般公共预算总收入5743.84亿元、增长11.3%，地方一般公共预算收入3383.38亿元、增长9.9%，居民消费价格上涨0.7%，进出口增长30.9%，城镇登记失业率3.33%，城镇居民人均可支配收入51140元、增长8.4%，农村居民人均可支配收入23229元、增长11.2%。

一年来的主要工作是：

（一）经济发展取得新成效，发展更高质量

科技创新动能增强。创新平台持续拓展，福厦泉国家自主创新示范区外溢效应不断释放，泉州、龙岩获评国家创新型城市，高效太阳电池装备与技术国家工程研究中心获批建设，首批4家省创新实验室加快建设，新启动建设生物制品、柔性电子2家省创新实验室。创新能级不断提升，国家高新技术企业达6485家，新增国家级专精特新“小巨人”企业104家、制造业单项冠军10家，7项成果获国家科学技术奖，成功研发全国首台冷链产品紫外光催化消杀机，全球首个新冠肺炎鼻喷疫苗正在海外开展Ⅲ期临床试验，知识产权综合发展指数跃升至全国第7位。创新人才加快培育，新当选两院

院士2人，新入选国家杰青优青18人，研究与试验发展人员近28万人，科技特派员实现重点行政村全覆盖。

实体经济提质增效。坚持发展先进制造业，规上工业增加值增长9.9%、利润总额居全国第6位，营收超百亿工业企业突破50家，18家企业入选中国500强，6家企业入围世界500强，宁德时代动力电池出货量全球第一，福耀玻璃荣获中国质量奖，实现了福建制造业零的突破。坚持数字技术渗透赋能，数字经济增加值达2.3万亿元，第四届数字中国建设峰会暨首届数博会成功举办。坚持做大"海上福建"，海洋生产总值超1.1万亿元，继续保持全国前列。坚持金融服务实体经济，各项贷款余额增长13.4%，新增上市企业19家。

投资消费稳步增长。省重点项目完成投资6331亿元，新开工重点项目441个，兴泉铁路省界段、建宁至冠豸山铁路建成通车，罗屿40万吨铁矿石码头、闽江水口坝下航运枢纽工程建成通航，漳州核电、福州机场二期、城际铁路F1线、福厦高铁建设提速，厦门新机场全面开工，古雷炼化一体化一期等建成投产，万华化学、永荣石化己内酰胺等重大产业项目扎实推进。成功举办央企项目合作座谈会、民营企业发展大会、资本市场福建对接大会等8场重大招商活动，集中签约项目428个、总投资超1.2万亿元。"全闽乐购"等促消费活动成效明显，一刻钟便民生活圈加快建设，社会消费品零售总额增长9.4%，突破两万亿元，接待国内游客人数增长15.6%，国内旅游收入增长5.3%，福茶、福酒等"福"字号消费品牌加快建设，越来越多福建产品走向全国各地。

（二）改革开放迈出新步伐，发展更有效率

改革攻坚多点突破。深入开展4个县域、2个重点领域集成改革试点，要素市场化配置改革全面铺开，改革更加系统集成、协同高效。"放管服"改革持续深化，政务服务事项全程网办比例达80.4%，"一趟不用跑"比例达90.3%，一体化政务服务能力居全国第6位，厦门18个营商环境指标全部获评全国标杆。医改经验进一步全国推广，公立医院综合改革绩效连续6年位居全国前列，三明获评全国首个深化医改经验推广基地。林业改革整装再发，在全国率先开展"碳汇贷""碳票"工作，三明、南平、龙岩开展林业改革发展综合试点，3.3万名五级林长全部上岗。国企改革三年行动全面实施，省能源石化集团、水投集团、大数据公司等顺利组建。普惠金融、绿色金融改革稳步推进，新设200亿元纾困专项贷款，帮助5400多家中小微企业渡过难关。

开放合作走深走实。深度融入共建"一带一路"，与沿线国家和地区贸易额增长31.8%，"丝路海运"联盟成员突破220家，海丝中央法务区落地厦门，第七届海上丝绸之路国际旅游节、第八届丝绸之路国际电影节、第六届世界妈祖文化论坛顺利举行。金砖创新基地建设提速，金砖国家新工业革命伙伴关系论坛成功举办。对外交流合作更加深入，国际友城达120对。自贸试验区新推出25项全国首创举措，获批新型离岸国际贸易试点。第21届中国国际投资贸易洽谈会、首届中国跨境电商交易会、首届中国侨商投资大会成果明显，实际使用外资增长6.1%，出口增长27.7%，首次突破1万亿元，货物贸易规模创历史新高。

闽台融合持续发展。台胞台企登陆的第一家园加快建设，率先公布第一批225项同等待遇政策，来闽实习就业创业台湾青年累计超4万人，吸引台湾建筑师和文创团队近百支、乡建乡创人才300多名，新增12家省级对台交流基地。融通路径持续拓展，累计向金门供水超1700万吨，与金马通电项目福建侧工程开工建设。经贸往来持续提升，闽台贸易额逆势增长26.1%，首次突破千亿元，新增台资企业1495家、增长21.2%。人文交流持续深化，海峡论坛成功举办，海峡青年节等品牌效应继续放大，两岸同胞更加走近走亲。

（三）民生福祉达到新水平，发展更加公平

民生保障有力有效。民生投入持续加大，29件省委省政府为民办实事全面完成。就业形势保持平稳，高校毕业生、农民工、退役军人、城镇困难人员等重点群体就业稳定，城镇新增就业52万人，失业人员再就业24.7万人。社会保障质效提升，城镇职工退休人员基本养老金增长4.5%，城乡居民医保人均财政补助提高到580元，城乡低保年均标准提高到8580元。住房保障更加有力，新开工棚户区改造7.2万套，新增保障性租赁住房1.9万套，一批住房困难群众搬进新家，圆了安家梦。

公共服务扩容提质。教育事业取得新实效，新增公办幼儿园学位7.2万个，学前教育普惠率达93%，义务教育“双减”政策落地并初见成效，三明入选全国基础教育综合改革实验区，泉州列入国家产教融合首批试点城市，厦门职业教育创新发展高地建设提速，“双一流”“双高”建设扎实推进。卫生健康事业取得新进步，新增4个国家区域医疗中心试点，省妇产医院、福州滨海新城医院投入使用，县乡村养老服务网络更加健全，每千名老年人养老床位数达38.7张。文化事业取得新成绩，成功举办第44届世界遗产大会，“泉州：宋元中国的世界海洋商贸中心”列入《世界遗产名录》，新增国家级非遗代表性项目15个，第三十四届金鸡奖活动、第八届福建艺术节成功举办，《山海情》《绝密使命》等影视作品广受好评，《闽宁纪事》获中国新闻奖一等奖。体育事业取得新突破，开展“运动健身进万家”活动2400多场次，参与群众达120万人次，在东京奥运会、第十四届全运会上我省运动健儿取得历史最好成绩。

乡村振兴全面推进。脱贫攻坚成果有效巩固，下党乡获评全国脱贫攻坚楷模。省市县三级乡村振兴工作机构全部建立，“百镇千村”试点示范工程深入实施，新建431个“一村一品”专业村，十大乡村特色产业全产业链总产值达2.2万亿元。农业科技创新实现新突破，建成国家级数字农业示范基地4个、省级现代农业智慧园60个、农业物联网应用基地700多个，农作物良种覆盖率达98.5%，自主培育的白羽肉鸡品种打破国外种源垄断。严格保护耕地，新建高标准农田151万亩，有力保障了粮食稳定生产。

（四）生态文明和城乡建设实现新进步，发展更可持续

清新福建更加靓丽。生态省建设扎实推进，污染防治攻坚战成效考核位居全国前列，九市一区城市空气优良天数比例99.2%，主要流域优良水质比例97.3%，近岸海域优良水质比例85.2%。闽江、九龙江等流域山水林田湖草沙一体化保护修复深入实施，八尺门海堤退堤还海，福州滨海新城岸段入选全国美丽海湾案例。完成植树造林107万亩，森林覆盖率连续43年保持全国首位。三明、龙岩获评国家生态文明建设示范市，长汀水土流失治理入选世界生态修复典型案例。

区域协作更为紧密。福州都市圈规划获国家批复，厦漳泉都市圈一体化持续推进。闽东北、闽西南两大协同发展区313个区域协作项目稳步实施，挂钩帮扶38个县取得积极进展。革命老区振兴发展取得新成效，龙岩、三明12个县市区列入中央国家机关及单位对口支援范围。“闽宁模式”成为全国脱贫攻坚范例，援疆援藏工作扎实推进。

城乡建设更有品质。城乡房屋“一楼一档”网格巡查全覆盖，新开工老旧小区改造39万户，整治农村裸房15万栋。新改扩建城市道路810公里、农村公路2326公里，主要城市公共交通机动化出行分担率提高到55.6%。城乡供水一体化加快推进，新增受益人民群众317万人，铺设城乡供水管网8189公里。新建乡镇生活污水管网1260公里，完成452个村庄生活污水提升治理。南平、龙岩入选全国首批系统化全域推进海绵城市建设示范城市。推动在全国率先出台《福建省传统风貌建筑保护条例》，有力促

进古城、古街、古宅、古村的保护传承。

（五）治理能力得到新提升，发展更为安全

安全基础持续巩固。常态化疫情防控有力有效，“三公（工）一大”流调溯源协同机制在全国推广，新冠疫苗接种完成 8248 万人次。安全生产专项整治三年行动扎实开展，危化品、城镇燃气、在建农房、景区和非景区景点等专项整治深入实施，防汛抗旱防台风工作扎实有力。食品和药品安全评议考核成绩位居全国前列。金融风险防范化解精准有效，不良贷款率保持低位，高风险农合机构全部“摘帽”。

社会治理不断创新。平安福建建设再上新台阶，扫黑除恶斗争常态化推进，政法队伍教育整顿扎实开展，群众安全感率达 99.06%，泉州、三明蝉联平安建设最高奖“长安杯”。推广“近邻”党建模式，乡镇（街道）社会工作服务站实现全覆盖。深化推广“四门四访”“双包双挂”制度，信访形势平稳向好。“漳州 110”和孙丽美、潘东升同志被授予“时代楷模”称号。

各项事业全面发展。妇女、儿童、老龄、工会、共青团事业持续进步，社会福利、残疾人、慈善、人防、智库、地方志等取得新进展，审计常态化“经济体检”作用有效发挥，民族团结、宗教和顺，拥军优属工作巩固提升，退役军人服务保障持续加强。

过去一年，我们坚持以政治建设为统领，扎实推进全面从严治党，政治生态风清气正。法治政府建设纵深推进，提请审议地方性法规 12 件，制定修改废止政府规章 7 件，人大代表建议和政协提案办结率 100%。深化机关效能建设，毫不松懈纠治“四风”，“12345 政务服务便民热线”全面归并优化，诉求办理满意率达 99.9%。数字政府建设取得新成效，省政府门户网站绩效评估名列全国前茅。

各位代表！去年的工作稳中求进、难中求成，成绩来之不易。这是以习近平同志为核心的党中央坚强领导的结果，是习近平新时代中国特色社会主义思想科学指引的结果，是省委带领全省人民勠力同心、艰苦奋斗的结果。我代表省人民政府，向全省人民，向人大代表、政协委员、各民主党派、工商联和无党派人士、各人民团体和社会各界人士，向中央驻闽单位、驻闽人民解放军、武警部队官兵、公安干警和消防救援队伍，向所有长期关心支持福建发展的台港澳同胞、海外乡亲和国际友人，表示衷心的感谢！

一年来，我们深切体会到，做好政府工作，必须把加强党的全面领导贯穿始终，忠诚拥护“两个确立”，坚决做到“两个维护”，在党中央国务院的坚强领导下，在省委的直接领导下，坚定不移沿着习近平总书记指引的方向奋勇前进。必须把以人民为中心的发展思想贯穿始终，把为民造福作为最重要的政绩，不断满足人民群众对美好生活的向往，让老百姓过上更好的日子。必须把高质量发展贯穿始终，完整、准确、全面贯彻新发展理念，积极服务和深度融入新发展格局，加快补齐科技创新、产业结构、居民收入等领域短板，解决发展不平衡不充分问题。必须把改革创新贯穿始终，用创新的思维、改革的举措、市场的办法，破解经济社会高质量发展中的难题。必须把统筹协调贯穿始终，坚持系统观念，遵循经济规律，把稳增长、调结构、推改革有机结合起来，推动经济社会持续健康协调发展。

我们也清醒看到，我省经济社会发展仍面临不少困难和挑战，主要是：外部环境更趋复杂严峻，疫情发展存在不确定性；面临需求收缩、供给冲击、预期转弱三重压力；科技创新能力不强、产业结构不优、人才支撑不足等深层次矛盾仍然突出；大项目好项目投资接续不足，要素保障约束增强；受疫情冲击，中小微企业和个体工商户生产经营困难增多，交通、住宿、旅游等行业恢复还不够理想；民生领域还有不少短板，城乡基本公共服务供给差距较大；房地产、金融等重点领域风险需要关注；少数干部思想观念、素质能力、工作作风还不完全适应新形势新要求等，我们要切实加以解决。

二、埋头苦干、勇毅前行，奋力做好2022年工作

各位代表!2022年是党的二十大召开之年，是全面落实省第十一次党代会部署的开局之年，做好全年工作意义重大。我们要以习近平新时代中国特色社会主义思想为指导，全面贯彻落实党的十九大和十九届历次全会精神，深入学习贯彻习近平总书记在福建考察时的重要讲话精神，弘扬伟大建党精神，认真贯彻中央经济工作会议部署，全面落实省第十一次党代会、省委经济工作会议要求，坚持稳中求进工作总基调，立足新发展阶段、贯彻新发展理念、服务和融入新发展格局，以供给侧结构性改革为主线，全面深化改革开放，统筹疫情防控和经济社会发展，统筹发展和安全，继续做好“六稳”“六保”工作，持续抓好“五促一保一防一控”工作，进一步提高效率、提升效能、提增效益，大力发展数字经济、海洋经济、绿色经济、文旅经济，保持经济运行在合理区间，保持社会大局稳定，促进两岸融合发展，全方位推进高质量发展超越，奋力谱写全面建设社会主义现代化国家福建篇章，以实际行动迎接党的二十大胜利召开。

今年经济社会发展的主要预期目标是：全省地区生产总值增长6.5%,在实际工作中争取更好结果。一般公共预算总收入增长5%,地方一般公共预算收入增长5%,固定资产投资增长6.5%,社会消费品零售总额增长9%,出口增长8%,城镇居民、农村居民人均可支配收入分别增长7%、8%,城镇调查失业率控制在5.5%以内，居民消费价格涨幅3%左右，粮食总产量稳定在507万吨。

上述主要预期目标，与过去两年我省平均增速相匹配，和“十四五”规划目标相衔接，同全方位推进高质量发展超越的要求相适应，综合考虑了国内国际形势和我省实际，体现了稳字当头、稳中求进的工作总基调。实现上述目标，我们有信心、有优势、有基础。信心在于，有习近平总书记的掌舵领航和党中央的坚强领导，有习近平新时代中国特色社会主义思想的科学指引，有多区叠加的政策支持和国家宏观调控政策的有力保障，有全省4000多万人民团结一心、接续奋斗，我们一定能够战胜各种风险挑战，勇立潮头，勇毅前行。优势在于，习近平总书记在福建工作17年半，为我们创造了宝贵的思想财富、精神财富和实践成果，始终高度重视、关心关怀福建发展，在每个关键节点都亲自为福建发展擘画了宏伟蓝图，这是福建发展最为重大而独特的优势，我们一定能够始终坚定正确方向，厚积薄发，奋勇向前。基础在于，福建有红色、开放、文化、生态等深厚的底蕴和禀赋，福建人民有敢拼会赢、敢为天下先的精神特质，福建经济韧性强、活力足、底盘稳，长期向好的趋势没有改变。只要我们埋头苦干，久久为功，就一定能够实现既定目标，赢得更加美好的未来。

踏上新征程，面对新任务，我们要高举旗帜，始终忠诚拥护“两个确立”，增强“四个意识”、坚定“四个自信”、做到“两个维护”，在思想上政治上行动上同以习近平同志为核心的党中央保持高度一致。要牢记嘱托，始终以习近平总书记重要讲话重要指示批示精神和党中央决策部署统揽新发展阶段新福建建设，切实把对习近平总书记的深厚爱戴之情转化为干事创业的强大动力。要勇担使命，始终坚持人民至上，自觉把福建工作放到党和国家事业全局中去考量、去推动，全心全意为人民谋幸福，为促进祖国统一大业、实现中华民族伟大复兴的中国梦作贡献。要砥砺前行，始终大力传承弘扬习近平总书记在福建工作期间开创的一系列重要理念和重大实践，咬定青山不放松，一任接着一任干，努力把习近平总书记为我们擘画的宏伟蓝图变成美好现实。

重点做好以下六个方面工作：

（一）凝心聚力推进高质量发展，加快建设现代化经济体系

实施五大行动，高水平建设创新型省份。着力补齐我省科技创新领域的短板，为高质量发展插上科技的翅膀。实施全社会研发投入提升行动，稳定增加财政投入，用好研发费用加计扣除、加大留抵退税等政策，提高政策兑现便利度，引导企业加大投入，确保全社会研发投入增长18%以上。实施创新平台建设行动，建好福厦泉科学城，打造沿海科技创新走廊，高水平建设省创新研究院、省创新实验室，筹建半导体、海洋领域省创新实验室，加快三明中关村科技园建设，积极引进大院名校等重大科研机构和大科学装置，新培育认定一批国家企业技术中心。实施创新主体孵化行动，用好科技创新引导基金，大力扶持首台套重大技术装备研发和推广应用，完善高新技术企业成长加速机制，力争国家高新技术企业突破9000家。实施体制机制创新行动，探索建立“企业出题、科研机构答题”新模式，支持产业链供应链上下游企业、高校院所、社会投资机构等共同组建“创新联合体”；坚持创新不问出身，深入推行科技重大专项“揭榜挂帅”“赛马”等攻关机制，开展职务科技成果赋权改革，让有作为的科技人员“名利双收”；加大知识产权保护力度，激励创新创造；在全产业推广科技特派员制度，精准选认省级科技特派员2000名以上，鼓励更多科技人员把论文写在生产车间里、田野大地上。实施创新人才培育行动，下大力气培养引进“高精尖缺”人才，分行业分领域大力培养急需的技能人才，并在薪酬、住房、子女教育、父母养老等方面给予优厚待遇，促进人才团队集聚，安其心、尽其能、乐其业。人才政策要具体可兑现，不能只讲原则，不考虑操作，不能规定得光鲜亮丽，兑现起来困难重重。

推进六大工程，高质量做大做强先进制造业。坚持把发展经济的着力点放在实体经济上，为高质量发展提供强有力的支撑。推进支柱产业提升工程，打造电子信息、先进装备制造、石油化工、现代纺织服装等支柱产业，促进中沙古雷乙烯、万华化学（福建）产业园等项目落地建设。推进传统优势产业转型工程，支持鞋服、食品、冶金、建材等传统优势产业数字化转型、智能化改造，组织实施省重点技改项目500项以上。推进战略性新兴产业发展工程，大力发展新能源、新材料、生物与新医药、新一代信息技术、智能化高端装备等战略性新兴产业，支持宁德时代扩产能、厦门钨业锂电池正极材料、钜能电力高效太阳能电池、莆田华峰新材料等项目建设。推进产业布局优化工程，强化全省统筹，推动汽车、石化等重点产业功能分区、集中集聚，引导重大石化项目向古雷石化基地布局。推进龙头企业培优扶强工程，围绕产业链打造一批创新型生态型大企业集团，新增专精特新企业100家以上、制造业单项冠军30家以上，让更多“独角兽”“瞪羚”“小巨人”企业在福建奔腾涌现。推进质量、标准、品牌联动工程，让“福建制造”叫得更响、走得更远。

做足四篇文章，高起点培育经济新动能。全力发展数字经济、海洋经济、绿色经济、文旅经济，为高质量发展培育新的增长极。着力打造数字经济新引擎，坚持把数字福建建设作为基础性先导性工程，加快建设国家数字经济创新发展试验区，办好第五届数字中国建设峰会暨第二届数博会；推动数字产业化，新布局推广一批5G网络、数据中心、物联网、工业互联网、人工智能、区块链等新型基础设施和应用，打造一批数字产业化公共支撑平台，培育扶持一批数字化龙头企业；推动产业数字化，促进数字技术与实体经济深度融合，大力拓展数字技术应用场景和产品服务，实现数字经济增加值2.6万亿元以上。着力拓展海洋经济新空间，深入实施海洋经济高质量发展三年行动，加快建设福州、厦门国家海洋经济发展示范区，做大做强福州国家远洋渔业基地、莆田国家级海洋牧场，支持发展海上风电、海底储油、海洋信息、海工装备、海洋生物医药等产业，建设国家海上风电研究与试验检测基地，实现海洋生产总值1.2万亿元以上。

着力壮大绿色经济新优势，加快建设国家新能源产业创新示范区，积极推广应用新能源汽车，建设国内领先的电动船舶研发制造基地，发展新能源工程机械，大力培育节能环保产业，稳步推动“无废城市”建设，构建废旧资源循环利用体系。着力打响文旅经济新品牌，加快建设全域生态旅游省，积极创建国家文化产业和旅游产业融合发展示范区，大力发展红色旅游、绿色旅游，强化跨区域旅游资源整合利用，实现接待国内游客人数增长25%以上、国内旅游收入增长20%以上；建设好平潭国际旅游岛，推动厦门植物园创建国家5A级景区、永定创建国家级旅游度假区，打造一批叫得响、串得起来、山海相连的旅游精品，让广大游客乐得来、留得住、游得好。

提速第三产业，高标准发展现代服务业。着力构建现代服务业体系，为高质量发展激发更大的活力。大力发展普惠金融、科技金融，积极创建国家级绿色金融改革创新试验区，为实体经济提供更多“源头活水”。深化推广多式联运“一单制”，加快建设福州、厦门国家物流枢纽。积极培育工业设计、共享制造、定制化服务、检验检测服务、法律服务等生产性服务业，大力发展共享经济、平台经济、总部经济。多渠道增加健康、养老、育幼、旅游等生活性服务业有效供给，让人民生活更加舒心、更有品质。

坚持“两个毫不动摇”，高效能培优民营经济。在全省掀起新一轮民营经济发展热潮，为高质量发展拓展更大的空间。民营经济是福建经济社会发展的重要支撑，民营企业家都是中国特色社会主义的建设者，是自己人，要持续传承弘扬、创新发展“晋江经验”，构建亲清政商关系，坚定支持民营经济高质量发展、民营企业做大做强。鼓励支持民营企业加快结构性改革步伐，不断增强竞争力、创新力、抗风险能力，支持泉州创建民营经济示范城市。依法平等保护民营企业和民营企业家合法权益，进一步清理政府采购、招投标等领域不合理限制，加大清理拖欠民营企业账款力度。不折不扣落实减税降费等惠企政策，出台新的减负纾困政策，帮助企业特别是中小微企业、个体工商户渡过难关、加快发展，支持福州、厦门等地区开展小微创业者激励计划试点。用好人行支小再贷款、再贴现政策，进一步加大融资支持力度，压降综合融资成本。深入实施闽商回归工程，吸引更多企业家来到福建、投资福建，在福建兴旺发达。

需要指出的是，稳增长是今年经济工作的头等大事。各地区各部门在推进高质量发展的同时，务必把稳增长放在更加突出的位置，坚持稳字当头、稳中求进，早谋划、早部署、早调度、早调整，全力以赴稳增长，确保一季度开门红、二季度结果好、三季度态势稳、四季度冲劲足。坚持深入调研，第一时间了解企业需求，跟踪做好服务保障，帮助解决用工、用地、融资等难题，促进增资增产增效。加强政策储备和引导，落实国家宏观调控政策，在财政、金融、就业、产业、贸易、要素保障等领域谋划储备一批改革举措和配套政策，早出快出新的政策，延续实施管用的政策，评估调整兑现不便的政策，该加码的再加码，确保真正惠企利民。实施好稳增长工作方案，发改、工信、商务、交通等各个部门协同发力，积极扩投资、促消费，全力稳外贸、稳外资，保持经济平稳较快增长。加强经济运行调度，压实各方责任，纵向上强化指导督促，坚持一月一调度、一季一分析、半年一通报，定期晾晒考核，及时总结推广经验；横向上加强协调联动，坚持任务项目化、项目清单化、清单具体化，细化分解任务，抓好落地落实，以月保季、以季保年，确保实现全年目标。

（二）凝心聚力深化改革开放，积极服务和深度融入新发展格局

在改革攻坚上有新突破。坚持改革不停顿，持续向改革要动力。深化县域集成改革试点，加强各项改革衔接配套和系统集成，提升改革综合效能。深化要素市场化配置改革，稳妥推进集体经营性建设用地入市，加快建设城乡统一的土地市场；坚持节约集

约，支持低效用地再开发，促进存量工业用地盘活利用，鼓励建设标准化厂房、多层厂房，探索“标准地”出让，扎实推进工业园区标准化建设；坚决打破信息孤岛、数据壁垒，推动数据共享，抓好数据梳理，加快数据应用，实现公共数据应汇尽汇，让数据资源随时可见、可用、可变现。深化“三医”联动改革，扩大药品耗材集中带量采购和医保支付方式改革覆盖面，减轻群众看病就医负担。深化集体林权制度改革，接续实施林业“八大工程”，稳定森林覆盖率，改善林分结构，发展林下经济，推动竹产业等高质量发展，提升森林质量 20 万亩以上。完成国企改革三年行动任务，推进省属企业新一轮战略性重组和专业化整合。全面实施零基预算改革，基本建成全方位、全过程、全覆盖的预算绩效管理体系。深化农村集体产权制度改革，保护权益释放活力。深化政府效能考评改革，切实提高公众参与度，政府做得好不好，要让人民群众来打分、让社会各界去评定。

在扩大开放上有新作为。坚持开放不止步，向开放要活力。推动自贸试验区扩区提质，与开发区、综合保税区协调联动，拓展提升国际贸易单一窗口，提升贸易便利化水平。推动跨境电商综合试验区扩围增效，培育一批高质量海外仓，做大市场采购贸易。抓住 RCEP 协定生效机遇，继续出台支持进出口政策，促进“买全球、卖全球”，稳住外贸良好态势。充分发挥福建“侨”的优势，增进与华侨和华裔新生代情感交流，创造一切条件引侨资、聚侨力、汇侨智，深化闽港闽澳合作。扎实推进厦门金砖国家新工业革命伙伴关系创新基地建设，持续办好中国国际投资贸易洽谈会，加强与东盟东亚国家经贸往来，继续开展国际友城交流，提升开放合作水平。推动出台高质量建设 21 世纪海上丝绸之路核心区实施方案，扩大“丝路海运”品牌影响，建好海丝中央法务区、“两国双园”等标志性项目，推动新时代“海上丝绸之路”扬帆出海，行稳致远。

在激发内需上有新举措。坚持投资消费一体发力，积极融入国内大循环。充分发挥投资对经济增长的拉动作用，深入实施项目攻坚行动，积极扩大有效投资，适度超前布局基础设施。推进轨道交通连片成网，加快福厦高铁、龙龙铁路龙岩至武平段等建设，推动漳汕高铁、温武吉铁路、龙龙铁路武平至梅州段等尽快开工，加快温福高铁、昌福厦高铁、厦漳泉城际轨道 R1 线等前期工作；推进高速公路网提质增效，加快厦门第二东通道建设，推动宁古高速、武沙高速等尽快开工，畅通省际边界节点路网；推进形成相互协调、干支结合的机场群布局，加快厦门新机场、福州机场二期扩建、泉州机场扩能等建设，推动武夷山机场迁建、龙岩新机场等尽快开工；推进全省港口布局优化、配置高效、功能整合，加快打造世界一流港口，做大做强厦门东南国际航运中心、福州国际深水大港，加快建设海沧、罗源湾等港区后方铁路通道；推进“一河一网一平台”建设，加强跨区域水利基础设施建设，加快霍口水库、白濑水利枢纽等重大水利工程建设。强化项目策划生成，加大民生补短板投资力度，聚焦城市更新改造、公共设施建设、人居环境整治、生态保护修复等领域，系统梳理，重点打包，规模化推进，防止小、散、杂。强化要素保障，用好政府专项债券资金，推动项目早开工、早建设、早竣工。招商引资只能加强不能削弱，紧盯产业链缺失环节、龙头企业、高新领域，继续组织各类招商活动，搭建央企、民企、外企招商对接平台，推动招商项目尽快对接落地；招商工作既要重视引进新项目，也要鼓励已有项目增资扩产，给予同等待遇。深入实施城乡消费提升行动，丰富“全闽乐购”形式内容，鼓励发展宅经济、夜经济、直播电商，催生新型消费热潮。推进培育国际消费中心城市，促进省级百大商圈错位发展。加强县域商业体系建设，新增农村网商（店）3 万家以上，鼓励绿色智能家电下乡和以旧换新。统筹做好福茶、福酒、闽菜、闽品、万福商旅等“福消费”文章，让我省的消费市场更加活跃起来，更加红火起来。

在营商环境上有新提升。全力打造“便

利福建”，让福建成为创新创业创造的福地。推动出台《福建省优化营商环境条例》，将优化营商环境纳入法治轨道。在深化“放”上下功夫，结合实际继续取消或下放一批审批事项，推行“告知承诺制”；梳理已下放事项，规范备案、补正、中介等行为，杜绝“体外循环”“隐性审批”，确保放得下；加强指导培训，提高基层干部政策水平和服务能力，确保接得住。在精准“管”上促公平，持续优化“双随机、一公开”监管和差异化监管机制，完善跨部门综合监管和全链条全领域监管，强化对政府招商投资合作、招标采购、资源资产出让的公平性监督。在做优“服”上提效率，持续优化在线政务服务平台，建好政务信息“一张网”，完善“五级十五同”动态管理机制，推出更多的“一件事”集成服务事项；探索推行“一业一证”改革，推进“跨省通办”“省内通办”“一网通办”，实现线上服务“不打烊”、线下服务“不打折”。创新营商环境评估机制，加强数字化监测督导，以企业群众满意度为评价标准，推行制度公开、流程公开、效率公开，把审批和服务全流程置于社会监督之下。推动诚信福建建设，依法规范失信惩戒，建设诚信社会；强化政策兑现，打造诚信政府，新官要理旧账。

（三）凝心聚力服务祖国统一，勇于探索海峡两岸融合发展新路

深化经贸合作，突出以通促融。加快建设海峡两岸融合发展示范区，加强闽台融合研究、规划和政策设计，积极构建两岸共同市场福建样板。推动闽台科技协同创新，建好台商投资区、海峡两岸集成电路产业合作试验区、生技和医疗健康产业合作区、台湾农民创业园等涉台经济合作园区，促进闽台电子信息、生物科技、特色现代农业等加快发展。搭建两岸行业标准共通信息平台，建设两岸能源资源中转平台，打造台湾大宗散货转运中心，支持平潭进一步健全覆盖职业资格、企业资质、商品检验的全链条采信体系，打造两岸物流贸易枢纽。跟进服务重点台资项目，支持符合条件的台企在大陆上市。项目化推进与金门马祖地区通水、通电、通气、通桥，先行论证实施福建侧项目，促进厦金、福马率先融合发展，建设共同家园。

深化同等待遇，落实以惠促融。完善落实保障台胞福祉和享受同等待遇的制度政策，加大惠台利民政策知晓、兑现、落地力度。扩大台湾地区专业技术资格直接采认范围，全面落实农业、金融、文教、医卫等各领域融合发展措施，惠及更多台胞台企。加快建设“数字第一家园”一体化服务平台，完善台胞医保服务中心、台胞台企服务专窗等公共服务平台布局。积极先行先试，深化“五个共同”，支持平潭打造台湾同胞“第二生活圈”。健全完善台湾青年来闽实习就业创业政策措施，加强政策解读和基地建设，不断提高台湾青年的获得感。

深化交流交往，着力以情促融。深入开展亲情乡情延续工作，深化寻根谒祖、信俗交流，加强闽台科技教育、文化体育交流，开展“福建文化宝岛行”，支持非遗文化、民间曲艺入岛。建好海峡两岸南岛语族考古教学实习基地，支持闽台历史文化研究院等平台建设。促进闽台社区合作创新，创建海峡两岸乡村融合发展试验区。持续办好海峡论坛，发挥海峡青年节、文博会等活动作用，吸引更多台胞以及台湾青年来闽追梦筑梦圆梦，让海峡隔不断两岸同胞的血脉亲情。

（四）凝心聚力促进共同富裕，不断创造高品质生活

让群众增收渠道更加多元。收入是民生之源，就业是民生之本。深入实施“四大群体”增收计划，鼓励勤劳创新致富，把“蛋糕”做大分好；调整最低工资标准和救助保障标准，让发展成果更多惠及低收入群体；发挥第三次分配作用，弘扬福建人“乐善好施”精神，促进慈善公益事业发展。就业一头连着老百姓饭碗，一头连着经济社会发展，要提质加力就业优先政策，加强高校毕业生、退役军人就业创业支持，继续帮扶农民工和城镇困难人员就业，健全灵活就业劳

动用工和社会保障政策，做好根治欠薪工作；搭建线上线下对接平台，既帮助求职者就业，也帮助企业解决用工问题；持续开展职业技能提升行动，加大对稳岗和培训的支持，全年城镇新增就业 50 万人以上，城镇失业人员再就业 10 万人以上。

让教育发展更加优质均衡。福建历来有崇文重教的优良传统，没有理由不把教育办好。实施学前教育发展提升计划和城区学位增补计划，新建、改扩建 200 所公办幼儿园，新增学前教育学位 4 万个、义务教育学位 6 万个，大力扶持普惠性民办幼儿园。实施县域普通高中发展提升行动计划，提高城乡学校办学质量，促进多样化发展。实施高水平职业院校和专业建设计划，支持闽江学院、福州滨海新城职教城建设，开展产教融合型城市、产教融合型行业试点，培养更多高素质应用型人才和产业工人。实施新一轮“双一流”建设计划，深化高等学校办学体制机制改革，多渠道增加高等教育投入，推进部省市共建厦门大学，推动福州地区大学城协同集聚发展。扩大老年教育资源供给，缓解老年大学“一位难求”问题。持续加大“双减”政策落实力度，总结推广既减轻学生负担又提升教学质量的经验，使学生满意，让家长放心。

让健康福建惠及更多人民。健康是幸福生活最重要的指标，健康是“1”，其他都是后面的“0”。着力优质医疗资源提质扩容，加快建设区域医疗中心，建设县域医共体、社区医院、护理站、“移动医院”，为老百姓提供“家门口”的健康服务；实施基层医疗卫生人才“三个一批”项目，组织千名医师下基层，壮大基层医疗队伍。着力中医药传承创新发展，大力加强中医院建设，做优做强“片仔癀”“福九味”等福建中医药品牌。着力公共卫生服务能力提升，实施公共卫生补短板行动计划八大项目，高质高效组建省市县疾控局，改善各级疾控中心设施装备，促进医防融合。着力人口长期均衡发展，实施优化生育政策，新增普惠性托位 1.5 万个以上，鼓励有条件的地方加大对生育二孩、三孩的支持力度，进一步降低生育养育教育成本。着力体育事业高质量发展，继续实施全民健身场地设施建设提升工程，建设更多体育公园、社区“运动角”，实施竞技体育优势项目提升、短板项目振兴、后备人才培养“三大工程”，办好第 18 届世界中学生运动会和第 17 届省运会。

让社会保障更加健全有力。千头万绪的事，说到底是千家万户的事。积极应对人口老龄化，补齐公办养老机构短板，鼓励支持民营养老机构建设，每个县市区建有 1 所以上失能特困人员养护院，新增养老床位 1 万张以上，新改扩建 70 所农村区域性养老服务中心。推广居家社区养老模式、经验，建设长者食堂 300 个以上，实施困难老年人家庭适老化改造 1 万户以上，深化长期护理保险制度试点，加强护理员、家政服务人员培训和规范管理。大力发展银发经济，鼓励企业开发适老产品，培育发展旅居养老、生态康养等新业态。全面实施全民参保计划，扩大社会保险覆盖面。完善职工医保省级统筹调剂制度，健全职工医保门诊共济保障机制，实施重大疾病保障工程和医保服务示范工程。健全城乡社会救助体系，加强社会优抚工作，推动失业保险省级统筹，兜住困难群众基本生活底线。坚持“房住不炒”，因城施策促进房地产业良性循环和健康发展，鼓励探索新发展模式，规范发展长租房市场，新开工保障性租赁住房 7 万套以上，让更多新市民、低收入群众住有所居。

让文化事业更加繁荣兴盛。文化是民族的精神命脉，文艺是时代的号角。坚持马克思主义指导地位，在全社会大力弘扬践行社会主义核心价值观，建强用好习近平新时代中国特色社会主义思想研究中心。深化拓展新时代文明实践中心建设，争创全国文明城市、文明典范城市，让文明新风吹遍八闽大地。丰富人民群众生活，持续开展送文化下乡活动，推动重点地区博物馆、图书馆等公共文化场所错时延时开放、校园体育设施有序开放。充分发挥世遗大会溢出效应，推进考古遗址公园建设，保护好福州古厝等古建筑、老宅子、老街区，支持泉州打造世界遗产保护利用的典范城市，支持厦门、莆田申报国家历史文化名城。传承弘扬红色文化，赓续红色血脉，建设好长征国家文化公园。传承弘扬中华优秀传统文化，促进朱子文化、闽南文化、客家文化、妈祖文化、闽都文化等特色文化创造性转化、创新性发展。办好第三十五届金鸡奖、中国电视剧大会等活动，推动厦门、平潭、泰宁等影视基地联动发展。实施文艺作品质量提升工程，推出一批有影响力的精品力作，发展哲学社会科学、档案、地方志等事业，提升新型智库服务决策能力。

（五）凝心聚力打造美丽福建，统筹城乡发展建设生态文明

持续深化生态省建设。建好国家生态文明试验区，大力推广长汀水土流失治理、筼筜湖治理、木兰溪治理等经验，让习近平生态文明思想更加深入人心。突出机制创新，推进南平生态产品价值实现机制试点，深化生态保护补偿制度等改革，探索绿水青山转化为金山银山的更多福建经验。突出绿色转型，加快产业结构调整，优化能源结构，完善碳达峰、碳中和“1+N”政策体系，深化低碳城市、低碳园区、低碳社区试点示范，发展抽水蓄能，推动电化学、氢能等新型储能设施建设。突出综合保护，统筹山水林田湖草沙系统治理，加快武夷山国家公园建设，构建以国家公园为主体的自然保护地体系；持续系统推进闽江、九龙江全流域生态环境保护，实施重点海域海岸带保护修复、生物多样性保护等一批重大工程。突出污染防治，扎实抓好中央生态环境保护督察整改，完成第二轮省级例行督察，把老百姓身边的生态环境问题解决好；更高标准实施蓝天、碧水、碧海、净土四大工程，建设美丽城市、美丽乡村、美丽河湖、美丽海湾、美丽园区，让绿水青山永远成为福建的骄傲。

扎实推进区域协调发展。实施强省会战略，高质量建设福州新区，促进福州都市圈加快发展，带动闽东北协同发展。支持厦门建设高质量发展引领示范区，率先实现社会主义现代化，支持泉州建设智造强市和海丝名城，促进厦漳泉都市圈一体化发展，带动闽西南协同发展。落实国务院《关于新时代支持革命老区振兴发展的意见》，支持龙岩、三明建设闽西革命老区高质量发展示范区。健全县市区发展评价激励机制，推动县域经济协调发展，支持省际接壤县域和少数民族地区加快发展。主动融入粤港澳大湾区、长三角一体化发展，完善区域合作机制，复制先进做法。加强东西部协作和对口支援，做好援疆援藏工作，把闽宁协作的金字招牌擦得更亮。

深入实施乡村振兴战略。巩固拓展脱贫攻坚成果，跟踪脱贫及困难群体，确保不发生规模性返贫。实施特色现代农业高质量发展工程，推动850个现代农业重点项目建设，培育更多特色产业百亿强县、十亿强镇、亿元强村。实施“万企兴万村”行动，推进“一村一品”建设，鼓励发展沙县小吃等特色富民产业，做好茶文化、茶产业、茶科技文章。实施种业振兴行动，培育20个以上突破性新品种，打造具有核心竞争力的种业龙头企业，推进三明“中国稻种基地”建设。实施乡村建设行动，加强农村宅基地和农房建设管理，推进500个以上村庄生活污水治理，持续开展农村人居环境整治，让老百姓生活在更加宜居宜业的乡村、绿色美丽的乡村、文明和谐的乡村。

着力提升城市功能品质。编制好新一轮国土空间规划，完善功能定位、空间布局、发展方向、城市风貌。实施城市更新工程，重点推进老旧小区、街区、片区整体改造提升，基本完成2000年底前建成的老旧小区改造任务。实施新区组团工程，统筹推动地上地下一体开发，高标准推进城乡结合部、重要交通节点集中连片开发。实施生态连绵工程，系统建设沿海、山区生态连绵带，提升改造滨海风景道、福道、生态廊道、郊野公园，推动串点连线成网。实施交通通达工程，建设一批高快一体化项目、地铁项目、全域慢行系统项目。实施安全韧性工程，持

续加强危房排查整治，加快城镇燃气设施等更新改造，完善城市海绵系统，打造一批无障碍示范区。在城市建设中，要保护好自然形态，留住历史文化，突出风貌特色，尊重人民群众感受，大家一起努力，在八闽大地建设更加美好的海滨城市、山水城市、公园城市。

（六）凝心聚力建设平安福建，着力实现安全发展

强化社会治理。全面开展“八五”普法工作，促进全社会尊法、学法、守法、用法。创新发展新时代“枫桥经验”，推行“最多投一次”阳光信访工作机制。深化“近邻”党建模式，打造和谐社区，让老百姓在家门口能够得到更优的服务。深化市域社会治理现代化试点，让治理能力深达每个基层、各个角落。积极建设立体化信息化社会治安防控体系，扎实推进扫黑除恶常态化，加强电信网络新型违法犯罪打击治理。加快妇女、儿童、残疾人事业发展，支持工青妇等群团组织更好发挥作用，做好关心下一代、老体协等工作。推动民族工作高质量发展，提升宗教事务治理现代化水平。落实国防动员体制改革，依法履行国防职能，全力支持军队和国防建设，深化双拥共建，创建命名新一届省级双拥模范城（县），推进福建革命军事馆建设，做好退役军人事务工作，让军民鱼水情更深、意更浓。

强化安全责任。严格落实安全生产责任制，全面完成专项整治三年行动目标任务，抓好城镇燃气、危化品、消防、矿山、房屋和工程施工、道路运输、水上和渔业船舶、景区和非景区景点等领域安全，坚决遏制重特大事故发生；着力提高应急救援能力，建成省应急指挥中心和大数据平台，推进“平安家园·智能天网”建设；开展自然灾害综合风险普查评估与区划，加强极端天气应对，做好防汛抗旱防台风等防灾减灾救灾工作。加强产供储销体系建设，保障能源资源等初级产品供应，确保产业链供应链安全稳定；着力保障粮食安全，严守耕地保护红线，坚决遏制耕地“非农化”，严格管控“非粮化”，新建高标准农田90万亩以上。压实“米袋子”“菜篮子”责任制，实施优质粮食工程，提升粮食储备能力，巩固提升粮食、油料、生猪等重要农产品供给保障能力。落实“四个最严”要求，全面提升食品药品安全监管水平，持续治理“餐桌污染”、建设“食品放心工程”，确保“舌尖上的安全”。

强化风险防控。依法加强对资本的有效监管，支持和引导资本规范健康发展，防止野蛮生长。密切关注基层财政运行风险，稳妥化解政府隐性债务存量，坚决遏制增量。高度警惕房地产、金融等领域风险，按照“稳定大局、统筹协调、分类施策、精准拆弹”方针，压实属地责任、部门责任和企业主体责任，强化风险监测预警和应急处置，守住不发生系统性风险底线。加强生物安全风险防控和治理体系建设，强化重大动植物疫情疫病和外来入侵物种防控。

需要强调的是，面对世纪疫情冲击，我们必须始终绷紧疫情防控这根弦。做好疫情防控是全省经济社会发展的基础和前提，要坚持人民至上、生命至上，坚定不移贯彻“外防输入、内防反弹”总策略和“动态清零”总方针，突出科学精准、快严实细，压实“四方责任”，落实“四早”要求，抓好常态化疫情防控各项工作。严格入境人员全程闭环管理和高风险职业人群风险管控，从严从紧落实风险人群区域协查，做好“人、物、环境”同防。强化重点人群、重点部位、重点场所管理，突出抓好医疗机构院感防控和集中隔离点管理，减少人员聚集，避免交叉感染。强化基层社区网格化管理，建立健全网格化标准体系，深入细致做好疫情防控工作，同时服务好人民群众。有序推进疫苗接种，支持疫苗和特效药物研发。强化应急演练和培训，完善疫情防控平急一体化工作机制，提高监测发现、组织动员、专业处置、技术保障能力，全力维护人民生命安全和身体健康。

三、坚持党的全面领导，切实加强政府

自身建设

做好政府工作，必须加强党的全面领导，在党中央国务院坚强领导、在省委直接领导下，大力弘扬伟大建党精神，巩固拓展党史学习教育成果，学习学习再学习、调研调研再调研、落实落实再落实，不忘初心、牢记使命，努力建设人民满意的政府。

着力打造政治机关。始终旗帜鲜明讲政治，忠诚拥护“两个确立”，坚决做到“两个维护”，铸牢忠诚之魂。心怀“国之大者”，不断提高政治判断力、政治领悟力、政治执行力，坚定不移沿着习近平总书记指引的方向奋勇前进，确保习近平总书记重要讲话重要指示批示精神和党中央国务院决策部署落地生根、开花结果。

着力打造服务政府。始终牢记政府前面“人民”二字，向人民学习，为人民服务，接受人民监督。扑下身子、沉到一线，到基层去、到企业去、到社区去、到田间地头去、到群众家里去，了解群众需求，把准企业脉搏，始终同人民想在一起、干在一起，努力实现好、维护好、发展好最广大人民根本利益。用心用情用力办好25项省委省政府为民办实事，努力把民生“痛点”作为施政“重点”、变成百姓生活“亮点”，让“为民办实事”办的是人民满意、社会称赞的真正实事。

着力打造法治政府。全面贯彻习近平法治思想，尊崇宪法权威，遵守法律法规，让依法行政成为各级政府的行动自觉。健全科学民主依法决策机制，加强重点领域、新兴领域立法。深化行政执法体制改革，强化府院联动，严格规范公正文明执法。深化政务公开，增强政策制定实施的透明度。自觉接受人大监督、民主监督、监察监督，主动接受群众和舆论监督，积极发挥审计、财会、统计监督作用。

着力打造效能政府。大力传承弘扬“滴水穿石”“四下基层”“四个万家”“马上就办、真抓实干”等优良作风，加强新时代机关效能建设，摒弃四平八稳、得过且过、怕事躲事、推诿扯皮等不良习气，牢固树立今天再晚也是早、明天再早也是晚的效率意识，定下来的事就要坚决地干，开动脑筋地干，不达目的不罢休。健全落实容错纠错机制，激励干部担当作为。严格落实中央八项规定及其实施细则精神，坚决反对形式主义官僚主义，着力解决文山会海隐形变异等问题，真正为基层减负、为干部减压，让大家有更多的精力来谋发展，有更多的时间去抓落实。

着力打造廉洁政府。深入落实全面从严治党要求，持续巩固良好政治生态，一刻不停推进党风廉政建设和反腐败斗争，不断提升不敢腐、不能腐、不想腐一体推进综合效能。规范约束履职行为，让权力在阳光下运行。厉行勤俭节约，落实好过紧日子要求，严格压控一般性支出，真正把每一笔钱都用在刀刃上、紧要处，真正用来为人民群众办实事、解难事、做好事。

各位代表，福建人民敢拼会赢，福建干部担当务实，福建发展前景广阔。我们要更加紧密地团结在以习近平同志为核心的党中央周围，高举习近平新时代中国特色社会主义思想伟大旗帜，在省委的领导下，踔厉奋发，笃行不怠，全方位推进高质量发展超越，奋力谱写全面建设社会主义现代化国家福建篇章，以实际行动迎接党的二十大胜利召开！

关于福建省2021年国民经济和社会发展计划执行情况及2022年国民经济和社会发展计划草案的报告

——2022年1月22日在福建省第十三届人民代表大会第六次会议上

福建省发展和改革委员会

各位代表：

受福建省人民政府委托，现将福建省2021年国民经济和社会发展计划执行情况及2022年国民经济和社会发展计划草案提请省十三届人大六次会议审议，并请省政协各位委员和其他列席人员提出意见。

一、2021年国民经济和社会发展计划执行情况

2021年，习近平总书记亲临福建考察，明确提出“一个篇章”总目标、“四个更大”重要要求和四项重点任务，国家出台支持福建高质量发展政策措施，给予福建极大鼓舞和支持。全省各级各部门坚持以习近平新时代中国特色社会主义思想为指导，全面贯彻党的十九大和十九届历次全会精神，深入贯彻习近平总书记在福建考察时的重要讲话精神，认真落实党中央国务院各项决策部署及省委工作要求，认真执行省十三届人大五次会议审议批准的《政府工作报告》和2021年国民经济和社会发展计划，立足新发展阶段，完整、准确、全面贯彻新发展理念，积极服务和深度融入新发展格局，着力抗疫情、稳经济、谋发展，扎实抓好“五促一保一防一控”等重点工作，努力推动高质量发展，经济保持平稳健康发展态势，主要指标处于合理区间，实现“十四五”良好开局。

初步统计，全省地区生产总值48810亿元，增长8.0%，其中一、二、三产业增加值分别增长4.9%、7.5%、8.8%；一般公共预算总收入增长11.3%，地方一般公共预算收入增长9.9%；固定资产投资增长6.0%；社会消费品零售总额增长9.4%；出口增长27.7%；实际使用外资增长6.1%；居民消费价格上涨0.7%；城镇登记失业率3.3%；城镇居民人均可支配收入增长8.4%，农村居民人均可支配收入增长11.2%。

一年来国民经济和社会发展成效主要体现在六个方面：

（一）持续抓好常态化疫情防控，抗疫成果得到巩固

迅速打赢疫情歼灭战。深入学习贯彻习近平总书记关于疫情防控的重要指示精神，在国务院联防联控机制综合组福建工作组有力指导下，坚持快严实细、科学精准，统筹调配全省防治资源，快速提升全员核酸检测能力，精准高效开展流调溯源，科学精准划定风险等级，迅速阻断疫情社区传播，在较短时间内迅速扑灭莆田、厦门等地疫情，有效推进企业复工、店铺复市、学校复学，生产生活秩序迅速恢复。

常态化疫情防控措施有力有效。坚持人物同防，开展常态化核酸检测，落实“四早”措施，严格落实入境人员、高中风险地区来（返）闽人员排查管控和健康管理工作，扎实做好进口货物全流程管控。持续优化福建健康码赋码转码规则，强化重要场所扫码亮码，强化疫情防控信息化支撑。实施福建省加强公共卫生应急管理体系建设行动计划，

推进82个公共卫生防控救治能力建设项目、2个重大疫情救治基地动工建设。

稳妥推进疫苗接种。分阶段、分年龄，稳妥、有序推进新冠病毒疫苗接种工作，完成国家下达的18岁以上人群全程接种任务。启动重点人群第三针加强免疫和3—11岁儿童新冠疫苗接种。截至2022年1月19日，全省累计接种8572万人次，无严重异常反应病例报告。

（二）着力提升科技创新能力，产业结构持续优化

创新能力进一步提升。福厦泉国家自主创新示范区外溢效应不断释放，与省内高新区共建协同创新平台34项。成功举办第十九届中国·海峡创新项目成果交易会。科技创新平台建设取得重大突破，高效太阳电池装备与技术国家工程研究中心获批建设，省级以上工程研究中心（工程实验室）120家。首批4家省创新实验室加快建设，新启动建设生物制品和柔性电子等2家省创新实验室。完善高新技术企业成长加速机制，大力实施高新技术企业“双倍增”，国家高新技术企业达6485家，省级科技小巨人企业达1458家，知识产权综合发展指数居全国第七位，较上年跃升两位。持续深化科技特派员制度，选认省级科技特派员2319名。关键核心技术攻关扎实推进，组织实施27项科技重大专项，研发出全国首台冷链产品紫外光催化消杀机，全球首个新冠肺炎鼻喷疫苗正在海外开展Ⅲ期临床试验，白羽肉鸡育种等重要科研成果取得突破性进展。

制造业高质量发展取得新进展。实施培优扶强龙头企业和千家企业增产增效行动，制定电子信息等8个行业行动计划。规上工业增加值增长9.9%，38个工业大类行业中有32个实现正增长、两位数以上增长11个，高技术产业增加值增长26.4%。产值超千亿元产业集群达21个，规模超百亿元企业达50家以上，新增国家专精特新“小巨人”企业104家。战略性新兴产业发展不断壮大，工业战略性新兴产业增加值占规上工业增加值比重预计达到21.5%，厦门市海沧区战略性新兴产业集群培育工作获国务院办公厅督查激励。“电动福建”加快建设，推广应用新能源汽车标准车10.66万辆、增长100.8%；宁德时代动力电池出货量全球第一。制造业重大项目加快推进，龙岩龙马高端环卫装备和车辆智造等一批项目竣工投产，中航锂电二期等一批项目动工建设，中沙古雷乙烯项目签约。“增芯强屏”工程持续深化推进，厦门联芯建成福建首条12英寸晶圆全自动化生产线，28nm制程芯片规模化量产；渠梁集成电路封测二期项目开工建设。福州京东方8.5代面板、华佳彩高科技面板等项目全面达产。

数字经济、海洋经济、绿色经济、文旅经济加快发展。扎实推进国家数字经济创新发展试验区建设，全省数字经济增加值预计增长15%以上。实施5G、人工智能、物联网、区块链、数字丝路等重大专项，积极培育平台经济、电子竞技、超高清视频等产业，建成5G基站5万个，福州智慧城市等5G应用项目获批国家试点示范，“海丝二号”卫星成功发射。第四届数字中国建设峰会暨首届中国（福州）国际数字产品博览会成功举办，签约523个数字经济项目、总投资3188亿元。深入开展“上云用数赋智”行动和“5G+工业互联网”创新工程，全省超5万家企业实现上云。出台福建省大数据发展条例，组建省大数据公司，加快数据资源化。实施海洋经济高质量发展三年行动，明确11项重点任务，328项海洋经济重点项目顺利推进，其中142个在建重点项目超额完成年度投资计划。海洋生产总值突破1.1万亿元。福州、厦门国家海洋经济发展示范区建设取得阶段性成效。绿色低碳循环发展经济体系加速构建，获批全国首个新能源产业创新示范区，清洁能源装机比重达57.6%，碳市场累计成交额8.6亿元，林业碳汇交易、排污权交易活跃度居全国前列，培育认定绿色制造项目140个。“清新福建”“全福游、有全福”旅游品牌持续打响，旅游市场逐步恢复，全年接待国内游客达4.07亿人次、增长

15.6%。

服务业转型升级有序推进。交通运输、仓储和邮政业增加值增长13.1%，福州列入“十四五”首批国家物流枢纽建设名单，物泊科技、好运连连进入全国首批5A级网络货运平台企业名单。批发零售业增加值增长15.4%。本外币各项存贷款余额分别增长10.1%、13.4%，不良贷款率1.04%。普惠小微企业贷款余额增长24%，比全省贷款平均增速高10.6个百分点。“金服云”平台功能持续提升，解决融资需求1.9万笔、金额超600亿元。信息传输、软件和信息技术服务业增加值增长17.4%，新模式新业态持续发展，支持各地直播基地项目建设和重大直播活动开展。

粮食供给能力得到新提升。坚持把保障粮食等重要农产品有效供给作为三农工作头等大事，落实粮食安全党政同责要求，稳定发展粮食生产，加强粮食安全监管，确保口粮质量安全。全年粮食播种面积1252.6万亩、总产量506.4万吨，超额完成国家下达任务。推进农田标准化，新建高标准农田151万亩。成功举办第十七届粮食产销协作福建洽谈会，推进引粮入闽、粮食应急加工能力提升、仓储设施维修改造等项目建设。

特色现代农业迈出新步伐。实施特色现代农业高质量发展“3212”工程，创建2个国家优势特色产业集群、5个国家现代农业产业园、37个国家农业产业强镇，十大乡村特色产业全产业链总产值达2.2万亿元，形成乡村特色产业全产业链产值超百亿元强县9个、超十亿元强镇79个、超亿元村146个。实施农产品地理标志保护工程，累计培育“三品一标”农产品5459个。大力发展农产品加工、物流业，省级以上农业重点龙头企业发展到1051家、其中国家级77家，建成农产品产地初加工中心1022个，农产品网络销售额超过300亿元，规模以上休闲农业经营主体达3875家。

（三）积极扩大居民消费和有效投资，内需规模继续扩大

消费市场持续回暖。有效落实促进消费增长等政策措施，常态化开展“全闽乐购”线上线下系列促消费活动。社会消费品零售总额20373亿元，增长9.4%。线上线下融合的消费新模式新业态不断涌现，限额以上网络商品零售额增长28.7%，新能源汽车零售额增长95.6%。福茶网平台上线运营，“闽菜馆”“万福”商旅系列产品推出。

投资结构持续优化。加大企业技术改造、新基建、城镇老旧小区、城市更新等重点领域投资，工业投资增长11.6%，其中高技术制造业投资增长43.1%、改建和技改投资增长22.7%。科教领域投资增长18.7%，其中科研和技术服务业投资增长122.9%，教育投资增长10.3%。争取1457亿元政府新增专项债限额和103.3亿元中央预算内投资，支持1173个补短板项目加快实施。开展“冬季攻坚”项目调度活动，督促项目挖掘投资潜力。

重点项目持续推进。1620个年度省重点项目实际完成投资6331亿元，超额完成年度计划631亿元。200个省重中之重项目合计完成年度投资2887亿元，超额完成年度计划284亿元。组织省级四批次共911个、总投资超7492亿元的重大项目集中开工。古雷炼化一体化一期、省妇产医院、省疾控中心迁建等一批项目建成，“华龙一号”全球首堆福清核电5号机组正式投产，罗屿40万吨铁矿石泊位建成投用，闽江水口坝下航运枢纽工程建成通航，厦门地铁3号线一期工程、兴泉铁路省界段、建宁至冠豸山铁路等建成通车。福州机场二期、闽粤电网联网工程、宁德时代锂离子动力电池生产基地（福鼎基地）、福清万华化学MDI等一批重点重大项目开工建设。厦门新机场、哈纳斯莆田LNG接收站获国家批复，武夷山机场迁建工程、龙岩新机场等一批项目前期工作加快推进。

多层面推动招商项目落地。千方百计大

招商、招大商，主动积极对接，着力引进落地更多固链、补链、强链的优质龙头项目。成功举办央企项目合作座谈会等8场重大招商活动，集中签约项目428个、总投资超1.2万亿元。建立全生命周期项目管理机制，完善招商签约项目协调推进及通报机制。

（四）全面深化改革扩大开放，发展活力稳步提升

优化营商环境成效显现。实施优化营商环境行动方案，推动落实211项改革举措。全省新登记市场主体209万户，增长52%。实现企业开办时间压缩至1个工作日以内；不动产一般登记时限压缩至3个工作日，福州、厦门等地市实现部分不动产登记事项24小时内办结；各类办电业务平均用时减少58%，供电可靠率提高至99.94%，居全国前列。在全国营商环境评价中，厦门市18个指标全部被列为全国标杆指标，福州市、泉州市分别有6个、1个指标被列为全国标杆指标。

“放管服”改革持续推进。一体化政务服务能力居全国第六位。全省政务服务事项全程网办比例达到80.4%，同比提升35.9个百分点；群众办事平均时限缩短至2.82天，减少2.31天；“一趟不用跑”比例达到90.3%，提升21.7个百分点。127项高频政务服务事项实现“跨省通办”，全省开通“异地代收代办”服务。推进“就近办、自助办”改革，构建“15分钟便民利企服务圈”，打造“24小时不打烊”政务服务模式。推进“一件事”集成服务改革，累计推出4000多件集成套餐服务事项，初步实现与企业群众生产生活密切相关的重点领域和高频事项全覆盖。在全国率先开展市场准入效能评估。在全省范围推进“证照分离”改革。上线运行全省统一的企业开办“一网通办”平台。建设全省一体化在线监管平台，实现“一网通管”。

重点领域改革不断深化。出台福建省建设高标准市场体系实施方案、新时代推进国有经济布局优化和结构调整的实施方案。省本级全面实施零基预算改革，稳步推进省以下财政事权和支出责任改革。深入推进国企改革三年行动，在全国中期考核评估中我省位列第6名。召开全省民营企业发展大会，表彰一批全省优秀民营企业家、优秀民营企业、民营企业党建工作先进单位。完善优化有序用电方案，落实煤电纾困政策，实现迎峰度夏期间电力保障有效安全稳定。电价市场化改革取得重大突破，燃煤发电企业、工商业用户全部进入市场，取消燃煤发电政府定价和工商业目录销售电价。社会信用体系建设成效明显，“信易贷”累计发放1711亿元。

生态文明建设成果显著。完成生态省建设20周年和国家生态文明试验区建设5周年评估，试验区39项改革经验向全国复制推广，南平市成为全国自然资源领域首个生态产品价值实现机制试点的地级市，海上养殖综合治理宁德模式等一批经验在全国推广，长汀水土流失治理入选世界生态修复典型案例。实施蓝天碧水碧海净土工程，生态环境质量持续全优、领先全国。武夷山国家公园入选首批国家公园名单。九市一区空气质量优良天数比例为99.2%、比全国平均水平高11.7个百分点，PM2.5浓度为21微克每立方米、优于全国平均水平30%；主要河流Ⅰ—Ⅲ类水质比例达到97.3%，比全国平均水平高12.4个百分点，设区市建成区基本消除黑臭水体，县级及以上集中式生活饮用水水源地水质达标率为100%；近岸海域优良水质面积比例为85.2%，比全国平均水平高3.9个百分点；生活垃圾分类有序推进。碳达峰碳中和工作扎实推进，全国首个省级碳市场综合服务平台上线运行，福建三峡海上风电国际产业园成为全国首个实现“碳中和”的工业园区。

对外贸易和引进外资快速增长。进出口总额18450亿元、增长30.9%，高于全国9.5个百分点；其中出口10817亿元、增长27.7%，首次突破1万亿元，增速高于全国6.5个百分点。举办首届中国跨境电商交易会，市场采购在全省扩容推广。新增国家级

外贸转型升级基地3家，总数居全国第5位。推动我省企业设立海外仓超150万平方米，居全国前列。持续推进多元化招商，实际使用外资369.1亿元、增长6.1%。高质量办好第21届投洽会，福建省签约外资合同项目222个、总投资194.5亿美元。积极稳妥推动对外投资合作，备案对外投资项目262个、中方投资额20.2亿美元。

海丝核心区、福建自贸试验区等建设加快推进。“丝路海运”纳入国家“十四五”规划纲要，联盟成员突破220家。签署中印尼“两国双园”项目合作备忘录。海丝中央法务区落地厦门。成功举办海上丝绸之路国际旅游节、第八届丝绸之路国际电影节。出台我省全面对接区域全面经济伙伴关系协定（RCEP）十大行动计划。对“一带一路”沿线国家和地区进出口合计6446亿元、增长31.8%。福建自贸试验区总体方案、深化方案明确试点的322项任务中，已实施307项，完成率达到95%。新推出25项全国首创举措。海产品交易、航空维修等平台规模全国领先，离岸贸易、二手车出口等新业态加快发展。福州新区不断强化对外开放合作，福州国际机场通航点82个，其中国际航点15个。平潭开放开发和国际旅游岛建设基础进一步巩固，海峡两岸（平潭）交流中心投入运营，平潭综合实验区企业所得税、个人所得税优惠政策获得延期。

闽台融合发展持续深化。积极探索海峡两岸融合发展新路，率先公布第一批225项落实同等待遇清单，累计入闽台胞超过1400万人次、实习就业创业的台湾青年近4万人。深化闽台优势产业融合发展，集成电路、精密机械、石油化工等领域深度对接。出台促进闽台农业融合发展8条措施，6个台湾农民创业园、9个闽台农业融合发展产业园建设持续推进。闽台贸易额首次突破1千亿元。“小四通”工作取得积极进展。成功举办第十三届海峡论坛、第九届海峡青年节。

闽港澳侨交流合作实现新提升。与香港中华总商会、澳门数字科技联盟等重点商协会，开展线上线下经贸对接交流，在澳门发债4.5亿美元。发挥侨商侨智侨力作用，首届中国侨商投资大会成功举办。

（五）更大力度推进城乡区域协调发展，发展协调性进一步增强

新时代山海协作持续推进。制定出台做深做实新时代山海协作、进一步加快两个协同区发展建设的意见，持续深化公共资源共享、产业配套协作、生态保护协同、社会治理联动等领域联动，实施313个区域协作项目。持续落实省领导挂钩联系、省直单位挂钩帮扶、经济较发达县对口协作乡村振兴重点县及欠发达老区苏区县制度，推动区域发展更加均衡。

推动老区苏区振兴发展。编制新时代进一步推动福建革命老区振兴发展的实施方案，积极争取国家发展改革委指导和支持闽西革命老区高质量发展示范区建设，龙岩、三明12个县（市、区）被列入中央国家机关及有关单位对口支援范围。开展以工代赈支持老区苏区基础设施建设，延续长（汀）连（城）武（平）欠发达集中连片地区扶持政策。

全面实施乡村振兴战略。乡村振兴十大行动114项重点任务有序推进，“百镇千村”试点示范工程深入实施，累计打造形成310条乡村振兴示范线。推进3957个村庄编制“多规合一”实用性村庄规划，开展农村人居环境整治提升五年行动，农村户用卫生厕所实现全覆盖，乡镇生活垃圾转运系统全面建成，452个村庄完成农村生活污水治理。巩固拓展脱贫攻坚成果同乡村振兴有效衔接,实施11.1万个产业帮扶项目，指导帮助15.2万脱贫人口稳岗就业，脱贫人口家庭人均纯收入增幅继续高于全省平均水平。

新型城镇化建设扎实推进。编制实施新型城镇化规划，常住人口城镇化率达69.7%，福州都市圈、厦漳泉都市圈建设持续推进。开展城乡建设品质提升行动，启动建设十大

样板工程。推进老旧小区改造，在全国率先制定老旧小区改造负面清单。新改扩建城市道路810公里、农村公路2326公里，主要城市公共交通占机动化出行比例提高到55.6%。城镇污水处理提质增效三年行动取得初步成效，全省污水集中收集率达64.9%。规范引导特色小镇健康发展，制定全省特色小镇清单。

（六）切实保障和改善民生，民生福祉不断增进

深入推进党史学习教育“我为群众办实事”实践活动，29件省委省政府为民办实事项目全面完成。民生相关支出占一般公共预算支出比重为75.4%。居民人均可支配收入40659元、增长9.3%，城乡居民收入比值2.20，比上年缩小0.06。完善企业职工养老保险省级统筹，调整提高退休人员基本养老金，惠及全省208万退休人员，补充养老保险健康发展，职业年金基金投资运营安全增值，企业年金基金规模及受益职工人数稳步增长。城乡居民医保财政补助标准提高到每人每年不低于580元，医保药品目录范围扩大。兜底保障水平稳步提高，城乡低保月平均补差547元、450元，特困人员月平均供养标准提高至1824元，临时救助平均救助水平1503元，分别比2020年底提高5.2%、2.7%、1.9%和59.7%。稳步推进棚户区改造，新开工7.2万套，基本建成4万套；新增供应市场租赁住房2万套，新开工保障性租赁住房1.9万套。

就业形势保持平稳。落实就业优先政策，完善公共就业服务，组织系列公共就业服务专项活动，搭建人力资源供需对接平台。实施“技能福建”行动，推进公共实训基地建设，加强职业技能培训。高校毕业生、农民工、退役军人等重点群体就业有力推进。城镇登记失业率稳定在预期目标以内，全省城镇新增就业52万人。重点群体就业保持稳定，城镇失业人员再就业24.7万人，就业困难人员实现就业3.3万人，2021届高校毕业生毕业去向落实率超过90%。

教育均衡发展扎实推进。开工建设学前教育项目212个，新增学位7.2万个，公办幼儿园在园幼儿比例超过55%、学前教育普惠率达93%。义务教育大班额降到0.32%，乡村小规模学校100%达省定标准。扎实推进“双减”工作，压降作业总量，规范治理校外培训机构，全省义务教育阶段学校实现提供课后服务全覆盖。实施加快推进福州地区大学城高质量发展三年行动计划。启动实施省级“双高计划”，培育建设省级产教融合型企业103家，泉州成为首批国家产教融合试点城市。每十万人口高等教育平均在校生数3023人、增长5.5%。

医疗健康服务不断完善。实施复旦大学附属华山医院福建医院等6个国家区域医疗中心试点项目，推进新一轮医疗“创双高”建设，推进福建医大附属第二医院等首批4个省级区域医疗中心项目建设。三明市被国家认定为全国首个深化医药卫生体制改革经验推广基地，综合医改试点省份阶段性评估、公立医院综合改革绩效评价位居全国前列。健全分级诊疗服务体系，推进县级综合医院提升整体服务能力和基层医疗卫生机构达标建设，龙岩市长汀县被确定为全国8个基层卫生健康综合试验区之一。每千人口拥有执业（助理）医师数达到2.67人、增长5%，每千人口医疗卫生机构床位数达到5.41张、增长4%。

养老、文化、体育等社会事业加快发展。编制省级、市级“一老一小”整体解决方案，实施养老服务提升工程，建设85个农村区域性养老服务中心、改造提升163个居家社区养老服务示范点，福州获批全国第一批居家和社区基本养老服务质量提升项目试点。成功举办第44届世界遗产大会，新增国家级非遗代表性项目15个、省级非遗代表性传承人182名。全民健身持续推进，组织开展各类线上线下全民健身活动2400多场。竞技体育稳步提升，17名运动员入选东京奥运会中国体育代表团，获得4金、2银、1铜，创造金牌总数、奖牌总数和夺牌率三个历史性突破。

总的看，全省经济运行延续平稳增长态势，主要指标处在合理区间，经省十三届人大五次会议审议通过的国民经济和社会发展计划主要预期指标完成情况较好，地区生产总值、社会消费品零售总额、出口、外资、财政收入、城乡居民人均可支配收入、就业、物价、粮食产量等指标运行情况符合或好于年度预期目标，教育、医疗等民生保障年度任务进展顺利，但固定资产投资、研发经费投入增长与预期目标存在差距，经济社会发展还面临不少困难和问题。一是经济发展质量和效益有待提高。科技创新短板明显，研发经费投入强度低于全国平均水平，企业自主创新能力有待提升，具有自主知识产权的关键技术和核心技术储备不足。二是中小微企业、个体工商户和部分服务业经营困难。受疫情、要素成本上升等影响，规上小微工业企业增加值增速比规上工业低 3.2 个百分点，住宿、餐饮、旅游、娱乐等服务业受较大冲击。三是好项目接续不足影响投资增长。用地用海等要素保障制约日益凸显，部分重大项目推进缓慢，项目支撑不足，缺乏有影响力带动性强的大项目尤其是制造业龙头项目，保持投资增长难度加大。四是外经贸增长存在不确定性。全球疫情持续反复，世界经济增速放缓，产业链重塑加速，给国际贸易和利用外资带来增长压力。同时，与全国其他地区比，我省居民收入水平与经济发展水平差距比较大，教育、医疗、养老、托育等民生领域还存在不少短板，等等。面对这些困难和问题，我们要高度重视，采取有力措施积极应对。

二、2022 年国民经济和社会发展主要预期目标和任务

政府工作报告提出 2022 年经济社会发展工作的总体要求是：以习近平新时代中国特色社会主义思想为指导，全面贯彻落实党的十九大和十九届历次全会精神，深入学习贯彻习近平总书记在福建考察时的重要讲话精神，弘扬伟大建党精神，认真贯彻中央经济工作会议部署，全面落实省第十一次党代会、省委经济工作会议要求，坚持稳中求进工作总基调，立足新发展阶段、贯彻新发展理念、服务和融入新发展格局，以供给侧结构性改革为主线，全面深化改革开放，统筹疫情防控和经济社会发展，统筹发展和安全，继续做好“六稳”“六保”工作，持续抓好“五促一保一防一控”工作，进一步提高效率、提升效能、提增效益，大力发展数字经济、海洋经济、绿色经济、文旅经济，保持经济运行在合理区间，保持社会大局稳定，促进两岸融合发展，全方位推进高质量发展超越，奋力谱写全面建设社会主义现代化国家福建篇章，以实际行动迎接党的二十大胜利召开。

2022 年经济社会发展的主要预期目标是：

一是保持经济平稳增长。坚持稳字当头、稳中求进，推动高质量发展。预期全省地区生产总值增长 6.5%，在实际工作中争取更好结果；固定资产投资增长 6.5%，社会消费品零售总额增长 9%，出口增长 8%，实际使用外资增长 7%。主要考虑：2022 年将召开党的二十大，总体发展环境仍是机遇大于挑战，主要预期目标与过去两年我省平均经济增速相衔接，同“十四五”规划目标相对应，同全方位推进高质量发展超越的需要相适应，符合实际、通过努力能够实现，有利于引导预期，调动各方积极性。要奋战一季度实现“开门红”，实施好稳增长各项政策措施，确保全年经济运行保持在合理区间。

二是加快构建现代产业体系。坚持质量第一、效益优先，供给侧结构性改革进一步深化，有利于创新创业创造的良好发展环境进一步形成，先进制造业强省和创新型省份建设步伐加快，经济体系优化升级，实现一产稳、二产进、三产优，新经济新动能加快培育壮大，研发经费投入增长 18%以上。

三是持续增加民生福祉。坚持以人民为中心的发展思想，推进全体人民共同富裕，居民收入稳定增长的基础持续稳固，预期城镇居民人均可支配收入增长7%、农村居民人均可支配收入增长8%；公共服务供给能力进一步提升，预期一般公共预算总收入增长5%，地方一般公共预算收入增长5%；城镇调查失业率控制在5.5%以内；居民消费价格涨幅3%左右；每千人口拥有执业（助理）医师数达到2.74人，每千人口医疗机构床位数达到5.58张；每十万人口高等教育在校生数达到3090人；保持生态环境质量优良，完成节能减排降碳任务。

四是统筹发展和安全。坚持系统观念、统筹协调，强化底线思维、增强忧患意识，扎实推进安全稳定各项工作。努力提高粮食综合生产能力，确保粮食播种面积稳定1250万亩以上、产量507万吨。增强产业链上下游协作配套能力和自主创新能力，持续提升产业链供应链自主可控能力。防止重特大事故发生，亿元生产总值生产安全事故死亡人数下降7.1%。

重点要组织实施好八个方面工作：

（一）强化创新驱动引领产业高质量发展

进一步提升创新能力。以福厦泉国家自主创新示范区和福州、厦门、泉州3个国家创新型城市为主体，集聚力量打造科技创新走廊，加快建设中国东南（福建）科学城、厦门科学城、泉州时空科创基地。以市场化机制打造新型研发机构，继续推进省创新实验室建设，重点培育国家实验室“预备队”。争取国家在我省布局能源国家实验室和海洋国家实验室福建基地，全力推动我省国家工程研究中心建设。深入推进省创新研究院“转化、引才、创投”三位一体新型创新主体建设。推进三明中关村科技园和科技产业基地建设。高质量建设技术转移服务体系。办好第二十届中国·海峡创新项目成果交易会。实施科技人才培育行动，培养引进一批“高精尖”短缺人才和工匠型人才，选认2000名以上省级科技特派员服务乡村振兴和助力产业转型。实施全社会研发投入提升行动，落实企业创新主体地位，每万人口高价值发明专利拥有量5.9件、增长10%。完善高新技术企业成长加速机制，力争国家高新技术企业数量突破9000家。

推进制造业高质量发展。实施产业基础再造工程、制造业核心竞争力提升行动，建立健全产业重点攻关技术目录制度，建立健全科技重大专项“揭榜挂帅”“赛马”等攻关机制，打好关键核心技术攻关战，组织实施10项以上省级重大科技专项，培育认定一批首台（套）重大技术装备。提升产业集聚引导能力，着力打造电子信息、先进装备制造、石油化工、现代纺织服装等万亿级支柱产业，加快发展新材料、新能源、生物与新医药、智能化高端装备等战略性新兴产业，改造提升食品、冶金、建材等传统优势产业。开展重点产业链梳理，一体化推进强链补链延链，攻关一批“卡脖子”关键技术，增强产业链供应链稳定性和韧性。推进企业技术改造，聚焦钢铁、有色、建材、石化、煤电等重点领域，组织实施省重点技改项目500项以上。工业战略性新兴产业增加值占规上工业增加值比重达到22%。加快制造业重点项目建设，推进古雷恒海聚酯纤维、厦门太古新机场维修基地搬迁等项目尽快开工，推进南安三安半导体研发与产业化、厦门士兰12英寸特色工艺半导体芯片制造生产线等续建在建项目加快投产。

提高服务业发展水平。推动先进制造业与现代服务业深度融合发展，打造两业深度融合的示范企业、示范载体、优势产业链条和新型产业集群。实施金融业发展十大专项行动，加快发展普惠金融、科技金融。推进生产性服务业拓展数字技术应用场景，大力提升软件和信息服务业发展水平，发展体验式消费、个性需求定制服务等新业态。打造以国家物流枢纽和国家骨干冷链物流基地为核心的物流基础设施和多式联运体系，争取更多区域分拨中心、配送中心布局我省，促进我省物流体系与国家枢纽互联互通。以国家支持我省开展服务业标准化试点建设为契机，支持社会和企业参与现代物流、食品冷链、批发零售、家政服务等领域国家标准、行业标准的制修订，修订一批符合我省实际的地方标准。

大力发展数字经济。深入实施数字经济创新发展工程，办好第五届数字中国建设峰会暨第二届中国（福州）国际数字产品博览会，高质量推进国家数字经济创新发展试验区建设。数字经济增加值突破 2.6 万亿元。推动国家地球空间信息福州产业化基地、泉州先进计算中心、厦门软件园三期（西片区）、莆田大唐 5G 产业东南总部基地等重点项目建设。加快 5G、互联网、区块链等技术创新应用。建设福州、厦门国家人工智能创新应用先导区。着力突破一批数字产业链关键核心技术。加快建设一批重点平台，培育壮大平台经济。培育发展电竞产业,推动全国电子竞技大赛落地举办。推进沉浸式视频实验室建设和应用场景推广，发展带货直播等网络视听和超高清视频产业。进一步提升重点数字经济园区建设水平，打造若干个具有国内外竞争力、影响力的数字产业集群。实施数字乡村行动，扶持建设一批数字乡村示范工程。实施优质数字企业培育行动，培育壮大一批创新龙头企业和数字科技型企业。深入推进“上云用数赋智”行动，加大数字技术应用场景开发力度。探索设立东南大数据交易中心，实施一批公共数据资源开发利用示范项目。

做大做强海洋经济。深入实施海洋经济高质量发展三年行动，加强海洋信息通信、地下水封洞库储油、深海装备养殖、海上风电、船舶与海工装备、海洋药物与生物制品等重点领域建设。持续推进福州、厦门国家海洋经济发展示范区和省级海洋产业发展示范县建设，推进厦门东南国际航运中心、福州国际深水大港、湄洲湾南北岸重点港区等建设，建设世界一流的现代化港口群。加快推进深海装备养殖试点、厦门海洋高新产业园区、福州（连江）国家远洋渔业基地等一批海洋经济重点项目建设，培育形成一批海洋优势产业集聚区，实现海洋生产总值 1.2 万亿元以上。

培育壮大绿色经济。深入实施绿色制造工程,引导创建绿色园区、绿色工厂、绿色供应链。狠抓绿色低碳技术攻关，实施重大节能低碳技术产业化示范工程，加快先进技术推广应用。加快建设国家新能源产业创新示范区，培育新能源产业链。加快建设福州高新技术开发区等国家绿色产业示范基地。推进农业绿色发展先行区建设，探索绿色生态种养模式，发展林业循环经济，加强海上养殖综合整治。深化绿色金融创新，持续推进三明、南平省级绿色金融改革试验区建设。推动园区循环化重点项目改造，推进大宗固体废弃物综合利用。

加快发展文旅经济。落实促进旅游业高质量发展各项任务，力争国内旅游收入增长 20%以上。推进滨海旅游风景道、武夷山国家森林步道、长征国家文化公园（福建段）等建设，打造以福州、厦门、武夷山为核心的三大文旅经济集聚区。创建国家全域生态旅游示范区、国家级旅游度假区、全国乡村旅游重点村（镇）等。推进文旅融合创新，培育温泉度假、森林康养、研学旅游、非遗体验等新业态，打造“福文化”文旅产品。做好红色文化资源保护和开发利用，打造“红军长征起点”等红色文化品牌。实施消费潜力激发工程，推进福州、厦门、三明、泉州、龙岩等 5 个国家文化和旅游消费试点城市建设。实施文化艺术点亮工程，推动非遗技艺活化传承，培育旅游演艺和音乐产业。

（二）大力挖掘内需潜力

全面促进消费扩容提质。深化“全闽乐购”促消费系列行动，开展“八闽美食嘉年华”线上线下行，深化创建“闽菜馆”。拓展消费新场景，促进新能源汽车消费。鼓励有条件的地方开展绿色智能家电下乡和以旧换新。壮大新型消费和“网红经济”，强化数字赋能、模式创新，打造福茶网百姓茶。鼓励企业利用直播电商、社交电商等新模式，培育更多网络品牌。引导生鲜电商、门店到家、智慧商店等新业态健康发展。开展县域商业体系建设行动，推动农村消费提质扩容。推动福州、厦门培育建设国际消费中心城市。

突出重点领域扩大有效投资。聚焦新基建、新能源、城市改造、水利、防灾减灾等重点领域和关键环节，加大投资力度，适度超前布局基础设施建设。实施智慧交通、智慧能源、智慧教育、智慧医疗、数字生态、智慧海洋等融合基础设施建设工程。推进风能、氢能、储能电站、汽车充电站等新能源项目建设。提升新型城镇化质量，加强城市更新改造力度，推进老旧小区改造18.8万户，新建和改造一批城市燃气管道，开展新一轮城市生活污水处理提质增效三年行动，完善城市排水防涝设施和海绵城市建设，推进城市公园绿地、福道建设提升。推进水利“一河一网一平台”建设。补齐民生短板，加快推进福建医科大学孟超肝胆医院、四川大学华西厦门医院等一批医疗卫生项目建设，加快中国科学院大学福建学院等一批重点教育项目建设。

强化重点项目支撑。聚焦“十四五”规划和各重点专项规划，加快谋划签约一批好项目大项目。对国家支持我省建设的重大项目要加快落地、开工和建设。建立健全重大项目工作机制，切实发挥好省重点项目建设的带动和支撑作用，初步安排省重点项目1620个、年度投资6165亿元。组织全省季度重大项目集中开工活动，推动项目早开工多开工。督促进度滞后的重大项目加大投入、加快施工进度。推进福厦高铁、龙龙铁路龙岩至武平段、厦门新机场、福州和厦门在建城市轨道、罗屿作业区8号泊位、福清核电、霞浦核电、漳州核电、永泰抽蓄、厦门天马第6代柔性AM—OLED生产、泉州白濑水利枢纽、城乡供水一体化等一批重点项目加快建设。推动漳汕高铁、国道228线滨海风景道、惠安中化泉州基地产业升级、北电南送特高压、中石油福建LNG接收站、木兰溪下游水生态修复与治理工程等项目开工建设。加快温福高铁、昌福厦高铁、福莆宁城际铁路F2、F3线、厦漳泉城际轨道R1线、闽西南水资源配置工程等项目前期工作。

提升要素保障能力和利用效率。坚持节约优先，向上争取扩总量，向内挖潜提效率，为重大产业项目发展、重大项目落地提供有力的保障。发挥好重大项目要素保障工作机制作用，统筹用好各类要素指标，在落实最严格的耕地保护制度和节约集约用地制度前提下，强化全省区域内统筹，对符合条件的重大项目加强用地保障。严格落实能源消费强度和总量双控制度，坚持先立后破、通盘考虑，探索科学合理的指标分配和考核机制，保障产业发展合理用能。做好项目储备，用好政府专项债券、中央预算内投资等资金，加快已获资金项目实施，加快资金支付进度，发挥对投资的引导和撬动作用。强化银企融资对接，创新金融产品，畅通融资渠道，缓解融资难题。

坚持大招商、招大商、招好商。完善招商签约项目协调推进及通报机制，落实“一月一调度、一季一通报、一年一考核”要求，全力推动重大招商活动已签约合作项目尽快转段、落地、建成投产。筹办好央企合作座谈会、海创会等，强化产业链招商、以商引商，争取再落地一批大项目好项目带动产业强链补链延链。

（三）深化改革激发市场主体活力

持续打造一流营商环境。以信息化建设为支撑，聚焦市场有效、政府有为、企业有利、群众有感，打造能办事、快办事、办成事的“便利福建”，打造市场化、法治化、便利化、国际化的营商环境。确保优化营商环境行动方案211项任务全部按时保质完成。打造法治化营商环境示范区，建设海丝中央法务区。出台实施福建省优化营商环境条例及相关配套政策措施。加强知识产权保护，完善“执破直通”“府院联动”机制，优化破产案件办理。加强社会信用体系建设，打造诚信福建。完善营商环境数字化监测督导机制，推动全省各地营商环境共同提升。

继续深化“放管服”改革。开展市场准入效能评估，探索建立市场准入隐性壁垒反馈渠道。完善权责清单制度，深化“证照分离”改革，持续精简涉企经营许可事项，探索开展“一业一证”改革。深化综合行政执法改革，完善省“互联网+监管”系统建设，推动“双随机、一公开”监管、企业信用风险分类管理深度融合。建好政务信息“一张网”和在线政务服务平台，加快政务数据互联共享。持续打造我省“马上就办”政务服务标准体系，进一步加强和规范全省基层行政服务中心管理。深化“一件事”集成服务改革，持续推进“就近办、自助办”改革，扩大政务服务“跨省通办”范围，推进泛珠三角区域“跨省通办”合作。

着力推进重点领域改革。建设高标准市场体系，强化竞争政策基础地位，健全现代产权制度，推进要素市场化配置等改革，强化自然资源要素保障，探索集体经营性建设用地入市试点工作。深化国有企业改革，完成国企改革三年行动任务。优化民营经济发展环境，健全和完善公平竞争审查机制与审查流程。完善峰谷分时电价机制，落实抽水蓄能、核电等上网电价定价机制改革。推进服务价格市场化改革，加强学科类校外培训收费监管，完善义务教育阶段课后服务性收费政策。

推进民营经济高质量发展。传承弘扬“晋江经验”，坚持“两个毫不动摇”，全面落实市场准入负面清单制度，鼓励引导民营经济把产业链核心环节留在福建，培育更多根植型的企业集团。落实鼓励民营企业发展各项政策措施，办好民营企业产业对接会，全年对接引进民营企业产业项目投资 5000 亿元以上。建立向民间资本推介项目机制，吸引民间资本参与市政、交通、生态环境、社会事业等补短板领域和新型基础设施建设。鼓励引导民间资本采用 PPP 模式参与盘活国有存量资产。支持民营企业申报基础设施领域不动产投资信托基金（REITs）试点。

精准支持实体经济发展。健全和完善各项扶持政策，进一步壮大市场主体规模。加大力度支持“专精特新”企业，强化减税降费等惠企纾困政策落实。加大对中小微企业和个体工商户金融支持，引导金融机构增加制造业中长期贷款，持续提升“金服云”平台服务效能。扩大直接融资规模，推动企业发行债券，落实财政贴息，降低企业融资成本。规范政府出资产业投资基金运行，发挥基金带动作用和放大效应。加快宁德、龙岩国家级普惠金融改革试验区建设。

（四）促进外经贸量稳质升

推动海丝核心区建设走深走实。全面衔接丝绸之路经济带建设，实施对接 RCEP 行动计划和“丝路伙伴计划”，巩固互联互通合作基础，扎牢风险防控网络。加快建设中印尼等“两国双园”。拓展中欧（厦门）班列、“丝路海运”、“丝路电商”，建成“丝路海运”信息化平台，高水平筹办第四届“丝路海运”国际合作论坛。推进“一带一路”对外合作科技创新平台建设，支持具备条件的各类主体在“一带一路”沿线国家和地区合作设立研发中心。推动厦门深化建设金砖国家新工业革命伙伴关系创新基地。

深化自贸试验区等改革创新。加快自贸试验区扩区提质，开展首创性和差别化探索，加强改革创新系统集成，加大创新举措推广应用。推动海关特殊监管区域与自贸试验区统筹发展。促进福州新区高质量发展，推进东南大数据产业园、临空经济示范区建设，加快一体化立体交通网络建设。深化平潭开放开发，争取国家支持平潭开展新一轮中长期发展规划编制和报批工作，加强台创园、小贸市场、文创村等创业就业基地建设。

巩固外贸向好势头。深化外贸创新发展行动，加快外贸转型升级基地建设，高质量建设国家进口贸易促进创新示范区。用好各类自贸协定规则，稳定传统市场，拓展新兴市场。有针对性完善支持跨境电商海外仓等新业态的政策，推动企业完善全球网络布局，培育一批特色鲜明的海外仓。继续办好中国跨境电商交易会，探索在海关特殊监管区域内开展“网购保税+线下自提”业务。创新提升市场采购方式，推进“市场采购+跨境电商+外贸综合服务”融合发展。发挥进博会、广交会、服贸会等重要进出口平台作用。

持续提升利用外资水平。出台新一轮稳外资政策，保障内外资企业享受平等待遇。优化外资促进服务，更好发挥快捷通道和绿色通道作用，推动重大项目加快落地。办好第22届投洽会，持续深化“云招商”。对接世界500强、全球行业龙头和台湾百大企业，强化项目策划和精准招商，引导外资更多投向高新技术制造业、现代服务业等领域。

积极探索海峡两岸融合发展新路。加快推进台胞台企登陆的“第一家园”建设，落实落深台胞台企同等待遇，建设海峡两岸融合发展示范区。加快建设闽台集成电路、石油化工、精密机械等重大合作项目，引导闽台电子信息、生物科技、特色现代农业、现代服务业等优势企业产业链、供应链、价值链融合发展。在若干领域先行开展两岸标准共通试点。支持符合条件的在闽台企上市融资，提升涉台经济园区对台产业集聚功能。持续办好海峡论坛、海峡青年节等两岸重要交流活动。提升基础设施联通，扩大向金门供水示范外溢效应，深入推进与金门、马祖地区通水、通电、通气、通桥。

提升闽港澳侨合作交流水平。深化闽港、闽澳在招商、金融、旅游、文化、会展等领域合作，积极推动闽港澳企业携手开拓“一带一路”沿线国家和地区市场。实施侨资侨智侨力引进工程，建设华人华侨回国创业基地，用好世界闽商大会等平台，吸引海外华商回乡投资兴业，鼓励海外侨胞到福建创业就业。

（五）统筹推进区域协调发展

实施新时代山海协作。以福州和厦漳泉两大都市圈建设为引擎，带动闽东北、闽西南两大协同发展区建设。实施强省会战略，推动福州加快建设现代化国际城市。弘扬特区精神，支持厦门建设高质量引领示范区。深化山海协作内涵，健全完善都市圈和协同发展建设推进机制，加快策划生成一批区域产业链项目，提升区域产业链群竞争力和协同创新水平，建设一批山海共建共享的创新创业创造平台和数字经济合作平台，推进产业梯度转移，培育区域产业集群。

持续推进新型城镇化建设。深化户籍制度改革，强化基本公共服务保障，推动常住人口城镇化率达70%以上。增强山区县城承载能力，做大城关。提升城市功能品质，加强城市规划、建设、管理，合理布局生产、生活、生态空间，优化城市道路功能和路网结构。加快实施城市更新行动，提升改造滨海风景道、福道、生态廊道、郊野公园，推动建设宜居、韧性、创新、智慧、绿色、人文的新型城市。

稳步推进农业农村现代化和乡村振兴。持续推进特色现代农业高质量发展“3212”工程，加快农村一二三产业融合。实施种业振兴行动，育成具有自主知识产权的农业新品种20个以上，农作物良种覆盖率98.5%以上。新建高标准农田90万亩，积极发展设施农业，主要农作物耕种收综合机械化率提高到73%。实施乡村振兴十大行动，打造100条乡村振兴精品示范线路。加快推进重大引调水、大中型水库、防洪工程、渔港等农业重大项目建设。实施农村人居环境整治提升五年行动，建设宜居宜业美丽乡村。深化农业农村改革，推进农村承包地“三权分置”，推进农村集体产权交易市场建设，培育农业龙头企业、农民合作社、家庭农场等新型经营主体。

加快老区苏区振兴发展。推动龙岩、三明建设革命老区高质量发展示范区，在红色文化传承保护、生态文明建设、特色产业发展、体制机制创新等方面开展示范，打造全国革命老区高质量发展的福建样板。发挥支持赣南等原中央苏区振兴发展部际联席会议平台作用，争取我省老区苏区更多事项获得支持。继续推动经济较发达县帮扶38个乡村振兴重点县及欠发达老区苏区县，引导更多资源向老区苏区聚集。

（六）持续深化生态省建设

落实好碳达峰碳中和战略。把碳达峰碳中和工作纳入生态省建设全过程、各方面，制定做好碳达峰碳中和工作实施意见和碳达峰实施方案，进一步完善碳达峰碳中和“1+N”政策体系。强化绿色低碳技术创新平台建设，支持低碳零碳负碳科技攻关。优化能源消费结构，深化“电动福建”建设，发展绿色公共交通。着力提升节能管理水平，建设能源节约型社会。细化“两高”项目分类标准，坚决遏制“两高”项目盲目发展。加强能耗双控及二氧化碳排放控制，加快形成减污降碳的激励约束机制。

深入打好污染防治攻坚战。加快推进中央生态环保督察整改，继续做好第二轮省级例行督察。深化挥发性有机物和氮氧化物协同减排，推进钢铁、水泥行业超低排放改造，推进泉港、泉惠以及古雷石化基地等区域大气污染综合整治。加强生物多样性保护，实施九龙江流域山水林田湖草生态保护修复工程，加快推进县级城市建成区黑臭水体整治，分期分批打造一批美丽示范河湖。强化重点直排海污染源污水治理和尾水排放控制，梯次推进美丽海湾建设。开展福州、厦门、泉州等地重点管控建设用地先行调查试点。推进莆田、福州等地级市“无废城市”建设。不断提升绿盈乡村占比。深入推进绿色生活创建，建立生活垃圾分类管理机制，推动塑料污染全链条治理体系建设。强化危险废物监管和利用处置，加快城市医疗废物处置扩容升级工程建设。

不断创新生态文明机制。深化国家生态文明试验区建设，大力推动产业生态化、生态产业化，建立健全生态产品价值实现机制。深入推进武夷山国家公园建设，完善自然保护地体系，分区分类开展自然生态修复。健全完善森林资源管理、林地规模经营、林业金融创新、林业碳汇培育与交易等。统筹推进省、市、县国土空间总体规划编制。深入开展自然资源资产产权制度改革，完善生态补偿机制，推进国家生态综合补偿试点地区建设，加快完善自然资源价格形成机制。

（七）着力保障和改善民生

扎实推进共同富裕。健全经济发展与收入增长联动机制，拓宽居民增收渠道，推动初次分配、再分配、三次分配协调配套。实施居民增收行动，合理调节工资收入分配差距，推动更多低收入者进入中等收入行列。深化企业工资收入分配制度改革，着力增加一线劳动者劳动报酬，科学合理调整我省最低工资标准，完善国有企业市场化薪酬分配机制。探索通过土地、资本等要素使用权、收益权增加中低收入群体要素收入。努力增加农村居民收入，健全防止返贫监测和帮扶机制，全面推动巩固拓展脱贫攻坚成果同乡村振兴有效衔接。

推动高质量就业。落实就业优先政策，强化投资、消费、产业、区域等政策支持就业导向，增强企业吸纳就业能力，推进援企稳岗，支持多渠道灵活就业和新就业形态发展，持续激发新的就业增长点。深入开展大众创业万众创新，增强双创平台服务能力。坚持市场化就业与政府帮扶相结合，统筹做好高校毕业生等重点人群就业工作。实施“技能福建”行动，共建共享一批公共实训基地。推进失业保险省级统筹。全年城镇新增就业50万人以上，城镇失业人员再就业10万人以上，就业困难人员就业2.4万人以上。

提升公共服务保障水平。推动基本公共服务下沉共享、优质资源扩容和优化布局，根据人口分布科学配置公共服务资源。实施城乡统一的基本公共服务设施配置和建设标准，推进基本公共服务均等化。推进基础教育优质均衡发展，新增4万个公办幼儿园学位，加大普惠性民办幼儿园扶持力度。加快推进校际和城乡紧密型教育共同体建设，实施城区学位增补计划，深化落实“双减”工作。推进示范性高中、课程改革基地校、达标高中等项目建设。优化职业教育与区域发展布局，推动福州新区职教城建设，加快实施高水平职业院校和专业建设计划，引导职业院校加快发展与产业转型升级相吻合的专业体系。积极推进高等教育体制改革，让更多高校、学科进入一流行列。不断提升和推广三明医改经验，深化“三医联动”改革。加快推进国家和省级区域医疗中心项目、中医特色重点医院、县域医共体等建设。实施好“一老一小”整体解决方案，积极做好企业职工基本养老保险全国统筹，实施普惠养老城企联动专项行动，发展普惠型养老服务和互助性养老。推广居家社区养老模式，提升居家社区养老品质。新建扩建70所农村区域性养老服务中心，新增不少于1万张养老床位。大力发展老年教育，扩大老年教育资源供给。完善三孩生育配套支持政策，实施普惠托育服务专项行动，每千人口拥有3岁以下婴幼儿托位数达2.2个。加强食品药品安全监管，持续治理“餐桌污染”。实施全民健身场地设施建设提升工程，广泛开展全民健身活动。

（八）切实防风险保安全

确保粮食和能源供应及产业链供应链安全。深入实施藏粮于地、藏粮于技战略，全面落实粮食安全党政同责，健全完善粮食安全责任制考核，严守耕地保护红线，坚决防止耕地“非农化”“非粮化”。健全粮食产购储加销协同保障机制，实施引粮入闽奖励政策，强化粮食仓储物流和应急保障体系建设，新建改扩建一批省级现代化储备粮库，加快粮食储备信息化建设，形成全省粮食储备信息化“一张网”。推进能源基础设施建设，新增电力装机300万千瓦以上，实现所有地级市全部实现通管道气。做好电煤保供，加快煤炭、天然气产供储销体系建设。建立完善产业链供应链风险预警机制，加快打通卡点堵点，保障产业链供应链安全稳定。

促进房地产业良性循环和健康发展。坚持“房住不炒”定位，因城施策做好房地产调控，稳地价、稳房价、稳预期，坚持租购并举，支持商品房市场更好满足购房者的合理住房需求。扎实推进保障性安居工程建设，新开工保障性租赁住房7万套以上。规范保障性租赁住房管理，落实租金优惠和用水用电用气价格政策。高度关注房地产等重点领域债务风险，加强风险预判预警，采取综合措施稳妥处置。

全力做好保供稳价、安全生产等工作。统筹抓好蔬菜、肉蛋奶等重要农产品稳产保供，强化价格监测预警，适时启动平价商店，保持价格总水平基本稳定。扎实推进安全生产专项整治三年行动和各领域安全隐患大排查大整治，强化隐患排查治理，全力防范化解重大安全风险，做好防灾减灾救灾各项工作。

同时，要慎终如始抓好常态化疫情防控。抓好“外防输入、内防反弹”工作，压紧压实“四方责任”，落实“四早”要求。强化口岸疫情防控，加强中高风险地区来闽人员管控，严格落实从国门到家门全程闭环管理，加强集中医学观察场所的规范管理，落实重点场所、重点人群、重点环节、重点物品核酸检测和预防性消毒等措施。继续做好基层疫情监测预警和应急处置等工作，完善疫情防控快速反应机制，优化提升福建健康码平台等信息化支撑能力。加强防疫物资储备，提升核酸检测、流调溯源等应急处置能力，推进医疗机构发热门诊、健康驿站、市疾控中心基础设施、移动方舱核酸检测实验室等项目建设，织牢公共卫生防护网。

各位代表，做好2022年经济社会发展工作意义重大、任务艰巨、使命光荣。我们要更加紧密地团结在以习近平同志为核心的党中央周围，以习近平新时代中国特色社会主义思想为指导，始终牢记“两个确立”，增强“四个意识”、坚定“四个自信”、做到“两个维护”，不折不扣贯彻落实党中央国务院各项决策部署，认真落实省第十一次党代会要求，落实省十三届人大六次会议决议，自觉接受省人大的监督，认真听取省政协的意见和建议，强化责任意识、风险意识，力戒形式主义、官僚主义，埋头苦干、勇毅前行，全方位推进高质量发展超越、奋力谱写全面建设社会主义现代化国家福建篇章，为实现第二个百年奋斗目标和中华民族伟大复兴的中国梦作出新的更大贡献！

第一篇　综合

Chapter 1　General Survey

资料整理：魏知量　叶春山　张洪峰

Database Editor:Wei zhiliang　Ye Chunshan　Zhang Hongfeng

简要说明

本篇资料的主要内容及来源

本篇包括全省行政区划及国民经济和社会发展综合资料二部分。

行政区划划分资料由福建省民政厅提供。国民经济和社会发展综合部分来源于本年鉴各篇章中的资料，由省统计局综合统计处、省统计局普查中心加工整理。

Brief Introduction

Main Content and Source of Data

This chapter mainly covers two parts: the data of divisions of administrative areas and general survey of economy and society development.

Data on divisions of administrative areas are provided by the Bureau of Civil Affairs of Fujian Provincial Department. Data on general survey of eco-nomy and society development are compiled and processed by the Division of Comprehensive Statistics of the Fujian Provincial Bureau of Statistics and the Division of General Survey Centre of the Fujian Provincial Bureau of Statistics.

1-1 全省行政区划(2021年底)
Division of Administrative Areas in Fujian(End of 2021)

设区市名称 Cities	县级行政单位数(个) Number of Administrative Units at County Lever(unit) 合计 Total	县 County	县级市 Cities at County Level	市辖区 District	县级行政单位名称 Name of Administrative Units at County Level
总计 Total	84	42	11	31	
福州市 Fuzhou	13	6	1	6	鼓楼区 仓山区 台江区 马尾区 晋安区 长乐区 福清市 闽侯县 连江县 罗源县 闽清县 永泰县 平潭县 Gulou Cangshan Taijiang Mawei Jin'an Changle Fuqing Minhou Lianjiang Luoyuan Minqing Yongtai Pingtan
厦门市 Xiamen	6			6	思明区 海沧区 湖里区 集美区 同安区 翔安区 Siming Haicang Huli Jimei Tongan Xiang'an
莆田市 Putian	5	1		4	城厢区 涵江区 荔城区 秀屿区 仙游县 Chengxiang Hanjiang Licheng Xiuyu Xianyou
三明市 Sanming	11	8	1	2	三元区 沙县区 永安市 明溪县 清流县 宁化县 大田县 尤溪县 将乐县 泰宁县 建宁县 Sanyuan Shaxian Yong'an Mingxi Qingliu Ninghua Datian Youxi Jiangle Taining Jianning
泉州市 Quanzhou	12	5	3	4	鲤城区 丰泽区 洛江区 泉港区 石狮市 晋江市 南安市 惠安县 安溪县 永春县 德化县 金门县 Licheng Fengze Luojiang Quangang Shishi Jinjiang Nan'an Huian Anxi Yongchun Dehua Jinmen
漳州市 Zhangzhou	11	7		4	芗城区 龙文区 龙海区 长泰区 云霄县 诏安县 漳浦县 东山县 南靖县 平和县 华安县 Xiangcheng Longwen Longhai Changtai Yunxiao Zhao'an Zhangpu Dongshan Nanjing Pinghe Hua'an
南平市 Nanping	10	5	3	2	延平区 建阳区 邵武市 武夷山市 建瓯市 顺昌县 浦城县 光泽县 松溪县 政和县 Yanping Jianyang Shaowu Wuyishan Jian'ou Shunchang Pucheng Guangze Songxi Zhenghe
龙岩市 Longyan	7	4	1	2	新罗区 永定区 漳平市 长汀县 上杭县 武平县 连城县 Xinluo Yongding Zhangping Changting Shanghang Wuping Liancheng
宁德市 Ningde	9	6	2	1	蕉城区 福安市 福鼎市 霞浦县 古田县 屏南县 寿宁县 周宁县 柘荣县 Jiaocheng Fu'an Fuding Xiapu Gutian Pingnan Shouning Zhouning Zherong

注:县级行政单位包括金门县。
Note: Administrative Units at County Level include Jinmen.

1-2 国民经济和社会发展总量和速度指标

项目 Item	总量指标 Aggregate Data			
	1978	1990	2000	2010
人口与就业 **Population and Employment**				
年末总人口（万人） Population at Year-end(10000 persons)	2446	3037	3410	3693
#城镇人口 Urban		642	1432	2109
年末从业人员（万人） Employment at Year-end(10000 persons)	924	1496	1794	2114
城镇登记失业人员（万人） Registered Unemployed Persons in Urban Areas(10000 persons)	20.82	9.00	9.10	14.49
城镇单位在岗职工平均工资（元） Average Wage of Staff and Workers on the Job(yuan)	567	2162	10584	32647
国民经济核算 **National Accounts**				
地区生产总值（亿元） Gross Domestic Product(100 million yuan)	66.37	522.28	3764.54	15002.51
第一产业 Primary Industry	23.93	147.01	616.37	1269.87
第二产业 Secondary Industry	28.19	174.47	1622.33	7705.25
第三产业 Tertiary Industry	14.25	200.80	1525.83	6027.39
主要行业 Major Industry				
工业 Industry	23.85	150.55	1422.34	6532.27
建筑业 Construction	4.34	23.92	206.11	1201.07
人均地区生产总值（元） Per Capita GDP(yuan)	273	1735	11194	40773
固定资产投资 **Investment in Fixed Assets**				
固定资产投资（亿元） Investment in Fixed Assets(100 million yuan)	8.48	81.20	892.97	5612.35
项目投资 Projects Investment		67.73	685.60	3793.49
房地产投资 Real Estate Development		13.47	207.37	1818.86

Aggregate Indicators on National Economic and Social Development and Growth Rates

		平均增长速度(%) Average Annual Growth Rate(%)				2021年比上年增长(%)
2020	2021	1979-2021	1991-2021	2001-2021	2011-2021	2021 as Percentage of the last Year(%)
4161	4187	1.26	1.04	0.98	1.15	0.62
2861	2918		5.01	3.45	3.00	2.02
2206	2197	2.03	1.25	0.97	0.35	-0.41
35.74	37.97	1.41	4.75	7.04	9.15	6.24
91072	101516	12.8	13.2	11.4	10.9	11.5
43608.55	48810.36	11.7	11.8	10.4	8.8	8.0
2730.81	2897.74	5.2	4.6	3.3	3.5	4.9
20168.43	22866.32	14.0	14.4	11.9	9.3	7.5
20709.31	23046.30	12.3	11.4	10.2	9.0	8.8
15615.48	17787.60	14.5	14.7	12.1	9.4	9.0
4618.99	5140.55	8.4	12.2	11.4	8.9	2.5
105106	116939	10.4	10.6	9.3	7.6	7.3
17996.36	19083.28	19.7	19.3	15.7	11.8	6.0
11969.56	12887.66		18.4	15.0	11.8	7.7
6026.80	6195.61		21.9	17.6	11.8	2.8

1-2 续表1

项目 Item	总量指标 Aggregate Data 1978	1990	2000	2010
能源生产与消费				
Production and Consumption of Energy				
一次能源生产总量（万吨标准煤）	461.00	966.52	1654.17	3260.42
Total Energy Production(10000 tons of SCE)				
能源消费总量（万吨标准煤）	688.00	1458.30	2942.60	9189.42
Total Energy Consumption(10000 tons of SCE)				
财政				
Revenue				
一般公共预算总收入（亿元）	15.13	57.06	369.67	2056.01
Budgetary Revenue of Local Government(100 million yuan)				
地方一般公共预算收入（亿元）			234.11	1151.49
Budgetary Revenue of Local Government(100 million yuan)				
一般公共预算支出（亿元）	15.14	68.45	324.18	1695.09
Government Expenditure(100 million yuan)				
金融				
Finance				
金融机构人民币各项存款余额（亿元）	25.95	359.45	3114.32	18309.45
Deposits RMB of Financial System(100 million yuan)				
#财政存款			39.59	678.08
Fiscal Deposits				
金融机构人民币各项贷款余额（亿元）	31.43	381.93	2438.82	15231.36
Loans RMB of Financial System(100 million yuan)				
#短期贷款			1728.01	6594.50
Short-term Loans				
中长期贷款			510.32	8372.64
Medium-term &Long-term Loans				
保险公司赔款及给付金额（亿元）			17.76	102.90
Payment of Insurance Companies(100 million yuan)				
价格指数（上年=100）				
Price Indices(preceding year=100)				
居民消费价格指数	100.2	99.3	102.1	103.2
Consumer Price Index				
工业生产者出厂价格指数			100.5	103.2
Ex-Factory Price Indices of Industrial Producers				
工业生产者购进价格指数			112.4	107.7
Purchasing Price Indices of Industrial Producers				
农业				
Agriculture				
农林牧渔业总产值（亿元）	36.33	227.12	1037.27	2226.41
Gross Output Value of Agriculture,Forestry,Animal Husbandry and Fishery(100 million yuan)				

		平均增长速度(%) Average Annual Growth Rate(%)				2021年比上年增长(%)
2020	2021	1979-2021	1991-2021	2001-2021	2011-2021	2021 as Percentage of the last Year(%)
3997.99	4261.23	5.3	4.9	4.6	2.5	6.6
13905.19	15157.51	7.5	7.8	8.1	4.7	9.0
5158.43	5743.84	14.7	16.0	13.8	9.6	11.3
3079.04	3383.38			13.7	10.6	9.9
5216.10	5210.93	14.7	15.3	14.5	11.5	7.5
55160.49	60557.26	19.8	18.0	15.2	11.5	9.8
1053.15	1132.22			17.3	4.8	7.5
58589.49	65920.32	19.5	18.1	17.0	14.2	12.5
17843.60	19356.43			12.2	10.3	8.5
37789.18	42475.16			23.4	15.9	12.4
393.23	429.77			16.4	13.9	9.3
102.2	100.7	4.6	3.6	1.9	2.2	0.7
98.4	104.9			0.3	0.6	4.9
98.6	109.2			2.4	0.9	9.2
4901.07	5200.97	5.7	5.3	3.4	3.6	5.1

1-2 续表2

项目 Item	总量指标 Aggregate Data 1978	1990	2000	2010
主要农产品产量（万吨） Output of Major Farm Products(10000 tons)				
粮食 Grain	744.90	879.64	854.68	584.65
油料 Oil-bearing Crops	13.80	17.66	25.79	22.08
甘蔗 Sugar Cane	288.03	344.28	82.71	55.69
烤烟 Tobacco	1.23	4.26	9.14	11.52
茶叶 Tea	2.03	5.82	12.60	25.83
园林水果 Fruits	10.10	75.78	356.44	495.03
肉类 Meat	24.27	71.83	145.92	192.61
禽蛋 Poultry Eggs		12.94	40.69	30.54
奶类 Milk	0.93	4.87	9.91	13.24
水产品 Aquatic Products	54.44	145.59	527.89	587.42
食用菌 Edible Fungus		18.24	46.25	76.27
造林面积（万亩） Areas of Afforestation(10000 mu)	292.07	455.87	36.75	44.81
工业 **Industry**				
工业总产值（亿元） Gross Industrial Output Value(100 million yuan)	63.14	531.49	3994.86	23805.32
规模以上工业主要产品产量 Output of Major Industrial Products				
原煤(万吨) Coal(10000 tons)	423.05	925.37	375.03	2442.73
原盐(万吨) Salt(10000 tons)	94.67	67.21	28.37	33.39
罐头(万吨) Canned Food(10000 tons)	4.10	14.41	26.78	203.21
布(亿米) Cloth(100 million meters)	1.12	2.26	5.59	31.20
纱(万吨) Yarn(10000 tons)	1.84	5.48	14.36	184.74
机制纸及纸板(万吨) Machine-made Paper and Paperboard(10000 tons)	20.08	52.09	85.07	432.06

		平均增长速度(%) Average Annual Growth Rate(%)				2021年比上年增长(%)
2020	2021	1979-2021	1991-2021	2001-2021	2011-2021	2021 as Percentage of the last Year(%)
502.32	506.42	-0.9	-1.8	-2.5	-1.3	0.8
22.73	23.31	1.2	0.9	-0.5	0.5	2.5
26.98	28.79	-5.2	-7.7	-4.9	-5.8	6.7
10.03	10.52	5.1	3.0	0.7	-0.8	4.9
46.14	48.79	7.7	7.1	6.7	6.0	5.8
717.05	763.02	10.6	7.7	3.7	4.0	6.4
259.39	286.54	5.9	4.6	3.3	3.7	10.5
53.66	55.91		4.8	1.5	5.7	4.2
17.48	19.97	7.4	4.7	3.4	3.8	14.3
832.98	853.07	6.6	5.9	2.3	3.5	2.4
137.88	146.04		6.9	5.6	6.1	5.9
7.34	4.91	-9.1	-13.6	-9.1	-18.2	-33.2
63476.68	72674.18	17.0	17.2	13.9	10.2	8.8
645.85	540.68	0.6	-1.7	1.8	-12.8	-16.3
26.54	25.20	-3.0	-3.1	-0.6	-2.5	-5.1
281.80	299.17	10.5	10.3	12.2	3.6	6.2
74.49	79.42	10.4	12.2	13.5	8.9	6.6
543.45	556.94	14.2	16.1	19.0	10.6	2.5
798.49	994.84	9.5	10.0	12.4	7.9	24.6

1-2 续表3

项目 Item	总量指标 Aggregate Data			
	1978	1990	2000	2010
农用化肥(万吨) Chemical Fertilizers(10000 tons)	16.40	43.64	61.38	57.87
烧碱(万吨) Caustic Soda(10000 tons)	4.32	8.70	15.64	20.11
水泥(万吨) Cement(10000 tons)	120.45	540.04	1513.64	5921.20
平板玻璃(万重量箱) Plain Glass(10000 cases)	43.59	66.06	479.87	2765.35
生铁(万吨) Pig Iron(10000 tons)	26.57	62.60	149.37	558.81
钢材(万吨) Rolled Steel(10000 tons)	13.82	56.28	283.79	1340.56
彩色电视机(万台) Color TV(10000 units)		123.14	204.19	903.10
微型电子计算机（万台） Micro-computers(10000 units)			88.77	738.27
汽车(万辆) Motor Vehicles(10000 sets)	0.09	0.07	2.96	19.50
发电量(亿千瓦小时) Electricity(100 million kwh)	40.69	136.65	403.73	1356.32
规模以上工业企业主要经济指标（亿元） Principal Indicators of Industrial Enterprises above Designated Size(100 million yuan)				
资产总计 Original Value of Fixed Assets		451.91	3368.64	16058.70
主营业务收入 Revenue from Principal Business		352.56	2468.69	21479.37
利润总额 Total Profits	6.75	16.09	110.80	1754.18
建筑业 **Construction**				
建筑业企业从业人员（万人） Number of Employed Persons(10000 persons)	4.54	30.98	41.37	229.57
建筑业总产值（亿元） Gross Output Value(100 million yuan)	3.31	32.54	271.15	3062.17
房屋施工面积（万平方米） Under Construction(10000 sq.m)	416.57	969.35	4085.40	28406.86
房屋竣工面积（万平方米） Completed Construction(10000 sq.m)	183.40	499.30	1729.00	9095.78
交通运输邮电 **Transportation,Postal and Telecommunication**				
铁路营业里程（公里） Length of Railways in Operation(km)	1009	1021	1454	2110
公路通车里程（公里） Length of Highways in Operation(km)	29109	41011	53506	91015

		平均增长速度(%) Average Annual Growth Rate(%)				2021年比上年增长(%)
2020	2021	1979-2021	1991-2021	2001-2021	2011-2021	2021 as Percentage of the last Year(%)
86.25	66.69	3.3	1.4	0.4	1.3	-22.7
35.90	37.91	5.2	4.9	4.3	5.9	5.6
9686.90	10096.37	10.8	9.9	9.5	5.0	4.2
5361.63	5512.69	11.9	15.3	12.3	6.5	2.8
1106.21	1145.19	9.1	9.8	10.2	6.7	3.5
3861.65	3980.53	14.1	14.7	13.4	10.4	3.1
1330.02	1383.29		8.1	9.5	4.0	4.0
1493.63	1369.67			13.9	5.8	-8.3
18.04	34.26	14.8	22.3	12.4	5.3	89.9
2537.12	2808.18	10.3	10.2	9.7	6.8	10.7
41995.99	47211.29		16.2	13.4	10.3	12.4
53220.66	63039.21		18.2	16.7	10.3	18.4
3949.87	4980.00	16.6	20.3	19.9	10.0	26.1
483.79	479.10	11.4	9.2	12.4	6.9	-1.0
14117.80	15810.43	21.8	22.1	21.4	16.1	12.0
82671.20	87230.72	13.2	15.6	15.7	10.7	5.5
18231.74	19206.99	11.4	12.5	12.1	7.0	5.3
3774	3983	3.2	4.5	4.9	5.9	5.5
110118	111031	3.2	3.3	3.5	1.8	0.8

1-2 续表4

项目 Item	总量指标 Aggregate Data 1978	1990	2000	2010
#高速公路 Expressway			351	2350
内河通航里程（公里） Length of Navigable Inland Waterways in Operation(km)	3629	3888	3701	3245
客运量（万人） Passenger Traffic(10000 persons)	7928	39495	44203	77153
铁路 Railways	718	1234	1428	3640
公路 Highways	6285	36639	41696	70714
水运 Waterways	924	1567	726	1444
民航 Civil Aviation	1	55	353	1356
货运量（万吨） Freight Traffic(10000 tons)	4871	20321	29483	66159
铁路 Railways	1261	1902	2475	3765
公路 Highways	2671	16710	22924	45575
水运 Waterways	939	1708	4078	16803
民航 Civil Aviation	0.02	0.83	5.84	15.81
沿海主要港口货物吞吐量（万吨） Volume of Freight Handled at Major Coastal Ports (10000 tons)	408.13	1496.50	6944.17	32687.01
邮电业务 Business Volume of Postal and Telecommunication Services				
函件（万件） Number of Letters Delivered(10000 piece)	8790	16228	24163	25198
移动电话年末用户（万户） Number of Mobile Telephone Subscribers at Year-end (10000 household)			441.00	3022.00
固定电话年末用户（万户） Number of Fixed Telephone Subscribers at Year-end (10000 household)	5.88	22.82	562.70	1046.00
国内贸易 **Domestic Trade**				
社会消费品零售总额（亿元） Total Retail Sales of Consumer Goods(100 million yuan)	30.56	207.74	1393.93	6015.22
进出口 **Exports and Imports**				
海关进出口总额（亿美元） Total Exports and Imports(customs)	2.03	43.39	212.23	1087.80

		平均增长速度(%) Average Annual Growth Rate(%)				2021年比上年增长(%) 2021 as Percentage of the last Year(%)
2020	2021	1979–2021	1991–2021	2001–2021	2011–2021	
5635	5810			14.3	8.6	3.1
3245	3245	-0.3	-0.6	-0.6	0.0	0.0
25490	21893	2.4	-1.9	-3.3	-10.8	-14.1
7539	8350	5.9	6.4	8.8	7.8	10.8
14882	10522	1.2	-3.9	-6.3	-15.9	-29.3
742	742	-0.5	-2.4	0.1	-5.9	0.1
2327	2279	19.3	12.7	9.3	4.8	-2.1
139927	166131	8.6	7.0	8.6	8.7	18.7
3750	5112	3.3	3.2	3.5	2.8	36.3
91137	110777	9.0	6.3	7.8	8.4	21.6
45018	50224	9.7	11.5	12.7	10.5	11.6
22.80	18.33	17.2	10.5	5.6	1.4	-19.6
62132.47	69190.28	12.7	13.2	11.6	7.1	11.4
3268	2529	-2.9	-5.8	-10.2	-18.9	-22.6
4739.28	4824.25			12.1	4.3	1.8
733.07	707.16	11.8	11.7	1.1	-3.5	-3.5
18626.45	20373.11	16.3	15.9	13.6	11.7	9.4
2033.17	2852.50	18.4	14.5	13.2	9.2	40.3

1-2 续表5

项目 Item	总量指标 Aggregate Data			
	1978	1990	2000	2010
出口总额 Total Exports	1.90	24.49	129.08	714.93
进口总额 Total Imports	0.13	18.90	83.15	372.87
旅游 **Tourism**				
接待入境游客人数（万人次） Number of Tourists (Overnight Visitors)		70.79	161.33	368.14
外国人 Foreigner		10.54	49.75	115.27
台湾同胞 Compatriots from Taiwan		36.28	47.79	156.92
港澳同胞 Compatriots from Hong Kong,Macao		23.97	63.80	95.94
国际旅游外汇收入（亿美元） Foreign Exchange Earnings from International Tourism(100 million USD)			8.94	29.78
教育 **Education**				
在校学生数（万人） Students Enrollment(10000 persons)				
普通高等学校 Regular Institutions of Higher Education	2.05	5.56	13.14	64.78
普通中等学校 Regular Secondary Schools	119.98	120.69	269.46	260.22
普通小学 Primary Schools	370.23	337.08	369.10	238.89
科技 **Science and Technology**				
研究与试验发展经费内部支出（亿元） Expenditures on Research and Development (100 million yuan)			21.19	170.90
技术市场成交额（亿元） Volume of Transaction in Technical Markets (100 million yuan)		0.44	17.26	38.12
专利情况（项） Patent				
授权量 Number of Granted		276	3003	18063
发明专利拥有量 The Ownership of Invention Patents(unit)				3295
文化 **Culture**				
图书出版总印数（万份） Number of Books Published(10000 copies)	6818	16312	20298	7749

		平均增长速度(%) Average Annual Growth Rate(%)				2021年比上年增长(%)
2020	2021	1979-2021	1991-2021	2001-2021	2011-2021	2021 as Percentage of the last Year(%)
1223.87	1673.41	17.1	14.6	13.0	8.0	36.7
809.30	1179.09	23.6	14.3	13.5	11.0	45.7
229.67	65.11		-0.3	-4.2	-14.6	-71.7
93.92	30.97		3.5	-2.2	-11.3	-67.0
83.02	17.75		-2.3	-4.6	-18.0	-78.6
52.73	16.39		-1.2	-6.3	-14.8	-68.9
20.69	4.92			-2.8	-15.1	-76.2
94.72	102.34	9.5	9.9	10.3	4.2	8.0
257.68	272.01	1.9	2.7	0.0	0.4	5.6
343.61	352.90	-0.1	0.1	-0.2	3.6	2.7
842.41				20.2	17.3	
183.86	214.40		22.1	12.7	17.0	16.6
145929	153814		22.6	20.6	21.5	5.4
50756	62156				30.6	22.5
13620	15467	1.9	-0.2	-1.3	6.5	13.6

1-2 续表6

项目 Item	总量指标 Aggregate Data			
	1978	1990	2000	2010
期刊出版总印数（万份） Number of Magazines Issued(10000 copies)	388	3157	4463	2940
报纸出版总印数（万份） Number of Newspaper Issued(10000 copies)	14784	41455	68897	99982
电视节目制作时间（小时） Time for TV Programs Production			16519	55424
公共图书馆（座） Libraries(set)	23	74	81	86
博物馆（个） Museums(unit)	13	58	81	94
居民生活 People's Living Conditions				
城镇居民人均可支配收入（元） Per Capita Annual Disposable Income of Urban Households (yuan)	371	1770	7432	21781
城镇居民人均消费支出（元） Per Capita Consumption in Urban Areas	285	1431	5639	14750
城镇居民人均住房建筑面积（平方米） Per Capita Floor Space of Residential Buildings(sq.m)		18.1	28.0	38.5
农村居民人均可支配（纯）收入（元） Per Capita Net Income of Rural Residents(yuan)	138	764	3230	7427
农村居民人均生活消费支出(元) Peasants'per Capita Living Consumption Expenditure(yuan)	113	708	2410	5498
卫生 Health Care				
卫生机构数（个） Number of Health Institutions(unit)	3809	4885	9807	6999
#医院、卫生院 Hospitals	1111	1198	1323	1325
卫生技人员数（人） Medical Technical Personnel(person)	54855	86772	97569	140133
医生 Doctor	22097	35696	41461	55402
卫生机构床位数（张） Number of Hospital Beds(set)	51505	68073	90091	112334
#医院、卫生院 Hospitals	45331	60664	82389	103933

		平均增长速度(%) Average Annual Growth Rate(%)				2021年比上年增长(%)
2020	2021	1979-2021	1991-2021	2001-2021	2011-2021	2021 as Percentage of the last Year(%)
2017	2003	3.9	-1.5	-3.7	-3.4	-0.7
69515	65213	3.5	1.5	-0.3	-3.8	-6.2
55417	55382			5.9	-0.0	-0.1
97	96	3.4	0.8	0.8	1.0	-1.0
132	140	5.7	2.9	2.6	3.7	6.1
47160	51140	12.1	11.5	9.6	8.1	8.4
30487	33942	11.8	10.8	8.9	7.9	11.3
43.8	43.9		2.9	2.2	1.2	0.3
20880	23229	12.7	11.6	9.8	10.9	11.2
16339	19290	12.7	11.3	10.4	12.1	18.1
28152	28693	4.8	5.9	5.2	13.7	1.9
1585	1600	0.9	0.9	0.9	1.7	0.9
278397	294376	4.0	4.0	5.4	7.0	5.7
105546	111058	3.8	3.7	4.8	6.5	5.2
216753	223813	3.5	3.9	4.4	6.5	3.3
202189	209421	3.6	4.1	4.5	6.6	3.6

1-3 国民经济和社会发展结构指标
Composition Indicators on National Economic and Social Development

单位：%　　(%)

项目 Item	1978	1990	2000	2010	2020	2021
一、人口						
Population						
（一）性别结构						
Sexual Composition						
男		51.4	51.5	51.4	51.7	51.8
Male						
女		48.6	48.5	48.6	48.3	48.2
Female						
（二）城乡结构						
Urban and Rural Composition						
城镇		21.4	42.0	57.1	68.8	69.7
Urban						
乡村		78.6	58.0	42.9	31.2	30.3
Rural						
二、就业产业结构						
Employment Industrial Composition						
第一产业	75.1	58.4	46.8	28.4	14.6	13.7
Primary Industry						
第二产业	13.4	20.5	24.5	36.6	32.6	33.2
Secondary Industry						
第三产业	11.4	21.1	28.7	35.0	52.8	53.1
Tertiary Industry						
三、国民经济核算						
National Accounting						
地区生产总值产业结构						
Industrial Composition						
第一产业	36.0	28.2	16.4	8.5	6.3	5.9
Primary Industry						
第二产业	42.5	33.4	43.1	51.3	46.2	46.8
Secondary Industry						
第三产业	21.5	38.4	40.5	40.2	47.5	47.3
Tertiary Industry						
四、固定资产投资						
Investment in Fixed Assets						
（一）产业结构						
Industrial Composition						
第一产业				0.8	1.7	1.9
Primary Industry						
第二产业				34.4	30.8	32.4
Secondary Industry						
第三产业				64.8	67.5	65.7
Tertiary Industry						

1-3 续表1
Continued

单位：% (%)

项目 Item	1978	1990	2000	2010	2020	2021
（二）登记注册类型结构 Registration type Composition						
#国有企业 Stated-owned					7.2	7.8
集体企业 Collective-owned					0.6	0.6
私营企业 Private economy					41.8	43.0
外商及港澳台投资企业 Foreign Funded and Funds from Hong Kong, Macao and TaiWan					6.8	6.4
五、能源 Energy						
能源消费结构 Composition of Total Energy Consumption						
#煤炭 Coal	63.7	67.0	54.4	55.4	48.3	47.7
石油 Petroleum	12.9	12.1	23.3	24.8	23.6	22.8
天然气 Natural Gas				4.2	4.7	5.0
水电 Hydro power	23.4	20.9	22.3	15.2	6.2	5.3
核电 Nuclear power					13.9	14.9
六、农业 Agriculture						
（一）农林牧渔业产值结构 Composition of Gross Output Value of Agriculture, Forestry , Animal Husbandry and Fishery						
农业 Agriculture	77.7	52.1	40.6	40.4	37.1	36.6
林业 Forestry	6.4	9.5	7.9	8.5	8.0	8.2
牧业 Animal Husbandry	10.5	22.9	20.1	18.6	23.3	20.4
渔业 Fishery	5.5	15.6	31.4	28.8	28.0	31.2
农林牧渔服务业 Services of Agriculture , Forestry , Animal Husbandry and Fishery				3.7	3.6	3.6
（二）农作物播种面积 Total Sown Areas of Farm Crops						
粮食作物 Grain Crops	81.9	75.8	65.5	55.3	49.6	49.0
非粮作物 Non-Grain Crops	18.1	24.2	34.5	44.7	50.4	51.0
七、工业 Industry						
规模以上工业企业资产结构 Composition of Capital of Industrial Enterprises						
大型企业 Large Enterprises			22.0	23.7	38.5	41.7

1-3 续表2
Continued

单位：%　(%)

项目 Item	1978	1990	2000	2010	2020	2021
中型企业 Medium-sized Enterprises			13.5	40.9	27.0	25.4
小微企业 Small Enterprises			64.5	35.4	34.6	32.9
八、建筑业 Construction						
建筑业总产值结构 Composition of Gross Output Value of Construction Industry						
国有企业 State-owned Enterprise	56.8	41.1	48.6	14.6	5.7	5.6
集体企业 Collective-owned Enterprises	39.9	34.7	33.0	2.0	1.3	1.1
港澳台商投资企业 Enterprises with Funds from				1.1	0.8	0.8
外商投资企业 Foreign Funded Enterprises				0.08	0.20	0.26
其他 Other Enterprises				82.2	92.0	92.2
九、交通运输业 Transportation						
（一）货运量结构 Composition of Freight Traffic						
铁路 Railways	25.9	9.4	8.4	5.7	2.7	3.1
公路 Highways	54.8	82.2	77.8	68.9	65.1	66.7
水运 Waterways	19.3	8.4	13.8	25.4	32.2	30.2
民航 Civil Aviation			0.02	0.02	0.02	0.01
（二）客运量结构 Composition of Passenger Traffic						
铁路 Railways	9.1	3.1	3.2	4.7	29.6	38.1
公路 Highways	79.3	92.8	94.3	91.7	58.4	48.1
水运 Waterways	11.7	4.0	1.6	1.9	2.9	3.4
民航 Civil Aviation	0.01	0.14	0.8	1.8	9.1	10.4

1-3 续表3
Continued

单位：%　　(%)

项目 Item	1978	1990	2000	2010	2020	2021
十、国内贸易						
Domestic Trade						
社会消费品零售总额结构						
Composition of Retail Sales of Consumer Goods						
按销售单位所在地分组						
By Place of Sales Unit						
城镇 Urban				86.8	86.9	86.2
乡村 Rural				13.2	13.1	13.8
按商品形态分						
By Commodity Form						
餐饮收入额 Catering Income					9.3	8.9
商品零售额 Retail Sale					90.7	91.1
十一、海关货物进出口(按美元计价)						
Imports and Exports of Goods						
（一）进口货物总额						
Composition of Imports						
初级产品 Primary Goods			12.3	27.5	58.0	59.5
工业制成品 Manufactured Goods			87.7	72.5	42.0	40.5
（二）出口货物总额						
Composition of Exports						
初级产品 Primary Goods			10.6	7.4	8.2	7.7
工业制成品 Manufactured Goods			89.4	92.6	91.8	92.3
十二、国际旅游						
International Tourism						
来华旅游人数结构						
Composition of Tourists Visiting China						
外国人 Foreigners		14.9	30.8	31.3	40.9	47.6
台湾同胞 Taiwan Compatriots		51.3	29.6	42.6	36.1	27.3
港澳同胞 Hong Kong and Macao Compatriots		33.9	39.5	26.1	23.0	25.2
十三、科技						
Science and Technology						
（一）研究与试验发展经费来源						
Composition of Funds for Scientific and Technological Activities						
#政府资金 Government Funds			14.6	10.3	9.7	
企业资金 Enterprises Funds			74.5	86.9	89.1	

1-3 续表4
Continued

单位：% (%)

项目 Item	1978	1990	2000	2010	2020	2021
国外资金 Abroad Funds			1.7	0.8	0.1	
（二）研究与试验发展经费支出 Composition of Expenditure onR&D						
基础研究 Basic Research			3.1	2.5	2.8	
应用研究 Applied Research			6.7	5.6	7.0	
试验发展 Experimental Development			86.4	92.0	90.2	
十四、居民消费 **People's Consumption Conditions**						
（一）城镇居民消费结构 Consumption Composition of Urban Residents						
食品烟酒 Food			44.7	39.3	31.7	31.3
衣着 Clothing			8.7	8.7	4.7	5.1
居住 Residence			9.4	10.9	30.7	30.5
生活用品及服务 Household Appliances and Service			8.6	6.6	5.0	5.3
交通通信 Transport and Communications			8.6	14.9	12.3	10.8
教育文化娱乐服务 Education, Cultural and Recreation Services			10.4	12.1	7.5	9.2
医疗保健 Health Care and Medical Services			4.7	4.2	5.8	5.7
其他用品及服务 Other Goods and Services			4.9	3.4	2.2	2.2
（二）农村居民消费结构 Consumption Composition of Rural Residents						
食品烟酒 Food			48.7	46.1	38.4	35.1
衣着 Clothing			4.9	5.6	4.6	4.8
居住 Residence			14.6	15.7	24.1	25.4
生活用品及服务 Household Appliances and Services			4.6	5.3	5.3	4.9
交通通信 Transport and Telecommunications			8.6	11.6	10.3	11.6
教育文化娱乐服务 Education, Cultural and Recreation and Services			10.6	8.4	7.5	8.6
医疗保健 Health Care and Medical Services			3.6	4.6	7.8	7.7
其他用品及服务 Other Goods and Services			4.6	2.6	1.8	2.1

1-4 国民经济和社会发展比例和效益指标
Proportion and Efficiency Indicators on National Economic and Social Development

项目 Item	1978	1990	2000	2010	2020	2021
一、人口与就业						
Population and Employment						
出生率（‰）	25.35	24.44	11.60	11.27	9.21	8.26
Birth Rate(‰)						
死亡率（‰）	6.31	6.71	5.85	5.16	6.24	6.28
Death Rate(‰)						
自然增长率（‰）	19.04	17.73	5.75	6.11	2.97	1.98
Natural Growth Rate(‰)						
城镇登记失业率（%）	9.10	2.60	2.60	3.77	3.82	3.33
Registered Unemployment Rate in Urban Areas(%)						
二、国民经济核算						
National Accounting						
工业增加值占地区生产总值比重(%)	35.9	28.8	37.8	43.5	35.8	36.4
Proportion of Value added of Industry to GDP(%)						
人均地区生产总值（元）	273	1735	11194	40773	105106	116939
Per Capita GDP(yuan)						
社会劳动生产率（元/人）		3733	21149	71731	197502	221714
Labor Productivity(yuan/person)						
三、财政金融						
Finance						
一般公共预算总收入相当于地区生产总值比例（%）	22.8	10.9	9.8	13.7	11.8	11.8
Proportion of Government Revenue to GDP（%）						
一般公共预算支出相当于地区生产总值比例（%）	22.8	13.1	8.6	11.3	12.0	10.7
Proportion of Government Expenditures to GDP（%）						
金融机构年末人民币存款余额相当于地区生产总值比例（%）	39.1	68.8	82.7	122.0	126.5	124.1
Bank Deposits as Percentage of GDP（%）						
金融机构年末人民币贷款余额相当于地区生产总值比例（%）	47.4	73.1	64.8	101.5	134.4	135.1
Bank Loans as Percentage of GDP（%）						
四、能源						
Energy						
能源消费弹性系数		0.52	0.66	0.72	0.42	1.13
Elasticity Ratio of Energy Consumption						
电力消费弹性系数		0.73	1.45	1.14	1.03	1.78
Elasticity Ratio of Electricity Consumption						

1-4 续表1
Continued

项目 Item	1978	1990	2000	2010	2020	2021
单位地区生产总值能耗上升或下降(±%) Energy Consumption per Unit of GDP（ton of SCE/ 10000 yuan)				-3.42	-1.83	0.90
五、农业 Agriculture						
每亩农产品产量（千克）Output of Farm Crops per Hectare of Sown Area(kg)						
粮食 Grain	219	282	312	363	401	404
油料 Oil-bearing Crops	85	105	138	159	191	193
六、工业 Industry						
规模以上工业 Industrial Enterprises above Designated Size						
总资产贡献率（%）Ratio of Total Assets to Industrial Output Value(%)			9.26	18.80	12.93	14.09
资产负债率（%）Assets-LiabilityRatio(%)			57.52	52.74	50.68	52.05
流动资产周转次数（次）Number of Times of Annual of Turnover Circulating Funds (time)			1.89	2.87	2.62	2.72
成本费用利润率（%）Ratio of Profits to Industrial Cost(%)			4.76	8.83	7.74	8.23
产品销售率（%）Proportion of Products Sold(%)			96.95	97.76	96.53	96.47
七、建筑业 Construction						
建筑业劳动生产率(按产值计算)（元/人）Overall Labor Productivity(in terms of value-added per employee)(yuan/person)			64884	134520	285578	321185
产值利税率（%）Ratio of Pre-tax Profit to Gross Output Value(%)		1.5	5.2	6.4	5.7	5.5
八、交通运输业 Transportation						
铁路网密度（公里/万平方公里）Railway Density(km/sq.km)	81.37	82.34	117.26	170.16	304.38	321.23
公路网密度（公里/万平方公里）Highway Density(km/sq.km)	2347.5	3307.34	4315.00	7339.92	8880.48	8954.09

1-4 续表2
Continued

项目 Item	1978	1990	2000	2010	2020	2021
九、对外贸易						
Trade						
进出口总额相当于地区生产总值比例（%）		43.4	46.7	49.1	32.3	37.8
Proportion of Total Value of Imports & Exports to GDP						
#出口总额相当于地区生产总值比例（%）		24.5	28.4	32.3	19.4	22.2
Proportion of Total Value of Exports to GDP(%)						
机电产品出口占出口总额的比重（%）				41.1	37.8	36.8
Proportion of Total Value of Mechanical and Electrical Products to Total Exports(%)						
高新技术产品出口占出口总额的比重（%）				18.4	12.0	12.8
Proportion of Total Value of High and New-tech Products to Total Exports(%)						
十、自然资源						
Natural Resources						
森林覆盖率（%）	39.50	43.20	60.50	63.10	66.80	66.80
Forest Coverage(%)						
十一、居民生活						
People's Living Conditions						
全体居民人均可支配收入（元）					37202	40659
Annual Per Capita Disposable Income of Households						
城镇居民人均可支配收入与农村居民人均可支配（纯）收入之比（以农民人均纯收入为1）	2.70	2.32	2.30	2.93	2.26	2.20
Proportion of Income in Urban Areas to in Rural Areas (Rural=1)						
十二、科技教育卫生						
Science and Technology ,Education,Health Care						
每万人口发明专利拥有量（件）				0.89	12.2	14.84
The Ownership of Invention Patents per 10000 Persons(piece)						
学龄前儿童毛入学率（%）		99.10	99.86	100.00	99.98	99.95
Rough Enrollment Rate of Pre-primary Schools(%)						
小学毕业生升学率（%）		64.96	97.27	96.74	99.28	99.54
Graduation Rate of Primary Schools(%)						
初中毕业生升学率（%）		49.71	49.97	92.90	83.86	85.96
Graduation Rate of Junior high schools(%)						
每千人口拥有卫生技术人员数（人）	2.24	2.85	2.86	3.79	6.69	7.03
Number of Licensed(Assistant) Doctors per 1000 Population (person)						
#医生	0.9	1.2	1.2	1.5	2.5	2.7
Doctor						
每千人口拥有卫生机构床位数（张）	2.1	2.2	2.6	3.0	5.2	5.3
Number of Hospital Beds per 1000 Population(set)						

1-5 平均每天主要社会经济活动
Selected Indicators on Average Daily Social and Economic Activities

项目 Item	1978	1990	2000	2010	2020	2021
一、全省每天创造的财富						
Daily Province Production						
地区生产总值（亿元）	0.18	1.43	10.29	41.10	119.15	133.73
Gross Domestic Product(100 million yuan)						
农林牧渔总产值（亿元）	0.10	0.62	2.83	6.10	13.39	14.25
Gross Output Value of Agriculture,Forestry,Animal Husbandry and Fishery(100 million yuan)						
工业总产值（亿元）	0.17	1.46	10.91	65.22	173.43	199.11
Gross Output Value of Industry(100 million yuan)						
一般公共预算总收入（亿元）	0.04	0.16	1.01	5.63	14.09	15.74
Government Revenue(100 million yuan)						
＃地方一般公共预算收入			0.64	3.15	8.41	9.27
Local Government Revenue						
一般公共预算支出（亿元）	0.04	0.19	0.89	4.64	14.25	14.28
Government Expenditure(100 million yuan)						
原煤(吨)	11590	25353	10247	66924	17646	14813
Coal(ton)						
原盐(吨)	2594	1841	775	915	725	690
Salt(ton)						
发电量(万千瓦时)	1114.79	3743.84	11030.87	37159.45	69320.25	76936.35
Electricity(10000 kwh)						
粗钢(吨)	443	1415	3414	29778	67391	69466
Crude Steel(ton)						
钢材(吨)	379	1542	7754	36728	105509	109056
Rolled Steel(ton)						
生铁(吨)	728	1715	4081	15310	30224	31375
Pig Iron(ton)						
水泥(吨)	3300	14796	41356	162225	264669	276613
Cement(ton)						
平板玻璃(重量箱)	1194	1810	13111	75763	146493	151033
Plain Glass(weigh case)						
布(万米)	30.68	61.92	152.64	854.80	2035.22	2175.78
Cloth(10000 m)						
纱(吨)	50	150	392	5061	14848	15259
Yarn(ton)						
服装(万件)		30.46	108.95	800.75	1505.74	1793.41
Clothes(10000 pcs)						
机制纸及纸板(吨)	550	1427	2324	11837	21817	27256
Machine-made Paper and Paperboard(ton)						
农用化肥(吨)	449	1196	1677	1586	2356	1827
Chemical Fertilizers(ton)						
烧碱(吨)	118	238	427	551	981	1039
Caustic Soda(ton)						

1-5 续表1
Continued

项目 Item	1978	1990	2000	2010	2020	2021
彩色电视机(台) Color TV(set)		3374	5579	24742	36339	37898
卷烟(箱) Tobacco(unit)	558	2093	2695	4623	4844	4907
罐头(吨) Canned Food(ton)	112	395	732	5567	7700	8196
粮食(吨) Grain(ton)	20408	24100	23352	16018	13725	13875
油料(吨) Oil-bearing Crops(ton)	378	484	705	605	621	639
甘蔗(吨) Sugar Cane(ton)	7891	9432	2260	1526	737	789
茶叶(吨) Tea(ton)	56	159	344	708	1261	1337
园林水果(吨) Fruits(ton)	277	2076	9739	13562	19592	20905
肉类（吨） Meat(ton)	665	1968	3987	5277	7087	7850
水产品（吨） Aquatic Products(ton)	1492	3989	14423	16094	22759	23372
食用菌（吨） Edible Fungus(ton)		500	1264	2089	3767	4001
二、全省每天消费量 Daily Province Consumption						
能源消费量（万吨标准煤） Energy Consumption(10000 tons of SCE)	1.88	4.00	8.04	25.18	37.99	41.53
社会消费品零售总额（亿元） Total Retail Sales of Consumer Goods (100 million yuan)	0.08	0.57	3.81	16.48	50.89	55.82
三、每天其他经济活动 Other Daily Economic Activities						

1-5 续表2
Continued

项目 Item	1978	1990	2000	2010	2020	2021
国际旅游外汇收入（万美元）			244.21	815.96	565.20	134.71
Foreign Exchange Earnings from International Tourism(USD 10000)						
一次能源生产总量（万吨标准煤）	1.26	2.65	4.52	8.93	10.92	11.67
Total Energy Production(10000 tons of SCE)						
货运周转量（亿吨公里）	0.20	0.75	1.88	8.17	24.65	27.85
Freight Traffic(100 million ton-km)						
客运周转量（万人公里）	978.90	4805.48	9124.86	17774.25	18086.52	17832.62
Passenger Traffic(10000 person-km)						
货物进出口总额（万美元）	55.62	1188.79	5798.72	29802.81	55551.19	78150.77
Total Value of Imports and Exports(USD 10000)						
出口总额（万美元）	52.05	670.98	3526.85	19587.16	33439.08	45846.90
Total Exports						
进口总额（万美元）	3.56	517.81	2271.87	10215.66	22112.11	32303.87
Total Imports						
主要港口货物吞吐量（万吨）	1.12	4.10	18.97	89.55	169.76	189.56
Freight Handled at Principal Seaports(10000 tons)						
邮电业务总量（万元）	27.67	200.55	6730.60	32717.81	130189.62	27542.64
Business Volume of Postal and Telecommunication Services(10000 yuan)						
邮寄函件（万件）	24.08	44.46	66.02	69.04	8.93	6.93
Number of Letters(10000 piece)						
图书出版总印数（万份）	18.68	44.69	55.46	21.23	37.21	42.38
Books(10000 copies)						
杂志出版总印数（万份）	1.06	8.65	12.19	8.06	5.51	5.49
Magazines(10000 copies)						
报纸出版总印数（万份）	40.50	113.58	188.24	273.92	189.93	178.67
Newspapers(10000 copies)						
四、全省每天婚姻变动						
Daily Marriages Changes						
结婚对数（对）			714	1038	562	506
Marriages(couples)						
离婚对数（对）			33	120	255	150
Divorces(couples)						

1-6 全省法人单位数(2021年)
Number of Corporate Units(2021)

单位：个 (unit)

项目	Item	法人单位数 Number of Corporate Units	单产业法人 Single Industry	多产业法人 Multi-Industry
按登记注册类型分	**Grouped by Status of Registration**	**1385473**	**1362932**	**22541**
内资	Domestically funded enterprises	1368402	1346500	21902
国有	State-owned Enterprises	36583	34589	1994
集体	Collective-owned Enterprises	7726	7145	581
股份合作	Cooperative Enterprises	455	402	53
联营	Joint Ownership Enterprises	318	315	3
国有联营	State-owned	35	35	0
集体联营	Collective-owned	90	88	2
国有与集体联营	State-owned and Collective-owned	29	29	0
其他联营	Others	164	163	1
有限责任公司	Limited-Liability Corporations	27047	25584	1463
国有独资公司	Limited-Liability Corporations	2521	2254	267
其他责任有限公司	State-owned	24526	23330	1196
股份有限公司	Share Holding Corporations Ltd.	1884	1508	376
私营	Private Enterprises	1218988	1201804	17184
私营独资	Private-owned	90868	90325	543
私营合伙	Private-cooperative	15552	15491	61
私营有限责任公司	Private-limited liability	1108365	1092084	16281
私营股份有限公司	Private-share holding	4203	3904	299
其他	Other Enterprises	75401	75153	248
港澳台商投资	Funds from HongKong, Macao,TaiWan	11487	11145	342
合资经营（港或澳、台资）	Joint Venture	2622	2522	100
合作经营（港或澳、台资）	Cooperative Operation	83	80	3
港、澳、台商独资经营	Venture Exclusively	8418	8196	222
港、澳、台商投资股份有限公司	Share Holding	192	177	15
其他港澳台商投资	Others	172	170	2
外商投资	Foreign Funded Enterprises	5584	5287	297
中外合资	Joint Venture	1433	1362	71
中外合作	Cooperative Operation	34	33	1
外商独资	Venture Exclusively with Foreign Investment	3935	3723	212
外商投资股份有限公司	Share Holding with Foreign Investment	81	71	10
其他外商投资	Others	101	98	3
按机构类型分	**Grouped by Type of Institution**	**1385473**	**1362932**	**22541**
企业	Enterprise	1265005	1244482	20523
事业单位	Institution	23910	23349	561
机关	Agencies Organizations	6841	5655	1186
社会团体	Community Organization	18327	18301	26
其他	Others	71390	71145	245
按行业分	**Grouped by Sector**	**1385473**	**1362932**	**22541**
农、林、牧、渔业	Agriculture, Forestry, Animal Husbandry and Fishery	66845	66644	201
农业	Agriculture	35730	35624	106
林业	Forestry	6700	6673	27
畜牧业	Animal Husbandry	9100	9071	29
渔业	Fishery	8808	8789	19

1-6 续表1
Continued

单位：个 (unit)

项目	Item	法人单位数 Number of Corporate Units	单产业法人 Single Industry	多产业法人 Multi-Industry
农、林、牧、渔服务业	Service of Agriculture,Forestry,Animal Husbandry and Fishery	6507	6487	20
采矿业	Mining	1773	1741	32
煤炭开采和洗选业	Coal Mining and Dressing	125	122	3
石油和天然气开采业	Petroleum and Natural Gas Mining			
黑色金属矿采选业	Ferrous Metals Mining and Dressing	240	230	10
有色金属矿采选业	Nonferrous Metals Mining and Dressing	166	161	5
非金属矿采选业	Nonmetal Minerals Mining and Dressing	1171	1157	14
开采辅助活动	Subsidiary Action	36	36	0
其他采矿业	Others Mining and Quarrying	35	35	0
制造业	Manufacturing	179721	178125	1596
农副食品加工业	Agricultural and Sideline Products Processing	6610	6514	96
食品制造业	Food Manufacturing	5490	5412	78
酒、饮料和精制茶制造业	Wine，Drink and Tea Manufacturing	7774	7663	111
烟草制品业	Tobacco Processing	13	12	1
纺织业	Textile Industry	6515	6465	50
纺织服装、服饰业	Textile Garments Products	13080	12953	127
皮革、毛皮、羽毛及其制品和制鞋业	Leather , Furs , Down and Relate Products	13841	13773	68
木材加工和木、竹、藤、棕、草制品业	Timber Processing,Bamboo,Cane,Palm Fiber and Straw Products	7269	7215	54
家具制造业	Furniture Manufacturing	7335	7285	50
造纸和纸制品业	Papermaking and Paper Products	4398	4374	24
印刷和记录媒介复制业	Printing and Record Medium Reproduction	3446	3398	48
文教、工美、体育和娱乐用品制造业	Cultural，Educational and Sports Goods	11619	11558	61
石油加工、炼焦和核燃料加工业	Petroleum Processing，Coking and	343	338	5
化学原料和化学制品制造业	Raw Chemical Materials and Chemical Products	4310	4246	64
医药制造业	Medical and Pharmaceutical Products	1377	1351	26
化学纤维制造业	Chemical Fiber	328	324	4
橡胶和塑料制品业	Rubber and Plastic Products	9295	9229	66
非金属矿物制品业	Nonmetal Minerals Products	21766	21594	172
黑色金属冶炼和压延加工业	Smelting and Pressing of Ferrous Metals	619	614	5
有色金属冶炼和压延加工业	Smelting and Pressing of Nonferrous Metals	826	815	11
金属制品业	Metal Products	14737	14640	97
通用设备制造业	General Equipment	9496	9429	67
专用设备制造业	Special Purpose Equipment	9212	9139	73
汽车制造业	Car Manufacturing	1946	1922	24
铁路、船舶、航空航天和其他运输设备制造业	Railway,Watercraft,Aviation and others transportation Manufacturing	1157	1149	8
电气机械和器材制造业	Electric Equipment and Machinery	6142	6073	69
计算机、通信和其他电子设备制造业	Computer,Communication and other Electronic Equipment	4309	4242	67

1-6 续表2
Continued

单位：个 (unit)

项目	Item	法人单位数 Number of Corporate Units	单产业法人 Single Industry	多产业法人 Multi-Industry
仪器仪表制造业	Instruments and Meters Machinery	1284	1259	25
其他制造业	Others Manufacturing	2713	2703	10
废弃资源综合利用业	Waste Resources and Materials Recovering	1033	1020	13
金属制品、机械和设备修理业	Metals,Machinery and Equipment maintenance	1438	1416	22
电力、热力、燃气及水生产和供应业	Production and Supply of Electric Power and Hot Power	7179	6991	188
电力、热力生产和供应业	Production and Supply of Electric Power and Hot Power	5702	5582	120
燃气生产和供应业	Production and Supply of Gas	192	156	36
水的生产和供应业	Production and Supply of Water	1285	1253	32
建筑业	Construction	67622	62710	4912
房屋建筑业	Building Engineering	21439	18669	2770
土木工程建筑业	Civil Engineering	13075	11676	1399
建筑安装业	Installation	4723	4515	208
建筑装饰和其他建筑业	Building Decoration and Others	28385	27850	535
批发和零售业	Wholesale and Retail Trade	529000	524099	4901
批发业	Wholesale	279722	277637	2085
零售业	Retail Trade	249278	246462	2816
交通运输、仓储和邮政业	Transport,Storage and Post	27691	26893	798
铁路运输业	Railways	94	93	1
道路运输业	Highways	15907	15552	355
水上运输业	Waterways	1674	1633	41
航空运输业	Civil Aviation	161	152	9
管道运输业	Pipeline	7	7	0
多式联运和运输代理业	Multimodal Transport	6485	6366	119
装卸搬运和仓储业	Handing and Storages	2259	2218	41
邮政业	Posts	1104	872	232
住宿和餐饮业	Hotels and Catering Services	20325	19559	766
住宿业	Hotels	5867	5707	160
餐饮业	Catering Services	14458	13852	606
信息传输、软件和信息技术服务业	Information Transmission,Software and Information Technology Services	82325	81700	625
电信、广播电视和卫星传输服务	Telecommuni-cations and Others	884	810	74
互联网和相关服务	Internet Services	15226	15116	110
软件和信息技术服务业	Software and Information Technology Services	66215	65774	441
金融业	Financial Intermediation	4247	3723	524
货币金融服务	Monetary and Financial Services	1342	1077	265
资本市场服务	Monetary Market Services	1814	1797	17
保险业	Insurances	505	274	231
其他金融业	Others	586	575	11

1-6 续表3
Continued

单位：个 (unit)

项目	Item	法人单位数 Number of Corporate Units	单产业法人 Single Industry	多产业法人 Multi-Industry
房地产业	Real Estate	31092	29747	1345
房地产业	Real Estate	31092	29747	1345
租赁和商务服务业	Leasing and Business Services	140999	138969	2030
租赁业	Leasing	11687	11548	139
商务服务业	Business Services	129312	127421	1891
科学研究和技术服务业	Scientific Research, Technical Service	68594	67249	1345
研究和试验发展	Research and Development	14676	14587	89
专业技术服务业	Professional and Technical Services	25460	24368	1092
科技推广和应用服务业	Science and Technology Exchange	28458	28294	164
水利、环境和公共设施管理业	Management of Water Conservancy, Environment and Public Facilities	8769	8631	138
水利管理业	Water resources management	636	619	17
生态保护和环境治理业	Environmental management	1300	1285	15
公共设施管理业	Public Facilities Management	5252	5155	97
土地管理业	Land Management	1581	1572	9
居民服务、修理和其他服务业	Services to Households and Other Services	24256	23753	503
居民服务业	Residents service	11318	11056	262
机动车、电子产品和日用产品修理业	Repair Services of Vehicle,Electronic Products and Daily Necessities	8826	8670	156
其他服务业	Others	4112	4027	85
教育	Education	23515	22895	620
教育	Education	23515	22895	620
卫生和社会工作	Health, Social Security	8759	8619	140
卫生	Health	5960	5852	108
社会工作	Social Security	2799	2767	32
文化、体育和娱乐业	Culture, Sports and Entertainment	37098	36702	396
新闻和出版业	News Publish	340	332	8
广播、电视、电影和影视录音制作业	Radio,Television,Film,Phonotape and Videotape	6066	6009	57
文化艺术业	Culture art Industry	12806	12707	99
体育	Sports	4389	4269	120
娱乐业	Entertainment	13497	13385	112
公共管理、社会保障和社会组织	Public Management and Social Organizations	55663	54182	1481
中国共产党机关	The Communist Party of China	1378	1302	76
国家机构	National Organization	13315	12156	1159
人民政协、民主党派	People's Political Consultative and Democratic Party	248	242	6
社会保障	Social Security	336	330	6
群众团体、社会团体和其他成员组织	Mass Organizations,Social Organizations and Religious Organizations	23482	23451	31
基层群众自治组织	Grassroots Autonomous Organization of The People	16904	16701	203

1-7 各设区市按行业门类分的法人单位数(2021年)
Number of Corporate Units by Region and Sector(2021)

单位：个 (unit)

项目 Item	福建省 Fujian	福州市 Fuzhou	厦门市 Xiamen	莆田市 Putian	三明市 Sanming	泉州市 Quanzhou	漳州市 Zhangzhou	南平市 Nanping	龙岩市 Longyan	宁德市 Ningde
农、林、牧、渔业 Agriculture, Forestry, Animal Husbandry and Fishery	66845	9710	1423	2482	7852	7567	9702	9163	5829	13117
采矿业 Mining	1773	87	15	17	479	264	150	186	462	113
制造业 Manufacturing	179721	17447	25303	8455	6295	76861	17175	9281	6516	12388
电力、热力、燃气及水生产和供应业 Production and Supply of Electric Power and Hot Power	7179	732	202	173	1300	905	1028	904	1189	746
建筑业 Construction	67622	16709	11514	3528	3087	14245	6129	3974	4403	4033
批发和零售业 Wholesale and Retail Trade	529000	79801	86957	70915	14058	170287	31655	26794	25927	22606
交通运输、仓储和邮政业 Transport,Storage and Post	27691	5879	6232	1009	1444	5410	2870	1719	1469	1659
住宿和餐饮业 Lodgings and Catering Services	20325	4561	4692	1066	691	4197	1892	842	1345	1039
信息传输、软件和信息技术服务业 Information Transmission,Software, Information Technology Services	82325	24678	20416	3669	1843	18165	4016	2755	4018	2765
金融业 Financial Intermediation	4247	1453	1226	100	144	625	206	144	176	173
房地产业 Real Estate	31092	7003	5855	1570	1420	6537	2818	1828	1828	2233
租赁和商务服务业 Leasing and Business Services	140999	38356	30937	6113	4094	30457	9932	6898	6228	7984
科学研究和技术服务业 Scientific Research,Technical Service	68594	16549	15825	3801	2326	14470	5762	2739	3769	3353
水利、环境和公共设施管理业 Management of Water Conservancy, Environment and Public Facilities	8769	1426	1058	654	723	1488	1232	736	646	806
居民服务、修理和其他服务业 Services to Households and Other Services	24256	5421	5960	1237	872	4971	2039	1181	1381	1194
教育 Education	23515	4299	4712	1523	1258	4078	3147	1325	1762	1411
卫生和社会工作 Health, Social Security	8759	2453	1116	355	1371	1089	662	684	473	556
文化、体育和娱乐业 Culture,Sports and Entertainment	37098	7169	8973	1756	1384	9085	2644	2014	2314	1759
公共管理、社会保障和社会组织 Public Management and Social Organizations	55663	9244	3133	3406	6172	9167	6239	6621	5268	6413
国际组织 International Organizations										

1-8 各设区市按机构类型分的法人单位数(2021年)
Number of Corporate Units by Type of Institutions and Region(2021)

单位：个 (unit)

地区	Region	法人单位数 Number of Corporate Units	企业法人 Business Entity	事业法人 Institution Entity	机关法人 Government Entity	社团法人 Social Organization	其他法人 Others
福建省	**Fujian**	**1385473**	**1265005**	**23910**	**6841**	**18327**	**71390**
福州市	Fuzhou	252977	234842	3940	1147	3070	9978
厦门市	Xiamen	235549	229089	1269	413	1642	3136
莆田市	Putian	111829	105692	1692	393	514	3538
三明市	Sanming	56813	42320	2848	907	1883	8855
泉州市	Quanzhou	379868	361819	3623	959	3996	9471
漳州市	Zhangzhou	109298	94001	3360	872	1763	9302
南平市	Nanping	79788	64373	3258	754	2277	9126
龙岩市	Longyan	75003	64280	1834	652	1787	6450
宁德市	Ningde	84348	68589	2086	744	1395	11534

1-9 各设区市按营业状态分的企业法人单位数(2021年)
Number of Corporate Enterprises by Region and Operation Status(2021)

单位：个 (unit)

地区	Region	企业法人单位数 Number of Corporate Enterprises	营业 In Business or Operating	停业(歇业) Closed	筹建 In Preparation	其他 Others
福建省	**Fujian**	**1265005**	**1097568**	**25877**	**141441**	**119**
福州市	Fuzhou	234842	181597	6288	46948	9
厦门市	Xiamen	229089	206227	7841	15016	5
莆田市	Putian	105692	80085	446	25157	4
三明市	Sanming	42320	38906	185	3222	7
泉州市	Quanzhou	361819	329914	4415	27433	57
漳州市	Zhangzhou	94001	82204	281	11488	28
南平市	Nanping	64373	59060	1500	3808	5
龙岩市	Longyan	64280	62009	1223	1046	2
宁德市	Ningde	68589	57566	3698	7323	2

1-10 各设区市按登记注册类型分的企业法人单位数(2021年)
Number of Corporate Enterprises by Region and Status of Registration(2021)

单位：个 (unit)

地区	Region	企业法人单位数 Number of Corporate Enterprises	内资企业 Domestic Funded Enterprises	#国有企业 State-owned Enterprises	#集体企业 Collective-owned Enterprises	#股份合作企业 Cooperative Enterprises
福建省	**Fujian**	**1265005**	**1247941**	**2361**	**4012**	**419**
福州市	Fuzhou	234842	231166	546	941	60
厦门市	Xiamen	229089	222910	163	189	116
莆田市	Putian	105692	105256	66	187	17
三明市	Sanming	42320	42023	231	433	22
泉州市	Quanzhou	361819	357712	327	708	42
漳州市	Zhangzhou	94001	92528	307	450	70
南平市	Nanping	64373	64084	364	473	26
龙岩市	Longyan	64280	63858	161	347	45
宁德市	Ningde	68589	68404	196	284	21

1-10续表
Continued

单位：个 (unit)

地区	Region	#联营企业 Joint Ownership	#有限责任公司 Limited-Liability Corporations	#股份有限公司 Share Holding Corporations Ltd.	#私营企业 Private Enterprises	港澳台商投资企业 Funds from HongKong, Macao,TaiWan	外商投资企业 Foreign Funded Enterprises
福建省	**Fujian**	**102**	**26770**	**1875**	**1212398**	**11481**	**5583**
福州市	Fuzhou	28	5566	468	223557	2524	1152
厦门市	Xiamen	19	5932	579	215912	3920	2259
莆田市	Putian	5	2346	93	102542	292	144
三明市	Sanming	6	1597	94	39639	216	81
泉州市	Quanzhou	17	4430	183	352002	2979	1128
漳州市	Zhangzhou	4	2313	129	89255	986	487
南平市	Nanping	11	1449	85	61676	169	120
龙岩市	Longyan	5	1454	150	61696	305	117
宁德市	Ningde	7	1683	94	66119	90	95

主要统计指标解释

行政区划 指国家对行政区域的划分。根据宪法规定，我国的行政区域划分如下：(1)全国分为省、自治区、直辖市；(2)省、自治区分为自治州、县、自治县、市；(3)自治州分为县、自治县、市；(4)县、自治县分为乡、民族乡、镇；(5)直辖市和较大的市分为区、县；(6)国家在必要时设立的特别行政区。

平均增长速度 我国计算平均增长速度有两种方法：一种是习惯上经常使用的“水平法”，又称几何平均法，是以间隔期最后一年的水平同基期水平对比来计算平均每年增长(或下降)速度；另一种是“累计法”，又称代数平均法或方程法，是以间隔期内各年水平的总和同基期水平对比来计算平均每年增长(或下降)速度。在一般正常情况下，两种方法计算的平均每年增长速度比较接近；但在经济发展不平衡、出现大起大落时，两种方法计算的结果差别较大。

本《年鉴》所列的平均增长速度，均用“水平法”计算。从某年到某年平均增长速度的年份，均不包括基期年在内。如新中国成立四十三年的平均增长速度是以 1949 年为基期计算的，则写为 1950-1992 年 平均增长速度，其余类推。

国民经济行业分类 自 2003 年定期报表开始使用新的《国民经济行业分类》(GB/T4754-2002)，该分类是由国家统计局组织修订，经国家市场监督管理总局批准，于 2002 年 5 月 10 日发布实施。这次修订是在 1994 年分类标准的基础上，参照联合国《全部经济活动的国际标准产业分类》(ISIC/Rev.3）进行的。修订后的《国民经济行业分类》(GB/T4754-2002）共有门类 20 个，大类 95 个，中类 396 个，小类 913 个。新增门类 4 个，大类增加 3 个，中类增加 28 个，小类增加 67 个。2017 年，国家统计局发布了新修订的国家标准《国民经济行业分类》(GB/T4754-2017)。

企业(单位)登记注册类型 是以在工商行政管理机关登记注册的各类企业为划分对象，以工商行政管理部门对企业登记注册的类型为依据，将企业登记注册类型分为内资企业、港澳台商投资企业和外商投资企业三大类。内资企业包括国有企业、集体企业、股份合作企业、联营企业、有限责任公司、股份有限公司、私营公司和其他企业；港澳台商投资企业和外商投资企业分别包括合资经营企业、合作经营企业、独资经营企业和股份有限公司。对不在工商行政管理部门进行登记注册的行政机关、事业单位和社会团体，主要按其经费来源和管理方式进行划分。

国有企业 指企业全部资产归国家所有，并按《中华人民共和国企业法人登记管理条例》规定登记注册的非公司制的经济组织。不包括有限责任公司中的国有独资公司。

集体企业 指企业资产归集体所有，并按《中华人民共和国企业法人登记管理条例》规定登记注册的经济组织。

股份合作企业 指以合作制为基础，由企业职工共同出资入股，吸收一定比例的社会资产投资组建，实行自主经营，自负盈亏，共同劳动，民主管理，按劳分配与按股分红相结合的一种集体经济组织。

联营企业 指两个及两个以上相同或不同所有制性质的企业法人或事业单位法人，按自愿、平等、互利的原则，共同投资组成的经济组织。联营企业包括国有联营企业、集体联营企业、国有与集体联营企业和其他联营企业。

有限责任公司 指根据《中华人民共和国公司登记管理条例》规定登记注册，由两个以上、五十个以下的股东共同出资，每个股东以其所认缴的出资额对公司承担有限责任，公司以其全部资产对其债务承担责任的经济组织。有限责任公司包括国有独资公司以及其他有限责任公司。

股份有限公司 指根据《中华人民共和国公司登记管理条例》规定登记注册，其全部注册资本由等额股份构成并通过发行股票筹集资本，股东以其认购的股份对公司承担有限责任，公司以其全部资产对其债务承担责任的经济组织。

私营企业 指由自然人投资设立或由自然人控股，以雇佣劳动为基础的营利性经济组织。包括按照《公司法》《合伙企业法》《私营企业暂行条例》规定登记注册的私营有限责任公司、私营股份有限公司、私营合伙企业和私营独资企业。

其他内资企业 指上述企业之外的其他内资经济组织。

与港澳台商合资经营企业 指港澳台地区投资者与内地企业依照《中华人民共和国中外合资经营企业法》及有关法律的规定，按合同规定的比例投资设立、分享利润和分担风险的企业。

与港澳台商合作经营企业 指港澳台地区投资者与内地企业依照《中华人民共和国中外合作经营企业法》及有关法律的规定，依照合作合同的约定进行投资或提供条件设立、分配利润和分担风险的企业。

港澳台商独资经营企业 指依照《中华人民共和国外资企业法》及有关法律的规定，在内地由港澳台地区投资者全额投资设立的企业。

港澳台商投资股份有限公司 指根据国家有关规定，经外经贸部依法批准设立，其中港、澳、台商的股本占公司注册资本的比例达 25% 以上的股份有限公司。凡其中港、澳、台商的股本占公司注册资本的比例小于 25%的，属于内资企业中的股份有限公司。

中外合资经营企业 指外国企业或外国人与中国内地企业依照《中华人民共和国中外合资经营企业法》及有关法律的规定，按合同规定的比例投资设立、分享利润和分担风险的企业。

中外合作经营企业 指外国企业或外国人与中国内地企业依照《中华人民共和国中外合作经营企业法》及有关法律的规定，依照合作合同的约定进行投资或提供条件设立、分配利润和分担风险的企业。

外资企业 指依照《中华人民共和国外资企业法》及有关法律的规定，在中国内地由外国投资者全额投资设立的企业。

外商投资股份有限公司 指根据国家有关规定，经外经贸部依法批准设立，其中外资的股本占公司注册资本的比例达 25% 以上的股份有限公司。凡其中外资股本占公司注册资本的比例小于25%的，属于内资企业中的股份有限公司。

行政机关、事业单位和社会团体 参照企业登记注册类型，主要按其经费来源和管理方式划分。具体规定如下：

⑴行政机关：包括国家机关和政党机关，原则上均列为“国有”。但有特殊规定的，如供销社等，则列为“集体”。

⑵事业单位：包括经国家机构编制部门和有关业务主管部门批准成立的各类事业单位，不包括实行企业化管理的事业单位。事业单位的划分办法如下：

①由国家财政预算拨款或列入财政预算外资金管理以及经费主要来源于国有主管部门或国有上级单位的事业单位，列为“国有”。

②经费主要来源于集体单位的事业单位，列为“集体”。

③公民个人(或个人合伙)开办的事业单位，列为“私营”。

④上述以外的其他事业单位，如果其经费来源不明确，按管理方式进行归类。

⑶社会团体：包括经民政部门批准成立以及未纳入社会团体管理条例范围的工会、妇联等各类社会团体。社会团体的划分办法如下：

①未纳入民政部社会团体管理条例范围的工会、妇联、共青团、青联、工商联、科协、侨联等社会团体，国家拨款设立的基金会或基金管理组织以及经费主要来源于国有业务主管部门或国有上级单位的社会团体，列为“国有”。

②经费主要来源于集体单位的社会团体，列为“集体”。

③公民个人(或个人合伙)开办的社会团体，划为“私营”。

④上述以外的其他社会团体，如果其经费来源不明确，改按管理方式进行归类。

Explanatory Notes on Main Statistical Indicators

Administrative Division refers to the division of administrative areas by the state. The Constitution of the People's Republic of China stipulates that the administrative areas in China are divided as:1) The whole Country is divided into provinces, autonomous regions and municipalities directly under the central government; 2) Provinces and autonomous regions are divided into autonomous prefectures, counties, autonomous counties and cities; 3) Autonomous prefectures are divided into counties, autonomous counties and cities; 4) Counties and autonomous counties are divided into townships, nationality townships and towns; 5) Municipalities and large cities are divided into districts and counties, 6) The state shall, when necessary, establish special administrative regions.

Average Annual Growth Rate Two methods for calculating average annual growth rate are applied in China,one is often called level approachor the method of calculating geometric average,which is derived by comparing the level of the last year of the interval with that of the beginning year;the other is calledaccumulative approach or algebraic average or equation method,which is derived by the summation of the actual figure of each year in the interval divided by the figure in the base year.Usually the results calculated by the two methods are fairly close, but they differed sharply when uneven economic development occurred with striking fluctuations in growth.

The average annual growth rates listed in this statistical yearbook are calculated by level approach except for the growth rate of investment in fixed assets. The base years are not listed when the years are listed for average annual growth rates. For instance,the average annual growth rate of 43 years since 1949 is listed as average annual growth rate of 1950-1992 without listing the base year 1949.And the analogy of this is also the same for the rest of the years.

Industrial Classification of the National Economy The new *Industrial Classification of the National Economy* (GB/T 4754-2002) is introduced starting from the compilation of 2003 annual statistics. The new revision was based on the 1994 classification and organized by the National Bureau of Statistics taking into consideration of the *International Standards of the Industrial Classification of All Economic Activities* (ISIC/Rev.3) of the United Nations, and the new Classification was promulgated by the National Administration of Quality Supervision, Inspection and Quarantine on May 10, 2002. The revised version of the *Industrial Classification of the National Economy* (GB/T 4754-2002) is composed of 20 major divisions, 95 divisions, 396 major groups and 913 groups, including 4 new major divisions, 3 new divisions, 28 major groups and 67 groups.In 2017, the National Bureau of Statistics inspected *Industrial Classification of the National Economy* (GB/T 4754-2017).

Registration Status of Enterprises Enterprises are classified into 3 categories, namely domestic-funded enterprises, enterprises with investment from Hong Kong, Macau and Taiwan, and enterprises with foreign investment, in the light of the registration status of an enterprise in industrial and commercial administration agencies. Domestic-funded enterprises include state-owned enterprises, collective-owned enterprises, cooperative enterprises, joint ownership enterprises, limited liability corporations, share-holding corporations Ltd., private enterprises and other enterprises. Included in the enterprises with investment from Hong Kong, Macau and Taiwan and enterprises with foreign investment are joint-venture enterprises, cooperative enterprises, sole investment enterprises and share-holding corporations Ltd. For government agencies, institutions and social organizations which are not requested to be registered in industrial and commercial administration agencies, they are classified mainly by their sources of funds and way of management.

State-owned Enterprises refer to non-corporation economic units where the entire assets are owned by the state and which have registered in accordance with the *Regulation of the Peoples Republic of China on the Management of Registration of Corporate Enterprises*. Excluded from this category are sole state-funded corporations in the limited liability corporations.

Collective-owned Enterprises refer to economic units where the assets are owned collectively and which have registered in accordance with the *Regulation of the Peoples Republic of China on the Management of Registration of Corporate Enterprises*.

Cooperative Enterprises refer to a form of collective economic units (enterprises) where capitals come mainly from employees as their shares, with certain proportion of capital from the outside, where production is organized on the basis of independent operation, independent accounting for profits and losses, joint work, democratic management, and a distribution system that integrates remuneration according to work with dividend according to capital share.

Joint Ownership Enterprises refer to economic units established by two or more corporate enterprises or corporate institutions of the same or different ownership, through joint investment on the basis of equality, voluntary participation and mutual benefits. They include state joint ownership enterprises, collective joint ownership enterprises, joint state-collective enterprises, other joint ownership enterprises.

Limited Liability Corporations refer to economic units established with investment from 2-50 investors and registered in accordance with the *Regulation of the Peoples Republic of China on the Management of Registration of Corporations*, each investor bearing limited liability to the corporation depending on its share of investment, and the corporation bearing liability to its debt to the maximum of its total assets. Limited liability corporations include exclusive state-funded limited liability corporations and other limited liability corporations.

Share-holding Corporations Ltd. refer to economic units registered in accordance with the *Regulation of the Peoples Republic of China on the Management of Registration of Corporations*, with total registered capitals divided into equal shares and raised through issuing stocks. Each investor bears limited liability to the corporation depending on the holding of shares, and the corporation bears liability to its debt to the maximum of its total assets.

Private Enterprises refer to profit-making economic units invested and established by natural persons, or controlled by natural persons using employed labour. Included in this category are private limited liability corporations, private share-holding corporations Ltd., private partnership enterprises and private-funded enterprises registered in accordance with the *Corporation Law, Partnership Enterprises Law and Interim Regulations on Private Enterprises*.

Other Domestic-funded Enterprises refer to domestic-funded economic units other than those mentioned above.

Joint-venture Enterprises with Funds from Hong Kong, Macau and Taiwan refer to enterprises jointly established by investors from Hong Kong, Macau and Taiwan with enterprises in the mainland of China in accordance with the *Law of the Peoples Republic of China on Sino-foreign Joint Venture Enterprises* and other relevant laws, where the share of investment, profits and risks is stipulated in the contract.

Cooperative Enterprises with Funds from Hong Kong Macau and Taiwan established by investors from Hong Kong, Macau and Taiwan with enterprises in the mainland of China in accordance with the *Law of the Peoples Republic of China on Sino-foreign Cooperative Enterprises* and other relevant laws, where the investment or provision of facilities, and the share of profits and risks is stipulated in the cooperative contract.

Enterprises with Sole (exclusive) Investment from Hong Kong, Macau and Taiwan refer to enterprises established in the mainland of China with exclusive investment from investors from Hong Kong, Macau and Taiwan in accordance with the *Law of the Peoples Republic of China on Foreign-Funded Enterprises* and other relevant laws.

Share-holding Corporations Ltd. with Investment from Hong Kong, Macau and Taiwan refer to share-holding corporations Ltd. established with the approval from the Ministry of Foreign Trades and Economic Relations in line with relevant state regulations, where the share of investment from Hong Kong, Macau or Taiwan businessmen exceeds 25% of the total registered capital of the corporation. In case the share of investment from Hong Kong, Macau or Taiwan is less than 25% of the total registered capital, the enterprise is to be classified as domestic-funded share-holding corporation Ltd.

Joint-venture Enterprises with Foreign Investment refer to enterprises jointly established by foreign enterprises or foreigners with enterprises in the mainland of China in accordance with the *Law of the Peoples Republic of China on Sino-foreign Joint Venture Enterprises* and other relevant laws, where the share of investment, profits and risks is stipulated in the contract.

Cooperation Enterprises with Foreign Investment refer to enterprises jointly established by foreign enterprises or foreigners with enterprises in the mainland of China in accordance with the *Law of the Peoples Republic of China on Sino-foreign Cooperative Enterprises* and other relevant laws,where the investment or provision of facilities, and the share of profits and risks is stipulated in the cooperative contract.

Enterprises with Sole (exclusive) Foreign Investment refer to enterprises established in the mainland of China with exclusive investment from foreign investors in accordance with the *Law of the Peoples Republic of China on Foreign-Funded Enterprises* and other relevant laws.

Share-holding Corporations Ltd. with Foreign Investment refer to share-holding corporations Ltd. established with the approval from the Ministry of Foreign Trades and Economic Relations in line with relevant state regulations, where the share of investment from foreign investors exceeds 25% of the total registered capital of the corporation. In case the share of foreign investment is less than 25% of the total registered capital, the enterprise is to be classified as domestic-funded share-holding corporation Ltd.

Government Agencies, Institutions and Social Organizations are classified into following categories by source of funds and way of management taking reference of the registration status of enterprises:

(1) Government Agencies: include state and party agencies, classified in principle as “state-owned”. There are exceptions, such as supply and marketing cooperatives which are classified as “collective”.

(2) Institutions: include institutions of various types established with the approval by organization and staffing departments of the government, but exclude institutions where enterprise management system is introduced. Institutions are further classified as follows:

(a) Institutions whose main budget is listed in the government budget appropriations or extra-budget funds, or allocated from the budget of their competent government agencies. Such institutions are classified as “state-owned”.

(b) Institutions whose budget mainly comes from collective units. Such institutions are classified as “collective”.

(c) Institutions other than those mentioned above whose source of budget is not clear. Such institutions are classified by way of management.

(3) Social Organizations: include social organizations established with the approval from the Ministry of Civil Affairs, and organizations that are not covered by social organization management regulations such as Trades unions, women’s federations etc.. Social organizations are further classified as follows:

(a) Social organizations that are not covered by social organization management regulations of the Ministry of Civil Affairs such as Trades unions, women’s federations, communist youth leagues, youth associations, industrial and commerce associations, scientists associations, overseas

Chinese associations, etc., foundations and fund management organizations established with funds from the state, and social organizations whose funds mainly come from the budget of their competent government agencies. Such institutions are classified as “state-owned”.

(b) Social organizations whose budget mainly comes from collective units. Such institutions are classified as “collective”.

(c) Social organizations established by individual or a group of citizens, which are classified as “private”.

(d) Social organizations other than those mentioned above whose source of budget is not clear. Such organizations are classified by manner of management.

第二篇　国民经济核算

Chapter 2　National Economy Accounting

资料整理：孙晶洁 曾阳兰
Database Editor: SunJingjie Zengyanglan

简 要 说 明

本篇资料的主要内容及来源

国民经济核算篇主要包括福建省地区生产总值及其增长、结构、三次产业对经济增长的贡献等方面的资料。

1992年及以后福建省地区生产总值的数据已按照国家统计局制定的统一方案，根据第四次经济普查结果进行了历史数据修订。

Brief Introduction

Main Content and Source of Data

Data in the chapter reflect the overall situation and development of economy on the macro level, including growth rate and components of GDP, share of the three industries to the increase of GDP.

Since 1992,Historical data of GDP were recompiled in accordance with the 4th economic census.

2-1 主要社会经济效益指标
Main Indicators on Economic Efficiency

项目 Item	2000	2005	2010	2015	2019	2020
社会劳动生产率（元/人）	**21149**	**33686**	**71731**	**119890**	**191004**	**197502**
Labor Productivity(yuan/person)						
总产出中间投入率（%）	**62.0**	**61.2**	**61.9**	**65.0**	**65.0**	**64.8**
Ratio of Input to Total Output(%)						
按主要行业分						
By Sector						
工业	73.9	72.0	72.1	75.4	75.5	75.9
Industry						
建筑业	70.9	71.7	67.5	71.0	74.4	73.8
Construction						
交通运输、仓储和邮政业	47.2	46.9	55.5	59.5	60.7	62.7
Transport,Storage and Post Services						
批发和零售业	44.0	23.0	26.9	30.9	38.0	36.1
Wholesale,Retail Trade						
增加值率（%）	**38.0**	**38.8**	**38.1**	**35.0**	**35.0**	**35.2**
Value-added Rate(%)						
按主要行业分						
By Sector						
工业	26.1	28.0	27.9	24.6	24.5	24.1
Industry						
建筑业	29.1	28.3	32.5	29.0	25.6	26.2
Construction						
交通运输、仓储和邮政业	52.8	53.1	44.5	40.5	39.3	37.3
Transport,Storage and Post Services						
批发和零售业	56.0	77.0	73.1	69.1	62.0	63.9
Wholesale and Retail Trade						

注：1.本表均按当年价格计算。2.社会劳动生产率数据根据第七次人口普查数据进行修订。
Note:a)Data in this table are calculated at current prices.b)the Data of Labor Productivity are adjusted according to the seventh population census.

2-2 地区生产总值
Gross Domestic Product

单位：亿元　　(100 million yuan)

年份 Year	地区生产总值 Gross Domestic Product	第一产业 Primary Industry	第二产业 Secondary Industry	第三产业 Tertiary Industry	#工业 Industry	#建筑业 Construction	人均GDP（元） Per Capita GDP (yuan)
1952	12.73	8.39	2.42	1.92	2.17	0.25	102
1957	22.03	12.31	5.20	4.52	4.23	0.97	154
1962	22.12	10.26	5.12	6.74	4.00	1.12	137
1965	28.81	13.48	8.31	7.02	6.55	1.76	166
1970	34.70	15.34	10.64	8.72	8.56	2.08	173
1975	46.48	19.43	17.81	9.24	14.29	3.52	203
1978	66.37	23.93	28.19	14.25	23.85	4.34	273
1979	74.11	27.97	31.37	14.77	26.20	5.17	300
1980	87.06	31.95	35.68	19.43	29.55	6.13	348
1981	105.62	39.30	39.75	26.57	33.16	6.59	416
1982	117.81	44.24	42.92	30.65	35.25	7.67	455
1983	127.76	47.27	46.05	34.44	37.76	8.29	483
1984	157.06	55.72	56.39	44.95	44.47	11.92	583
1985	200.48	68.13	72.56	59.79	62.09	10.47	730
1986	222.54	72.24	82.19	68.11	67.06	15.13	796
1987	279.24	89.24	101.28	88.72	82.69	18.59	981
1988	383.21	118.16	141.82	123.23	120.45	21.37	1321
1989	458.40	135.77	163.82	158.81	142.45	21.37	1550
1990	522.28	147.01	174.47	200.80	150.55	23.92	1735
1991	619.87	168.64	217.74	233.49	188.29	29.45	2027
1992	784.68	188.70	290.56	305.42	241.78	49.82	2533
1993	1114.20	246.25	454.15	413.80	381.95	73.84	3556
1994	1644.39	351.24	718.31	574.84	618.06	102.91	5193
1995	2094.90	449.77	879.12	766.01	748.92	133.42	6536
1996	2484.25	519.84	1022.88	941.53	875.50	151.14	7658
1997	2870.90	556.45	1210.34	1104.11	1039.62	175.19	8775
1998	3159.91	586.99	1330.18	1242.75	1132.79	202.26	9603
1999	3414.19	607.07	1429.01	1378.11	1230.22	204.08	10323
2000	3764.54	616.37	1622.33	1525.83	1422.34	206.11	11194
2001	4072.85	624.15	1796.68	1652.02	1586.48	217.02	11883
2002	4467.55	659.51	2029.19	1778.85	1808.95	228.02	12910
2003	4999.59	682.06	2329.67	1987.86	2059.30	279.24	14330
2004	5712.08	762.85	2738.71	2210.52	2422.22	326.91	16248
2005	6415.47	792.53	3095.92	2527.02	2744.68	363.03	18107
2006	7468.57	828.82	3629.68	3010.07	3189.45	453.94	20915
2007	9325.62	951.22	4521.78	3852.62	3956.44	582.36	25915
2008	10931.80	1096.10	5386.98	4448.72	4676.93	730.16	30153
2009	12418.09	1108.80	6129.07	5180.22	5218.63	932.88	33999
2010	15002.51	1269.87	7705.25	6027.39	6532.27	1201.07	40773
2011	17917.70	1492.20	9316.55	7108.95	7823.21	1526.98	47928
2012	20190.73	1628.94	10527.00	8034.79	8711.23	1853.23	52959
2013	22503.84	1745.17	11805.50	8953.17	9650.19	2196.81	58255
2014	24942.07	1855.85	13165.07	9921.15	10682.19	2528.81	63709
2015	26819.46	1932.84	13735.68	11150.94	11008.70	2774.37	67649
2016	29609.43	2145.10	14683.72	12780.61	11711.98	3022.46	74024
2017	33842.44	2215.12	16290.02	15337.30	12864.85	3481.15	83758
2018	38687.77	2379.02	18847.75	17461.00	14781.03	4131.38	94719
2019	42326.58	2595.53	20065.48	19665.57	15654.00	4482.03	102722
2020	43608.55	2730.81	20168.43	20709.31	15615.48	4618.99	105106
2021	48810.36	2897.74	22866.32	23046.30	17787.60	5140.55	116939

注：1.本表按当年价格计算。2.2021年数据为初步核算数据，下同。

Note:a)Data in this table are calculated at current prices.b)Data in this table are preliminary accounting number in 2021,The same applies to the following tables.

2-3 地区生产总值构成
Composition of Gross Domestic Product

单位：% (%)

年份 Year	地区生产总值 Gross Domestic Product	第一产业 Primary Industry	第二产业 Secondary Industry	第三产业 Tertiary Industry	#工业 Industry	#建筑业 Construction
1952	100.0	65.9	19.0	15.1	17.0	2.0
1957	100.0	55.9	23.6	20.5	19.2	4.4
1962	100.0	46.4	23.1	30.5	18.1	5.1
1965	100.0	46.8	28.8	24.4	22.8	6.1
1970	100.0	44.2	30.7	25.1	24.7	6.0
1975	100.0	41.8	38.3	19.9	30.7	7.6
1978	100.0	36.0	42.5	21.5	35.9	6.5
1979	100.0	37.8	42.3	19.9	35.4	7.0
1980	100.0	36.7	41.0	22.3	33.9	7.0
1981	100.0	37.2	37.6	25.2	31.4	6.2
1982	100.0	37.6	36.4	26.0	29.9	6.5
1983	100.0	37.0	36.0	27.0	29.6	6.5
1984	100.0	35.5	35.9	28.6	28.3	7.6
1985	100.0	34.0	36.2	29.8	31.0	5.2
1986	100.0	32.5	36.9	30.6	30.1	6.8
1987	100.0	31.9	36.3	31.8	29.6	6.7
1988	100.0	30.8	37.0	32.2	31.4	5.6
1989	100.0	29.6	35.7	34.7	31.1	4.7
1990	100.0	28.2	33.4	38.4	28.8	4.6
1991	100.0	27.2	35.1	37.7	30.4	4.8
1992	100.0	24.1	37.0	38.9	30.8	6.3
1993	100.0	22.1	40.8	37.1	34.3	6.6
1994	100.0	21.4	43.7	34.9	37.6	6.3
1995	100.0	21.5	41.9	36.6	35.7	6.4
1996	100.0	20.9	41.2	37.9	35.2	6.1
1997	100.0	19.4	42.2	38.4	36.2	6.1
1998	100.0	18.6	42.1	39.3	35.8	6.4
1999	100.0	17.8	41.8	40.4	36.0	6.0
2000	100.0	16.4	43.1	40.5	37.8	5.5
2001	100.0	15.3	44.1	40.6	39.0	5.3
2002	100.0	14.8	45.4	39.8	40.5	5.1
2003	100.0	13.6	46.6	39.8	41.2	5.6
2004	100.0	13.4	47.9	38.7	42.4	5.7
2005	100.0	12.3	48.3	39.4	42.8	5.7
2006	100.0	11.1	48.6	40.3	42.7	6.1
2007	100.0	10.2	48.5	41.3	42.4	6.2
2008	100.0	10.0	49.3	40.7	42.8	6.7
2009	100.0	8.9	49.4	41.7	42.0	7.5
2010	100.0	8.5	51.3	40.2	43.5	8.0
2011	100.0	8.3	52.0	39.7	43.7	8.5
2012	100.0	8.1	52.1	39.8	43.1	9.2
2013	100.0	7.7	52.5	39.8	42.9	9.8
2014	100.0	7.4	52.8	39.8	42.8	10.1
2015	100.0	7.2	51.2	41.6	41.0	10.3
2016	100.0	7.2	49.6	43.2	39.6	10.2
2017	100.0	6.6	48.1	45.3	38.0	10.3
2018	100.0	6.1	48.7	45.2	38.2	10.7
2019	100.0	6.1	47.4	46.5	37.0	10.6
2020	100.0	6.3	46.2	47.5	35.8	10.6
2021	100.0	5.9	46.8	47.3	36.4	10.5

注：本表按当年价格计算。

Note:Data in this table are calculated at current prices.

2-4 分行业地区生产总值
Gross Domestic Product by Sector

单位：亿元 (100 million yuan)

项目 Item	2000	2005	2010	2020	2021
地区生产总值 Gross Domestic Product	**3764.54**	**6415.47**	**15002.51**	**43608.55**	**48810.36**
第一产业 Primary Industry	616.37	792.53	1269.87	2730.81	2897.74
第二产业 Secondary Industry	1622.33	3095.92	7705.25	20168.43	22866.32
第三产业 Tertiary Industry	1525.83	2527.02	6027.39	20709.31	23046.30
按行业分 By Sector					
农、林、牧、渔业 Agriculture,Forestry,Animal Husbandry and Fishery	640.57	827.36	1317.45	2831.80	3004.87
工业 Industry	1422.34	2744.68	6532.27	15615.48	17787.60
采矿业 Mining and Quarrying		81.56	287.94	231.10	246.54
制造业 Manufacturing		2445.76	5885.09	14631.81	16713.03
电力、热力、燃气及水生产和供应业 Supply of Electric Power,Gas,Water		217.36	359.24	752.57	828.02
建筑业 Construction	206.11	363.03	1201.07	4618.99	5140.55
批发和零售业 Wholesale and Retail Trade	356.68	554.12	1464.87	4705.98	5552.53
交通运输、仓储和邮政业 Transport,Storage and Post Services	348.32	435.33	846.83	1502.33	1772.74
住宿和餐饮业 Lodgings and Catering Services	67.70	117.22	286.33	593.73	696.23
信息传输、软件和信息技术服务业 Information Transmission,Software and Information Technology Services		180.05	315.50	1100.06	1221.44
金融业 Finance	118.85	180.53	742.19	3319.59	3623.07
房地产业 Real Estate	147.60	321.83	714.38	2672.64	2813.92
租赁和商务服务业 Rent and Business Services		79.86	237.82	1394.63	1547.45
科学研究和技术服务业 Scientific Research,Ploytechnic Services		37.18	105.86	676.07	736.67
水利、环境和公共设施管理业 Water Conservancy,Environment and Public Facilities Management		17.73	46.70	172.04	184.35
居民服务、修理和其他服务业 Resident Services,Repairing and Others		110.24	247.16	762.46	818.72
教育 Education		165.93	276.53	1252.78	1346.37
卫生和社会工作 Health Care,Social Ensure		65.98	170.92	602.06	634.89
文化、体育和娱乐业 Culture,Sports and Entertainment		44.55	103.89	305.40	333.94
公共管理、社会保障和社会组织 Public Management and Social Organizations		169.86	392.74	1482.52	1595.02

注：本表按当年价格计算。
Note:Data in this table are calculated at current prices.

2-5 地区生产总值指数（上年=100）
Indices of Gross Domestic Product(preceding year=100)

单位：以上年为100 (preceding year=100)

年份 Year	地区生产总值 Gross Domestic Product	第一产业 Primary Industry	第二产业 Secondary Industry	第三产业 Tertiary Industry	#工业 Industry	#建筑业 Construction	人均GDP Per Capita GDP
1952	123.3	112.1	131.5	119.3	145.7	138.9	121.1
1957	106.7	109.3	95.1	117.1	123.8	50.3	103.0
1962	98.6	107.0	93.7	94.1	79.1	155.1	96.4
1965	110.9	111.5	120.2	100.4	126.0	101.1	107.5
1970	109.9	105.3	123.6	101.3	113.4	202.7	105.7
1975	102.9	100.4	106.5	101.0	108.6	98.1	100.5
1978	117.8	101.1	131.9	121.0	138.1	90.0	115.6
1979	105.5	104.9	109.7	99.0	107.0	137.4	103.9
1980	118.4	113.8	118.0	125.6	113.3	154.9	117.2
1981	115.5	108.6	110.4	136.4	114.3	91.4	114.0
1982	109.3	106.8	108.2	114.2	103.9	134.1	107.5
1983	106.2	104.7	107.3	106.5	107.4	106.7	104.4
1984	117.9	110.0	120.2	124.2	125.7	94.3	116.3
1985	117.6	105.1	123.1	123.3	124.3	115.9	114.9
1986	105.7	102.0	112.9	99.3	103.7	174.5	104.5
1987	113.6	110.6	110.1	122.0	118.5	76.3	111.8
1988	114.3	102.4	124.9	109.5	134.0	68.3	112.6
1989	107.8	109.8	105.0	110.8	109.4	51.6	106.1
1990	107.5	101.6	108.0	111.3	109.7	63.9	104.7
1991	114.2	109.0	121.9	111.4	123.6	111.1	111.4
1992	120.3	105.8	127.3	124.1	125.9	140.8	117.9
1993	122.6	109.4	135.5	118.1	139.1	112.8	121.2
1994	120.3	109.3	132.4	113.0	133.8	122.0	119.0
1995	114.6	109.5	117.1	114.1	116.2	125.2	113.2
1996	113.3	108.8	114.2	114.5	115.0	107.6	111.9
1997	114.0	108.0	116.0	114.4	116.3	113.4	113.0
1998	110.8	106.7	112.3	110.7	112.4	111.6	110.2
1999	109.9	105.7	111.3	109.8	112.4	101.9	109.3
2000	109.3	102.6	111.0	109.9	112.1	100.4	107.5
2001	108.7	103.5	110.2	109.3	110.8	105.6	106.7
2002	110.2	102.7	113.8	109.1	115.1	104.2	109.1
2003	111.5	103.3	115.6	109.8	115.4	117.7	110.6
2004	111.4	104.4	115.7	108.7	116.3	111.4	110.6
2005	111.6	102.7	112.3	113.6	112.4	111.6	110.7
2006	114.9	100.8	116.8	116.9	116.1	121.5	114.0
2007	115.1	102.9	118.2	114.5	118.4	116.4	114.2
2008	112.9	104.1	115.2	112.2	115.1	115.6	112.1
2009	112.3	103.3	113.9	112.3	113.2	118.8	111.5
2010	113.9	103.1	118.2	110.6	118.0	119.3	113.1
2011	112.3	103.1	116.3	109.2	116.9	113.3	110.6
2012	111.5	103.8	114.4	109.2	113.9	117.4	109.4
2013	111.0	103.1	113.2	109.3	112.8	115.1	109.5
2014	109.9	103.6	111.9	108.1	112.1	111.0	108.5
2015	108.9	103.2	108.7	110.1	108.5	110.0	107.5
2016	108.4	103.0	107.2	111.0	107.2	107.0	107.5
2017	108.1	103.7	107.2	110.0	108.0	104.1	107.1
2018	108.3	103.4	108.8	108.6	109.2	106.9	107.2
2019	107.5	103.5	105.4	110.4	105.2	106.4	106.5
2020	103.2	103.1	102.4	104.0	101.6	105.7	102.4
2021	108.0	104.9	107.5	108.8	109.0	102.5	107.3

注：本表按不变价格计算。

Note:Data in this table are calculated at constant prices.

2-6 地区生产总值指数（1952年=100）
Indices of Gross Domestic Product(year of 1952=100)

单位：以1952年为100　　(year of 1952=100)

年份 Year	地区生产总值 Gross Domestic Product	第一产业 Primary Industry	第二产业 Secondary Industry	第三产业 Tertiary Industry	#工业 Industry	#建筑业 Construction	人均GDP Per Capita GDP
1952	100.0	100.0	100.0	100.0	100.0	100.0	100.0
1957	171.9	139.8	230.6	238.0	204.1	460.5	149.3
1962	159.8	90.8	272.7	333.6	202.3	928.6	121.4
1965	215.0	137.6	379.3	363.3	332.4	790.0	152.0
1970	256.0	153.5	503.2	418.6	444.7	1011.2	156.4
1975	331.4	178.4	846.3	441.5	761.1	1572.1	178.3
1978	451.2	195.7	1254.8	723.7	1255.2	1146.2	227.5
1979	476.1	205.2	1376.2	716.3	1342.7	1574.4	236.3
1980	563.7	233.5	1623.6	899.4	1521.9	2438.5	277.0
1981	651.0	253.5	1791.7	1226.5	1739.4	2228.6	315.8
1982	711.6	270.7	1938.7	1400.7	1807.2	2989.2	339.4
1983	755.7	283.5	2080.1	1491.7	1941.3	3190.0	354.4
1984	891.0	311.8	2500.0	1852.4	2440.0	3008.0	412.1
1985	1047.8	327.8	3077.8	2284.2	3032.2	3485.2	473.6
1986	1107.5	334.3	3473.5	2267.7	3144.2	6080.4	494.9
1987	1258.1	369.6	3822.8	2765.7	3726.1	4639.7	553.3
1988	1438.0	378.5	4773.6	3028.4	4992.8	3167.1	623.0
1989	1550.2	415.5	5010.9	3354.7	5459.8	1634.3	661.0
1990	1666.4	422.2	5412.8	3734.4	5991.1	1043.5	692.0
1991	1903.1	460.1	6595.9	4159.0	7403.3	1159.2	770.9
1992	2289.4	486.7	8395.5	5159.5	9320.7	1631.6	909.3
1993	2806.8	532.5	11372.1	6094.9	12964.3	1840.1	1102.2
1994	3376.6	582.0	15056.1	6886.8	17340.2	2244.1	1311.9
1995	3869.5	637.3	17633.5	7857.1	20142.9	2809.0	1485.3
1996	4384.2	693.4	20136.0	8993.6	23171.3	3022.4	1662.6
1997	4998.0	748.8	23350.5	10284.8	26940.6	3428.1	1879.5
1998	5537.8	799.0	26217.7	11387.5	30269.5	3826.4	2070.4
1999	6086.0	844.6	29189.6	12506.7	34031.7	3898.8	2263.7
2000	6652.0	866.5	32398.0	13740.2	38148.8	3916.2	2433.4
2001	7230.7	896.4	35689.0	15013.9	42276.6	4135.9	2595.3
2002	7965.4	920.6	40606.2	16385.4	48661.1	4311.1	2831.8
2003	8881.4	951.0	46959.6	17994.1	56151.5	5072.4	3131.6
2004	9893.9	992.9	54352.9	19552.0	65304.2	5650.8	3462.3
2005	11040.8	1019.4	61045.1	22209.3	73402.1	6306.1	3833.7
2006	12681.2	1027.1	71281.4	25971.3	85249.4	7662.1	4368.8
2007	14590.1	1056.4	84251.6	29738.3	100969.2	8921.7	4988.0
2008	16472.1	1099.8	97024.3	33359.8	116215.6	10313.4	5589.4
2009	18495.3	1135.5	110487.1	37447.1	131556.1	12252.4	6229.6
2010	21070.7	1170.9	130555.6	41412.9	155236.3	14617.1	7045.0
2011	23670.9	1207.1	151887.1	45213.0	181471.4	16561.1	7789.4
2012	26403.0	1252.7	173794.8	49355.2	206695.8	19434.4	8519.8
2013	29298.8	1291.5	196662.9	53959.1	233152.8	22369.1	9330.7
2014	32206.5	1338.2	220116.5	58325.7	261364.4	24829.7	10120.5
2015	35074.2	1380.6	239343.8	64241.8	283580.5	27312.7	10884.0
2016	38037.8	1421.3	256472.7	71305.1	304020.8	29215.0	11698.9
2017	41137.3	1473.8	274906.2	78441.5	328219.1	30424.1	12525.3
2018	44571.8	1524.1	298964.5	85211.4	358471.8	32508.2	13424.9
2019	47892.5	1577.5	315062.9	94086.5	376956.9	34588.8	14299.0
2020	49401.1	1625.8	322509.7	97880.6	382844.6	36548.8	14648.1
2021	53329.8	1706.1	346573.5	106522.2	417333.0	37444.3	15718.3

注：本表按不变价格计算。
Note:Data in this table are calculated at constant prices.

2-7 三次产业对经济增长的贡献率及拉动

Contribution Share and Contribution of the Three Strata of Industry to GDP Growth

单位：%　　　　(%)

年份 Year	贡献率 Contribution Share				地区生产总值增长率 Gross Domestic Product Growth Rate	拉动（百分点） Contribution(percentage point)			
	第一产业 Primary Industry	第二产业 Secondary Industry	第三产业 Tertiary Industry	工业 Industry		第一产业 Primary Industry	第二产业 Secondary Industry	第三产业 Tertiary Industry	工业 Industry
1978	2.3	69.4	28.3	72.2	17.8	0.4	12.4	5.0	12.9
1979	28.3	76.3	-4.6	50.0	5.5	1.6	4.2	-0.3	2.8
1980	23.8	44.1	32.1	29.1	18.4	4.4	8.1	5.9	5.3
1981	20.2	27.4	52.4	31.3	15.5	3.1	4.3	8.1	4.9
1982	25.2	34.5	40.3	14.1	9.3	2.4	3.2	3.7	1.3
1983	25.5	45.6	28.9	38.2	6.2	1.6	2.8	1.8	2.4
1984	18.5	44.2	37.3	46.3	17.9	3.3	7.9	6.7	8.3
1985	9.1	52.4	38.5	47.5	17.6	1.6	9.2	6.8	8.4
1986	9.6	94.3	-3.9	23.6	5.7	0.5	5.4	-0.2	1.3
1987	20.8	33.0	46.2	48.6	13.6	2.8	4.5	6.3	6.6
1988	4.4	75.2	20.4	88.5	14.3	0.6	10.8	2.9	12.7
1989	29.2	30.1	40.7	52.3	7.8	2.3	2.3	3.2	4.1
1990	5.1	49.2	45.7	57.5	7.5	0.4	3.7	3.4	4.3
1991	17.8	51.4	30.8	47.8	14.2	2.5	7.3	4.4	6.8
1992	7.7	47.9	44.4	39.8	20.3	1.6	9.7	9.0	8.1
1993	9.8	59.2	31.0	56.5	22.6	2.2	13.4	7.0	12.8
1994	9.7	66.5	23.8	61.6	20.3	2.0	13.5	4.8	12.5
1995	12.4	53.8	33.8	45.6	14.6	1.8	7.9	4.9	6.7
1996	12.1	50.0	37.9	47.2	13.3	1.6	6.7	5.0	6.3
1997	10.0	53.9	36.1	49.2	14.0	1.4	7.5	5.1	6.9
1998	10.3	54.6	35.1	49.4	10.8	1.1	5.9	3.8	5.3
1999	9.2	55.8	35.0	55.0	9.9	0.9	5.5	3.5	5.4
2000	4.3	58.3	37.4	58.3	9.3	0.4	5.4	3.5	5.4
2001	6.5	50.3	43.2	47.0	8.7	0.6	4.4	3.7	4.1
2002	4.2	59.2	36.6	57.3	10.2	0.4	6.0	3.8	5.8
2003	4.2	61.4	34.4	53.9	11.5	0.5	7.0	4.0	6.2
2004	5.2	64.6	30.2	59.6	11.4	0.6	7.4	3.4	6.8
2005	2.9	51.6	45.5	46.5	11.6	0.3	6.0	5.3	5.4
2006	0.6	54.5	44.9	46.5	14.9	0.1	8.1	6.7	6.9
2007	2.1	59.3	38.6	53.0	15.1	0.3	9.0	5.8	8.0
2008	3.1	59.2	37.7	52.1	12.9	0.4	7.6	4.9	6.7
2009	2.4	58.1	39.5	48.8	12.3	0.3	7.1	4.9	6.0
2010	1.8	68.0	30.2	59.2	13.9	0.2	9.5	4.2	8.2
2011	2.1	68.0	29.9	59.6	12.3	0.2	8.4	3.7	7.4
2012	2.5	66.5	31.0	54.6	11.5	0.3	7.6	3.6	6.3
2013	2.0	65.5	32.5	54.0	11.0	0.2	7.2	3.6	5.9
2014	2.4	66.9	30.7	57.3	9.9	0.2	6.6	3.1	5.7
2015	2.2	55.6	42.2	45.8	8.9	0.2	4.9	3.8	4.1
2016	2.5	43.4	54.1	35.0	8.4	0.2	3.6	4.6	3.0
2017	3.1	44.6	52.3	39.6	8.1	0.3	3.6	4.2	3.2
2018	2.7	52.6	44.7	44.7	8.3	0.2	4.4	3.7	3.7
2019	2.9	36.4	60.7	28.3	7.5	0.2	2.7	4.6	2.1
2020	5.9	37.0	57.1	19.8	3.2	0.2	1.2	1.8	0.6
2021	3.9	43.4	52.7	40.6	8.0	0.3	3.5	4.2	3.2

注：本表按不变价格计算。

Note:Data in this table are calculated at constant prices.

2-8 按收入法计算的地区生产总值
Gross Domestic Product by Income Approach

单位：亿元 (100 million yuan)

年份 Year	地区生产总值 Gross Domestic Product	劳动者报酬 Compensation of Employees	生产税净额 Net Taxes on Production	固定资产折旧 Depreciation of Fixed Assets	营业盈余 Operating Surplus	占地区生产总值比重（%）Ratio(%) 劳动者报酬 Compensation of Employees	生产税净额 Net Taxes on Production	固定资产折旧 Depreciation of Fixed Assets	营业盈余 Operating Surplus
1978	66.37	42.16	7.07	5.85	11.29	63.5	10.7	8.8	17.0
1979	74.11	47.78	7.75	6.48	12.10	64.5	10.5	8.7	16.3
1980	87.06	55.96	8.97	7.55	14.58	64.3	10.3	8.7	16.7
1981	105.62	68.13	10.45	9.22	17.82	64.5	9.9	8.7	16.9
1982	117.81	76.46	11.34	10.21	19.80	64.9	9.6	8.7	16.8
1983	127.76	82.74	12.24	11.12	21.66	64.8	9.6	8.7	17.0
1984	157.06	101.47	14.80	13.84	26.95	64.6	9.4	8.8	17.2
1985	200.48	126.06	19.89	18.38	36.15	62.9	9.9	9.2	18.0
1986	222.54	139.73	21.78	20.54	40.49	62.8	9.8	9.2	18.2
1987	279.24	175.22	27.25	25.84	50.93	62.7	9.8	9.3	18.2
1988	383.21	241.25	39.27	35.49	67.20	63.0	10.2	9.3	17.5
1989	458.40	281.50	46.73	43.13	87.04	61.4	10.2	9.4	19.0
1990	522.28	322.04	50.90	51.24	98.10	61.7	9.7	9.8	18.8
1991	619.87	376.87	62.25	63.31	117.44	60.8	10.0	10.2	18.9
1992	784.68	423.94	70.30	87.01	203.43	54.0	9.0	11.1	25.9
1993	1114.20	576.48	121.21	103.45	313.06	51.7	10.9	9.3	28.1
1994	1644.39	858.45	171.81	178.81	435.33	52.2	10.4	10.9	26.5
1995	2094.90	1094.20	211.90	237.18	551.63	52.2	10.1	11.3	26.4
1996	2484.25	1311.17	237.22	291.85	644.00	52.8	9.6	11.7	25.9
1997	2870.90	1507.84	288.60	344.54	729.92	52.5	10.1	12.0	25.4
1998	3159.91	1652.74	320.90	383.87	802.40	52.3	10.2	12.1	25.4
1999	3414.19	1688.61	335.12	431.62	958.85	49.5	9.8	12.6	28.1
2000	3764.54	1835.51	361.92	502.41	1064.70	48.8	9.6	13.3	28.3
2001	4072.85	2008.75	395.85	561.56	1106.69	49.3	9.7	13.8	27.2
2002	4467.55	2188.96	466.07	646.12	1166.40	49.0	10.4	14.5	26.1
2003	4999.59	2248.49	667.47	605.60	1478.03	45.0	13.3	12.1	29.6
2004	5712.08	2542.52	759.03	703.49	1707.04	44.5	13.3	12.3	29.9
2005	6415.47	2870.91	824.43	899.17	1820.96	44.7	12.9	14.0	28.4
2006	7468.57	3330.79	966.38	981.57	2189.84	44.6	12.9	13.2	29.3
2007	9325.62	4082.61	1273.04	1095.24	2874.73	43.8	13.7	11.7	30.8
2008	10931.80	5802.55	1295.52	1356.17	2477.56	53.1	11.8	12.4	22.7
2009	12418.09	6633.42	1483.13	1470.66	2830.87	53.4	12.0	11.8	22.8
2010	15002.51	7576.97	1790.95	1623.59	4011.00	50.5	12.0	10.8	26.7
2011	17917.70	8953.11	2209.26	1892.74	4862.58	50.0	12.3	10.6	27.1
2012	20190.73	10259.51	2725.27	2190.35	5015.59	50.8	13.5	10.9	24.8
2013	22503.84	11663.06	2967.55	2340.36	5532.87	51.8	13.2	10.4	24.6
2014	24942.07	13084.03	3520.22	2619.74	5718.09	52.5	14.1	10.5	22.9
2015	26819.46	14606.66	3639.92	2990.69	5582.19	54.5	13.6	11.1	20.8
2016	29609.43	16300.08	3583.90	3165.68	6559.77	55.0	12.1	10.7	22.2
2017	33842.44	18497.50	3808.55	3365.72	8170.68	54.7	11.3	9.9	24.1
2018	38687.77	20515.33	4204.66	4272.15	9695.63	53.0	10.9	11.0	25.1
2019	42326.58	21575.80	4984.10	4930.72	10835.97	51.0	11.8	11.6	25.6
2020	43608.55	22636.42	5128.78	5101.19	10742.18	51.9	11.8	11.7	24.6

注：本表按当年价格计算。

Note:Data in this table are calculated at current prices.

2-9 第三产业增加值
Value-added of the Tertiary Industry

单位：亿元　　(100 million yuan)

年份 Year	第三产业 Tertiary Industry	#批发和零售业 Wholesale and Retail Trade	#交通运输、仓储和邮政业 Transport, Storage and Post Services	#金融业 Finance	#房地产业 Real Estate
1952	1.92	1.00	0.27		
1957	4.52	2.21	0.64		
1962	6.74	2.29	0.88		
1965	7.02	1.57	1.10		
1970	8.72	2.23	1.47		
1975	9.24	1.15	1.85		
1978	14.25	3.47	3.35	3.01	0.69
1979	14.77	3.29	3.32	3.08	0.81
1980	19.43	5.08	4.40	4.03	0.92
1981	26.57	7.01	6.01	5.49	1.26
1982	30.65	8.12	6.85	6.34	1.46
1983	34.44	9.38	7.29	7.19	1.65
1984	44.95	11.82	9.69	9.48	2.18
1985	59.79	15.17	12.53	13.00	2.98
1986	68.11	16.53	14.54	14.98	3.43
1987	88.72	23.14	19.37	18.71	4.29
1988	123.23	40.58	32.50	17.40	4.40
1989	158.81	41.31	42.60	29.06	5.23
1990	200.80	49.53	48.56	34.40	8.31
1991	233.49	60.46	55.05	40.52	12.50
1992	305.42	71.17	60.09	48.34	18.89
1993	413.80	103.66	84.37	53.76	33.66
1994	574.84	131.28	114.38	90.76	52.70
1995	766.01	181.50	160.66	93.76	71.37
1996	941.53	229.70	199.36	105.58	83.47
1997	1104.11	273.66	240.35	109.07	93.27
1998	1242.75	304.92	276.85	114.01	105.50
1999	1378.11	326.17	310.87	113.40	126.22
2000	1525.83	356.68	348.32	118.85	147.60
2001	1652.02	383.89	364.80	124.84	165.31
2002	1778.85	416.38	379.09	138.28	188.09
2003	1987.86	464.76	408.85	149.94	215.63
2004	2210.52	515.89	412.54	168.30	244.52
2005	2527.02	554.12	435.33	180.53	321.83
2006	3010.07	626.07	510.94	238.19	425.01
2007	3852.62	772.25	631.40	387.41	513.57
2008	4448.72	921.91	729.46	465.69	533.73
2009	5180.22	1127.55	778.27	569.89	656.58
2010	6027.39	1464.87	846.83	742.19	714.38
2011	7108.95	1776.18	885.84	889.34	942.21
2012	8034.79	2025.75	943.01	1130.26	1064.95
2013	8953.17	2256.55	979.59	1411.50	1108.78
2014	9921.15	2531.31	1037.93	1605.90	1184.69
2015	11150.94	2747.38	1110.20	1852.64	1258.60
2016	12780.61	3043.35	1184.67	2082.39	1508.06
2017	15337.30	3426.45	1309.33	2343.43	2155.67
2018	17461.00	3891.85	1376.22	2581.10	2435.96
2019	19665.57	4422.91	1482.18	3040.51	2697.75
2020	20709.31	4705.98	1502.33	3319.59	2672.64
2021	23046.30	5552.53	1772.74	3623.07	2813.92

注：本表按当年价格计算。

Note:Data in this table are calculated at current prices.

2-10 第三产业增加值构成
Composition of Value-added of the Tertiary Industry

单位：%　　(%)

年份 Year	第三产业 Tertiary Industry	#批发和零售业 Wholesale and Retail Trade	#交通运输、仓储和邮政业 Transport, Storage and Post Services	#金融业 Finance	#房地产业 Real Estate
1978	100.0	24.4	23.5	21.1	4.8
1979	100.0	22.3	22.5	20.9	5.5
1980	100.0	26.1	22.6	20.7	4.7
1981	100.0	26.4	22.6	20.7	4.7
1982	100.0	26.5	22.3	20.7	4.8
1983	100.0	27.2	21.2	20.9	4.8
1984	100.0	26.3	21.6	21.1	4.8
1985	100.0	25.4	21.0	21.7	5.0
1986	100.0	24.3	21.3	22.0	5.0
1987	100.0	26.1	21.8	21.1	4.8
1988	100.0	32.9	26.4	14.1	3.6
1989	100.0	26.0	26.8	18.3	3.3
1990	100.0	24.7	24.2	17.1	4.1
1991	100.0	25.9	23.6	17.4	5.4
1992	100.0	23.3	19.7	15.8	6.2
1993	100.0	25.1	20.4	13.0	8.1
1994	100.0	22.8	19.9	15.8	9.2
1995	100.0	23.7	21.0	12.2	9.3
1996	100.0	24.4	21.2	11.2	8.9
1997	100.0	24.8	21.8	9.9	8.4
1998	100.0	24.5	22.3	9.2	8.5
1999	100.0	23.7	22.6	8.2	9.2
2000	100.0	23.4	22.8	7.8	9.7
2001	100.0	23.2	22.1	7.6	10.0
2002	100.0	23.4	21.3	7.8	10.6
2003	100.0	23.4	20.6	7.5	10.8
2004	100.0	23.3	18.7	7.6	11.1
2005	100.0	21.9	17.2	7.1	12.7
2006	100.0	20.8	17.0	7.9	14.1
2007	100.0	20.0	16.4	10.1	13.3
2008	100.0	20.7	16.4	10.5	12.0
2009	100.0	21.8	15.0	11.0	12.7
2010	100.0	24.3	14.0	12.3	11.9
2011	100.0	25.0	12.5	12.5	13.3
2012	100.0	25.2	11.7	14.1	13.3
2013	100.0	25.2	10.9	15.8	12.4
2014	100.0	25.5	10.5	16.2	11.9
2015	100.0	24.6	10.0	16.6	11.3
2016	100.0	23.8	9.3	16.3	11.8
2017	100.0	22.3	8.5	15.3	14.1
2018	100.0	22.3	7.9	14.8	14.0
2019	100.0	22.5	7.5	15.5	13.7
2020	100.0	22.7	7.3	16.0	12.9
2021	100.0	24.1	7.7	15.7	12.2

注：本表按当年价格计算。
Note:Data in this table are calculated at current prices.

2-11 第三产业增加值指数（上年=100）
Indices of Value-added of the Tertiary Industry(preceding year=100)

单位：以上年为100 (preceding year=100)

年份 Year	第三产业 Tertiary Industry	#批发和零售业 Wholesale and Retail Trade	#交通运输、仓储和邮政业 Transport,Storage and Post	#金融业 Finance	#房地产业 Real Estate
1978	121.0	162.9	147.8	108.6	94.9
1979	99.0	86.8	93.8	96.7	110.9
1980	125.6	143.7	132.5	131.9	114.5
1981	136.4	136.4	136.4	136.2	136.8
1982	114.2	114.1	114.2	114.1	114.6
1983	106.5	106.4	106.4	106.5	106.0
1984	124.2	124.2	124.3	124.3	124.7
1985	123.3	123.5	123.5	123.4	123.4
1986	99.3	96.7	99.4	100.1	100.0
1987	122.0	125.2	121.9	121.0	121.0
1988	109.5	129.5	109.7	76.1	84.0
1989	110.8	90.8	110.7	140.2	99.6
1990	111.3	110.4	98.2	103.1	138.2
1991	111.4	116.7	107.2	113.8	145.4
1992	124.1	113.6	105.6	113.5	139.2
1993	118.1	121.7	121.2	99.1	164.5
1994	113.0	108.4	110.5	122.8	115.3
1995	114.1	120.8	126.4	99.9	117.2
1996	114.5	118.6	118.6	104.5	108.7
1997	114.4	117.9	118.9	104.6	109.1
1998	110.7	114.8	116.0	102.4	103.7
1999	109.8	111.1	114.2	97.8	116.4
2000	109.9	110.5	111.1	106.0	116.8
2001	109.3	109.8	107.2	106.5	113.1
2002	109.1	109.3	104.7	110.9	112.4
2003	109.8	111.5	108.3	107.8	112.5
2004	108.7	111.4	108.8	109.8	108.7
2005	113.6	108.6	106.6	107.4	130.3
2006	116.9	111.9	112.7	129.5	126.2
2007	114.5	112.6	110.0	121.7	110.2
2008	112.2	110.5	108.1	118.1	99.9
2009	112.3	116.1	104.9	122.5	112.7
2010	110.6	114.7	111.6	115.0	103.0
2011	109.2	109.3	105.2	110.5	109.2
2012	109.2	106.7	107.4	121.7	107.6
2013	109.3	107.6	108.2	116.1	103.7
2014	108.1	107.3	110.8	114.4	99.0
2015	110.1	106.4	108.7	113.1	106.3
2016	111.0	107.0	107.3	110.0	108.4
2017	110.0	107.6	108.4	106.7	107.7
2018	108.6	106.9	105.0	103.3	107.0
2019	110.4	112.3	109.3	116.7	109.1
2020	104.0	105.3	104.7	105.7	101.4
2021	108.8	115.4	113.1	105.2	104.8

注：本表按不变价格计算。
Note:Data in this table are calculated at constant prices.

2-12 第三产业增加值指数（1978年=100）
Indices of Value-added of the Tertiary Industry(year of 1978=100)

单位：以1978年为100　　(year of 1978=100)

年份 Year	第三产业 Tertiary Industry	#批发和零售业 Wholesale and Retail Trade	#交通运输、仓储和邮政业 Transport,Storage and Post	#金融业 Finance	#房地产业 Real Estate
1978	100.0	100.0	100.0	100.0	100.0
1979	99.0	86.8	93.8	96.7	110.9
1980	124.3	124.7	124.3	127.5	127.0
1981	169.5	170.1	169.5	173.6	173.7
1982	193.6	194.1	193.6	198.1	199.1
1983	206.1	206.5	206.0	211.0	211.0
1984	256.0	256.5	256.0	262.3	263.1
1985	315.6	316.8	316.2	323.7	324.7
1986	313.3	306.4	314.3	324.0	324.7
1987	382.2	383.6	383.2	392.0	392.9
1988	418.5	496.7	420.3	298.3	330.0
1989	463.6	451.0	465.3	418.3	328.7
1990	516.0	497.9	456.9	431.2	454.2
1991	574.7	581.1	489.8	490.7	660.5
1992	712.9	660.1	517.0	557.0	919.4
1993	842.2	803.4	626.8	551.8	1512.4
1994	951.6	871.1	692.6	677.5	1744.2
1995	1085.7	1052.6	875.2	677.0	2043.7
1996	1242.7	1248.2	1037.6	707.7	2220.8
1997	1421.2	1471.4	1233.9	740.4	2423.6
1998	1573.5	1688.8	1430.8	758.1	2513.8
1999	1728.2	1876.3	1634.2	741.3	2927.0
2000	1898.6	2072.8	1815.0	785.5	3418.4
2001	2074.6	2276.5	1946.3	836.8	3867.5
2002	2264.1	2488.7	2038.3	927.6	4347.6
2003	2486.4	2775.8	2207.7	999.9	4891.1
2004	2701.7	3092.0	2402.1	1098.3	5317.7
2005	3068.9	3357.9	2560.6	1179.6	6929.2
2006	3588.7	3757.5	2885.8	1527.6	8744.7
2007	4109.3	4230.9	3174.3	1859.1	9636.7
2008	4609.7	4675.2	3431.5	2195.6	9627.0
2009	5174.5	5428.0	3599.6	2689.6	10849.5
2010	5722.5	6225.9	4017.2	3093.1	11175.0
2011	6247.6	6804.9	4226.1	3417.8	12203.1
2012	6819.9	7260.8	4538.8	4159.5	13130.6
2013	7456.1	7812.6	4911.0	4829.2	13616.4
2014	8059.5	8382.9	5441.3	5524.6	13480.2
2015	8877.0	8919.4	5914.8	6248.3	14329.4
2016	9853.0	9546.6	6344.6	6875.9	15535.7
2017	10839.1	10276.1	6879.4	7336.5	16737.4
2018	11774.6	10986.7	7224.6	7581.4	17907.9
2019	13000.9	12336.4	7898.1	8844.8	19533.3
2020	13525.2	12993.6	8270.7	9352.4	19800.6
2021	14719.3	14993.8	9354.8	9835.6	20758.9

注：本表按不变价格计算。
Note:Data in this table are calculated at constant prices.

主要统计指标解释

国内生产总值(GDP)　指按市场价格计算的一个国家(或地区)所有常住单位在一定时期内生产活动的最终成果。国内生产总值有三种表现形态，即价值形态、收入形态和产品形态。从价值形态看，它是所有常住单位在一定时期内生产的全部货物和服务价值超过同期投入的全部非固定资产货物和服务价值的差额，即所有常住单位的增加值之和；从收入形态看，它是所有常住单位在一定时期内创造并分配给常住单位和非常住单位的初次收入之和；从产品形态看，它是所有常住单位在一定时期内最终使用的货物和服务价值减去货物和服务进口价值。在实际核算中，国内生产总值有三种计算方法，即生产法、收入法和支出法。三种方法分别从不同的方面反映国内生产总值及其构成。

对于一个地区来说，称为地区生产总值或地区GDP。

三次产业　三次产业的划分是世界上较为常用的产业结构分类，但各国的划分不尽一致。根据《国民经济行业分类》（GB/T 4754—2017）和《三次产业划分规定》，我国的三次产业划分是：

第一产业是指农、林、牧、渔业（不含农、林、牧、渔专业及辅助性活动）。

第二产业是指采矿业（不含开采专业及辅助性活动），制造业（不含金属制品、机械和设备修理业），电力、热力、燃气及水生产和供应业，建筑业。

第三产业即服务业，是指除第一产业、第二产业以外的其他行业。

劳动者报酬　指劳动者从事生产活动应获得的全部报酬，既包括货币形式的报酬，也包括实物形式的报酬。主要包括工资、奖金、津贴和补贴，单位为其员工交纳的社会保险费、补充社会保险费和住房公积金、行政事业单位职工的离退休金、单位为其员工提供的其他各种形式的福利和报酬等。

生产税净额　指生产税减生产补贴后的差额。其中，生产税指政府对生产单位从事生产、销售和经营活动，以及因从事生产活动使用某些生产要素（如固定资产和土地等）所征收的各种税收、附加费和其他规费。生产税分为产品税和其他生产税，产品税主要有：增值税、消费税、进口关税、出口税等；其他生产税主要有：房产税、车船使用税、城镇土地使用税等。生产补贴则相反，它是政府为影响生产单位的生产、销售及定价等生产活动而对其提供的无偿支付，包括农业生产补贴、政策亏损补贴、进口补贴等。生产补贴作为负生产税处理。

固定资产折旧　指由于自然退化、正常淘汰或损耗而导致的固定资产价值下降，用以代表固定资产通过生产过程被转移到其产出中的价值。原则上，固定资产折旧应按照固定资产的重置价值计算。

营业盈余　指常住单位创造的增加值扣除劳动者报酬、生产税净额和固定资产折旧后的余额。

Explanatory Notes on Main Statistical Indicators

Gross Domestic Product (GDP) refers to the final products produced by all resident units in a country during a certain period of time. Gross domestic product is expressed in three different perspectives, namely value, income, and products respectively. GDP in its value perspective refers to the balance of total value of all goods and services produced by all resident units during a certain period of time, minus the total value of input of goods and services of the nature of non-fixed assets; in other words, it is the sum of the value-added of all resident units. GDP from the perspective of income refers to the sum of all kinds of revenue, including compensation of employees, net taxes on production, depreciation of fixed assets, and operating surplus. GDP from the perspective of products refers to the value of all goods and services for final demand by all resident units plus the net exports of goods and services during a given period of time. In the practice of national accounting, gross domestic product is calculated by three approaches, namely production approach, income approach and expenditure approach, which reflect gross domestic product and its composition from different angles.

For a region, it is called as gross regional product(GRP) or regional GDP.

Three Strata of Industry Classification of economic activities into three strata of industries is a common practice in the world, although the grouping varies to some extent from country to country. In China, according to Industrial Classification for National Economic Activities (GB/T 4754—2017) and Rules on Division of Three Strata of Industries, economic activities are categorized into the following three strata of industries:

Primary industry refers to agriculture, forestry, animal husbandry and fishery industries (not including services in support of agriculture, forestry, animal husbandry and fishery industries).

Secondary industry refers to mining and quarrying (not including support activities for mining), manufacturing (not including repair service of metal products, machinery and equipment), production and supply of electricity, heat, gas and water, and construction.

Tertiary industry refers to all other economic activities not included in the primary or secondary industries.

Compensation of Employees refers to the total payment of various forms to employees for the productive activities they are engaged in. It includes the compensation earned by employees in cash or in kind. It mainly includes: wages, bonuses and allowances, subsidies, social insurance paid by company or employer for its staff, supplementary social insurance, housing fund, the pension for the employees of the administrative institution, other forms of welfare and remuneration provided by the employers for its employees.

Net Taxes on Production refers to taxes on production less subsidies on production. The taxes on production refers to the various taxes, extra charges and fees levied on the production units on their production, sale and business activities as well as on the use of some factors of production, such as fixed assets, land etc. in the production activities they are engaged in. Taxes on production are divided into product tax and other kinds of taxes on production, where product tax mainly includes: value-added tax, consumption tax, import duty, export duty; and other taxes on production mainly include: house property tax, tax on vehicles and boat operation, urban land use tax, etc. In contrast to taxes on production, subsidies on production refer to the payment by the government for free to the production units to influence production units ' s activities such as production, sales and pricing. Subsidies on production include agricultural production subsidies, subsidies for policy losses, import subsidies, etc., and are treated as negative taxes on production.

Depreciation of Fixed Assets refers to the decline of the value of fixed assets due to natural deterioration, normal elimination or loss, and it reflects the value of the fixed assets transferred into the output through production. In principle, the depreciation of fixed assets should be calculated on the basis of the re-purchased value of the fixed assets.

Operating Surplus refers to the balance of the value added created by the resident units after deducting the compensation of employees, net taxes on production and the depreciation of fixed assets..

第三篇　人口、就业和职工工资

Chapter 3　Population,Employment and wages

资料整理：徐林 邹宾宇

Database Editor: Xulin Zoubinyu

简要说明

本篇资料的主要内容及来源

本篇主要包括人口、就业、工资等资料。人口资料还包括了新中国成立以来进行的七次人口普查主要数据。

户籍人口数由省公安厅提供；失业统计资料由省人力资源和社会保障厅提供；常住人口数由省统计局根据人口抽样调查推算，人口普查主要数据、就业和工资资料由省统计局提供。

Brief Introduction

Main Content and Source of Data

Data in this chapter show the basic condition of population, employment ,wage of staff and works. Data of population include the seventh national population censuses.

The data on household registered population are provided by Fujian Provincial Department of Public Security. Total region population are estimated by Fujian Provincial Bureau of Statistics in according with the annual national sample survey on population changes. The data of population census, employment and wages are provided by Fujian Provincial Bureau of Statistics.

3-1 年末常住人口及人口变动
Total Population and Changes at the Year-end

年份 Year	常住总人口（万人） Total Population (10000 persons)	按性别分 By Sex		按城乡分 By Urban and Rural Areas		人口出生率（‰） Birth Rate (‰)	人口死亡率（‰） Death Rate (‰)	人口自然增长率（‰） Natural Growth Rate (‰)	人口密度（人/平方公里） Population of Per Sq.km (Person/Sq.km)
		男 Male	女 Female	城镇 Urban	乡村 Rural				
1952	1270					37.92	13.32	24.60	102
1957	1461					37.56	9.80	27.76	118
1962	1602					41.14	11.65	29.49	129
1965	1759					41.19	7.92	33.27	142
1970	2020					34.23	6.98	27.25	163
1975	2297					29.19	6.58	22.61	185
1978	2446					25.35	6.31	19.04	197
1979	2487					22.91	6.28	16.63	201
1980	2519					18.68	6.27	12.41	203
1981	2563					23.40	6.25	17.15	207
1982	2620					27.91	6.35	21.56	211
1983	2668					24.53	6.31	18.22	215
1984	2720					25.68	6.25	19.43	219
1985	2769					23.88	6.18	17.70	223
1986	2820					24.02	5.85	18.17	227
1987	2875					24.91	5.79	19.21	232
1988	2929					24.34	5.81	18.53	236
1989	2984					24.67	6.10	18.57	241
1990	3037					24.44	6.71	17.73	245
1991	3079					20.03	6.26	13.77	248
1992	3116					18.18	6.02	12.16	251
1993	3150					16.72	5.62	11.10	254
1994	3183					16.24	5.95	10.29	257
1995	3227					15.20	5.90	9.30	261
1996	3261					13.22	5.94	7.28	263
1997	3282					12.41	6.09	6.32	265
1998	3299					11.53	6.20	5.33	266
1999	3316					11.06	5.85	5.21	267
2000	3410	1757	1653	1432	1978	11.60	5.85	5.75	275
2001	3445	1775	1670	1473	1972	11.56	5.52	6.04	278
2002	3476	1790	1686	1587	1889	11.35	5.57	5.78	280
2003	3502	1805	1697	1624	1878	11.43	5.58	5.85	282
2004	3529	1818	1711	1681	1848	11.58	5.62	5.96	285
2005	3557	1793	1764	1758	1799	11.60	5.62	5.98	287
2006	3585	1810	1775	1807	1778	12.00	5.75	6.25	289
2007	3612	1824	1788	1856	1756	12.00	5.90	6.10	291
2008	3639	1830	1809	1929	1710	12.20	5.90	6.30	293
2009	3666	1848	1818	2019	1647	12.20	6.00	6.20	296
2010	3693	1900	1793	2109	1584	11.27	5.16	6.11	298
2011	3784	1945	1839	2199	1585	11.41	5.20	6.21	305
2012	3841	1975	1866	2278	1563	12.74	5.73	7.01	310
2013	3885	1995	1890	2362	1523	12.20	6.01	6.19	313
2014	3945	2007	1938	2446	1499	13.70	6.20	7.50	318
2015	3984	2023	1961	2519	1465	13.90	6.10	7.80	321
2016	4016	2042	1974	2586	1430	14.50	6.20	8.30	324
2017	4065	2076	1989	2674	1391	15.00	6.20	8.80	328
2018	4104	2099	2005	2749	1355	13.20	6.20	7.00	331
2019	4137	2104	2033	2808	1329	12.90	6.10	6.80	334
2020	4161	2151	2010	2861	1300	9.21	6.24	2.97	336
2021	4187	2169	2018	2918	1269	8.26	6.28	1.98	338

3-2 人口年龄构成
Population by Age

单位：%　　(%)

年龄组 Age Group	1990			2000			2010			2020			2021		
	合计 Total	男 Male	女 Female	合计 Total	男 Male	女 Female	合计 Total	男 Male	女 Female	合计 Total	男 Male	女 Female	合计 Total	男 Male	女 Female
总　计 Total	**100.00**	**51.36**	**48.64**	**100.00**	**51.52**	**48.48**	**100.00**	**51.45**	**48.55**	**100.00**	**51.68**	**48.32**	**100.00**	**51.80**	**48.20**
0—4岁 Aged 0-4	11.28	5.91	5.37	4.76	2.63	2.13	5.77	3.20	2.57	6.13	3.32	2.81	5.53	2.99	2.54
5—9岁 Aged 5-9	10.35	5.35	5.00	7.44	4.07	3.37	5.03	2.73	2.30	7.21	3.92	3.29	7.37	4.01	3.36
10—14岁 Aged 10-14	9.84	5.07	4.77	10.80	5.59	5.21	4.67	2.55	2.12	5.97	3.23	2.74	6.17	3.35	2.83
15—19岁 Aged 15-19	11.00	5.63	5.37	9.77	4.91	4.86	7.63	4.03	3.60	4.84	2.60	2.24	4.99	2.69	2.30
20—24岁 Aged 20-24	10.78	5.43	5.35	8.95	4.51	4.44	10.62	5.32	5.30	4.91	2.64	2.27	4.81	2.58	2.23
25—29岁 Aged 25-29	8.91	4.51	4.40	10.60	5.43	5.17	8.94	4.50	4.44	6.89	3.68	3.21	6.26	3.36	2.89
30—34岁 Aged 30-34	7.57	3.93	3.64	10.11	5.18	4.93	8.26	4.23	4.03	9.63	4.93	4.70	9.63	4.95	4.68
35—39岁 Aged 35-39	6.89	3.56	3.33	8.34	4.28	4.06	9.77	5.01	4.76	8.00	4.10	3.90	8.34	4.28	4.07
40—44岁 Aged 40-44	4.73	2.55	2.18	6.49	3.38	3.11	9.29	4.75	4.54	7.25	3.72	3.53	6.99	3.58	3.41
45—49岁 Aged 45-49	3.61	1.98	1.63	6.04	3.11	2.93	7.54	3.85	3.69	8.57	4.38	4.19	8.40	4.30	4.10
50—54岁 Aged 50-54	3.67	1.99	1.68	4.13	2.21	1.92	5.76	2.98	2.78	8.09	4.12	3.97	8.26	4.20	4.06
55—59岁 Aged 55-59	3.35	1.77	1.58	3.02	1.63	1.39	5.30	2.68	2.62	6.51	3.28	3.23	7.40	3.74	3.66
60—64岁 Aged 60-64	2.95	1.52	1.43	2.87	1.52	1.35	3.52	1.83	1.69	4.88	2.46	2.42	4.55	2.28	2.27
65—69岁 Aged 65-69	2.10	1.01	1.09	2.49	1.26	1.23	2.47	1.29	1.18	4.38	2.14	2.24	4.54	2.21	2.33
70—74岁 Aged 70-74	1.44	0.63	0.81	1.99	0.96	1.03	2.16	1.09	1.07	2.73	1.36	1.37	2.91	1.43	1.49
75—79岁 Aged 75-79	0.90	0.34	0.56	1.23	0.53	0.70	1.64	0.77	0.87	1.73	0.84	0.89	1.80	0.87	0.93
80岁及以上 80 and over	0.63	0.18	0.45	0.97	0.33	0.64	1.63	0.65	0.98	2.28	0.96	1.32	2.04	0.88	1.16

注：1990年、2000年、2010年及2020年为人口普查数，2021年为人口抽样调查样本数。
Note:Data in 1990, 2000,2010 and 2020 are census data.Data in 2021 are from Sample Survey Population.

3-3 各年龄组人口占总人口的比重
Percentage of Population Group by Age to Total

单位：% (%)

年龄组 Age Group	1982	1990	1995	2000	2010	2020	2021
总计 Total	**100.0**	**100.0**	**100.0**	**100.0**	**100.0**	**100.0**	**100.0**
#育龄妇女(15–49岁) Childbearing Age Woman(15-49)	23.5	25.9	26.7	29.5	30.4	24.0	23.7
不满周岁婴儿(0岁) Not-Full-One-Year (0)	2.4	2.3	1.3	1.0	1.1	0.9	0.8
学龄前儿童(1–6岁) Preschool Age(1-6)	13.3	13.3	11.2	6.4	6.8	8.2	8.4
小学学龄组(7–12岁) Primary(7-12)	15.6	11.6	13.4	11.6	5.6	7.9	8.2
初中学龄组(13–15岁) Junior Middle School(13-15)	7.5	6.3	5.5	5.9	3.2	3.3	3.5
劳动年龄组 Labor-aged							
男(16–59岁) Male (16-59)	28.4	30.3	29.8	33.7	36.7	32.9	33.1
女(16–54岁) Female (16-54)	24.3	26.6	27.6	30.5	32.6	27.5	27.2
超过劳动年龄组 Over-Labor age							
男（60岁及以上） Male（60 and Over）	3.0	3.7	4.5	4.6	5.6	7.8	7.7
女（55岁及以上） Female（55 and Over）	5.5	5.9	6.7	6.3	8.4	11.5	11.8

注：1982年、1990年、2000年、2010年及2020年为人口普查数，1995年和2021年为人口抽样调查样本数。
Note:Data in 1982,1990,2000,2010 and 2020 are Census data,Data in 1995 and 2021 are from Sample Survey Population.

3-4 出生孩次构成
Composition of Women Population by Number of Living Children Born

单位：% (%)

项目 Item	1981	1989	1995	2000	2010	2020	2021
一孩 1st Birth	40.9	46.2	64.6	74.5	68.2	41.1	40.1
二孩 2nd Birth	29.8	32.2	28.6	23.3	28.7	47.3	47.2
三孩及以上 3rd Birth and Over	29.3	21.6	6.8	2.2	3.1	11.6	12.7

注：1981年、1989年、2000年、2010年及2020年为人口普查数,1995年和2021年为人口抽样调查样本数。
Note:Data in 1981,1989,2000,2010 and 2020 are Census data, Data in 1995 and 2021 are from Sample Survey Population.

3-5 各种受教育程度人口占总人口的比重
Percentage of Population by Educational Attainment

单位：%　　　　(%)

项目 Item	1982	1990	1995	2000	2010	2020	2021
大专以上 College and Higher Lever	0.6	1.2	1.4	3.0	8.4	14.1	16.2
高中(含中专) Senior Secondary School (Specialized Secondary School)	5.7	7.0	6.7	10.6	13.9	14.2	14.5
初中 Junior Secondary School	12.6	16.9	20.4	33.5	37.9	32.2	30.8
小学 Primary School	36.3	43.2	43.8	37.8	29.8	28.0	27.7

注：1982年、1990年、2000年、2010年及2020年为人口普查数,1995年和2021年为人口抽样调查样本数。
Note:Data in 1982,1990,2000,2010 and 2020 are Census data, Data in 1995 and 2021 are from Sample Survey Population.

3-6 家庭户类型构成
Composition of Family Household

单位：%　　　　(%)

项目 Item	1982	1990	2000	2010	2020
一人户 One Person	7.7	5.8	9.1	12.1	27.3
二人户 Two Persons	8.2	8.6	15.5	17.2	26.3
三人户 Three Persons	12.2	16.8	25.4	24.3	19.4
四人户 Four Persons	17.1	23.6	24.7	21.7	14.2
五人户 Five Persons	18.4	21.4	15.8	13.7	6.9
六人户 Six Persons	14.7	11.8	5.9	6.4	4.0
七人户 Seven Persons	10.1	5.9	2.2	2.6	1.1
八人户 Eight Persons	11.6	2.9	0.8	1.1	0.4
九人户 Nine Persons		1.4	0.3	0.5	0.2
十人及以上户 Ten Persons and Over		1.8	0.3	0.4	0.2

3-7 劳动年龄人口负担系数
Number of Persons Raised per Capita at Working Age

单位：% (%)

项目 Item	1982	1990	1995	2000	2010	2020	2021
总负担系数 Total Dependency Ratio	**69.2**	**57.6**	**57.5**	**42.2**	**30.5**	**43.7**	**43.8**
负担少年系数 The Juvenile and Children Dependency Ratio	61.8	49.6	47.3	32.7	20.2	27.8	27.2
负担老年系数 The Aged Dependency Ratio	7.4	8.0	10.2	9.5	10.3	15.9	16.6

注：1982年、1990年、2000年、2010年及2020年为人口普查数,1995年和2021年为人口抽样调查样本数。
Note:Data in 1982,1990,2000,2010 and 2020 are Census data, Data in 1995 and 2021 are from Sample Survey Population.

3-8 15岁以上人口婚姻状况构成
Composition of Marital Status above Fifteen Age

单位：% (%)

项目	Item	1982	1990	1995	2000	2010	2020
未婚	Single	28.4	25.1	22.5	24.1	22.9	18.6
男	Male	33.9	29.7	26.5	27.7	26.1	22.2
女	Female	22.6	20.4	18.5	20.4	19.8	14.8
有配偶	Married	63.4	67.8	70.3	69.6	70.6	73.7
男	Male	61.4	66.1	69.0	68.4	70.0	73.1
女	Female	65.5	69.5	71.6	70.7	71.2	74.4
离婚	Divorce	0.6	0.6	0.6	0.7	1.1	2.2
男	Male	1.0	0.9	1.0	1.0	1.2	2.3
女	Female	0.2	0.2	0.3	0.5	0.9	2.1
丧偶	Wid owed	7.6	6.5	6.6	5.6	5.4	5.5
男	Male	3.7	3.3	3.5	2.9	2.7	2.3
女	Female	11.7	9.9	9.6	8.4	8.1	8.7

3-9 七次全国人口普查人口基本情况
Basic Statistics on National Population Census in 1953,1964,1982, 1990,2000,2010 and 2020

项目 Item	1953	1964	1982	1990	2000	2010	2020
一、总户数和总人口							
Total Population and Family Household							
家庭户（万户）	320	360	514	658	874	1121	1437
Family Household(10000 household)							
总人口（万人）	1285	1676	2587	3005	3410	3689	4154
Total Population (10000 persons)							
男	662	869	1331	1543	1757	1898	2147
Male							
女	623	807	1256	1462	1653	1791	2007
Female							
性别比（女性=100）	106.4	107.8	105.9	105.6	106.3	106.0	106.9
Sex Ratio (female=100)							
平均每户人数（人／户）	4.0	4.7	4.9	4.4	3.6	3.0	2.7
Population by Age Group(person/household)							
二、城乡人口（万人）							
Population by Residence (10000 persons)							
城镇人口		223	548	642	1432	2106	2856
Urban Population							
乡村人口		1453	2039	2363	1978	1583	1298
Rural Population							
城镇化率（%）		13.3	21.2	21.4	42.0	57.1	68.8
Proportion of Urban Population in Total Population(%)							
三、民族人口（万人）							
Population by Ethnicity(10000 persons)							
汉族人口			2562	2958	3351	3610	4042
Han							
占总人口比重(%)			99.0	98.4	98.3	97.8	97.3
Percentage to Total Population(%)							
少数民族人口			25	47	59	80	112
Ethnic Minorities							
占总人口比重(%)			1.0	1.6	1.7	2.2	2.7
Percentage to Total Population(%)							
四、人口年龄构成							
Population by Age Group							
0-14岁人口(万人)	460	709	945	946	760	571	803
Aged 0-14(10000 persons)							
占总人口比重(%)	35.8	42.3	36.5	31.5	22.3	15.5	19.3
Percentage to Total Population(%)							
15－64岁人口(万人)	782	914	1530	1907	2422	2828	2890
Aged 15-64(10000 persons)							
占总人口比重(%)	60.9	54.5	59.1	63.5	71.0	76.7	69.6
Percentage to Total Population(%)							

3-9 续表1
Continued

项目 Item	1953	1964	1982	1990	2000	2010	2020
65岁及65岁以上人口(万人) Aged 65 and Over(10000 persons)	43	53	113	152	228	291	461
占总人口比重(%) Percentage to Total Population(%)	3.3	3.2	4.4	5.0	6.7	7.9	11.1
百岁老年人口(人) Population of 100 and over (persons)	16	14	45	143	373	1058	3023
男 Male	3	2	7	16	46	221	755
女 Female	13	12	38	127	327	837	2268
总抚养比（%） Total Dependency Ratio(%)	64.2	83.3	69.2	57.6	42.2	30.5	43.7
少儿抚养比 The Juvenile and Children Dependency Ratio	58.8	77.6	61.8	49.6	32.7	20.2	27.8
老年抚养比 The Aged Dependency Ratio	5.4	5.8	7.4	8.0	9.5	10.3	15.9
老少比（%） Population in Juvenile and Children to Aged(%)	9.2	7.4	12.0	16.1	30.1	51.0	57.4
平均预期寿命(岁) Life Expectancy(year old)			68.50	70.50	72.55	75.76	78.49
男 Male			66.20	68.40	70.30	73.27	75.81
女 Female			70.70	72.60	75.07	78.64	81.55
五、受教育人口 Population with Various Education Attainments							
每十万人拥有小学及以上文化程度人口(人) Population with Various Education Attainments Per 100 000 Persons (person)							
小学 Primary School		26716	36334	43213	40200	29801	28031
初中 Junior Secondary School		5070	12601	16891	35700	37886	32218
高中及中专 Senior Secondary School and Technical Secondary School		1826	5716	6991	11300	13876	14212
大专以上 Junior College and Above		439	608	1228	3200	8361	14148
文盲人口(万人) Illiterate Population (10000 persons)			651	477	327	90	97
文盲率（%） Illiterate Rate(%)		58.8	25.2	15.9	9.6	2.4	2.3

3-9 续表2
Continued

项目 Item	1953	1964	1982	1990	2000	2010	2020
六、劳动力和就业状况							
Labor and Employment							
劳动适龄人口(万人)	701	816	1364	1710	2188	2556	2511
Population in suit of Employment							
男(16–59岁)	367	444	736	911	1148	1353	1367
Male (aged 16-59)							
女(16–54岁)	335	372	628	799	1040	1203	1144
Female(aged 16-54)							
占总人口比重(%)	54.6	48.7	52.7	56.9	64.2	69.3	60.4
Percentage to Total Population(%)							
七、各种婚姻人口占15岁及以上人口比重(%)			100	100	100	100	100
Population Aged 15 and Over(%)							
未婚			28.4	25.1	24.1	22.9	18.6
Never Married							
有配偶			63.4	67.8	69.6	70.6	73.7
Married							
离婚			0.6	0.6	0.7	1.1	2.2
Divorced							
丧偶			7.6	6.5	5.6	5.4	5.5
Widowed							
八、生育							
Fertility							
育龄妇女人数（万人）	319	354	608	778	1006	1121	999
Childbearing Women(10000 person)							
生育旺盛期组(20－29岁)	106	109	212	293	328	359	228
High Ratio of Childbearing Women(aged 20-29)							
生育率（‰）			94.4	90.8	32.9	33.0	39.6
Fertility Rate(‰)							
总和生育率			2.70	2.40	1.03	1.12	1.38
Total Fertility Rate							
九、人口自然变动							
Natural Growth							
出生率（‰）	36.67	38.59	27.91	24.44	11.60	11.27	9.21
Birth Rate(‰)							
死亡率（‰）	12.55	8.68	6.35	6.71	5.85	5.16	6.24
Death Rate(‰)							
自然增长率（‰）	24.12	29.91	21.56	17.73	5.75	6.11	2.97
Natural Growth Rate(‰)							

3-10 全省就业基本情况
Basic Statistics of Employment

项目 Item	2000	2005	2010	2019	2020	2021
就业人员合计（万人） **Number of Employed Persons(10000 persons)**	**1794**	**1923**	**2114**	**2210**	**2206**	**2197**
第一产业 Primary Industry	840	723	600	369	323	301
第二产业 Secondary Industry	439	600	774	745	719	729
第三产业 Tertiary Industry	515	600	740	1096	1164	1167
就业人员构成（%） **Composition in Percentage(%)**						
第一产业 Primary Industry	46.8	37.6	28.4	16.7	14.6	13.7
第二产业 Secondary Industry	24.5	31.2	36.6	33.7	32.6	33.2
第三产业 Tertiary Industry	28.7	31.2	35.0	49.6	52.8	53.1
城镇非私营单位就业人员（万人） **Urban(10000 persons)**	**325.88**	**400.07**	**507.14**	**639.58**	**605.90**	**579.00**
#国有单位 State-Owned Units	170.82	150.88	155.51	147.14	152.27	150.48
集体单位 Collective-Owned Units	34.18	19.10	16.58	9.32	8.85	8.33
股份合作单位 Cooperative Units	3.64	5.80	8.14	5.47	7.51	1.81
联营单位 Ownership Units	3.35	2.67	1.95	0.32	0.40	0.30
有限责任公司 Limited Liability Corporations	12.07	35.88	87.40	276.30	245.28	229.83
股份有限公司 Share-Holding Corporations Ltd.	9.32	16.19	31.28	52.97	52.65	51.33
港澳台商投资单位 Units With Funds From Hong Kong, Macao and Taiwan	51.51	99.45	110.25	84.33	77.82	74.93
外商投资单位 Foreign Funded Units	40.26	64.05	81.88	48.58	53.84	54.34
城镇非私营单位在岗职工人数（万人） Staff and Workers in Urban Units(10000 persons)	318.00	386.99	485.94	578.77	550.13	537.18
国有单位 State-Owned Units	166.78	144.51	145.74	136.27	143.11	141.46
城镇集体单位 Collective-Owned Units	33.15	18.19	15.38	7.10	7.96	7.75
其他经济 Others	118.07	224.29	324.83	435.41	399.06	387.97
城镇私营单位就业人员数（万人） **Urban Private Enterprise and Self-employed Individuals (10000 persons)**			**362.67**	**617.59**	**603.26**	**620.63**
城镇登记失业人数（万人） **Number of Urban Registered Unemployment(10000 persons)**	**9.10**	**14.86**	**14.49**	**16.81**	**35.74**	**37.97**
城镇登记失业率（%） **Rate of Urban Registered Unemployment(%)**	**2.60**	**4.00**	**3.77**	**3.50**	**3.82**	**3.33**

注：2000年、2010年和2019年就业人员数根据第五次、第六次、第七次全国人口普查资料修订。2005年就业人员数据根据年度人口和劳动力抽样调查资料修订。在岗职工为含劳务派遣人员口径。

Note:The data of Employed Persons of 2000、2010 and 2019 are estimated on the basis of the fifth,sixth,seventh Population Census.The data of Employed Persons of 2005 are estimated on the basis of annual Sample Survey on Labour Force.The on-the-job employees include the labor dispatch personnel.

3-11 按三次产业分全社会就业人员及构成
Employment and Composition by Three Strata of Industry

年份 Year	就业人员数(万人) Number of Employed Persons (10000 Persons)				构成（%） Composition in Percentage（%）		
	合计 Total	第一产业 Primary Industry	第二产业 Secondary Industry	第三产业 Tertiary Industry	第一产业 Primary Industry	第二产业 Secondary Industry	第三产业 Tertiary Industry
1978	924	694	124	106	75.1	13.4	11.4
1980	964	703	131	130	72.9	13.5	13.5
1985	1152	709	224	219	61.5	19.4	19.0
1986	1189	723	237	229	60.8	19.9	19.2
1987	1238	742	254	242	59.9	20.5	19.6
1988	1281	756	269	256	59.0	21.0	20.0
1989	1302	765	275	261	58.8	21.2	20.1
1990	1496	873	307	316	58.4	20.5	21.1
1991	1580	913	330	337	57.7	20.9	21.3
1992	1631	918	357	356	56.2	21.9	21.8
1993	1671	894	388	389	53.5	23.2	23.3
1994	1692	866	405	421	51.2	23.9	24.9
1995	1705	858	404	443	50.3	23.7	26.0
1996	1731	853	417	461	49.4	24.1	26.6
1997	1749	847	432	470	48.4	24.7	26.9
1998	1757	850	424	483	48.4	24.1	27.5
1999	1766	853	424	489	48.3	23.9	27.7
2000	1794	840	439	515	46.8	24.5	28.7
2001	1805	825	453	527	45.7	25.1	29.2
2002	1840	823	480	537	44.7	26.1	29.2
2003	1858	788	517	553	42.4	27.8	29.8
2004	1886	758	555	573	40.2	29.4	30.4
2005	1923	723	600	600	37.6	31.2	31.2
2006	1958	689	650	619	35.2	33.2	31.6
2007	1999	654	701	644	32.7	35.1	32.2
2008	2033	632	724	677	31.1	35.6	33.3
2009	2069	608	741	720	29.4	35.8	34.8
2010	2114	600	774	740	28.4	36.6	35.0
2011	2181	574	824	783	26.3	37.8	35.9
2012	2202	551	854	797	25.0	38.8	36.2
2013	2210	511	864	835	23.1	39.1	37.8
2014	2219	493	848	879	22.2	38.2	39.6
2015	2255	480	837	938	21.3	37.1	41.6
2016	2248	450	821	978	20.0	36.5	43.5
2017	2236	418	794	1024	18.7	35.5	45.8
2018	2222	400	782	1040	18.0	35.2	46.8
2019	2210	369	745	1096	16.7	33.7	49.6
2020	2206	323	719	1164	14.6	32.6	52.8
2021	2197	301	729	1167	13.7	33.2	53.1

3-12 城镇非私营单位就业人员年末人数
Number of Employed Persons in Urban Non-Private Units at Year-end

单位：万人 (10000 persons)

项目 Item	2005	2010	2015	2019	2020	2021
总计 Total	**400.07**	**507.14**	**663.08**	**639.58**	**605.90**	**579.00**
按登记注册类型分 by Registration Status						
国有单位 State- Owned Units	150.88	155.51	155.18	147.14	152.27	150.48
城镇集体单位 Urban Collective- Owned Units	19.10	16.58	11.40	9.32	8.85	8.33
其他单位 Others	230.09	335.05	496.50	483.13	444.78	420.20
按执行会计制度类型分 by accounting system						
企业单位 Enterprise	301.29	402.35	540.42	498.33	460.95	433.66
机关事业单位 Agencies Organizations and Institution	98.78	104.49	120.46	135.43	139.82	140.21
其他单位 Others		0.29	2.20	5.83	5.13	5.14
按产业分 by Industry						
第一产业 Primary Industry	7.51	6.68	4.48	1.48	1.11	1.28
第二产业 Secondary Industry	243.06	317.63	409.94	347.26	311.59	285.70
第三产业 Tertiary Industry	149.49	182.82	248.65	290.84	293.19	292.01
按行业分 By Sector						
农、林、牧、渔业 Agriculture, Forestry, Animal Husbandry and Fishery	7.51	6.68	4.48	1.48	1.11	1.28
采矿业 Mining and Quarrying	4.22	4.79	2.50	1.40	1.64	1.59
制造业 Manufacturing	200.17	241.20	235.47	170.79	162.11	160.44

3-12 续表
Continue

单位：万人 (10000 persons)

项目 Item	2005	2010	2015	2019	2020	2021
电力、热力、燃气及水生产和供应业 Production and Supply of Electricity Heat Gas and Water	8.08	9.23	9.03	11.38	10.94	10.92
建筑业 Construction	30.59	62.40	162.93	163.69	136.91	112.75
批发和零售业 Wholesale and Retail Trade	11.05	13.86	28.36	24.73	24.07	24.49
交通运输、仓储和邮政业 Transport, Storage and Post Services	15.00	16.66	24.50	22.87	22.76	21.63
住宿和餐饮业 Lodgings and Catering Services	4.86	7.58	9.80	9.19	8.82	9.42
信息传输、软件和信息技术服务业 Information Transmission,Software and Information Technology Services	3.47	4.65	9.00	10.78	10.34	10.73
金融业 Finance	9.88	12.92	17.88	25.16	26.64	24.05
房地产业 Real Estate	5.11	9.03	15.29	17.35	16.94	16.18
租赁和商务服务业 Rent and Business Services	4.91	12.29	12.56	19.90	18.31	18.69
科学研究和技术服务业 Scientific Research and Ploytechnic Services	3.94	5.43	8.57	7.88	8.36	8.32
水利、环境和公共设施管理业 Water Conservancy, Environment and Public Facilities Management	3.83	4.43	5.53	6.92	7.37	7.21
居民服务、修理和其他服务业 Resident Services, Repair and Others	1.20	1.43	1.78	3.47	3.60	3.66
教育 Education	42.32	44.71	50.33	60.74	63.49	63.95
卫生和社会工作 Health Care and Social Work	12.24	15.75	21.56	25.75	26.49	27.91
文化、体育和娱乐业 Culture, Sports and Entertainment	3.20	3.69	4.31	4.19	4.17	4.03
公共管理、社会保障和社会组织 Public Management, Social Ensure and Social Organizations	28.49	30.40	39.19	51.91	51.84	51.75

3-13 城镇非私营单位女性就业人员年末人数
Number of Employed Women in Urban Non-Private Units at Year-end

单位：万人 (10000 persons)

项目 Item	2005	2010	2015	2019	2020	2021
总计 Total	**180.04**	**216.84**	**245.13**	**245.73**	**240.82**	**236.23**
按登记注册类型分 by Registration Status						
国有单位 State- Owned Units	55.30	58.11	64.66	69.51	74.21	75.68
城镇集体单位 Urban Collective- Owned Units	6.56	5.56	4.35	4.01	4.18	4.17
其他单位 Others	118.19	153.17	176.12	172.22	162.43	156.38
按执行会计制度类型分 by accounting system						
企业单位 Enterprise	141.39	173.15	188.94	173.68	165.44	159.15
机关事业单位 Agencies Organizations and Institution	38.66	43.54	54.79	67.81	71.48	73.22
其他单位 Others		0.15	1.40	4.24	3.90	3.87
按产业分 by Industry						
第一产业 Primary Industry	2.66	2.33	1.43	0.43	0.28	0.34
第二产业 Secondary Industry	119.19	138.74	135.58	107.03	99.08	93.30
第三产业 Tertiary Industry	58.20	75.77	108.11	138.27	141.47	142.60
按行业分 By Sector						
农、林、牧、渔业 Agriculture, Forestry, Animal Husbandry and Fishery	2.66	2.33	1.43	0.43	0.28	0.34
采矿业 Mining and Quarrying	0.88	0.77	0.47	0.24	0.31	0.28
制造业 Manufacturing	111.28	125.70	110.10	79.03	73.91	71.76

3-13 续表
Continue

单位：万人　　　　　　　　　　(10000 persons)

项目 Item	2005	2010	2015	2019	2020	2021
电力、热力、燃气及水生产和供应业 Production and Supply of Electricity Heat Gas and Water	2.46	2.71	2.52	2.99	2.86	2.85
建筑业 Construction	4.58	9.56	22.50	24.76	22.00	18.40
批发和零售业 Wholesale and Retail Trade	4.46	6.21	13.65	12.78	12.38	12.61
交通运输、仓储和邮政业 Transport, Storage and Post Services	4.08	4.32	6.34	5.76	5.73	5.50
住宿和餐饮业 Lodgings and Catering Services	2.84	4.30	5.45	5.24	5.01	5.41
信息传输、软件和信息技术服务业 Information Transmission,Software and Information Technology Services	1.27	1.71	3.33	3.97	3.88	3.93
金融业 Finance	4.61	6.63	9.36	14.54	15.44	13.85
房地产业 Real Estate	1.46	2.88	5.47	6.62	6.60	6.40
租赁和商务服务业 Rent and Business Services	1.68	4.87	3.91	6.63	6.08	5.90
科学研究和技术服务业 Scientific Research and Ploytechnic Services	1.09	1.80	2.60	2.29	2.57	2.58
水利、环境和公共设施管理业 Water Conservancy, Environment and Public Facilities Management	1.44	1.70	2.10	2.93	3.03	3.02
居民服务、修理和其他服务业 Resident Services, Repair and Others	0.46	0.44	0.77	2.26	2.35	2.46
教育 Education	19.75	22.42	27.92	38.72	40.74	41.76
卫生和社会工作 Health Care and Social Work	7.07	9.60	14.12	17.80	18.33	19.56
文化、体育和娱乐业 Culture, Sports and Entertainment	1.28	1.50	1.88	1.99	2.01	2.00
公共管理、社会保障和社会组织 Public Management, Social Ensure and Social Organizations	6.72	7.40	11.21	16.76	17.31	17.61

3-14 城镇非私营单位在岗职工年末人数
Number of Staff and Workers in Urban Non-Private Units at Year-end

单位：万人 (10000 persons)

项目 Item	2005	2010	2015	2019	2020	2021
总计 Total	**386.99**	**485.94**	**617.75**	**578.77**	**550.13**	**537.18**
按登记注册类型分 by Registration Status						
国有单位 State- Owned Units	144.51	145.74	143.57	136.27	143.11	141.46
城镇集体单位 Urban Collective- Owned Units	18.19	15.38	9.44	7.10	7.96	7.75
其他单位 Others	224.29	324.83	464.73	435.41	399.06	387.97
按执行会计制度类型分 by accounting system						
企业单位 Enterprise	291.09	385.88	502.60	447.84	414.20	400.73
机关事业单位 Agencies Organizations and Institution	95.91	99.77	113.03	125.31	130.99	131.50
其他单位 Others		0.29	2.21	5.62	4.95	4.95
按产业分 by Industry						
第一产业 Primary Industry	7.04	4.47	2.67	1.10	0.96	1.08
第二产业 Secondary Industry	237.95	309.03	382.42	313.14	282.72	267.24
第三产业 Tertiary Industry	142.00	172.44	232.66	264.54	266.45	268.87
按行业分 By Sector						
农、林、牧、渔业 Agriculture, Forestry, Animal Husbandry and Fishery	7.04	4.47	2.67	1.10	0.96	1.08
采矿业 Mining and Quarrying	4.14	4.69	2.38	1.36	1.59	1.53
制造业 Manufacturing	197.82	238.99	232.52	168.00	159.35	157.94

注：在岗职工为含劳务派遣人员口径。
Note:Staff and Workers include Labor dispatch.

3-14 续表
Continue

单位：万人 (10000 persons)

项目 Item	2005	2010	2015	2019	2020	2021
电力、热力、燃气及水生产和供应业 Production and Supply of Electricity Heat Gas and Water	7.79	9.02	8.76	10.46	10.04	10.06
建筑业 Construction	28.20	56.33	138.75	133.31	111.74	97.71
批发和零售业 Wholesale and Retail Trade	10.54	13.47	27.08	23.17	22.84	23.30
交通运输、仓储和邮政业 Transport, Storage and Post Services	13.73	15.55	23.63	22.37	22.36	21.28
住宿和餐饮业 Lodgings and Catering Services	4.69	7.45	9.55	8.92	8.28	8.50
信息传输、软件和信息技术服务业 Information Transmission,Software and Information Technology Services	2.92	4.18	8.77	10.59	10.21	10.65
金融业 Finance	8.33	10.01	13.38	14.36	13.57	14.81
房地产业 Real Estate	4.78	8.60	14.63	16.61	16.39	15.59
租赁和商务服务业 Rent and Business Services	4.66	12.07	12.24	18.60	17.08	17.67
科学研究和技术服务业 Scientific Research and Ploytechnic Services	3.70	5.16	8.09	7.56	8.09	8.07
水利、环境和公共设施管理业 Water Conservancy, Environment and Public Facilities Management	3.53	4.06	4.99	6.35	6.93	6.75
居民服务、修理和其他服务业 Resident Services, Repair and Others	1.16	1.38	1.68	3.29	3.47	3.53
教育 Education	41.44	43.24	47.59	56.20	58.60	59.16
卫生和社会工作 Health Care and Social Work	11.53	14.56	20.28	24.50	25.38	26.67
文化、体育和娱乐业 Culture, Sports and Entertainment	3.04	3.45	3.97	3.87	3.95	3.69
公共管理、社会保障和社会组织 Public Management, Social Ensure and Social Organizations	27.95	29.26	36.77	48.15	49.30	49.21

3-15 按注册类型分城镇非私营单位就业人员平均工资
Average Wage of Employed Persons in Urban Non-Private Units by Status of Registration

年份 Year	就业人员平均工资（元） Average Wage of Employed Persons				在岗职工平均工资（元） Average Wage of Staff and Workers			
	总计 Total	国有单位 State-Owned Units	集体单位 Collective-Owned Units	其他单位 Other Units	合计 Total	国有单位 State-Owned Units	集体单位 Collective-Owned Units	其他单位 Other Units
1978					567	594	520	
1979					610	642	530	
1980					703	737	613	
1981					715	746	637	
1982					765	792	691	
1983					827	861	730	
1984					921	966	813	1742
1985					1059	1115	912	1855
1986					1243	1328	1027	1498
1987					1319	1402	1097	1571
1988					1644	1742	1342	2100
1989					1895	2009	1499	2532
1990					2162	2288	1704	2674
1991					2420	2502	1936	3217
1992					2780	2846	2192	3649
1993					3480	3506	2735	4420
1994					4890	5001	3644	5763
1995					5857	5790	4481	7305
1996					6683	6608	5078	8076
1997					7559	7621	5582	8636
1998	8567	8614	6590	9284	8531	8682	6662	8999
1999	9543	9907	7315	9616	9490	9867	7320	9587
2000	10644	11093	8100	10717	10584	11170	8140	10422
2001	12059	13161	9035	11355	12013	13313	9098	11028
2002	13333	14809	10066	12300	13306	15026	10119	11987
2003	14343	16223	11270	13016	14310	16460	11386	12719
2004	15627	18196	12208	14034	15603	18529	12307	13745
2005	17190	20512	13597	15262	17146	20897	13811	14947
2006	19424	23500	15549	17284	19318	23926	15695	16880
2007	22277	27423	18710	19737	22283	28011	18856	19443
2008	25555	32148	21790	22394	25702	33097	22108	22205
2009	28366	36061	24227	24711	28666	37345	25588	24556
2010	32340	40090	26652	28978	32647	41689	27234	28802
2011	38588	46846	33760	35568	38989	48587	34527	35550
2012	44525	54211	38576	41189	44979	55957	39774	41231
2013	48538	58199	41293	45625	49328	60317	43145	45960
2014	53426	62970	50679	50388	54235	65170	50570	50796
2015	57628	70424	52491	53706	58719	73714	54201	54138
2016	61973	76996	56550	57301	63138	80833	59466	57629
2017	67420	86616	62947	61253	69029	91651	65427	61790
2018	74316	98321	71238	67343	76266	103649	74621	68238
2019	81814	105876	73518	74593	84374	111211	79508	76019
2020	88149	113614	70225	79627	91072	118298	71975	81536
2021	98071	124279	75505	89169	101516	129507	77428	91756

注：在岗职工为含劳务派遣人员口径。

Note:Staff and Workers include Labor dispatch.

3-16 按注册类型分城镇非私营单位就业人员平均工资
Average Wage of Employed Persons in Urban Non-Private Units by Status of Registration

单位：元　　(yuan)

年份	就业人员平均工资 Average Wage of Employed Persons					在岗职工平均工资 Average Wage of Staff and Workers				
Year	总计 Total	企业 Enterprise	事业 public institutions	机关 government departments	机关和事业 government departments and public institutions	总计 Total	企业 Enterprise	事业 public institutions	机关 government departments	机关和事业 government departments and public institutions
1978						567	565	526	657	
1979						610	609	587	672	
1980						703	691	725	828	
1981						715	710	729	777	
1982						765	752	826	805	
1983						827	807	887	949	
1984						921	866	955	995	
1985						1059	1035	1167	1119	
1986						1243	1217	1343	1334	
1987						1319	1261	1585	1412	
1988						1644	1576	1997	1649	
1989						1895	1834	2408	1960	
1990						2162	2048	2698	2235	
1991						2420	2310	3003	2376	
1992						2780	2656	3439	2723	
1993						3480	3403	4049	3222	
1994						4890	4626	5979	5435	
1995						5857	5983	5470	5605	
1996						6683	6809	6304	6476	
1997						7559	7562	7470	7752	
1998	8567	8661	8148	8865		8531	8555	8302	8922	
1999	9543	9435	9506	10539		9490	9298	9671	10604	
2000	10644	10440	10866	11759		10584	10306	10990	11812	
2001	12059	11597	12859	13719		12013	11468	13000	13794	
2002	13333	12759	14430	15143		13306	12641	14614	15251	
2003	14343	13885	15053	16486		14310	13766	15221	16627	
2004	15627	15021	16912	18226		15603	14900	17151	18416	
2005	17190	16317	19228	21108		17146	16157	19520	21357	
2006	19424	18458	21893	24084		19318	18208	22232	24413	
2007	22277	20975	25987	28396		22283	20822	26501	28809	
2008	25555	23806	30729	33995		25702	23804	31422	34587	
2009	28366	26347	34697	39632		28666	26491	35557	40448	
2010	32340	30377	38812	42033		32647	30488	39905	43063	
2011	38588	36868	45866	46863		38989	37102	47060	48038	
2012	44525	42797	51867	53985		44979	43011	53371	55692	
2013	48538	46751	56903	56988		49328	47338	58392	58983	
2014	53426	51717	61676	60411		54235	52219	63753	62516	
2015	57628	54873	70713	68725		58719	55562	73414	71808	
2016	61973	58503	77271	77183		63138	59167	80308	80540	
2017	67420	62649	86544	89565		69029	63578	90614	93891	
2018	74316	68691	97324	102659		76266	69939	101857	107169	
2019	81814	75384	105976	106713		84374	77020	111146	112462	
2020	88149	79816			116030	91072	81752			121090
2021	98071	89672			125472	101516	92305			130933

注：2020年起，不再细分事业、机关，仅统计两者合并数。

Note:Since 2020,Institutions and organs are no longer subdivided, only the combined amount of the two is counted.

3-17 城镇非私营单位就业人员平均工资
Average Wage of Employed Persons in Urban Non-Private Units

单位：元 (yuan)

项目 Item	就业人员平均工资 Average Wage of Employed Persons		在岗职工平均工资 Average Wage of Staff and Workers	
	2020	2021	2020	2021
总计 Total	**88149**	**98071**	**91072**	**101516**
按三次产业分 By Three Strata of Industry				
第一产业 Primary Industry	59655	69504	65693	78084
第二产业 Secondary Industry	74484	83251	74878	84118
第三产业 Tertiary Industry	102294	112418	107959	118690
按企事业机关分 by accounting system				
企业 Enterprise	79816	89672	81752	92305
机关和事业 Agencies Organizations and Institution	116030	125472	121090	130933
按行业分 By Sector				
农、林、牧、渔业 Agriculture, Forestry, Animal Husbandry and Fishery	59655	69504	65693	78084
采矿业 Mining and Quarrying	56885	67457	57610	68482
制造业 Manufacturing	75992	86707	75846	86621
电力、热力、燃气及水生产和供应业 Production and Supply of Electricity Heat Gas and Water	123310	134343	129474	141091
建筑业 Construction	68618	73221	68481	74031
批发和零售业 Wholesale and Retail Trade	86482	97427	86686	99357
交通运输、仓储和邮政业 Transport, Storage and Post Services	97558	109125	98433	109988
住宿和餐饮业 Lodgings and Catering Services	45186	50328	46850	54434
信息传输、软件和信息技术服务业 Information Transmission,Software and Information Technology Services	131811	143350	132296	143789
金融业 Finance	113781	131573	177525	194404
房地产业 Real Estate	84869	91617	85951	93169
租赁和商务服务业 Rent and Business Services	65475	75274	68637	78186
科学研究和技术服务业 Scientific Research and Ploytechnic Services	128207	139416	130546	141616
水利、环境和公共设施管理业 Water Conservancy, Environment and Public Facilities Management	66565	69001	68329	71255
居民服务、修理和其他服务业 Resident Services, Repair and Others	64190	76355	64316	76927
教育 Education	103820	111035	109145	116760
卫生和社会工作 Health Care and Social Work	127830	142942	130854	146461
文化、体育和娱乐业 Culture, Sports and Entertainment	93079	96891	96377	102990
公共管理、社会保障和社会组织 Public Management, Social Ensure and Social Organizations	117688	126864	121712	131321

注：在岗职工为含劳务派遣人员口径。
Note:Staff and Workers include Labor dispatch.

3-18 城镇私营单位就业人员及平均工资（2021年）
Employment and Average Wage of Employed Persons in Urban Private Units(2021)

项目 Item	就业人员（万人）Employed Persons (10000 persons)	#女性 Female	#在岗职工 Staff and Workers	平均工资（元）Average Wage(yuan) 就业人员 Employed Persons	在岗职工 Staff and Workers
合 计 Total	**620.63**	**227.89**	**579.07**	**62433**	**62844**
按产业分 By Three Strata of Industry					
第一产业 Primary Industry	2.11	0.81	1.88	47642	49019
第二产业 Secondary Industry	391.87	125.67	362.92	64465	64611
第三产业 Tertiary Industry	226.65	101.41	214.26	59108	60017
按行业分 By Sector					
农、林、牧、渔业 Agriculture, Forestry, Animal Husbandry and Fishery	2.11	0.81	1.88	47642	49019
采矿业 Mining and Quarrying	0.57	0.10	0.56	62380	63430
制造业 Manufacturing	196.18	92.08	193.18	66132	66124
电力、燃气及水的生产和供应业 Production and Supply of Electricity Gas and Water	1.12	0.36	1.08	54778	55769
建筑业 Construction	193.99	33.13	168.10	62759	62849
批发和零售业 Wholesale and Retail Trade	75.43	34.07	71.01	53534	54700
交通运输、仓储和邮政业 Transport, Storage and Post Services	14.78	3.86	14.29	62211	62501
住宿和餐饮业 Lodgings and Catering Services	12.87	7.15	12.53	47521	47799
信息传输、计算机服务和软件业 Information Transmission, Computer Software and Services	17.08	6.47	16.81	90878	91746
金融业 Finance	0.86	0.44	0.68	93643	105281
房地产业 Real Estate	13.79	5.79	13.51	65909	66263
租赁和商务服务业 Rent and Business Services	47.28	19.36	42.45	60560	61877
科学研究、技术服务和地质勘查业 Scientific Research, Ploytechnic Services and Geological Prospecting	12.56	4.77	12.21	62435	62862
水利、环境和公共设施管理业 Water Conservancy, Environment and Public Facilities Management	3.14	1.47	2.80	54416	55431
居民服务和其他服务业 Resident Services and Others	10.60	5.96	10.27	47827	47768
教育 Education	9.35	7.11	9.09	47672	47788
卫生、社会保障和社会福利业 Health Care, Social Ensure and Walfare	3.57	2.39	3.44	74534	75390
文化、体育和娱乐业 Culture, Sports and Entertainment	5.33	2.57	5.17	49984	50040

注：在岗职工为含劳务派遣人员口径。
Note:Staff and Workers include Labor dispatch.

3-19 各设区市全社会就业人员
Employed Persons by region

单位：万人 (10000 persons)

地区	Area	2010	2011	2012	2013	2014	2015
全　省	**Fujian**	**2114**	**2181**	**2202**	**2210**	**2219**	**2255**
福州市	Fuzhou	358	374	382	386	394	406
厦门市	Xiamen	219	234	245	253	264	276
莆田市	Putian	153	157	159	158	159	161
三明市	Sanming	140	142	140	137	135	135
泉州市	Quanzhou	516	530	533	531	534	539
漳州市	Zhangzhou	292	299	298	296	295	297
南平市	Nanping	140	142	142	139	138	139
龙岩市	Longyan	148	150	149	146	145	145
宁德市	Ningde	148	153	154	154	155	157

3-19 续表 Continued

单位：万人 (10000 persons)

地区	Area	2016	2017	2018	2019	2020	2021
全　省	**Fujian**	**2248**	**2236**	**2222**	**2210**	**2206**	**2197**
福州市	Fuzhou	409	412	416	416	420	419
厦门市	Xiamen	284	291	297	304	312	314
莆田市	Putian	160	159	158	157	156	155
三明市	Sanming	131	127	124	120	117	115
泉州市	Quanzhou	536	531	523	520	517	515
漳州市	Zhangzhou	294	289	285	280	277	277
南平市	Nanping	136	133	130	128	125	123
龙岩市	Longyan	142	138	135	132	129	128
宁德市	Ningde	156	156	154	153	153	151

3-20 各设区市分城乡分产业就业人员（2021年）
Employed Persons by Region and Industry(2021)

单位：万人 (10000 persons)

地区	Area	就业人员 Employed Persons	按城乡分 By Urban and Rural Areas		按产业分 By Three Industries		
			城镇 Urban	乡村 Rural	第一产业 Primary Industry	第二产业 Secondary Industry	第三产业 Tertiary Industry
全　省	**Fujian**	**2197**	**1475**	**722**	**301**	**729**	**1167**
福州市	Fuzhou	419	286	133	43	120	256
厦门市	Xiamen	314	280	34	6	112	196
莆田市	Putian	155	100	55	17	54	84
三明市	Sanming	115	65	50	24	28	63
泉州市	Quanzhou	515	350	165	38	241	236
漳州市	Zhangzhou	277	167	110	79	74	124
南平市	Nanping	123	67	56	30	28	65
龙岩市	Longyan	128	77	51	26	35	67
宁德市	Ningde	151	83	68	37	38	76

3-21 各设区市城镇非私营单位年末就业人员数(2021年)
Persons Employed in Urban Non-Private Units at Year-end(2021)

单位：万人 (10000 persons)

地区	Area	就业人员数 Number of persons Employed in Units	在岗职工 Number of Staff and Workers on the Job	其他从业人员 Other Employed Persons
全　省	**Fujian**	**579.00**	**537.18**	**41.82**
福州市	Fuzhou	145.63	133.57	12.06
厦门市	Xiamen	123.10	115.53	7.57
莆田市	Putian	40.02	36.05	3.97
三明市	Sanming	25.76	23.92	1.85
泉州市	Quanzhou	113.21	109.10	4.11
漳州市	Zhangzhou	50.87	46.17	4.70
南平市	Nanping	23.27	20.74	2.54
龙岩市	Longyan	27.33	25.15	2.18
宁德市	Ningde	26.56	23.74	2.82

注：在岗职工为含劳务派遣人员口径。
Note:Staff and Workers include Labor dispatch.

3-22 各设区市城镇非私营单位就业人员平均工资
Average Wage of Employed persons in Urban Non-Private Units and Indices

单位：元 (yuan)

地区	Area	就业人员平均工资 Average Wage of Employed Persons		在岗职工平均工资 Average Wage of Staff and Workers	
		2020年	2021年	2020年	2021年
全　省	**Fujian**	**88149**	**98071**	**91072**	**101516**
福州市	Fuzhou	93513	105051	96478	108133
厦门市	Xiamen	105269	115538	108554	119483
莆田市	Putian	74182	80019	75316	82453
三明市	Sanming	85622	94798	90508	99287
泉州市	Quanzhou	75370	84228	76330	85651
漳州市	Zhangzhou	83973	93825	89060	99202
南平市	Nanping	77084	83485	82487	89750
龙岩市	Longyan	78800	91454	82970	96265
宁德市	Ningde	85329	92171	92223	97890

注：在岗职工为含劳务派遣人员口径。
Note:Staff and Workers include Labor dispatch.

主要统计指标解释

常住人口数 指一定时点、一定地区范围内的有生命的个人的总和。年度统计的年末常住人口数指每年 11 月 1 日 0 时的人口数。

出生率(又称粗出生率) 指在一定时期内(通常为一年)平均每千人所出生的人数的比率，一般用千分率表示。计算公式为：

出生率＝(年出生人数 / 年平均人数)×1000‰

式中：出生人数指活产婴儿，即胎儿脱离母体时(不管怀孕月数)，有过呼吸或其他生命现象。年平均人数指年初、年底人口数的平均数，也可用年中人口数代替。

死亡率(又称粗死亡率) 指在一定时期内(通常为一年)一定地区的死亡人数与同期平均人数(或期中人数)之比，一般用千分率表示。计算公式为：

死亡率＝(年死亡人数 / 年平均人数)×1000‰

人口自然增长率 指在一定时期内(通常为一年)人口自然增加数(出生人数减死亡人数)与该时期内平均人数(或期中人数)之比，一般用千分率表示。计算公式为：

人口自然增长率＝[(本年出生人数－本年死亡人数) / 年平均人数]×1000‰＝人口出生率－人口死亡率

就业人员 指年满 16 周岁，为取得报酬或经营利润，在调查周内从事了 1 小时（含 1 小时）以上劳动的人员；或由于在职学习、休假等原因在调查周内暂时未工作的人员；或由于停工、单位不景气等原因临时未工作的人员。

各单位的就业人员 指在各级国家机关、政党机关、社会团体及企业、事业单位中工作，取得工资或其他形式的劳动报酬的全部人员。包括在岗职工、再就业的离退休人员、民办教师以及在各单位中工作的外方人员和港澳台方人员、兼职人员、借用的外单位人员和第二职业者。不包括离开本单位仍保留劳动关系的职工。各单位的从业人员反映了各单位实际参加生产或工作的全部劳动力。

城镇登记失业人员 指有非农业户口，在一定的劳动年龄内，有劳动能力，无业而要求就业，并在当地就业服务机构进行求职登记的人员。

城镇登记失业率 指城镇登记失业人数同城镇从业人数与城镇登记失业人数之和的比。计算公式为：

城镇登记失业率=城镇登记失业人数 / (城镇从业人数+城镇登记失业人数)×100%

国有单位职工 指在国有经济单位及其附属机构工作，并由其支付工资的各类人员。

城镇集体单位职工 指在城镇集体经济单位及其管理部门工作，并由其支付工资的各类人员。

其他单位职工 指在联营经济、股份制经济、外商投资经济、港、澳、台投资经济单位工作，并由其支付工资的各类人员。

在岗职工 指在本单位工作并由单位支付工资的人员，以及有工作岗位，但由于学习、病伤产假等原因暂未工作，仍由单位支付工资的人员。

平均工资 指企业、事业、机关单位的就业人员在一定时期内平均每人所得的货币工资额。它表明一定时期职工工资收入的高低程度，是反映就业人员工资水平的主要指标。计算公式为：

职工平均工资＝报告期实际支付的全部就业人员工资总额 / 报告期全部职工平均人数

Explanatory Notes on Main Statistical Indicators

Total Population refers to the total number of people alive at a certain point of time within a given area.The annual statistics on total population is taken at 0:00 on November lst .

Birth Rate(or Crude Birth Rate) refers to the ratio of the number of births to the average population during a certain period of time(usually a year) which is often expressed in ‰. The following formula is used:

Brith Rate= (Number of Births/Annual Average Number of Population) ×1000‰

Number of births refers to live births i.e. the births when babies had showed any vital phenomena regardless of the length of pregnancy.

Annual average number of population is the average of the number of population at the beginning of the year and that at the end of the year. Sometimes it is substituted for with the mid year population.

Death Rate(or Crude Death Rate) refers to the ratio of the number of deaths to the average population (or mid year population) during a certain period of time (usually a year) which is often expressed in‰. The following formula is used:

Death Rate =(Number of Deaths/ Annual Average Number of Population)×1000‰

Natural Growth Rate of Population refers to the ratio of natural increase in population(number of births minus number of deaths)in a certain period of time(usually a year)to the average population(or mid year population)of the same period which is often expressed in‰. The following formula is applied:

Natural Growth Rate of Population= [(Number of Births-Number of Deaths)/ Average Number of Population]×1000‰

Natural Growth Rate of Population=Birth Rate-Death Rate

Employed Persons refer to persons, aged 16 and over, who performed some work for compensation or business gains for one hour or more during the reference period; or persons who do not work for the reasons of study or on holiday; or persons who are temporarily absent from a job for disorganization or suspension of work, recession, etc.

Persons Employed in Various Units refer to all the persons working in government agencies of various levels， political and party organizations， social organizations，enterprises and institutions, and receiving wages or other forms of payment. They include fully-employed staff and workers ， re-employed retirees， teachers in schools run by the local people ， foreigners and Chinese compatriots from Hong Kong， Macao，and Taiwan working in various units, part-time employees, employees of other units working temporarily at current posts, and employees holding the second job, but exclude staff and workers who have left their working units while keeping their labour contract (employment relation) unchanged. This indicator reflects the total number of laborers actually engaged in production or other operations in various units.

Registered Urban Unemployed Persons The registered unemployed persons in urban areas refer to the persons who are registered as permanent residents in the urban areas engaged in non-agricultural activities, aged within the range of working age, capable to labour, unemployed but desirous to be employed and have been registered at the local employment service agencies to apply for a job.

Registered Urban Unemployment Rate Registered unemployment rate in urban areas refers to the ratio of the number of the registered unemployed persons to the sum of the number of employed persons and the registered unemployed persons . The formula is as follows:

Registered urban unemployment rate = [number of registered urban unemployed persons/(number of urban employed persons + number of registered urban unemployed persons)]×100%

Staff and Workers in State-owned Economic Units refer to the persons who work in the state-owned economic units or their attached units and are listed in their payrolls.

Staff and Workers of Collective Owned Units in Urban Areas refer to the persons who work in collective owned units in urban areas and their administration departments and receive payment therefrom.

Staff and Workers in Units of Other Types of Ownership refer to those who work in(and receive payment therefrom)enterprises and institutions of joint ownership, share holding, foreign ownership, and ownership by entrepreneurs from Hong Kong, Macao, and Taiwan.

Fully Employed Staff and Workers refer to persons who work in, and receive wages from their working units, as well as persons who have their work posts, but are temporarily absent from work for reasons of study or on sick, injury or maternal leave and still receive wages from their working units.

Average Wage refers to the average wage in money terms per person during a certain period of time for staff and workers in enterprises, institutions, and government agencies, which reflects the general level of wage income during a certain period of time and is calculated as follows:

Average Wage of Staff and Workers =Total Wages of Staff and Workers in Reference Period/Average Number of Staff and Workers in Reference Period [illegible] as well as persons who have their work posts [illegible] temporarily absent from work for reasons of [illegible] on sick, injury or maternal leave and still receive wages [illegible] [illegible] units.

Average Wage refers to the average wage in money terms per person during a certain period of time [illegible] enterprises, institutions and government agencies, which reflects the general level of wage [illegible] during a certain period of time [illegible].

[illegible]

[illegible] and are listed in their payrolls.

Staff and Workers of Collective-Owned Units in Urban Areas refer to the persons who work [illegible] [illegible] units in urban areas [illegible] administration [illegible] and receive payment therefrom.

Staff and Workers in Units of Other Types of Ownership refer to those who work in and receive [illegible] [illegible] enterprises and institutions of [illegible] share holding [illegible] ownership [illegible] [illegible]

[illegible]

第四篇　固定资产投资

Chapter 4　Investment in Fixed Assets

资料整理：林增武 洪永华 薛慧贞 林蓝天

Database Editor:Linzengwu Hongyonghua Xuehuizhen Linlantian

简 要 说 明

本篇资料的主要内容及来源

本篇资料反映全省固定资产投资和房地产开发企业的基本情况，包括固定资产投资的规模、结构、资金来源和投资的效果等资料。

固定资产投资统计资料由省统计局固定资产投资统计处提供。

本篇的统计调查方法为全面统计报表。

Brief Introduction

Main Content and Source of Data

Data in this chapter show the basic conditions of investment in fixed assets and the basic conditions of enterprises for real estate development of Fujian Province etc. mainly including the total investment in fixed assets, the structure of investment, the resources of investment and the results of investment;

Data on the individual investment in fixed assets in rural areas are provided by the Division of Investment in Fixed Assets, Fujian Statistical Bureau.

Method of data collection: All Data on the investment in fixed assets are collected by the statistical reporting scheme with the coverage of complete enumeration.

4-1 固定资产投资
Total Investment in Fixed Assets

单位：亿元 (100 million yuan)

年份 Year	固定资产投资 Investment in Fixed Assets		项目投资 Project Investment		房地产开发投资 Real Estate Development	
	数值 Total	比上年增长（%） Growth Rate over Preceding Year (%)	数值 Total	比上年增长（%） Growth Rate over Preceding Year (%)	数值 Total	比上年增长（%） Growth Rate over Preceding Year (%)
1978	8.48	44.5				
1980	12.19	20.5				
1985	43.76	65.4				
1990	81.20	12.9	67.73	11.1	13.47	22.4
1991	105.22	29.6	84.15	24.2	21.07	56.4
1992	173.33	64.7	132.30	57.2	41.03	94.8
1993	287.48	65.9	226.55	71.2	60.93	48.5
1994	423.87	47.4	321.89	42.1	101.98	67.4
1995	533.29	25.8	381.92	18.6	151.37	48.4
1996	625.21	17.2	473.51	24.0	151.69	0.2
1997	712.60	14.0	564.27	19.2	148.33	-2.2
1998	844.42	18.5	678.78	20.3	165.63	11.7
1999	854.25	1.2	675.64	-0.5	178.62	7.8
2000	892.97	4.5	685.60	1.5	207.37	16.1
2001	945.42	5.9	719.93	5.0	225.49	8.7
2002	1030.57	9.0	781.58	8.6	248.99	10.4
2003	1185.93	15.1	823.86	5.4	362.07	45.4
2004	1489.30	25.6	1011.51	22.8	477.79	32.0
2005	1789.29	20.1	1248.90	23.5	540.39	13.1
2006	2374.91	32.7	1587.55	27.1	787.36	45.7
2007	3189.49	34.3	2057.00	29.6	1132.49	43.8
2008	3748.57	17.5	2619.48	27.3	1129.09	-0.3
2009	4409.19	17.6	3272.84	24.9	1136.35	0.6
2010	5612.35	27.3	3793.49	15.9	1818.86	60.1
2011	6901.32	24.7	4498.71	18.6	2402.61	32.1
2012	8340.19	20.8	5516.07	22.6	2824.12	17.5
2013	9967.15	19.5	6264.18	13.6	3702.97	31.1
2014	11595.85	16.3	7028.45	12.2	4567.40	23.3
2015	13203.67	13.9	8734.07	24.3	4469.61	-2.1
2016	14153.21	7.2	9564.38	9.5	4588.83	2.7
2017	15368.32	8.6	10574.09	10.6	4794.23	4.5
2018	17056.16	11.0	12115.82	14.6	4940.34	3.0
2019	18064.93	5.9	12391.80	2.3	5673.13	14.8
2020	17996.36	-0.4	11969.56	-3.4	6026.80	6.2
2021	19083.28	6.0	12887.66	7.7	6195.61	2.8

注：1.2011年因统计起点变化，2011年不能与2010年直接计算速度（下同）。
2.由于2017年全国固定资产投资统计制度改革，为确保历史数据可比性，根据国家统计局数据修订方案对我省2002-2016年数据进行统一修订。

Note:a)Due to the change of statistical starting point in 2011, the speed in 2011 cannot be directly calculated with that in 2010 (The same below).
b)Due to the Reform of Statistic System and Methods,in order to ensure comparability of the historical data, data of 2002-2016 have revised according to the revision scheme of the National Bureau of statistics.

4-2 按三次产业分固定资产投资

Total Investment in Fixed Assets by Three Strata of Industries

单位：亿元 (100 million yuan)

年份 Year	固定资产投资 Investment in Fixed Assets	其中：民间投资 Non-governmental Investment in Fixed Assets	第一产业 Primary Industry	第二产业 Secondary Industry	第三产业 Tertiary Industry
2003	1185.93		8.77	374.21	802.94
2004	1489.30		7.90	542.09	939.32
2005	1789.29		11.59	697.08	1080.62
2006	2374.91		10.39	826.89	1537.63
2007	3189.49		13.25	1095.19	2081.05
2008	3748.57		22.40	1397.11	2329.06
2009	4409.19		36.00	1589.13	2784.07
2010	5612.35		44.43	1932.23	3635.69
2011	6901.32		108.87	2170.87	4621.57
2012	8340.19	4411.96	148.42	2550.00	5641.77
2013	9967.15	5382.26	139.54	3054.05	6773.57
2014	11595.85	6329.94	185.53	3361.70	8048.62
2015	13203.67	7174.00	211.26	3777.26	9215.15
2016	14153.21	7365.50	226.45	3851.02	10075.73
2017	15368.32	8375.74	247.86	4108.65	11011.81
2018	17056.16	9760.23	337.49	4820.68	11898.00
2019	18064.93	10303.85	333.25	5503.67	12228.01
2020	17996.36	10403.88	305.64	5542.25	12148.47
2021	19083.28	11018.71	357.77	6186.17	12539.34

4-2 续表

Continued

单位：% (%)

年份 Year	固定资产投资比上年增长 Growth Rate over Preceding Year	其中：民间投资 Non-governmental Investment in Fixed Assets	第一产业 Primary Industry	第二产业 Secondary Industry	第三产业 Tertiary Industry
2003	15.1		-25.1	9.6	19.8
2004	25.6		-10.0	44.9	17.0
2005	20.1		46.7	28.6	15.0
2006	32.7		-10.4	18.6	42.3
2007	34.3		27.6	32.4	35.3
2008	17.5		69.0	27.6	11.9
2009	17.6		60.7	13.7	19.5
2010	27.3		23.4	21.6	30.6
2011	24.7		74.7	14.0	29.5
2012	20.8	26.4	36.3	17.5	22.1
2013	19.5	22.0	-6.0	19.8	20.1
2014	16.3	17.6	33.0	10.1	18.8
2015	13.9	13.3	13.9	12.4	14.5
2016	7.2	2.7	7.2	2.0	9.3
2017	8.6	13.7	9.5	6.7	9.3
2018	11.0	16.5	36.2	17.3	8.0
2019	5.9	5.6	-1.3	14.2	2.8
2020	-0.4	1.0	-8.3	0.7	-0.7
2021	6.0	5.9	17.1	11.6	3.2

4-3 按构成、行业分固定资产投资额
Total Investment in Fixed Assets by Sector and Composition of Investment

单位：亿元 (100 million yuan)

指标	Item	2017	2018	2019	2020	2021
总计	**Total**	**15368.32**	**17056.16**	**18064.93**	**17996.36**	**19083.28**
按投资构成分	by Composition					
建筑安装工程	Construction and Installations	10645.80	9379.86	10932.14	10800.15	13102.04
设备工器具购置	Purchase of Equipment and Instruments	1690.92	2007.15	2108.04	2134.89	2122.62
其他费用	Other Expenses	3031.59	3309.07	3490.54	3979.91	3858.61
按行业分	by Sector					
农、林、牧、渔业	Agriculture, Forestry, Animal Husbandry and Fishery	270.40	365.49	363.75	340.47	410.89
采矿业	Mining	51.67	38.93	46.19	61.00	90.02
制造业	Manufacturing	3426.50	4111.03	4779.04	4671.45	5322.07
电力、热力、燃气及水的生产和供应业	Production and Supply of Electricity, Heat, Gas and Water	599.33	614.32	675.92	809.69	771.17
建筑业	Construction	43.23	63.40	7.73	5.22	7.54
批发和零售业	Wholesale and Retail Trades	176.84	223.06	122.76	141.68	142.69
交通运输、仓储和邮政业	Transport, Storage and Post	1819.68	1975.56	1682.23	1411.51	1462.56
住宿和餐饮业	Hotels and Catering Services	115.50	143.63	126.94	158.74	124.38
信息传输、软件和信息技术服务业	Information Transmission, Software and Information Technology	140.87	190.73	163.75	175.93	168.96
金融业	Financial Intermediation	12.39	15.50	14.66	17.61	16.53
房地产业	Real Estate	5263.28	5401.93	6235.70	6515.48	6584.19
租赁和商务服务业	Leasing and Business Services	187.50	203.50	237.55	204.78	258.33
科学研究和技术服务业	Scientific Research and Technical Services	47.23	47.59	37.73	32.83	73.18
水利、环境和公共设施管理业	Management of Water Conservancy, Environment and Public Facilities	2432.75	2521.51	2339.03	2191.66	2325.81
居民服务、修理和其他服务业	Service to Households, Repair and Other Services	52.26	52.57	36.07	41.33	36.05
教育	Education	203.97	293.31	400.40	408.71	450.92
卫生和社会工作	Health and Social Service	154.68	230.10	287.19	289.02	304.68
文化、体育和娱乐业	Culture, Sports and Entertainment	243.47	418.52	439.98	457.88	457.38
公共管理、社会保障和社会组织	Public Management, Social Security and Social Organization	126.76	145.49	68.31	61.37	75.94
国际组织	International Organizations					

4-4 投资施工项目数和计划总投资
Number of Investment Projects and Value of Planned Investment

指标	Item	2018	2019	2020	2021
施工项目个数　（个）	Number of Projects Under Construction (unit)	23578	22195	20654	22601
其中：本年新开工	Newly Started This Year	12362	8708	9174	10091
本年投产项目个数　（个）	Number of Projects Put Into Production This Year (unit)	9791	11358	10361	12185
计划总投资　（亿元）	Total Planned Investment(100 million yuan)	69551.19	72102.71	76710.27	82545.73
其中：本年新开工	Newly Started This Year	12110.06	9775.88	12517.6	11941.57

4-5 按各类型分固定资产投资
Total Investment in Fixed Assets by Types

单位：亿元　　(100 million yuan)

指标	Item	2018	2019	2020	2021
总计		**17056.16**	**18064.93**	**17996.36**	**19083.28**
#国有经济控股	State-holding	6729.70	6991.83	6895.06	7039.97
按登记注册类型分	by Status of Registration				
内资企业	Domestic Funded	16045.53	16953.41	16776.50	17855.62
国有企业	Stated-owned Enterprises	2680.68	2378.47	1301.49	1488.29
集体企业	Collective-owned Enterprises	298.01	172.27	112.94	108.13
股份合作企业	Share Holding Cooperative Enterprises	8.24	6.31	3.12	10.36
联营企业	Cooperative Enterprises	36.52	10.83	3.51	4.84
有限责任公司	Limited Liability Corporations Enterprises	6395.25	7761.12	7376.14	7512.28
股份有限公司	Share Holding Enterprises	320.95	324.86	204.90	206.01
私营企业	Private Enterprises	5714.97	5842.56	7518.66	8205.71
其他企业	Other Enterprises	590.91	456.99	255.75	320.00
港澳台商投资企业	Funds from Hong Kong,Macao and Taiwan Enterprises	688.47	782.96	717.09	683.84
外商投资企业	Foreign Funded Enterprises	277.49	307.77	498.65	535.22
个体经营	Self-employed	44.68	20.79	4.13	8.59
按建设性质分	By Kind of Construction				
#新建	New Construction	7892.88	8046.60	7346.96	7632.01
扩建	Expansion	2582.00	2587.12	2732.25	2997.77
改建和技术改造	Reconstruction and Technical Transformation	1275.45	1419.00	1496.63	1796.35
按构成分	by Composition				
建筑安装工程	Construction and Installations	9379.86	10932.14	10800.15	13102.04
设备工器具购置	Purchase of Equipment and Instruments	2007.15	2108.04	2134.89	2122.62
其他费用	Other Expenses	3309.07	3490.54	3979.91	3858.61
按隶属关系分	By Ownership				
中央投资	Central Government	418.14	660.91	680.48	649.74
地方投资	Local	16638.03	17404.02	17315.88	18433.54
其他	Others				

4-6 按行业分固定资产投资额
Total Investment in Fixed Assets by Sector

单位：亿元 (100 million yuan)

指标	Item	2018	2019	2020	2021
本年完成投资	**Total**	**17056.16**	**18064.93**	**17996.36**	**19083.28**
农、林、牧、渔业	Agriculture, Forestry, Animal Husbandry and Fishery	365.49	363.75	340.47	410.89
农业	Agriculture	172.87	172.58	134.44	161.79
林业	Forestry	15.79	13.81	7.30	7.66
畜牧业	Animal Husbandry	60.07	47.76	87.45	132.02
渔业	Fishery	88.75	99.10	76.44	56.29
农、林、牧、渔专业及辅助性活动	Professional and Support Activities for Agriculture, Forestry, Animal Husbandry and Fishery	28.01	30.50	34.84	53.13
采矿业	Mining	38.93	46.19	61.00	90.02
煤炭开采和洗选业	Mining and Washing of Coal	8.28	2.02	1.87	2.04
石油和天然气开采业	Extraction of Petroleum and Natural Gas				
黑色金属矿采选业	Mining and Processing of Ferrous Metal Ores	5.99	3.24	8.77	6.10
有色金属矿采选业	Mining and Processing of Non-Ferrous Metal Ores	4.41	4.37	5.16	5.81
非金属矿采选业	Mining and Processing of Non-metal Ores	17.33	35.35	44.67	73.67
开采专业及辅助性活动	Professional and Support Activities for Mining	1.44	0.85	0.20	0.42
其他采矿业	Mining of Other Ores	1.49	0.36	0.33	1.98
制造业	Manufacturing	4111.03	4779.04	4671.45	5322.07
农副食品加工业	Processing of Food from Agricultural Products	295.12	284.32	323.28	379.03
食品制造业	Manufacture of Foods	139.26	157.60	118.68	140.78
酒、饮料和精制茶制造业	Manufacture of Liquor, Beverages and Refined Tea	155.12	163.69	173.63	188.31
烟草制品业	Manufacture of Tobacco	5.34	2.23	2.84	3.43
纺织业	Manufacture of Textile	227.25	260.43	205.16	171.37
纺织服装、服饰业	Manufacture of Textile, Wearing Apparel and Accessories	94.46	94.18	64.23	67.98
皮革、毛皮、羽毛及其制品和制鞋业	Manufacture of Leather, Fur, Feather and Related Products	125.37	126.13	133.97	107.32
木材加工和木、竹、藤、棕、草制品业	Processing of Timber, Manufacture of Wood, Bamboo, Rattan, Palm and Straw Products	145.37	184.71	187.51	246.31
家具制造业	Manufacture of Furniture	86.16	114.05	94.74	111.49
造纸及纸制品业	Manufacture of Paper and Paper Products	88.40	85.92	78.61	104.43
印刷和记录媒介复制业	Printing and Reproduction of Recording Media	34.56	19.44	14.25	17.36
文教、工美、体育和娱乐用品制造业	Manufacture of Articles for Culture, Education, Arts and Crafts, Sport and Entertainment Activities	81.64	68.08	78.78	74.50
石油、煤炭及其他燃料加工业	Processing of Petroleum, Coal and Other Fuels	123.22	171.17	146.49	48.14
化学原料及化学制品制造业	Manufacture of Raw Chemical Materials and Chemical Products	318.40	475.20	485.73	509.06
医药制造业	Manufacture of Medicines	62.43	91.08	107.13	122.46
化学纤维制造业	Manufacture of Chemical Fibres	145.18	154.52	120.37	146.21
橡胶和塑料制品业	Manufacture of Rubber and Plastics Products	90.94	123.68	114.24	122.65
非金属矿物制品业	Manufacture of Non-metallic Mineral Products	316.19	359.12	374.61	430.55
黑色金属冶炼和压延加工业	Smelting and Pressing of Ferrous Metals	109.74	155.11	149.50	195.33
有色金属冶炼和压延加工业	Smelting and Pressing of Non-ferrous Metals	70.71	72.35	60.86	63.47
金属制品业	Manufacture of Metal Products	165.82	182.84	142.03	140.41
通用设备制造业	Manufacture of General Purpose Machinery	142.38	159.85	171.48	190.20
专用设备制造业	Manufacture of Special Purpose Machinery	153.26	203.97	211.45	222.24

4-6 续表1
Continued

单位：亿元　　(100 million yuan)

指标	Item	2018	2019	2020	2021
汽车制造业	Manufacture of Automobiles	105.30	183.44	116.87	101.29
铁路、船舶、航空航天和其他运输设备制造业	Manufacture of Railway, Ship, Aerospace and Other Transport Equipments	23.77	33.36	21.82	39.80
电气机械和器材制造业	Manufacture of Electrical Machinery and Apparatus	215.52	220.03	264.30	463.99
计算机、通信和其他电子设备制造业	Manufacture of Computers, Communication and Other Electronic Equipment	422.77	450.72	518.80	733.93
仪器仪表制造业	Manufacture of Measuring Instruments and Machinery	24.37	36.35	30.41	14.24
其他制造业	Other Manufacture	94.98	82.85	99.18	107.93
废弃资源综合利用业	Utilization of Waste Resources	42.43	58.24	55.58	53.64
金属制品、机械和设备修理业	Repair Service of Metal Products, Machinery and Equipment	5.56	4.37	4.91	4.21
电力、热力、燃气及水的生产和供应业	Production and Supply of Electricity, Heat, Gas and Water	614.32	675.92	809.69	771.17
电力、热力生产和供应业	Production and Supply of Electric Power and Heat Power	394.05	406.74	561.98	550.89
燃气生产和供应业	Production and Supply of Gas	26.74	36.49	26.53	38.30
水的生产和供应业	Production and Supply of Water	193.53	232.69	221.19	181.98
建筑业	Construction	63.40	7.73	5.22	7.54
房屋建筑业	Construction of Buildings	17.74	4.36	2.27	4.82
土木工程建筑业	Civil Engineering	31.97	0.46	2.07	2.66
建筑安装业	Building Installation	3.67	2.17	0.88	0.05
建筑装饰、装修和其他建筑业	Building Decoration and Other Constructions	10.03	0.74		
批发和零售业	Wholesale and Retail Trades	223.06	122.76	141.68	142.69
批发业	Wholesale Trade	121.60	59.53	76.22	58.91
零售业	Retail Trade	101.45	63.23	65.45	83.78
交通运输、仓储和邮政业	Transport, Storage and Post	1975.56	1682.23	1411.51	1462.56
铁路运输业	Railway Transport	7.55	9.24	7.71	27.98
道路运输业	Road Transport	1567.45	1427.46	1136.20	1019.59
水上运输业	Water Transport	97.51	73.71	68.55	134.22
航空运输业	Air Transport	152.88	35.10	65.29	80.65
管道运输业	Transport Via Pipelines	1.06	3.26	8.32	21.01
多式联运和运输代理业	Intermodality and Forwarding Agency	12.03	16.38	19.99	20.76
装卸搬运和仓储业	Loading, Unloading and Storage	132.04	116.33	104.51	154.86
邮政业	Post	5.04	0.75	0.94	3.49
住宿和餐饮业	Hotels and Catering Services	143.63	126.94	158.74	124.38
住宿业	Hotels	123.78	112.55	132.56	110.09
餐饮业	Catering Services	19.85	14.39	26.18	14.30
信息传输、软件和信息技术服务业	Information Transmission, Software and Information Technology	190.73	163.75	175.93	168.96
电信、广播电视和卫星传输服务	Telecommunication, Radio and Television and Satellite Transmission Service	81.87	94.87	102.86	107.72
互联网和相关服务	Internet and Related Service	46.15	23.52	29.04	30.23
软件和信息技术服务业	Software and Information Technology	62.71	45.36	44.03	31.02
金融业	Financial Intermediation	15.50	14.66	17.61	16.53
货币金融业	Monetary and Financial Service	10.68	12.68	16.49	15.17
资本市场服务	Capital Market Service	3.30	0.93	0.44	0.15
保险业	Insurance				
其他金融业	Other Financial Activities	1.51	1.06	0.67	1.21

4-6 续表2
Continued

单位：亿元 (100 million yuan)

指标	Item	2018	2019	2020	2021
房地产业	Real Estate	5401.93	6235.70	6515.48	6584.19
房地产业	Real Estate	5401.93	6235.70	6515.48	6584.19
租赁和商务服务业	Leasing and Business Services	203.50	237.55	204.78	258.33
租赁业	Leasing	10.27	8.41	10.14	7.00
商务服务业	Business Services	193.23	229.14	194.64	251.32
科学研究和技术服务业	Scientific Research and Technical Services	47.59	37.73	32.83	73.18
研究与试验发展	Research and Experimental Development	10.53	10.29	6.15	24.17
专业技术服务业	Professional Technical Services	22.19	12.70	13.80	16.55
科技推广和应用服务业	Science and Technology Popularization and Application Services	14.86	14.74	12.88	32.45
水利、环境和公共设施管理业	Management of Water Conservancy, Environment and Public Facilities	2521.51	2339.03	2191.66	2325.81
水利管理业	Management of Water Conservancy	292.02	278.05	274.14	243.22
生态保护和环境治理业	Ecological Protection and Environmental Treatment	121.48	95.79	82.95	93.61
公共设施管理业	Management of Public Facilities	2106.33	1963.47	1833.70	1988.02
土地管理业	Management of Land	1.68	1.71	0.87	0.96
居民服务和其他服务业	Service to Households, Repair and Other Services	52.57	36.07	41.33	36.05
居民服务业	Services to Households	39.91	29.77	35.44	29.28
机动车、电子产品和日用产品修理业	Repair of Motor Vehicles, Electronics and Household Products	4.53	3.45	2.98	3.13
其他服务业	Other Services	8.13	2.85	2.91	3.64
教育	Education	293.31	400.40	408.71	450.92
教育	Education	293.31	400.40	408.71	450.92
卫生和社会工作	Health and Social Service	230.10	287.19	289.02	304.68
卫生	Health	188.66	230.56	249.08	254.70
社会工作	Social Service	41.45	56.63	39.94	49.98
文化、体育和娱乐业	Culture, Sports and Entertainment	418.52	439.98	457.88	457.38
新闻和出版业	Journalism and Publishing Activities	0.46	0.14	0.11	0.68
广播、电视、电影和影视录音制作业	Radio, Television, Motion Picture and Audio-visual Programme Production Services	8.76	10.89	9.89	11.87
文化艺术业	Cultural and Art Activities	191.79	144.90	117.32	116.41
体育	Sports Activities	87.23	82.92	89.47	76.08
娱乐业	Entertainment	130.28	201.13	241.09	252.35
公共管理和社会组织	Public Management, Social Security and Social Organization	145.49	68.31	61.37	75.94
中国共产党机关	Organs of Communist Party of China	0.37	0.04		
国家机构	Government Agencies	79.79	30.76	34.81	57.95
人民政协和民主党派	People's Political Consultative Conference and Democratic Parties				
社会保障	Social Security	0.43	0.51	5.02	3.05
群众团体、社会团体和其他成员组织	Mass Organizations, Social Organizations and Other Membership Organizations	38.16	30.95	19.14	9.19
基层群众自治组织	Grass Roots Self-Governing Organizations	26.75	6.06	2.41	5.75
国际组织	International Organizations				
国际组织	International Organizations				

4-7 各设区市固定资产投资额(2021年)
Total Investment in Fixed Assets by City(2021)

单位：亿元　　(100 million yuan)

地区	Area	固定资产投资 Investment in Fixed Assets		项目投资 Project Investment		房地产开发投资 Real Estate Development	
		数值 Total	比上年增长（%） Growth Rate over Preceding Year(%)	数值 Total	比上年增长（%） Growth Rate over Preceding Year(%)	数值 Total	比上年增长（%） Growth Rate over Preceding Year(%)
全　省	**Fujian**	**19083.28**	**6.0**	**12887.66**	**7.7**	**6195.61**	**2.8**
福州市	Fuzhou	5330.27	5.9	3081.46	4.0	2248.81	8.6
厦门市	Xiamen	2696.44	11.3	1626.78	19.0	1069.66	1.3
莆田市	Putian	1871.24	1.9	1462.24	1.5	409.00	3.4
三明市	Sanming	1111.88	9.0	951.23	9.5	160.65	6.2
泉州市	Quanzhou	2576.14	3.6	1613.15	5.9	962.99	0.0
漳州市	Zhangzhou	2036.51	8.2	1450.19	20.4	586.32	-13.6
南平市	Nanping	1378.17	0.1	1146.20	0.5	231.97	-1.6
龙岩市	Longyan	1120.86	8.5	869.75	8.4	251.11	9.1
宁德市	Ningde	961.77	6.2	686.67	4.3	275.10	11.3

4-8 各设区市按产业分固定资产投资额(2021年)
Total Investment in Fixed Assets by Three Strata of Industries by City(2021)

单位：亿元　　(100 million yuan)

地区	Area	第一产业 Primary Industry		第二产业 Secondary Industry		第三产业 Tertiary Industry	
		数值 Total	比上年增长（%） Growth Rate over Preceding Year(%)	数值 Total	比上年增长（%） Growth Rate over Preceding Year(%)	数值 Total	比上年增长（%） Growth Rate over Preceding Year(%)
全　省	**Fujian**	**357.77**	**17.1**	**6186.17**	**11.6**	**12539.34**	**3.2**
福州市	Fuzhou	65.78	20.6	1476.94	12.9	3787.55	3.2
厦门市	Xiamen	2.79	22.2	503.05	22.5	2190.60	9.0
莆田市	Putian	32.64	74.1	573.90	-1.5	1264.70	2.5
三明市	Sanming	28.30	10.9	574.90	20.8	508.67	-1.9
泉州市	Quanzhou	14.98	13.3	841.06	2.4	1720.11	4.2
漳州市	Zhangzhou	45.93	68.7	764.62	11.9	1225.96	4.6
南平市	Nanping	115.22	13.1	584.44	7.3	678.52	-7.0
龙岩市	Longyan	29.80	8.1	439.41	19.4	651.65	2.3
宁德市	Ningde	22.33	-35.6	427.85	23.2	511.59	-2.3

4-9 各设区市按构成分固定资产投资额(2021年)
Total Investment in Fixed Assets by Composition of Investment(2021)

单位：亿元 (100 million yuan)

地区	Area	建筑安装工程 Construction and Installations		设备工器具购置 Purchase of Equipment and Instruments		其他费用 Other Expenses	
		数值 Total	比上年增长（%） Growth Rate over Preceding Year(%)	数值 Total	比上年增长（%） Growth Rate over Preceding Year(%)	数值 Total	比上年增长（%） Growth Rate over Preceding Year(%)
全　省	**Fujian**	**13102.04**	**10.3**	**2122.62**	**-0.6**	**3858.61**	**-3.0**
福州市	Fuzhou	3492.91	11.5	555.53	18.5	1281.83	-10.6
厦门市	Xiamen	1241.27	4.1	273.82	21.1	1181.35	17.6
莆田市	Putian	1450.56	19.7	221.21	-39.3	199.47	-23.1
三明市	Sanming	1025.40	20.8	40.03	-57.0	46.45	-40.3
泉州市	Quanzhou	1819.12	5.6	340.30	11.5	416.72	-8.9
漳州市	Zhangzhou	1427.08	13.6	244.47	-12.3	364.96	5.2
南平市	Nanping	1183.03	0.6	126.08	6.1	69.06	-15.8
龙岩市	Longyan	863.77	15.8	111.72	-0.5	145.37	-16.8
宁德市	Ningde	598.91	0.5	209.45	25.2	153.40	7.4

4-10 各设区市按建设性质分固定资产投资额(2021年)
Total Investment in Fixed Assets By Kind of Construction(2021)

单位：亿元 (100 million yuan)

地区	Area	新建 New Construction		扩建 Expansion		改建和技术改造 Reconstruction and Technical Transformation	
		数值 Total	比上年增长（%） Growth Rate over Preceding Year(%)	数值 Total	比上年增长（%） Growth Rate over Preceding Year(%)	数值 Total	比上年增长（%） Growth Rate over Preceding Year(%)
全　省	**Fujian**	**7632.01**	**3.9**	**2997.77**	**9.7**	**1796.35**	**20.0**
福州市	Fuzhou	1746.39	1.8	685.85	-2.7	500.92	19.9
厦门市	Xiamen	1074.47	13.3	289.89	26.3	166.72	37.5
莆田市	Putian	942.43	-0.3	322.16	0.2	149.74	19.5
三明市	Sanming	395.08	17.2	323.07	-2.5	208.97	19.3
泉州市	Quanzhou	864.94	-2.9	485.02	13.6	222.24	26.3
漳州市	Zhangzhou	963.92	20.7	330.83	26.9	117.80	6.6
南平市	Nanping	633.06	-10.5	234.61	16.3	271.61	21.4
龙岩市	Longyan	564.20	2.9	130.59	8.0	139.37	22.8
宁德市	Ningde	447.53	-1.8	195.76	45.3	18.97	-43.1

4-11 各设区市按投资主体分固定资产投资额(2021年)
Total Investment in Fixed Assets By Investors(2021)

单位：亿元 (100 million yuan)

地区	Area	国有经济 Stated-owned		民间经济 Non-governmental		外商和港澳台 Foreign Funded and Funds from Hong Kong,Macao and Taiwan	
		数值 Total	比上年增长（%） Growth Rate over Preceding Year(%)	数值 Total	比上年增长（%） Growth Rate over Preceding Year(%)	数值 Total	比上年增长（%） Growth Rate over Preceding Year(%)
全　省	**Fujian**	**6996.27**	**3.4**	**11018.71**	**5.9**	**1068.30**	**29.7**
福州市	Fuzhou	1784.07	3.8	3340.89	6.5	205.31	13.9
厦门市	Xiamen	1666.91	11.9	714.60	-0.1	314.94	44.7
莆田市	Putian	806.54	2.3	1056.60	2.0	8.10	-30.7
三明市	Sanming	351.22	2.5	749.91	12.0	10.75	43.7
泉州市	Quanzhou	584.77	-3.6	1785.66	8.1	205.72	-9.1
漳州市	Zhangzhou	820.31	9.2	1039.90	0.0	176.29	93.8
南平市	Nanping	354.16	-5.8	991.86	1.9	32.15	17.9
龙岩市	Longyan	380.94	6.7	715.76	9.4	24.16	13.8
宁德市	Ningde	247.35	-26.4	623.52	17.9	90.89	123.2

4-12 房地产开发企业（单位）主要情况
Main Situation of Enterprises for Real Estate Development

项目 Item	2000	2005	2010	2020	2021
企业个数（个）	**1922**	**2596**	**3634**	**3608**	**3571**
Number of Enterprises(unit)					
内资企业	1151	1866	2926	3287	3276
Domestically funded enterprises					
#国有	356	225	216	382	390
Stated-owned					
集体	170	91	52	23	16
Collective-owned					
港澳台商投资企业	543	470	529	208	190
Enterprises with Funds from HongKong,Macao and TaiWan					
外商投资企业	228	260	179	113	105
Foreign Funded Enterprises					
土地开发及购置(万平方米)					
Development and Purchase of Land (10000 sq.m)					
土地购置面积	901.07	1822.55	1540.42	598.50	346.74
Purchased Land Space					
本年完成投资（亿元）	207.37	540.39	1818.86	6026.80	6195.61
Investment of Completed(100 million yuan)					
#住宅	125.07	363.72	975.13	4372.10	4560.71
Residential Building					
本年实际到位资金(亿元)	276.86	803.93	2631.31	7355.03	7747.95
Actual Funds this Year					
#国内贷款	44.78	156.85	432.46	753.75	884.52
Domestic Loans					
利用外资	24.94	14.81	18.17	7.23	6.53
Foreign Investment					
自筹资金	54.21	217.15	1099.64	3173.46	3187.38
Fundraising					
房屋建筑面积（万平方米）					
Floor Space of Buildings Completed (10000 sq.m)					
施工面积	3422.88	6107.75	14189.73	34556.77	34667.18
Floor Space Under Construction					
本年房屋竣工面积	1009.36	1576.16	2242.47	3804.07	4041.68
Floor Space Completed this Year					
本年新开工面积	1102.85	2196.57	4679.56	6637.99	6439.20
Newly Started This Year					
#住宅	891.87	1727.38	3399.53	4549.05	4587.40
Residential Buildings					
商品房销售面积（万平方米）	**810.65**	**1913.84**	**2575.62**	**6607.18**	**6976.44**
Floor Space of Commercial Buildings Sold (10000 sq.m)					
#住宅	675.73	1720.56	2139.26	5210.03	5597.61
Residential Buildings					

4-13 房地产开发企业（单位）投资和销售情况
Investment and Sales Situation of Enterprises for Real Estate Development

年份 Year	本年完成投资（亿元） Investment of Completed (100 million yuan)	#住宅 Residential Buildings	商品房销售额（亿元） Real Value of House Sold (100 million yuan)	#住宅 Residential Buildings	商品房销售面积（万平方米） Floor Space of Commercial Buildings Sold (10000 sq.m)	#住宅 Residential Buildings
1986	3.57				73.14	
1987	3.25				51.33	
1988	7.13				92.88	
1989	11.01				102.55	
1990	13.47				107.79	
1991	21.07		9.16		111.44	
1992	41.03		16.77		134.99	
1993	60.93		26.61		248.91	
1994	101.98	69.96	39.37	26.03	241.31	188.96
1995	151.37	88.51	66.16	46.14	368.65	309.44
1996	151.69	75.29	48.59	37.61	273.51	234.28
1997	148.33	72.49	83.50	62.04	426.88	346.14
1998	165.63	85.44	105.10	78.71	515.20	441.67
1999	178.62	105.08	123.75	92.54	599.68	511.64
2000	207.37	125.07	168.96	119.39	810.65	675.73
2001	225.49	145.22	199.08	150.75	987.81	843.00
2002	248.99	160.78	225.28	153.95	1047.05	882.92
2003	362.07	237.67	287.16	222.46	1250.10	1083.79
2004	477.79	308.45	354.47	281.26	1384.83	1224.61
2005	540.39	363.72	605.09	481.90	1913.84	1720.56
2006	787.36	511.68	807.46	637.34	2021.69	1743.39
2007	1132.49	778.39	1134.53	938.33	2421.97	2096.39
2008	1129.09	735.93	712.61	562.26	1625.67	1250.00
2009	1136.35	743.27	1477.83	1299.09	2723.23	2420.83
2010	1818.86	975.13	1611.32	1300.13	2575.62	2139.26
2011	2402.61	1591.56	2101.58	1649.34	2706.72	2213.30
2012	2824.12	1751.98	2817.70	2293.90	3258.94	2741.96
2013	3702.97	2402.08	4232.08	3410.57	4676.16	3957.46
2014	4567.40	2917.17	3763.52	2939.58	4119.48	3324.10
2015	4469.61	2864.95	3585.81	2839.76	4037.76	3315.69
2016	4588.83	2999.29	4530.79	3793.41	4915.35	4134.46
2017	4794.23	3236.51	5705.19	4202.00	5854.05	4526.13
2018	4940.34	3456.86	6579.49	5074.52	6213.40	4781.58
2019	5673.13	4076.31	6938.79	5685.25	6456.13	5073.73
2020	6026.80	4372.10	7497.75	6343.34	6607.18	5210.03
2021	6195.61	4560.71	8217.26	7082.59	6976.44	5597.61

4-14 房地产开发投资完成情况
Main Indicators of Enterprises for Real Estate Development

年份 Year	企业个数（个） Number of Enterprises (unit)	本年完成投资（亿元） Investment of Completed (100 million yuan)	施工面积（万平方米） Floor Space Under Construction (10000 sq.m)	竣工面积（万平方米） Floor Space Completed (10000 sq.m)	商品房销售面积（万平方米） Floor Space of Commercial Buildings Sold	商品房销售额（亿元） Real Value of House Sold (100 million yuan)
1986	102	3.57	220.84	133.25	73.14	
1987	118	3.25	216.38	98.74	51.33	
1988	174	7.13	368.04	154.12	92.88	
1989	168	11.01	413.56	183.73	102.55	
1990	190	13.47	427.57	193.92	107.79	
1991	241	21.07	561.56	215.98	111.44	9.16
1992	391	41.03	842.30	258.48	134.99	16.77
1993	856	60.93	1258.69	307.55	248.91	26.61
1994	1279	101.98	1889.94	470.78	241.31	39.37
1995	1256	151.37	2506.77	732.63	368.65	66.16
1996	1407	151.69	2283.80	526.28	273.51	48.59
1997	1465	148.33	2401.24	662.77	426.88	83.50
1998	1783	165.63	2748.79	578.74	515.20	105.10
1999	1909	178.62	3166.96	788.82	599.68	123.75
2000	1922	207.37	3422.88	1009.36	810.65	168.96
2001	1941	225.49	3717.31	1280.79	987.81	199.08
2002	1869	248.99	4114.64	1323.49	1047.05	225.28
2003	1900	362.07	4891.04	1362.95	1250.10	287.16
2004	2433	477.79	5795.69	1523.91	1384.83	354.47
2005	2596	540.39	6107.75	1576.16	1913.84	605.09
2006	2755	787.36	6992.74	1408.32	2021.69	807.46
2007	2693	1132.49	9651.58	1711.33	2421.97	1134.53
2008	3268	1129.09	11459.72	1906.15	1625.67	712.61
2009	3316	1136.35	11668.17	2240.26	2723.23	1477.83
2010	3634	1818.86	14189.73	2242.47	2575.62	1611.32
2011	3576	2402.61	18937.98	2651.71	2706.72	2101.58
2012	3140	2824.12	21121.50	2232.78	3258.94	2817.70
2013	3187	3702.97	26287.28	3369.76	4676.16	4232.08
2014	3280	4567.40	30051.77	3583.57	4119.48	3763.52
2015	3151	4469.61	30891.14	3436.56	4037.76	3585.81
2016	3177	4588.83	31064.14	3665.25	4915.35	4530.79
2017	3240	4794.23	31939.55	4266.69	5854.05	5705.19
2018	3351	4940.34	32825.97	3739.02	6213.40	6579.49
2019	3519	5673.13	34140.18	2882.29	6456.13	6938.79
2020	3608	6026.80	34556.77	3804.07	6607.18	7497.75
2021	3571	6195.61	34667.18	4041.68	6976.44	8217.26

4-15 按各类分组房地产开发投资
Investment of Real Estate Development by Groups

单位：亿元 (100 million yuan)

项目 Item	2000	2005	2010	2020	2021
完成投资额 Investment of Completed	**207.37**	**540.39**	**1818.86**	**6026.80**	**6195.61**
按登记注册类型分 Grouped by Status of Registration					
国有 Stated-owned	45.28	57.28	128.22	32.88	56.18
集体 Collective-owned	9.53	18.93	27.66	0.11	0.10
股份合作 Share Holding Cooperative	4.17	2.39	2.86		
联营 Cooperative	4.10	8.93	0.55		
有限责任公司 Limited Liability Corporations	21.49	107.28	705.67	2367.44	2236.96
股份有限公司 Share Holding Enterprises	10.38	7.45	58.05	38.66	34.77
私营企业 Private Enterprises	26.42	178.55	586.39	3099.59	3397.23
港澳台商投资企业 Enterprises with Funds from HongKong, Macao and TaiWan	54.48	106.11	227.76	251.34	240.45
外商投资企业 Foreign Funded Enterprises	30.42	51.47	70.15	236.80	229.93
其他企业 Other Enterprises	1.10	2.00	11.55		
按构成分 By Type of Construction					
建筑工程 Construction	140.20	334.31	877.89	3122.86	3417.00
安装工程 Installation	7.78	22.60	53.72	182.30	171.19
设备工器具购置 Purchase of Equitment and Instruments	3.95	3.97	9.39	57.16	75.58
其他费用 Others	55.44	179.51	877.85	2664.49	2531.84
按工程用途分 By Use of Project					
商业营业用房 House for Business Use	29.91	47.82	162.33	481.96	448.99
住宅 Residential Building	125.07	363.72	975.13	4372.10	4560.71
办公楼 Office Buildings	15.20	10.76	49.67	214.56	189.81
其他 Others	37.19	118.09	631.72	958.19	996.10
按隶属关系分 By Ownership					
中央 Central	0.72	0.19	9.23	34.00	37.72
地方 Local Project	206.65	540.20	1809.62	671.06	686.71
其他 Others				5321.74	5471.18

注：2019年起按隶属关系分类，增加“其他”，并对“中央”“地方”口径进行调整。

Note:Since 2019,the subordinate relationship has been adjusted,Added "Others",the Scope of "Central" and "Local" has been adjusted.

4-16 按工程用途分房地产开发投资
Investment for Real Estate Development by Use

单位：亿元　　　　(100 million yuan)

年份 Year	本年完成投资 Investment of Completed	住宅 Residential Buildings	办公楼 Office Buildings	商业营业用房 House for Business Used	其他 Others
1986	3.57				
1987	3.25				
1988	7.13				
1989	11.01				
1990	13.47				
1991	21.07				
1992	41.03				
1993	60.93				
1994	101.98	69.96			
1995	151.37	88.51	18.80	19.06	25.01
1996	151.69	75.29	16.80	23.57	36.03
1997	148.33	72.49	20.31	23.63	31.90
1998	165.63	85.44	19.61	22.69	37.90
1999	178.62	105.08	16.08	22.78	34.68
2000	207.37	125.07	15.20	29.91	37.19
2001	225.49	145.22	12.20	30.63	37.45
2002	248.99	160.78	9.99	29.85	48.37
2003	362.07	237.67	10.64	38.27	75.49
2004	477.79	308.45	9.15	43.93	116.27
2005	540.39	363.72	10.76	47.82	118.09
2006	787.36	511.68	24.25	56.29	195.15
2007	1132.49	778.39	20.91	76.35	256.84
2008	1129.09	735.93	24.74	80.87	287.55
2009	1136.35	743.27	37.84	87.30	267.93
2010	1818.86	975.13	49.67	162.33	631.72
2011	2402.61	1591.56	100.19	264.51	446.34
2012	2824.12	1751.98	189.22	370.38	512.54
2013	3702.97	2402.08	270.28	491.43	539.18
2014	4567.40	2917.17	358.58	654.88	636.77
2015	4469.61	2864.95	327.76	670.97	605.92
2016	4588.83	2999.29	339.01	590.95	659.58
2017	4794.23	3236.51	282.37	555.87	719.48
2018	4940.34	3456.86	215.55	457.63	810.30
2019	5673.13	4076.31	272.72	450.01	874.09
2020	6026.80	4372.10	214.56	481.96	958.19
2021	6195.61	4560.71	189.81	448.99	996.10

4-17 商品房竣工面积
Floor Space of Completed Buildings

单位：万平方米 (10000 sq.m)

年份 Year	房屋竣工面积 Floor Space Completed	住宅 Residential Buildings	办公楼 Office Buildings	商业营业用房 House for Business Used	其他 Others
1986	133.25	112.40			
1987	98.74	72.21			
1988	154.12	114.75			
1989	183.73	145.78			
1990	193.92	139.42			
1991	215.98	147.03	2.50	19.63	46.82
1992	258.48	181.24	2.90	26.91	47.43
1993	307.55	238.46	4.13	28.31	36.65
1994	470.78	359.14	30.97	51.67	29.00
1995	732.63	585.82	34.93	80.46	31.42
1996	526.28	419.56	28.33	61.86	16.53
1997	662.77	500.07	55.37	80.41	26.92
1998	578.74	450.90	34.50	70.05	23.29
1999	788.82	604.21	64.75	82.33	37.53
2000	1009.36	771.81	71.48	114.68	51.39
2001	1280.79	1020.46	50.39	153.42	56.52
2002	1323.49	1011.33	46.53	207.54	58.09
2003	1362.95	1074.29	45.98	142.37	100.32
2004	1523.91	1260.55	29.93	154.43	78.99
2005	1576.16	1304.85	22.22	156.54	92.55
2006	1408.32	1128.59	44.35	145.36	90.03
2007	1711.33	1344.42	55.49	163.30	148.12
2008	1906.15	1422.84	97.64	174.98	210.70
2009	2240.26	1690.85	47.44	209.32	292.65
2010	2242.47	1715.87	35.20	165.39	326.01
2011	2651.71	2007.34	54.75	286.07	303.55
2012	2232.78	1564.62	119.20	238.83	310.13
2013	3369.76	2338.06	98.33	404.85	528.52
2014	3583.57	2568.02	145.51	308.55	561.48
2015	3436.56	2398.99	142.78	341.16	553.64
2016	3665.25	2420.45	182.15	457.34	605.31
2017	4266.69	2891.33	144.64	390.35	840.38
2018	3739.02	2347.24	261.45	374.56	755.78
2019	2882.29	1813.90	177.59	367.91	522.88
2020	3804.07	2403.09	226.57	391.51	782.90
2021	4041.68	2699.13	199.47	299.16	843.92

4-18 商品房销售面积
Floor Space of Commercialized Buildings Sold

单位：万平方米　　(10000 sq.m)

年份 Year	商品房销售面积 Total	住宅 Residential Buildings	办公楼 Office Buildings	商业营业用房 House for Business Used	其他 Others
1986	73.14	73.14			
1987	51.33	42.87			
1988	92.88	72.65			
1989	102.55	92.58			
1990	107.79	88.36			
1991	111.44	93.98			
1992	134.99	113.70			
1993	248.91	209.60			
1994	241.31	188.96			
1995	368.65	309.44	21.36	26.67	11.18
1996	273.51	234.28	10.96	23.96	4.32
1997	426.88	346.14	27.89	41.55	11.30
1998	515.20	441.67	24.70	40.39	8.45
1999	599.68	511.64	21.41	54.30	12.34
2000	810.65	675.73	41.74	77.89	15.30
2001	987.81	843.00	33.31	89.66	21.84
2002	1047.05	882.92	31.19	114.41	18.54
2003	1250.10	1083.79	34.64	104.86	26.81
2004	1384.83	1224.61	21.88	100.39	37.95
2005	1913.84	1720.56	21.05	120.76	51.47
2006	2021.69	1743.39	41.03	141.95	95.33
2007	2421.97	2096.39	80.19	155.38	90.00
2008	1625.67	1250.00	66.52	94.32	214.83
2009	2723.23	2420.83	32.94	121.26	148.20
2010	2575.62	2139.26	82.20	176.35	177.81
2011	2706.72	2213.30	109.17	183.86	200.40
2012	3258.94	2741.96	150.83	209.88	156.27
2013	4676.16	3957.46	211.42	242.53	264.75
2014	4119.48	3324.10	181.01	286.94	327.44
2015	4037.76	3315.69	155.42	296.25	270.40
2016	4915.35	4134.46	181.16	305.47	294.26
2017	5854.05	4526.13	354.25	412.26	561.41
2018	6213.40	4781.58	304.59	457.83	669.40
2019	6456.13	5073.73	331.17	425.93	625.30
2020	6607.18	5210.03	224.80	431.97	740.38
2021	6976.44	5597.61	192.76	348.80	837.27

4-19 房地产开发施工、竣工和销售情况(2021年)
Condition of Real Estate Under Construction,Completed and Sale(2021)

项目 Item	合计 Total	住宅 Residential Buildings	#90平方米以下 Floor Space Under 90 sq.m	#90-144平方米 Floor Space between 99 and 144 sq.m	#144平方米以上 Floor Space Over 144 sq.m	办公楼 Office Buildings	商业营业用房 House for Business Used	其他 Others
房屋施工面积（万平方米） **Floor Space Under Construction (10000 sq.m)**	**34667.18**	**23458.10**	**5776.12**	**15186.29**	**2495.70**	**1525.72**	**2746.59**	**6936.77**
#新开工面积 New Building	6439.20	4587.40	1124.76	2971.10	491.54	126.36	382.51	1342.93
房屋竣工面积（万平方米） **Floor Space of Completed (10000 sq.m)**	**4041.68**	**2699.13**	**591.39**	**1761.69**	**346.05**	**199.47**	**299.16**	**843.92**
商品住宅竣工套数（万套） Set of Completed Buildings (10000 sets)	24.76	24.76	7.96	14.92	1.88			
竣工房屋价值（亿元） Value of Completed Buildings (100 million yuan)	1507.07	1027.60	255.61	669.89	102.10	94.46	111.62	273.40
出租房屋面积（万平方米） **Floor Space of Houses Leased (10000 sq.m)**	**68.14**	**0.08**		**0.01**	**0.07**	**9.16**	**41.15**	**17.76**
商品房销售面积（万平方米） **Floor Space of Commercial Buildings Sold(10000 sq.m)**	**6976.44**	**5597.61**	**1493.33**	**3550.14**	**554.13**	**192.76**	**348.80**	**837.27**
#现房销售面积 Buildings Now Availabal	782.65	433.28	130.83	241.23	61.22	34.14	104.23	211.00
期房销售面积 Forward Buildings	6193.78	5164.33	1362.51	3308.91	492.92	158.62	244.57	626.27
商品房销售额（亿元） Value of House Sold (100 million yuan)	8217.26	7082.59	2066.55	4004.34	1011.69	213.50	432.83	488.34
#现房销售额 Buildings Now Availabal	680.58	443.68	150.84	206.67	86.16	39.90	94.43	102.58
期房销售额 Forward Buildings	7536.67	6638.91	1915.71	3797.67	925.53	173.60	338.40	385.76
商品住宅销售套数（万套） Set of Commercial Residential Buildings Sold(10000 sets)	52.57	52.57	18.82	30.70	3.05			
年末待售面积（万平方米） **Floor Space of Buildings no Sold (10000 sq.m)**	**1958.37**	**569.13**	**115.77**	**289.81**	**163.55**	**143.59**	**479.08**	**766.56**
#待售1-3年 One-three Years	718.91	230.53	54.36	138.81	37.36	50.46	177.57	260.35
待售3年以上 Over Three Years	826.53	151.41	22.21	52.44	76.76	68.99	237.28	368.85

主要统计指标解释

固定资产投资　指城镇和农村各种登记注册类型的企业、事业、行政单位及城镇个体户进行的计划总投资500万元及500万元以上的建设项目投资和房地产开发投资，该口径自2011年起开始使用。

房地产开发投资　指各种登记注册类型的房地产开发公司、商品房建设公司及其他房地产开发法人单位和附属于其他法人单位实际从事房地产开发或经营活动的单位统一开发的包括统代建、拆迁还建的住宅、厂房、仓库、饭店、宾馆、度假村、写字楼、办公楼等房屋建筑物和配套的服务设施，土地开发工程(如道路、给水、排水、供电、供热、通讯、平整场地等基础设施工程)的投资;不包括单纯的土地交易活动。

固定资产投资按国民经济行业分　国民经济行业类别是按企业、事业、行政单位所从事的生产或其他社会经济活动性质的同一性进行的分类。如果项目投产后仍属于原投资单位，则该项目行业类别参照现有单位行业类别；如果项目投产后成为新的独立核算法人单位，则按投产后新法人单位主要产品种类或主要用途及社会经济活动种类来划分行业；审核、核准、备案项目按批文描述划分行业。

固定资产投资按建设性质分　建设项目的性质一般分为新建、扩建、改建和技术改造、单纯建造生活设施、迁建、恢复。单纯购置房地产开发单位、农村投资不划分建设性质。 (1)新建:一般指从无到有“平地起家”开始建设的企业、事业和行政单位或独立的工程。现有企业、事业、行政单位一般不属于新建。但如有的单位原有基础很小，经过建设后新增的固定资产价值超过该企、事业、行政单位原有固定资产价值(原值)三倍以上的也应作为新建。(2)扩建:指在厂内或其他地点，为扩大原有产品的生产能力(或效益)或增加新的产品生产能力，而增建主要的生产车间(或主要工程)、分厂、独立的生产线. 行政、事业单位在原单位增建业务用房(如学校增建教学用房、医院增建门诊部、病房等)也作为扩建。现有企、事业单位为扩大原有主要产品生产能力或增加新的产品生产能力，增建一个或几个主要生产车间(或主要工程)、分厂，同时进行一些更新改造工程的，也应作为扩建。(3)改建和技术改造:指对原有设施进行技术改造或更新(包括相应配套的辅助性生产、生活福利设施)，没有增建主要生产车间、分厂等。现有企、事业单位为适应市场变化的需要，而改变企业的主要产品种类(如军工企业转产民品等)，或原有产品生产作业线由于各工序(车间)之间能力不平衡，为填平补齐充分发挥原有生产能力而增建不增加本企业主要产品设计能力的车间，也应作为改建。

固定资产投资按构成分　固定资产投资活动按其工作内容和实现方式分为建筑工程、安装工程、设备工具器具购置、其他费用四个部分。（1）建筑工程：是指各种房屋、建筑物的建造工程，又称建筑工作量。这部分投资额必须兴工动料，通过施工活动才能实现，是固定资产投资额的重要组成部分。（2）安装工程：是指各种设备、装置的安装工程，又称安装工作量。在安装工程中，不包括被安装设备本身价值。（3）设备工具器具购置：是指建设单位或企、事业单位购置或自制的，达到固定资产标准的设备工具器具的价值。新建单位及扩建单位的新建车间，按照设计或计划要求购置或自制的全部设备工具器具，不论是否达到固定资产标准均计入“设备工具器具购置”中。（4）其他费用：指在固定资产建造和购置过程中发生的，除上述几项内容以外的各种应分摊计入固定资产的费用。

施工项目　指报告期内进行过建筑或安装施工活动的项目。凡是报告期内施过工的建设项目，不论施工时间长短，均作为施工项目统计。施工项目个数可以反映一定时期固定资产投资的实际规模，与同期建成投产的建设项目个数相比，可以从建设速度的角度反映固定资产投资的效果。根据建设项目施工活动的不同性质，施工项目又分为:本年正式施工项目、本年收尾项目和以前年度全部停缓建项目。

房屋建筑面积　指房屋建筑物勒脚以上外墙外围的水平截面面积，包括房屋建筑物的有效面积和结构面积。该指标是从实物形态上反映建设规模和建设成果的重要指标之一，也是检查工程形象进度、计算工程造价、分析投资效果、研究施工任务和建筑材料之间平衡情况的重要依据。

住宅建筑面积　指施工和竣工房屋建筑面积中供居住用的房屋建筑面积。

施工面积　指报告期内施工的全部房屋建筑面积。包括本期新开工的面积和上期开工跨入本期继续施工的房屋面积，以及上期已停建在本期恢复施工的房屋面积。本期竣工和本期施工后又停缓建的房屋，其建筑面积仍计入本期房屋施工面积中。

竣工面积 指在报告期内房屋建筑按照设计要求已经全部完工，达到住人和使用条件，经验收鉴定合格(或达到竣工验收标准)，正式移交使用单位的各栋房屋建筑面积的总和。

新增固定资产 指报告期内已经完成建造和购置过程，并已交付生产或使用单位的固定资产价值。该指标是表示固定资产投资成果的价值指标，也是反映建设进度，计算固定资产投资效果的重要指标。

竣工房屋住宅套数 指报告期内按照设计要求全部完工，经验收合格，达到居住和使用条件并正式交付使用的成套住宅数量。包括独立厨房、独立卫生间、若干卧室、室内走廊等设施在内的供一户居住和使用的房屋。该指标可以反映住宅建设的产业化程度和城市化进程以及人民居住水平提高的情况。

别墅、高档公寓 指建筑造价和销售价格明显高于一般商品住宅的商品住宅。别墅一般指地处郊区，独立成栋的商品住宅;高档公寓一般指地处市内高尚社区，高层或多层的商品住宅。别墅、高档公寓的确定标准:一是经有房地产投资计划审批权的主管部门审批建设的别墅、高档公寓开发项目;二是销售价格高于当地同等地段商品住宅平均销售价格一倍以上的别墅、公寓开发项目。该指标可以分析房地产投资结构，反映高收入家庭商品住宅的供求平衡情况。

Explanatory Notes on Main Statistical Indicators

Investment in fixed assets refers to the construction project investment and real estate development investment of enterprises, the registration of towns, soho, administrative units which the total investment is more than 5 million yuan(including 5 million yuan) , the diameter started to use since 2011.

Investment in Real Estate Development refers to the investment by the real estate development companies, commercial buildings construction companies and other real estate development units of various types of ownership in the construction of house buildings, such as residential buildings, factory buildings, warehouses, hotels, guesthouses, holiday villages, office buildings, and the complementary service facilities and land development projects, such as roads, water supply, water drainage, power supply, heating, telecommunications, land leveling and other projects of infrastructure. It excludes the activities in pure land transactions.

Investment in Fixed Assets by Sector The classification of construction projects by sector is determined by the major products or the purpose of the projects when they are put into production or use, and by the nature of their social economic activities. In general, one project or one enterprise or institution can only be classified into one sector.

Investment in Fixed Assets by Type of Construction The construction projects in general can be classified, by the type of construction, into new construction, expansion, reconstruction and technical transformation, moving and restoration. However, investment by type of construction is not applied to investment by real-estate development units, investment in rural areas and investment in housing by urban individuals. (1) New construction in general refers to newly constructed enterprises, institutions, administrative agencies or independent projects from scratch. Construction in the existing enterprises, institutions or agencies is not considered as new construction. In case the assets of the existing unit is quite small, and the value of newly added fixed assets exceeds the original value of assets by three times, the expansion will be considered as new construction.(2) Expansion refers to construction of new major production workshop, branch factory or independent production line within a factory or in other locations, for the purpose of increasing the productioncapacity (or improving efficiency) of the original products. Newly constructed houses for the operation of institutions and administrative organizations (such as the newly constructed buildings for teaching in schools, buildings for clinics or wards in hospitals, etc.) are also classified as expansion.Also included in the expansion are investments by existing enterprises or institutions in building major production line or branch factory along with some work on innovation, for the purpose of expending the productioncapacity of original products or producing new products. (3) Reconstruction refers to construction projects by existing enterprises or institutions in innovation or technical transformation of the old facilities (including auxiliary production equipment and welfare facilities). Also considered as reconstruction is the construction of new workshops by the existing enterprises or institutions to change the variety of products to meet the market demand (such as the production of civil products by defence industries), or to bring the designed productioncapacity into full play through a more balanced production process on production lines. Technical transformation refers to replacement of old technology or equipment by new technology or equipment, in order to expand the reproduction through improvement of technology contents in production, to improve product quality, to promote new products, to save energy and reduce consumption and to improve overall social-economic efficiency. Contents of technical transformation include: updating of machinery, equipment and tools; reforming production process by using energy or materials saving technology; construction of factory workshops and transformation of public facilities; improvement of working conditions and environment, etc.

Investment in Fixed Assets by Structure By their contents, investment activities are classified into 4 categories, i.e. construction and installation, purchase of equipment and instrument, and other expenses.(1) Construction refers to the construction of various houses and buildings and installation of various kinds of equipment and instruments.They include construction of various houses; equipment foundations, industrial kilns and stoves, and metal structure work; preparation works for project construction, and clearing up works post project construction; pavement of railways and roads, drilling of mines and putting up of oil pipes; construction of projects of water conservancy; construction of underground air-raid shelters and construction of other special projects; value of equipment for heating, sanitation, ventilation, lighting, gas, painting, etc. that are covered by the budget of housing projects; laying out of various pipelines (for steam, compressed air, petroleum, tap water and sewage) and lines for electric power and for communications; installation of various machinery equipment, testing operation for pre-testing the quality of installation projects, and land and other development work conducted by real estate developers for commercial housing. The value of equipment installed is not included in the value of installation projects. (2) installation: refers to various equipment, equipment installation, also called the installation work. In the installation of equipment is installed, not including itself value.(3) Purchase of equipment and instruments refers to the total value of equipment, tools, and instruments purchased or self-produced which come up to standards for fixed assets by the construction units or investing enterprises or institutions. Equipment, tools and instruments purchased or self-produced for new workshops by newly established or expanded units are categorized as "purchase of equipment and instruments" no matter whether they come up to the standards for fixed assets.(4) Other expenses refer to expenses occurring during the construction or purchase of fixed assets other than those mentioned above.

Projects under Construction refer to projects with construction and installation activities undertaken in the reference period. All projects that have construction activities undertaken during the reference period are reported as projects under construction irrespective of the length of construction work. The number of projects under construction can reflect the actual size of investment in fixed assets during a given period, and when compared with the number of projects completed and put into use during the same period, it demonstrates the results of investment in fixed assets. Depending on the nature of const ruction activities, projects under construction can also be classified into projects under construct ion in current y ear, winding-up projects in current year and stopped or suspended projects in previous years (with preservation work in current year).

Floor Space of Buildings under Construction refers to total floor space of the horizontal section of outer walls above the plinth of the building, including the effective area and the area occupied by the structure. This indicator is one of the important indicators in physical terms to reflect the scale and accomplishment of the construction industry, and important basis for monitoring the pr ogress, calculating the cost, analyzing the efficiency and studying the supply of building materials in relation with the construction projects.

Floor Space of Residential Buildings refers to the floor space of the residential buildings among the total space of buildings under construction or completed.

Floor Space under Construction refers to total floor space of all buildings under construct ion during the reference period, including floor space of newly start ed buildings during the reference period, floor space of construction extended from the previous period to the current period, and floor space of construction suspended during the previous period and resumed in the current period. Floor space of construction completed in the current period, and floor space of construction started and then suspended in the current period are also included in the floor space under construction of the current year.

Floor Space of Buildings Completed refers to the floor space of all buildings completed in the reference period, which have been appraised and accepted (or come up to the designed standards) and have been transferred to the owners for use.

Newly Increased Fixed Assets refer to the newly increased value of fixed assets, constructed or purchased, that have been transfer red to the investors. This is an indicator that demonstrates the results of investment in fixed assets in monetary terms, and an important indicator to reflect the speed of construction and to calculate the efficiency of investment.

Number of Flats in Completed Residential Buildings refers to total number of flats completed during the reference period, appraised and accepted as meeting the standards for living, and transfer red for use. A flat includes separate kitchen and bathroom, several bedrooms and corridor, suitable for one household. This indicator reflects the degree of industrialization of the residential building construction, the process of urbanization and the improvement of the living standard of people.

Villas, High-Grade Apartments refers to commercial houses whose construction costs and marketing prices are significantly higher than ordinary housing. Villas are independent structures generally located in the suburbs; high-grade apartments are multi-story buildings located in elegant urban neighborhoods. Criteria for villas and high-grade apartments include: 1) projects for the construction of villas or high-grade apartments have to be approved by competent departments in charge of real estate development and investment plans, and 2) prices for projects on villas or high- grade apartments are higher by over 100% compared with the average prices of ordinary commercial housing projects in similar location. This indicator helps to analyze the investment structure of the real estate industry and the demand and supply of housing for high-income households.

第五篇　对外经济

Chapter 5　Foreign Trade

资料整理：叶玲
Database Editor: Ye Ling

简 要 说 明

本篇资料的主要内容及来源

本篇资料反映了全省外经外贸，主要包括进出口、利用外资、对外承包工程和劳务合作、人民币外汇牌价基本情况等方面的内容。

进、出口数据来源于海关统计，利用外资、对外承包工程和劳务合作等资料来源于省商务厅,外商投资企业工商注册数、资本金、投资总额数据来源于省市场监督管理局。历年人民币对主要外币的年平均汇价资料来源于国家外汇管理局，是根据当年国家外汇管理局提供的每日汇价进行加权平均计算而得出的当年年平均汇价。

自 2018 年起，我省利用外资以商务部外资统计口径为基准，加上外资投资性公司、再投资等的实际投资。外方服务境外贷款等不再纳入统计，以保持与商务部口径的一致性。

本篇资料由省统计局贸易外经统计处整理提供。

Brief Introduction

Main Content and Source of Data

Data in this chapter show the basic conditions of foreign trade and tourism , mainly including imports and exports, utilization of foreign capitals, contracted projects and labor services cooperation, exchange rate of RMB to other currencies etc.

Data on foreign trade are based on the statements made by the Administration of Customs. Data on utilization of foreign capitals, contracted projects and labor services cooperation are provided by Fujian Department Foreign Trade and Economic Cooperation. Data on Registered Foreign Funded Enterprises are provided by Fujian Industrial and Commercial Bureau. Average exchange rates of RMB yuan to other currencies over the years come from the State Administration of Exchange Control. The annual average exchange rate is calculated as the weighted mean of the daily exchange rates provided by the State Administration of Exchange Control.

Since 2018,the statistical caliber of foreign investment is based on the Ministry of Commerce.within the actual investment of foreign investment companies,reinvestments, etc. Foreign services are no longer included in the statistics.

Data in this chapter are collected and compiled by the Division of Trade and External Economic Relations Statistics of Fujian Provincial Bureau of Statistics.

5-1 对外经济基本情况
Basic Statistics on Foreign Trade

项目 Item	2000	2005	2010	2020	2021
海关货物进出口总额（亿元） Total Value of Imports and Exports in Customs(100 million yuan)	**1756.87**	**4457.21**	**7363.88**	**14080.59**	**18433.02**
出口总额 Exports	1068.55	2854.15	4839.73	8473.17	10812.07
进口总额 Imports	688.32	1603.06	2524.15	5607.43	7620.95
进出口差额 Balance	380.23	1251.09	2315.57	2865.74	3191.12
海关货物进出口总额（亿美元） Total Value of Imports and Exports in Customs(USD 100 million)	**212.23**	**544.11**	**1087.80**	**2033.17**	**2852.50**
出口总额 Exports	129.08	348.42	714.93	1223.87	1673.41
初级产品 Primary Goods	13.68	21.52	52.98	100.20	128.52
工业制品 Industry Goods	115.41	326.90	661.95	1123.48	1544.89
进口总额 Imports	83.15	195.69	372.87	809.30	1179.09
初级产品 Primary Goods	10.22	33.32	102.41	469.47	701.45
工业制品 Industry Goods	72.93	162.37	270.45	339.82	477.64
进出口差额 Balance	45.93	152.73	342.06	414.57	494.32
外商直接投资 Foreign Investment Utilized					
新签合同数（个） Number of Projects for Contracted Foreign Direct Investment(unit)	1463.00	1988	1139	2234	2742
合同投资金额（亿美元） Total Amount of Contracted Foreign Investment(USD 100 million)	43.14	59.57	73.76	133.51	166.99
实际利用外资（亿美元） Foreign Investment Actually Utilized(USD 100 million)	38.04	26.08	58.03	50.23	49.05
外商投资企业工商注册情况 Registration Status of Foreign Funded Enterprises					
年末注册数（个） Number of Enterprises(unit)	16013	17854	17886	31637	32450
投资总额（亿美元） Total Investment(USD 100 million)	470.84	753.31	1248.31	3152.55	3371.55
注册资本（亿美元） Registered Capital(USD 100 million)	275.85	430.75	693.58	1990.23	2192.16
对外承包工程（亿美元） Contracted Projects(USD 100 million)					
合同金额 Contracted Value	1.25	2.47	0.86	7.96	8.40
完成营业额 Value of Turnover Fulfilled	1.04	1.95	2.35	12.89	17.37
对外劳务合作（亿美元） Labor Services(USD 100 million)					
劳务人员合同工资总额 Contracted Pay	2.96	3.25	2.06	6.11	7.45
劳务人员实际收入总额 Value of Real Income	3.45	3.10	2.32	8.63	9.63

注：1.劳务人员合同工资总额、劳务人员实际收入总额，2012年以前分别为对外劳务合作合同金额、对外劳务合作完成营业额。
2.外商投资企业年末注册数、投资总额、注册资本2013年以前不含其他外商投资企业和外商投资企业分支机构。

Note:a) Before 2012,the Contract Pay is Contracted Value,the Real Income is Value of Turnover Fulfilled.
b) Before 2013,Number of Foreign Funded Enterprise Registrations,Total Amount of Investment and Registered Capital Exclude other Foreign Funded Enterprises and Branches.

5-2 进出口总额
Gross Value of Imports and Exports

年份 Year	进出口总额（亿美元） Total Imports and Exports (USD 100 million)	出口 Exports	进口 Imports	进出口总额（亿元） Total Imports and Exports (100 million yuan)	出口 Exports	进口 Imports
1981	6.08	4.01	2.07	10.83	7.14	3.68
1982	5.51	3.70	1.80	10.63	7.15	3.48
1983	5.64	3.70	1.94	11.05	7.25	3.80
1984	6.65	3.92	2.73	18.55	10.93	7.62
1985	9.01	5.57	3.44	26.39	16.33	10.07
1986	13.48	6.86	6.61	50.13	25.54	24.60
1987	18.45	9.04	9.41	68.63	33.63	35.01
1988	28.43	14.16	14.27	105.76	52.68	53.08
1989	34.22	18.28	15.94	161.18	86.10	75.08
1990	43.39	24.49	18.90	226.50	127.84	98.66
1991	57.48	31.47	26.00	311.53	170.91	140.62
1992	80.59	43.87	36.72	463.38	252.23	211.14
1993	100.42	51.59	48.83	581.42	298.69	282.73
1994	121.90	64.30	57.59	1039.77	548.50	491.27
1995	144.46	79.08	65.38	1210.55	662.70	547.85
1996	155.20	83.82	71.37	1288.14	695.74	592.40
1997	179.53	102.56	76.97	1486.13	848.96	637.17
1998	171.61	99.64	71.97	1420.56	824.81	595.75
1999	176.20	103.52	72.68	1458.55	856.93	601.61
2000	212.23	129.08	83.15	1756.87	1068.55	688.32
2001	226.26	139.22	87.04	1872.98	1152.49	720.49
2002	283.99	173.71	110.28	2350.85	1437.96	912.89
2003	353.26	211.32	141.94	2924.25	1749.28	1174.96
2004	475.27	293.95	181.32	3933.81	2433.00	1500.81
2005	544.11	348.42	195.69	4457.21	2854.15	1603.06
2006	626.59	412.62	213.97	4937.55	3251.43	1686.12
2007	744.51	499.40	245.10	5661.24	3797.47	1863.77
2008	848.21	569.92	278.29	5890.90	3958.14	1932.76
2009	796.49	533.19	263.30	5440.85	3642.22	1798.63
2010	1087.80	714.93	372.87	7363.88	4839.73	2524.15
2011	1435.22	928.38	506.85	9269.83	5996.21	3273.62
2012	1559.38	978.33	581.05	9843.58	6175.68	3667.90
2013	1693.22	1064.74	628.47	10486.43	6594.17	3892.26
2014	1774.08	1134.52	639.56	10897.33	6968.92	3928.41
2015	1688.46	1126.80	561.66	10478.39	6991.76	3486.62
2016	1568.19	1036.73	531.47	10344.96	6833.66	3511.30
2017	1710.35	1049.32	661.03	11590.98	7113.92	4477.06
2018	1875.76	1156.85	718.90	12357.29	7624.07	4733.21
2019	1930.86	1201.83	729.03	13307.35	8281.55	5025.81
2020	2033.17	1223.87	809.30	14080.59	8473.17	5607.43
2021	2852.50	1673.41	1179.09	18433.02	10812.07	7620.95

5-3 按主要贸易方式分进出口商品贸易额(2021年)
Value of Imports and Exports by Main Trade Mode(2021)

项目 Item	总计（万元） Total(10000 yuan)	总计（万美元） Total(USD 10000)
出口总额 **Total Exports**	**108120702**	**16734118**
#一般贸易 General Trade	79263728	12268160
来料加工贸易 Processing and Assembling with Customer's Materials	568438	88011
进料加工贸易 Processing and Assembling with Import Materials	14361513	2222754
保税监管场所进出境货物 Import and Export Goods in Bonded Area	3178917	492007
海关特殊监管区域物流货物 Goods in Customs Special Area	4911326	760258
进口总额 **Total Imports**	**76209469**	**11790913**
#一般贸易 General Trade	62240267	9627991
来料加工装配贸易 Processing And Assembling With Customer's Materials	359413	55670
进料加工贸易 Processing And Assembling With Imports Materials	7927830	1227150
加工贸易进口设备 Processing Equipments	1271	197
外商投资企业作为投资进口的设备、物品 Foreign Funded Equipments	140996	21844
保税监管场所进出境货物 Import and Export Goods in Bonded Area	3066820	474816
海关特殊监管区域物流货物 Goods in Customs Special Area	2066034	320418
海关特殊监管区域进口设备 Import Equipment in Customs Special Area	17120	2650

5-4 按企业性质分进出口商品贸易额(2021年)
Value of Imports and Exports by Ownership of Enterprises(2021)

项目	Item	总计（万元） Total(10000 yuan)	总计（万美元） Total(USD 10000)
进出口总额	**Total Imports and Exports**	**184330171**	**28525030**
出口总额	**Exports**	**108120702**	**16734118**
#国有企业	State Owned Enterprises	9320916	1442721
集体企业	Collective Owned Enterprises	260330	40285
私营企业	Privited Enterprises	71262402	11029828
外商投资企业	Foreign Funded Enterprises	27180225	4206490
进口总额	**Imports**	**76209469**	**11790913**
#国有企业	State Owned Enterprises	31950929	4943220
集体企业	Collective Owned Enterprises	412543	63763
私营企业	Privited Enterprises	26111495	4041424
外商投资企业	Foreign Funded Enterprises	17550631	2714744

5-5 进出口主要分类情况(2021年)
Value of Imports and Exports by Major Classification(2021)

项目	Item	总计（万元） Total(10000 yuan)	总计（万美元） Total(USD 10000)
进出口总额	**Imports and Exports**	**184330171**	**28525030**
出口商品总额	**Exports**	**108120702**	**16734118**
初级产品	Primary Goods	8301876	1285217
工业制品	Manufactured Goods	99818825	15448900
进口商品总额	**Imports**	**76209469**	**11790913**
初级产品	Primary Goods	45337644	7014470
工业制品	Manufactured Goods	30871825	4776443
机电产品进出口	**Total of mechanical and electronic products**	**53104094**	**8219379**
出口总额	Exports	39818208	6163267
进口总额	Imports	13285886	2056112
高新技术产品进出口	**High-tech products**	**23633950**	**3657245**
出口总额	Exports	13825376	2139145
进口总额	Imports	9808574	1518101
外商投资企业进出口	**Foreign-Funded Enterprises**	**44730857**	**6921234**
出口总额	Exports	27180225	4206490
进口总额	Imports	17550631	2714744
一般贸易进出口	**General Trade**	**141503996**	**21896151**
出口总额	Exports	79263728	12268160
进口总额	Imports	62240267	9627991
加工贸易进出口	**Processing and Assembling**	**23217194**	**3593586**
出口总额	Exports	14929950	2310766
进口总额	Imports	8287243	1282820

5-6 按主要国别(地区)分进出口商品贸易额(2021年)
Value of Imports and Exports by Country (Region)(2021)

国别(地区)	Country (Region)	出口总额（万元）(10000 yuan)	出口总额（万美元）(USD 10000)	进口总额（万元）(10000 yuan)	进口总额（万美元）(USD 10000)
总计	**Total**	**108120702**	**16734118**	**76209469**	**11790913**
亚洲	Asia	50080734	7751753	36694881	5677950
#中国香港	Hong Kong China	4695212	726871	90354	13959
中国澳门	Macao China	59266	9186	13	2
中国台湾	TaiWan China	5173102	800475	5294070	819205
日本	Japan	5277477	816712	3265485	504550
菲律宾	Philippine	6742202	1043314	858901	132929
泰国	Thailand	3037118	470215	1207972	186875
马来西亚	Malaysia	5329094	825373	2678916	414809
新加坡	Singapore	1310064	203081	673662	104120
阿拉伯联合酋长国	United Arab Emirates	1260765	195155	520411	80623
欧洲	Europe	23429477	3625940	9450738	1461950
#德国	Germany	4226587	654245	1353554	209208
法国	France	1202228	186034	686482	105959
意大利	Italy	1143870	177037	370379	57241
芬兰	Finland	102843	15940	123361	19065
英国	United Kingdom	4807428	743063	353454	54843
丹麦	Denmark	328936	50955	63873	9879
瑞典	Sweden	351975	54510	87738	13571
瑞士	Switzerland	104948	16271	1558841	241392
西班牙	Spain	1607960	249049	327767	50654
北美洲	North America	21122925	3268915	6517645	1008126
#加拿大	Canada	2431380	376291	2301118	355944
美国	United States	18691077	2892551	4196647	649096
大洋洲	Oceania	2642075	409039	9387345	1452095
#澳大利亚	Australia	2230007	345288	8131354	1257857
拉丁美洲及非洲	Latin and Africa	10845491	1678470	14132490	2186776

5-7 按类分进出口总额(2021年)
Value of Imports and Exports by Category(2021)

项目 Item	出口总额（万元） (10000 yuan)	出口总额（万美元） (USD 10000)	进口总额（万元） (10000 yuan)	进口总额（万美元） (USD 10000)
初级产品 **Primary Goods**	**8301876**	**1285217**	**45337644**	**7014470**
食品及活动物 Food and Live Animals	7226827	1118939	6499266	1005086
活动物 Live Animals	0	0	113	17
肉及肉制品 Meat and Meat Products	83911	12998	383087	59237
乳品及蛋品 Dairy Products and Eggs	11143	1725	926607	143289
鱼、甲壳及软体类动物及其制品 Fish, Shellfish, Mollusks and Other Aquatic Invertebrates	4997268	773757	662191	102461
谷物及其制品 Cereals and Products	37554	5820	2156127	333299
蔬菜及水果 Vegetable and Fruits	1170566	181220	312330	48265
糖、糖制品及蜂蜜 Sugar ,Sugar Products and Honey	173169	26814	122851	18975
咖啡、茶、可可、调味料及其制品 Coffee, Tea, Coca, Spices and Their Products	439444	68035	74212	11491
饲料 Forage	39845	6164	1558414	241221
杂项食品 Others	273927	42405	303333	46831
饮料及烟类 Beverages and Tobacco	77622	12001	239347	37030
饮料 Beverages	58188	8993	238205	36853
烟草及其制品 Tobacco and Tobacco Products	19433	3008	1142	177
非食用原料 Non-edible Raw Materials	848547	131317	25840552	3997571
生皮及生毛皮 Raw Hides and Furs	319	49	169085	26166
油籽及含油果实 Oil Seeds and Kernels	3687	573	2118932	327775
生橡胶 Raw Rubber	16457	2548	262720	40636
软木及木材 Cork and Wood	30982	4798	1639850	253651
纸浆及废纸 Paper Pulp and Waster Paper	12301	1902	879323	135952
纺织纤维(羊毛条除外)及其废料 Textile Fiber and Related Scrap (Excluding Fleece)	104847	16227	79457	12289
天然肥料及矿物(煤、石油及宝石除外) Natural Fertilizers and Mineral (Excluding Coal, Petroleum and Germ)	94381	14595	1560023	241333
金属矿砂及金属废料 Metals Ore and Scrap	391996	60653	19023611	2943111
其他动、植物原料 Other Animal And Vegetable Raw Materials	193578	29971	107551	16657
矿物燃料、润滑油及有关原料 Mineral Fuels, Lubrication Oil and Related Materials	137585	21212	12026212	1861555

5-7 续表1
Continued

项目 Item	出口总额（万元） (10000 yuan)	出口总额（万美元） (USD 10000)	进口总额（万元） (10000 yuan)	进口总额（万美元） (USD 10000)
煤、焦炭及煤砖 Coal, Coke and Briquette	83348	12825	3952569	612153
石油、石油产品及有关原料 Petroleum, Petroleum Products and Related Materials	54238	8387	6993656	1082269
天然气及人造气 Natural Gas and Man-made Gas	0	0	1079986	167133
动植物油、脂及蜡 Animal and Vegetable Oil ,Fats and Wax	11296	1748	732267	113228
动物油、脂 Animal Oil and Fats	4468	692	32291	4997
植物油、脂 Vegetable Oils and Fats	2837	439	664242	102697
已加工的动植物油、脂及动植物蜡 Processed Animal and Vegetable Oils,Fats and Wax	3991	617	35733	5534
工业制品 **Industry Goods**	**99818825**	**15448900**	**30871825**	**4776443**
化学成品及有关产品 Chemicals and Related Products	6489305	1003682	4582362	708345
有机化学品 Organic Chemicals	539431	83563	969511	150115
无机化学品 Inorganic Chemicals	643472	99604	215842	33406
染料、鞣料及着色料 Dyestuff , Tanning Extracts and Dye Materials	66950	10350	90883	14038
医药品 Medicines	2246714	346826	24077	3726
精油、香料及盥洗、光洁制品 Essential Oils, Perfumed Materials and Cosmetics	334227	51721	421141	64493
肥料 Fertilizer	538562	83382	0	0
初级形状的塑料 Plastics of Primary Pattern	677304	104804	1996382	308822
非初级形状的塑料 Plastics of non Primary Pattern	814452	126096	228640	35366
未列名化学原料及产品 Other Chemical Raw and Products	628193	97335	635886	98379
按原料分类的制成品 Products by Raw material	21263662	3290940	9472683	1465899
皮革、皮革制品及已鞣毛皮 Leather, Leather Products and Tanned Hides	229015	35451	172798	26757
橡胶制品 Rubber Products	558829	86483	95109	14716
软木及木制品(家具除外) Cork and Wooden Products	1443281	223322	32897	5093
纸及纸板；纸浆、纸及纸板制品 Paper and Paperboard, Articles of Paper Pulp or Paper and Paperboard Products	863474	133681	539794	83458
纺纱、织物、制成品及有关产品 Spin Textile Products and Related Products	6293704	973916	1005241	155459
非金属矿物制品 Non Metal Minerals products	3957706	612484	556664	86094

5-7 续表2
Continued

项目 Item	出口总额（万元）(10000 yuan)	出口总额（万美元）(USD 10000)	进口总额（万元）(10000 yuan)	进口总额（万美元）(USD 10000)
钢铁 Steel	2627078	406749	5122479	792868
有色金属 Non-ferrous Metal	1337715	207093	1714178	265315
未列名金属制品 Metal Products	3952861	611760	233524	36140
机械及运输设备 Machinery and Transport Equipments	27443725	4248339	10633378	1645823
动力机械及设备 Power Machinery and Equipments	1378112	213215	723669	112294
特种工业专用机械 Special Industry Equipment	1722192	266503	1938233	300025
金工机械 Metal working Machinery	164686	25481	120744	18663
通用工业机械设备及零件 Ordinary Industry Machinery and Parts	3714495	574790	763966	118163
办公用机械及自动数据处理设备 Clerical Machinery and Automatic Data Processing Equipments	2247732	348070	1348711	208780
电信及声音的录制或重放装置及设备 Telecommunications and Sound Record and Replay Equipment	5017386	776599	451368	69800
未列名电力机械、装置、器具及其电气零件 Power Machinery and Parts	9920282	1535966	4639243	717995
陆路车辆(包括气垫式) Land Vehicles	2608536	403956	445396	68777
其他运输设备 Other Transportation Equipment	670305	103758	202048	31327
杂项制品 Miscellaneous Manufactured Articles	42242916	6538113	3131895	484090
活动房屋、卫生、水道、供热及照明装置 Movable Room, Sanitary Equipment, Supply of Hot and Lighting Apparatus	2358422	364998	13234	2050
家具及其零件、褥垫及类似填充制品 Furniture and Related Parts	4148876	642036	97081	15046
旅行用品、手提包及类似品 Tour Goods, Handbags and Related Products	1720663	266372	11629	1719
服装及衣着附件 Garments and Related Parts	11688434	1809300	74272	11316
鞋靴 Footwear	8501787	1315827	68435	10518
专业、科学及控制用仪器和装置 Special, Scientific and Controlled Instruments and Equipment	2770269	428678	1968013	304385
摄影器材、光学物品及钟表 Photographic, Optical Instruments and Clocks	1402891	217203	611603	94589
未列名杂项制品 Other Miscellaneous Manufactured Articles	9651575	1493700	287629	44467
未分类的商品及交易品 Unclassified Goods	2379217	367826	3051507	472286

5-8 人民币汇率（年平均价）
Exchange Rate of RMB(Annual Average Price)

单位：元 (yuan)

年份 Year	100美元 100 US Dollars	100日元 100 Japanese Yen	100港元 100 Hong Kong Dollars	100欧元 100 Euros
1985	293.66	1.25	37.57	
1986	345.28	2.07	44.22	
1987	372.21	2.58	47.74	
1988	372.21	2.91	47.70	
1989	376.51	2.74	48.28	
1990	478.32	3.32	61.39	
1991	532.33	3.96	68.45	
1992	551.46	4.36	71.24	
1993	576.20	5.20	74.41	
1994	861.87	8.44	111.53	
1995	835.10	8.92	107.96	
1996	831.42	7.64	107.51	
1997	828.98	6.86	107.09	
1998	827.91	6.35	106.88	
1999	827.83	7.29	106.66	
2000	827.84	7.69	106.18	
2001	827.70	6.81	106.08	
2002	827.70	6.62	106.07	800.58
2003	827.70	7.15	106.24	936.13
2004	827.68	7.66	106.23	1029.00
2005	819.17	7.45	105.30	1019.53
2006	797.18	6.86	102.62	1001.90
2007	760.40	6.46	97.46	1041.75
2008	694.51	6.74	89.19	1022.27
2009	683.10	7.30	88.12	952.70
2010	676.95	7.73	89.13	897.25
2011	645.88	8.11	82.97	900.11
2012	631.25	7.90	81.38	810.67
2013	619.32	6.33	79.85	822.19
2014	614.28	5.82	79.22	816.51
2015	622.84	5.15	80.34	691.41
2016	664.23	6.12	85.58	734.26
2017	675.18	6.02	86.64	763.03
2018	661.74	5.99	84.43	780.16
2019	689.85	6.33	88.05	772.55
2020	689.76	6.46	88.93	787.55
2021	645.15	5.87	83.00	762.93

注：欧元自2002年开始进入市场流通。
Note:Since 2002,the Euros circulates in market.

5-9 按行业分外商直接投资合同数
Number of Signed Contracts for Direct Foreign Investment by Sector

单位：个 (unit)

年份 Year	总计 Total	农业 Agriculture	工业 Industry	建筑业 Construction	交通运输仓储及邮电通信业 Transport, Storage,Post and Telecommunica-tions	批发和零售贸易餐饮业 Wholesale & Retail Trade and Catering Services	其他服务业 Other Services
1979	5	2	1				2
1980	15	1	5	1	3		5
1981	16		5	1	4		6
1982	14		10		1	1	2
1983	18	1	6		2	1	8
1984	236	13	113	15	11	22	62
1985	395	21	266	24	13	63	8
1990	1043	42	930	1	5	10	55
1991	1219	57	1077		6	11	68
1992	3113	134	2520	21	11	22	405
1993	4714	161	3536	67	21	124	805
1994	3026	133	2068	41	22	176	586
1995	2728	166	1973	29	15	130	415
1996	1987	114	1431	14	10	184	234
1997	2298	140	1755	28	6	179	190
1998	2006	168	1482	12	21	98	225
1999	1439	132	1052	11	9	40	195
2000	1463	117	1129	5	4	55	153
2001	1670	102	1304	5	15	34	210
2002	1825	97	1382	14	14	50	268
2003	2274	110	1839	14	25	60	226
2004	2277	93	1837	11	26	100	210
2005	1988	81	1570	4	25	92	216
2006	2164	85	1633	12	34	207	193
2007	1722	69	1204	3	21	234	191
2008	1101	67	627	10	15	229	153
2009	939	73	431	4	39	258	134
2010	1139	79	504	5	23	320	208
2011	1039	69	374	7	22	345	222
2012	916	77	270	7	12	320	230
2013	840	45	200	8	17	353	217
2014	1044	53	190	11	8	475	307
2015	1689	95	199	20	19	790	566
2016	2355	80	229	27	17	934	1068
2017	2041	57	212	33	21	631	1087
2018	2419	107	276	28	26	737	1245
2019	2391	71	276	17	29	745	1253
2020	2234	117	214	26	41	687	1149
2021	2742	114	192	21	23	767	1625

5-10 按行业分外商直接投资合同金额
Foreign Direct Investment by Sector

单位：万美元 (USD 10000)

年份	Year	总计 Total	农业 Agriculture	工业 Industry	建筑业 Construction	交通运输仓储及邮电通信业 Transport, Storage, Post and Telecommunications	批发和零售贸易餐饮业 Wholesale & Retail Trade and Catering Services	其他服务业 Other Services
1979		105	78	10				17
1980		464	33	247	5	12		167
1981		1906		99	72	206		1529
1982		1612		1542		50	13	7
1983		2120	10	900		62	25	1123
1984		20097	245	7080	918	779	1110	9965
1985		37681	1228	15977	1254	586	12085	6551
1990		116183	3462	90126	91	331	488	21685
1991		144871	5256	98215		978	737	39685
1992		635101	8128	338783	1088	2817	27068	257217
1993		1136617	17482	574966	6931	2692	23151	511395
1994		717946	11607	394043	4132	7683	11583	288898
1995		890647	20790	660166	3187	17270	27927	161307
1996		653572	12678	469257	15031	8825	21286	126495
1997		453751	15932	323558	21977	17486	28839	45959
1998		500150	31810	336922	21773	8597	7308	93740
1999		489996	28748	359611	4806	2161	8877	85793
2000		431373	18083	318217	1666	2038	7481	83888
2001		500717	17589	371725	1464	7915	2420	99604
报表口径	New Scope							
2002		390089	12453	310522	6224	7404	3866	49620
2003		477321	14166	398730	7144	7288	4076	45917
历史可比口径	Old Scope							
2002		694419	19599	581954	11153	8799	4812	68102
全口径	Full Scope							
2004		537299	12674	426684	321	15651	13838	68131
2005		595715	22415	467697	754	21674	15222	67953
2006		862069	17158	659295	6121	26289	38025	115181
2007		867422	16497	648414	-197	12301	36543	153864
2008		715201	27219	444674	3221	36966	56566	146555
2009		536095	23235	316771	1455	31770	38370	124494
2010		737557	24439	452840	813	16826	93832	148807
2011		921880	41513	542046	2571	16260	86200	233290
2012		929083	67531	364064	17019	35616	154028	290825
2013		833644	22851	415880	12501	28152	125156	229104
2014		849079	34766	367882	10625	19551	133299	282956
2015		1446277	71592	411956	653	24364	322761	614951
2016		1566337	60688	377264	53100	167	283161	791957
2017		1487858	25612	397418	99249	18704	102566	844309
2018		1591814	52312	492241	33099	25668	211578	776916
2019		1605398	22265	310031	4758	17487	348630	902227
2020		1335089	85889	241623	9272	44789	239634	713882
2021		1669898	23034	191922	58611	845	207068	1188418

5-11 分国别(地区)外商直接投资合同数和合同金额
Number and Value of Contracts for Foreign Direct Investment by Country(Region)

国别(地区)	Country(Region)	2000	2005	2010	2015	2020	2021
合同数（个）	**Number(unit)**	**1463**	**1988**	**1139**	**1689**	**2234**	**2742**
#中国香港	Hong Kong China	602	921	446	468	617	757
中国澳门	Macao China	28	66	16	19	83	144
中国台湾	Taiwan China			408	890	1233	1495
日本	Japan	72	64	22	21	16	11
菲律宾	Philippine	60	96	11	7	4	6
泰国	Thailand	5	2		2	4	1
马来西亚	Malaysia	14	25	18	14	23	17
新加坡	Singapore	58	41	27	37	36	38
印度尼西亚	Indonesia	9	13	5	10	10	7
德国	Germany	8	8	6	11	6	7
法国	France	3	7	2	2	4	3
英国	United Kingdom	20	9	2	13	7	11
加拿大	Canada	15	31	11	10	16	22
美国	United States	79	98	33	52	36	44
澳大利亚	Australia	18	28	18	27	15	7
合同金额（万美元）	**Volume（10000 USD)**	**431373**	**595715**	**737557**	**1446277**	**1335089**	**1669898**
#中国香港	Hong Kong China	212533	286810	559446	765753	727939	1080104
中国澳门	Macao China	4958	15623	8243	8158	18898	27384
中国台湾	Taiwan China			76162	282112	339565	307650
日本	Japan	16943	10575	4135	4676	3027	7795
菲律宾	Philippine	17611	19213	-6765	-421	2047	1635
泰国	Thailand	270	292	-85	53	9527	53
马来西亚	Malaysia	4643	7559	5728	6675	5130	23744
新加坡	Singapore	10246	12343	21747	27949	89533	148072
印度尼西亚	Indonesia	1026	1892	730	462	2327	2757
德国	Germany	3107	251	261	1428	146	559
法国	France	102	881	429	31	2287	219
英国	United Kingdom	15504	-4364	260	3246	14877	2246
加拿大	Canada	2495	3510	6948	2292	1178	5749
美国	United States	21012	25534	1288	28221	10003	12242
澳大利亚	Australia	985	5138	4493	73995	4840	14509

注：当期外商投资企业减资或外商股权转让金额超过当期新批合同外资或外商投资企业增资金额，差额部分用负数表示。

Note: If the amount of capital reduction or foreign equity transfer of the foreign-invested enterprise in the current period exceeds the amount of capital increase of the foreign-invested enterprise in the newly approved contract in the current period, the difference is expressed as a negative number.

5-12 实际利用外商直接投资金额
Direct Foreign Capital Actually Used

单位：万美元 (USD 10000)

年份 Year	合计 Total	年份 Year	合计 Total
1979	83	2005	622984
1980	363	2006	718489
1981	150	2007	813093
1982	121	2008	1002556
1983	1438	2009	1006481
1984	4828	2010	1031552
1985	11782	2011	1104447
1986	6149	2012	1218541
1987	5139	全 口 径 (Full Scope)	
1988	13017	2004	222120
1989	32880	2005	260775
1990	29002	2006	322047
1991	64449	2007	406058
1992	141633	2008	567171
1993	286745	2009	573747
1994	371200	2010	580279
1995	403881	2011	620111
1996	407876	2012	633774
1997	419666	2013	667896
1998	421211	2014	711499
1999	402403	2015	768339
2000	380386	2016	819465
2001	391804	2017	857672
历史可比口径 (Old Scope)		2018	445477
2002	424995	2019	460953
2003	499329	2020	502347
2004	531802	2021	490543

5-13 分国别(地区)实际利用外商直接投资金额
Direct Foreign Capital Actually Used by Country(Region)

单位：万美元 (USD 10000)

国别(地区)	Country (Region)	2000	2005	2010	2020	2021
总计	**Total**	**380386**	**260775**	**580279**	**502347**	**490543**
亚洲	Asia					
#中国香港	Hong Kong China	151678	121783	354634	355884	395924
中国澳门	Macao China	2689	6162	5156	2779	1179
中国台湾	Taiwan China			23805	16621	20019
印度尼西亚	Indonesia	1760	593	1883		40
日本	Japan	7655	7445	6287	841	15659
新加坡	Singapore	12282	7727	25545	18987	26542
韩国	Korea	410	1069	3254	450	1030
泰国	Thailand	979	662	153	110	47
欧洲	Europe					
#英国	United Kingdom	16179	1352	1007	49	493
德国	Germany	4553	48	1443	38	350
法国	France	74	708	278	994	
俄罗斯	Russian		109			
拉丁美洲	Latin America					
#巴哈马	Bahamas	431		1769		
开曼群岛	Cayman Islands	20552	9242	12662	18929	4479
墨西哥	Mexico			957		
英属维尔京群岛	British Virgin Islands	21766	35134	42153	13484	8419
北美洲	North America					
#加拿大	Canada	1851	424	1099	15	111
美国	United States	64652	17015	5096	203	947
大洋洲	Oceania					
#澳大利亚	Australia	2212	988	1823	121	925
新西兰	New Zealand		467	336		158

注：2005年及以后年份为全口径。
Note:Since 2005,Scope by Fund Examination.

5-14 外商投资企业工商注册数
Number of Registered Foreign Funded Enterprises

单位：个　(unit)

项目 Item	2015	2019	2020	2021
总计	**25895**	**31608**	**31637**	**32450**
Total				
按行业分				
Grouped by Sector				
农、林、牧、渔业	695	826	872	936
Agriculture, Forestry, Animal Husbandryand Fishery				
采矿业	35	34	32	30
Mining				
制造业	11854	9890	9359	8921
Manufacturing				
电力、热力、燃气及水生产和供应业	196	217	216	218
Production and Supply of Electricity, Heat, Gas and Water				
建筑业	235	289	315	315
Construction				
批发和零售业	5721	7800	7740	7897
Wholesale and Retail Trade				
交通运输、仓储和邮政业	618	675	695	683
Transport,Storage and Post				
住宿和餐饮业	1146	1435	1461	1626
Lodgings and Catering Services				
信息传输、软件和信息技术服务业	958	1434	1424	1475
Information Transmission, Software and Information Technical Services				
金融业	337	455	442	432
Financial Intermediation				
房地产业	1105	1076	1084	1089
Real Estate				
租赁和商务服务业	1780	3472	3588	3884
Leasing and Business Services				
科学研究和技术服务业	681	2697	2979	3344
Scientific Research and Technical Services				
水利、环境和公共设施管理业	82	116	113	116
Management of Water Conservancy,Environment and Public Facilities				

5-14 续表
Continued

单位：个 (unit)

项目 Item	2015	2019	2020	2021
居民服务、修理和其他服务业	230	257	274	275
Service to Households, Repair and Other Services				
教育	12	64	61	50
Education				
卫生和社会工作	11	59	54	61
Health and Social Service				
文化、体育和娱乐业	196	805	923	1094
Culture, Sports and Entertainment				
其他行业	3	7	5	4
Others				
按国别（地区）分				
By Country(Region)				
#中国香港	8769	9311	9297	9512
Hong Kong China				
中国澳门	403	489	545	650
Macao China				
中国台湾	4906	9137	9366	9950
TaiWan China				
日本	495	419	407	390
Japan				
英国	83	120	121	127
United Kingdom				
德国	81	78	78	76
Germany				
加拿大	193	222	214	213
Canada				
美国	680	661	622	604
United States				
澳大利亚	210	205	212	189
Australia				

5-15 外商投资企业工商注册资本金
Registered Capitals of Foreign Funded Enterprises

单位：万美元　　(USD 10000)

项目 Item	2015	2019	2020	2021
总计 Total	**11090110**	**17655891**	**19902256**	**21921577**
按行业分 Grouped by Sector				
农、林、牧、渔业 Agriculture, Forestry, Animal Husbandryand Fishery	238271	350585	355570	364962
采矿业 Mining	22900	24270	11349	12001
制造业 Manufacturing	5907219	6770426	6935832	6932423
电力、热力、燃气及水生产和供应业 Production and Supply of Electricity, Heat, Gas and Water	244888	265232	266047	251617
建筑业 Construction	103441	266790	290831	392967
批发和零售业 Wholesale and Retail Trade	861339	1335161	1434256	1770858
交通运输、仓储和邮政业 Transport,Storage and Post	374779	435148	483093	434059
住宿和餐饮业 Lodgings and Catering Services	149615	318301	370821	349605
信息传输、软件和信息技术服务业 Information Transmission, Software and Information Technical Services	221456	445483	501028	653543
金融业 Financial Intermediation	352692	468733	484634	546323
房地产业 Real Estate	1204345	1564289	1678443	1606679
租赁和商务服务业 Leasing and Business Services	806390	3442412	3729385	4723222
科学研究和技术服务业 Scientific Research and Technical Services	214465	1301987	2652586	3130165
水利、环境和公共设施管理业 Management of Water Conservancy,Environment and Public Facilities	72330	133079	114802	116892

5-15 续表
Continued

单位：万美元 (USD 10000)

项目 Item	2015	2019	2020	2021
居民服务、修理和其他服务业 Service to Households, Repair and Other Services	64785	194926	223415	231217
教育 Education	617	23784	23068	22525
卫生和社会工作 Health and Social Service	11527	172391	122532	139520
文化、体育和娱乐业 Culture, Sports and Entertainment	231930	140878	217441	235889
其他行业 Others	7119	2017	7124	7109
按国别（地区）分 By Country(Region)				
#中国香港 Hong Kong China	6428139	10772879	12401585	13561640
中国澳门 Macao China	127430	163969	186889	209716
中国台湾 TaiWan China	949004	2105367	2301376	2612437
日本 Japan	141422	184669	186667	191855
英国 United Kingdom	137182	168300	169934	173895
德国 Germany	32791	48351	46468	48846
加拿大 Canada	41104	101379	101534	96278
美国 United States	224771	223318	219381	223836
澳大利亚 Australia	109590	52428	58076	63356

5-16 外商投资企业工商注册投资总额
Total Registered Investment Value of Foreign-Funded Enterprises

单位：万美元　　(USD 10000)

项目 Item	2015	2019	2020	2021
总计 Total	**19671281**	**29747115**	**31525492**	**33715497**
按行业分 Grouped by Sector				
农、林、牧、渔业 Agriculture, Forestry, Animal Husbandryand Fishery	402367	525965	516303	517423
采矿业 Mining	48768	51020	17130	20448
制造业 Manufacturing	11277703	13313063	13229862	13025560
电力、热力、燃气及水生产和供应业 Production and Supply of Electricity, Heat, Gas and Water	751810	715237	715244	769572
建筑业 Construction	203600	482483	523025	726722
批发和零售业 Wholesale and Retail Trade	1197492	1826692	1934999	2271448
交通运输、仓储和邮政业 Transport,Storage and Post	758250	824484	917146	795514
住宿和餐饮业 Lodgings and Catering Services	258433	454530	474732	453857
信息传输、软件和信息技术服务业 Information Transmission, Software and Information Technical Services	426674	708278	770648	1283839
金融业 Financial Intermediation	242006	406370	427221	490415
房地产业 Real Estate	2063174	2908038	3030649	2901964
租赁和商务服务业 Leasing and Business Services	1042150	4411616	4488006	5387334
科学研究和技术服务业 Scientific Research and Technical Services	366765	2021605	3363781	3923851
水利、环境和公共设施管理业 Management of Water Conservancy,Environment and Public Facilities	143795	274164	235376	237892

5-16 续表
Continued

单位：万美元 (USD 10000)

项目 Item	2015	2019	2020	2021
居民服务、修理和其他服务业 Service to Households, Repair and Other Services	152374	344976	375949	384314
教育 Education	961	61031	60301	59758
卫生和社会工作 Health and Social Service	30486	204605	153835	171624
文化、体育和娱乐业 Culture, Sports and Entertainment	295306	210160	282017	284710
其他行业 Others	9169	2799	9266	9252
按国别（地区）分 By Country(Region)				
#中国香港 Hong Kong China	11285092	17996485	19390518	20508196
中国澳门 Macao China	197072	252677	274423	298933
中国台湾 TaiWan China	1462385	2878763	3095442	3744177
日本 Japan	283398	411151	419965	418368
英国 United Kingdom	169509	235139	236047	239111
德国 Germany	64286	110810	107407	111858
加拿大 Canada	64188	200858	200617	196545
美国 United States	387364	361150	336958	332870
澳大利亚 Australia	137682	74467	80371	83813

5-17 涉外税收主要指标

Basic Statistics of Taxes on Enterprises with Foreign Capital

单位：万元 (10000 yuan)

年份 Year	涉外税收 Taxes on Enterprises with Foreign Capital	企业所得税 Income Tax of Enterprises	个人所得税 Individual Income Tax	房产税 Property Tax	车船税 Vehicle and Vessel Tax
1980	3		1		
1981	15	2	4	1	
1982	100	21	5	2	1
1983	466	51	6	2	1
1984	1595	256	11	3	3
1985	3294	388	48	9	16
1986	5019	1288	119	76	25
1987	7539	570	305	200	32
1988	15201	1552	396	290	35
1989	31979	3557	86	216	33
1990	64361	4310	403	759	74
1991	69004	6008	686	1296	88
1992	96684	10440	796	1928	108
1993	165151	18734	1171	3142	135
1994	241239	33886	2945		195
1995	314491	40346	6433	8221	223
1996	321385	36909	10512	10290	222
1997	399596	49891	16566	10712	143
1998	427978	61466	23612	15188	153
1999	615278	80203	31404	17197	160
2000	805058	128522	41010	20717	137
2001	1185431	149662	58104	24468	324
2002	1752684	259337	59850	31262	295
2003	2083532	310246	73144	35981	233
2004	2750440	396195	93732	37712	129
2005	3297179	451434	117050	47531	149
2006	3762352	550005	126135	54669	158
2007	4432889	662730	164291	63786	146
2008	5583964	915063	199179	70376	677
2009	6352558	1032001	186644	76143	931
2010	7621798	1450124	236470	89401	845
2011	8837795	1890808	279397	115425	920
2012	10367041	1973281	222036	81930	1113
2013	10888732	2051444	242027	197124	3058
2014	11387280	2194065	279574	156912	4100
2015	10951399	2219127	302050	158093	4532
2016	10233969	2146357	391378	152080	4634
2017	11452717	2390552	427001	190182	4928
2018	11866512	2559616	496225	204706	5178
2019	11254806	2501123	537759	208224	5166
2020	10330155	2366176	445447	188311	5325
2021	11313780	2585291	455417	198734	5092

注：1988年后含海关代征税；

Note:Tax from 1998 Includes Commissioned Customs Tax .

5-18 对外承包工程和劳务合作主要指标
Contracted Projects and Labor Service Cooperation with Foreign Countries

年份 Year	对外承包工程合同金额（万美元） Contracted Projects (USD 10000)	劳务人员合同工资总额（万美元） Labor Services Cooperation (USD 10000)	年末在外人数（人） Number of Persons Abroad at the Year-end (person)	承包工程 Contracted Projects	劳务合作 Labor Services Cooperation
1980		113	34		34
1981	4	93	213	4	209
1982	7	145	341	6	335
1983	139	632	447	8	439
1984	716	2894	2157	20	2137
1985	3175	1093	2432	72	2360
1986	8232	2331	4134	85	4049
1987	6620	2398	6206	103	6103
1988	9816	6612	8109	189	7920
1989	12884	5753	9144	143	9001
1990	11098	6499	9686	125	9561
1991	16378	15281	16262	66	16196
1992	33190	16627	21439	93	21346
1993	43596	24426	29791	82	29709
1994	48461	22464	34289	85	34204
1995	35641	27544	43859	148	43711
1996	24890	23419	48337	38	48299
1997	14068	28680	55358	137	55221
1998	19436	24356	54618	119	54497
1999	6227	29805	56757	117	56638
2000	12486	29562	53847	162	53685
2001	16262	36934	59688	126	59561
2002	23765	17141	50513	329	50184
2003	27047	39024	52586	239	52347
2004	25013	31770	50478	216	50262
2005	24713	32539	50528	236	50292
2006	26108	31844	50964	335	50629
2007	26395	32003	51371	350	51021
2008	41862	26348	27842	560	27282
2009	14476	27884	28063	223	27840
2010	8607	20580	24240	367	23873
2011	49016	63444	27601	571	27030
2012	49828	52926	35162	1787	33375
2013	31044	58675	41787	2795	38992
2014	35842	113856	56199	4074	52125
2015	57701	67482	59213	3714	55499
2016	58143	85110	60359	3967	56392
2017	131113	63631	75944	4518	71426
2018	64107	78644	64045	3400	60645
2019	173362	69306	68168	2581	65587
2020	79616	61081	57033	3021	54012
2021	84016	74497	60657	3719	56938

注：劳务人员合同工资总额，2012年以前为对外劳务合作合同金额。
Note:Before 2012,Value of Labor Services Cooperation is Labour Services

5-19 各设区市进出口商品总额(2021年)
Total Imports and Exports by City(2021)

地区	Region	进出口总额（万元）(10000 yuan)	进出口总额（万美元）(USD 10000)	出口总额（万元）(10000 yuan)	出口总额（万美元）(USD 10000)	进口总额（万元）(10000 yuan)	进口总额（万美元）(USD 10000)
福州市	Fuzhou	33195415	5136493	22000689	3404833	11194726	1731660
厦门市	Xiamen	88691135	13724136	43038257	6660938	45652878	7063198
莆田市	Putian	6890483	1066056	3093386	478701	3797097	587355
三明市	Sanming	1237072	191837	1165137	180714	71935	11123
泉州市	Quanzhou	26166965	4048925	20354158	3149813	5812807	899112
漳州市	Zhangzhou	10545368	1632726	6905655	1069143	3639713	563583
南平市	Nanping	1533084	236911	1467704	226793	65380	10118
龙岩市	Longyan	5069918	784787	3174726	491440	1895192	293347
宁德市	Ningde	9069682	1404661	6004284	930219	3065398	474442
平潭综合实验区	Pingtan	1931049	298499	916706	141523	1014342	156975

5-20 各设区市外商直接投资合同数
Number of Signed Contracts for Direct Foreign Investment by City

单位：项　(Unit)

地区	Region	2000	2005	2010	2015	2020	2021
福州市	Fuzhou	295	326	186	339	297	467
厦门市	Xiamen	259	364	398	726	987	1135
莆田市	Putian	56	71	25	24	29	42
三明市	Sanming	36	107	65	27	54	56
泉州市	Quanzhou	416	561	156	102	358	509
漳州市	Zhangzhou	257	344	186	125	104	135
南平市	Nanping	84	136	46	19	32	40
龙岩市	Longyan	29	47	58	25	45	57
宁德市	Ningde	31	32	19	18	27	23

5-21 各设区市外商直接投资合同金额
Value of Signed Contracts for Direct Foreign Investment by City

单位：万美元 (USD 10000)

地区	Region	2000	2005	2010	2015	2020	2021
福州市	Fuzhou	95479	116672	167297	317473	266757	602502
厦门市	Xiamen	100400	129492	166157	416303	552310	676107
莆田市	Putian	20744	22852	36294	26662	21415	33710
三明市	Sanming	6596	14594	24499	24286	17200	14724
泉州市	Quanzhou	87014	170025	161089	99498	241468	150457
漳州市	Zhangzhou	94420	69657	102339	131223	76600	45230
南平市	Nanping	18586	44437	43001	53806	11380	4533
龙岩市	Longyan	2601	15978	28321	56501	33713	15549
宁德市	Ningde	5533	12008	8560	45068	29134	9823

5-22 各设区市实际利用外商直接投资金额
Direct Foreign Capital Actually Used by City

单位：万美元 (USD 10000)

地区	Region	2000	2005	2010	2015	2020	2021
福州市	Fuzhou	80087	64017	118524	167852	101007	117118
厦门市	Xiamen	103150	70740	169651	209373	241030	272568
莆田市	Putian	28208	7152	22952	37750	13698	10618
三明市	Sanming	6019	4632	8635	15636	2034	2903
泉州市	Quanzhou	62331	70974	149342	158036	66339	48629
漳州市	Zhangzhou	70958	31017	70076	108500	59041	19615
南平市	Nanping	20043	5356	6787	14532	3561	3411
龙岩市	Longyan	4065	5161	16506	26853	3886	3501
宁德市	Ningde	5525	1726	7098	21007	2148	2120

主要统计指标解释

进出口总额　指实际进出我国国境的货物总金额。包括对外贸易实际进出口货物，来料加工装配进出口货物，国家间、联合国及国际组织无偿援助物资和赠送品，华侨、港澳台同胞和外籍华人捐赠品，租赁期满归承租人所有的租赁货物，进料加工进出口货物，边境地方贸易及边境地区小额贸易进出口货物(边民互市贸易除外)，中外合资企业、中外合作经营企业、外商独资经营企业进出口货物和公用物品，到、离岸价格在规定限额以上的进出口货样和广告品(无商业价值、无使用价值和免费提供出口的除外)，从保税仓库提取在中国境内销售的进口货物，以及其他进出口货物。进出口总额用以观察一个国家在对外贸易方面的总规模。我国规定出口货物按离岸价格统计，进口货物按到岸价格统计。

外商直接投资　指外国企业和经济组织或个人(包括华侨、港澳台胞以及我国在境外注册的企业)按我国有关政策、法规，用现汇、实物、技术等在我国境内开办外商独资企业、与我国境内的企业或经济组织共同举办中外合资经营企业、合作经营企业或合作开发资源的投资(包括外商投资收益的再投资)，以及经政府有关部门批准的项目投资总额内企业从境外借入的资金。

对外承包工程　指各对外承包公司以招标议标承包方式承揽的下列业务：(1)承包国外工程建设项目，(2)承包我国对外经援项目，(3)承包我国驻外机构的工程建设项目，(4)承包我国境内利用外资进行建设的工程项目，(5)与外国承包公司合营或联合承包工程项目时我国公司分包部分，(6)对外承包兼营的房屋开发业务。对外承包工程的营业额是以货币表现的本期内完成的对外承包工程的工作量，包括以前年度签订的合同和本年度新签订的合同在报告期内完成的工作量。

对外劳务合作　指组织劳务人员赴其他国家或地区为国外的企业或机构工作的经营性活动。

Explanatory Notes on Main Statistical Indicators

Total Imports and Exports at Customs refer to the value of commodities imported into and exported from the boundary of China. They include the actual imports and exports through foreign Trades, imported and exported goods under the processing and assembling Trades and materials, supplies and gifts as aid given gratis between governments and by the United Nations and other international organizations, and contributions donated by overseas Chinese, compatriots in Hong Kong and Macao and Chinese with foreign citizenship, leasing commodities owned by tenant at the expiration of leasing period, the imported and exported commodities processed with imported materials, commodities trading in border areas(excluding mutual exchange goods), the imported and exported commodities and articles for public use of the Sino-foreign joint ventures, cooperative enterprises and ventures exclusively with foreign own investment .Also included are import or export of samples and advertising goods for whose CIF or FOB value are beyond the permitted ceiling (excluding goods of no trading or use value and free commodities for export),imported goods sold in China from bonded warehouses and other imported or exported goods.The indicator of the total imports and exports at customs can be used to observe the total size of external Trades in a country.In accordance with the stipulation of the Chinese government,imports are calculated at CIF, while exports are calculated at FOB

Foreign Direct Investment refers to the investments inside China by foreign enterprises and economic organizations or individuals(including overseas Chinese,compatriots from Hong Kong and Macao,and Chinese enterprises registered abroad), following the relevant policies and laws of China, for the establishment of ventures exclusively with foreign own investment, Sino-foreign joint ventures and cooperative enterprises or for co-operative exploration of resources with enterprises or economic organizations in China. It includes the re investment of the foreign entrepreneurs with the profits gained from the investment and the funds that enterprises borrow from abroad in the total investment of projects which are approved by the relevant department of the government.

Contracted Projects with Foreign Countries refer to projects undertaken by Chinese contractors (project contracting companies)through bidding process.They include: (1)overseas civil engineering construction projects financed by foreign investors; (2)overseas projects financed by the Chinese government through its foreign aid programs; (3)construction projects of Chinese diplomatic missions,Trades offices and other institutions stationed abroad; (4)construction projects in China financed by foreign investment; (5)sub-contracted projects to be taken by Chinese contractors through a joint umbrella project with foreign contractor(s); (6)housing development projects.The business income from international contracted projects is the work volume of contracted projects completed during the reference period, expressed in monetary terms, including completed work on projects signed in previous years.

Overseas Labour Services refer to operational activities of organizing labour force to go abroad providing services to foreign enterprises or agencies.

第六篇　能源

Chapter 6　Energy

资料整理：林红　陈浩明

Database Editor:Lin Hong　Chen Haoming

简 要 说 明

本篇资料的主要内容及来源

本篇资料主要包括能源生产、消费及品种构成，能源和电力消费弹性系数，生活用能源消费量及综合能源平衡表，全省及各设区市主要发展约束性指标，以及规模以上工业分行业能耗情况。

行业分类采用现行统一的国民经济行业分类国家标准。综合能源平衡表中的库存量、进口量、出口量和消费量，根据有关部门和企业提供的数据综合评估得出。本篇出现的“煤炭”，包括原煤、洗精煤、其它洗煤和煤制品（即型煤），不包括焦炭。

本篇资料2013-2017年数据，根据全国第四次经济普查资料进行相应调整，相关数据以本年鉴公布数据为准。

本篇资料由省统计局能源统计处依据能源年报整理提供。

Brief Introduction

Main Content and Source of Data

Data in this chapter show the mainly energy production and consumption and their composition of Fujian Province, the elasticity ratio of energy consumption, the consumption of energy for residential use, main binding indicators on development of administrative areas of Fujian, and the energy consumption of industrial enterprises grouped by sector over designated size.

Data by industries in this chapter are based on the new National Industrial Classification of All Economic Activities；In the energy balance, data on stock, imports, exports and consumption are based on data provide by relevant departments and enterprises；Coal includes crude coal, washing coal, other washing coal and coal products and excludes coke.

According to the National Economic Sensus Ⅳ,the data had been adjusted from 2013 to 2017.

Data on this chapter are provided and processed in accordance with the statistical reporting scheme on energy by the Division of Energy of the Fujian Provincial Bureau of Statistics.

6-1 一次能源生产总量及构成
Total Production of Primary Energy and Its Composition

年份 Year	能源生产总量（万吨标准煤）Total Energy Production(10000 tons of SCE)	占能源生产总量的比重(%) Percentage of Total Energy Production(%)				
		原煤 Coal	一次电力及其他能源 Primary Power and Others	#水电 Hydro-power	风电 Wind Power	核电 Nuclear Power
1978	461.00	65.5	34.5	34.5		
1979	491.00	69.9	30.1	30.1		
1980	492.00	67.3	32.7	32.7		
1981	493.00	60.2	39.8	39.8		
1982	522.00	60.5	39.5	39.5		
1983	609.00	61.4	38.6	38.6		
1984	641.00	64.3	35.7	35.7		
1985	690.00	62.7	37.3	37.3		
1986	724.00	67.0	33.0	33.0		
1987	806.00	69.7	30.3	30.3		
1988	918.00	67.2	32.8	32.8		
1989	950.00	71.0	29.0	29.0		
1990	966.52	68.4	31.6	31.6		
1991	854.43	71.7	28.3	28.3		
1992	1013.39	64.1	35.9	35.9		
1993	1051.43	66.7	33.3	33.3		
1994	1169.96	59.7	40.3	40.3		
1995	1396.24	58.0	42.0	42.0		
1996	1406.04	59.3	40.7	40.7		
1997	1256.30	44.1	55.9	55.9		
1998	1177.00	44.1	55.9	55.9		
1999	1634.16	59.9	40.1	40.1		
2000	1654.17	60.3	39.7	39.7		
2001	1850.44	49.9	50.1	50.1		
2002	1923.40	61.3	38.7	38.7		
2003	1816.80	68.4	31.6	31.6		
2004	1805.75	72.6	27.4	27.4		
2005	2488.47	61.5	38.5	38.5		
2006	2668.15	57.8	42.2	42.2		
2007	2625.28	61.5	38.5	38.1	0.4	
2008	2989.93	60.1	39.9	39.3	0.6	
2009	2939.48	61.2	38.8	37.9	0.9	
2010	3260.42	56.1	43.9	42.8	1.1	
2011	2802.72	66.8	33.2	30.8	2.4	
2012	2989.65	49.0	51.0	48.2	2.8	
2013	2765.64	44.3	55.7	43.6	3.9	8.1
2014	2948.49	39.3	60.7	42.3	3.9	14.5
2015	3613.52	32.2	67.8	36.7	3.7	24.2
2016	4456.75	23.4	76.6	42.6	3.4	27.5
2017	4162.06	20.5	79.5	29.9	4.6	40.3
2018	4083.65	17.4	82.6	23.8	5.3	47.2
2019	4353.87	14.8	85.2	30.2	6.0	42.4
2020	3997.99	12.2	87.8	21.6	9.1	48.4
2021	4261.23	8.9	91.1	18.7	10.4	53.1

注:2015年一次能源生产量包括生物质燃料等其他能源,与往年口径不一致,若不含其他能源,2015年一次能源生产量为3503.91万吨标准煤。

Note:In 2015, Total Production of Primary Energy including biomass fuel and other energy sources, was not the same as in previous years. If there were no other energy sources, Total Production of Primary Energy in 2015 was 3503.91 10thousand tons of SCE.

6-2 能源消费总量及构成
Total Consumption of Energy and Its Composition

年份 Year	能源消费总量（万吨标准煤） Total Energy Consumption (10000 tons of SCE)	占能源消费总量的比重(%) As Percentage of Total Energy Production(%)					
		煤炭 Coal	石油 Crude Oil	天然气 Natural Gas	一次电力及其他能源 Primary Power and Others	#水电 Hydro-power	核电 Nuclear Power
1978	688.00	63.7	12.9		23.4	23.4	
1979	731.00	66.9	13.1		20.0	20.0	
1980	710.00	64.0	13.9		22.1	22.1	
1981	729.00	59.1	13.6		27.3	27.3	
1982	780.00	60.6	12.8		26.6	26.6	
1983	861.00	61.5	11.8		26.7	26.7	
1984	930.00	63.0	12.7		24.3	24.3	
1985	1043.00	64.0	11.2		24.8	24.8	
1986	1114.00	66.3	12.2		21.5	21.5	
1987	1215.00	67.0	12.9		20.1	20.1	
1988	1363.30	65.9	12.0		22.1	22.1	
1989	1404.00	68.3	12.1		19.6	19.6	
1990	1458.30	67.0	12.1		20.9	20.9	
1991	1530.56	70.9	13.3		15.8	15.8	
1992	1624.05	64.1	13.5		22.4	22.4	
1993	1848.00	61.9	19.2		18.9	18.9	
1994	1953.54	59.9	18.7		21.4	21.4	
1995	2279.91	54.8	19.5		25.7	25.7	
1996	2452.18	55.4	21.3		23.3	23.3	
1997	2499.11	50.8	21.1		28.1	28.1	
1998	2578.62	51.9	22.2		25.9	25.9	
1999	2771.64	53.9	22.7		23.4	23.4	
2000	2942.60	54.4	23.3		22.3	22.3	
2001	3163.09	51.4	22.0		26.6	26.6	
2002	3615.33	55.6	23.8		20.6	20.6	
2003	4062.55	61.4	24.5		14.1	14.1	
2004	4527.80	63.8	25.1	0.2	10.9	10.9	
2005	5753.99	59.4	23.8	0.1	16.7	16.7	
2006	6396.85	59.8	22.5	0.1	17.6	17.6	
2007	7109.26	62.9	22.8	0.1	14.2	14.1	
2008	7734.20	62.6	20.1	0.3	17.0	16.8	
2009	8353.67	65.5	19.5	1.4	13.6	13.3	
2010	9189.42	55.4	24.8	4.2	15.6	15.2	
2011	9980.23	62.0	24.0	4.6	9.4	8.7	
2012	10206.54	56.8	22.7	4.9	15.6	14.1	
2013	10898.51	56.8	23.3	5.8	14.1	11.1	2.1
2014	11794.37	53.0	25.8	5.7	15.5	10.6	3.6
2015	11862.79	49.9	24.8	5.1	20.2	11.2	7.4
2016	12035.99	42.9	23.8	5.4	27.9	15.8	10.2
2017	12554.74	45.1	24.1	5.3	25.5	9.9	13.4
2018	13131.01	48.4	22.5	5.1	24.0	7.4	14.6
2019	13718.31	47.3	23.0	4.8	24.9	9.6	13.5
2020	13905.19	48.3	23.6	4.7	23.4	6.2	13.9
2021	15157.51	47.7	22.8	5.0	24.5	5.3	14.9

注：2013-2017年数据根据第四次全国经济普查资料进行相应调整（下同）。
Note: The data of 2013-2017 are adjusted according to the data of the fourth national economic census (the same below).

6-3 综合能源平衡表
Overall Energy Balance Sheet

单位：万吨标准煤 (10000 tons of SCE)

项目 Item	2000	2005	2010	2020	2021
可供消费的能源总量 Total Energy Available for Consumption	**2962.28**	**5752.29**	**9189.40**	**13905.19**	**15157.50**
一次能源生产量 Primary Energy Output	1654.17	2488.47	3260.42	3997.99	4261.23
省外调入量 Take-in Quantity from Outside of the Province	1531.68	3638.98	6726.75	12895.92	14362.10
本省调出量(－) Take-out Quantity from Native Province(-)	246.59	323.32	786.26	2953.39	3367.73
年末年初库存差额 Stock Changes in The Year	23.04	-51.84	-11.51	-35.33	-98.10
能源消费总量 Total Energy Consumption	**2942.60**	**5753.99**	**9189.42**	**13905.19**	**15157.51**
在总量中: Consumption by Sector					
1.农、林、牧、渔、水利业 Agriculture,Forestry,Animal Husbandry,Fishery and Water Conservancy	99.36	107.14	179.41	254.22	259.44
2.工业 Industry	1923.19	4030.36	6487.70	9206.69	10085.83
3.建筑业 Construction	30.07	72.48	190.23	319.84	321.24
4.交通运输、仓储和邮政业 Transport,Storage,Post And Telecommunication Services	223.94	469.40	753.38	1275.43	1354.96
5.批发、零售业和住宿、餐饮业 Wholesale and Retail Trades,Hotels and Catering Services	63.80	148.85	228.58	418.87	490.54
6.其他行业 Others Sectors	214.72	286.71	334.50	630.29	728.85
7.生活消费 Residential Consumption	387.52	639.05	1015.62	1799.85	1916.65
在总量中: Consumption by Sector					
1.终端消费 Final Consumption	2833.43	5545.55	9064.35	13795.06	14985.40
#工业 Industry	1814.00	3821.92	6417.98	9096.57	9913.72
2.加工转换损失量 Losses in Processing And Transformation	-7.97	-20.17	126.87	138.31	103.25
#炼焦 Coking	-0.08	-2.45	-14.61	-16.42	-15.27
炼油 Petroleum Refining	-7.55	-16.88	-64.12	-185.94	-255.95
回收能 Recovery of Energy		202.62	236.55	469.63	496.25
3.损失量 Other Losses	101.20	188.27	251.94	248.43	275.35
平衡差额 Balance	**19.67**	**-1.70**	**-0.02**		**-0.02**

注： 1.电力、热力按等价热值折算。
2.省外调入量包括进口量，本省调出量包括出口量。

Note:a)Electric Power and Heat are calculated by Caloric Value of Equal Price.
b)The transfer in volume outside the province includes the import volume, and the transfer out volume of the province includes the export volume.

6-4 电力平衡表
Electricity Balance Sheet

单位：亿千瓦小时 (100 million kwh)

项目 Item	2000	2005	2010	2020	2021
可供量	**403.01**	**756.59**	**1315.08**	**2483.00**	**2836.67**
Total Available Energy					
生产量	405.21	778.25	1356.32	2636.49	2931.21
Output					
火电	208.45	486.88	890.61	1550.52	1702.83
Thermal Power					
水电、风电、核电、其他发电	196.76	291.37	465.71	1085.97	1228.38
Hydro-power, Wind-Power, Nuclear-Power and Others					
本省调出量(−)	2.20	26.64	42.95	154.98	100.69
Take-out Quantity from Native Province(-)					
省外调入量		4.98	1.71	1.50	6.15
Take-in Quantity from Outside of the Province					
消费量	**403.02**	**756.59**	**1315.08**	**2483.00**	**2836.67**
Consumption					
在总量中:					
Consumption by Sector					
农、林、牧、渔业、水利业	15.91	8.78	13.35	42.62	45.20
Agriculture,Forestry,Animal Husbandry, and Fishery					
工业	273.77	537.90	892.81	1527.85	1782.07
Industry					
建筑业	6.06	6.59	20.73	38.26	37.58
Construction					
交通运输、仓储和邮政业	8.78	11.44	17.43	42.80	48.31
Transport, Storage and Post					
批发、零售业和住宿、餐饮业	11.83	23.20	48.29	131.54	158.66
Wholesale and Retail Trades, Hotels and Catering Services					
其他行业	21.46	46.71	83.59	196.46	234.06
Others					
生活消费	65.21	121.97	238.88	503.47	530.79
Household Consumption					
在总量中:					
Consumption by Use					
终端消费	372.67	699.43	1233.09	2399.16	2742.06
End-use Consumption					
#工业	243.42	480.74	810.82	1444.01	1687.46
Industry					
输配电损失量	30.35	57.16	81.99	83.84	94.61
Losses in Transmission					
平衡差额	**-0.01**	**-0.35**			
Balance					

注：本表数据由国网福建省电力有限公司提供。
Note:The data in this table is provided by Fujian Electric Power Co., Ltd.

6-5 能源消费弹性系数
Elasticity Ratio of Energy Consumption

年份 Year	能源消费比上年增长(%) Growth Rate of Energy Consumption over Preceding Year (%)	电力消费比上年增长(%) Growth Rate of Electricity Consumption over Preceding Year (%)	能源消费弹性系数 Elasticity Ratio of Energy Consumption	电力消费弹性系数 Elasticity Ratio of Electricity Consumption
1990	3.87	5.48	0.52	0.73
1991	4.96	11.03	0.35	0.78
1992	6.11	16.32	0.30	0.80
1993	13.79	10.63	0.61	0.47
1994	5.71	17.24	0.28	0.85
1995	16.71	14.13	1.14	0.97
1996	7.56	9.03	0.67	0.80
1997	1.91	8.88	0.14	0.63
1998	3.18	3.78	0.29	0.35
1999	7.49	10.36	0.76	1.05
2000	6.17	13.44	0.66	1.45
2001	7.49	9.17	0.86	1.05
2002	14.30	21.74	1.40	2.13
2003	12.37	17.73	1.08	1.54
2004	11.45	5.35	0.97	0.45
2005	13.00	13.88	1.12	1.20
2006	11.17	14.57	0.75	0.98
2007	11.14	15.40	0.73	1.01
2008	8.79	7.32	0.68	0.56
2009	8.01	5.72	0.65	0.47
2010	10.00	15.87	0.72	1.14
2011	8.61	15.27	0.70	1.24
2012	5.00	4.20	0.44	0.37
2013	6.78	7.68	0.62	0.70
2014	8.22	9.12	0.83	0.92
2015	0.58	-0.21	0.06	
2016	1.46	6.30	0.17	0.75
2017	4.31	7.32	0.53	0.91
2018	4.59	9.52	0.55	1.15
2019	4.47	3.83	0.59	0.51
2020	1.36	3.36	0.42	1.03
2021	9.00	14.20	1.13	1.78

注：2015年电力消费负增长，无法计算电力消费弹性系数。
Note:Due to the negative Growth Rate of Electricity Consumption,Elasticity Ratio of Electricity Consumption in 2015 can't be calculated.

6-6 能源加工转换效率
Efficiency of Energy Transformation

单位：%　　(%)

年份 Year	总效率 Total Efficiency	发电及电站供热 Power Generation and Heating by Power Station	炼焦 Coking	炼油 Petroleum Refining
1985	36.87	25.50	86.40	
1986	34.20	25.98	87.01	
1987	33.32	26.60	88.94	
1988	33.91	27.43	88.19	
1989	35.93	30.50	88.43	
1990	36.74	31.43	87.00	
1991	37.37	31.84	88.25	
1992	38.78	32.01	87.08	
1993	58.38	32.26	87.35	98.00
1994	57.74	32.26	87.70	97.97
1995	61.94	32.43	90.61	94.96
1996	60.54	32.51	91.10	95.41
1997	66.72	33.95	89.31	96.92
1998	59.35	33.95	97.36	96.95
1999	62.08	34.62	95.28	97.69
2000	63.63	36.04	98.01	95.38
2001	62.55	35.94	97.13	93.47
2002	57.24	36.25	97.95	94.74
2003	54.42	37.02	97.90	92.91
2004	54.81	39.65	95.39	96.44
2005	55.00	39.77	97.88	96.61
2006	55.23	39.84	98.32	99.46
2007	53.14	40.52	94.74	99.45
2008	52.21	41.16	96.84	99.15
2009	58.63	42.48	93.88	97.97
2010	63.50	42.72	92.08	96.06
2011	57.39	42.48	94.62	94.12
2012	61.30	43.24	95.83	96.21
2013	57.07	42.91	89.09	92.14
2014	64.40	44.05	93.28	95.19
2015	68.21	44.24	95.98	94.64
2016	71.43	44.69	96.88	96.43
2017	68.79	44.34	95.99	96.29
2018	66.24	44.78	95.96	96.48
2019	69.99	46.23	95.39	97.00
2020	67.45	46.60	93.78	94.99
2021	68.84	48.46	94.21	91.13

6-7 平均每天能源消费量
Average Daily Energy Consumption

年份 Year	合计 (万吨标准煤) Total (10000 tons of SCE)	煤炭 (万吨) Coal (10000 tons)	焦炭 (万吨) Coke (10000 tons)	原油 (万吨) Crude Oil (10000 tons)	燃料油 (万吨) Fuel Oil (10000 tons)	汽油 (万吨) Gasoline (10000 tons)	柴油 (万吨) Diesel Oil (10000 tons)	液化石油气 (万吨) Liquefied Gas (10000 tons)	天然气 (万立方米) Natural Gas (10000 m³)	电力 (亿千瓦小时) Electricity (100 million kwh)
1990	4.00	3.57	0.15		0.04	0.11	0.17			0.37
1995	6.25	4.59	0.22	0.62	0.09	0.19	0.43	0.05		0.72
2000	8.06	5.92	0.27	0.98	0.15	0.29	0.58	0.11		1.10
2005	15.76	11.63	0.77	0.95	0.44	0.55	1.01	0.27		2.07
2006	17.53	13.06	0.82	1.03	0.48	0.57	1.07	0.26		2.37
2007	19.48	15.31	0.98	0.97	0.34	0.72	1.30	0.29		2.74
2008	21.19	16.42	1.01	0.85	0.39	0.69	1.19	0.28	41.92	2.94
2009	22.89	17.57	1.79	1.93	0.45	0.72	1.13	0.25	232.60	3.11
2010	25.18	17.76	1.88	3.13	0.50	0.91	1.40	0.23	797.26	3.60
2011	27.34	21.89	2.00	2.64	0.52	1.02	1.46	0.23	1038.08	4.15
2012	27.96	20.50	1.78	3.03	0.51	1.09	1.41	0.22	1027.12	4.33
2013	29.86	22.13	1.80	2.76	0.50	1.12	1.43	0.22	1301.37	4.66
2014	32.31	22.46	1.85	5.60	0.48	1.21	1.32	0.22	1376.99	5.08
2015	32.50	20.99	1.71	5.93	0.48	1.27	1.22	0.17	1243.29	5.07
2016	32.98	18.70	1.67	5.72	0.49	1.36	1.18	0.19	1330.14	5.39
2017	34.40	20.67	1.81	5.71	0.40	1.46	1.19	0.19	1374.25	5.89
2018	35.98	23.45	2.14	5.87	0.48	1.50	1.20	0.16	1422.47	6.34
2019	37.58	23.89	2.39	7.01	0.49	1.54	1.24	0.16	1445.75	6.58
2020	38.10	24.55	2.41	6.93	0.45	1.45	1.11	0.17	1430.68	6.84
2021	41.53	27.68	2.35	7.78	0.52	1.48	1.18	0.36	1687.52	7.83

6-8 生活能源消费量
Average Annual Energy Consumption for Households

年份 Year	合计 (万吨标准煤) Total (10000 tons of SCE)	煤炭 (万吨) Coal (10000 tons)	汽油 (万吨) Gasoline (10000 tons)	柴油 (万吨) Kerosene (10000 tons)	天然气 (亿立方米) Natural Gas (100 million m³)	液化石油气 (万吨) Liquefied Gas (10000 tons)	电力 (亿千瓦小时) Electricity (100 million kwh)
1990	219.38	196.00				1.57	18.48
1995	290.95	181.17				14.22	34.68
2000	387.52	155.00				30.96	65.21
2005	639.05	145.26	13.65	3.58		53.68	121.97
2006	701.06	139.00	16.95	4.91		57.57	141.12
2007	766.85	124.50	18.07	6.58		61.37	163.08
2008	845.62	112.78	22.33	6.12	0.05	64.14	188.78
2009	912.85	107.79	47.13	6.41	0.25	57.94	209.65
2010	1015.62	106.90	67.52	9.93	0.77	45.24	238.88
2011	1088.21	89.00	68.60	10.50	0.94	50.78	266.09
2012	1157.69	83.00	70.00	10.77	0.96	50.38	289.86
2013	1224.10	54.95	84.50	10.89	1.18	50.37	311.19
2014	1306.86	31.30	89.77	11.20	1.25	45.30	345.03
2015	1324.57	30.10	105.23	13.30	1.43	47.90	344.96
2016	1440.42	26.86	111.23	14.29	1.55	47.60	381.12
2017	1558.37	24.00	115.73	15.40	1.90	47.15	419.70
2018	1620.92	23.00	119.63	16.10	2.06	46.98	439.67
2019	1695.34	21.35	124.83	17.50	2.33	44.11	464.12
2020	1799.85	10.50	142.26	16.10	2.44	43.70	503.47
2021	1916.65	10.30	152.67	16.90	3.60	41.52	530.79

6-9 人均生活能源消费量
Household Energy Consumption Per Capita

年份 Year	合计 （千克标准煤） Total (kg of SCE)	煤炭(千克) Coal(kg)	汽油(千克) Gasoline(kg)	液化石油气(千克) Liquefied Petroleum Gas(kg)	天然气(立方米) Natural Gas(cu.m)	电力(千瓦小时) Electricity(Kwh)
1990	72.87	65.11		0.52		61.39
1991	74.70	62.86		0.59		71.09
1992	84.79	63.92		0.66		95.69
1993	59.66	57.95		2.86		102.23
1994	63.32	57.79		4.19		106.77
1995	90.78	56.53		4.44		108.21
1996	101.97	50.40		8.35		130.02
1997	106.12	50.44		7.46		150.42
1998	114.26	48.97		8.86		171.74
1999	120.30	48.37		8.88		191.56
2000	115.23	46.09		9.21		193.90
2001	127.20	44.93		9.62		209.69
2002	136.03	42.32	1.19	13.49		244.41
2003	144.82	39.83	1.93	15.45		281.75
2004	159.19	38.74	3.60	16.57		313.75
2005	180.37	41.00	3.85	15.15		344.26
2006	196.32	38.92	4.75	16.12		395.18
2007	213.10	34.60	5.02	17.05		453.19
2008	233.24	31.11	6.16	17.69	0.14	520.70
2009	249.92	29.51	12.90	15.86	0.68	573.99
2010	276.02	29.05	18.35	12.30	2.09	649.22
2011	293.60	24.01	18.51	13.70	2.54	717.90
2012	303.66	21.44	18.36	13.21	2.52	760.29
2013	317.28	14.22	21.87	13.04	3.05	805.57
2014	334.01	7.99	22.93	11.57	3.19	881.30
2015	334.11	7.59	26.54	12.08	3.61	870.12
2016	360.11	6.72	27.81	11.90	3.88	952.80
2017	385.69	5.94	28.64	11.67	4.70	1038.74
2018	396.85	5.63	29.29	11.50	5.04	1076.43
2019	411.44	5.18	30.29	10.71	5.65	1126.37
2020	433.80	2.53	34.29	10.53	5.88	1213.47
2021	459.19	2.47	36.58	9.95	8.62	1271.66

注：2011-2019年数据根据第七次全国人口普查修订。
Note:The data from 2011 to 2019 are estimated on the basis of the seventh Population Census.

6-10 规模以上工业企业能源购进、消费及库存(2021年)

Purchases, Consumption and Inventory of Energy in Industrial Enterprises above Designated Size(2021)

项目 Item	年初库存 Inventory at the beginning of the Year	购进量 Purchases	工业生产消费量 Consumption	年末库存 Inventory at the Year-end
原煤（万吨） Coal(10000 tons)	390.95	9925.78	9791.13	480.83
洗精煤（万吨） Concentrate Coal Washing(10000 tons)	16.40	178.74	182.27	12.87
其他洗煤（万吨） Other Coal Washing(10000 tons)	0.63	2.80	2.45	0.97
煤制品（万吨） Coal Products(10000 tons)	0.26	12.76	12.72	0.10
焦炭（万吨） Coke(10000 tons)	45.51	799.78	840.13	38.60
焦炉煤气（亿立方米） Coking Gas(100 million cu.m)		1.74	3.62	
高炉煤气（亿立方米） Furnace Gas(100 million cu.m)		12.93	231.01	
其他煤气（亿立方米） Other Gas(100 million cu.m)		2.58	24.21	
天然气（亿立方米） Natural Gas(100 million cu.m)	0.01	54.89	51.12	0.02
液化天然气（万吨） Liquefied Natural Gas(10000 tons)	17.27	362.85	10.81	39.32
氢气（吨） Hydrogen(10000 tons)		9.69	8.92	
原油（万吨） Crude Oil(10000 tons)	119.49	2840.05	2839.74	119.80
汽油（万吨） Gasoline(10000 tons)	0.04	5.53	5.09	0.05
煤油（万吨） Kerosene(10000 tons)	0.02	0.34	0.24	0.10
柴油（万吨） Diesel Oil(10000 tons)	1.05	25.12	26.24	1.02
燃料油（万吨） Fuel Oil(10000 tons)	5.39	21.45	50.00	4.87
液化石油气（万吨） Liquefied Petroleum Gas(10000 tons)	0.18	76.28	87.62	3.7642
其他石油制品（万吨） Other(10000 tons)	45.94	149.02	624.68	56.51
热力（万吉焦） Heat(10000 joule)		9902.38	17551.03	
电力（亿千瓦小时） Electricity(100 million kwh)		1206.23	1510.72	
其他燃料（万吨标准煤） Other(10000 tons of SCE)	3.12	342.82	353.04	3.00

注：本表“规模以上”指“年主营业务收入2000万元及以上工业法人企业”。

Note:Industrial enterprises above designated size are those with annual revenue from principal business over 20 million yuan.

6-11 按行业分规模以上工业企业主要能源产品消费量(2021年)
Consumption of Major Energy in Industrial Enterprises above Designated Size by Industrial sector(2021)

单位：吨　　(ton)

行业 Sector	原煤 Coal	焦炭 Coke	汽油 Gasoline	煤油 Kerosene	柴油 Diesel Oil	燃料油 Fuel Oil	电力(万千瓦小时) Electricity (10000 kwh)
合　计 Total	**97911251**	**8401315**	**50930**	**2397**	**262427**	**500009**	**15107215**
煤炭开采和洗选业 Coal Mining and Dressing	404511		20		302		18077
石油和天然气开采业 Petroleum and Natural Gas Mining							
黑色金属矿采选业 Ferrous Metals　Mining and Dressing	65		306		5271		39438
有色金属矿采选业 Nonferrous Metals Mining and Dressing			12		2355		22561
非金属矿采选业 Nonmetal Minerals Mining and Dressing	89400		415		12938		27659
开采辅助活动 Subsidiary Action							
其他采矿业 Others Mining and Quarrying							
农副食品加工业 Agricultural and Sideline Products Processing	255028	715	1637		8850	538	270484
食品制造业 Food Manufacturing	101709		544		2114	1114	154243
酒、饮料和精制茶制造业 Wine，Drink and Tea Manufacturing	21613	38	843		1374	12	80183
烟草制品业 Tobacco Processing	4779		76		417		13871
纺织业 Textile Industry	601452		2495		1409	289	884762
纺织服装、服饰业 Textile Garments Products	3213		1436		802	121	163478
皮革、毛皮、羽毛及其制品和制鞋业 Leather , Furs , Down and Relate Products	17369		2898		2211	19	312293
木材加工和木、竹、藤、棕、草制品业 Timber Processing , Bamboo , Cane , Palm Fiber and Straw Products	61474		447		2108		107378
家具制造业 Furniture Manufacturing			425		523		62197
造纸和纸制品业 Papermaking and Paper Products	2190729		901		4240	524	500818
印刷和记录媒介复制业 Printing and Record Medium Reproduction	877		1462		2058		58554
文教、工美、体育和娱乐用品制造业 Cultural , Educational and Sports Goods	1627		2182		4030	149	141553
石油加工、炼焦和核燃料加工业 Petroleum Processing , Coking and Nuclear Fuel Processing	1724580		11		13107	286510	514162

6-11 续表
Continued

单位：吨　　　　(ton)

行业 Sector	原煤 Coal	焦炭 Coke	汽油 Gasoline	煤油 Kerosene	柴油 Diesel Oil	燃料油 Fuel Oil	电力（万千瓦小时） Electricity (10000 kwh)
化学原料和化学制品制造业 Raw Chemical Materials and Chemical Products	6557832	3087	3150	1407	7837	4406	1291573
医药制造业 Medical and Pharmaceutical Products	103536		644		2273		86602
化学纤维制造业 Chemical Fiber	1171749		133	132	1767		675239
橡胶和塑料制品业 Rubber and Plastic Products	329292		2570		4314	2648	508744
非金属矿物制品业 Nonmetal Minerals Products	9064003	2889	2923	158	112380	198710	1425758
黑色金属冶炼和压延加工业 Smelting and Pressing of Ferrous Metals	3818098	7293103	175		10111	330	1686446
有色金属冶炼和压延加工业 Smelting and Pressing of Nonferrous Metals	1575544	1034828	607	91	15213	103	1161094
金属制品业 Metal Products	97476	54613	2591	5	5931	113	429028
通用设备制造业 General Equipment	592	1410	2043	258	2804	14	218522
专用设备制造业 Special Purpose Equipment	341		1343	31	2781		127882
汽车制造业 Automobile manufacturing industry	5		2868	80	4064	5	172089
铁路、船舶、航空航天和其他运输设备制造业 Railway,Watercraft,Aviation and others transportation Manufacturing			715	23	3803	8	33832
电气机械和器材制造业 Electric Equipment and Machinery	572	5	2433	36	2433		505782
计算机、通信和其他电子设备制造业 Computer,Communication and other Electronic Equipment			2305		751	66	778705
仪器仪表制造业 Instruments and Meters Machinery		1	948	1	71	38	19732
其他制造业 Others Manufacturing			508		3574		29984
废弃资源综合利用业 Waste Resources and Materials Recovering	56143	10626	112		2816		55641
金属制品、机械和设备修理业 Metals,Machinery and Equipment maintenance			63	174	2956	805	9886
电力、热力生产和供应业 Production and Supply of Electric Power and Hot Power	69635343		8139		11969	3487	2403766
燃气生产和供应业 Production and Supply of Gas	22300		353		397		9317
水的生产和供应业 Production and Supply of Water			198		76		105881

6-12 按行业分规模以上工业综合能源消费量(2021年)

Consumption of Energy in Industrial Enterprises above Designated Size by Sector(2021)

单位：吨标准煤　　　　(ton of SCE)

项目	Item	综合能耗 Consumption of Energy	比上年增长(%) Ratio(%)
合计	**Total**	**94560825**	**9.1**
采矿业	Mining and Quarrying	229058	-9.7
煤炭开采和洗选业	Coal Mining and Dressing	22777	-6.3
石油和天然气开采业	Petroleum and Natural Gas Mining		
黑色金属矿采选业	Ferrous Metals Mining and Dressing	56784	-27.4
有色金属矿采选业	Nonferrous Metals Mining and Dressing	31176	-2.8
非金属矿采选业	Nonmetal Minerals Mining and Dressing	118321	-0.8
开采辅助活动	Subsidiary Action		
其他采矿业	Others Mining and Quarrying		
制造业	Manufacturing	64880228	9.8
农副食品加工业	Agricultural and Sideline Products Processing	768614	-0.3
食品制造业	Food Manufacturing	491539	-1.1
酒、饮料和精制茶制造业	Wine，Drink and Tea Manufacturing	207947	0.8
烟草制品业	Tobacco Processing	38162	8.7
纺织业	Textile Industry	2306829	2.9
纺织服装、服饰业	Textile Garments Products	222636	-5.5
皮革、毛皮、羽毛及其制品和制鞋业	Leather , Furs , Down and Relate Products	480532	3.3
木材加工和木、竹、藤、棕、草制品业	Timber Processing , Bamboo , Cane , Palm Fiber and Straw Products	351428	4.1
家具制造业	Furniture Manufacturing	91020	7.9
造纸和纸制品业	Papermaking and Paper Products	2072801	5.5
印刷和记录媒介复制业	Printing and Record Medium Reproduction	109312	2.1
文教、工美、体育和娱乐用品制造业	Cultural , Educational and Sports Goods	287003	17.6
石油加工、炼焦和核燃料加工业	Petroleum Processing , Coking and Nuclear Fuel Processing	12605435	17.2
化学原料和化学制品制造业	Raw Chemical Materials and Chemical Products	10553379	34.7
医药制造业	Medical and Pharmaceutical Products	257768	30.1
化学纤维制造业	Chemical Fiber	1714250	20.7
橡胶和塑料制品业	Rubber and Plastic Products	1449318	13.6
非金属矿物制品业	Nonmetal Minerals Products	11253499	1.3
黑色金属冶炼和压延加工业	Smelting and Pressing of Ferrous Metals	12166046	-1.7
有色金属冶炼和压延加工业	Smelting and Pressing of Nonferrous Metals	3916325	1.0
金属制品业	Metal Products	836660	18.0
通用设备制造业	General Equipment	293832	1.6
专用设备制造业	Special Purpose Equipment	174789	13.7
汽车制造业	Automobile manufacturing industry	272406	10.5
铁路、船舶、航空航天和其他运输设备制造业	Railway,Watercraft,Aviation and others transportation Manufacturing	56867	-4.8
电气机械和器材制造业	Electric Equipment and Machinery	655708	35.9
计算机、通信和其他电子设备制造业	Computer,Communication and other Electronic Equipment	1000173	12.4
仪器仪表制造业	Instruments and Meters Machinery	27147	11.3
其他制造业	Others Manufacturing	48715	3.6
废弃资源综合利用业	Waste Resources and Materials Recovering	151099	11.9
金属制品、机械和设备修理业	Metals,Machinery and Equipment maintenance	18988	0.8
电力、热力、燃气及水生产和供应业	Production and Supply of Electric Power,Hot Power and Water	29451538	7.9
电力、热力生产和供应业	Production and Supply of Electric Power and Hot Power	29304623	7.9
燃气生产和供应业	Production and Supply of Gas	16109	-21.4
水的生产和供应业	Production and Supply of Water	130807	9.8

注：1.规模以上工业电力折算标准煤的系数用当量系数1.229。
　　2.本表“比上年增长”以当量值计算。

Note:a)The coefficient for conversion of electric power into SCE is 1.229.
　　b)The ratio of energy is calculated on the basis of the data on average consumption in the same year.

6-13 各设区市万元地区生产总值能耗升降情况
Indicators of Energy Consumption per 10000 yuan of GDP by City

单位：% (%)

地区	Area	2010	2015	2016	2017	2018	2019	2020	2021
全　省	**Total**	**-3.42**	**-7.70**	**-6.45**	**-3.55**	**-3.47**	**-2.78**	**-1.83**	**0.90**
福州市	Fuzhou	-2.78	-7.00	-3.52	-0.12	-1.09	-2.00	-2.11	1.00
厦门市	Xiamen	-1.76	-8.33	-1.90	-1.60	-2.52	-4.24	-5.74	-1.10
莆田市	Putian	-2.14	-5.94	-1.05	-0.13	-1.06	-1.95	-3.42	0.00
三明市	Sanming	-3.65	-12.17	-7.55	-3.02	-5.48	-1.25	-5.78	-3.50
泉州市	Quanzhou	-2.40	-4.78	-6.98	-3.71	-6.95	-5.42	0.55	1.10
漳州市	Zhangzhou	-2.21	-27.30	-14.22	-4.48	1.91	13.02	2.34	8.40
南平市	Nanping	-3.62	-6.85	-6.18	-4.11	-4.29	-7.97	-5.92	-1.20
龙岩市	Longyan	-3.19	-6.07	-6.37	-2.08	-4.60	-6.66	-3.41	-1.30
宁德市	Ningde	-0.48	-1.64	1.41	-6.95	4.09	0.08	-2.49	-1.40

6-14 各设区市万元地区生产总值电耗升降情况
Indicators of Electricity Consumption per 10000 yuan of GDP by City

单位：% (%)

地区	Area	2010	2015	2016	2017	2018	2019	2020	2021
全　省	**Total**	**1.73**	**-8.42**	**-1.96**	**-0.69**	**1.14**	**-3.86**	**0.11**	**5.70**
福州市	Fuzhou	0.09	-8.23	-0.93	2.51	0.48	-2.77	-2.20	4.30
厦门市	Xiamen	1.32	-6.32	0.46	0.73	0.58	-6.71	-2.63	4.30
莆田市	Putian	5.69	5.67	5.75	1.69	7.20	0.96	-4.05	6.20
三明市	Sanming	0	-11.02	-7.08	0	-2.39	-4.76	-1.79	3.10
泉州市	Quanzhou	0.86	-8.58	-4.05	-1.03	-2.08	-2.81	0.75	5.70
漳州市	Zhangzhou	-1.83	-12.21	-3.94	-1.51	3.26	-2.81	6.67	7.20
南平市	Nanping	7.56	-13.43	-3.76	0.98	3.99	-10.02	0.05	4.70
龙岩市	Longyan	3.43	-11.20	-6.52	-1.74	-0.02	-3.18	-0.54	4.00
宁德市	Ningde	7.11	0.08	8.15	-12.17	3.50	5.22	2.60	5.50

6-15 各设区市规模以上工业万元增加值能耗升降情况
Indicators of Energy Consumption per 10000 yuan of Value-added of Industrial Enterprises above Designated Size by City

单位：% (%)

地区	Area	2010	2015	2016	2017	2018	2019	2020	2021
全　省	**Total**	**-6.08**	**-16.43**	**-13.83**	**0.05**	**-1.04**	**-2.86**	**1.20**	**-0.70**
福州市	Fuzhou	-11.97	-18.97	-15.24	9.15	3.18	-0.58	3.29	1.10
厦门市	Xiamen	-6.42	-16.81	-11.89	-1.54	-1.47	-6.75	-0.24	-4.70
莆田市	Putian	-6.19	-16.92	-10.53	14.86	35.24	-0.23	1.39	-4.90
三明市	Sanming	-12.81	-18.19	-9.75	-4.80	-7.11	-2.17	-6.81	-1.60
泉州市	Quanzhou	13.49	-2.87	-10.39	-3.83	-9.05	-8.01	0.96	-0.80
漳州市	Zhangzhou	-7.65	-40.34	-28.91	0.63	8.94	17.11	14.06	6.00
南平市	Nanping	-5.83	-9.97	-13.03	-9.69	-8.01	-10.67	8.10	5.30
龙岩市	Longyan	-4.36	-16.52	-11.95	-1.23	-0.51	-13.92	-1.13	-0.20
宁德市	Ningde	-7.19	-10.50	-13.53	9.53	5.96	-7.21	-3.49	-18.80

注：本表以当量值计算。
Note:The data of the table is Equivalent Value calculation.

主要统计指标解释

一次能源生产总量　指一定时期内本地区一次能源生产量的总和。包括原煤、原油、天然气、水电、核电及其他动力能（如风能、地热能等）发电量等。

能源消费总量　指一定地域（行政或地理区域）内，国民经济各行业和居民家庭在一定时期消费的各种能源的总和。能源消费总量在消费环节上包括终端能源消费量、能源加工转换损失量、能源运输和管理过程的损失量；在能源类别上包括全部化石能源，以及作为能源使用、作为商品流通并使用的可再生能源和新能源。

(1)终端能源消费量：指一定时期内生产和生活消费的各种能源在扣除了用于加工转换二次能源消费量和损失量以后的数量。

(2)能源加工转换损失量：指一定时期内投入加工转换的各种能源数量之和与产出各种能源产品之和的差额，是观察能源在加工转换过程中损失量变化的指标。

(3)能源损失量：指一定时期内能源在输送、分配、储存过程中发生的损失和由客观原因造成的各种损失量，不包括各种气体能源放空、放散量。

能源生产弹性系数　指研究能源生产增长速度与国民经济增长速度之间关系的指标。计算公式为：

能源生产弹性系数＝能源生产总量年增长速度／国民经济年增长速度

国民经济年增长速度，可根据不同的目的或需要，用国民生产总值、国内生产总值等指标来计算，本年鉴是采用国内生产总值指标计算的。

电力生产弹性系数　指研究电力生产增长速度与国民经济增长速度之间关系的指标。计算公式为：

电力生产弹性系数＝电力生产量年增长速度／国民经济年增长速度

能源消费弹性系数　指反映能源消费增长速度与国民经济增长速度之间比例关系的指标。计算公式为：

能源消费弹性系数＝能源消费量年增长速度／国民经济年增长速度

电力消费弹性系数　指反映电力消费增长速度与国民经济增长速度之间比例关系的指标。计算公式为：

电力消费弹性系数＝电力消费量年增长速度／国民经济年增长速度

能源加工转换效率　指一定时期内能源经过加工、转换后，产出的各种能源产品的数量与同期内投入加工转换的各种能源数量的比率。它是观察能源加工转换装置和生产工艺先进与落后、管理水平高低等的重要指标。计算公式为：

能源加工转换效率＝(能源加工、转换产出量／能源加工、转换投入量)×100%

单位地区生产总值能耗　指一定时期内，一个国家或地区每生产一个单位的地区生产总值所消耗的能源。计算公式为：

单位地区生产总值能耗=能源消费总量/地区生产总值

单位工业增加值能耗　指一定时期内，一个国家或地区每生产一个单位的工业增加值所消耗的能源。计算公式为：

单位工业增加值能耗=工业能源消费量/工业增加值

单位地区生产总值电耗　指一定时期内，一个国家或地区每生产一个单位的地区生产总值所消耗的电力。计算公式为：

单位地区生产总值电耗=全社会用电量/地区生产总值

Explanatory Notes on Main Statistical Indicators

Total Primary Energy Production refers to the total production of disposable energy by all energy producing enterprises in the region in a given period of time. The production of primary energy includes that of coal, crude oil, natural gas, hydropower and electricity generated by nuclear energy and other means such as wind power and geothermal power..

Total Domestic Energy Consumption refers to the total consumption of energy of various kinds by material production sectors, non material production sectors and households in the region in a given period of time. It is a comprehensive indicator to show the scale, composition and development of energy consumption. The total energy consumption includes that of coal, crude oil and their products, natural gas and electricity. However it excludes the consumption of fuel of low calorific value, bio-energy and solar energy. Total domestic energy consumption can be divided into three parts:

(1) Final Energy Consumption: It refers to the total energy consumption by material production sectors, non material production sectors and households in the region (region) in a given period of time, but excludes the consumption in conversion of the primary energy into the secondary energy and the loss in the process of energy conversion.

(2) Loss During the Process of Energy Conversion: It refers to the total input of various kinds of energy for conversion, minus the total output of various kinds of energy in the region in a given period of time. It is an indicator to show the loss that occurs during the process of energy conversion.

(3) Energy Loss: It refers to the total of the loss of energy during the course of energy transport, distribution and storage and the loss caused by any objective reason in a given period of time. The loss of various kinds of gas due to gas discharges and stocktaking is excluded.

Elasticity Ratio of Energy Production is an indicator to show the relationship between the growth rate of energy production and the growth rate of the national economy. The formula is:

Elasticity Ratio of Energy Production= Annual Growth Rate of Energy Production/ Annual Growth Rate of National Economy

The annual growth rate of the national economy can be shown by the gross national product, gross domestic product and other indicators, depending upon the purposes or needs. The gross domestic product is used in calculation of the ratio in this chapter.

Elasticity Ratio of Electricity Production is an indicator to show the relationship between the growth rate of electricity production and the growth rate of the national economy. Generally speaking, the growth rate of electricity production should be higher than that of the national economy.The formula is:

Elasticity Ratio of Electricity Production= Annual Growth Rate of Electricity Production/ Annual Growth Rate of National Economy

Elasticity Ratio of Energy Consumption is an indicator to show the relationship between the growth rate of energy consumption and the growth rate of the national economy. The formula is:

Elasticity Ratio of Energy Consumption= Annual Growth Rate of Energy Consumption/ Annual Growth Rate of National Economy

Elasticity Ratio of Electricity Consumption is an indicator to show the relationship between the growth rate of electricity consumption and the growth rate of the national economy. The formula is:

Elasticity Ratio of Electricity Consumption= Annual Growth Rate of Electricity/ Annual Growth Rate of National Economy

Efficiency of Energy Processing and Conversion refers to the ratio of the total output of energy products of various kinds after processing and conversion and the total input of energy of various kinds for processing and conversion in the same reference period. It is an important indicator to show the current conditions of energy processing and conversion equipment, production technique and management. The formula is:

Efficiency of Energy Processing & Conversion=(Output of Energy After Processing & Conversion/Input of Energy for Processing & Conversion)×100%

Energy Consumption per Unit of GDP refers to the energy consumption per unit of gross domestic production in a country or the gross region production in the same reference period. The formula is:

Energy Consumption per Unit of GDP=Total Energy Consumption/Gross Domestic Production

Electricity Consumption per Unit of Industrial Value-added refers to the energy consumption per unit of industrial value-added in a country or region in the same reference period. The formula is:

Energy Consumption per Unit of Industrial Value-added=Total Energy Consumption/Industrial Value-added

Electricity Consumption per Unit of GDP refers to the electricity consumption per unit of gross domestic production in a country or the gross region production in the same reference period. The formula is:

Electricity Consumption per Unit of GDP=Total Electricity Consumption/Gross Domestic Production

第七篇　人民生活

Chapter 7　People's Living Conditions

资料整理：刘挺云 何晓莉

Database Editor: Liutingyun Hexiaoli

简 要 说 明

本篇资料的主要内容及来源

本篇资料反映了全省城乡人民生活状况，分为城镇居民生活和农村居民生活两个部分，主要包括居民家庭基本情况，家庭收入、支出情况，主要商品购买数量及支出金额，居住状况和耐用消费品的拥有量等。

城镇居民家庭相关资料来源于城乡住户一体化调查年报，农村居民家庭相关资料来源于城乡住户一体化调查年报，均由国家统计局福建调查总队居民收支调查处整理提供。

Brief Introduction

Main Content and Source of Data

Data in this chapter show the basic conditions of the people ’ s livelihood in Fujian Province , consisting of two parts on the life of urban and rural households respectively ,including mainly basic condition of people ’ s household , income and expenditure of the household, the quantity and the expenditure on major commodities purchased, the housing condition and the possession of the durable consumer goods, etc.

Data on the livelihood of urban resident and Data on the livelihood of rural residents are prepared and provided by the Division of Residents Payments Survey of Survey Office of the National Bureau of Statistics in Fujian.

7-1 城乡居民家庭人均收入

Per Capita Income of Urban and Rural Households

单位：元 (yuan)

年份 Year	居民人均可支配收入 Annual Per Capita Disposable Income of Households			城镇居民人均可支配收入 Annual Per Capita Disposable Income of Urban Households			农村居民人均可支配（纯）收入 Annual Per CapitaNet Income of Rural Households		
	数值 Value	比上年增长（%） Ratio(%)		数值 Value	比上年增长（%） Ratio(%)		数值 Value	比上年增长（%） Ratio(%)	
		名义 Ration	实际 Actual		名义 Ration	实际 Actual		名义 Ration	实际 Actual
1978				371			138		
1979							142	3.4	0.4
1980				450			172	20.8	15.5
1981				452	0.4	-3.4	232	34.9	32.4
1982				520	15.0	11.6	268	15.8	11.7
1983				573	10.2	8.0	302	12.6	11.6
1984				582	1.6	-1.2	345	14.3	13.0
1985				733	25.9	10.5	396	14.9	6.9
1986				929	26.7	18.6	419	5.6	0.2
1987				1021	9.9	-0.6	485	15.9	7.4
1988				1236	21.1	-4.7	613	26.5	0.4
1989				1555	25.8	5.9	697	13.7	-4.4
1990				1749	12.5	12.4	764	9.6	11.2
1991				1953	11.7	6.8	850	11.2	8.6
1992				2351	20.4	11.5	984	15.8	11.2
1993				2923	24.3	6.4	1211	23.0	7.7
1994				3935	34.6	7.6	1578	30.3	3.9
1995				4853	23.3	6.0	2049	29.8	13.5
1996				5574	14.9	7.4	2492	21.7	15.4
1997				6144	10.2	7.5	2786	11.8	10.3
1998				6486	5.6	5.6	2946	5.8	6.3
1999				6860	5.8	7.2	3091	4.9	5.8
2000				7432	8.3	5.0	3230	4.5	3.2
2001				8313	11.9	13.8	3381	4.7	5.4
2002				9189	10.5	11.4	3539	4.7	4.9
2003				10000	8.8	8.1	3734	5.5	4.5
2004				11175	11.8	7.7	4089	9.5	5.0
2005				12321	10.3	8.2	4450	8.8	5.9
2006				13753	11.6	10.4	4835	8.6	8.3
2007				15505	15.7	10.1	5467	13.1	7.3
2008				17961	15.8	10.8	6196	13.3	8.3
2009				19577	9.0	10.9	6680	7.8	10.1
2010				21781	11.3	8.0	7427	11.2	7.5
2011				24907	14.4	8.7	8779	18.2	12.3
2012				28055	12.6	10.0	9967	13.5	10.8
2013	21218			28174	9.8	7.0	11405	12.2	9.7
2014	23331	10.0	7.8	30722	9.0	6.8	12650	10.9	8.8
2015	25404	8.9	7.1	33275	8.3	6.5	13793	9.0	7.2
2016	27608	8.7	6.9	36014	8.2	6.3	14999	8.7	7.1
2017	30048	8.8	7.5	39001	8.3	6.9	16335	8.9	8.0
2018	32644	8.6	7.0	42121	8.0	6.4	17821	9.1	7.5
2019	35616	9.1	6.3	45620	8.3	5.6	19568	9.8	6.9
2020	37202	4.5	2.2	47160	3.4	1.1	20880	6.7	4.5
2021	40659	9.3	8.5	51140	8.4	7.6	23229	11.2	10.9

注：2012年及以前为老口径数据。
Note:Data before 2012 are adopted Old Scope.

7-2 城镇居民家庭基本情况
Basic Conditions of Urban Households

年份 Year	平均每户家庭人口(人) Number of Average per Household Persons(person)	平均每户就业人数(人) Average Number of Employed Persons Per Household(person)	平均每一就业者负担人数(人) Number of Persons Supported By Each Employee(person)	平均每人全年可支配收入(元) Per Capita Annual Disposable Income(yuan)	平均每人消费性支出(元) Per Capita Living Expenditures for Consumption(yuan)	人均住房建筑面积(平方米) Per Capita Floor Space of Residential Buildings(sq.m)
1952				106	96	
1957				165	131	
1959	4.72	1.40	3.37	206	190	
1962	5.46	1.72	3.17	203	186	
1963	5.40	1.50	3.60	207	189	
1964	5.33	1.53	3.48	211	194	
1965	5.13	1.65	3.12	217	201	
1966	5.00	1.40	3.40	223	186	
1975	4.97	2.05	2.42	333	297	
1978	3.87	2.40	1.61	371	285	
1980	4.53	2.32	1.95	450	392	11.3
1981	4.51	2.40	1.88	452	405	11.7
1982	4.44	2.48	1.79	520	466	12.1
1983	4.36	2.41	1.80	573	504	13.2
1984	4.27	2.37	1.80	582	494	14.3
1985	4.06	2.25	1.81	733	675	15.3
1986	4.00	2.23	1.79	929	790	15.7
1987	3.97	2.25	1.77	1021	893	16.5
1988	3.77	2.10	1.79	1236	1077	17.2
1989	3.70	2.09	1.77	1555	1340	17.6
1990	3.64	2.09	1.74	1749	1431	18.1
1991	3.43	2.00	1.72	1953	1659	19.5
1992	3.39	2.03	1.67	2351	1942	20.9
1993	3.35	2.01	1.67	2923	2418	21.5
1994	3.29	1.92	1.71	3935	3351	24.1
1995	3.27	1.93	1.69	4853	4132	24.3
1996	3.25	1.94	1.68	5574	4568	24.5
1997	3.28	1.96	1.67	6144	4936	25.6
1998	3.23	1.90	1.70	6486	5181	26.8
1999	3.22	1.90	1.69	6860	5267	27.2
2000	3.23	1.80	1.79	7432	5639	28.0
2001	3.20	1.80	1.78	8313	6015	28.2
2002	3.13	1.73	1.81	9189	6632	28.4
2003	3.08	1.72	1.79	10000	7356	29.8
2004	3.05	1.58	1.93	11175	8161	31.1
2005	3.04	1.60	1.90	12321	8794	31.4
2006	3.04	1.64	1.86	13753	9808	32.1
2007	3.01	1.60	1.90	15505	11055	33.5
2008	3.14	1.69	1.86	17961	12501	37.5
2009	3.12	1.72	1.81	19577	13451	37.5
2010	3.08	1.71	1.80	21781	14750	38.5
2011	3.12	1.68	1.86	24907	16661	37.9
2012	3.10	1.68	1.85	28055	18593	38.2
2013	2.97	1.58	1.88	28174	20565	38.7
2014	2.99	1.61	1.86	30722	22204	40.7
2015	3.08	1.59	1.93	33275	23520	42.5
2016	3.13	1.62	1.93	36014	25006	42.7
2017	3.14	1.62	1.94	39001	25980	43.4
2018	2.93	1.53	1.92	42121	28145	43.1
2019	3.08	1.56	1.97	45620	30946	43.5
2020	3.04	1.54	1.97	47160	30487	43.8
2021	3.06	1.59	1.92	51140	33942	43.9

注：2012年及以前为老口径数据。
Note:Data before 2012 are adopted Old Scope.

7-3 城镇居民人均可支配收入及构成

Per Capita Income of Urban Households and Its Composition

单位：元 (yuan)

项目	Item	2016	2017	2018	2019	2020	2021
可支配收入（元）	**Disposable Income(yuan)**	**36014**	**39001**	**42121**	**45620**	**47160**	**51140**
工资性收入	Wages and Salaries	22213	23886	25891	27992	29119	31762
经营净收入	Net Income from Business	4919	5159	5574	6211	5992	6706
财产净收入	Property Income	4199	4579	4983	5512	6219	6990
转移净收入	Transfer Net Income	4682	5377	5673	5905	5830	5682
可支配收入构成(%)	**Composition(%)**	**100.0**	**100.0**	**100.0**	**100.0**	**100.0**	**100.0**
工资性收入	Wages and Salaries	61.7	61.2	61.5	61.4	61.7	62.1
经营净收入	Net Income from Business	13.7	13.2	13.2	13.6	12.7	13.1
财产净收入	Property Income	11.7	11.7	11.8	12.1	13.2	13.7
转移净收入	Transfer Net Income	13.0	13.8	13.5	12.9	12.4	11.1

7-4 城镇居民按收入五等分分组的人均可支配收入

Per Capita Income of Urban Households of Five Groups Divided Equally by Income Lever

单位：元 (yuan)

项目	Item	2016	2017	2018	2019	2020	2021
低收入户	Low Income	15831	16508	15856	17839	17838	20897
中等偏下户	Lower Middle Income	25304	27090	27959	30099	30922	35281
中等收入户	Middle Income	34091	36653	40408	42289	44082	48780
中等偏上户	Upper Middle Income	45199	49166	55902	58850	61979	65668
高收入户	High Income	73392	80839	99664	107291	111439	117539

7-5 城镇居民人均生活消费支出

Per Capita Expenditure of Urban Households

单位：元　　(yuan)

项目	Item	2016	2017	2018	2019	2020	2021
生活消费支出	**Total Consumption Expenditures**	**25006**	**25980**	**28145**	**30946**	**30487**	**33942**
食品烟酒	Food,Cigarettes and Drinks	8300	8552	9001	9537	9673	10612
衣着	Clothing	1444	1438	1554	1659	1443	1741
居住	Residence	6531	6829	7716	8955	9356	10349
生活用品及服务	Supplies and Services	1393	1478	1516	1557	1519	1794
交通通信	Transport and Communication	3206	3353	3631	3715	3755	3656
教育文化娱乐	Education,Culture and Recreation	2461	2483	2728	3066	2301	3120
医疗保健	Health Care and Medical Services	1178	1235	1375	1692	1774	1939
其他用品及服务	Other Appliances and Services	493	612	625	765	665	731

7-6 城镇居民人均生活消费支出构成

Composition of Per Capita Expenditure of Urban Households

单位：%　　(%)

项目	Item	2016	2017	2018	2019	2020	2021
生活消费支出	**Composition**	**100.0**	**100.0**	**100.0**	**100.0**	**100.0**	**100.0**
食品烟酒	Food,Cigarettes and Drinks	33.2	32.9	32.0	30.8	31.7	31.3
衣着	Clothing	5.8	5.5	5.5	5.4	4.7	5.1
居住	Residence	26.1	26.3	27.4	28.9	30.7	30.5
生活用品及服务	Supplies and Services	5.6	5.7	5.4	5.0	5.0	5.3
交通通信	Transport and Communication	12.8	12.9	12.9	12.0	12.3	10.8
教育文化娱乐	Education,Culture and Recreation	9.8	9.6	9.7	9.9	7.5	9.2
医疗保健	Health Care and Medical Services	4.7	4.8	4.9	5.5	5.8	5.7
其他用品及服务	Other Appliances and Services	2.0	2.4	2.2	2.5	2.2	2.2

7-7 城镇居民人均消费主要食品数量

Per Capita Purchases of Daily Consumer Goods of Urban Households

单位：千克 (kg)

项目	Item	2016	2017	2018	2019	2020	2021
粮食类	Grain	104.32	99.69	100.16	94.07	98.38	103.75
油脂类	Oil	9.61	8.86	8.68	8.21	8.99	9.84
蔬菜及菜制品	Vegetables and Vegetable Products	91.51	88.78	86.16	82.83	85.50	88.59
肉类	Meat	32.52	32.35	34.65	27.95	25.64	34.10
禽类	Poultry	11.26	10.7	10.71	11.67	13.32	12.73
水产品类	Aquatic Products	29.63	28.8	26.01	26.74	27.73	28.32
蛋类及蛋制品	Eggs	9.38	9.22	8.80	9.00	10.67	11.12
奶和奶制品(千克)	Milk	13.53	13.21	14.47	12.26	13.87	15.79
干鲜瓜果类	Fresh and Dried Fruits	45.43	46.87	52.11	48.52	49.49	52.28

7-8 城镇居民家庭每百户耐用消费品拥有量

Number of Major Durable Consumer Goods Owned Per 100 Urban Households

项目	Item	2016	2017	2018	2019	2020	2021
家用汽车(辆)	Automobile(unit)	33.18	36.29	30.91	33.86	36.11	40.14
摩托车(辆)	Motorcycle(set)	45.34	44.63	35.14	35.47	35.54	31.90
洗衣机(台)	Washing Machine(set)	87.57	89.66	85.58	91.04	92.82	97.21
电冰箱(台)	Refrigerator(set)	97.43	98.58	96.07	101.13	102.01	105.25
彩色电视机(台)	Color TV Set(set)	140.82	142.46	120.74	128.55	128.69	120.79
空调机(台)	Air Conditioner(unit)	165.54	171.06	175.92	193.47	194.11	218.91
热水器(台)	Shower(unit)	100.17	102.55	108.72	114.04	117.23	117.14
固定电话(部)	Telephone(unit)	44.48	44.79	23.04	20.56	19.31	14.11
移动电话(部)	Mobile Telephone(unit)	249.07	251.99	245.05	258.65	258.82	261.92
接入互联网的移动电话(部)	Mobile Telephone Access to the Internet(unit)	159.54	170.23	209.74	222.95	239.51	240.24
计算机(台)	Computer(set)	89.23	89.17	76.44	77.45	80.26	76.18
接入互联网的计算机(台)	Computer Access to the Internet(set)	77.33	77.25	64.08	66.88	69.68	70.62
照相机(台)	Camera(set)	23.01	23.11	15.97	16.63	16.23	12.02
中高档乐器(件)	Medium and Grade Musical Instrument(unit)	5.45	6.27	8.48	10.74	10.86	11.11

7-9 农村居民家庭基本情况

Basic Conditions of Rural Household

年份 Year	调查户数（户） Number of households surveyed (household)	平均每户常住人口（人） Average Number of Permanent Residents Per Household (person)	平均每户整半劳动力（人） Average Number of Able-bodied and Semi-able-bodied Laborers Per Household(person)	平均每个劳动力负担人口（人） Average Number of Persons Supported by a Laborer(person)	农村居民人均住房使用面积（平方米） Per Capita Use Living Space(sq.m)	农村居民人均住房建筑面积（平方米） Per Capita Construction Space(sq.m)	农村居民人均可支配(纯)收入（元） Per Capita Net Income (yuan)	农村居民人均生活消费支出（元） Per Capita Living Expenditures (yuan)
1952				2.20			70	68
1957				2.39			112	102
1962				2.38			155	131
1965				2.87			129	114
1970				2.71			121	108
1978		6.50	2.22	2.92			138	113
1979		6.38	2.16	2.88			142	133
1980		6.25	2.06	3.03			172	158
1981		6.23	2.10	2.97	8.30		232	199
1982		6.27	2.27	2.76	7.67		268	231
1983		6.29	2.60	2.42	10.44		302	262
1984	1820	6.19	2.66	2.32	11.73		345	288
1985	1820	5.74	2.95	1.94	14.47		396	351
1986	1820	5.69	2.99	1.90	15.10		419	394
1987	1820	5.51	3.08	1.82	15.86		485	443
1988	1820	5.56	3.09	1.80	16.18		613	571
1989	1820	5.54	3.09	1.79	16.65		697	653
1990	1820	5.50	3.03	1.81	18.47		764	708
1991	1820	5.37	3.03	1.77	19.14		850	747
1992	1820	5.31	3.05	1.74	19.64		984	821
1993	1820	5.24	3.10	1.69	22.38		1211	1070
1994	1820	5.17	3.13	1.65	24.62		1578	1440
1995	1820	4.91	3.02	1.62	22.88		2049	1794
1996	1820	4.87	2.98	1.63	23.37		2492	2034
1997	1820	4.77	2.96	1.61	23.74		2786	2120
1998	1820	4.70	3.00	1.57	24.87		2946	2192
1999	1820	4.62	2.95	1.56	26.40		3091	2252
2000	1820	4.24	2.70	1.57	32.14		3230	2410
2001	1820	4.17	2.68	1.56	33.82		3381	2503
2002	1820	4.07	2.57	1.58	35.68		3539	2583
2003	1820	4.08	2.83	1.44	35.96		3734	2718
2004	1820	4.02	2.71	1.48	38.18		4089	3015
2005	1820	4.05	2.77	1.47	40.15		4450	3293
2006	1820	4.03	2.77	1.45	42.35		4835	3591
2007	1820	4.00	2.77	1.44	44.50		5467	4053
2008	1820	3.98	2.78	1.43	46.13		6196	4662
2009	1820	3.98	2.78	1.43	46.76		6680	5016
2010	1820	3.94	2.77	1.43	47.54		7427	5498
2011	1820	3.84	2.73	1.40	49.82		8779	6541
2012	1820	3.84	2.71	1.41	50.80		9967	7402
2013	1859	3.29	2.22	1.48		63.7	11405	9986
2014	1848	3.25	2.21	1.47		60.8	12650	11056
2015	1883	3.20	2.20	1.45		63.5	13793	11961
2016	1917	3.21	2.24	1.43		66.5	14999	12911
2017	1940	3.17	2.21	1.43		68.0	16335	14003
2018	1690	3.03	2.09	1.45		78.9	17821	14943
2019	1690	3.24	2.17	1.49		76.3	19568	16281
2020	1690	3.04	2.14	1.42		80.7	20880	16339
2021	1690	3.35	2.31	1.45		75.2	23229	19290

注：2012年及以前为老口径数据。
Note:Data before 2012 are adopted Old Scope.

7-10 农村居民人均可支配收入及构成

Per Capita Income of Rural Households and Its Composition

单位：元 (yuan)

项目	Item	2016	2017	2018	2019	2020	2021
人均可支配收入（元）	**Annual Per Capita Disposable Income(yuan)**	**14999**	**16335**	**17821**	**19568**	**20880**	**23229**
工资性收入	Wages and Salaries	6785	7416	8215	8949	9411	10516
经营净收入	Net Income from Business	5821	6276	6706	7179	7510	8586
财产净收入	Property Income	256	290	322	345	393	466
转移净收入	Transfer Net Income	2137	2353	2578	3096	3567	3660
可支配收入构成(%)	**Composition(%)**	**100.0**	**100.0**	**100.0**	**100.0**	**100.0**	**100.0**
工资性收入	Wages and Salaries	45.2	45.4	46.1	45.7	45.1	45.3
经营净收入	Net Income from Business	38.8	38.4	37.6	36.7	36.0	37.0
财产净收入	Property Income	1.7	1.8	1.8	1.8	1.9	2.0
转移净收入	Transfer Net Income	14.3	14.4	14.5	15.8	17.1	15.8

7-11 农村居民按收入五等分分组的人均可支配收入

Per Capita Income of Rural Households of Five Groups Divided Equally by Income Lever

单位：元 (yuan)

项目	Item	2016	2017	2018	2019	2020	2021
低收入户	Low Income	5588	6069	6422	7831	7900	6860
中等偏下户	Lower Middle Income	10168	11228	11575	13790	13217	15723
中等收入户	Middle Income	13797	15103	16539	18119	18772	21805
中等偏上户	Upper Middle Income	18492	20039	22448	23637	26199	28858
高收入户	High Income	31015	33444	37903	36954	45754	51640

7-12 农村居民人均生活消费支出
Per Capita Expenditure of Rural Households

单位：元　(yuan)

项目	Item	2016	2017	2018	2019	2020	2021
生活消费支出	**Total Consumption Expenditures**	**12911**	**14003**	**14943**	**16281**	**16339**	**19290**
食品烟酒	Food,Cigarettes and Drinks	4818	5162	5340	5784	6274	6765
衣着	Clothing	567	631	677	774	755	918
居住	Residence	3204	3548	3649	3799	3943	4894
生活用品及服务	Supplies and Services	688	721	765	809	874	939
交通通信	Transport and Communication	1452	1555	1817	1903	1688	2232
教育文化娱乐	Education,Culture and Recreation	1071	1175	1359	1615	1232	1662
医疗保健	Health Care and Medical Services	867	907	1016	1210	1271	1484
其他用品及服务	Other Appliances and Services	243	305	320	386	302	397

7-13 农村居民人均生活消费支出构成
Composition of Per Capita Expenditure of Rural Households

单位：%　(%)

项目	Item	2016	2017	2018	2019	2020	2021
生活消费支出	**Total Consumption Expenditures**	**100.0**	**100.0**	**100.0**	**100.0**	**100.0**	**100.0**
食品烟酒	Food,Cigarettes and Drinks	37.3	36.9	35.7	35.5	38.4	35.1
衣着	Clothing	4.4	4.5	4.5	4.8	4.6	4.8
居住	Residence	24.8	25.3	24.4	23.3	24.1	25.4
生活用品及服务	Supplies and Services	5.3	5.2	5.1	5.0	5.3	4.9
交通通信	Transport and Communication	11.3	11.1	12.2	11.7	10.3	11.6
教育文化娱乐	Education,Culture and Recreation	8.3	8.4	9.1	9.9	7.5	8.6
医疗保健	Health Care and Medical Services	6.7	6.5	6.8	7.4	7.8	7.7
其他用品及服务	Other Appliances and Services	1.9	2.2	2.1	2.4	1.8	2.1

7-14 农村居民人均消费主要食品数量

Per Capita Purchases of Daily Consumer Goods of Rural Households

单位：千克 (kg)

项目	Item	2016	2017	2018	2019	2020	2021
粮食类	Grain	164.45	156.24	164.10	162.11	167.12	171.43
油脂类	Oil	10.14	9.53	9.87	9.87	10.55	12.02
蔬菜及菜制品	Vegetables and Vegetable Products	92.09	90.62	98.14	90.27	96.3	104.33
肉类	Meat	30.54	30.91	34.82	27.55	22.8	34.19
禽类	Poultry	13.55	13.60	12.79	15.21	19.49	18.74
水产品类	Aquatic Products	21.95	21.29	20.73	23.04	24.18	24.23
蛋类及蛋制品	Eggs	8.05	7.96	8.41	9.22	10.67	11.75
奶和奶制品	Milk	7.30	7.06	7.49	8.14	8.25	9.48
干鲜瓜果类	Fresh and Dried Fruits	32.17	32.58	39.49	38.75	37.62	42.45

7-15 农村居民家庭每百户耐用消费品拥有量

Number of Major Durable Consumer Goods owned per 100 Rural Households

项目	Item	2016	2017	2018	2019	2020	2021
家用汽车(辆)	Automoile(unit)	16.22	17.83	15.10	16.68	18.47	20.15
摩托车(辆)	Motorcycle(unit)	91.78	90.35	76.22	78.71	75.24	79.00
洗衣机(台)	Washing Machine(unit)	79.32	82.10	84.14	89.57	89.72	97.90
电冰箱(台)	Refrigerator(unit)	100.12	100.64	101.48	104.04	104.58	108.67
彩色电视机(台)	Color TV(unit)	141.09	140.08	133.71	136.03	134.44	137.28
空调机(台)	Air Conditioner(unit)	62.33	65.31	78.36	91.55	95.21	124.20
热水器(台)	Shower(unit)	88.88	90.40	97.24	103.78	106.57	109.79
固定电话(部)	Telephone(unit)	39.36	38.46	24.86	21.17	18.5	12.47
移动电话(部)	Mobile Telephone(unit)	250.09	252.55	249.47	261.49	253.58	267.19
接入互联网的移动电话(部)	Mobile Telephone Access to the Internet(unit)	122.72	130.88	155.89	187.66	213.9	218.77
计算机(台)	Computer(unit)	34.55	33.99	31.93	33.81	35.9	28.59
接入互联网的计算机	Computer Access to the Internet	28.35	26.50	25.45	27.06	29.25	25.05
照相机(台)	Camera(unit)	4.91	4.33	3.00	3.03	3.13	1.42
中高档乐器(件)	Medium and High Grade Musical Instrument(unit)	0.83	1.15	1.21	1.88	2	1.43

7-16 设区市城镇居民人均可支配收入(2021年)

Per Capita Income of Urban Households by City(2021)

单位：元　(yuan)

地区	Aera	人均可支配收入 Per Capita Annual Disposable Income	工资性收入 Wages and Salaries	经营净收入 Net Income from Business	财产净收入 Property Income	转移净收入 Transfer Net Income
福建省	**Fujian**	**51140**	**31762**	**6706**	**6990**	**5682**
福州市	Fuzhou	53421	33707	4581	7213	7920
厦门市	Xiamen	67197	47898	5433	8725	5141
莆田市	Putian	44101	23134	7269	6874	6824
三明市	Sanming	42315	26556	6075	3498	6186
泉州市	Quanzhou	55011	31852	13425	6102	3632
漳州市	Zhangzhou	43309	25456	7525	3927	6400
南平市	Nanping	39353	23700	5326	3657	6669
龙岩市	Longyan	43785	30326	4672	5020	3766
宁德市	Ningde	40615	18757	12301	4540	5017

7-17 设区市城镇居民人均生活消费支出(2021年)

Per Capita Expenditure of Urban Households by City(2021)

单位：元　(yuan)

地区	Area	生活消费支出 Total Consumption Expenditures	食品烟酒 Food, Cigarettes and Drinks	衣着 Clothing	居住 Residence	生活用品及服务 Supplies and Services	交通通信 Transport and Communicati	教育文化娱乐 Education, Culture and Recreation	医疗保健 Health Care and Medical Services	其他用品及服务 Other Appliances and Services
福建省	**Fujian**	**33942**	**10612**	**1741**	**10349**	**1794**	**3656**	**3120**	**1939**	**731**
福州市	Fuzhou	35664	10756	1743	12352	1612	3616	3282	1432	871
厦门市	Xiamen	43010	12746	2051	13774	2137	4839	3883	2425	1154
莆田市	Putian	28505	9746	1383	8619	1676	2601	2682	1411	388
三明市	Sanming	28794	9936	1540	6673	1752	3118	2952	2137	687
泉州市	Quanzhou	33321	10502	2068	8700	2081	4031	3293	1606	1040
漳州市	Zhangzhou	28907	9726	1291	7611	1474	3312	3106	1786	601
南平市	Nanping	24899	9594	1623	5503	1223	2275	2459	1653	569
龙岩市	Longyan	28595	10047	1589	6655	1587	3144	3411	1580	582
宁德市	Ningde	27573	9709	2022	6438	1771	2160	2798	2136	539

7-18 设区市农村居民人均可支配收入(2021年)

Per Capita Income of Rural Households by City(2021)

单位：元 (yuan)

地区	Aera	人均可支配收入 Per Capita Annual Disposable Income	工资性收入 Wages and Salaries	经营净收入 Net Income from Business	财产净收入 Property Income	转移净收入 Transfer Net Income
福建省	**Fujian**	**23229**	**10516**	**8586**	**466**	**3660**
福州市	Fuzhou	25201	13280	6090	1347	4483
厦门市	Xiamen	29894	18728	6959	1472	2734
莆田市	Putian	22892	11524	4730	657	5981
三明市	Sanming	21617	7894	10501	492	2731
泉州市	Quanzhou	25911	14462	8670	395	2385
漳州市	Zhangzhou	23582	11639	9361	209	2373
南平市	Nanping	20431	7785	10350	170	2126
龙岩市	Longyan	22716	8824	10935	287	2669
宁德市	Ningde	21282	6597	12330	238	2118

7-19 设区市农村居民人均生活消费支出(2021年)

Per Capita Expenditure of Rural Households by City(2021)

单位：元 (yuan)

地区	Area	生活消费支出 Total Consumption Expenditures	食品烟酒 Food, Cigarettes and Drinks	衣着 Clothing	居住 Residence	生活用品及服务 Supplies and Services	交通通信 Transport and Communicati	教育文化娱乐 Education, Culture and Recreation	医疗保健 Health Care and Medical Services	其他用品及服务 Other Appliances and Services
福建省	**Fujian**	**19290**	**6765**	**918**	**4894**	**939**	**2232**	**1662**	**1484**	**397**
福州市	Fuzhou	20911	7611	1220	4985	1369	1832	1970	1406	518
厦门市	Xiamen	25033	8234	965	7980	1182	2808	2181	1176	508
莆田市	Putian	18759	7601	679	4939	912	1662	1439	1188	339
三明市	Sanming	15883	5635	696	3355	841	1998	2005	1036	317
泉州市	Quanzhou	19564	7514	972	4826	875	2238	1859	830	450
漳州市	Zhangzhou	16409	6238	562	4116	635	1754	1558	1231	315
南平市	Nanping	14844	5812	776	3319	755	1741	1282	953	206
龙岩市	Longyan	16467	6325	681	3680	803	2040	1544	1017	377
宁德市	Ningde	16269	6539	935	3561	668	1120	1460	1657	329

主要统计指标解释

居民可支配收入 指居民可用于最终消费支出和储蓄的总和，即居民可用于自由支配的收入。既包括现金收入，也包括实物收入。按照收入的来源，可支配收入包含四项，分别为：工资性收入、经营净收入、财产净收入和转移净收入。

工资性收入 指就业人员通过各种途径得到的全部劳动报酬和各种福利，包括受雇于单位或个人、从事各种自由职业、兼职和零星劳动得到的全部劳动报酬和福利。

经营净收入 指住户或住户成员从事生产经营活动所获得的净收入，是全部经营收入中扣除经营费用、生产性固定资产折旧和生产税之后得到的净收入。计算公式为：

经营净收入=经营收入-经营费用-生产性固定资产折旧-生产税

财产净收入 指住户或住户成员将其所拥有的金融资产、住房等非金融资产和自然资源交由其他机构单位、住户或个人支配而获得的回报并扣除相关的费用之后得到的净收入。财产净收入包括利息净收入、红利收入、储蓄性保险净收益、转让承包土地经营权租金净收入、出租房屋净收入、出租其他资产净收入和自有住房折算净租金等。财产净收入不包括转让资产所有权的溢价所得。

转移净收入 计算公式为：转移净收入=转移性收入-转移性支出

转移性收入 指国家、单位、社会团体对住户的各种经常性转移支付和住户之间的经常性收入转移。包括养老金或退休金、社会救济和补助、政策性生产补贴、政策性生活补贴、经常性捐赠和赔偿、报销医疗费、住户之间的赡养收入，本住户非常住成员寄回带回的收入等。转移性收入不包括住户之间的实物馈赠。

转移性支出 指调查户对国家、单位、住户或个人的经常性或义务性转移支付。包括缴纳的税款、各项社会保障支出、赡养支出、经常性捐赠和赔偿支出以及其他经常转移支出等。

居民消费支出 指居民用于满足家庭日常生活消费需要的全部支出，既包括现金消费支出，也包括实物消费支出。消费支出可划分为食品烟酒、衣着、居住、生活用品及服务、交通通信、教育文化娱乐、医疗保健以及其他用品及服务八大类。

根据住户收支与生活状况调查，分城镇和农村的居民人均可支配收入等数据的覆盖人群主要变化：一是计算城镇居民人均可支配收入时分母包括了在城镇地区常住的农民工，计算农村居民人均可支配收入时分母不包括在城镇地区常住的农民工；二是由本户供养的在外大学生视为常住人口。

Explanatory Notes on Main Statistical Indicators

Disposable Income of Residents refers to the income of residents for purpose of final expenditure and savings. It includes income both in cash and in kind. By sources of income, disposable income includes four categories: income from wages and salaries, net business income, net income from properties and net income from transfer.

Income from Wages and Salaries refers to remuneration and benefits of all kinds of employed persons, including those employed by other units or individuals, freelance workers, part-time jobs, and sporadic workers.

Net Business Income refers to net income earned by households and their members engaged in production and business activities. It refers to the net income of operating revenue minus operating costs, depreciation of productive fixed assets, and production tax. The formula is:

Net business income = operating revenue-operating costs -depreciation of productive fixed assets-production tax

Net Income from Properties refers to the net income received as returns by households or members through lending of their financial assets, non-financial assets such as housing, to other institutions, households or individuals, minus relevant costs. Net income from properties includes net income of interest, bonus income, net income of saving insurance, net income from transferring management right of contract land, income from lending of housing, income from lending other assets, net converted rents of self-owned housing. Net income from properties do not include premium of transferring ownership of assets.

Net Income from Transfer The formula is:

Net income from transfer = income from transfer - expenditure from transfer

Income from Transfer refers to the regular transfer received from governments, institutions, social organizations to households and between households. It includes old-age and retirement pension, regular donation and compensation, reimbursement of medical fees, supporting income between households, income from non-resident members of households, etc. Income from transfer do not include gifts in kinds between households.

Expenditure from Transfer refers to regular or obligatory transfer paid to government, institutions, households or individuals. It includes tax payment, expenditure on all kinds of social security, supporting expenditure, regular donation, compensation payment and other regular transfer expenditure.

Consumption Expenditure of Residents refers to all expenditure of residents for living expenditure to satisfy family daily living. It includes expenditure in cash and in kind. It includes eight categories: food, tobacco and liquor; clothing and footwear; housing; household equipments, furnishings and services; transport and communications; education, culture and recreation; health care and medical services, and miscellaneous goods and services.

According to Household Survey on Income and Expenditure and Living Conditions, main changes of population coverage of per capita disposable income of urban and rural residents includes: migrant workers residing in urban areas are included in the denominator when calculating per capita disposable income of urban residents, and not included in denominator when calculating per capita disposable income of rural residents; students studying in universities or colleges in other places who are supported by the households are regarded as permanent residents of the households.

第八篇　价格指数

Chapter 8　Price Indices

资料整理：林龚华 王娟 郭晓洁 陈思 陈嘉玲

Database Editor: Lingonghua Wangjuan Guoxiaojie Chensi Chenjialing

简 要 说 明

本篇资料的主要内容及来源

本篇资料反映了全省生产、投资、流通、消费等环节价格变动状况，主要包括居民消费、商品零售、生产资料、工业生产者出厂与购进、固定资产投资、农产品生产者等价格指数。

居民消费、商品零售和农业生产资料价格指数来源于流通和消费价格统计调查年报，由国家统计局福建调查总队消费价格调查处整理提供。

工业生产者出厂与购进、固定资产投资、等价格指数来源于工业生产者、固定资产投资价格统计调查，由国家统计局福建调查总队生产价格调查处整理提供。

农产品生产者价格统计调查，由国家统计局福建调查总队农业调查处整理提供。

Brief Introduction

Main Content and Source of Data

Data on the price indices in this chapter show the changing trend in production, investment, circulation and consumption, including mainly consumer price indices of residents, retail price indices, price indices of means of production, production price indices of industrial producers, purchasing price indices of raw materials, fuels and power, price indices of investment in fixed assets price indices.

Data on consumer price indices of residents, retail price indices and price indices of agricultural means of production are based on yearly report on consumer price and are provided by the Division of Consumer Price Survey of Survey Office of the National Bureau of Statistics in Fujian。

Data on production price indices of industrial products, purchasing price indices of raw materials, fuels and power, price indices of investment in fixed assets price indices are based on yearly report on production price and are provided by the Division of Production Price Survey of Survey Office of the National Bureau of Statistics in Fujian.

Data on Producer Prices Indices for Farm Products are based on yearly report on production price and are provided by the Division of Agriculture Survey of Survey Office of the National Bureau of Statistics in Fujian.

8-1 各种价格指数（上年=100）
Price Indices(Preceding year=100)

单位：以上年为100 (preceding year=100)

年份 Year	居民消费价格指数 Consumer Price Index	城市 Urban	农村 Rural	商品零售价格指数 Retail Price Index	工业生产者出厂价格指数 Ex-Factory Price Indices of Industrial Producers	工业生产者购进价格指数 Purchasing Price Indices of Industrial Producers
1951	106.6	107.8	105.8	107.3		
1952	98.0	97.6	99.2	97.9		
1957	100.5	100.8	100.3	100.5		
1962	101.8	100.5	102.6	101.6		
1965	95.2	94.4	95.7	95.0		
1970	98.9	99.0	98.9	99.0		
1975	100.1	100.1	100.1	100.2		
1978	100.2	100.4	100.1	100.3		
1979	102.8	102.7	102.9	103.0		
1980	105.3	106.3	104.6	105.6		
1981	102.7	104.0	101.9	103.6		
1982	103.4	103.1	103.6	103.6		
1983	101.3	102.0	100.9	101.3		
1984	102.1	102.8	101.1	101.6		
1985	111.3	114.0	107.5	111.4		
1986	106.5	106.9	105.4	106.3		
1987	109.4	110.6	107.9	109.7		
1988	126.5	127.0	126.0	127.4		
1989	118.9	118.8	118.9	118.6		
1990	99.3	100.1	98.6	98.6		
1991	103.5	104.6	102.4	103.3		
1992	105.9	108.0	104.1	105.5	102.7	109.3
1993	115.4	116.8	114.2	113.8	117.1	129.6
1994	125.3	125.1	125.5	123.0	116.9	115.2
1995	115.2	116.4	114.4	114.4	115.7	119.6
1996	105.9	106.9	105.4	104.5	101.8	104.3
1997	101.7	102.5	101.3	99.8	100.3	98.6
1998	99.7	100.0	99.5	98.5	95.7	92.5
1999	99.1	98.7	99.2	96.5	96.6	97.9
2000	102.1	103.2	101.3	98.9	100.5	112.4
2001	98.7	98.3	99.3	98.0	98.1	96.7
2002	99.5	99.2	99.8	98.3	97.6	97.6
2003	100.8	100.7	101.0	99.1	100.7	106.3
2004	104.0	103.8	104.3	102.7	102.6	113.3
2005	102.2	101.9	102.8	100.6	100.2	108.1
2006	100.8	101.1	100.3	100.5	99.2	103.9
2007	105.2	105.1	105.4	104.3	100.8	104.3
2008	104.6	104.5	104.6	105.7	102.7	110.2
2009	98.2	98.3	97.9	97.9	95.5	93.2
2010	103.2	103.1	103.4	103.4	103.2	107.7
2011	105.3	105.2	105.3	104.8	103.9	108.0
2012	102.4	102.4	102.4	101.8	98.7	97.7
2013	102.5	102.6	102.3	101.1	98.4	98.4
2014	102.0	102.1	101.9	101.1	98.6	98.3
2015	101.7	101.7	101.7	99.9	97.0	96.1
2016	101.7	101.8	101.5	100.7	99.1	98.0
2017	101.2	101.3	100.8	100.6	104.1	105.3
2018	101.5	101.5	101.5	101.5	102.8	102.8
2019	102.6	102.6	102.7	101.9	100.6	99.0
2020	102.2	102.2	102.1	101.3	98.4	98.6
2021	100.7	100.8	100.3	101.1	104.9	109.2

注：“工业生产者出厂价格指数”，2010年及以前称“工业品出厂价格指数”。“工业生产者购进价格指数”，2010年及以前称“工业企业原材料、燃料、动力购进价格指数”。

Note:Before 2010,"Ex-Factory Price Indices of Industrial Producers" is called "Ex-Factory Price Indices of Industrial Products"."Purchasing Price Indices of Industrial Producers" is called "Purchasing Price Index for Raw Material,Fuel and Power".

8-2 各种价格指数（1978年=100）
Price Indices(Year of 1978=100)

单位：以1978年为100 (year of 1978=100)

年份 Year	居民消费价格指数 Consumer Price Index	城市 Urban	农村 Rural	商品零售价格指数 Retail Price Index	农业生产资料价格指数 Price Index of Agricultural Means of
1979	102.8	102.7	102.9	103.0	100.4
1980	108.2	109.2	107.6	108.8	101.4
1981	111.2	113.5	109.7	112.7	104.8
1982	115.0	117.1	113.6	116.7	109.4
1983	116.4	119.4	114.6	118.3	112.6
1984	118.9	122.7	115.9	120.2	116.9
1985	132.3	139.9	124.6	133.8	123.5
1986	140.9	149.6	131.3	142.3	126.6
1987	154.2	165.4	141.7	156.1	135.2
1988	195.0	210.1	178.6	198.8	164.2
1989	231.9	249.8	212.3	235.8	196.2
1990	230.3	250.1	209.3	232.5	196.8
1991	238.3	261.6	214.3	240.2	206.9
1992	252.4	282.5	223.1	253.4	211.4
1993	291.3	329.9	254.8	288.4	235.5
1994	364.9	412.8	319.8	354.7	277.4
1995	420.4	480.5	365.9	405.8	333.5
1996	445.2	513.6	385.6	424.1	354.2
1997	452.8	526.4	390.6	423.2	352.4
1998	451.4	526.4	388.7	416.9	333.4
1999	447.4	519.6	385.6	402.3	320.4
2000	456.8	536.2	390.6	397.8	312.1
2001	450.9	527.1	387.8	389.9	308.0
2002	448.6	522.9	387.1	383.3	307.7
2003	452.2	526.6	390.9	379.8	313.2
2004	470.3	546.6	407.7	390.1	352.4
2005	480.6	557.0	419.1	392.4	380.9
2006	484.4	563.1	420.4	394.4	384.3
2007	509.6	591.8	443.1	411.4	423.9
2008	533.0	618.4	463.5	434.8	523.9
2009	523.3	607.9	453.9	425.5	488.9
2010	540.2	627.0	469.5	439.8	500.4
2011	568.6	659.9	494.5	461.1	559.6
2012	582.4	675.9	506.6	469.6	578.1
2013	596.8	693.1	518.0	474.9	575.3
2014	608.8	707.5	527.7	480.1	572.6
2015	619.3	719.7	536.8	479.8	580.7
2016	629.8	732.4	544.6	483.2	581.6
2017	637.2	741.8	549.0	486.3	581.3
2018	646.8	752.9	557.2	493.6	599.3
2019	663.9	772.8	572.4	502.8	612.3
2020	678.3	789.6	584.5	509.2	632.5
2021	683.1	796.0	586.3	514.9	

注：2021年起，取消了农业生产资料价格指数的编制。

Note:With 2021, the agricultural Means of production price index was abolished.

8-3 分行业工业生产者出厂价格指数
Ex-Factory Price Indices of Industrial Producers by Sector

单位：以上年为100 (preceding year=100)

行业	Sector	2020	2021
煤炭开采和洗选业	Coal Mining and Dressing	95.4	129.2
黑色金属矿采选业	Ferrous Metals Mining and Dressing	104.4	119.9
有色金属矿采选业	Nonferrous Metals Mining and Dressing	93.7	117.6
非金属矿采选业	Nonmetal Minerals Mining and Quarrying	99.0	102.5
农副食品加工业	Agricultural and Sideline Products Processing	102.1	100.8
食品制造业	Food Manufacturing	101.2	100.1
酒、饮料和精制茶制造业	Wine，Drink and Tea Manufacturing	101.4	100.6
烟草制品业	Tobacco Processing	100.6	101.1
纺织业	Textile Industry	94.4	104.7
纺织服装、服饰业	Textile Garments Products	101.6	100.4
皮革、毛皮、羽毛及其制品和制鞋业	Leather , Furs , Down and Relate Products	100.0	99.0
木材加工和木、竹、藤、棕、草制品业	Timber Processing,Bamboo,Cane,Palm Fiber and Straw Products	99.4	100.1
家具制造业	Furniture Manufacturing	100.3	97.4
造纸和纸制品业	Papermaking and Paper Products	98.6	102.4
印刷和记录媒介复制业	Printing and Record Medium Reproduction	98.0	103.2
文教、工美、体育和娱乐用品制造业	Cultural , Educational and Sports Goods	103.3	101.9
石油、煤炭及其他燃料加工业	Petroleum Processing , Coking and Nuclear Fuel Processing	81.4	127.0
化学原料和化学制品制造业	Raw Chemical Materials and Chemical Products	92.2	121.4
医药制造业	Medical and Pharmaceutical Products	101.9	99.9
化学纤维制造业	Chemical Fiber	86.3	112.6
橡胶和塑料制品业	Rubber and Plastic Products	98.4	101.6
非金属矿物制品业	Nonmetal Minerals Products	101.3	99.7
黑色金属冶炼和压延加工业	Smelting and Pressing of Ferrous Metals	96.7	127.4
有色金属冶炼和压延加工业	Smelting and Pressing of Nonferrous Metals	102.4	121.7
金属制品业	Metal Products	99.8	105.9
通用设备制造业	General Equipment	99.3	102.4
专用设备制造业	Special Purpose Equipment	100.1	99.7
汽车制造业	Car Manufacturing	100.3	101.9
铁路、船舶、航空航天和其他运输设备制造业	Railway,Watercraft,Aviation and others transportation Manufacturing	100.0	99.5
电气机械和器材制造业	Electric Equipment and Machinery	99.0	102.2
计算机、通信和其他电子设备制造业	Computer,Communication and other Electronic Equipment	96.3	100.1
仪器仪表制造业	Instruments and Meters Machinery	100.8	97.7
其他制造业	Others Manufacturing	101.6	100.1
废弃资源综合利用业	Waste Resources and Materials Recovering	104.6	115.4
金属制品、机械和设备修理业	Metals,Machinery and Equipment maintenance	102.0	100.8
电力、热力生产和供应业	Production and Supply of Electric Power and Hot Power	99.6	98.5
燃气生产和供应业	Production and Supply of Gas	95.9	94.1
水的生产和供应业	Production and Supply of Water	100.0	99.8

注：本表行业分类依据《国民经济行业分类》（GB/T 4754-2017）标准。
Note:The classified Standards of national ecomonic sector are adopted GB/T 4754-2017.

8-4 工业生产者出厂价格指数
Ex-Factory Price Indices of Industrial Producers

单位：以上年为100 (preceding year=100)

项目	Item	2000	2005	2010	2020	2021
工业生产者出厂价格总指数	**Ex-Factory Price Indices of Industrial Producers**	**100.5**	**100.2**	**103.2**	**98.4**	**104.9**
按轻重分	By Light and Heavy Industry					
轻工业	Light Industry	99.9	98.4	101.5	99.2	101.7
以农产品为原料	Using Farm Products as Raw Materials	100.9	100.5	102.5	99.7	100.9
以非农产品为原料	Using Non-farm Products as Raw Materials	97.7	97.4	100.6	97.9	103.1
重工业	Heavy Industry	101.2	104.7	106.9	97.8	108.0
采掘工业	Mining and Quarrying	107.5	123.4	121.1	99.0	113.2
原料工业	Raw Materials Industry	103.4	107.8	107.9	94.3	115.1
加工工业	Manufacturing Industry	97.6	100.9	104.1	99.1	104.5
按两大部类分	By Two Parts					
生产资料	Means of Production	101.6	100.9	104.1	97.1	107.7
采掘工业	Mining and Quarrying	107.5	123.4	121.1	99.0	113.2
原料工业	Raw Materials Industry	104.3	107.5	108.9	93.2	114.6
加工工业	Manufacturing Industry	97.4	98.4	101.7	98.5	104.7
生活资料	Consumer Goods	98.7	99.1	101.7	100.8	99.9
食品	Food	98.5	98.4	104.7	101.7	99.8
衣着	Clothing	101.8	101.7	100.9	100.6	99.6
一般日用品	Articles for Daily Use	94.9	101.3	100.9	101.0	99.8
耐用消费品	Durable Consumer Goods	94.2	93.0	98.7	97.8	101.0
按工业部门分	By Departments					
冶金工业	Metallurgical Industry	100.8	104.3	113.0	99.2	120.0
电力工业	Power Industry	95.3	103.5	100.3	99.6	98.5
煤炭及炼焦工业	Coal and Coking Industry	114.1	137.3	108.4	95.5	132.0
石油工业	Petroleum Industry	138.4	123.5	124.4	83.3	120.0
化学工业	Chemical Industry	100.3	104.6	107.1	94.6	110.7
机械工业	Machine Building Industry	94.9	95.1	98.5	98.5	101.4
建筑材料工业	Building Materials Industry	95.8	98.5	103.0	101.2	99.9
森林工业	Timber Industry	104.2	103.0	102.7	99.7	99.4
食品工业	Food Industry	98.2	98.4	104.4	101.7	100.7
纺织工业	Textile Industry	108.4	100.9	102.9	93.4	105.8
缝纫工业	Tailoring Industry	103.4	101.0	100.9	101.2	100.4
皮革工业	Leather Industry	98.0	102.7	100.9	99.9	98.2
造纸工业	Paper Industry	105.7	101.4	104.1	98.6	102.4
文教艺术用品工业	Cultural,Educational & Handicrafts Articles	96.6	100.1	99.6	98.6	103.1
其他工业	Others	94.8	101.7	102.7	102.7	99.8

8-5 工业生产者购进价格指数
Purchasing Price Indices of Industrial Producers

单位：以上年为100　　(preceding year=100)

项目 Item	2000	2005	2010	2020	2021
工业生产者购进价格总指数 Purchasing Price Indices of Industrial Producers	**112.4**	**108.1**	**107.7**	**98.6**	**109.2**
燃料、动力类 Fuel and Power	137.2	125.6	108.1	92.1	120.0
黑色金属材料类 Ferrous Metals Material	102.4	103.5	113.5	100.9	124.5
#钢材 Steel	103.6	106.4	109.6	97.9	119.9
有色金属材料和电线类 Nonferrous Metals Material and Wire	109.9	111.3	116.6	104.5	113.1
化工原料类 Raw Chemical Materials	112.2	106.1	110.8	92.7	114.3
木材及纸浆类 Timber and Paper Pulp	97.5	100.7	99.4	98.8	106.2
建筑材料及非金属矿类 Building Materials and Nonmetal Minerals	97.0	105.9	102.8	100.2	102.3
其他工业原材料及半成品类 Other Industrial Raw and Semi-products	105.6	104.8	101.9	100.0	103.3
农副产品类 Agricultural Products	96.2	94.0	117.8	110.6	103.8
纺织原料类 Textile Materials	107.8	102.9	106.9	99.2	103.0

8-6 居民消费价格指数(2021年)
Consumer Price Indices(2021)

单位：以上年为100　　(preceding year=100)

项目	Item	全省 Province	城市 Urban	农村 Rural
居民消费价格指数	**Consumer Price Index**	**100.7**	**100.8**	**100.3**
按商品和非商品分	By Good			
消费品价格指数	Consumption Price Index	100.5	100.6	100.3
服务项目价格指数	Services Price Index	101.0	101.2	100.3
按类别分	By Category			
食品烟酒	Food and Tobacco	98.9	99.0	98.5
衣着	Clothing	101.5	102.1	99.3
居住	Residence	101.3	101.4	100.8
生活用品及服务	Articles and Services	100.7	100.8	100.4
交通通信	Transport and Communication Services	103.7	103.6	104.0
教育文化娱乐	Education,Cultural Services and Recreation	102.0	102.1	101.5
医疗保健	Medicine and Medical Services	100.0	99.9	100.2
其他用品及服务	Others	96.3	96.1	97.0

8-7 居民消费价格分类指数(2021年)
Consumer Price Indices by Category(2021)

单位：以上年为100　　(preceding year=100)

项目	Item	总计 Total	城市 Urban	农村 Rural
居民消费价格总指数	**Consumer Price Index**	**100.7**	**100.8**	**100.3**
食品烟酒	Food,Tobacco and Liquor	98.9	99.0	98.5
食品	Food	97.6	97.7	97.4
粮食	Grain	100.6	100.6	100.7
薯类	Tubers	92.5	91.1	97.3
豆类	Peas and Beans	104.4	104.8	103.3
食用油	Edible Oil	108.0	109.2	105.2
菜及食用菌	Vegetables and edible mushrooms	104.1	104.2	103.8
畜肉类	Livestock Meat	80.4	80.7	79.6
禽肉类	Poultry	97.8	96.9	100.8
水产品	Aquatic Products	105.6	105.2	107.0
蛋类	Eggs	110.5	109.4	114.2
奶类	Dairy	101.6	102.1	99.4
干鲜瓜果类	Dried and Fresh Melons and Fruits	101.2	100.8	103.0
糖果糕点类	Sweets and Cakes	102.1	102.2	101.9
调味品	Flavoring	101.1	101.1	101.3
其他食品类	Other Foods	100.4	100.8	99.4
茶及饮料	Tea and Beverages	99.3	98.8	100.9
烟酒	Tobacco and Liquor	100.3	100.0	101.1
卷烟	Tobacco	100.7	100.3	101.6
酒类	Liquor	99.6	99.5	99.9
在外餐饮	Outside Catering	101.9	102.0	101.0
衣着	Clothing	101.5	102.1	99.3
服装	Garments	101.3	101.8	99.1
鞋类	Shoes	102.7	103.5	100.0
居住	Residence	101.3	101.4	100.8
租赁房房租	Rental Housing Rent	101.1	101.4	99.2
住房保养维修及管理	Housing Maintenance	102.6	102.3	103.4
水电燃料	Water,Electricity ,Fuels	101.4	101.0	102.7
自有住房	Private Housing	101.0	101.4	99.5
生活用品及服务	Daily Necessities and Services	100.7	100.8	100.4
家具及室内装饰品	Furniture and Ornament	101.2	100.0	105.3
家用器具	Household Facilities	100.9	101.2	99.7
家用纺织品	Household Textiles	100.0	100.6	98.2
家庭日用杂品	Daily Use Household Articles	100.3	100.6	99.4
个人护理用品	Personal Care Articles	99.2	99.4	98.3
家庭服务	Domestic Services	103.8	104.0	102.2
交通通信	Transportation and Communication	103.7	103.6	104.0
交通	Transportation	104.9	104.7	105.7
通信	Communication	100.6	100.7	100.4
教育文化娱乐	Education Culture and Recreation	102.0	102.1	101.5
教育	Education	102.7	102.9	102.0
文化娱乐	Culture and Recreation	100.6	100.7	100.0
医疗保健	Health Care	100.0	99.9	100.2
药品及医疗器具	Medicine and Medical Instrument	100.0	99.7	100.8
医疗服务	Health Services	100.0	100.0	100.0
其他用品及服务	Others Articles and Services	96.3	96.1	97.0
其他用品	Other Articles	98.9	99.0	98.9
其他服务	Other Services	93.7	93.5	94.5

注：本表按国家统计局2020年11月制定的《流通和消费价格统计报表制度》进行分类。

Note:This table is classified according to the circulation and consumption price statistical report system formulated by the National Bureau of statistics in November 2020.

8-8 农产品生产者价格指数
Producer Price Indices for Farm Products

单位：以上年为100 (preceding year=100)

项目	Item	2005	2010	2015	2019	2020	2021
总指数	**Total Price Index**	**103.9**	**111.5**	**101.2**	**106.9**	**102.3**	**104.5**
一、农业产品	**Agricultural Products**	**105.1**	**115.3**	**100.8**	**103.8**	**100.1**	**101.9**
谷物	Rice	97.6	107.6	106.3	98.9	102.3	95.6
早籼稻	Early Rice	95.3	103.3	103.4	100.5	102.3	100.0
晚籼稻	Late Rice	96.7	111.2	102.8	101.3	108.9	103.8
薯类	Potato	106.9	121.9	103.0	96.9	113.9	104.1
油料	Oil-bearing Crops	106.3	115.8	101.5	103.3	102.4	105.2
蔬菜	Vegetables			105.3	104.8	101.4	104.8
烤烟叶	Flue-cured Tobacco	101.7	98.5	103.0	104.8	97.3	107.7
食用菌（干鲜混合）	Edible Bacterium	103.0	115.7	96.9	103.3	93.7	95.3
水果	Fruit	108.8	115.2	94.8	112.4	92.8	100.1
茶叶	Tea	101.3	111.5	96.8	96.8	99.2	104.7
二、林业产品	**Forest Products**	**104.0**	**107.6**	**93.3**	**103.2**	**89.1**	**115.2**
原木	Log	104.7	104.3	98.6	100.0	88.2	99.6
竹材	Bamboo	104.1	108.0	87.8	104.3	95.4	105.9
三、饲养动物及其产品	**Breeding Animals and Products**	**100.9**	**101.2**	**108.0**	**128.8**	**119.7**	**85.7**
活猪（毛重）	Pigs	97.4	97.9	111.2	155.0	151.9	62.9
家禽（毛重）	Poultry	104.2	107.0	103.3	110.4	97.0	103.4
四、渔业产品	**Fishery Products**	**103.7**	**113.7**	**100.5**	**98.4**	**95.8**	**116.4**
#海水养殖产品	Seawater Culturing			100.0	97.6	94.2	116.1
海水捕捞产品	Seawater Catching			100.9	101.2	105.0	107.6
淡水养殖产品	Freshwater Culturing			97.4	98.3	91.1	129.0

主要统计指标解释

居民消费价格指数　是反映一定时期内城乡居民所购买的生活消费品和服务项目价格变动趋势和程度的相对数。

商品零售价格指数　是反映一定时期内城乡商品零售价格变动趋势和程度的相对数。

农业生产资料价格指数　是反映一定时期内农业生产资料价格变动趋势和程度的相对数。

农产品生产者价格指数　是反映一定时期内，农产品生产者出售农产品价格水平变动趋势及幅度的相对数。该指数可以客观反映全国农产品生产价格水平和结构变动情况，满足农业与国民经济核算需要。其中某代表品生产价格指数是通过对全部有出售该产品行为的调查单位的个体指数进行几何平均求得的，类价格指数是通过对其所属的类（或代表品）的价格指数进行加权平均求得的。季度累计价格指数的计算方法与分季指数的计算方法相同。

工业生产者出厂价格指数　是反映一定时期内全部工业产品第一次出售时的出厂价格总水平的变动趋势和变动幅度的相对数。

工业生产者购进价格指数　是反映作为中间投入的原材料、燃料、动力购进价格总水平的变动趋势和变动幅度的相对数。

Explanatory Notes on Main Statistical Indicators

Consumer Price Indices are relative figures reflecting the trend and degree of changes in prices of consumer goods and services purchased by urban and rural households during a given period.

Retail Price Indices are relative figures reflecting the trend and degree of changes in retail prices of commodities during a given period.

Price Indices for Means of Agricultural Production are relative figures reflecting the trend and degree of changes in the prices of the means of agricultural production during a given period.

Producer Prices Indices for Farm Products are relative figures reflecting the trend and degree of changes in producers' prices received by farmers when they sell farm products during a given period. These indices depict the change in the level and structure of producer prices for farm products of the country and meet the needs of agricultural statistics and national accounts statistics. The producer price index for a given product is calculated as the geometrical mean of individual indices for all surveyed units which sell such products, and the indices for a product category is obtained as the weighted mean of price indices for all products in the category. Method for calculating accumulative quarterly indices is the same as for calculating the distinctive quarterly indices.

Producer Price Indices for Industrial Products are relative figures reflecting the trend and degree of changes in general ex-factory prices of all manufactured goods for first sale during a given period.

Purchasing Price Indices for Industrial Producers are relative figures reflecting changes in the level and degree of purchasing prices such as intermediate input such as raw materials, fuels and power.

第九篇　城市概况

Chapter 9　General Survey of Cities

资料整理：何祥伟

Database Editor: Hexiangwei

简 要 说 明

本篇资料的主要内容及来源

本篇资料反映我省社会、经济发展和城市建设的规模、效益及综合水平等基本情况，

城市资料主要包括城市公用事业基本情况，主要经济指标，市场设施，园林绿化，环境卫生，供水供气，公用交通等。

全省数据是全省 21 个城市市辖区的汇总数，21 个城市分别是福州市、厦门市、莆田市、三明市、泉州市、漳州市、南平市、龙岩市、宁德市、福清市、永安市、石狮市、晋江市、南安市、龙海市、邵武市、武夷山市、建瓯市、漳平市、福安市、福鼎市。

本篇资料由省统计局能源统计处根据福建省住房和城乡建设厅、交通运输厅和福建省统计局相关处室提供的年度数据整理。

Brief Introduction

Main Content and Source of Data

Data in this chapter show the social and economic development as well as the scale, economic efficiency, overall level and other basic conditions of cities at the prefecture in Fujian Province.

Data on the general survey cities include the basic condition of urban public facilities ,main economic indicators, civil greenery , environment and sanitation ,supply of gas and water ,public transportation ,etc.

The total province data is the sum of 21 cities, 21 cities were Fuzhou、Xiamen、Putian、Shanming、Quanzhou、Zhangzhou、Nanping、Longyan、Ningde、

Fuqing、Yongan、Shishi、Jinjiang、Nan'an、Longhai、Shaowu、Wuyishan、Jian'ou、Zhangping、Fuan and Fuding。

Data on chapter are complied by the Division of Energy of the Fujian Bureau of Statistics according to the data of yearly statistics ,which are provided by the Construction Bureau of Fujian, Transportation Bureau of Fujian and related Departments of Fujian Provincial Bureau of Statistics.

9-1 各城市建设情况(2020年)
Statistics on City Construction by City(2020)

地区	Area	城市面积（平方公里） Area of City (sq km)	#建成区面积 Developed Area	本年征用土地面积（平方公里） Area of The requisition land This Year (sq km)	城市人口密度（人/平方公里） Population Density of City Districts (person/sq.km)	年末实有道路长度（公里） Length of Paved Roads (km)	年末实有道路面积（万平方米） Area of Paved Roads (10000 sq.m)	城市桥梁数量（座） Number of City Bridges (unit)
合 计	**Total**	**3919.08**	**1648.14**	**56.65**	**3545**	**14386**	**26167.50**	**1859**
福州市	Fuzhou	539.38	305.30	2.58	6352	2551	4603.69	585
福清市	Fuqing	224.50	54.00	0.66	1608	441	851.40	30
厦门市	Xiamen	401.94	401.94	23.76	9153	4035	6500.48	325
莆田市	Putian	244.00	102.04	4.94	3223	880	1623.02	165
三明市	Sanming	220.00	40.26	0.67	1147	344	388.80	54
永安市	Yong'an	300.00	24.92	0.00	572	204	373.80	31
泉州市	Quanzhou	539.00	226.00		2534	1669	3690.30	158
石狮市	Shishi	48.00	39.67	0.42	8198	339	733.88	64
晋江市	Jinjiang	111.00	38.01	0.00	2967	501	1283.27	38
南安市	Nan'an	130.00	36.00	2.18	2370	294	510.00	23
漳州市	Zhangzhou	91.51	71.00	1.09	6127	529	1385.40	90
龙海市	Longhai	27.00	23.35	0.15	7770	244	485.12	29
南平市	Nanping	344.72	49.46	0.19	1032	359	466.59	38
邵武市	Shaowu	95.00	25.40	0.28	1107	244	332.30	13
武夷山市	Wuyishan	50.00	14.74	1.20	1982	138	219.13	18
建瓯市	Jian'ou	35.00	16.10		4074	149	193.58	12
龙岩市	Longyan	200.20	75.03	3.70	2483	627	972.60	96
漳平市	Zhangping	45.00	15.00	3.60	2807	148	282.84	8
宁德市	Ningde	107.50	44.60	10.60	3405	362	743.92	20
福安市	Fu'an	41.33	24.47	0.45	4130	177	189.45	17
福鼎市	Fuding	124.00	20.85	0.18	1519	151	337.93	45

9-2 各城市供水情况（2020年）
Basic Statistics on Tap Water Supply in Cities by City(2020)

地区	Area	年底供水综合生产能力(万立方米/日) Production Capacity of Top Water Supply at the Year-end (10000cu.m/day)	年末供水管道长度（公里） Length of Sewage Pipes (km)	全年供水总量（万立方米） Volume of Top Water Supply (10000 cu.m)	#生活用水 Water Consumption for Residential Use	#生产用水 Water Consumption for Productive Use	用水人口（万人） Number of Residents with Access to Tap Water (10000 persons)	人均日生活用水量（升） Per Capital Water Consumption for Residential Use(L)
合　计	**Total**	**889.99**	**31722.18**	**188912.54**	**79223.00**	**38226.25**	**1388.12**	**214.47**
福州市	Fuzhou	211.93	4879.78	42104.95	17978.83	4884.08	342.37	224.16
福清市	Fuqing	28.00	1638.70	6224.18	2237.70	1064.13	36.08	261.67
厦门市	Xiamen	200.40	5167.91	48209.23	19564.00	11669.00	367.88	197.95
莆田市	Putian	37.65	1879.83	9883.83	4520.95	2858.76	78.50	200.38
三明市	Sanming	21.50	1474.03	3255.78	1876.56	486.36	25.24	255.09
永安市	Yong'an	10.00	438.59	2240.28	957.21	525.57	17.17	243.65
泉州市	Quanzhou	80.00	5680.40	17924.72	8660.47	2601.96	136.00	244.35
石狮市	Shishi	64.00	2401.74	12582.23	3228.88	6413.02	39.35	318.35
晋江市	Jinjiang	45.00	857.67	8573.72	1537.67	1587.33	32.93	175.82
南安市	Nan'an	15.00	335.08	1705.16	826.21	477.23	30.81	83.93
漳州市	Zhangzhou	41.59	1220.55	7981.74	3016.47	1813.20	56.07	201.68
龙海市	Longhai	12.00	400.40	1327.00	937.10	30.00	20.98	137.03
南平市	Nanping	21.00	640.19	3967.02	1965.95	510.96	35.53	211.91
邵武市	Shaowu	7.50	283.00	1886.91	1029.01	381.09	10.52	284.86
武夷山市	Wuyishan	4.00	371.03	1237.85	586.15	24.07	9.91	209.10
建瓯市	Jian'ou	4.50	177.56	1219.20	761.48	70.20	14.26	182.09
龙岩市	Longyan	41.20	2783.63	7498.48	3584.81	2028.25	49.65	214.07
漳平市	Zhangping	6.00	154.81	1088.88	617.66	173.00	12.63	136.69
宁德市	Ningde	18.72	486.31	5515.01	2224.65	70.73	36.60	203.07
福安市	Fu'an	8.00	202.78	2046.63	1433.55	192.99	16.85	237.04
福鼎市	Fuding	12.00	248.19	2439.74	1677.69	364.32	18.79	268.84

9-3 各城市排水和污水处理情况（2020年）
Basic Statistics on Drainage and Swage Treatment in Cities by City(2020)

地区	Area	排水管道长度（公里） Length of Sewage Pipes(km)	污水处理厂数（座） Number of Waste Water Treated Factory (unit)	城市污水厂日处理能力（万立方米／日） Per Day Volume of Waste Water Treated (10000 cu.m/day)	污水处理总量（万立方米） Volume of WasteWater Treated (10 000 cu.m)	污水处理率（%） Percentage of Sewage Disposal of City(%)	污水处理厂集中处理率（%） Percentage of Sewage Collection Disposal in Factory of City(%)
合 计	**Total**	**20114**	**55**	**428.46**	**134279.4**	**97.2**	**93.4**
福州市	Fuzhou	4025	9	111.50	35370.88	96.9	95.2
福清市	Fuqing	636	2	18.00	5472.78	95.3	95.3
厦门市	Xiamen	4428	8	100.00	34639.88	100.0	94.6
莆田市	Putian	2694	3	28.50	8281.11	96.7	96.7
三明市	Sanming	296	2	7.00	1463.6	95.3	59.6
永安市	Yong'an	225	1	4.00	1449	96.2	88.6
泉州市	Quanzhou	1412	5	29.00	9178.7	97.5	88.4
石狮市	Shishi	613	1	15.00	4733.08	94.0	94.0
晋江市	Jinjiang	1188	2	20.00	6347.41	95.5	95.5
南安市	Nan'an	392	1	5.00	1556	91.4	91.4
漳州市	Zhangzhou	1127	2	23.50	6120.08	96.3	96.3
龙海市	Longhai	390	1	2.50	929.57	96.0	96.0
南平市	Nanping	375	3	11.00	2729.52	98.3	98.3
邵武市	Shaowu	194	1	4.00	1249.31	94.6	94.6
武夷山市	Wuyishan	287	2	2.50	995.94	94.1	90.4
建瓯市	Jian'ou	115	1	2.40	855.59	95.1	95.1
龙岩市	Longyan	632	3	18.00	6245.32	95.7	95.7
漳平市	Zhangping	184	1	2.00	724.43	95.0	95.0
宁德市	Ningde	426	4	14.20	2843.95	94.5	73.7
福安市	Fu'an	233	1	5.00	1486.79	95.6	95.6
福鼎市	Fuding	241	2	5.36	1606.46	94.0	94.0

9-4 各城市公共交通情况（2020年）
Basic Statistics on Public Transportation in Cities by City(2020)

地区	Area	公交车标准运营车数（标台）Public Vehicles(set)	出租车运营车辆数（辆）Taxis(set)	总客运量（万人次）Total Passengers(10000 person)
合　计	**Total**	**19013**	**19518**	**188358**
福州市	Fuzhou	5388	6605	49450
福清市	Fuqing	613	250	2245
厦门市	Xiamen	5410	5680	78535
莆田市	Putian	1122	323	4711
三明市	Sanming	497	439	8598
永安市	Yong'an	202	151	2159
泉州市	Quanzhou	1510	1676	8458
石狮市	Shishi	204	294	733
晋江市	Jinjiang	563	116	1435
南安市	Nan'an	207	60	751
漳州市	Zhangzhou	618	957	4446
龙海市	Longhai	198	53	542
南平市	Nanping	579	658	6084
邵武市	Shaowu	130	210	999
武夷山市	Wuyishan	166	181	1425
建瓯市	Jian'ou	100	134	641
龙岩市	Longyan	606	190	5647
漳平市	Zhangping	20		53
宁德市	Ningde	503	1053	7875
福安市	Fu'an	205	276	1952
福鼎市	Fuding	174	230	1619

注：总客运量包含公交车、出租车、地铁、轮渡客运量。
Note:Total Passengers include Public Vehicles,Taxis,Subway and Ferry.

9-5 各城市绿地和园林（2020年）
Basic Statistics on Parks and Green Areas in Cities by City(2020)

地区	Area	绿化覆盖面积（公顷）Green Areas (hectare)	#建成区 Green Areas of Developed City	绿地面积（公顷）Green Areas (hectare)	#建成区 Green Areas of Developed City	公园个数（个）Number of Parks and Zoos (unit)	公园面积（公顷）Area of Parks and Zoos (hectare)
合　计	**Total**	**82235**	**73563**	**75283**	**67473**	**716**	**16129**
福州市	Fuzhou	14102	13860	13008	12895	160	4742
福清市	Fuqing	2502	2502	2340	2340	40	485
厦门市	Xiamen	25391	18296	23666	16590	165	3794
莆田市	Putian	4765	4649	4314	4177	55	586
三明市	Sanming	2053	1788	1831	1651	10	209
永安市	Yong'an	1155	1137	1061	1044	8	155
泉州市	Quanzhou	9811	9811	9148	9148	40	843
石狮市	Shishi	1817	1817	1616	1616	9	1211
晋江市	Jinjiang	1674	1674	1519	1519	12	454
南安市	Nan'an	1480	1480	1373	1373	13	398
漳州市	Zhangzhou	3193	3129	2856	2842	37	731
龙海市	Longhai	1107	1009	977	934	16	279
南平市	Nanping	2243	2153	1991	1925	10	319
邵武市	Shaowu	1245	970	929	899	13	191
武夷山市	Wuyishan	680	627	612	573	25	140
建瓯市	Jian'ou	669	662	654	653	15	173
龙岩市	Longyan	3715	3506	3219	3183	45	512
漳平市	Zhangping	787	662	635	596	8	167
宁德市	Ningde	1910	1905	1796	1794	14	410
福安市	Fu'an	1062	1060	944	938	16	180
福鼎市	Fuding	878	868	794	784	5	151

9-6 各城市市容环境卫生情况（2020年）
Basic Statistics on Urban Sanitation in Cities by City(2020)

地区	Area	道路清扫保洁面积（万平方米） Area under Cleaning Program (10000 sq.m)	生活垃圾清运量（万吨） Volume of Garbage Disposal (10000 tons)	市容环卫专用车辆设备总数（辆） Number of Special Vehicles for Environmental Sanitation (unit)	公共厕所（座） Number of Public Lavatories (unit)	#三类以上 Third Grade and Above
合　计	**Total**	**21398.54**	**878.54**	**7342**	**6344**	**5022**
福州市	Fuzhou	4535.36	151.77	1207	654	654
福清市	Fuqing	643.88	39.37	99	197	135
厦门市	Xiamen	4965.46	202.23	3100	2210	1131
莆田市	Putian	2603.98	81.09	563	648	648
三明市	Sanming	265.30	10.92	109	104	98
永安市	Yong'an	190.00	6.77	65	83	83
泉州市	Quanzhou	1990.00	47.14	199	470	470
石狮市	Shishi	536.00	32.08	352	593	574
晋江市	Jinjiang	747.00	75.64	187	280	145
南安市	Nan'an	560.00	49.33	188	121	121
漳州市	Zhangzhou	1351.00	62.58	552	244	244
龙海市	Longhai	162.00	9.04	38	85	85
南平市	Nanping	502.09	15.02	182	99	99
邵武市	Shaowu	197.00	4.34	29	71	51
武夷山市	Wuyishan	326.57	6.29	61	46	46
建瓯市	Jian'ou	162.50	9.00	27	43	42
龙岩市	Longyan	612.50	30.21	115	177	177
漳平市	Zhangping	148.00	5.48	11	27	27
宁德市	Ningde	539.00	21.18	89	87	87
福安市	Fu'an	151.78	7.62	84	38	38
福鼎市	Fuding	316.56	11.46	85	67	67

9-7 各城市设施水平（2020年）
Level of Public Facilities in Cities by City(2020)

地区	Area	城市用水普及率(%) Pecentage of Population with Access to Tap Water(%)	城市燃气普及率(%) Percentage of City Population with Access to Gas(%)	人均城市道路面积(平方米) Per Area of Paved Roads(sq.m)	人均公园绿地面积(平方米) Per Capita Public Green Areas(sq.m)	生活垃圾无害化处理率(%) Percentage of Garbage Disposal with Standard(%)	建成区绿化覆盖率(%) Ratio of Green Areas to City Areas(%)
合　计	**Total**	**99.9**	**99.2**	**18.83**	**14.94**	**100.0**	**44.6**
福州市	Fuzhou	99.9	99.0	13.44	15.39	100.0	45.4
福清市	Fuqing	99.9	99.0	23.58	14.76	100.0	46.3
厦门市	Xiamen	100.0	99.3	17.67	14.60	100.0	45.5
莆田市	Putian	99.8	98.0	20.64	15.97	100.0	45.6
三明市	Sanming	100.0	100.0	15.40	14.84	100.0	44.4
永安市	Yong'an	100.0	100.0	21.77	14.10	100.0	45.6
泉州市	Quanzhou	99.6	99.4	27.02	14.87	100.0	43.4
石狮市	Shishi	100.0	100.0	18.65	14.33	100.0	45.8
晋江市	Jinjiang	100.0	99.0	38.97	13.78	100.0	44.0
南安市	Nan'an	100.0	100.0	16.55	13.37	100.0	41.1
漳州市	Zhangzhou	100.0	99.2	24.71	14.97	100.0	44.1
龙海市	Longhai	100.0	98.5	23.12	16.57	100.0	43.2
南平市	Nanping	99.9	99.8	13.11	14.15	100.0	43.5
邵武市	Shaowu	100.0	100.0	31.59	19.24	100.0	38.2
武夷山市	Wuyishan	100.0	99.9	22.11	15.03	100.0	42.6
建瓯市	Jian'ou	100.0	98.1	13.58	15.08	100.0	41.1
龙岩市	Longyan	99.9	99.5	19.57	16.80	100.0	46.7
漳平市	Zhangping	100.0	99.0	22.39	13.48	100.0	44.1
宁德市	Ningde	100.0	99.5	20.33	15.05	100.0	42.7
福安市	Fu'an	98.7	98.6	11.10	15.07	100.0	43.3
福鼎市	Fuding	99.8	99.2	17.95	9.64	100.0	41.6

主要统计指标解释

供水综合生产能力　指按供水设施取水、净化、送水、出厂输水干管等环节设计能力计算的综合生产能力。包括在原设计能力的基础上，经挖、革、改增加的生产能力。计算时，以四个环节中最薄弱的环节为主确定能力。

年末供水管道长度　指从送水泵到用户水表之间所有管道的长度。但不包括新安装未使用的管道长度。

全年供水总量　指报告期供水企业(单位)供出的全部水量。包括有效供水量和漏损水量。

生活用水量　包括公共服务用水和居民家庭用水。公共服务用水指为城市社会公共生活服务的用水。包括行政事业单位、部队营区和公共设施服务、社会服务业、批发零售贸易业、旅馆饮食业以及其他公共服务业等单位的用水。居民家庭用水指城市范围内所有居民家庭的日常生活用水。包括城市居民、农民家庭、公共供水站用水。

城市人口用水普及率　指城市用水的非农业人口数(不包括临时人口和流动人口)与城市非农业人口总数之比。计算公式为：

用水普及率＝(城市用水的非农业人口数／城市非农业人口数)×100%

人工煤气生产能力　指城市煤气厂制气、净化、输送等环节的综合实际生产能力。

供气管道长度　指报告期末从气源厂压缩机的出口或门站出口至各类用户引入管之间的全部已经通气投入使用的管道长度。不包括煤气生产厂、输配站、液化气储存站、灌瓶站、储配站、气化站、混气站、供应站等厂(站)内的管道。

全年供气总量　指全年燃气企业(单位)向用户供应的燃气数量。包括销售量和损失量。

城市用气普及率　指使用煤气(包括人工煤气、液化石油气、天然气)的城市非农业人口数(不包括临时人口和流动人口)与城市非农业人口总数之比。计算公式为：

城市煤气普及率＝(城市用气的非农业人口数／城市非农业人口总数)×100%

年底实有铺装道路长度　指除土路外，路面经过铺装宽度在3.5米以上的道路，包括高级、次高级道路和普通道路。

城市桥梁　指城市范围内，修建在河道上的桥梁和道路与道路立交、道路跨越铁路的立交桥及人行天桥。包括永久性桥和半永久性桥，不包括临时性桥、铁路桥、涵洞。

城市下水道总长度　指所有排水总管、干管、支管及暗渠、检查井、连接井进出水口等长度之和。

城市污水日处理能力　指污水处理厂每昼夜处理污水量的设计能力。

年末实有公共汽(电)车　指年底可参加营运的全部车辆数，包括营运车辆数和库存查封未参加营运的车辆。不包括非营运车辆，如架线车、油罐车、工程车、货车及其他专用车辆和借入的客运车辆。

城市园林绿地面积　指城市公共绿地、专用绿地、生产绿地、防护绿地、郊区风景名胜区的全部面积。

公共绿地　指供游览休息的各种公园、动物园、植物园、陵园以及花园、游园和供游览休息用的林荫道绿地、广场绿地，不包括一般栽植的行道树及林荫道的面积。

Explanatory Notes on Main Statistical Indicators

Production Capacity of Water Supply refers to the designed comprehensive production capacity of water facilities, covering the 4 links of water collection, purification, conveyance, and outflow through trunk pipelines. Increase capacity through transformation and innovation projects are included as well. The capacity is determined mainly on the weakest of the above-mentioned 4 links.

Length of Water Supply Pipelines at the Year-end refers to the total length of all the pipelines between the water pumps and the user water meters, excluding pipelines newly installed but not used yet.

Annual Volume of Water Supply refers to the total volume of water supplied by water-works (units) during the reference period, including both the effective water supply and loss during the water supply.

Consumption of Water for Residential Use refers to the water consumption of households for daily life and the water consumption of public service facilities. The latter refers to water consumption for urban public services, including the consumption of government agencies and public institutions, military barracks, public facilities, wholesale and retail outlets, restaurants, hotels, and other units providing public services. Household water consumption refers to consumption of water for daily life of all households in the boundary of cities, including households of urban residents and farmers, and public water supply stations.

Percentage of Urban Population with Access to Tap Water refers to the ratio of the urban non-agricultural population (excluing temporary and mobile population) with access to tap water to the total urban non-agricultural population.The formula is:

Percentage of Population with Access to Tap Water =（Urban Non-agricultural Population with Access to Tap Water /Urban Non-agricultural Population）×100%

Production Capacity of Gasworks Gas refers to the actual comprehensive production capacity of the urban gasworks in gas generation, purification and delivery.

Length of Gas Pipelines refers to the total length of pipelines between the outlet of the compressor, blower or gas tank and the gas meters of users. excluding pipelines within gasworks, delivery stations, LPG storage stations, refilling stations, gas-mixing stations and supply stations.

Volume of Gas Supply refers to the total volume of gas sold to users in a year, including the volume sold and the volume lost.

Percentage of Urban Population with Access to Gas refers to the ratio of the urban non-agricultural population with access to gas (including gas, liquefied petroleum gas and natural gas) to the urban non-agricultural population(excluding temporary and mobile population). The formula is:

Percentage of Population with Access to Gas =(Urban Non-agricultural Population with Access to Gas/Urban Non-agricultural Population)×100%

Length of Paved Roads at the Year-end refers to the length of roads with a paved surface, and with a width of more than 3-5 meters, including high quality,medium quality and ordinary roads.

Urban Bridges refer to bridges over river courses, great separated junctions and overpasses in urban areas.Permanent bridges and semi-permanent bridges are included.Temporary bridges,railway bridges and culverts are excluded.

Length of Urban Sewage Pipes refers to the total length of general drainage, trunks. branch and blind drainage, inspection wells, connection wells, inlets and outlets, etc.

Daily Disposal Capacity of Urban Sewage refers to the designed 24 hour capacity of sewage disposal at the sewage treatment works.

Number of Public Vehicles (Buses and Trolley buses) at the Year-end refers to the total number of operational buses available at the year-end, including the year-end operational vehicles and vehicles in stock.Non-operational vehicles such as stringing cars,tank cars,machine shop cars,trucks and other special vehicles and the borrowed passenger vehicles are excluded.

Area of Urban Gardens and Green Areas refers to the total area of urban public green land,special green land,production green land,protection green land and suburban scenic spots.

Public Green Area refers to green areas of various parks, zoos, botanical gardens, cemeteries, amusement parks, tree-flanked boulevards greenland squares for tourism and relaxing.Areas with trees planted along-side the streets and boulevards are excluded.

第十篇　财政金融保险

Chapter 10　Finance,Financial Intermediation and Insurance

资料整理：饶晓燕 王旨

Database Editor:Raoxiaoyan Wangzhi

简 要 说 明

本篇资料的主要内容及来源

本篇资料反映了全省财政收支、金融和保险方面的情况，主要包括财政收入、财政支出、金融机构存贷款、现金收支、保险业务开展等方面的资料。

财政部分的资料来源于省财政厅；金融方面的资料来源于中国人民银行福州分行;保险方面的资料来源于中国银保监会福建监管局、省人力资源和社会保障厅、省医疗保障管理委员会办公室。

本篇资料由省统计局综合统计处、社会和科技统计处根据以上资料整理。

Brief Introduction

Main Content and Source of Data

Data in this chapter show the conditions of local government budgetary finance, banking and insurance, including government revenue and expenditure, credit funds, cash income and expenses, statistics on insurance companies.

Data on local government finance are provided by Fujian Provincial Department of Finance; Data on banking are provided by Fuzhou Branch of the People's Bank of China; Data on insurance are provide by China Bank and Insurance Regulatory Commission of Fujian Bureau, Provincial Human Resource and Social Guarantee Bureau, Provincial Medical Insurance Management Committee Office.

Data in this chapter are collected and compiled by the Division of Comprehensive Statistics and the Division of Social, Science and Technology Statistics of Fujian Provincial Bureau of Statistics on the basic of data from the relative departments.

10-1 一般公共预算收支总额及增长速度

General Public Budgetary Revenue and Expenditure and Their Increase Rates

单位：亿元 (100 million yuan)

年份 Year	一般公共预算总收入 Total Revenue		地方一般公共预算收入 Expenditure of Local Government		一般公共预算支出 Total Expenditure	
	数值 Value	比上年增长(%) Ratio(%)	数值 Value	比上年增长(%) Ratio(%)	数值 Value	比上年增长(%) Ratio(%)
1952	2.20				1.25	
1957	3.22				2.47	
1962	5.07				3.60	
1965	6.60				4.99	
1970	6.45				8.34	
1975	9.59				9.86	
1978	15.13				15.14	
1979	12.72	-15.9			16.03	5.9
1980	15.33	20.5			15.05	-6.1
1981	14.52	-5.3			14.27	-5.2
1982	13.67	-5.9			16.42	15.1
1983	12.37	-9.5			17.55	6.9
1984	16.78	35.7			20.52	16.9
1985	25.08	49.5			30.64	49.3
1986	29.14	16.2			37.62	22.8
1987	33.16	13.8			39.99	6.3
1988	40.16	21.1			49.29	23.3
1989	53.01	32.0			60.48	22.7
1990	57.06	7.6			68.45	13.2
1991	69.70	22.2			78.13	14.1
1992	75.35	8.1			84.50	8.2
1993	110.58	46.8			113.88	34.8
1994	149.66	35.3			137.73	20.9
1995	184.58	23.3	117.37		171.58	24.6
1996	215.11	16.5	142.12	21.1	200.31	16.7
1997	251.30	16.8	162.91	14.6	224.36	12.0
1998	281.42	12.0	187.92	15.4	254.87	13.6
1999	312.57	11.1	208.92	11.2	279.24	9.6
2000	369.67	18.3	234.11	12.1	324.18	16.1
2001	428.33	15.9	274.28	17.2	373.19	15.1
2002	476.20	11.2	272.89	-0.5	397.56	6.5
2003	551.00	15.7	304.71	10.6	452.30	13.8
2004	622.57	13.0	333.52	10.5	516.68	14.2
2005	788.11	26.6	432.60	29.7	593.07	14.8
2006	1012.77	28.5	541.17	25.1	728.70	22.9
2007	1282.84	26.7	699.46	29.2	910.64	25.0
2008	1516.51	18.2	833.40	19.1	1137.72	24.9
2009	1694.63	11.7	932.43	11.9	1411.82	24.1
2010	2056.01	21.3	1151.49	23.5	1695.09	20.1
2011	2597.01	26.3	1501.51	30.4	2198.18	29.7
2012	3008.88	15.9	1776.17	18.3	2607.50	18.6
2013	3430.35	14.0	2119.45	19.3	3068.80	17.7
2014	3828.40	11.6	2362.21	11.5	3306.70	7.8
2015	4144.03	8.2	2544.24	7.7	4001.58	21.0
2016	4295.36	3.7	2654.83	4.3	4275.40	6.8
2017	4604.69	6.9	2809.03	8.7	4684.15	9.1
2018	5045.49	7.4	3007.41	7.1	4832.69	3.2
2019	5147.25	2.0	3052.93	1.5	5077.93	5.1
2020	5158.43	0.2	3079.04	0.9	5216.10	2.7
2021	5743.84	11.3	3383.38	9.9	5210.93	7.5

注：本部分所采用的财政数字均为当年决算定案数。2002年起口径有调整。
Note:Financial figures in this chapter are all final accounts of current year.Since 2002,The Statistic scope had adjusted.

10-2 地方一般公共预算收入
General Public Budgetary Revenue of Local Government

单位：万元 (10000 yuan)

项目 Item	2000	2005	2010	2020	2021
收入合计 Total Revenue	**2341061**	**4326003**	**11514923**	**30790374**	**33833815**
增值税 Value-added Tax	353461	731267	1411033	8393601	9290518
营业税 Operation Tax	582053	1246076	3197000		
企业所得税 Enterprises' Income Tax	321959	542646	1569118	3684936	4545232
个人所得税 Individual Income Tax	247517	274137	563374	1928130	2183292
资源税 Resources Tax	7007	21436	64550	72577	98596
城市维护建设税 Tax on Town Maintenance and Construction	97646	185544	431149	1223138	1423923
房产税 Tax on Real Estates	95496	169576	317362	817361	936442
印花税 Stamp Tax	18309	55267	171193	428873	555629
城镇土地使用税 Tax on the Use of Urban Land	15746	29400	263343	315993	368259
土地增值税 Land Value Added Tax	4326	40785	628057	2296652	2568120
车船税 Tax on the Use of Vehicles and Ships	6055	12662	59863	263037	279800
烟叶税 Tobacco Leaf Tax			32896	63595	67320
耕地占用税 Tax on The Occupancy of Cultivated Land	13474	32003	181050	124226	111346
契税 Contract Tax	55799	209093	770908	2197180	2461456
国有资本经营收入 State-downed Assets Profit			219530	365457	285186
国有资源(资产)有偿使用收入 Income from use of State-downed resources			414662	3012239	3232186
行政性收费收入 Income from Adiministrative Fees	74946	290876	481761	827631	856905
罚没收入 Penalty and Confiscatory Income	101764	213993	292226	906911	975559
专项收入 Expert Project Income	64036	120693	352274	3273577	2963984

10-3 一般公共预算支出
General Public Budgetary Expenditure of Local Government

单位：万元 (10000 yuan)

项目 Item	2010	2015	2018	2020	2021
支出合计 Total Expenditure	**16950906**	**40015778**	**48326930**	**52160979**	**52109259**
一般公共服务 Expenditure for General Public Service	2119124	3080207	4294732	4675189	4558163
外交 Expenditure for Foreign Affairs		10646			577
国防 Expenditure for National Defense	32680	68544	50731	56193	48710
公共安全 Expenditure for Public Safety	1206017	2252409	3388110	3435465	3429762
教育 Expenditure for Operating Expense of Education	3277681	7575096	9250606	10315731	10838450
科学技术 Expenditure for Operating Expense of Department of Science	323057	766007	1152537	1494377	1520033
文化旅游体育与传媒 Expenditure for Culture, Tourism,Sport and Media	271014	848159	847306	1128752	1028265
社会保障和就业 Expenditure for Operating Expense of Social Welfare and Employment	1482366	3417705	4681506	5723365	5878475
卫生健康 Expenditure for Health Care	1175835	3511905	4416958	5219588	5326296
节能环保 Expenditure for Energy Conservation and Environment Protection	397865	955694	1240388	1564246	1375946
城乡社区事务 Expenditure for Neighbourhood Service Centre of Urban and Rural	1076788	3786992	6235168	4224147	4063705
农林水事务 Expenditure for Agriculture , Foresty and Water Conservancy	1603355	4418607	4315149	4500504	3655517
交通运输 Expenditure for Transportation	1252071	3461952	2689926	2340639	2725094
商业服务业等 Expenditure for Commerce and Services	1044916	4080809	5125957	104777	831338

10-4 金融机构人民币各项存款和贷款余额
RMB Deposits and Loans of Financial Institutions

单位：亿元 (100 million yuan)

年份 Year	各项存款 Total Deposits	#住户存款 Household Deposits	#财政存款 Fiscal Deposits	各项贷款 Total Loans	#短期贷款 Short-term Loans	#中长期贷款 Medium-term &Long-term Loans
1990	359.45			381.93		
1991	477.45			453.10		
1992	667.01			589.74		
1993	824.37			774.65	554.06	153.33
1994	1101.81			954.73	698.86	180.89
1995	1451.68			1176.63	860.09	221.09
1996	1901.71			1467.79	1060.12	294.42
1997	2192.74		15.40	1750.38	1279.40	329.60
1998	2557.30		28.11	1942.78	1423.39	368.87
1999	2924.61		41.24	2255.50	1612.59	476.85
2000	3114.32		39.59	2438.82	1728.01	510.32
2001	3614.26		45.94	2864.76	1656.70	902.35
2002	4253.07		55.21	3110.05	1809.88	1065.11
2003	5178.29		51.74	3837.51	2039.25	1422.42
2004	5984.32		92.63	4367.05	2213.05	1799.83
2005	7248.40		128.33	5068.68	2366.93	2350.80
2006	8836.26		219.38	6447.72	2956.98	3203.04
2007	10040.15		328.32	8065.67	3555.92	4318.81
2008	11804.40		457.26	9585.92	3895.16	5146.37
2009	14702.34		549.46	12360.32	5215.58	6625.53
2010	18309.45		678.08	15231.36	6594.50	8372.64
2011	21055.49		834.38	18165.19	7836.03	9906.51
2012	24283.68		741.75	21209.82	9451.96	11133.74
2013	28043.82		905.62	24487.53	10752.70	13137.82
2014	30747.61		1450.40	28417.70	11785.72	15861.63
2015	35576.06	13931.21	1169.62	32132.96	12209.64	18530.82
2016	39275.82	15122.76	1230.32	36356.06	12620.98	21631.79
2017	42794.79	16583.08	1361.81	40484.93	14040.45	25317.11
2018	44677.70	18278.38	1305.78	45173.87	14726.54	28439.09
2019	48754.92	20954.92	1017.18	51396.64	16552.98	32205.10
2020	55160.49	24052.60	1053.15	58589.49	17843.60	37789.18
2021	60557.26	26248.19	1132.22	65920.32	19356.43	42475.16

注：1.2004年起含外资银行。
Note:Since 2004,the data include foreign banks.

10-5 金融机构年末人民币分项存贷款余额(2021年)

RMB Deposits and Loans Balance of Financial Institutions at Year-end by Item(2021)

单位：亿元 (100 million yuan)

项目	Item	数值 Value	比上年增长（%） Ratio(%)
金融机构各项存款余额	**Deposits Balance of Financial Institutions**	**60557.26**	**9.8**
境内存款	Domestic Deposits	59873.37	9.8
住户存款	Household Deposits	26248.19	9.1
#个人活期存款	Personal Demand Deposits	11133.19	3.3
个人定期存款	Time Deposits	9014.81	19.2
个人结构性存款	Structural Deposits	522.20	-22.2
非金融企业存款	Non-financial enterprise Deposits	17894.45	7.8
#企业活期存款	Enterprise Demand Deposits	5792.80	5.2
企业定期存款	Enterprise Time Deposits	2026.54	17.5
企业保证金存款	Enterprise Margin Deposits	1846.56	21.8
企业结构性存款	Enterprise Structural Deposits	1249.62	-34.8
政府存款	Government Deposits		
财政性存款	Fiscal Deposits	1132.22	7.5
非银行业金融机构存款	Non-banking financial institutions Deposits	6617.56	27.3
境外存款	Overseas Deposits	683.90	8.3
金融机构各项贷款余额	**Loans Balance of Financial Institutions**	**65920.32**	**12.5**
境内贷款	Domestic Loans	65432.74	12.3
住户贷款	Household Loans	32813.12	12.5
短期贷款	Short-term Loans	9776.70	14.5
#个人消费贷款	Personal Consumption Loans	5287.66	7.8
个人经营性贷款	Personal Business Loans	4489.04	23.6
中长期贷款	Medium and Long-term Loans	23036.42	11.7
#个人消费贷款	Personal Consumption Loans	18239.50	10.9
个人经营性贷款	Personal Business Loans	4796.92	14.9
企（事）业单位贷款	Government Loans	32465.64	12.9
短期贷款	Short-term Loans	9579.72	3.0
#单位经营贷款	Business Loans	8382.96	3.3
单位固定资产贷款	Fixed Assets Loans	75.35	-2.1
单位并购贷款	M&A Loans	9.00	-61.7
贸易融资	Trade Financing	1096.75	1.6
中长期贷款	Medium and Long-term Loans	19438.74	13.2
#单位经营贷款	Business Loans	4488.59	31.8
单位固定资产贷款	Fixed Assets Loans	14371.89	8.1
单位并购贷款	M&A Loans	464.90	33.3
贸易融资	Trade Financing	113.35	-7.6
融资租赁	Finance Lease	135.25	28.2
票据融资	Bill Financing	3287.70	51.3
各项垫款	Advances	24.22	117.2
非银行业金融机构贷款	Non-banking financial institutions Loans	153.99	-55.7
境外贷款	Overseas Loans	487.58	52.7

10-6 商业保险业务情况
Basic Statistics of Insurance

单位：万元　(10000 yuan)

项目	Item	2005	2010	2015	2020	2021
保险费收入	**Premium Income**	**1490886**	**4236124**	**7775781**	**12422493**	**12956598**
财产保险	Property Insurance	413723	1327403	2745518	3900407	3291276
#机动车辆险	Motor Vehicle Insurance	273882	981696	2070193	2388086	2310482
人身保险	Life Insurance	1077163	2908721	5030263	8522086	9665322
人寿保险	Life Insurance	927841	2616312	4081091	6199780	6631702
健康保险	Health Insurance	121248	228322	784114	2105128	2664171
意外伤害	Accident Insurance	28074	64086	165058	217178	369449
有效保单赔款及给付金额	**Claim and Payment**	**405525**	**1028986**	**2450773**	**3932296**	**4297736**
财产保险	Property Insurance	272304	654417	1472506	2431610	2168654
#机动车辆险	Motor Vehicle Insurance	173923	460282	1068129	1432080	1564968
人身保险	Life Insurance	133222	374569	978267	1500686	2129083
人寿保险	Life Insurance	89362	271750	729538	864984	813190
健康保险	Health Insurance	33285	82822	210014	589349	1207836
意外伤害	Accident Insurance	10575	19997	38716	46353	108056

10-7 社会保险情况
Basic Statistics on Social Insurance

项目	Item	2010	2020	2021
基本养老保险	**Pension Insurance**			
企业职工基本养老保险	Pension Insurance for Staff and Workers of Urban Enterprises			
期末参加基本养老保险职工人数（万人）	Number of Employment Covered at the Year-end(10000 persons)	466.88	894.36	1011.11
期末领取基本养老保险离退休人员人数（万人）	Retirees as Covered at the Year-end (10000 persons)	93.33	159.34	169.13
基本养老保险基金收入（亿元）	Revenue(100 million yuan)	149.55	391.99	729.17
基本养老保险基金支出（亿元）	Expenses(100 million yuan)	135.85	532.89	594.91
基本养老保险基金累计结余（亿元）	Balance(100 million yuan)	104.63	562.49	555.93
机关事业单位基本养老保险	Pension Insurance for Government Agencies and Institutions			
期末参加基本养老保险职工人数（万人）	Number of Staff Covered at the Year-end(10000 persons)	54.93	97.24	99.23
期末领取基本养老保险离退休人员人数（万人）	Number of Retirees at the Year-end(10000 persons)	20.13	49.63	50.49
基本养老保险基金收入（亿元）	Revenue(100 million yuan)	55.32	189.22	334.69
基本养老保险基金支出（亿元）	Expenses(100 million yuan)	52.65	355.42	332.10
基本养老保险基金累计结余（亿元）	Balance(100 million yuan)	36.60	147.67	150.26
城乡居民基本养老保险	Social Endowment Insurance in Urban and Rural			
期末参加基本养老保险人数（万人）	Number of Staff Covered at the Year-end (10000 persons)		1588.16	1597.43
基本养老保险基金收入（亿元）	Revenue(100 million yuan)		130.83	132.94
基本养老保险基金支出（亿元）	Expenses(100 million yuan)		95.30	102.34
基本养老保险基金累计结余（亿元）	Balance(100 million yuan)		230.99	261.59
基本医疗保险	**Insurance for Medical Care**			
期末参加基本医疗保险人数（万人）	Number of Staff Covered at the Year-end (10000 persons)	1226.25	3840.48	3872.06
城镇职工	Urban Workers	554.67	893.13	933.05
城镇居民	Urban Non-Retirees employment	671.58	2947.35	2939.02
基本医疗保险基金收入（亿元）	Revenue(100 million yuan)	113.72	624.88	715.39
城镇职工	Urban Workers	106.22	377.66	447.86
城镇居民	Urban Non-Retirees employment	7.50	247.22	267.53

注：2017年起，城镇居民参加基本医疗保险数据包含新农合数据在内。
Note:Since 2017,Basic Medical Insurance contains New Rural Cooperative medical System.

10-7 续表
Continued

项目	Item	2010	2020	2021
基本医疗保险基金支出（亿元）	Expenses(100 million yuan)	96.01	554.65	618.68
城镇职工	Urban Workers	88.96	314.60	357.82
城镇居民	Urban Non-Retirees employment	7.05	240.05	260.86
基本医疗保险基金累计结余（亿元）	Balance(100 million yuan)	174.86	866.89	963.60
城镇职工	Urban Workers	169.99	763.98	854.02
城镇居民	Urban Non-Retirees employment	4.87	102.91	109.58
职工基本医疗保险基金收缴率（%）	Insurance Paid Rate(%)	99.29	98.83	
失业保险	**Unemployment Insurance**			
期末参加失业保险人数（万人）	Number of Population Covered at the Year-end (10000 persons)	374.18	664.41	716.70
期末领取失业保险金人数（万人）	Number of Beneficiaries Unemployment Insurance at the Year-end(10000 persons)	3.17	6.34	5.97
失业保险基金收入（亿元）	Revenue(100 million yuan)	11.63	18.70	30.80
失业保险基金支出（亿元）	Expenses(100 million yuan)	5.60	66.87	45.14
失业保险基金累计结余（亿元）	Balance(100 million yuan)	52.25	98.86	84.52
工伤、生育保险	**Insurance for Work Injury and Maternity**			
期末参加工伤保险的城镇企业职工人数（万人）	Contributors of Work Injury Insurance at the Year-end(10000 persons)	417.74	936.85	984.39
工伤保险基金收入（亿元）	Revenue of Work Injury Insurance(100 million yuan)	5.90	10.40	27.83
工伤保险基金支出（亿元）	Expenses of Work Injury Insurance(100 million yuan)	2.86	24.22	28.88
工伤保险基金累计结余（亿元）	Balance of Work Injury Insurance(100 million yuan)	22.37	49.02	47.97
期末参加生育保险的职工人数（万人）	Beneficiaries of Maternity at the Year-end (10000 persons)	374.41	676.58	711.11
生育保险基金收入（亿元）	Revenue of Maternity Insurance(100 million yuan)	4.32	19.32	24.96
生育保险基金支出（亿元）	Expenses of Maternity Insurance(100 million yuan)	2.95	21.33	19.12

10-8 各设区市商业保险业务情况(2021年)
Statistics of Insurance Business by City(2021)

单位：万元 (10000 yuan)

地区	Area	保险费收入 Premium Income	财产保险 Property Insurance	人身保险 Life Insurance	人寿保险 Life Insurance	健康保险 Health Insurance	意外伤害 Accident Insurance
福建省	**Fujian**	**12956598**	**3291276**	**9665322**	**6631702**	**2664171**	**369449**
福州市	Fuzhou	3798903	964419	2834484	1928143	804720	101621
厦门市	Xiamen	2438681	723218	1715463	1218229	425749	71485
莆田市	Putian	2617570	621249	1996321	1404907	513258	78157
三明市	Sanming	922437	248885	673552	443173	201786	28593
泉州市	Quanzhou	743560	142813	600748	403955	181990	14802
漳州市	Zhangzhou	578251	141519	436732	317978	103616	15138
南平市	Nanping	583687	125560	458127	311334	132702	14090
龙岩市	Longyan	639515	183221	456295	302142	130145	24008
宁德市	Ningde	633994	140392	493602	301841	170205	21556

10-8 续表
Continued

单位：万元 (10000 yuan)

地区	Area	有效保单赔款及给付金额 Claim and Payment	财产保险 Property Insurance	人身保险 Life Insurance	人寿保险 Life Insurance	健康保险 Health Insurance	意外伤害 Accident Insurance
福建省	**Fujian**	**4297736**	**2168654**	**2129083**	**813190**	**1207836**	**108056**
福州市	Fuzhou	1397373	657267	740106	205412	504720	29974
厦门市	Xiamen	827161	513349	313813	153019	136147	24647
莆田市	Putian	710628	367734	342894	173260	149927	19708
三明市	Sanming	321350	164065	157285	65334	83859	8092
泉州市	Quanzhou	224878	95770	129108	42373	83277	3458
漳州市	Zhangzhou	186321	87034	99287	52138	42088	5061
南平市	Nanping	200874	86031	114843	43429	66799	4615
龙岩市	Longyan	224856	113964	110891	41982	62115	6794
宁德市	Ningde	204295	83440	120855	36244	78905	5706

10-9 各设区市主要社会保险参保人数(2021年)
Basic Statistics on Social Insurance by City(2021)

单位：万人　(10000 persons)

地区	Area	参加城镇职工基本养老保险人数 Basic Pension Insurance in Urban	参加城乡居民基本养老保险人数 Social Endowment Insurance in Urban and Rural	参加基本医疗保险人数 Basic Medical Insurance	参加失业保险人数 Unemployment Insurance	参加工伤保险人数 Work Injury Insurance	参加生育保险人数 Maternity Insurance
全　省	Total	1329.96	1597.43	3872.06	716.70	984.39	711.11
省　直	Province	58.75		38.60		24.14	26.87
福州市	Fuzhou	246.78	252.29	689.33	154.35	196.01	132.75
#平潭	Pingtan	6.36	20.07	40.48	3.55	6.55	3.45
厦门市	Xiamen	330.85	25.79	457.20	270.33	273.22	270.90
莆田市	Putian	50.89	173.63	326.97	28.22	52.93	24.55
三明市	Sanming	65.70	125.38	261.66	27.54	47.41	23.67
泉州市	Quanzhou	207.82	375.57	719.48	89.86	131.54	88.91
漳州市	Zhangzhou	126.74	225.66	483.86	53.54	85.85	53.79
南平市	Nanping	74.78	137.18	286.56	26.29	63.31	21.51
龙岩市	Longyan	82.80	140.25	279.97	33.73	51.30	33.08
宁德市	Ningde	84.85	141.68	328.44	32.84	58.68	35.08

注：1.参加城镇职工基本养老保险人数包含参保职工人数和领取基本养老保险金离退休人员人数。
2.基本医疗保险参保人数含参加医保的城乡居民、企业、事业、机关职工及退休人员。

Note:a)Number of People Participated in Urban Employees Basic Pension Insurance includes Urban Employees and Retirees Beneficiary of Pension Insurance.
b)Basic Medical Insurance contains Urban and Rural residents participating in health insurance.

10-10 各设区市城镇职工基本养老保险人数(2021年)
Basic Statistics on the Coverage of Basic Insurance in Urban area by City(2021)

单位：万人　(10000 persons)

地区	Area	参加城镇职工基本养老保险职工人数 Population Covered Pension Insurance in Urban	参加企业职工基本养老保险人数 Covered Enterprises Pension Insurance in Urban	参加机关事业单位基本养老保险人数 Covered Institutions and state organs Insurance	期末领取基本养老保险金离退休人员人数 Retirees Beneficiary of Pension Insurance at the Year-end	企业单位领取人数 Enterprises	机关事业单位领取人数 Institutions and State Organs
全　省	Total	1110.33	1011.11	99.23	219.62	169.13	50.49
省　直	Province	41.18	27.75	13.43	17.56	10.72	6.84
福州市	Fuzhou	201.16	187.36	13.80	45.61	37.37	8.24
#平潭	Pingtan	4.84	4.02	0.82	1.52	1.00	0.52
厦门市	Xiamen	291.46	282.50	8.96	39.39	36.21	3.18
莆田市	Putian	41.75	34.99	6.76	9.15	6.06	3.09
三明市	Sanming	45.94	37.88	8.06	19.76	15.21	4.55
泉州市	Quanzhou	189.85	175.08	14.78	17.96	12.26	5.70
漳州市	Zhangzhou	104.40	94.17	10.23	22.35	17.29	5.06
南平市	Nanping	52.18	44.82	7.36	22.59	17.29	5.30
龙岩市	Longyan	69.89	62.23	7.65	12.92	8.65	4.27
宁德市	Ningde	72.53	64.33	8.20	12.32	8.06	4.26

主要统计指标解释

地方一般公共预算收入 属于地方财政的收入包括营业税，地方企业所得税，个人所得税，城镇土地使用税，固定资产投资方向调节税，城镇维护建设税，房产税，车船使用税，印花税，屠宰税，牧业税，耕地占用税，契税，增值税25%部分，证券交易税(印花税)50%部分和除海洋石油资源税以外的其他资源税。

一般公共预算支出 包括地方行政管理和各项事业费，地方统筹的基本建设、技术改造支出，支援农村生产支出，城市维护和建设经费，价格补贴支出等。

信贷资金 指金融机构以信用方式积聚和分配的货币资金。金融机构信贷资金的来源有各项存款、对国际金融机构负债、流通中货币、银行自有资金及当年结益等；信贷资金的运用有各项贷款、黄金占款、外汇占款、财政借款及在国际金融机构中的资产等。

存款 指企业、机关、团体或居民根据资金必须收回的原则，把货币资金存入银行或其他信用机构保管并取得一定利息的一种信用活动形式。根据存款对象的不同可划分为企业存款、财政存款、机关团体存款、基本建设存款、城镇储蓄存款、农村存款等科目。它是银行信贷资金的主要来源。

贷款 指银行或其他信用机构根据资金必须归还的原则，按一定利率，为企业、个人等提供资金的一种信用活动形式。我国银行贷款分为流动资金贷款、固定资产贷款、城乡个体工商户贷款以及农业贷款等科目。

保费 指投保人为取得保险人在约定范围内所承担赔偿责任而支付给保险人的费用。

赔款 指保险人根据保险合同的规定，向被保险人支付的赔偿保险责任损失的金额。

给付 包括死伤医疗给付和满期给付。死伤医疗给付是指保险人根据人寿保险及长期健康保险合同的规定，因被保险人在保险期内发生保险责任范围内的保险事故支付给被保险人(或受益人)的金额。满期给付是指被保险人生存期满，保险人按人寿保险合同规定支付给被保险人的满期保险金额。

城镇职工基本养老保险 参保职工人数：指报告期末参加城镇职工基本养老保险并在社保经办机构已建立缴费记录档案的职工人数,包括中断缴费但未终止养老保险关系的职工人数,不包括只登记未建立缴费记录档案的人数。

离退休人员人数:指报告期末参加城镇职工基本养老保险的离休、退休和退职人员的人数。

城乡居民基本养老保险 参加城乡居民基本养老保险人数：指报告期末,参加城乡居民养老保险(在经办机构参保登记并已建立缴费记录以及制度实施当年已经年满60周岁并在经办机构参保登记)的人数(不包括已经办理注销登记手续的人数)。

基本医疗保险 参加基本医疗保险人数：指报告期末参加职工基本医疗保险和城乡居民基本医疗保险人员的合计。

失业保险 参加失业保险人数: 指报告期末按照国家法律、法规和有关政策规定参加了失业保险的城镇企业事业单位的职工及地方政府规定参加失业保险的其他人员的人数。

Explanatory Notes on Main Statistical Indicators

Revenue of the Local Governments The revenue of the local governments includes business tax, income tax of the enterprises subordinate to the local government, personal income tax, tax on the use of urban land, tax on the adjustment of the investment in fixed assets, tax on town maintenance and construction, tax on real estates, tax on the use of vehicles and ships, stamp tax, slaughter tax, tax on animal husbandry, tax on the occupancy of cultivated land, contract tax, 25% of the value added tax, 50% of the tax on stock dealing (stamp tax) and tax on resources other than the ocean petroleum resources.

Expenditure of the Local Governments The expenditure of the local governments includes mainly the administrative expenses and various operating expenses at the vel of local governments, the expenditure for capital construction and technological innovation with the funds raised by the local government, expenditure for supporting rural production, expenditure for city maintenance and construction and expenditure for price subsidies, etc.

Credit Funds refer to the funds issued as loans by banking institutions. The sources of credit funds of the banking institutions included deposits, liabilities to international financial institutions, currency in circulation, self-owned funds and current retained profits, etc. The credit funds can be used in forms of loans, gold, foreign exchange, government debt and assets in the international financial institutions.

Deposit is a form of credit by which enterprises, institutions, organizations or households can put money into banks and other credit institutions for safekeeping and interest earning under the principle of free withdrawal. According to different depositors, deposits are divided into enterprise deposits,treasury deposits, deposits of government agencies and organizations,capital construction deposits, urban savings deposits, rural deposits and other deposits. Deposits are major sources of the credit funds of banks.

Loan is a form of credit by which banks and other credit institutions provide funds at certain interest rate to enterprises and individuals in the light of the principle of unconditional repayment. Loans from Chinese banks include circulating capital loans, fixed assets loans, loans to urban and rural individuals engaged in industrial and commercial business and agricultural loans.

Premium is the fee paid by the insurant to the insurer to obtain the obligation of compensation from the insurance within the agreed terms.

Settled Claim is the compensation paid by the insurer to the insurant in accordance with the insurance contract.

Payment includes payment for death, injury or medical treatment and mature payment. Payment for death, injury or medical treatment refers to the money paid to the insurant (or the beneficiary) in accordance with the life or health insurance contract when the insurant encounters accidents within the insured period covered in the contract. Mature payment refers to the mature payment to the insurant in accordance with the life insurance contract at the end of the insured period.

Basic Endowment Insurance for Urban Employees Number of insured employees: refers to the number of employees participating in the basic endowment insurance for urban employees and having established payment record files in the social security agency at the end of the reporting period, including the number of employees who have interrupted payment but not terminated the endowment insurance relationship, excluding the number of employees who have only registered but not established payment record files.

Number of retirees: refers to the number of retirees participating in the basic endowment insurance for urban employees at the end of the reporting period.

Basic Endowment Insurance for Urban and Rural Residents Number of people participating in the basic endowment insurance for urban and rural residents: refers to the number of people participating in the endowment insurance for urban and rural residents at the end of the reporting period (who have been registered in the insurance agency and have established payment records and who have reached the age of 60 and registered in the insurance agency in the year when the system was implemented) (excluding the number of people who have gone through the cancellation of registration procedures).

Basic Medical Insurance Number of people participating in basic medical insurance: refers to the total number of people participating in basic medical insurance for employees and basic medical insurance for urban and rural residents at the end of the reporting period.

Unemployment Insurance Number of people participated in unemployment insurance program: number of staff and workers in urban enterprises or institutions and other people according to local government regulations participated in unemployment insurance program in line with national law, regulations and related policies by the end of the reference period.

第十一篇　农业

Chapter 11　Agriculture

资料整理：吴新榕 严可宁 周万春 郑骁喆 郭宏杨

Database Editor: Wuxinrong Yankening Zhouwanchun Zhengxiaozhe Guohongyang

简 要 说 明

本篇资料的主要内容及来源

本篇资料反映了全省农业生产和农村经济的基本情况，主要包括农林牧渔业总产值、增加值，农村劳动力，主要农产品产量，农业机械年末拥有量，农村电气化以及农田水利建设等方面的统计资料。

本篇资料的统计范围包括省内所属的各种经济类型、各个系统的全部农林牧渔业生产单位以及各非农行业附属的农林牧渔业生产活动单位。军委系统的农业生产（除军马外）也包括在内，但不包括农业科学试验机构进行的农业生产。

本篇资料中 2003 年及以后年份的农林牧渔业总产值、增加值按新口径计算。即取消农业中种植业和其他农业的分类，将原属于其他农业的农民家庭兼营商品性工业剔除，作为附记指标统计；林业中竹木采运统计范围由村及村以下改为全社会；增加农林牧渔服务业统计;2010 年起执行 2010《统计用品分类目录》，坚果类划归农业，采集野生植物划归林业。2007-2017 年主要农产品的生产情况以及农林牧渔业产值等数据，以全省第三次农业普查数据为基础，进行了核定和修订。

本篇资料来源于农村综合统计年报，由省统计局农村统计处和国家统计局福建调查总队农业调查处、农村调查处整理提供。

Brief Introduction

Main Content and Source of Data

Data in this chapter show the basic conditions of agricultural production and rural economy, mainly including agricultural output, value added, rural labor force, output of main agricultural produces, cultivated land, agricultural machinery and basic construction on irrigation and drainage.

The coverage of the comprehensive statistical reporting includes all productive units of farming, forestry, animal husbandry and fishery and those related non agricultural affiliated units with various ownership and the activities of horse raising for military purpose and those undertaken by agricultural research institutions are excluded.

Since 2003, data on the gross output value and value added have been calculated under the new classification of economic activities. Crop plantation and other agricultural activities have been excluded according to the classification. Value of industrial output by rural households is not included in agriculture and used only as supplementary indicators. Since 2010, we carry out the product of category statistics,nut fruits belongs to farming and collection of wild plants belongs to forestry. Transport of bamboo and timber cover all the units related. Services to farming, forestry, animal husbandry are included in farming In order to be comparable; data on Farming, Forestry, Animal Husbandry and Fishery in from 2007 to 2017 have been adjusted according to the data obtained from the Third National Agricultural Census.

Data in this chapter are based on the statistical reporting summary tables and are prepared and compiled by the Division of Countryside Statistics of Fujian Provincial Bureau of Statistics, Agricultural Investigation Division and Rural Investigation Division of Survey Office of the National Bureau of Statistics in Fujian.

11-1 农村基层组织和农业基础设施
Basic Rural Units and Agricultural Fundamental Facilities

项目 Item	2000	2005	2010	2020	2021
农村基层组织情况					
Basic Rural Units					
乡(镇)政府（个）	942	934	929	922	907
Township and Town Governments(unit)					
乡政府	365	341	334	263	252
Township Governments					
镇政府	577	593	595	659	655
Town Governments					
村民委员会（个）	14988	14630	14434	14280	14270
Villagers' Committees(unit)					
农村劳动力资源情况					
Resource of Rural Labour					
乡村劳动力资源总数（万人）	1367.65	1490.55	1579.32	1641.03	1621.52
Amount Resource of Rural Labour(10000 persons)					
乡村从业人员（万人）	1253.46	1320.51	1395.81	1407.96	1388.81
Actual Employment in Rural(10000 persons)					
按性别分					
By Male					
男	674.32	712.20	752.57	758.74	748.34
Male					
女	579.15	608.31	643.23	649.23	640.47
Female					
#农林牧渔业从业人员	778.07	699.67	623.73	570.99	558.90
Employment of Agriculture, Forestry,Animal Husbandry and Fishery					
农业机械使用					
Use of Motorized Cultivation					
机耕地面积（千公顷）	405.49	421.85	908.68	951.11	983.45
Cultivated Areas by Tractors(1000 hectare)					
机械播种面积（千公顷）	1.95	0.75	25.77	258.33	287.54
Sown Area by Machinery(1000 hectare)					
机械收获面积（千公顷）	18.48	64.25	222.74	601.47	625.72
Cut Area by Machinery(1000 hectare)					
化肥施用量（万吨）					
Consumption of Chemical Fertilizer(10000 tons)					
按折纯量计算	123.33	122.02	121.04	100.81	96.63
By Pure					
氮肥	55.66	51.29	47.74	36.80	34.62
Nitrogenous Fertilizer					
磷肥	16.83	16.48	17.06	14.11	13.51
Phosphate Fertilizer					
钾肥	23.78	24.41	24.67	19.66	18.89
Potash Fertilizer					
复合肥	27.07	29.84	31.56	30.23	29.61
Compound Fertilizer					
农用塑料薄膜使用量（万吨）	**2.12**	**3.60**	**5.71**	**5.18**	**4.63**
Consumption of Agricultural Plastic Film(10000 tons)					
#地膜使用量	0.98	1.65	2.66	2.55	2.50
Consumption of Agricultural Plastic Film					
农用柴油使用量（万吨）	**47.95**	**74.19**	**83.17**	**78.35**	**78.04**
Consumption of Agricultural Diesel(10000 tons)					

11-2 农业机械化情况
Statistics on Agriculture Machinery

项目 Item	2000	2005	2010	2020	2021
农业机械动力（万千瓦）	**873.28**	**999.99**	**1206.16**	**1260.20**	**1270.52**
Total Agricultural Machinery(10000kw)					
柴油发动机	700.59	810.27	891.66	769.01	770.45
Diesel Engines					
汽油发动机	38.46	37.47	64.01	193.61	198.37
Petrol Engines					
电动机	133.85	152.25	250.47	297.56	301.69
Electric Engines					
其他机械	0.38		0.03	0.02	0.02
Other					
农业机械拥有量					
Major Agricultural Machinery and Equipment					
大型拖拉机（台）				384	410
Large Tractors(set)					
大型拖拉机动力（万千瓦）				3.23	3.41
Capacity(10000kw)					
中型拖拉机（台）				5453	5679
Medium Tractors(set)					
中型拖拉机动力（万千瓦）				22.88	24.19
Capacity(10000kw)					
小型拖拉机（台）	153250	98806	107739	81347	77978
Mini-tractors(set)					
小型拖拉机动力（万千瓦）	158.70	94.01	107.02	90.20	87.20
Capacity(10000kw)					
联合收割机（台）	577	1253	4411	11002	11338
Combine Harvesters(set)					
联合收割机动力（万千瓦）	0.80	3.02	15.48	47.74	49.73
Capacity(10000kw)					
机动脱粒机（台）	46512	59932	93484	105772	108036
Motorized Threshing Machines(set)					
养殖渔船（艘）				28693	31185
Breeding Fishing Boats(set)					
捕捞渔船（艘）				21963	21856
Fishing Boats(set)					
机电井（眼）	14781	15794	17866	312609	293444
Electrical Wells(set)					

11-3 农业生产条件

Agricultural Production Basic Conditions

年份 Year	农业机械动力（万千瓦） Total Power of Agricultural Machinery (10000 kw)	耕地灌溉面积（千公顷） Irrigated Area (1000 hectare)	化肥施用量（吨） Consumption of Chemical Fertilizers (ton)	农药使用量（吨） Consumption of Chemical Pesticides (ton)	农村用电量（万千瓦小时） Electricity Consumed in Rural Area (10000 kwh)	农用塑料薄膜使用量（吨） Plastic Film Use for Agriculture (ton)
1952	0.25	643.33	7000			
1957	1.97	774.00	20300			
1962	6.83	950.00	24300			
1965	15.07	1066.67	80800		3900	
1970	34.64	852.00	105800		9800	
1975	87.83	904.21	118600		32239	
1978	167.72	862.55	212800		48946	
1979	204.60	878.63	295075		57597	
1980	240.19	933.07	369918		64315	
1981	271.27	836.05	389908		71252	
1982	310.76	812.62	455196		79882	
1983	323.99	822.90	475615		80056	
1984	344.42	804.22	502265		89244	
1985	374.85	925.00	491010		112380	
1986	455.77	917.62	572200		146500	
1987	508.10	921.66	624300		140600	
1988	546.94	924.00	670606		165286	
1989	574.17	910.61	749095		200384	
1990	587.09	933.63	763900	30400	203900	7200
1991	614.44	939.67	807194	34082	233902	10996
1992	645.62	943.87	930581	34769	269194	10510
1993	693.50	945.20	922399	37305	291718	13371
1994	729.70	937.57	1014537	42236	360372	17229
1995	757.25	936.52	1049699	48000	456814	18423
1996	786.49	935.18	1109907	55161	500352	25467
1997	792.42	933.66	1164151	52281	578096	21455
1998	818.42	931.88	1180778	50298	609966	19246
1999	838.71	932.23	1243322	56387	650923	19589
2000	873.28	940.18	1233311	51777	724290	21152
2001	889.59	942.35	1173704	52841	868090	22697
2002	915.84	938.80	1199068	55313	1065019	25553
2003	951.91	939.95	1202870	55266	1184550	26491
2004	980.99	941.45	1216646	53503	1375738	29538
2005	999.99	949.71	1220157	56044	1605843	36023
2006	1027.83	950.48	1209000	56498	1720000	48452
2007	1063.08	952.91	1196930	56951	1834388	60881
2008	1112.47	955.45	1186741	57500	2096791	61800
2009	1175.01	960.12	1206801	57844	2300894	58350
2010	1206.16	964.77	1210372	58238	2574895	57053
2011	1250.81	967.48	1209317	58276	2705792	57814
2012	1286.80	1120.98	1208660	57846	3128548	58692
2013	1336.76	1122.42	1205733	57804	3466813	59154
2014	1368.41	1118.78	1226138	56391	3676659	60932
2015	1384.13	1061.65	1238017	55770	3810646	62067
2016	1269.09	1055.37	1238417	55387	3844476	62424
2017	1232.42	1064.84	1163227	52167	3883797	62415
2018	1228.27	1085.18	1107377	49143	4038675	60002
2019	1237.73	1076.78	1062630	45477	4179238	58507
2020	1260.20	1110.42	1008056	43163	4450731	51824
2021	1270.52	1071.05	966342	41689	4532324	46304

11-4 农作物播种面积
Total Sown Areas of Farm Crops

单位：千公顷 (1000 hectares)

年份 Year	合计 Total	粮食作物 Grain Crops	#谷物 Cereal	#稻谷 Rice	非粮作物 Non-grain Crops	#油料作物 Oil-Bearing Crops
1952	2109.80	1938.87	1537.27	1431.07	170.93	93.81
1957	2377.67	2148.73	1646.67	1474.49	228.94	106.71
1962	2061.27	1897.60	1448.87	1303.49	163.67	74.26
1965	1976.27	1726.13	1425.40	1316.40	250.14	79.60
1970	2350.53	2000.47	1611.61	1477.67	350.06	
1975	2756.40	2290.87	1892.23	1715.40	465.53	106.08
1978	2701.05	2213.13	1879.52	1689.13	487.92	108.39
1979	2662.27	2149.54	1843.79	1670.13	512.73	126.43
1980	2573.93	2175.55	1800.39	1673.87	398.38	130.30
1981	2526.59	2137.51	1782.74	1650.77	389.08	135.65
1982	2469.47	2083.54	1729.99	1613.19	385.93	135.24
1983	2428.38	2008.99	1738.06	1617.99	419.39	108.36
1984	2386.71	2017.04	1686.64	1587.18	369.67	102.50
1985	2335.71	1888.49	1568.08	1477.22	447.22	105.71
1986	2401.03	1897.72	1602.25	1484.61	503.31	107.76
1987	2543.93	1961.53	1653.20	1493.69	582.40	119.54
1988	2588.62	1961.95	1606.84	1483.25	626.67	113.09
1989	2656.64	2045.34	1647.45	1509.22	611.30	109.20
1990	2745.92	2080.57	1657.72	1512.30	665.35	111.69
1991	2826.85	2087.23	1641.69	1492.51	739.62	115.11
1992	2881.05	2085.05	1628.47	1476.97	796.00	116.76
1993	2786.95	1967.21	1502.76	1383.12	819.74	114.22
1994	2800.97	2002.25	1512.07	1402.60	798.72	114.36
1995	2835.09	2017.35	1510.46	1406.25	817.74	118.19
1996	2900.75	2031.85	1507.09	1405.19	868.90	121.62
1997	2943.63	2041.29	1501.25	1401.53	902.34	119.56
1998	2918.81	2028.64	1484.80	1387.95	890.17	119.81
1999	2915.41	2009.52	1466.49	1373.21	905.89	121.62
2000	2793.25	1828.51	1303.21	1222.31	964.74	125.04
2001	2713.07	1725.72	1227.13	1156.57	987.35	123.65
2002	2661.37	1630.28	1146.67	1082.98	1031.09	121.87
2003	2486.90	1424.40	1016.87	957.88	1062.50	123.48
2004	2457.12	1389.77	1036.27	975.54	1067.36	125.10
2005	2392.92	1308.41	1003.53	937.78	1084.52	122.40
2006	2236.35	1226.94	932.99	890.25	1009.42	105.95
2007	2106.95	1160.24	891.50	851.63	946.71	96.67
2008	2053.15	1129.43	866.78	827.71	923.73	97.31
2009	2007.47	1109.75	851.32	814.63	897.72	95.29
2010	1941.20	1073.17	825.04	789.59	868.04	91.74
2011	1878.36	1032.07	799.42	765.49	846.29	88.03
2012	1801.75	976.15	768.59	734.70	825.60	84.58
2013	1758.29	943.71	744.72	711.49	814.59	81.68
2014	1703.13	908.38	718.57	686.40	794.75	79.05
2015	1658.18	874.20	692.99	659.91	783.98	76.48
2016	1589.33	832.83	661.96	630.90	756.50	73.46
2017	1592.10	833.22	660.19	628.59	758.88	72.46
2018	1621.42	833.51	653.23	619.61	787.91	75.42
2019	1648.03	822.43	634.00	599.23	825.60	77.51
2020	1682.00	834.43	639.17	601.72	847.57	79.31
2021	1705.65	835.13	637.75	599.35	870.52	80.44

11-5 粮食作物播种面积
Sown Areas of Grain Crops

单位：千公顷 (1000 hectares)

项目	Item	2000	2005	2010	2020	2021
总　计	**Total**	**1828.51**	**1308.41**	**1073.17**	**834.43**	**835.13**
按品种分	By Crop					
#稻谷	Rice					
早稻	Early Rice	414.30	267.94	192.14	97.70	97.04
中稻	Middle Rice	393.59	295.91	286.37	258.43	258.10
晚稻	Late Rice	414.41	373.92	311.08	245.59	244.22
小麦	Wheat	38.68	4.32	1.46	0.08	0.07
甘薯	Sweet Potato	280.73	179.33	136.45	102.91	105.44
马铃薯	Potato	88.56	69.97	57.58	49.96	49.34
玉米	Corn	36.84	39.12	30.47	33.05	33.99
大豆	Soybean	105.38	63.02	42.99	34.36	34.58

11-6 非粮作物播种面积
Sown Areas of Non-grain Crops

单位：千公顷 (1000 hectares)

项目	Item	2000	2005	2010	2020	2021
总计	**Total**	**964.74**	**1084.52**	**868.04**	**847.57**	**870.52**
油料	Oil-bearing Crops	125.04	122.40	91.74	79.31	80.44
#花生	Peanuts	106.05	107.16	83.06	73.18	73.74
油菜籽	Rape Seeds	17.40	13.76	7.63	5.72	6.34
芝麻	Sesame	1.41	1.25	0.70	0.26	0.27
甘蔗	Sugarcane and Fruitcane	14.40	14.93	8.91	4.90	5.16
麻类	Fiber Crops	0.33	0.14		0.01	0.00
烟叶	Tobacco	55.30	66.78	59.86	47.53	49.08
#烤烟	Flue-cured Tobacco	53.72	65.85	59.49	47.47	49.01
莲籽	Lotus Seed	6.70	5.40	5.55	3.42	3.85
蔬菜	Vegetables	538.12	632.05	578.89	596.98	611.11
西瓜	Watermelon	25.41	29.46	23.43	16.17	16.00
绿肥	Green Manure	71.82	43.53	17.06	9.09	9.64
青饲料	Greenfeed	58.24	62.18	17.74	3.15	3.35

11-7 水产品养殖面积
Culture Areas of Aquatic Products

单位：千公顷 (1000 hectares)

项目	Item	2000	2005	2010	2020	2021
总 计	**Total**	**221.46**	**205.62**	**231.47**	**250.25**	**250.75**
海水养殖	Seawater Culturing	130.28	124.01	137.64	163.14	164.64
#滩涂养殖	Beach Culturing	57.64	54.09	55.21	45.04	42.52
淡水养殖	Freshwater Culturing	91.18	81.61	93.83	87.10	86.10
#池塘养殖	Pond Culturing	35.53	32.15	34.36	35.31	35.44
湖泊养殖	Lakes Culturing	0.73	0.97	0.80	0.78	0.37
河沟养殖	Stream Culturing	6.20	5.16	51.63	3.88	3.88
水库养殖	Reservoir Culturing	44.91	40.29	4.91	43.67	43.39

11-8 年末各类园林水果实有面积
Actually Areas of Fruit and Subtropical Plant at Year-end

单位：公顷 (hectare)

项目	Item	2000	2005	2010	2020	2021
园林水果合计	**Fruits**	**563700**	**550669**	**425824**	**355785**	**368357**
#柑桔	Citrus	137888	170327	77007	56172	59932
龙眼	Longan	90809	81605	53284	30132	29800
荔枝	Lychee	40210	39010	27390	14084	13410
香蕉	Banana	33017	29792	19583	11840	11850
枇杷	Loquat	19091	32728	26365	20429	21011
菠萝	Pineapple	3609	4031	2123	1025	1034
橄榄	Chinese Olive	13027	9966	8436	8448	8452
柿	Persimmon	29326	27091	16009	9850	10085
桃	Peach	25037	25735	18071	11964	12136
李	Plum	35066	33593	27079	25855	26243
梨	Pear	20921	22956	18141	13907	13973
葡萄	Grape	2615	4993	5659	10523	10780
杨梅	Red Bayberry	13808	15149	13799	10236	11423

11-9 农林牧渔业总产值和指数

Gross Output Value and Indices of Agriculture,Forestry,Animal Husbandry and Fishery

年份 Year	农林牧渔业总产值（亿元） Gross Output Value(100 million yuan)					农林牧渔业总产值指数（1952年=100） Indices of Gross Output(Year of 1952=100)				
	总产值 Total	#农业 Agriculture	#林业 Forestry	#牧业 Animal Husbandry	#渔业 Fishery	总指数 Total	#农业 Agriculture	#林业 Forestry	#牧业 Animal Husbandry	#渔业 Fishing
1952	11.07	8.44	0.65	1.42	0.56	100.0	100.0	100.0	100.0	100.0
1957	17.05	11.32	2.16	2.35	1.22	143.8	126.6	283.6	165.0	189.6
1962	14.81	11.23	0.63	1.75	1.20	93.6	94.5	91.7	69.8	142.2
1965	18.80	13.50	1.23	2.84	1.23	140.4	130.7	188.5	162.6	175.8
1970	21.12	15.49	1.49	2.66	1.48	153.6	147.4	186.8	152.3	213.3
1975	27.06	20.45	1.86	3.24	1.51	181.6	166.0	249.8	209.6	237.0
1978	36.33	28.22	2.31	3.82	1.98	217.3	204.2	280.3	216.8	282.8
1979	43.11	29.29	3.27	7.00	3.55	232.0	214.5	301.1	257.0	304.1
1980	45.49	31.13	3.41	7.38	3.57	244.0	227.8	313.6	260.3	305.7
1981	56.11	37.93	4.62	8.75	4.81	258.2	239.4	366.3	276.5	312.2
1982	63.73	42.74	4.90	10.38	5.71	277.8	257.5	382.4	300.2	343.6
1983	68.08	44.11	5.57	11.48	6.92	292.0	259.8	447.7	339.8	403.8
1984	80.66	50.81	7.07	14.39	8.39	332.6	286.6	593.6	410.9	447.4
1985	99.05	59.34	9.13	19.62	10.96	360.6	302.9	644.5	478.7	515.5
1986	107.07	60.76	10.29	22.02	14.00	368.7	300.3	642.8	529.3	581.8
1987	132.97	72.08	13.57	27.75	19.57	402.1	324.6	703.0	553.0	722.2
1988	182.00	94.08	17.50	39.65	30.77	433.1	341.2	789.5	609.7	826.0
1989	209.92	108.10	18.41	51.95	31.46	461.4	360.9	834.4	646.9	926.3
1990	227.12	118.31	21.54	51.93	35.34	478.9	368.4	911.6	675.4	991.7
1991	253.51	133.34	25.40	54.36	40.40	517.7	398.6	974.0	722.0	1089.9
1992	295.24	150.64	29.21	61.75	53.63	560.7	424.1	1076.1	784.1	1212.8
1993	386.34	190.28	36.39	74.86	84.82	621.8	453.6	1220.0	838.2	1482.3
1994	574.05	260.69	46.95	113.35	153.06	710.1	493.1	1370.9	950.5	1882.9
1995	738.63	340.48	59.24	144.45	194.47	806.7	547.3	1510.7	1062.7	2288.2
1996	850.67	383.18	66.94	165.50	235.05	893.0	599.8	1654.2	1122.2	2613.1
1997	925.56	391.30	75.80	193.66	264.80	1002.8	645.4	1819.6	1268.1	3138.3
1998	973.37	410.96	78.35	200.18	283.78	1064.0	667.3	1874.2	1373.4	3439.6
1999	1010.82	425.19	80.16	201.99	303.48	1132.1	726.7	1932.3	1421.5	3642.5
2000	1037.27	420.98	82.29	208.18	325.82	1167.6	714.3	2046.2	1499.1	3907.6
2001	1061.61	433.25	82.34	215.50	330.52	1213.7	752.0	2021.9	1556.7	4073.3
2002	1125.29	450.75	78.49	213.08	332.92	1256.2	775.3	2064.4	1623.6	4236.2
2003	1170.54	461.72	79.25	234.54	341.40	1284.4	786.8	2095.5	1691.1	4307.6
2004	1315.10	514.53	86.18	284.86	374.26	1326.3	807.9	2217.0	1773.1	4438.7
2005	1373.01	552.74	96.92	266.81	396.78	1368.8	820.7	2383.3	1874.9	4539.3
2006	1449.78	602.00	105.78	266.75	410.75	1389.6	833.0	2500.1	1891.7	4554.2
2007	1672.67	670.95	120.81	342.47	468.06	1435.6	860.9	2696.7	1878.0	4754.9
2008	1931.36	731.60	150.00	439.87	534.94	1496.3	883.7	2927.6	1990.4	4965.7
2009	1957.62	776.16	162.59	398.00	543.86	1556.9	907.6	3127.5	2098.4	5159.9
2010	2226.41	899.39	190.13	414.49	640.19	1603.7	914.5	3350.6	2210.6	5325.6
2011	2614.57	1025.03	239.00	527.12	733.83	1653.8	938.9	3589.4	2290.9	5443.2
2012	2843.47	1119.42	258.06	533.56	836.57	1713.8	960.0	3703.6	2442.9	5630.8
2013	3057.36	1196.59	296.02	558.67	902.18	1777.1	982.5	3911.8	2573.9	5832.3
2014	3247.11	1307.63	326.31	574.60	926.08	1843.4	1017.5	4136.9	2636.9	6054.3
2015	3399.30	1358.58	317.70	633.83	967.02	1905.9	1051.9	4315.3	2649.0	6324.7
2016	3784.24	1474.49	318.28	768.11	1091.29	1965.6	1068.5	4484.7	2782.5	6540.0
2017	3947.16	1527.00	327.73	750.49	1202.05	2039.3	1110.3	4667.9	2841.9	6827.0
2018	4229.52	1653.45	389.00	718.42	1318.20	2110.9	1162.7	4860.7	2781.0	7173.8
2019	4636.56	1774.77	417.33	914.39	1361.68	2187.1	1209.1	5062.1	2796.3	7485.6
2020	4901.07	1818.18	390.57	1141.12	1373.12	2260.4	1258.0	5226.3	2906.7	7631.1
2021	5200.97	1906.02	424.87	1059.91	1621.51	2376.6	1309.5	5344.7	3212.9	7851.2

注：1.2003年起采用国民经济行业分类GB/T 4754-2002，其他年份均采用GB/T 4754-94。

2.2007-2017年数据根据第三次全国农业普查结果进行了修订。

Note: a)The data from 2003 are adopted the national economic classified standard of GB/T4754-2002,others are adopted GB/T4754-94.

b)The data from 2007 to 2017 are adjusted according to the result of the third National Agricultural Census.

11-10 农林牧渔业分类产值和增速

Gross Output Value and Ratio of Agriculture,Forestry,Animal Husbandry and Fishery by Item

项目	Item	数值（万元） Value(10000 yuan)		比上年增长(%) Ratio(%)	
		2020	2021	2020	2021
农林牧渔业总产值（万元）	**Total(10000 yuan)**	**49010675**	**52009680**	**3.3**	**5.1**
农业产值	**Agriculture**	**18181757**	**19060236**	**4.0**	**4.1**
谷物及其他作物	Cereal and Others	2591730	2673832	0.8	3.1
谷物	Cereal	1344385	1359158		
薯类	Sweet Potato	370531	377875		
油料	Oil-bearing Crops	228105	232528		
豆类	Bean	90401	107372		
棉花	Cotton	50	50		
麻类	Fiber Crops	4	1		
糖料	Sugar	32918	34462		
烟草	Tobacco	334105	370405		
其他农作物	Other Crops	191230	191981		
蔬菜、食用菌及花卉盆景园艺作物	Vegetable、Edible Fungus and Gardening Crops	9072660	9429239	3.4	4.2
#蔬菜	Vegetable	5479545	5753567		
食用菌	Edible Fungus	2291222	2481180		
花卉	Flower	921877	739854		
水果、坚果、茶、饮料和香料作物	Fruit、Tea、Drink and Perfume Crops	5795172	6206428	6.4	4.0
#水果	Fruit	3459335	3816999		
园林水果	Gardening Fruit	3332912	3704786		
果用瓜	Fruited Melon	126423	112213		
茶叶	Tea	2236563	2286067		
香料原料	Perfume Crops	2660	6276		
中草药材	Traditional Chinese Medicine Materials	722195	750737	5.0	6.9
林业产值	**Forestry**	**3905721**	**4248731**	**3.2**	**2.3**
林木的培育和种植	Breeding and Planting of Forest	421455	425574	-2.4	0.5
木竹采运	Cutting and Transport of Bamboo and Trees	1527003	1707412	1.8	4.2
#村及村以下	Rural and under Rural	1164022	1302331		
林产品	Forest Products	1957262	2115745	5.6	1.1
牧业产值	**Animal Husbandry**	**11411244**	**10599101**	**3.9**	**10.5**
牲畜饲养	Livestock Raising	631984	682380	15.2	3.7
牛	Cow	224105	268496		
羊	Sheep	213910	228390		
奶类	Dairy	193970	185494		
#牛奶	Milk	183755	173768		
猪的饲养	Hogs Raising	5125380	4027474	2.1	18.1
家禽饲养	Poultry Raising	5426923	5644904	4.6	4.6
肉禽	Meat Poultry	4517787	4643119		
禽蛋	Poultry Eggs	909136	1001786		
捕猎野兽、野禽	Hunting Animals	6708	2357	-82.3	-65.1
其他畜牧业	Other Poultry Products	220249	241986	3.1	3.6
渔业产值	**Fishery**	**13731183**	**16215117**	**1.9**	**2.9**
海水产品	Seawater Products	11779989	13895141	1.9	2.8
淡水产品	Freshwater Products	1951195	2319976	2.2	3.2
农林牧渔服务业产值	**Services of Agriculture ,Forestry , Animal Husbandry and Fishery**	**1780771**	**1886495**	**4.4**	**5.1**

11-11 主要农业产品产量
Output of Major Farm Products

单位：万吨 (10000 tons)

年份 Year	粮食 Grain	油料 Oil- bearing Crops	蔬菜 Vegetable	园林水果 Fruits
1952	372.00	9.89		6.01
1957	444.00	9.42		11.77
1962	358.50	6.46		4.64
1965	455.50	8.03		8.26
1970	566.50	11.14		11.04
1975	640.50	13.56		9.01
1978	744.90	13.80		10.10
1980	801.90	13.48		12.66
1986	751.49	17.18		34.72
1987	839.26	17.48		45.68
1988	837.43	14.89		53.54
1989	884.57	16.20		69.90
1990	879.64	17.66		75.78
1991	889.65	15.64		110.53
1992	897.08	19.90		117.18
1993	869.00	20.66		153.75
1994	887.40	21.60		198.13
1995	919.93	23.28		239.33
1996	952.20	22.99		283.81
1997	961.78	24.36		334.34
1998	958.11	24.62		343.04
1999	942.17	25.81		394.10
2000	854.68	25.79	1161.11	356.44
2001	817.28	26.08	1099.96	401.19
2002	763.23	25.86	1233.77	424.93
2003	695.04	26.03	1289.23	441.68
2004	699.50	27.82	1317.83	468.90
2005	662.04	27.42	1346.66	479.36
2006	632.90	23.63	1358.16	495.40
2007	615.66	22.23	1325.10	500.59
2008	612.97	23.12	1306.64	518.21
2009	607.61	22.82	1294.07	511.19
2010	584.65	22.08	1278.82	495.03
2011	576.13	21.72	1276.20	514.22
2012	547.33	21.18	1264.56	540.83
2013	534.68	20.75	1254.22	557.68
2014	520.43	20.49	1254.65	481.35
2015	500.05	20.10	1274.50	554.30
2016	477.28	19.41	1256.78	548.51
2017	487.15	19.55	1292.18	601.14
2018	498.58	21.24	1366.70	639.82
2019	493.90	22.03	1437.33	681.61
2020	502.32	22.73	1492.30	717.05
2021	506.42	23.31	1540.46	763.02

11-12 粮食总产量及单产
Gross Output and Output Per Mu of Grain

年份 Year	总产量（万吨） Total Output(10000 tons)		单产（公斤/亩） Output per Mu(kg/mu)	
	粮食 Grain	稻谷 Rice	粮食 Grain	稻谷 Rice
1952	372.00	281.00	128	131
1957	444.00	328.50	138	149
1962	358.50	268.50	126	138
1965	455.50	355.00	176	180
1970	566.50	452.50	189	204
1975	640.50	511.00	186	199
1978	744.90	618.69	219	240
1980	801.90	669.25	246	267
1986	751.49	654.95	264	294
1987	839.26	715.80	285	319
1988	837.43	687.74	278	322
1989	884.57	744.36	288	338
1990	879.64	731.24	282	322
1991	889.65	725.66	284	324
1992	897.08	732.96	287	331
1993	869.00	694.47	295	335
1994	887.40	699.17	296	332
1995	919.93	724.92	304	344
1996	952.20	743.34	312	353
1997	961.78	739.24	314	352
1998	958.11	728.81	315	350
1999	942.17	712.28	313	346
2000	854.68	632.75	312	345
2001	817.28	606.80	316	350
2002	763.23	557.52	312	367
2003	695.04	520.89	322	363
2004	699.50	540.32	328	369
2005	662.04	518.91	326	372
2006	632.90	499.00	344	374
2007	615.66	491.15	354	384
2008	612.97	489.01	362	394
2009	607.61	485.55	365	397
2010	584.65	469.18	363	396
2011	576.13	465.58	372	405
2012	547.33	447.22	374	406
2013	534.68	436.91	378	409
2014	520.43	424.10	382	412
2015	500.05	405.69	381	410
2016	477.28	386.61	382	409
2017	487.15	393.19	390	417
2018	498.58	398.31	399	429
2019	493.90	388.79	400	433
2020	502.32	391.75	401	434
2021	506.42	393.18	404	437

注：1988年起粮食总产量及单产中稻谷部分为抽样调查数据。

Note:Total Output of grain and Output of grain Per Mu since 1988 are from the sample survey ,similarly in following tables.

11-13 非粮作物总产量及单位播种面积产量
Gross Output and Output per Mu of Non-grain Crops

年份 Year	总产量（万吨） Total Output(10000 tons)				单产（公斤/亩） Output per Mu(kg/mu)			
	油料 Oil-bearing Crops	花生 Peanuts	甘蔗 Sugarcane and Fruit Cane	烤烟 Flue-cured Tobacco	油料 Oil-bearing Crops	花生 Peanuts	甘蔗 Sugarcane and Fruit Cane	烤烟 Flue-cured Tobacco
1952	9.89	9.15	71.26	0.10	70	84	2620	40
1957	9.42	8.64	123.57	0.14	59	78	3325	60
1962	6.46	6.05	41.55	0.12	58	72	1721	43
1965	8.03	7.51	130.35	0.27	67	80	3656	97
1970	11.14	10.60	125.48	0.45	91	106	3244	78
1975	13.56	12.56	120.83	0.85	85	111	2868	66
1978	13.80	12.68	288.03	1.23	85	110	4500	74
1980	13.48	11.17	351.21	1.30	69	92	4985	79
1985	17.39	16.34	536.67	3.40	110	126	4882	82
1986	17.18	16.20	472.90	2.38	106	121	4593	79
1987	17.48	16.32	413.46	2.61	97	119	4735	80
1988	14.89	13.53	387.37	3.59	88	101	4586	73
1989	16.20	14.83	338.67	3.59	99	113	4570	76
1990	17.66	16.05	344.28	4.26	105	121	4595	82
1991	15.64	13.64	385.43	5.48	91	101	4813	87
1992	19.90	17.91	364.85	8.59	114	132	4803	93
1993	20.66	19.03	279.34	12.43	121	135	4625	89
1994	21.60	20.08	276.77	6.06	126	139	4602	87
1995	23.28	21.35	248.60	5.72	131	146	4416	94
1996	22.99	20.91	253.94	7.56	126	140	4467	102
1997	24.36	22.25	249.90	12.32	136	150	4568	110
1998	24.62	22.64	219.33	7.18	137	151	4461	106
1999	25.81	23.69	138.76	8.57	142	155	4153	112
2000	25.79	23.82	82.71	9.14	138	150	3830	113
2001	26.08	24.17	95.54	9.87	141	152	4116	115
2002	25.86	24.05	117.91	10.72	141	151	4258	112
2003	26.03	24.25	118.12	10.13	141	149	4316	115
2004	27.82	25.88	101.57	11.31	148	157	4260	122
2005	27.42	25.47	93.33	11.51	149	158	4169	117
2006	23.63	25.01	58.10	12.20	148	157	4127	124
2007	22.23	20.97	54.96	12.17	153	161	4122	132
2008	23.12	21.94	67.45	13.32	158	166	4416	138
2009	22.82	21.57	61.09	13.64	159	167	4282	141
2010	22.08	20.99	55.69	11.52	159	168	4166	129
2011	21.72	20.62	49.39	12.90	163	172	4060	141
2012	21.18	20.14	48.60	13.09	165	174	4044	141
2013	20.75	19.75	49.21	14.08	167	176	4077	143
2014	20.49	19.55	43.49	13.16	170	180	4126	144
2015	20.10	19.24	34.79	12.04	172	182	3873	142
2016	19.41	18.60	28.83	11.80	172	182	3636	141
2017	19.55	18.73	26.37	11.62	180	186	3559	147
2018	21.24	20.32	26.13	10.68	188	195	3552	147
2019	22.03	21.04	26.25	9.40	190	196	3620	125
2020	22.73	21.68	26.98	10.03	191	197	3667	141
2021	23.31	22.21	28.79	10.52	193	201	3718	143

11-14 各类粮食产量
Output of Grain by Sort

单位：万吨 (10000 tons)

项目	Item	2000	2005	2010	2015	2020	2021
合　计	**Total**	**854.68**	**662.04**	**584.65**	**500.05**	**502.32**	**506.42**
按品种分	By Crop						
稻谷	Rice	632.75	518.91	469.18	405.69	391.75	393.18
早稻	Early Rice	206.63	146.33	111.11	91.28	62.16	61.89
中稻	Middle Rice	221.96	173.12	178.15	159.26	171.16	172.12
晚稻	Late Rice	204.16	199.46	179.92	155.15	158.42	159.17
#小麦	Wheat	11.01	1.95	0.41	0.08	0.02	0.02
甘薯	Sweet Potato	136.81	88.20	69.79	52.37	60.66	62.72
马铃薯	Potato	29.04	25.55	19.75	18.34	21.49	21.34
玉米	Corn	11.14	13.18	11.56	11.57	14.76	15.34
豆类	Bean	27.57	16.76	13.01	10.31	11.99	12.16
大豆	Soybean	20.48	12.38	10.16	8.11	9.47	9.62

注：2004年之前中稻含一季晚稻，晚稻为双季晚稻。

Note:The data of middle rice before 2004 include one crop late rice,that of late rice include two crops.

11-15 非粮作物产量
Output of Non-grain Crops

单位：吨 (ton)

项目	Item	2000	2005	2010	2020	2021
蔬菜	Vegetables	11611096	13466611	12788200	14922973	15404606
油菜籽	Rape Seeds	18404	18007	9859	9645	10232
芝麻	Sesame	1120	1242	829	365	394
烟叶	Tobacco	93996	116643	115955	100476	105390
莲籽	Lotus Seed	4678	5638	6397	5810	6675
西瓜	Watermelon	533486	658063	490390	397018	392901

11-16 茶叶园林水果实有面积及产量
Actual Areas and Output of Tea and Fruits

年份 Year	面积（千公顷） Areas(1000 hectares)		产量（万吨） Output(10000 tons)	
	茶叶 Tea	园林水果 Fruit	茶叶 Tea	园林水果 Fruit
1952	23.16	12.10	0.49	6.01
1957	35.37	25.20	0.69	11.77
1962	31.04	31.57	0.43	4.64
1965	36.40	40.98	0.56	8.26
1970	51.93	40.33	1.05	11.04
1975	70.49	57.52	1.67	9.01
1978	94.15	70.84	2.03	10.10
1980	109.87	83.07	2.58	12.66
1986	119.85	183.43	4.42	34.72
1987	122.52	227.89	4.99	45.68
1988	120.33	250.65	5.54	53.54
1989	118.55	278.33	5.52	69.90
1990	116.74	298.40	5.82	75.78
1991	119.44	355.24	6.53	110.53
1992	125.22	415.79	7.05	117.18
1993	130.74	459.18	7.70	153.75
1994	133.53	504.76	8.24	198.13
1995	132.04	532.37	9.45	239.33
1996	130.41	556.55	10.18	283.81
1997	126.62	576.28	10.99	334.34
1998	124.23	568.60	11.89	343.04
1999	128.91	567.08	12.35	394.10
2000	129.21	563.70	12.60	356.44
2001	130.65	558.19	13.39	401.19
2002	133.35	553.81	14.33	424.93
2003	138.58	554.43	15.02	441.68
2004	145.06	547.65	16.44	468.90
2005	155.23	550.67	18.48	479.36
2006	159.82	542.08	20.01	495.40
2007	166.29	506.41	22.09	500.59
2008	181.42	482.52	24.07	518.21
2009	183.14	452.66	25.51	511.19
2010	185.24	425.82	25.83	495.03
2011	190.61	398.26	27.67	514.22
2012	195.65	381.64	29.60	540.83
2013	201.03	362.10	31.57	557.68
2014	205.94	337.41	33.40	481.35
2015	207.70	324.94	35.63	554.30
2016	204.43	304.52	37.29	548.51
2017	207.11	310.65	39.49	601.14
2018	210.89	331.79	41.83	639.82
2019	219.81	344.08	43.99	681.61
2020	223.94	355.78	46.14	717.05
2021	232.09	368.36	48.79	763.02

11-17 各类茶叶 园林水果 食用菌产量
Output of Tea, Fruits and Edible Fungus by Sort

单位：吨 (ton)

项目	Item	2000	2005	2010	2020	2021
茶叶	**Tea**	**126000**	**184800**	**258289**	**461371**	**487901**
#红茶	Black Tea	1615	1652	12765	55433	57033
绿茶	Green Tea	72431	88923	97054	129290	124845
青茶	Wulong Tea	50685	85924	140022	237976	250716
园林水果	**Fruit**	**3564400**	**4793600**	**4950288**	**7170499**	**7630188**
#柑桔	Citrus	1306027	2153154	1038022	1069866	1177026
龙眼	Longyan	104068	216452	200967	220071	229471
荔枝	Lychee	79580	160289	127584	105787	108181
香蕉	Banana	746454	855398	605545	452130	467910
枇杷	Loquat	54268	112596	247500	335485	331149
菠萝	Pineapple	30267	37731	25113	16996	16920
橄榄	Chinese Olive	24009	33714	61166	137763	146618
柿	Persimmon	99896	160475	97226	126574	133854
桃	Peach	143377	199653	157890	159575	169811
李	Plum	179121	243224	205776	356616	365620
梨	Pear	96394	147755	157860	194922	199891
苹果	Apple	380	198	309	16	16
葡萄	Grape	38702	59066	100444	228683	233655
杨梅	Red Bayberry	42734	63235	110240	155307	174908
食用菌	**Edible Fungus**	**462484**	**559993**	**762663**	**1378814**	**1460439**
#蘑菇	Mushroom	272106	283828	341758	370982	347094
香菇	Xianggu Mushroom	88292	77680	92345	143135	148191
白木耳	Tremella	12401	16508	30589	45645	47681
黑木耳	Black Tremella	29105	28009	35491	73390	76511

11-18 林业牧业水产品产量
Output of Forestry,Animal Husbandry and Fishery

年份 Year	造林面积（千公顷） Afforested Areas (1000 hectare)	肉类总产量（万吨） Output of Meat (10000 tons)	猪出栏数（万头） Number of Slaughtered Fattened Hogs (10000 heads)	奶类产量（万吨） Milk (10000 tons)	水产品产量（万吨） Output of Aquatic Products (10000 tons)
1952	34.31				15.93
1957	127.60				28.34
1962	55.89				23.82
1965	172.65				32.55
1970	173.49		219.18		38.75
1975	192.75		336.66	0.61	39.61
1978	194.71	24.27	321.86	0.93	54.44
1980	175.13		401.48	1.47	59.80
1985	282.83	49.70	578.09	4.21	100.26
1986	209.67	54.23	617.29	4.60	105.23
1987	166.12	59.32	665.12	5.05	126.22
1988	192.39	65.07	713.40	5.08	132.66
1989	242.94	69.44	750.40	4.82	137.97
1990	303.91	71.83	766.46	4.87	145.59
1991	306.02	75.07	780.72	5.12	166.23
1992	223.03	78.93	820.61	5.72	200.57
1993	63.77	84.10	863.20	5.94	237.04
1994	45.56	92.23	908.78	6.06	278.78
1995	41.74	102.66	1000.84	6.32	317.56
1996	34.45	107.49	1047.48	6.49	358.23
1997	29.99	125.02	1231.98	6.07	429.31
1998	25.12	135.24	1365.13	6.71	475.92
1999	23.93	138.84	1453.38	7.95	502.32
2000	24.50	145.92	1560.81	9.91	527.89
2001	21.01	153.91	1665.55	11.39	542.49
2002	17.49	162.09	1770.33	14.16	558.71
2003	16.72	161.96	1803.61	19.28	553.13
2004	16.31	163.92	1850.65	20.67	551.36
2005	24.22	164.85	1881.92	19.10	542.37
2006	23.18	161.81	1866.14	16.65	523.59
2007	35.45	153.23	1669.94	13.98	532.00
2008	32.81	175.28	1894.20	12.52	554.20
2009	33.26	184.23	2008.31	13.09	569.67
2010	29.87	192.61	2080.38	13.24	587.42
2011	212.72	199.06	2096.87	13.29	603.78
2012	63.06	223.10	2256.85	12.95	581.49
2013	100.18	238.62	2315.21	12.88	609.59
2014	44.34	247.56	2234.93	12.94	644.23
2015	87.11	258.94	1945.47	12.95	679.75
2016	10.30	279.97	1988.59	13.36	711.33
2017	8.09	264.91	1606.10	13.54	744.57
2018	6.52	256.06	1421.34	14.31	782.12
2019	9.98	255.15	1297.26	14.99	814.58
2020	4.89	259.39	1299.86	17.48	832.98
2021	3.27	286.54	1547.59	19.97	853.07

11-19 造林面积
Areas of Afforestation

单位：千公顷 (1000 hectares)

项目	Item	2000	2005	2010	2015	2020	2021
当年造林面积	Afforested Area in Current Year	24.50	24.22	29.87	87.11	4.89	3.27
#用材林	Commercial Forest	8.07	15.20	15.34	45.81	1.53	0.96
经济林	Economic Forest	6.47	3.14	3.35	32.47	0.82	0.30
防护林	Shelter Forest	8.04	5.66	11.15	7.25	1.80	1.50
薪炭林	Fuel Forest	1.90	0.19	0.03		0.09	0.25
迹地更新面积	Areas of Slash Reforestation	54.91	80.59	103.83	53.58	47.16	54.77
零星植树（万株）	Fragmentary Forest (10000 plants)	3559.00	1745.14	1806.89	2845.61	5282.29	5337.08
封山育林面积	Areas of Afforestation in Hill	1060.37	412.41	419.34	522.03	762.03	682.69
育苗面积	Areas of Grown Seedings	0.32	0.54	1.40	8.40	10.79	10.11
幼林抚育作业面积	Areas of Tending Young Forest	232.00	223.00	340.22	471.45		
成林抚育作业面积	Areas of Tending Grown Forest	188.05	150.56	101.93	418.11	602.16	576.71

11-20 主要林产品产量
Output of Major Forest Products

项目	Item	2000	2005	2010	2020	2021
木材产量（万立方米）	Output of cut wood(10000 m³)	334.90	1446.40	1455.38	1451.25	1491.16
毛竹采伐量（万根）	Mao Bamboo(10000 roots)	15872	15504	26602	62921	63334
篙竹采伐量（万根）	Lofty Bamoo(10000 roots)	6631	10061	14787	32785	32926
油桐籽（吨）	Tung-oil Seeds(ton)	18121	20928	23244	29910	30592
油茶籽（吨）	Tea-oil Seeds(ton)	62983	72597	94815	232847	249468
乌桕籽（吨）	Chinese Tallow Tree Seeds(ton)	121	1145	532	410	408
棕片（吨）	Piece of Palm(ton)	10891	12162	14847	18842	19312
松脂（吨）	Rosin(ton)	72949	72299	87758	125246	130472
笋干（吨）	Dried Bamboo Shoots(ton)	120970	153497	215123	440986	452815
山苍籽（吨）	Litsea Cubeba(ton)	7845	9552	12174	15976	16282
板栗（吨）	Chinese Chestnut(ton)	19439	49134	80793	99113	103583

11-21 主要畜禽产品产量
Output of Main Livestock Products

项目 Item	2000	2005	2010	2020	2021
猪出栏数（万头）	1560.81	1881.92	2080.38	1299.86	1547.59
Number of Slaughtered Hogs (10000 heads)					
出栏率(%)	148.7	152.3	151.4	202.6	169.9
Rate of Slaughter(%)					
牛出栏数（万头）	21.31	21.60	16.80	22.07	22.90
Number of Slaughtered Cows(10000 heads)					
羊出栏数（万头）	97.80	107.00	118.47	159.06	159.69
Number of Slaughtered Sheep(10000 heads)					
出栏率(%)	104.3	96.2	125.2	150.5	150.8
Rate of Slaughter(%)					
家禽出栏数（亿只）	2.06	1.91	2.37	10.31	10.77
Number of Slaughtered Poultry(100 million heads)					
家兔出栏数（万只）	1178.96	1559.27	1321.13	1125.86	1244.29
Number of Slaughtered Domestic Rabbit(10000 heads)					
肉类产量（万吨）	145.92	164.85	192.61	259.39	286.54
Output of Meat(10000 tons)					
#猪肉	114.79	134.69	155.36	103.75	124.34
Pork					
牛肉	2.12	2.17	1.69	2.46	2.56
Beaf					
羊肉	1.33	1.45	1.62	2.28	2.30
Mutton					
禽肉	26.21	24.57	31.44	146.56	152.85
Meat of Poultry					
兔肉	1.47	1.97	1.85	1.78	1.92
Rabbit Meat					
禽蛋产量（万吨）	40.69	37.91	30.54	53.66	55.91
Output of Poultry Eggs(10000 tons)					
牛奶产量（万吨）	9.60	18.77	12.91	16.93	19.43
Output of Cow Milk(10000 tons)					
羊奶产量（万吨）	0.31	0.34	0.33	0.54	0.55
Output of Ewe Milk(10000 tons)					
蜂蜜产量（万吨）	0.54	0.85	0.86	1.74	1.79
Output of Honey(10000 tons)					

注：家禽和禽蛋、禽肉主要包括鸡、鸭、鹅三个种类。
Note:Poultry, eggs and meat mainly include chicken, duck and goose.

11-22 畜禽存栏数
Number of Livestock and Poultry on Hand

项目	Item	2000	2005	2010	2020	2021
猪存栏数（万头）	Number of Hogs on Hand (10000 heads)	1087.66	1249.83	1348.45	910.90	937.62
#能繁殖母猪	Number of Female Hogs with Fertility	76.27	97.97	133.05	92.77	94.98
牛存栏数（万头）	Bull(10000 heads)	111.44	75.63	49.70	31.64	31.50
#乳牛	Cow	3.59	4.99	4.01	4.43	4.64
羊存栏数（万头）	Number of sheep on Hand (10000 heads)	96.22	93.56	94.43	105.90	105.17
家禽年末数（亿只）	Number of Poultry at the Year-end (100 million heads)	1.09	0.99	0.94	2.07	2.13
家兔年末数（万只）	Number of Domestic Rabbit at the Year-end(10000 heads)	714.40	822.67	658.06	565.15	570.00
蜜蜂年末箱数（万箱）	Number of Beehive at the Year-end (10000 cases)	23.09	35.32	36.26	56.88	61.65

注：家禽主要包括鸡、鸭、鹅三个种类。
Note:Poultry mainly include chicken, duck and goose.

11-23 淡水产品产量
Output of Freshwater Aquatic Products

单位：万吨　　(10000 tons)

项目	Item	2000	2005	2010	2020	2021
淡水产品产量	**Output of Freshwater Aquatic Products**	**57.39**	**63.47**	**74.16**	**92.49**	**95.59**
#养殖产量	Output of Freshwater Culturing	49.73	55.81	65.97	85.47	88.40
按类别分	By Kind					
#淡水鱼类	Freshwater-fish	50.11	54.05	62.68	76.80	79.49
虾蟹类	Shrimps,Prawns and Crabs	1.14	3.34	5.10	10.00	10.31
贝类	Shell-fish	4.46	4.43	4.84	4.67	4.73
主要品种产量	**By Product**					
淡水鳗	Freshwater Eel	6.99	8.29	8.75	10.75	11.11
草鱼	Grass Carp	10.97	12.24	13.84	17.73	18.30
鲢鱼	Silver Carp	8.27	6.06	6.21	7.90	8.44
鲤鱼	Carp	4.36	5.48	5.08	6.12	6.27
罗非鱼	Tilapia mossambica	10.56	9.50	11.08	12.06	12.37

11-24 海水产品产量
Output of Seawater Aquatic Products

单位：吨 (ton)

项目	Item	2000	2005	2010	2020	2021
海水产品产量	**Output of Seawater Aquatic Products**	**4705066**	**4788957**	**5132598**	**7404915**	**7574863**
#鱼类	Fish	1668816	1678551	1787085	1913710	1992370
虾蟹类	Shrimps,Prawns and Crabs	357794	319406	388610	511917	501182
贝类	Shell-fish	2318397	2226300	2221429	3342548	3442729
藻类	Algae	317830	420709	599357	1237766	1274320
#海水养殖产量	Output of Seawater Culturing	2627057	2782535	3038990	5268029	5437156
#鱼类	Fish	102040	133450	170308	464961	484576
虾蟹类	Shrimps,Prawns and Crabs	42875	64973	95816	217134	224316
贝类	Shell-fish	2161334	2163472	2171544	3308910	3409881
藻类	Algae	317106	417929	598225	1235977	1272542
主要品种产量	**Output of Main Seawater Culturing**					
大黄鱼	Big Yellow Croaker	48146	59398	75660	207007	212181
带鱼	Hairtail	173578	198905	240362	142731	136923
鲳鱼	Butterfish	52443	66244	62817	59141	56577
鳓鱼	Chinese Herring	11477	18640	15425	10670	10221
马鲛鱼	Spanish Mackerel	59519	40739	54226	40247	38412
鲷鱼	Porgy	10052	36078	76902	102282	99466
鲐鱼	Chub mackerel	52789	57966	62656	215906	231600
鳗鱼	Eel	50705	68734	70186	56384	58715
墨鱼	Inkfish	57263	27379	30085	36911	35820
海蜇皮	Jellyfish	13260	6944	11819	13880	13658
对虾	Prawn	28490	48767	72282	158187	164657
毛虾	Shrimp	65262	49057	56383	48159	48574
梭子蟹	Swimming Crab	58705	70032	89261	109370	107591
蛏	Razor Clam	168095	177891	193708	305755	307706
蛤	Clam	214264	260168	288793	467837	494035
蚶	Blood Clam	24203	40687	37469	63503	61077
牡蛎	Oyster	1558984	1539167	1456106	2068647	2111993
海带	Kelp	276867	337892	452096	827883	847308
紫菜	Laver	26828	34258	51313	72858	58844

主要统计指标解释

农林牧渔业总产值　指以货币表现的农、林、牧、渔业全部产品和对农林牧渔业生产活动进行的各种支持性服务活动的价值总量，它反映一定时期内农林牧渔业生产总规模和总成果。1993 年以前农林牧渔业总产值包括农、林、牧、副、渔五业，从 1993 年起取消副业，将野生动物的捕猎划入牧业，野生植物采集和农民家庭兼营商品性工业划归农业。从 2003 年起，执行新的国民经济行业分类标准，农林牧渔业总产值中包括了农、林、牧、渔及农林牧渔服务业产值，2018 年以后农林牧渔服务业产值改称农林牧渔专业及辅助性活动产值。农业中取消了家庭兼营商品性工业产值，将野生林产品的采集划归林业。第一、二、三次农业普查以后，根据农业普查结果，对农业、牧业、渔业产值进行了修订。2010 年执行《统计用产品分类目录》，对 2009 年的农业、林业产值做了相应调整。

农林牧渔业总产值采用“产品法”进行计算，通常是按农、林、牧、渔业产品及其副产品的产量分别乘以各自单位产品价格求得；少数生产周期较长，当年没有产品或产品产量不易统计的，则采用间接方法匡算其产值；然后将四业产品产值及农林牧渔专业及辅助性活动产值相加即为农林牧渔业总产值。

粮食产量　指稻谷、小麦、玉米、高粱等谷物及薯类和豆类的全社会产量。包括国有经济经营的、集体统一经营的和农民家庭经营的粮食产量，还包括工矿企业办的农场和其他生产单位的产量。其产量计算方法，豆类按去豆荚后的干豆计算；薯类(包括甘薯和马铃薯，不包括芋头和木薯)1963 年以前按每 4 公斤鲜薯折 1 公斤粮食计算，从 1964 年开始改为按 5 公斤鲜薯折 1 公斤粮食计算。城市郊区作为蔬菜的薯类(如马铃薯等)按鲜品计算，并且不做粮食统计。其他粮食一律按脱粒后的原粮计算。1989 年以前全国粮食产量数据的取得主要是靠全面报表取得，1989 年以后开始使用抽样调查数据。

棉花产量　指春播棉和夏播棉的全社会产量。产量按皮棉计算。3 公斤籽棉折 1 公斤皮棉，不包括木棉。

油料产量　指全部油料作物的生产量。包括花生、油菜籽、芝麻、向日葵籽、胡麻籽(亚麻籽)和其他油料。不包括大豆、木本油料和野生油料。花生以带壳干花生计算。

水产品产量　指人工养殖的水产品和天然生长的水产品的捕捞量。包括全部海水和淡水鱼类、虾蟹类、贝类、藻类和其他渔业产品的最终产量。1995 年及以前，贝类中牡蛎按鲜肉计算；蚶、蛤、蛙按 5 斤鲜品折 1 斤计算。1996 年以后则统一按鲜品计算。

猪、牛、羊、禽肉产量　指当年出栏并已屠宰、除去头、蹄、下水后带骨肉(即胴体重) 的重量。其统计范围为全社会。1996 年前为各级逐级上报数据。1996 年第一次农业普查以后，由于畜牧业产品年报数据与普查数据之间存在一定的差距，国家统计局对畜牧业年报数据与普查数据进行了衔接。1999 年以后，国家统计局开展了猪、牛、羊、禽等主要畜禽品种的抽样调查，并用抽样数据作为国家定案数据使用。未开展抽样调查的品种，仍使用各级统计部门逐级上报数据。

期初(末)畜禽存栏头(只)数　指报告期初(末)农村各种合作经济组织和国营农场、农民个人、机关、团体、学校、工矿企业、部队等单位以及城镇居民饲养的大牲畜、猪、羊、家禽等畜禽的存栏数。数据上报方式及数据调整情况同猪、牛、羊肉产量。

农作物播种面积　指实际播种或移植有农作物的面积。凡是实际种植农作物的面积，不论种植在耕地上还是种植在非耕地上，均包括在农作物播种面积中。在播种季节基本结束后，因遭灾而重新改种和补种的农作物面积，也包括在内。该指标可以反映我国耕地面积的利用情况。目前，农作物播种面积主要包括粮食、棉花、油料、糖料、麻类、烟叶、蔬菜和瓜类、药材和其它农作物九大类。

有效灌溉面积　指具有一定的水源，地块比较平整，灌溉工程或设备已经配套，在一般年景下当年能够进行正常灌溉的耕地面积。在一般情况下，有效灌溉面积应等于灌溉工程或设备已经配备，能够进行正常灌溉的水田和水浇地面积之和。该指标可以反映我国耕地的抗旱能力。

农用化肥施用量　指本年内实际用于农业生产的化肥数量，包括氮肥、磷肥、钾肥和复合肥。化肥施用量要求按折纯量计算数量。折纯量是指把氮肥、磷肥、钾肥分别按含氮、含五氧化二磷、含氧化钾的百分之百成份进行折算后的数量。复合肥按其所含主要成分折算。

公式:折纯量= 实物量×某种化肥有效成份含量的百分比

农业机械总动力 指主要用于农、林、牧、渔业的各种动力机械的动力总和。包括耕作机械、排灌机械、收获机械、农用运输机械、植物保护机械、牧业机械、林业机械、渔业机械和其他农业机械〔内燃机按引擎马力折成瓦(特)计算、电动机按功率折成瓦(特)计算〕。不包括专门用于乡、镇、村、组办工业、基本建设、非农业运输、科学试验和教学等非农业生产方面用的动力机械与作业机械。这个指标的统计数据主要来源于农机部门。

乡村从业人员 指乡村人口中劳动年龄在16周岁以上实际参加生产经营活动并取得实物或货币收入的人员，包括劳动年龄内经常参加劳动的人员，也包括超过劳动年龄但经常参加劳动的人员，但不包括户口在家的在外学生、现役军人和丧失劳动能力的人，也不包括待业人员和家务劳动者。从业人员按从事主业时间最长(时间相同按收入)分为农业从业人员、工业从业人员、建筑业从业人员、交运仓储及邮电业从业人员、批零贸易及住宿餐饮业从业人员、其它行业从业人员。

Explanatory Notes on Main Statistical Indicators

Gross Output Value of Agriculture, Forestry, Animal Husbandry and Fishery refers to the total value of products (expressed in monetary terms) of agriculture, forestry, animal husbandry and fishery, and total value of services in support of agriculture, forestry, animal husbandry and fishery activities. It reflects the total scale and results of agricultural production during a given period. Before 1993, the gross output value of agriculture, forestry, animal husbandry and fishery included agriculture, forestry, animal husbandry, sideline and fishery. Since 1993, the subdivision of sideline occupations has been cancelled, and the hunting of wild animals has been classified into animal husbandry, and the gathering of wild plants and commodity industry run by rural household have been included in farming. A new industrial classification of economic activities was introduced in 2003. Under the new classification, the gross output value of agriculture included the value of farming, forestry, animal husbandry, and fishery, and included value of services to agriculture, forestry, animal husbandry and fishery. In 2018, the output value of services to agriculture, forestry, animal husbandry and fishery was renamed the output value of professional and support activities in agriculture, forestry, animal husbandry and fishery, value of industrial output by rural households is not included in agriculture. According to the result of the first, second and third agriculture census, efforts were made to adjust the output value of agriculture, animal husbandry and fishery output. In line with the Classification of Products for Statistical Purposes implemented in 2010, relevant revisions were made on the output value of agriculture and forestry in 2009.

Gross output value of agriculture is calculated by product method, and is obtained by multiplying the output of each product or by-product by its price, resulting in the output value of each single item. For a small number of products, annual output of which is not available or difficult to get due to the long production (growing) process involved, the output value is estimated through an indirect approach. The sum of output values of all products of agriculture, forestry, animal husbandry and fishery and professional and support activities in agriculture, forestry, animal husbandry and fishery is then equal to the gross output value of agriculture.

Grain Output refers to the total output of rice, wheat, corn, sorghum, millet and other miscellaneous grains as well as tubers and bean in the whole region including grains produced by state farms, collective units, industrial enterprises and mines. Output of beans refers to dry beans without pods. The output of tubers (sweet potatoes and potatoes, not including taros and cassava) was converted into that of grain at the ratio 4:1, i.e. 4 kilograms of fresh tubers was equivalent to 1 kilogram of grain up to 1963. Since 1964 the ratio for conversion has been 5:1.Tubers supplied as vegetables (such as potatoes) in cities and suburbs are calculated as fresh vegetables and their output is not included in the output of grain. Output of all other grains refers to husked grain. Data on grain production before 1989 were obtained through Comprehensive Statistical Reporting System, since then, sample survey data are used.

Cotton Output refers to the cotton production in the whole Region including cotton sown in spring and in autumn. Output is measured as the weight of ginned cotton. Three kilograms of seed-cotton are equivalent to 1 kilogram of ginned cotton, excluding ceiba.

Output of Oil-bearing Crops refers to the total production of oil-bearing crops of various kinds, including peanuts, (dry, in shell) rapeseeds, sesame, sunflower seeds, flax seeds, and other oil-bearing crops. Soybeans, oil-bearing woody plants, and wild oil-bearing crops are not included.

Output of Aquatic Products refers to catches of both artificially cultured and naturally grown aquatic products, including fish, shrimps, crabs and shellfish in sea and inland water as well as seaweed. Freshwater plants are not included. Data on output of aquatic products are reported by aquatic product and statistical agencies level by level. Before 1995, among the shellfish, the oyster was counted as fresh meat; 5 kilograms of ark shell, clams and frogs are equivalent to 1 kilogram of fresh aquatic products; they are all counted as fresh aquatic products since1996.

Output of Pork, Beef, and Mutton refers to the meat of slaughtered hogs, cattle, sheep and goats wit h head, feet, and offal taken away. The statistical scope is of the whole society. The first agriculture census of China in 1996 revealed some discrepancy between the production of animal products from the annual reports and that from the census. Efforts were made by NBS to adjust the output value of animal husbandry to make the figures from the annual rep orts consistent with the census data. Since 1999, NBS conducted sample survey for t he major animal husbandry products, such as hogs, cattle, sheep and goats and fowls, and the data from sample surveys are used as national finalized data. Those products, which are not covered by the sample survey, are still reported by statistical agencies level by level.

Number of Livestock or Poultry in Stock at Beginning (or End) of period refers to the total number of large animals, pigs, sheep, fowls, etc. raised by rural cooperative organizations, state farms, rural individuals, government agencies, schools, industrial and mining enterprises, army, and urban residents at the beginning (or end) of the reference period. Data reporting system and data adjustment are the same as that in the output of pork, beef and mutton.

Sown Area of Crops refers to area of land sown or transplanted with crops regardless of being in cultivated area or no cultivated area. Area of land re-sown due to natural disasters is also included. The indicator can reflect the utilization condition of the cultivated land in China. At p resent, t he sown area of crops mainly include the following 9 categories of crops: grain, cotton, oil-bearing crops, sugar crops, fiber crops, Tobacco, Vegetables and melons, medicinal materials and other farm crops.

Irrigated Area refers to areas that are effectively irrigated, i.e. level land, which has water source and complete sets of irrigation facilities to lift and move adequate water for irrigation purpose under normal conditions. Under normal conditions, irrigated area is the sum of watered fields and irrigated fields where irrigation systems or equipment have been installed for regular irrigation purpose. This indicator can reflect drought resistance capacity of the cultivated land in China.

Consumption of Chemical Fertilizers in Agriculture refers to the quantity of chemical fertilizers applied in agriculture in the year, including nitrogenous fertilizer, phosphate fertilizer, potash fertilizer, and compound fertilizer. The consumption of chemical fertilizers is required in calculation to convert the gross weight into weight containing 100% effective component (e.g. 100% nitrogen content in nitrogenous fertilizer, 100%phosphorous pent oxide contents in phosphate fertilizer, 100%potassium oxide contents in potash fertilizer). Compound fertilizer is converted with its major component. The formula is:

Volume of effective component = physical quantity × effective component of certain chemical fertilizer (%)

Total Power of Farm Machinery refers to total mechanical power of machinery used in farming, forestry, animal husbandry, and fishery, including ploughing, irrigation and drainage, harvesting, transport, plant protection, stock breeding, forestry and fishery. The power of internal combust ion engines is required to convert horsepower into watts and the power of electric motors is required to be converted into watts. Machinery employed for non-agricultural purposes, such as the machines used in township run and village-run industry, construction, nonagricultural transport, scientific experiments and teaching, is excluded. Data are mainly from agricultural machinery agencies.

Rural Employed Persons refer to rural labor forces aged over 16 years old who are engaged in real production and management activities and receive payment in kind or wages, including those covered within the age frame and regularly participating in production activities, and those who are out of the range of age frame and also participating in production activities regularly. Excluding students studying in other places with their permanent residence registered in local areas, servicemen and persons incapable of working; also excluding those who are waiting for jobs and those engaged in household work. Persons employed are classified as rural employed persons; industrial employed persons; construction industry employed persons; transport, storage and telecommunications industries employed persons; whole sales and retail sales Trades and catering industry employed persons and others according to the longest period of persons engaged in major activities (or using income indicator when periods are the same).

第十二篇　工业

Chapter 12　Industry

资料整理：王昱 陈群 沈超

Database Editor: Wangyu Chenqun Shenchao

简要说明

本篇资料的主要内容及来源

本篇资料反映了全省工业生产和基本效益情况，主要包括工业总产值及指数、规模以上工业、国有控股工业、国有工业、集体工业、外商投资和港澳台投资工业、大中型工业企业的主要经济指标、相关的财务分析指标和主要工业产品产量等方面的内容。

本篇资料由省统计局工业交通统计处根据工业统计年报中有关资料整理。

Brief Introduction

Main Content and Source of Data

Data in this chapter show the basic condition of industry in Fujian, the output of major industrial products and major economic and relevant financial indicators of industrial enterprises , mainly including the gross industrial output value and indices.Industrial enterprises include enterprises above designated size, state share holding enterprises, state owned enterprises, collective owned enterprises, foreign funded enterprises, enterprises with funds from Hong Kong, Macao and Taiwan, large and medium sized enterprises.

Data in this chapter are based on the annual report of industrial statistics and are prepared and provide by the Division of Industry and Transport Statistics of Fujian Provincial Bureau of Statistics.

12-1 工业总产值
Gross Industrial Output Value

单位：亿元 (100 million yuan)

年份 Year	总计 Total	#国有企业 State-owned	#集体企业 Collective owned	#轻工业 Light Industry	#重工业 Heavy Industry
1952	4.20	0.51	0.02	3.74	0.46
1957	8.57	5.93	1.64	7.11	1.46
1962	11.23	8.72	2.44	8.17	3.06
1965	17.24	14.27	2.97	11.89	5.35
1970	24.41	20.78	3.63	15.72	8.69
1975	43.37	33.08	10.29	25.17	18.20
1978	63.14	46.85	16.29	36.91	26.23
1979	72.01	52.53	19.30	42.48	29.53
1980	81.45	57.65	23.77	49.48	31.97
1981	87.76	60.50	26.11	55.52	32.24
1982	95.77	65.97	28.29	60.04	35.73
1983	103.97	70.66	30.85	65.50	38.47
1984	131.11	82.74	40.53	82.60	48.51
1985	173.13	101.71	57.84	103.68	69.45
1986	205.10	114.28	72.75	122.61	82.49
1987	265.87	139.55	92.48	157.85	108.02
1988	388.85	192.69	132.41	237.87	150.98
1989	488.96	242.17	156.98	296.52	192.44
1990	531.49	239.82	166.91	329.72	201.77
1991	658.86	268.28	209.81	413.28	245.58
1992	915.51	314.17	323.69	587.20	328.31
1993	1522.37	391.55	566.47	908.20	614.17
1994	2128.61	422.58	785.29	1281.72	846.89
1995	2638.52	448.93	940.41	1600.51	1038.01
1996	2840.51	450.37	1060.49	1789.69	1050.82
1997	3066.76	433.55	946.14	1910.15	1156.61
1998	3218.51	368.30	219.60	1993.88	1224.63
1999	3479.84	376.66	202.71	2161.94	1317.90
2000	3994.86	395.67	211.49	2317.02	1677.84
2001	4398.08	360.54	192.92	2374.96	2023.12
2002	5260.20	329.12	216.11	2690.10	2570.10
2003	6616.61	358.20	236.63	3109.81	3506.80
2004	8544.50	598.92	171.41	3809.41	4735.09
2005	9995.89	403.26	185.99	4484.89	5511.00
2006	11855.68	753.56	228.55	5363.49	6492.19
2007	14425.06	720.16	271.92	6515.95	7909.11
2008	17141.44	750.36	221.12	7931.00	9210.44
2009	18681.48	917.66	228.10	8800.55	9880.93
2010	23805.32	1102.75	262.58	10935.92	12869.40
2011	30330.59	1410.10	310.90	13860.64	16469.95
2012	32379.94	1541.29	217.10	15267.35	17112.59
2013	36724.66	404.01	176.56	17611.81	19112.55
2014	41579.84	276.82	180.19	19914.45	21665.39
2015	43888.84	312.77	173.55	21682.76	22206.08
2016	47275.84	121.90	130.19	23713.86	23561.88
2017	50061.66	135.58	128.00	25111.30	24950.36
2018	57732.35	142.54	132.81	29502.35	28230.01
2019	63172.56	100.69	216.76	32062.10	31110.46
2020	63476.68	94.40	250.51	31617.62	31859.06
2021	72674.18	221.01	278.59	35233.16	37441.01

注：1.国有企业、集体企业1997年及以前年份的是按经济类型划分，1998年及以后年份是按登记注册类型划分。
2.2013年，按登记注册分国有企业类型有调整。

Note:1.The Stated-owned Enterprises and Collective-owned Enterprises were grouped by ownership before 1997,grouped by status of registration after 1998.
2.In 2013, The Division of the Stated-owned Enterprises grouped by status of Registration has been adjusted.

12-2 工业总产值指数
Related Indices of Industrial Gross Output Value

年份 Year	工业总产值指数（1952=100）Indices of Gross Output(1952=100)					工业总产值本年比上年增长(%) Growth Rates(%)				
	总计 Total	#国有企业 State-owned	#集体企业 Collective owned	#轻工业 Light Industry	#重工业 Heavy Industry	总计 Total	#国有企业 State-owned	#集体企业 Collective owned	#轻工业 Light Industry	#重工业 Heavy Industry
1952	100.0	100.0	100.0	100.0	100.0	31.3	121.7		25.5	109.1
1957	209.8	1190.2	8550.0	195.5	326.1	17.2	25.2	14.0	13.5	38.9
1962	279.5	1780.3	12929.3	228.4	694.6	-18.2	-22.9	2.1	-10.5	-33.5
1965	434.2	2946.4	15953.0	336.2	1230.6	24.2	28.0	11.3	22.7	27.8
1970	626.1	4371.4	19811.0	452.8	2034.7	16.9	21.4	-3.6	10.3	31.1
1975	1132.5	7182.3	53688.6	750.4	4219.4	9.4	8.9	11.2	5.2	15.9
1978	1635.5	10089.1	84353.2	1091.7	6031.6	19.7	19.9	19.2	17.1	23.6
1979	1830.5	11129.4	98310.2	1233.6	6664.9	11.9	10.3	16.5	13.0	10.5
1980	2068.8	12173.9	120672.0	1435.1	7208.0	13.0	9.4	22.7	16.4	8.2
1981	2260.4	12955.7	134425.3	1632.9	7370.9	9.3	6.4	11.4	13.8	2.3
1982	2425.8	13814.7	142670.7	1739.7	8008.3	7.3	6.6	6.1	6.5	8.6
1983	2640.1	14657.1	155963.3	1851.7	9038.7	8.8	6.1	9.3	6.4	12.9
1984	3308.2	16952.0	203636.8	2311.0	11397.2	25.3	15.7	30.6	24.8	26.1
1985	4149.1	19473.0	289888.8	2944.3	13940.1	25.4	44.9	42.4	27.4	22.3
1986	4786.3	21157.8	350355.2	3404.5	16018.8	15.4	8.7	20.9	15.6	14.9
1987	5894.3	23774.3	430360.7	4213.8	19563.2	23.1	12.4	22.8	23.8	22.1
1988	7854.0	27911.6	580627.2	5825.5	24437.9	33.2	17.4	34.9	38.2	24.9
1989	9044.6	29955.4	662981.4	6661.8	28504.2	15.2	7.3	14.2	12.0	15.2
1990	10205.0	30086.1	719949.7	7689.2	30824.9	12.8	0.4	8.6	15.4	8.1
1991	12489.5	32848.3	897745.8	9498.9	37105.3	22.4	9.2	24.7	23.5	20.4
1992	17149.9	37953.2	1360582.9	13312.9	49059.4	37.3	15.5	51.6	40.2	32.2
1993	25624.1	38810.8	2193320.1	19145.7	78531.6	49.4	2.3	61.2	43.8	60.1
1994	34914.6	39505.1	3062020.4	25873.0	108508.9	36.3	1.8	39.6	35.1	38.2
1995	41709.8	38550.9	3254811.9	30200.8	134592.3	23.3	0.9	10.2	20.8	27.4
1996	50427.1	39444.8	4293096.9	38385.2	149397.5	20.9	2.3	31.9	27.1	11.0
1997	60916.0	36994.0	4288803.8	45678.4	185252.9	20.8	-6.2	-0.1	19.0	24.0
1998	70175.2	33664.5	3628328.0	53854.8	204519.2	15.2	-9.0	-15.4	17.9	10.4
1999	80210.3	34708.1	3726292.9	59725.0	246650.2	14.3	3.1	2.7	10.9	20.6
2000	91519.9	35228.7	3934965.3	66653.1	290553.9	14.1	1.5	5.6	11.6	17.8
2001	103234.5	31987.7	3635907.9	71918.7	347212.0	12.8	-9.2	-7.6	7.9	19.5
2002	121403.8	25750.1	3857698.3	82994.2	419432.0	17.6	-19.5	6.1	15.4	20.8
2003	143256.5	29303.6	4328337.5	95443.3	507512.8	18.0	13.8	12.2	15.0	21.0
2004	168183.1	32849.3	4233114.1	112432.2	593789.9	17.4	12.1	-2.2	17.8	17.0
2005	196269.7	35280.2	4643726.2	135480.8	673951.6	16.7	7.4	9.7	20.5	13.5
2006	234738.6	40783.9	5307779.0	160680.2	810089.8	19.6	15.6	14.3	18.6	20.2
2007	287789.5	45351.7	6167639.2	193780.4	997220.5	22.6	11.2	16.2	20.6	23.1
2008	337000.9	45623.8	6846079.5	226529.3	1168742.5	17.1	0.6	11.0	16.9	17.2
2009	386877.0	50003.7	8105758.1	266851.5	1311329.1	14.8	9.6	18.4	17.8	12.2
2010	483983.1	59654.4	9272987.3	327960.5	1665388.0	25.1	19.3	14.4	22.9	27.0
2011	563840.3	67827.1	10775211.2	380434.2	1948504.0	16.5	13.7	16.2	16.0	17.0
2012	650107.9	70947.1	11906608.4	441303.7	2232985.6	15.3	4.6	10.5	16.0	14.6
2013	742423.2	79602.6	11763729.1	503968.7	2550069.4	14.2	12.2	-1.2	14.2	14.2
2014	832998.8	88040.5	12610717.6	559405.3	2886678.6	12.2	10.6	7.2	11.0	13.2
2015	912966.7	89889.4	13581742.9	615905.2	3158026.4	9.6	2.1	7.7	10.1	9.4
2016	991075.9	94811.7	13348615.9	668016.4	3434720.2	8.6	5.5	-1.7	8.5	8.8
2017	1068291.8	136333.2	13792967.3	728773.7	3589425.1	7.8	43.8	3.3	9.1	4.5
2018	1168711.2	145331.2	14289514.1	795820.9	3937599.3	9.4	6.6	3.6	9.2	9.7
2019	1271775.3	157940.4	15668708.7	854992.7	4345140.4	8.8	8.7	9.7	7.4	10.3
2020	1296567.1	155322.3	17884189.1	851881.3	4532770.0	1.9	-1.7	14.1	-0.4	4.3
2021	1410665.0	166660.9	17902073.3	927698.7	4918055.4	8.8	7.3	0.1	8.9	8.5

注：国有企业、集体企业1997年及以前年份的是按经济类型划分，1998年及以后年份是按登记注册类型划分。

Note:The Stated-owned Enterprises and Collective-owned Enterprises were grouped by ownership before 1997,grouped by status of registration after 1998.

12-3 规模以上工业企业主要指标
Main Indicators of Industrial Enterprises above Designated Size

单位：亿元 (100 million yuan)

年份 Year	企业单位数（个） Number of Enterprises (unit)	资产总计 Total Assets	流动资产合计 Circulating Funds	主营业务收入 Revenue from Principal Business	利润总额 Total Profits	税金总额 Total Tax
1998	6106	2626.33	1101.12	1860.76	55.76	103.85
1999	5549	2890.62	1209.61	2060.31	87.38	113.67
2000	6011	3368.64	1401.27	2468.69	110.80	135.80
2001	6583	3632.22	1514.43	2789.09	118.22	146.16
2002	7462	4059.60	1781.70	3522.47	204.30	164.91
2003	9208	4902.48	2306.49	4822.24	314.40	204.22
2004	11918	6034.04	2994.25	6581.07	382.00	253.11
2005	12396	6841.37	3393.30	7848.24	407.55	285.73
2006	13755	8168.75	4111.21	9661.48	586.52	377.21
2007	15178	10157.20	5056.06	12227.31	894.51	481.21
2008	17212	11694.91	5700.78	14816.17	896.11	560.87
2009	18154	13344.47	6564.47	16338.61	1104.05	649.12
2010	19227	16058.70	8420.83	21479.37	1754.18	824.27
2011	14116	18582.15	9797.20	26850.95	2114.54	992.88
2012	15333	21385.98	11419.24	29206.84	2023.27	1253.05
2013	16115	24959.37	12904.53	33111.10	2225.00	1396.21
2014	16744	27978.35	14189.64	37097.44	2344.27	1516.42
2015	17240	29647.54	14767.63	39591.28	2359.82	1614.97
2016	17262	32081.30	16286.10	42537.24	2889.26	1453.86
2017	17348	34591.63	17494.17	45658.46	3221.82	1493.86
2018	17347	36858.81	18968.09	50640.07	4180.27	1613.05
2019	18373	39551.81	20046.89	56787.62	4326.54	1503.65
2020	18845	41995.99	21136.44	53220.66	3949.87	1188.01
2021	20114	47211.29	24160.78	63039.21	4980.00	1387.37

注：从2011年起，规模以上工业划分标准由年主营业务收入（销售收入）500万元及以上调整为2000万元及以上。（下同）

Note:Since 2011,Revenue from Principal Business of Industrial Enterprises above Designated Size become 20 million yuan frome 5 million yuan. The same applies to the tables following.

12-4 规模以上工业企业主要经济指标

单位：亿元

年份 Year	固定资产原价 Original Value of Fixed Assets				固定资产合计 Total Value of Fixed Assets				主营业务收入 Sale Revenue
	合计 Total	国有 State-owned	集体 Collective-owned	其他 Others	合计 Total	国有 State-owned	集体 Collective-owned	其他 Others	合计 Total
1978	44.84	40.62	4.22			29.52			
1980	56.78	49.65	7.13		41.11	35.83	5.28		67.25
1985	103.41	83.83	17.26	2.32	74.01	59.40	12.57	2.04	136.58
1990	244.56	173.52	38.76	32.28	180.75	127.49	26.37	26.89	352.56
1995	991.98	482.24	93.97	415.77	783.88	368.76	69.46	345.66	1469.28
1996	1197.03	551.93	107.01	538.09	923.98	411.57	77.81	434.60	1617.13
1997	1444.47	585.53	128.06	730.88	1106.79	434.63	95.68	576.48	1858.56
1998	1539.99	613.18	84.78	842.03	1150.38	450.25	62.28	637.85	1860.76
1999	1768.61	681.74	82.28	1004.59	1307.18	493.17	59.01	755.00	2060.31
2000	2032.18	679.99	85.13	1267.06	1479.53	477.71	60.21	941.61	2468.69
2001	2351.09	711.63	76.29	1563.17	1690.78	492.17	53.55	1145.06	2789.09
2002	2596.43	591.72	59.92	1944.79	1812.38	410.75	41.84	1359.79	3522.47
2003	2979.24	624.78	58.20	2296.26	2020.47	416.94	40.99	1562.54	4822.24
2004	3435.92	640.44	35.79	2759.69	2343.14	427.74	22.86	1892.53	6581.07
2005	3838.40	330.01	36.72	3471.67	2565.23	204.17	24.82	2336.23	7848.24
2006	4499.35	710.81	40.54	3747.99	2970.84	450.69	25.57	2494.57	9661.48
2007	5227.60	712.79	45.22	4469.59	3504.89	472.30	28.72	3003.87	12227.31
2008	5994.98	785.89	45.36	5163.73	4043.82	507.56	28.52	3507.74	14816.17
2009	7039.82	1110.16	44.94	5884.71	4740.79	741.70	28.74	3970.35	16338.61
2010	7967.50	1146.31	54.30	6766.88	5324.49	742.54	33.50	4548.45	21479.37
2011	8855.37	1383.56	44.60	7427.21	5826.21	890.04	27.30	4908.86	26850.95
2012	10220.10	1598.14	33.20	8588.76	6502.59	1011.83	19.47	5471.30	29206.84
2013	11806.75	240.16	26.32	11540.27	7325.46	141.44	13.77	7170.25	33111.10
2014	13572.81	128.40	22.56	13421.85	9246.62	79.22	13.04	9154.36	37097.44
2015	14677.62	386.54	23.88	14267.20	9657.01	253.93	12.91	9390.17	39591.28
2016	16342.12	129.55	15.17	16197.40	9931.69	87.03	9.86	9834.80	42537.24
2017	17685.00	234.81	14.25	17435.94	10530.68	123.90	6.93	10399.85	45658.46
2018	20143.13	191.81	42.22	19909.10	10902.29	99.13	24.97	10778.19	50640.07
2019	21474.87	67.32	75.02	21332.53	10849.95	47.35	21.40	10781.19	56787.62
2020	22883.84	100.15	81.13	22702.56	11263.71	70.88	20.72	11172.11	53220.66
2021	24882.52	55.46	93.46	24733.60	13567.84	42.54	28.67	13496.63	63039.21

注：1.表内1998年起统计口径为规模以上工业企业,以前为乡及乡以上独立核算工业企业；
2.2013年，按登记注册类型分国有企业类型有调整。

Note:a)Statistics scope from 1998 covers industrial enterprises above designated size.
b)In 2013, The Division of the Stated-owned Enterprises grouped by status of Registration has been adjusted.

Main Financial Indicators of Industrial Enterprises above Designated Size

(100 million yuan)

			利税总额 Total Profit and Tax				利润总额 Total Profit			
国有 State-owned	集体 Collective-owned	其他 Others	合计 Total	国有 State-owned	集体 Collective-owned	其他 Others	合计 Total	国有 State-owned	集体 Collective-owned	其他 Others
			12.21	10.25	1.96		6.75	5.53	1.22	
52.86	14.38	0.01	14.44	12.13	2.31		8.26	6.82	1.44	
99.06	30.79	6.73	25.74	21.10	3.98	0.66	13.55	11.07	2.15	0.33
213.01	68.65	70.90	44.97	33.14	5.98	5.85	16.09	11.91	1.79	2.39
442.04	225.29	801.95	130.54	58.91	18.30	53.33	48.16	15.17	5.35	27.64
438.70	242.70	935.73	145.20	72.80	18.73	53.67	55.12	25.28	5.31	24.53
417.02	269.98	1171.56	170.38	75.02	21.96	73.40	68.62	30.24	6.40	31.98
387.59	183.71	1289.46	159.61	69.24	12.57	77.80	55.76	18.47	3.40	33.89
424.73	170.05	1465.53	201.05	74.54	12.80	113.71	87.38	22.22	4.38	60.78
445.30	176.52	1846.87	246.60	81.60	14.16	150.84	110.80	24.21	5.29	81.30
431.74	169.13	2188.22	264.38	86.09	14.98	163.31	118.22	26.37	6.21	85.64
344.91	146.80	3030.76	369.21	73.79	12.49	282.93	204.30	20.11	5.73	178.46
390.11	163.67	4268.46	518.62	85.46	16.65	416.51	314.40	24.82	7.97	281.61
590.08	101.07	5889.92	635.11	91.22	8.95	534.94	382.00	21.92	3.73	356.35
398.85	106.91	7342.48	693.28	85.47	9.41	598.40	407.55	19.84	3.47	384.25
738.51	137.89	8785.08	963.72	113.02	16.01	834.69	586.52	26.61	8.04	551.87
709.38	168.53	11349.40	1375.71	122.57	22.34	1230.81	894.51	44.99	12.39	837.13
727.08	176.15	13912.94	1456.97	101.75	20.00	1335.22	896.11	25.45	9.68	860.98
898.97	192.06	15247.58	1753.17	97.57	22.26	1633.34	1104.05	18.37	10.18	1075.50
1080.59	222.89	20175.89	2578.45	157.13	27.55	2393.77	1754.18	53.91	15.54	1684.73
1373.72	249.65	25227.58	3107.42	240.36	31.85	2835.21	2114.54	61.54	18.12	2034.88
1508.80	171.44	27526.60	3276.32	299.84	19.86	2956.62	2023.27	74.82	9.57	1938.88
377.08	129.97	32604.05	3621.20	129.88	15.21	3476.11	2225.00	28.90	7.25	2188.84
239.58	129.37	36728.49	3860.69	117.12	12.78	3730.79	2344.27	17.10	5.44	2321.73
302.30	128.98	39160.00	3974.80	28.22	12.45	3934.12	2359.82	7.61	5.81	2346.41
102.16	114.65	42320.42	4343.12	6.26	8.50	4328.36	2889.26	1.55	4.48	2883.23
117.19	105.07	45436.20	4715.68	4.38	7.16	4704.14	3221.82	0.18	3.82	3217.82
73.65	162.73	50403.69	5793.33	8.31	11.58	5773.45	4180.27	5.34	7.29	4167.64
42.40	216.57	56528.64	5830.19	5.74	10.00	5814.46	4326.54	4.48	6.27	4315.79
282.12	227.99	52710.55	5137.88	2.27	15.10	5120.51	3949.87	-10.39	12.83	3947.43
21.79	230.13	62787.29	6367.37	0.61	13.71	6353.05	4980.00	0.11	11.70	4968.20

12-5 规模以上工业企业主要经济效益指标

Main Indicators on Economic Benefit of Industrial Enterprises above Designated Size

年份 Year	总资产贡献率（%） Ratio of Assets to Industrial Output Value (%)	资产负债率（%） Assets- Liability Ratio (%)	流动资产周转次数（次/年） Turnover Times of Circulating Assets(times/year)	工业成本费用利润率（%） Ratio of Profits to Industrial Cost (%)	产品销售率（%） Proportion of Products Sold (%)
1998	7.95	56.10	1.76	3.13	95.52
1999	8.95	57.35	1.78	4.50	96.39
2000	9.26	57.52	1.89	4.76	96.95
2001	8.84	56.76	1.91	4.47	96.99
2002	10.91	55.82	2.10	6.22	97.50
2003	12.74	54.34	2.30	7.07	97.59
2004	12.74	52.96	2.39	6.21	97.13
2005	11.89	52.71	2.41	5.52	97.33
2006	14.08	53.81	2.51	6.58	96.96
2007	16.27	55.53	2.58	8.05	97.71
2008	14.86	53.72	2.67	6.44	97.54
2009	15.27	53.44	2.66	7.28	97.34
2010	18.80	52.74	2.87	8.83	97.76
2011	18.04	52.20	2.77	8.42	97.50
2012	16.70	53.39	2.58	7.40	97.83
2013	15.79	54.43	2.59	7.16	97.45
2014	15.02	54.37	2.64	6.74	97.31
2015	14.65	53.56	2.71	6.38	96.71
2016	14.63	52.30	2.64	7.29	96.36
2017	14.61	51.95	2.64	7.55	97.13
2018	16.68	51.58	2.70	8.93	97.27
2019	15.55	50.65	2.87	8.17	97.15
2020	12.93	50.68	2.62	7.74	96.53
2021	14.09	52.05	2.72	8.23	96.47

12-6 规模以上工业企业单位数
Number of Industrial Enterprises above Designated Size

单位：个 (unit)

项目 Item	2000	2005	2010	2020	2021
合　计 Total	**6011**	**12396**	**19227**	**18845**	**20114**
按轻重分 Grouped by Light &Heavy Industry					
轻工业 Light Industry	3656	7131	10654	10872	11466
重工业 Heavy Industry	2355	5265	8573	7973	8648
按注册类型分 Grouped by Status of Registration					
内资企业 Pomestic Funded Enterprises	3320	7453	13524	15711	17177
港澳台商投资企业 Enterprises With Funds from HongKong,Macao and TaiWan	2076	3165	3705	1990	1827
外商投资企业 Foreign Funded Enterprises	615	1778	1998	1144	1110
按经济类型分 Grouped by Ownership					
国有 Stated-owned	1046	481	273	127	124
集体 Collective-owned	1077	800	584	71	59
其他经济 Others	3888	11115	18370	18647	19931
#外商及港澳台商投资 Funds from HongKong,Macao,Taiwan and Foreign Area	2691	4943	5703	3134	2937
按经济组织分 Grouped by Organization					
独资 Sole Funded	3572	4871	5631	2654	2458
合作、合伙 Cooperated and Partnership	494	715	681	114	108
股份有限公司 Share Holding Enterprises	189	381	444	585	599
有限责任公司 Limited Liability Corporations	1756	6429	12471	15492	16949
按规模分 Grouped by Size					
大型 Large Scale	92	60	124	426	452
中型 Medium Scale	209	1142	2116	2297	2249
小型 Small Scale	5710	11194	16987	14189	14877
微型 Micro-Scale				1933	2536

12-7 规模以上工业企业主要工业产品产量
Output of Major Industrial Products of Industrial Enterprises above Designated Size

年份 Year	化学纤维（万吨） Chemical Fiber (10000	原煤（万吨） Coal (10000 tons)	发电量（亿千瓦小时） Electricity (100 million kwh)	粗钢（万吨） Crude Steel (10000	水泥（万吨） Cement (10000 tons)	农用氮、磷、钾化学肥料（折纯）（万吨） Chemical Fertilizer (10000 tons)	汽车（辆） Motor Vehicles (unit)	移动通信手持机（手机）(万台) Mobile Phones (10000 units)	微型计算机设备(万台) Micro-computer (10000 sets)
1952		0.30	0.12						
1957		8.25	0.57		5.26				
1962		55.77	4.99	0.12	6.05	0.31			
1965	0.03	60.19	7.41	0.66	20.37	4.46			
1970	0.10	110.03	13.12	3.62	32.85	5.22	317		
1975	0.28	280.67	26.83	9.84	89.13	9.54	765		
1978	1.19	423.05	40.69	16.16	120.45	16.40	907		
1979	1.13	479.04	44.40	20.93	139.84	19.51	1110		
1980	1.35	462.99	49.47	24.16	155.30	24.32	1029		
1981	1.50	416.55	52.46	21.90	161.62	24.88	60		
1982	1.35	440.23	57.18	24.90	163.71	27.21	40		
1983	1.04	524.26	61.55	23.79	206.66	28.14	257		
1984	1.03	575.94	67.53	28.71	234.03	32.37	641		
1985	1.65	606.53	77.20	31.75	290.69	32.88	652		
1986	2.06	678.52	86.21	34.42	321.76	32.89	870		
1987	2.50	787.19	98.54	39.23	379.50	39.93	1201		
1988	2.62	864.36	114.14	40.39	452.97	40.62	3225		
1989	2.55	944.83	129.56	43.23	499.63	42.28	1607		
1990	3.13	925.37	136.65	51.66	540.04	43.64	676		
1991	3.40	857.19	151.76	56.47	646.87	44.09	1796		
1992	3.56	909.68	176.55	61.87	747.62	47.31	3407		
1993	3.60	982.52	195.27	61.72	902.39	44.39	3949		
1994	4.95	977.38	228.93	56.24	1104.20	47.34	3299		
1995	12.96	1134.18	261.55	55.49	1511.17	51.04	3636		
1996	24.12	1167.97	284.10	80.49	1504.52	56.66	3223		
1997	26.91	776.04	310.18	89.34	1522.42	54.74	6083		
1998	31.59	727.18	322.70	113.32	1594.46	63.51	6276		
1999	37.17	577.14	356.00	128.98	1825.81	61.15	9279		
2000	41.22	375.03	403.73	124.94	1513.64	61.38	29606		88.77
2001	47.95	512.33	446.32	155.27	1525.53	55.84	32498		88.79
2002	65.97	644.51	533.08	211.98	1698.69	60.69	48356		174.25
2003	59.39	778.22	610.70	256.04	2116.27	56.69	86679		241.74
2004	71.47	1076.05	659.64	319.20	2245.34	60.27	65811		295.02
2005	79.12	1331.74	778.25	382.33	2713.62	60.27	70260	1165.96	371.44
2006	106.32	1759.18	904.25	465.48	3343.93	64.76	73215	1358.78	445.73
2007	137.69	1991.74	1038.28	588.43	4449.69	62.95	86514	1097.48	513.23
2008	169.78	2306.07	1085.38	727.28	4593.36	69.60	95098	716.56	647.32
2009	183.66	2466.13	1170.71	765.04	5446.50	59.67	135044	671.50	607.20
2010	206.15	2442.73	1356.32	1086.88	5921.20	57.87	194963	1064.25	738.27
2011	223.98	2480.86	1578.90	1166.89	6570.86	52.14	190835	1658.82	898.56
2012	272.09	1947.55	1622.62	1318.55	7197.60	48.15	186465	2968.01	929.04
2013	376.65	1614.81	1643.16	1997.16	7890.37	46.69	205764	3841.85	1284.76
2014	454.94	1504.45	1746.15	1820.79	7732.33	48.71	180947	1277.99	985.40
2015	576.20	1531.77	1764.90	1586.48	7746.18	52.06	193875	2133.56	818.78
2016	685.21	1346.68	1812.95	1516.80	8091.20	51.83	220171	2568.63	847.36
2017	674.38	1107.00	2062.63	1882.85	8444.19	24.01	281198	578.25	998.42
2018	694.88	918.87	2342.54	2100.70	8783.18	68.16	239457	1362.14	1183.63
2019	849.31	831.72	2406.44	2390.28	9443.13	90.27	169475	1802.92	2192.40
2020	856.36	645.85	2537.12	2466.50	9686.90	86.25	180410	2382.81	1493.63
2021	1029.66	540.68	2808.18	2535.52	10096.37	66.69	342636	2275.52	1369.67

12-8 规模以上工业企业产品产量
Output of Industrial Products of Industrial Enterprise above Designated size

项目 Item	2000	2005	2010	2020	2021
原煤(吨) Coal(ton)	3750300	13317400	24427250	6458491	5406842
铁矿石原矿(吨) Primary Iron ore(ton)	1690400	4838600	23272585	20800804	23925274
硫铁矿石(折硫35%)(吨) Sulphur Iron(ton)	35000	16600	99177	399436	395764
原盐(吨) Salt(ton)	283700	344900	333929	265406	251966
配混合饲料(吨) Mixed Feed(ton)	974900	2185200	4830171	10374680	10533367
精制食用植物油(吨) Eatened Vegetable(ton)	62400	434800	1684343	2030794	2019361
罐头(吨) Tin(ton)	267800	785700	2032091	2818036	2991678
啤酒(千升) Beer(1000 L)	1104000	1573300	1887767	1569360	1661042
饮料(吨) Drink(ton)	398200	1112800	3869623	8344303	9103727
精制茶(吨) Highly Finished Tea(ton)	17000	39500	103310	266865	256688
卷烟(万箱) Cigarette(10000 cases)	98.62	121.00	168.75	177.29	179.12
纱(吨) Yarn(ton)	143641	680042	1847365	5434505	5569436
布(万米) Cloth(10000 m)	55867	201266	312003	744892	794159
棉布(万米) Cottoned Cloth(10000 m)	2938	13020	39708	79416	88493
棉混纺布(万米) Blending Cloth(10000 m)	11022	35790	110002	234714	222825
化学纤维短纤布(万米) Pure Chemical Fibre Cloth(10000 m)	41907	152456	162292	430761	482842
印染布(万米) Printing and Dyeing Cloth(10000 m)	38744	162653	391229	591712	627733
绒线（毛线）(吨) Knitting Wool(ton)	7523	9997	5020	924	630
服装(万件) Clothes(10000 piece)	39877	81539	292273	551100	654593
轻革(平方米) Light Leather(10000 sq.m)	3591200	33335800	43511617	53601277	57487532
皮革鞋靴(万双) Leather Shoes(10000 pairs)	20931	50426	114358	203570	203266
人造板(立方米) Man-made Wood(cu.m)	677000	2664900	9979320	25502960	27098870
胶合板(立方米) Plywood(cu.m)	224800	1082700	4248677	18011171	17749966
纤维板(立方米) Fiberboond(cu.m)	294900	1145500	1936396	1899736	3049453
刨花板(立方米) Particle board(cu.m)	145000	193600	2075427	1425742	1481312

12-8 续表1
Continued

项目 Item	2000	2005	2010	2020	2021
机制纸及纸板(吨) Machine-made Paper and Paperboard(ton)	850700	1871100	4320636	7984898	9948397
焦炭(吨) Coke(ton)	448900	909400	1430462	2234565	2246245
硫酸(折100%)(吨) Sulfuric Acid(ton)	338700	410600	597822	3437310	3321917
盐酸(含量31%以上)(吨) Hydrochloric(ton)	124500	140200	70749	194951	190182
烧碱（折100%）(吨) Caustic Soda(ton)	156400	255100	201120	358968	379087
纯碱（碳酸钠）(吨) Soda Ash(ton)	94500	192300	177867	254912	240974
合成氨（无水氨）(吨) Synthetic Ammonia(ton)	800900	941500	1021305	298917	759918
农用氮、磷、钾化学肥料（折纯）(吨) Chemical Fertilizer(ton)	613800	602700	578746	862460	666921
#氮肥(吨) Nitrogerous Fertilizer(ton)	509600	557000	553717	561493	545332

#尿素(吨)
Carbamine(ton)
	278600	313400	329370		

磷肥(吨) Phosphate Fertilizer(ton)	79600	45600	25028	300967	121589
涂料(吨) Paint(ton)	19096	44851	319064	1262270	1201745
初级形态塑料(吨) Primary form Plastics(ton)	143470	337876	1524961	3980344	4911350
合成洗涤剂(吨) Synthetic Detergents(ton)	68	7004	39705	186185	22487
化学药品原药(吨) Chemical Medicine(ton)	1205	2779	7266	24473	31755
中成药(吨) Mid-product Chinese Medicine(ton)	3781	3904	6534	31077	30923
化学纤维(吨) Chemical Fiber(ton)	412198	791167	2061509	8563633	10296561
轮胎外胎(条) Tires(pcs)	9839600	17809700	27876136	29257788	31948142
塑料制品(吨) Plastics(ton)	557000	863000	1663088	5469151	6620726
水泥(吨) Cement(ton)	15136400	27136200	59212000	96868968	100963685
砖(万块) Bricks(10000 pcs)	23400	20700	303443	3112055	3675430
花岗石板材(平方米) Granite board(sq.m)	11266800	68322600	145464187	72615489	67028626
平板玻璃(重量箱) Plate glass(case)	4798700	6415100	27653500	53616323	55126867
生铁(吨) Pig Iron(ton)	1493700	3939600	5588053	11062083	11451867
粗钢(吨) Crude Steel(ton)	1249400	3823300	10868830	24665002	25355217

12-8 续表2
Continued

项目 Item	2000	2005	2010	2020	2021
钢材(吨) Steel Products(ton)	2837900	7359000	13405616	38616471	39805344
铁合金(吨) Iron Alloy(ton)	39700	59000	240768	117872	92402
十种有色金属(吨) Ten Nonferrous Metals Total(ton)	34474	60362	138774	739662	895536
金属切削机床(台) Metal-cutting Machine Tools(set)	584	1815	3146	11632	11781
起重机(吨) Crane Machine(ton)	1988	4105	4655	10002	12666
叉车(台) Fork Truck(set)	3301	6720	11081	21005	20889
泵(台) Pump(set)	1676900	4907200	8358576	3683734	6852095
气体压缩机(台) Gas Compressor(set)	28506	42836	50472	58568	51746
轴承(万套) Bearing(10000 units)	1767	4690	11108	15410	26084
汽车(辆) Vehicles(unit)	29606	70260	194963	180410	342636
#载货汽车(辆) Cargo Vehicles(unit)	10244	4158	8005	35977	47195
改装汽车(辆) Refitted Vehicles(unit)	7107	26555	16222	10380	10104
民用钢质船舶(载重吨) Civil Steel Boats(tons)	44457	146816	727031	900444	944202
交流电动机(千瓦) Alternating Current Electromotor(kw)	1799600	2484300	5827571	4186489	5402174
变压器(千伏安) Power Transformer(kva)	2549000	3489300	5728012	13787333	15280647
电力电缆(千米) Electric Cable(km)	14629	18381	105487	582788	605307
电话单机(部) Telephone Set(set)	6646300	9728900	8452845	1144416	1136882
微型计算机设备(台) Personal Computers(set)	887678	3714387	7382707	14936299	13696668
集成电路(万块) Semiconductor Integrated Circuit(10000 units)	6888.00	13996.22	1158.40	169472.67	278930.44
彩色电视机(台) Color TV Sets(set)	2041900	3739000	9031009	13300154	13832861
照相机(台) Cameras(set)	3221684	1101899	4510909	606223	635095
钟(只) Clocks(set)	27474800	92983300	85595769	94237627	95029892
发电量(万千瓦小时) Electricity(10000 kwh)	4037300	7782500	13563200	25371210	28081768
#水电 Hydropower	1952200	2910000	4536900	2075960	1810507

12-9 规模以上工业企业主要指标(2021年)

单位：万元

项目 Item	企业单位数(个) Number of Enterprises (unit)	资产总计 Total Assets	负债合计 Liabilities	固定资产原价 Original Value of Fixed Assets
合　计 **Total**	**20114**	**472112943**	**245741817**	**248825229**
#国有控股企业 State-holding Enterprises	570	121002637	67671854	92230154
#亏损企业 Deficitted Enterprises	1800	52583133	33650493	31408958
按轻重分 **Group by Light & Heavy Industry**				
轻工业 Light Industry	11466	187998159	92506944	75490482
重工业 Heavy Industry	8648	284114784	153234873	173334747
按经济类型分 **Grouped by Ownership**				
国有 Stated-owned	124	23118386	13412294	28110959
集体 Collective-owned	59	564983	249208	995454
股份 Share Holding	879	111161914	60176936	66711653
私营 Private	16101	205932289	105400233	83741712
外商及港澳台商投资 Funds from HongKong,Macao,TaiWan and Foreign Area	2937	131272267	66490248	69249329
其他 Others	13	27494	7798	15210
按登记注册分 **Grouped by Status of Registration**				
内资企业 Sole Funded	17177	340840676	179251568	179575901
港、澳、台商投资 Enterprises with Funds from HongKong, Macao and TaiWan	1827	72024864	35951103	34408941
外商投资企业 Foreign Funded Enterprises	1110	59247403	30539145	34840388
按经济组织分 **Grouped by Organization**				
独资企业 Sole Funded	2458	85781339	42464335	43525775
合作、合伙 Cooperated and Partnership	108	1021043	473306	633602
股份有限公司 Share Holding Enterprises	599	92802136	45882931	21950035
有限责任公司 Limited Liability Corporations	16949	292508426	156921244	182715818
按规模分 **Grouped by Size of Enterprises**				
大型企业 Large Scale	452	196912392	109427155	110475926

Main Indicators of Industrial Enterprises above Designated Size(2021)

(10000 yuan)

固定资产净额 Net Value of Fixed Assets	所有者权益合计 Owner's equity	营业收入 Revenue	主营业务收入 Sale Revenue	利润总额 Total Profit	利税总额 Total Profits and Tax	所得税费用 Income Tax	应交增值税 Value Added Tax Payable
123659081	**226341982**	**657683195**	**630392148**	**49800042**	**63673678**	**4196378**	**8093186**
51720838	53330777	90216893	87139613	5778650	10969691	766903	1888448
16052039	18934085	33049816	31751325	-2048858	-1443617	-179880	367801
33820793	95470134	311593091	297650707	25618845	32160551	1692061	3355025
89838288	130871848	346090104	332741441	24181197	31513128	2504317	4738161
13614332	9706091	19985074	19657621	670611	3273526	122729	629275
171010	315776	2816615	2690483	137488	166116	2959	14185
41257327	50985126	84804609	81703110	6705403	8869531	814953	1338556
39776431	100509054	376109133	360616674	28822146	34592032	1859740	4188983
28830538	64775731	173828647	165600914	13449464	16756967	1395929	1921740
9425	19696	53208	37438	3139	3407	50.9	168
94828543	161566250	483854548	464791234	36350578	46916712	2800449	6171446
14940598	36067479	92677766	87898047	7843577	9354686	672883	1058089
13889940	28708253	81150881	77702866	5605887	7402281	723046	863651
17237394	43310720	122497518	115947415	8839511	10560494	870029	1123028
283573	547735	2404837	2260258	153440	184208	17062	19997
12014831	46919202	64276237	61083378	7539147	8839760	769661	978349
94123283	135564325	468504603	451101097	33267944	44089216	2539626	5971813
58962233	87485236	205384296	199825653	18315011	25009250	1915602	3029155

12-9 续表1

单位：万元

项目 Item	企业单位数(个) Number of Enterprises (unit)	资产总计 Total Assets	负债合计 Liabilities	固定资产原价 Original Value of Fixed Assets
中型企业 Medium Scale	2249	120094162	58254270	62910737
小型企业 Small Scale	14877	135353561	69162083	67597441
微型企业 Micro-Scale	2536	19752829	8898309	7841125
按行业分 Grouped by Sector				
煤炭开采和洗选业 Coal Mining and Dressing	33	979533	385592	422316
石油和天然气开采业 Petroleum and Natural Gas Mining				
黑色金属矿采选业 Ferrous Metals Mining and Dressing	56	1017345	470742	1157098
有色金属矿采选业 Nonferrous Metals Mining and Dressing	42	794390	311671	965172
非金属矿采选业 Nonmetal Minerals Mining and Quarrying	167	1752605	505718	1201520
其他采矿业 Others Mining and Quarrying				
农副食品加工业 Agricultural and Sideline Products Processing	1177	17504724	9216341	6851329
食品制造业 Food Manufacturing	648	11005814	4528922	3490727
酒、饮料和精制茶制造业 Wine,Drink and Tea Manufacturing	548	6348903	2284398	3224065
烟草制品业 Tobacco Processing	7	2757469	769147	1705078
纺织业 Textile Industry	1178	18062032	8865418	10295632
纺织服装、服饰业 Textile Garments Products	1490	13251834	5651638	5250899
皮革、毛皮、羽毛及其制品和制鞋业 Leather,Furs,Down and Relate Products	1423	20104566	10612716	6519058
木材加工和木、竹、藤、棕、草制品业 Timber Processing,Bamboo,Cane,Palm Fiber and Straw Products	874	3989512	1801551	2262760
家具制造业 Furniture Manufacturing	443	3248547	1608815	1235252
造纸和纸制品业 Papermaking and Paper Products	484	9342976	5153908	4814494
印刷和记录媒介复制业 Printing and Record Medium Reproduction	311	3049456	1372089	1398952
文教、工美、体育和娱乐用品制造业 Cultural , Educational and Sports Goods	1013	9469787	3964757	4452966
石油、煤炭及其他燃料加工业 Petroleum Processing,Coking and Nuclear Fuel Processing	49	14391173	8105659	12035688

Continued

(10000 yuan)

固定资产净额 Net Value of Fixed Assets	所有者权益合计 Owner's equity	营业收入 Revenue	主营业务收入 Sale Revenue	利润总额 Total Profit	利税总额 Total Profits and Tax	所得税费用 Income Tax	应交增值税 Value Added Tax Payable
30727494	61839891	176934153	173376604	15498015	18450125	1232387	2009268
32002912	66180904	254102088	251423323	14703787	18615331	1007926	2849822
1966442	10835951	21262657	5766568	1283229	1598972	40462	204941
186209	593941	930196	815655	88499	151893	11487	46847
465471	546604	2467946	2175353	187303	254160	39166	44399
272631	482719	891256	826541	59568	89665	11163	10049
468070	1246886	3200149	2872054	179795	261127	17486	32716
3223826	8288379	35469868	34371102	2143290	2402105	70506	181076
1701907	6476410	17546044	17111916	1597132	1817113	82056	163962
1533961	4064503	11223451	10624839	1031366	1299360	78088	145313
436069	1988322	3370538	3301985	214005	2416326	64886	295664
4363296	9196499	36468594	35357252	2456760	2801828	111397	252636
1773677	7579746	28384777	26877398	2133420	2620814	106809	369230
2503874	9491849	41860116	39163724	3189531	3861978	211341	500865
790328	2187957	13388185	12688569	674587	833802	23754	113146
588823	1639729	6747793	6189187	427570	526169	23161	72229
2456857	4189064	13760050	13282285	1179024	1431321	57915	191005
637102	1677365	5700670	5408980	380884	465683	19789	60399
1881458	5505027	23286751	21859926	1838015	2182603	121028	226368
6831994	6285667	17826292	16809449	1581980	3047073	174777	418054

12-9 续表2

单位：万元

项目 Item	企业单位数(个) Number of Enterprises (unit)	资产总计 Total Assets	负债合计 Liabilities	固定资产原价 Original Value of Fixed Assets
化学原料和化学制品制造业 Raw Chemical Materials and Chemical Products	822	27352408	14670049	14669515
医药制造业 Medical and Pharmaceutical Products	207	7641211	2099584	2762599
化学纤维制造业 Chemical Fiber	111	10101646	5675850	7376379
橡胶和塑料制品业 Rubber and Plastic Products	1043	13493634	6345429	7445876
非金属矿物制品业 Nonmetal Minerals Products	2002	28205324	13052496	14287972
黑色金属冶炼和压延加工业 Smelting and Pressing of Ferrous Metals	163	17433165	11542238	10711922
有色金属冶炼和压延加工业 Smelting and Pressing of Nonferrous Metals	170	21059953	11991756	5892801
金属制品业 Metal Products	1090	12404123	5903957	5498985
通用设备制造业 General Equipment	798	11798747	5494135	4587533
专用设备制造业 Special Purpose Equipment	724	10909173	5988842	3672034
汽车制造业 Car Manufacturing	401	11077423	6693387	5414119
铁路、船舶、航空航天和其他运输设备制造业 Railway,Watercraft,Aviation and others transportation Manufacturing	146	2930205	2030345	1153413
电气机械和器材制造业 Electric Equipment and Machinery	810	42852300	25644109	9322189
计算机、通信和其他电子设备制造业 Computer,Communication and other Electronic Equipment	746	52028071	24920677	22816423
仪器仪表制造业 Instruments and Meters Machinery	227	3319323	1388486	689033
其他制造业 Others Manufacturing	154	1511047	557084	367112
废弃资源综合利用业 Waste Resources and Materials Recovering	101	1202208	641723	466302
金属制品、机械和设备修理业 Metals,Machinery and Equipment maintenance	36	1402311	481573	779195
电力、热力生产和供应业 Production and Supply of Electric Power and Hot Power	261	48304097	29756142	57517618
燃气生产和供应业 Production and Supply of Gas	65	3228267	1764050	2156067
水的生产和供应业 Production and Supply of Water	94	6787643	3490825	3955137

Continued

(10000 yuan)

固定资产净额 Net Value of Fixed Assets	所有者权益合计 Owner's equity	营业收入 Revenue	主营业务收入 Sale Revenue	利润总额 Total Profit	利税总额 Total Profits and Tax	所得税费用 Income Tax	应交增值税 Value Added Tax Payable
7936748	12682355	32873873	31470743	2117976	2786704	96618	486808
1462797	5541627	7642440	7475332	2494024	2700264	333653	145991
3069063	4425796	17507277	17165298	1528158	1691139	31390	105990
3213688	7148200	21413157	20534218	1466642	1792452	103303	225485
6622893	15154664	52578133	51263715	4292293	5351683	369566	703710
6466399	5890927	28965546	27701178	1954754	2297699	145596	288993
3354172	9068196	36865197	35958591	2517241	2908675	362022	296448
2445512	6500159	23036289	21727399	1449705	1725362	109461	199090
2013297	6306542	15848505	14907062	1156581	1408780	85286	180392
1589341	4914689	12560643	11969021	1007531	1257217	91213	183886
2236620	4384033	14983554	14169199	853682	1229856	140908	220235
649345	899859	2252909	2189801	-46599	7638	14301	24875
4874908	17208154	35152544	33463301	3029564	3596731	303062	429905
11548682	27101112	52116780	50177183	4425748	5117062	513226	527442
394030	1930836	3523462	3382351	231565	288425	18243	45972
177884	953962	2893717	2660062	183661	223664	9609	31195
299074	560484	3845180	3832939	93119	412605	14667	276440
403497	920738	1259700	1249897	92789	112348	11906	12248
31033759	18547952	24144647	23970773	1210821	1870106	150843	548820
1262679	1464217	4574213	4375655	241688	260309	40533	11772
2489143	3296816	1122756	1012216	136372	171944	26166	23532

12-10 大中型工业企业主要经济指标(2021年)

单位：万元

项目 Item	企业单位数(个) Number of Enterprises (unit)	资产总计 Total Assets	负债合计 Liabilities	固定资产原价 Original Value of Fixed Assets
合　计 Total	**2701**	**317006554**	**167681424**	**173386663**
煤炭开采和洗选业 Coal Mining and Dressing	11	706463	262884	245319
石油和天然气开采业 Petroleum and Natural Gas Mining				
黑色金属矿采选业 Ferrous Metals　Mining and Dressing	6	653423	300651	626227
非金属矿采选业 Nonmetal Minerals Mining and Quarrying	7	479943	26135	160713
其他采矿业 Others Mining and Quarrying				
农副食品加工业 Agricultural and Sideline Products Processing	138	7167170	3167958	3367897
食品制造业 Food Manufacturing	119	6567409	2558004	1576350
酒、饮料和精制茶制造业 Wine，Drink and Tea Manufacturing	64	3497088	1186114	1769874
烟草制品业 Tobacco Processing	6	2723731	752935	1387089
纺织业 Textile Industry	169	10745650	5233061	6264630
纺织服装、服饰业 Textile Garments Products	193	7599644	2947138	3126042
皮革、毛皮、羽毛及其制品和制鞋业 Leather , Furs , Down and Relate Products	349	14661294	7908206	3892794
木材加工和木、竹、藤、棕、草制品业 Timber Processing,Bamboo,Cane,Palm Fiber and Straw Products	40	1012023	367315	483065
家具制造业 Furniture Manufacturing	42	1383042	662980	463583
造纸和纸制品业 Papermaking and Paper Products	59	6115626	3391719	3506951
印刷和记录媒介复制业 Printing and Record Medium Reproduction	27	1184551	529216	491014
文教、工美、体育和娱乐用品制造业 Cultural , Educational and Sports Goods	155	4519513	2232675	1911233
石油、煤炭及其他燃料加工业 Petroleum Processing,Coking and Nuclear Fuel Processing	6	13832902	7798638	11851690
化学原料和化学制品制造业 Raw Chemical Materials and Chemical Products	68	16795811	9366836	9201913

Main Financial Indicators of Large and Medium Industrial Enterprises(2021)

(10000 yuan)

固定资产净额 Net Value of Fixed Assets	所有者权益合计 Owner's equity	营业收入 Revenue	主营业务收入 Sale Revenue	利润总额 Total Profit	利税总额 Total Profits and Tax	所得税费用 Income Tax	应交增值税 Value Added Tax Payable
89689727	**149325127**	**382318450**	**373202257**	**33813026**	**43459375**	**3147989**	**5038423**
117247	443580	487828	448938	60891	105471	8036	33238
375314	352772	836352	828230	155438	203359	35652	32739
147031	453808	283265	283153	42924	46057	318	1420
1746005	3999213	12987308	12861850	861577	968598	32193	80017
743503	4009405	9053305	9011642	984572	1114482	62406	98690
819094	2310973	6224166	6104603	643084	805863	59885	84843
415251	1970796	3314411	3249215	213497	2415756	64886	295664
2830881	5512590	20212757	20007895	1673522	1878942	88858	153502
1198821	4652507	14026968	13858449	1382750	1638938	85788	197704
1657637	6753088	27274584	27098323	2282331	2737996	188036	349165
200829	644707	3112407	3099664	274156	326237	12686	32215
269767	720061	2705925	2689680	203692	249526	17240	33508
1898961	2723907	8180501	7976257	849075	1002065	44951	113904
260605	655335	1783623	1773405	178030	205560	10546	18682
906211	2286837	10177222	9968885	812103	969463	73251	110564
6735460	6034264	16591850	15621092	1520932	2963089	170395	399718
5658359	7428975	15848242	15532164	1287355	1670377	10374	255377

12-10 续表

单位：万元

项目 Item	企业单位数(个) Number of Enterprises (unit)	资产总计 Total Assets	负债合计 Liabilities	固定资产原价 Original Value of Fixed Assets
医药制造业 Medical and Pharmaceutical Products	40	5172932	1011735	1433030
化学纤维制造业 Chemical Fiber	37	8687705	4881017	6851663
橡胶和塑料制品业 Rubber and Plastic Products	104	7250385	3198975	4435323
非金属矿物制品业 Nonmetal Minerals Products	262	13603446	6234610	7670161
黑色金属冶炼和压延加工业 Smelting and Pressing of Ferrous Metals	29	16100481	10464569	9934339
有色金属冶炼和压延加工业 Smelting and Pressing of Nonferrous Metals	30	19550757	11184544	5345215
金属制品业 Metal Products	89	5700144	2333951	2078403
通用设备制造业 General Equipment	67	5240185	2138333	2007803
专用设备制造业 Special Purpose Equipment	56	5492836	3322423	1118037
汽车制造业 Car Manufacturing	69	7873088	5166012	3690425
铁路、船舶、航空航天和其他运输设备制造业 Railway,Watercraft,Aviation and others transportation Manufacturing	21	2066028	1573167	644884
电气机械和器材制造业 Electric Equipment and Machinery	131	37023760	22491619	7821912
计算机、通信和其他电子设备制造业 Computer,Communication and other Electronic Equipment	206	42089301	19817816	20448607
仪器仪表制造业 Instruments and Meters Machinery	28	1415110	461465	322470
其他制造业 Others Manufacturing	21	720121	213023	127766
金属制品、机械和设备修理业 Metals,Machinery and Equipment maintenance	6	816968	291742	566324
电力、热力生产和供应业 Production and Supply of Electric Power and Hot Power	27	33754967	21704790	44936329
燃气生产和供应业 Production and Supply of Gas	6	1792308	963696	1484473
水的生产和供应业 Production and Supply of Water	9	2663523	1481143	1785056

Continued

(10000 yuan)

固定资产净额 Net Value of Fixed Assets	所有者权益合计 Owner's equity	营业收入 Revenue	主营业务收入 Sale Revenue	利润总额 Total Profit	利税总额 Total Profits and Tax	所得税费用 Income Tax	应交增值税 Value Added Tax Payable
718332	4161197	4790472	4727666	2056575	2209483	273664	105742
2780249	3806689	15505046	15346800	1441274	1592383	29461	98998
2012416	4051410	9797338	9557990	822924	951374	73412	78230
3798410	7368837	21419461	21146715	2291505	2756054	228402	301235
6141448	5635913	25065894	24287217	1784698	2089737	140066	261605
3024447	8366213	25093375	24429367	2446736	2761008	354747	239509
1064305	3366192	9271194	9050569	799036	897160	75491	72303
982481	3101852	5743343	5685451	542425	628289	60724	59776
563709	2170412	3952666	3863625	451195	547737	34059	75475
1586276	2707075	10748528	10124924	612678	903355	115379	154921
392987	492861	1270185	1258397	-95839	-59331	6870	12603
4183799	14532141	27707085	26253665	2621644	3063372	275951	330662
10196129	22271483	42564336	41070165	3726923	4247485	414103	386043
189382	953644	1373231	1299677	105595	122214	9268	13473
65044	507098	1487357	1485648	100840	120818	7408	16098
266825	525226	621762	618694	45107	55255	8217	5426
23779868	12050177	19911161	19776247	432865	1030148	49677	513726
860871	828612	2144343	2092070	108578	116208	8647	4221
1017435	1182380	407626	374253	63979	78447	11967	9584

12-11 国有控股工业企业主要经济指标(2021年)

单位：万元

项目 Item	企业单位数(个) Number of Enterprises (unit)	资产总计 Total Assets	负债合计 Liabilities	固定资产原价 Original Value of Fixed Assets
合计 Total	**570**	**121002637**	**67671854**	**92230154**
按隶属关系分 Grouped by Subordination				
中央企业 Central Enterprises	85	50340525	32836798	56933914
地方企业 Local Enterprises	485	70662112	34835056	35296239
按轻重分 Grouped by Light &Heavy Industry				
轻工业 Light Industry	95	8863046	3136335	3406637
重工业 Heavy Industry	475	112139591	64535519	88823517
按规模分 Grouped by Size of Enterprises				
大型企业 Large Scale	51	75461882	43241121	62214363
中型企业 Medium Scale	95	21782502	11653192	14743788
小型企业 Small Scale	352	18811833	10431737	13540869
微型企业 Micro-Scale	72	4946420	2345804	1731134
按行业分 Grouped by Sector				
#煤炭开采和洗选业 Coal Mining and Dressing	9	689299	240854	230756
黑色金属矿采选业 Ferrous Metals Mining and Dressing	4	597831	258609	537660
有色金属矿采选业 Nonferrous Metals Mining and Dressing	8	210843	60208	364503
非金属矿采选业 Nonmetal Minerals Mining and Quarrying	14	734545	154278	208211
农副食品加工业 Agricultural and Sideline Products Processing	15	243876	187752	78918
食品制造业 Food Manufacturing	10	504990	159173	127195
酒、饮料和精制茶制造业 Wine，Drink and Tea Manufacturing	10	238738	45597	151354
烟草制品业 Tobacco Processing	6	2723731	752935	1387089
纺织服装、服饰业 Textile Garments Products	4	55187	10787	19560
木材加工和木、竹、藤、棕、草制品业 Timber Processing,Bamboo,Cane,Palm Fiber and Straw Products	7	317865	155729	158841

Main Financial Indicators of State-holding Industrial Enterprise(2021)

(10000 yuan)

固定资产净额 Net Value of Fixed Assets	所有者权益合计 Owner's equity	营业收入 Revenue	主营业务收入 Sale Revenue	利润总额 Total Profit	利税总额 Total Profits and Tax	所得税费用 Income Tax	应交增值税 Value Added Tax Payable
51720838	**53330777**	**90216893**	**87139613**	**5778650**	**10969691**	**766903**	**1888448**
31802367	17503726	40557317	39394649	2376172	5720511	297908	1124531
19918472	35827052	49659575	47744964	3402478	5249180	468995	763918
1406377	5726711	7301908	7032261	713582	3040012	131089	390252
50314461	47604067	82914985	80107352	5065068	7929679	635813	1498196
35105927	32220761	56990786	54972317	4111576	8731145	515121	1478533
7432957	10129310	15060871	14612089	663947	988993	104109	238390
8105852	8380092	16925472	16625746	861950	1066424	131248	140456
1076102	2600615	1239764	929461	141178	183129	16425	31070
65632	448445	321068	224860	52917	83781	6285	22851
361546	339222	443271	435149	149964	197093	35865	33150
68516	150635	218558	215571	32820	51035	7649	5832
175278	580267	222049	219632	29563	38920	2751	5668
37754	56124	520619	507277	23000	26189	327	1545
81712	345816	138271	136102	-1689	2633	1278	2519
44880	193141	160359	157291	14094	29451	3157	7272
415251	1970796	3314411	3249215	213497	2415756	64886	295664
6920	44400	28738	28518	8642	12475	2160	3405
87570	162136	249019	248128	11828	16425	-88	3458

12-11 续表

单位：万元

项目 Item	企业单位数(个) Number of Enterprises (unit)	资产总计 Total Assets	负债合计 Liabilities	固定资产原价 Original Value of Fixed Assets
造纸和纸制品业 Papermaking and Paper Products	4	464804	128056	341129
印刷和记录媒介复制业 Printing and Record Medium Reproduction	13	475846	142142	186347
石油、煤炭及其他燃料加工业 Petroleum Processing,Coking and Nuclear Fuel Processing	5	13546997	7667246	11718135
化学原料和化学制品制造业 Raw Chemical Materials and Chemical Products	28	3500999	1921870	1868466
医药制造业 Medical and Pharmaceutical Products	13	1655393	222296	549710
化学纤维制造业 Chemical Fiber	3	154067	134894	105983
非金属矿物制品业 Nonmetal Minerals Products	52	1583568	770969	779504
黑色金属冶炼和压延加工业 Smelting and Pressing of Ferrous Metals	9	7473721	4300289	4451481
有色金属冶炼和压延加工业 Smelting and Pressing of Nonferrous Metals	19	12879355	7195143	2537260
金属制品业 Metal Products	8	124747	59983	51162
通用设备制造业 General Equipment	13	1007454	596904	280030
专用设备制造业 Special Purpose Equipment	12	466401	246471	139710
汽车制造业 Car Manufacturing	16	2771214	2330215	1256834
铁路、船舶、航空航天和其他运输设备制造业 Railway,Watercraft,Aviation and others transportation Manufacturing	7	1794060	1528373	584707
电气机械和器材制造业 Electric Equipment and Machinery	18	2243459	1649020	373939
计算机、通信和其他电子设备制造业 Computer,Communication and other Electronic Equipment	32	14088957	5454181	6925569
废弃资源综合利用业 Waste Resources and Materials Recovering	8	145684	99180	84580
金属制品、机械和设备修理业 Metals,Machinery and Equipment maintenance	7	223848	62943	51574
电力、热力生产和供应业 Production and Supply of Electric Power and Hot Power	146	42873971	27331868	52115430
燃气生产和供应业 Production and Supply of Gas	10	1369679	752080	1222057
水的生产和供应业 Production and Supply of Water	54	5718237	2977892	3309126

Continued

(10000 yuan)

固定资产净额 Net Value of Fixed Assets	所有者权益合计 Owner's equity	营业收入 Revenue	主营业务收入 Sale Revenue	利润总额 Total Profit	利税总额 Total Profits and Tax	所得税费用 Income Tax	应交增值税 Value Added Tax Payable
120299	336748	197005	185283	17951	27607	2754	7771
64292	333704	188372	142504	49940	58503	3920	6749
6691498	5879750	16008311	15037430	1440165	2877391	165999	397436
1128657	1579129	3604753	3292023	120904	167177	-27004	36295
199648	1433097	966983	964366	332923	400416	46512	57143
57719	19173	237268	140329	-11283	-10547	140	159
398012	812598	1405601	1393102	139800	188479	26674	39742
2469668	3173432	8770262	8300401	528902	689613	110142	136725
1490033	5684211	13771694	13445225	495106	608070	31644	65458
30353	64764	287627	250625	11836	14223	3059	1933
174375	410549	1076045	1044322	60506	92876	6035	28099
72540	219930	242679	234558	-15357	-10331	-755	3148
676420	440999	3715493	3613963	-97069	-24389	-2257	33676
387284	265687	476218	464497	-162053	-157625	5973	1724
286735	594439	1563730	1525166	38651	45836	3106	4669
3952290	8634775	7067160	6918890	940315	1085917	85382	108981
64745	46504	369284	367614	21792	65113	5135	39325
40370	160905	105010	98933	12363	14375	1916	1780
29262216	15542102	21860192	21732166	1141858	1751448	142396	512270
680250	617600	1622756	1585413	74206	80350	7104	3805
2105268	2740344	741650	659047	78507	104305	19009	17860

12-12 规模以上外商及港澳台投资工业企业主要经济指标(2021年)

单位：万元

项目 Item	企业单位数(个) Number of Enterprises (unit)	资产总计 Total Assets	负债合计 Liabilities	固定资产原价 Original Value of Fixed Assets
合计	**2937**	**131272267**	**66490248**	**69249329**
Total				
按登记注册类型分				
Grouped by Status of Registration				
港、澳、台商投资企业	1827	72024864	35951103	34408941
Enterprises with Funds from HongKong, Macao and TaiWan				
合资经营企业	396	17208506	9673031	8142501
Joint Ventures Enterprises				
合作经营企业	4	42612	28417	20797
Cooperative Operation Enterprises				
独资企业	1370	48417733	23599305	23496436
Sole Investment				
股份有限公司	57	6356013	2650351	2749206
Share-holding Corporations Ltd with Investment				
外商投资企业	1110	59247403	30539145	34840388
Foreign Funded Enterprises				
中外合资经营企业	264	17929168	10039761	14660921
Joint Ventures Enterprises				
中外合作经营企业	9	545909	302782	371158
Cooperative Operation Enterprises				
外资企业	817	34986043	18014965	17781904
Sole Foreign Investment Enterprises				
外商投资股份有限公司	20	5786283	2181637	2026404
Foreign Investment share Enterprises				
按轻重分				
Grouped by Light &Heavy Industry				
轻工业	1850	62865535	30255955	26487449
Light Industry				
重工业	1087	68406732	36234294	42761880
Heavy Industry				
按规模分				
Grouped by Size of Enterprises				
大型企业	186	62256640	32473486	32447797
Large Scale				
中型企业	664	42062538	21590846	23682459
Medium Scale				

Main Financial Indicators of Industrial Enterprises with Funds from HongKong, Macao,TaiWan and Foreign Area above Designated Size(2021)

(10000 yuan)

固定资产净额 Net Value of Fixed Assets	所有者权益合计 Owner's equity	营业收入 Revenue	主营业务收入 Sale Revenue	利润总额 Total Profit	利税总额 Total Profits and Tax	所得税费用 Income Tax	应交增值税 Value Added Tax Payable
28830538	**64775731**	**173828647**	**165600914**	**13449464**	**16756967**	**1395929**	**1921740**
14940598	36067479	92677766	87898047	7843577	9354686	672883	1058089
4910218	7535474	19135879	18305209	1792767	2264187	181193	299442
9782	14195	115300	115300	5347	6151	6	575
8804037	24812148	67246702	63547805	5451404	6334909	442238	625029
1216560	3705662	6179885	5929733	594059	749439	49446	133044
13889940	28708253	81150881	77702866	5605887	7402281	723046	863651
4934508	7889406	26203291	25331118	2021580	2982992	195121	330214
168306	243127	703081	689828	52633	61218	12786	5973
7609558	16971074	48883755	46431291	2975660	3725988	415650	464648
1177568	3604646	5360754	5250629	556015	632083	99489	62816
11386975	32609574	87427999	82917090	7801796	9113857	635347	918338
17443563	32166157	86400648	82683824	5647667	7643109	760582	1003403
13399264	29783153	78354780	76304587	6991432	8696341	784898	833361
10329278	20471693	54131399	52095985	3710851	4650757	359852	606317

12-12 续表1

单位：万元

项目 Item	企业单位数(个) Number of Enterprises (unit)	资产总计 Total Assets	负债合计 Liabilities	固定资产原价 Original Value of Fixed Assets
小型企业 Small Scale	1779	23065559	10716069	11664263
微型企业 Micro-Scale	308	3887530	1709847	1454809
按行业分 **Grouped by Sector**				
非金属矿采选业 Nonmetal Minerals Mining and Quarrying	4	47429	11004	21329
农副食品加工业 Agricultural and Sideline Products Processing	122	4615008	2282791	2179721
食品制造业 Food Manufacturing	109	4626885	1800358	1104139
酒、饮料和精制茶制造业 Wine，Drink and Tea Manufacturing	51	2698993	1173852	1546868
纺织业 Textile Industry	198	4973127	2216511	2719326
纺织服装、服饰业 Textile Garments Products	297	5808554	2309749	2470917
皮革、毛皮、羽毛及其制品和制鞋业 Leather,Furs,Down and Relate Products	268	11111745	5758252	2808336
木材加工和木、竹、藤、棕、草制品业 Timber Processing,Bamboo,Cane,Palm Fiber and Straw Products	24	299250	95932	198737
家具制造业 Furniture Manufacturing	56	836023	426113	334172
造纸和纸制品业 Papermaking and Paper Products	62	3555997	2088141	1598819
印刷和记录媒介复制业 Printing and Record Medium Reproduction	30	474933	218897	230065
文教、工美、体育和娱乐用品制造业 Cultural,Educational and Sports Goods	186	2899306	1180072	1296629
石油、煤炭及其他燃料加工业 Petroleum Processing,Coking and Nuclear Fuel Processing	8	7469796	4543420	6315586
化学原料和化学制品制造业 Raw Chemical Materials and Chemical Products	115	7787376	5188314	4658918
医药制造业 Medical and Pharmaceutical Products	31	1353198	427136	530785

Continued

(10000 yuan)

固定资产净额 Net Value of Fixed Assets	所有者权益合计 Owner's equity	营业收入 Revenue	主营业务收入 Sale Revenue	利润总额 Total Profit	利税总额 Total Profits and Tax	所得税费用 Income Tax	应交增值税 Value Added Tax Payable
4836680	12343203	36991322	36508791	2481751	3088257	247392	448105
265317	2177682	4351145	691551	265431	321613	3788	33958
12830	36425	157676	157676	7874	17345	409	5470
1034319	2332216	7439647	7341796	420618	456680	20699	22037
467908	2826526	5405088	5202556	525427	605570	26207	58370
732063	1525141	3618775	3437632	355769	484453	41580	68879
1174886	2756616	7788449	7491922	553661	650714	25510	62651
814519	3498806	9690855	9229343	756487	930638	65419	130507
958042	5353493	16627344	15253927	1609889	1912824	137159	227047
62342	203318	525878	517654	43596	56365	2641	11411
166646	409910	1313174	1112028	86936	104630	6504	13417
726779	1467855	3628292	3410542	503925	576721	27864	56550
109028	256036	736804	731852	51004	61370	5941	7390
594947	1719233	6199736	5680875	466493	541405	33270	49211
2671291	2926376	8563648	8027866	717114	1464253	49433	174671
2522869	2599061	7109421	6925598	163042	368702	19826	101584
282217	926062	1002658	972468	194778	231372	23870	29948

12-12 续表2

单位：万元

项目 Item	企业单位数(个) Number of Enterprises (unit)	资产总计 Total Assets	负债合计 Liabilities	固定资产原价 Original Value of Fixed Assets
化学纤维制造业 Chemical Fiber	32	4179108	2801721	3371004
橡胶和塑料制品业 Rubber and Plastic Products	181	6428816	2853613	4067154
非金属矿物制品业 Nonmetal Minerals Products	135	4796523	1876844	2846992
黑色金属冶炼和压延加工业 Smelting and Pressing of Ferrous Metals	17	2993518	2127323	2230271
有色金属冶炼和压延加工业 Smelting and Pressing of Nonferrous Metals	26	2668530	1451152	1559323
金属制品业 Metal Products	117	4378776	1946176	1613873
通用设备制造业 General Equipment	116	3884870	1591552	1870375
专用设备制造业 Special Purpose Equipment	121	2486544	1096380	845748
汽车制造业 Car Manufacturing	130	5666364	3234634	2984952
铁路、船舶、航空航天和其他运输设备制造业 Railway,Watercraft,Aviation and others transportation Manufacturing	24	428524	202949	187110
电气机械和器材制造业 Electric Equipment and Machinery	148	10045229	5341325	3864291
计算机、通信和其他电子设备制造业 Computer,Communication and other Electronic Equipment	163	16431011	9079354	8532222
仪器仪表制造业 Instruments and Meters Machinery	37	705685	188454	213412
其他制造业 Others Manufacturing	49	1073378	354445	212334
金属制品、机械和设备修理业 Metals,Machinery and Equipment maintenance	10	981176	347187	645289
电力、热力生产和供应业 Production and Supply of Electric Power and Hot Power	28	3964299	1592647	5265409
燃气生产和供应业 Production and Supply of Gas	25	1105378	576689	640469
水的生产和供应业 Production and Supply of Water	11	169450	45388	171346

Continued

(10000 yuan)

固定资产净额 Net Value of Fixed Assets	所有者权益合计 Owner's equity	营业收入 Revenue	主营业务收入 Sale Revenue	利润总额 Total Profit	利税总额 Total Profits and Tax	所得税费用 Income Tax	应交增值税 Value Added Tax Payable
1291787	1377387	5275934	5162717	357554	398169	16031	28287
1706198	3575201	7348609	7047937	575069	695835	52517	86022
1415397	2919680	5360374	5264938	608019	726250	66085	79313
1090435	866195	5642455	5111978	488341	535225	989	36059
836929	1217378	6099619	6026064	493738	553797	79402	47964
680320	2432599	5281913	5050945	393512	448835	55586	38954
796696	2293318	4413448	4128653	388052	444482	53002	35542
333967	1390163	2485102	2356286	224699	282989	24979	46598
1016000	2431729	7604471	7109303	641032	867654	118523	126273
58926	225575	540520	536668	36631	51778	4946	7587
1857209	4703902	11736710	11293945	1412261	1592039	209366	130218
2757340	7345381	24407191	23478233	1245966	1454987	226171	157824
94100	517231	955428	894034	58996	69786	7128	9065
90338	718933	1709721	1585233	110336	134521	7635	19181
303651	633988	816215	812533	48959	57196	8973	3584
1561715	2371652	2470134	2434223	-165469	-114966	-34015	37354
448989	528688	1523434	1467354	57986	65846	9847	4810
91857	124062	52647	50254	8262	9899	2397	1089

12-13 规模以上工业企业主要经济效益指标(2021年)

Main Indicators of Economic Benefit of Industrial Enterprises above Designated Size(2021)

单位：%　　(%)

项目 Item	总资产贡献率 Ratio of Total Assets to Industrial Output Value	资产负债率 Ratio of Assets to Liability	流动资产周转次数(次/年) Number of Times of Turnover Circulating Funds(times/year)	工业成本费用利润率 Ratio of Profits to Industrial Cost
合计 **Total**	**14.09**	**52.05**	**2.72**	**8.23**
#国有控股企业 State-holding Enterprises	10.03	55.93	2.57	7.07
按轻重分 **Group by Light & Heavy Industry**				
轻工业 Light Industry	17.50	49.21	2.73	9.02
重工业 Heavy Industry	11.83	53.93	2.71	7.54
按经济类型分 **Grouped by Ownership**				
国有 Stated-owned	15.13	58.02	3.93	3.84
集体 Collective-owned	29.76	44.11	17.43	5.20
股份 Share Holding	8.89	54.13	2.20	8.60
联营 Cooperation	33.98	14.32	3.88	15.92
私营 Private	17.30	51.18	3.10	8.33
外商及港澳台商投资 Funds from HongKong, Macao,TaiWan and Foreign Area	13.20	50.65	2.27	8.38
其他 Others	12.46	28.36	3.90	6.28
按登记注册分 **Grouped by Status of Registration**				
内资企业 Sole Funded	14.43	52.59	2.93	8.18
港、澳、台商投资企业 Enterprises with Funds from HongKong, Macao and TaiWan	13.37	49.91	2.14	9.18
外商投资企业 Foreign Funded Enterprises	12.99	51.55	2.44	7.47
按经济组织分 **Grouped by Organization**				
独资企业 Sole Funded	12.68	49.50	2.31	7.75
合作、合伙 Cooperated and Partnership	18.47	46.36	4.51	6.86
股份有限公司 Share Holding Enterprises	9.78	49.44	1.30	13.14
有限责任公司 Limited Liability Corporations	15.85	53.65	3.38	7.72
按规模分 **Grouped by Size of Enterprises**				

12-13 续表1
Continued

单位：% (%)

项目 Item	总资产贡献率 Ratio of Total Assets to Industrial Output Value	资产负债率 Ratio of Assets to Liability	流动资产周转次数(次/年) Number of Times of Turnover Circulating Funds(times/year)	工业成本费用利润率 Ratio of Profits to Industrial Cost
大型企业 Large Scale	13.23	55.57	2.20	9.89
中型企业 Medium Scale	16.10	48.51	2.80	9.63
小型企业 Small Scale	14.39	51.10	3.38	6.16
微型企业 Micro-Scale	8.34	45.05	2.17	6.44
按行业分 **Grouped by Sector**				
煤炭开采和洗选业 Coal Mining and Dressing	15.86	39.36	2.35	10.66
石油和天然气开采业 Petroleum and Natural Gas Mining				
黑色金属矿采选业 Ferrous Metals Mining and Dressing	26.17	46.27	9.52	8.29
有色金属矿采选业 Nonferrous Metals Mining and Dressing	11.57	39.23	5.09	7.26
非金属矿采选业 Nonmetal Minerals Mining and Quarrying	15.41	28.86	6.11	6.04
其他采矿业 Others Mining and Quarrying				
农副食品加工业 Agricultural and Sideline Products Processing	14.30	52.65	3.28	6.45
食品制造业 Food Manufacturing	17.04	41.15	2.64	9.90
酒、饮料和精制茶制造业 Wine，Drink and Tea Manufacturing	20.81	35.98	3.75	10.18
烟草制品业 Tobacco Processing	87.51	27.89	1.67	17.11
纺织业 Textile Industry	16.52	49.08	3.49	7.25
纺织服装、服饰业 Textile Garments Products	19.99	42.65	3.72	8.14
皮革、毛皮、羽毛及其制品和制鞋业 Leather,Furs,Down and Relate Products	19.51	52.79	3.37	8.21
木材加工和木、竹、藤、棕、草制品业 Timber Processing,Bamboo,Cane,Palm Fiber and Straw Products	21.49	45.16	5.44	5.32
家具制造业 Furniture Manufacturing	16.57	49.52	3.24	6.78
造纸和纸制品业 Papermaking and Paper Products	16.39	55.16	2.49	9.26
印刷和记录媒介复制业 Printing and Record Medium Reproduction	15.85	44.99	3.61	7.12
文教、工美、体育和娱乐用品制造业 Cultural , Educational and Sports Goods	23.64	41.87	4.41	8.62

12-13 续表2
Continued

单位：%　　　　(%)

项目 Item	总资产贡献率 Ratio of Total Assets to Industrial Output Value	资产负债率 Ratio of Assets to Liability	流动资产周转次数(次/年) Number of Times of Turnover Circulating Funds(times/year)	工业成本费用利润率 Ratio of Profits to Industrial Cost
石油、煤炭及其他燃料加工业 Petroleum Processing，Coking and Nuclear Fuel Processing	21.88	56.32	3.96	10.48
化学原料和化学制品制造业 Raw Chemical Materials and Chemical Products	11.19	53.63	2.50	6.95
医药制造业 Medical and Pharmaceutical Products	35.38	27.48	1.58	47.61
化学纤维制造业 Chemical Fiber	18.40	56.19	3.43	9.58
橡胶和塑料制品业 Rubber and Plastic Products	13.83	47.03	2.82	7.38
非金属矿物制品业 Nonmetal Minerals Products	19.60	46.28	3.44	8.94
黑色金属冶炼和压延加工业 Smelting and Pressing of Ferrous Metals	13.62	66.21	4.87	7.26
有色金属冶炼和压延加工业 Smelting and Pressing of Nonferrous Metals	14.93	56.94	4.03	7.28
金属制品业 Metal Products	14.34	47.60	3.06	6.73
通用设备制造业 General Equipment	12.31	46.57	2.13	7.89
专用设备制造业 Special Purpose Equipment	12.01	54.90	1.80	8.69
汽车制造业 Car Manufacturing	11.26	60.42	2.28	6.08
铁路、船舶、航空航天和其他运输设备制造业 Railway,Watercraft,Aviation and others transportation Manufacturing	2.35	69.29	1.13	-2.09
电气机械和器材制造业 Electric Equipment and Machinery	8.08	59.84	1.18	9.45
计算机、通信和其他电子设备制造业 Computer,Communication and other Electronic Equipment	10.13	47.90	1.78	9.18
仪器仪表制造业 Instruments and Meters Machinery	9.15	41.83	1.65	6.99
其他制造业 Others Manufacturing	15.21	36.87	3.06	6.79
废弃资源综合利用业 Waste Resources and Materials Recovering	35.79	53.38	5.60	2.48
金属制品、机械和设备修理业 Metals,Machinery and Equipment maintenance	8.05	34.34	1.79	7.94
电力、热力生产和供应业 Production and Supply of Electric Power and Hot Power	5.38	61.60	3.00	5.25
燃气生产和供应业 Production and Supply of Gas	8.42	54.64	4.25	5.50
水的生产和供应业 Production and Supply of Water	2.87	51.43	0.71	13.72

主要统计指标解释

工业 指从事自然资源的开采，对采掘品和农产品进行加工和再加工的物质生产部门。具体包括：(1)对自然资源的开采，如采矿、晒盐等(但不包括禽兽捕猎和水产捕捞)；(2)对农副产品的加工、再加工，如粮油加工、食品加工、缫丝、纺织、制革等；(3)对采掘品的加工、再加工，如炼铁、炼钢、化工生产、石油加工、机器制造、木材加工等，以及电力、自来水、煤气的生产和供应等；(4)对工业品的修理、翻新，如机器设备的修理、交通运输工具(包括小卧车)的修理等。

1984 年以前农村的村及村以下办工业归属农业，1984 年以后划归工业。

工业统计调查单位为独立核算法人工业企业。

独立核算法人工业企业指从事工业生产经营活动的单位。独立核算法人工业企业应同时具备以下条件：①依法成立，有自己的名称、组织机构和场所，能够承担民事责任；②独立拥有和使用资产，承担负债，有权与其他单位签订合同；③独立核算盈亏，并能够编制资产负债表。

轻工业 指主要提供生活消费品和制作手工工具的工业。按其所使用的原料不同，可分为两大类：(1)以农产品为原料的轻工业，是指直接或间接以农产品为基本原料的轻工业。主要包括食品制造、饮料制造、烟草加工、纺织、缝纫、皮革和毛皮制作、造纸以及印刷等工业；(2)以非农产品为原料的轻工业，是指以工业品为原料的轻工业。主要包括文教体育用品、化学药品制造、合成纤维制造、日用化学制品、日用玻璃制品、日用金属制品、手工工具制造、医疗器械制造、文化和办公用机械制造等工业。

重工业 指为国民经济各部门提供物质技术基础的主要生产资料的工业。按其生产性质和产品用途，可以分为下列三类：(1)采掘(伐)工业，是指对自然资源的开采，包括石油开采、煤炭开采、金属矿开采、非金属矿开采等工业；(2)原材料工业，指向国民经济各部门提供基本材料、动力和燃料的工业。包括金属冶炼及加工、炼焦及焦炭、化学、化工原料、水泥、人造板以及电力、石油和煤炭加工等工业；(3)加工工业，是指对工业原材料进行再加工制造的工业。包括装备国民经济各部门的机械设备制造工业、金属结构、水泥制品等工业，以及为农业提供的生产资料如化肥、农药等工业。

根据上述划分原则，修理业中以重工业产品为修理作业对象的划为重工业，反之划为轻工业。

工业总产值

(1)定义：工业总产值是以货币形式表现的，工业企业在一定时期内生产的工业最终产品或提供工业性劳务活动的总价值量。它反映一定时间内工业生产的总规模和总水平。

(2)计算原则：

工业生产的原则，即凡是企业在报告期生产的经检验合格的产品，不管是否在报告期销售，均包括在内。

最终产品的原则，即凡是计入工业总产值的产品，必须是本企业生产的经检验合格的，不需要再进行任何加工的最终产品。如果企业有中间产品(半成品)对外销售，则对外销售的中间产品应视为企业的最终产品。

工厂法原则，即工业总产值是以工业企业作为基本计算(核算)单位，即按企业的最终产品计算工业总产值。按这种方法计算的工业总产值，不允许同一产品价值在企业内部重复计算，不能把企业内部各个车间(分厂)生产的成果相加，但允许企业间的重复计算。

(3)内容及计算方法：1995 年全国工业普查对工业总产值(原规定)的内容及计算原则和方法做了某些修订，修订后的工业总产值(新规定)包括三项内容：即本期生产成品价值、对外加工费收入、在制品半成品期末期初差额价值三部分。

本期生产成品价值：指企业本期生产，并在报告期内不再进行加工，经检验、包装入库的全部工业成品(半产品)价值合计，包括企业生产的自制设备及提供给本企业在建工程、其他非工业部门和福利部门等单位使用的成品价值。本期生产成品价值为按自备原材料生产的产品的数量乘以本期不含增值税(销项税额)的产品实际销售平均单价计算；会计核算中按成本价格转帐的自制设备和自产自用的成品，按成本价格计算生产成品价值。生产成品价值中不包括用定货者来料加工的成品(半产品)价值。

对外加工费收入：指企业在报告期内完成的对外承接的工业品加工(包括用定货者来料加工产品)的加工费收入和对外工业修理作业所取得的加工费收入。对外加工费收入按不含增值税(销项税额)的价格计算，可根据会计“主营业务收入”科目的有关资料取得。

对于本企业对内非工业部门提供的加工修理、设备安装的劳务收入，如果企业会计核算基础较好，能取得这部分资料，而且这部分价值所占比重较大，应包括在对外加工费收入中。

自制半成品在制品期末期初差额价值：指企业报告期在制品期末减期初的差额价值，本指标一般可以从会计核算资料中取得。如果会计产品成本核算中不计算半成品、在制品的成本，则总产值中也不包括这部分价值，反之则包括。

(4)工业总产值统计范围变化和计算方法修订情况：

1984 年以前工业总产值不包括村办工业，村办工业总产值划归农业。1984 年以后工业总产值包括村办工业。

1995 年工业普查对工业总产值计算方法做了修订，即从 1995 年始按新修订(新规定)方法计算工业总产值。新规定与原规定的区别如下：

全价与加工费的计算原则不同：新规定为凡自备原材料，不论其生产繁简程度如何，一律按全价计算工业总产值；凡来料加工，允许按加工费计算工业总产值。原规定则视生产加工的繁简程度不同，规定哪些行业按全价，哪些行业按加工费计算工业总产值。

自制半成品、在产品期末期初差额价值的计算原则不同：新规定要求，凡会计产品成本核算时计算了成本的差额价值，总产值中就应包括，否则可不包括；原规定则按生产周期六个月的界限区分，凡生产周期六个月以上的企业，总产值计算中应包括这部分差额价值，否则可不包括。

计算价格不同：新规定按不含增值税(销项税额)的价格计算；原规定则按含增值税(销项税额)的价格计算。

工业增加值　指工业企业在报告期内以货币表现的工业生产活动的最终成果。

工业增加值有两种计算方法：一是生产法，即工业总产出减去工业中间投入加上应交增值税；二是收入法，即从收入的角度出发，根据生产要素在生产过程中应得到的收入份额计算，具体构成项目有固定资产折旧、劳动者报酬、生产税净额、营业盈余，这种方法也称要素分配法。本年鉴中的工业增加值是以生产法计算的。

生产法工业增加值的计算方法为：

工业增加值=工业总产出-工业中间投入+应交增值税

(1)工业总产出：指工业企业在一定时期内工业生产活动的总成果。工业总产出包括：成品生产价值，对外加工费收入，自制半成品、在产品期末期初差额价值。1995 年后用新规定计算的工业总产值代替。

(2)工业中间投入：指工业企业在工业生产活动中消耗的外购物质产品和对外支付的服务费用。服务费用包括支付给物质生产部门(工业、农业、批发零售贸易业、建筑业、运输邮电业)的服务费用和支付给非物质生产部门(如保险、金融、文化教育、科学研究、医疗卫生、行政管理等)的服务费用。工业中间投入的确定须遵循以下原则：必须从外部购入的，并已计入工业总产出的产品和服务价值；必须是本期投入生产，并一次性消耗掉(包括本期摊销的低值易耗品等)的产品和服务价值。

工业中间投入包括直接材料费用、制造费用中的工业中间投入、管理费用中的工业中间投入、销售费用中的工业中间投入和利息支出五部分。

资产总计　指企业拥有或控制的能以货币计量的经济资源，包括各种财产、债权和其他权利。资产按流动性分为流动资产、长期投资、固定资产、无形资产、递延资产和其他资产。该指标根据企业会计“资产负债表”中“资产总计”项目的期末数增列。

流动资产平均余额　指企业在报告期内全部流动资产的平均余额。

固定资产净值年平均余额　指固定资产净值在报告期内余额的平均数。计算公式为：

固定资产净值年平均余额=1 至 12 月各月月初、月末固定资产净值之和/24

该指标根据“资产负债表”中“固定资产原价”“累计折旧”指标的期初、期末数计算填列。

固定资产净值指固定资产原价减去历年已提折旧额后的净额。计算公式为：

固定资产净值=固定资产原价-累计折旧

负债合计 指企业所承担的能以货币计量，将以资产或劳务偿付的债务，偿还形式包括货币、资产或提供劳务。负债一般按偿还期长短分为流动负债和长期负债。根据会计“资产负债表”中“负债合计”的年末数填列。

所有者权益 指企业投资人对企业净资产的所有权。企业净资产等于企业全部资产减去全部负债后的余额，包括企业投资人对企业的最初投入的实际到位的资产及资本公积金、盈余公积金和未分配利润。所有者权益合计数小于零，表示企业资不抵债。

主营业务收入 指企业销售产品和提供劳务等主要经营业务取得的业务总额。

主营业务成本 指企业销售产品和提供劳务等主要经营业务的实际成本。

主营业务税金及附加 指企业销售产品和提供工业性劳务等主要经营业务应负担的城市维护建设税、消费税、资源税和教育费附加。

利润总额 指企业生产经营活动的最终成果，是企业在一定时期内实现的盈亏相抵后的利润总额(亏损以“-”号表示)，它等于营业利润加上补贴收入加上投资收益加上营业外净收入再加上以前年度损益调整。

本年应交增值税 指企业在报告期内应交纳的增值税额。它等于本年销项税额加上出口退税加上进项税额转出数减去本年进项税额。小规模纳税企业直接按全年计税销售额乘以征收率计算取得。

从业人员平均人数 是指报告期内每天拥有的从业人员人数。其计算公式为：

月平均人数=报告月内每天实有人数之和/报告月日历日数

季平均人数=季内各月平均人数之和/3

年平均人数=年内各月平均人数之和/12

工业经济效益综合指数 是指现行综合评价工业经济效益总体水平及工业经济运行质量的指数。它是以若干项代表性经济效益指标，分别除以各项指标的标准值，再乘以各自的权数，加总后除以总权数求得。其计算公式为：

工业经济效益综合指数=(某项经济效益指标报告期数值/该项指标标准值×权数)/总权数

上式总权数为100。

总资产贡献率 反映企业全部资产的获利能力，是企业经营业绩和管理水平的集中体现，是评价和考核企业盈利能力的核心指标。计算公式为：

总资产贡献率（%）=(利润总额+税金总额+利息支出/平均资产总额)×100%

公式中：税金总额为产品销售税金及附加与应交增值税之和；平均资产总额为期初期末资产之和的算术平均值。

资产负债率 该指标既反映企业经营风险的大小，也反映企业利用债权人提供的资金从事经营活动的能力。计算公式为：

资产负债率（%）=(负债总额/资产总额)×100%

资产与负债均为报告期期末数。

流动资产周转次数 指一定时期内流动资产完成的周转次数，反映投入工业企业流动资金的周转速度。计算公式为：

流动资产周转次数=产品销售收入/全部流动资产平均余额

公式中：全部流动资产平均余额为期初和期末的流动资产之和的算术平均值。

成本费用利润率 反映企业投入的生产成本及费用的经济效益，同时也反映企业降低成本所取得的经济效益。计算公式为：

成本费用利润率（%）=(利润总额/成本费用总额)×100%

公式中：成本费用总额为产品销售成本、销售费用、管理费用、财务费用之和。

Explanatory Notes on Main Statistical Indicators

Industry refers to the material production sector which is engaged in extraction of natural resources and processing and reprocessing of minerals and agricultural products, including (1) extraction of natural resources, such as mining, salt production (but not including hunting and fishing); (2) processing and reprocessing of farm and sideline produces, such as rice husking, flour milling, wine making, oil pressing, silk reeling, spinning and weaving, and leather making; (3) manufacture of industrial products, such as steel making, iron smelting, chemicals manufacturing, petroleum processing, machine building, timber processing; water and gas production and electricity generation and supply; (4)repairing of industrial products such as the repairing of machinery and means of transport (including cars).

Prior to 1984, the rural industry run by villages and cooperative organizations under village was classified into agriculture. Since 1984, it has been grouped into industry.

Units of industrial statistics survey corporate industrial enterprises with independent accounting system.

Corporate industrial enterprises with independent accounting system refer to enterprises engaging in industrial production activities, which meet the following requirements: ① They are established legally, having their own names, organizations, location, able to take civil liability; ② They possess and use their assets independently, assume liabilities, and are entitled to sign contracts with other units; ③ They are financially independent and compile their own balance sheets.

Light Industry refers to the industry that produces consumer goods and hand tools. It consists of two categories, depending on the materials used:

(1) Industries using farm products as raw materials. These are branches of light industry which directly or indirectly use farm products as basic raw materials, including the manufacture of food and beverages, tobacco processing, textile, clothing, fur and leather manufacturing, paper making, printing, etc.

(2) Industries using non farm products as raw materials. These are branches of light industry which use manufactured goods as raw materials, including the manufacture of cultural, educational articles and sports goods, chemicals, synthetic fiber, chemical products for daily use, glass products for daily use, metal products for daily use, hand tools, medical apparatus and instruments, and the manufacture of cultural and office machinery.

Heavy Industry refers to the industry which produces capital goods, and provides various sectors of the national economy with necessary material and technical basis. It consists of the following three branches according to the purpose of production or the use of products:

(1) Mining, quarrying and logging industry refers to the industry that extracts natural resources, including extraction of petroleum, coal, metal and non-metal ores.

(2) Raw materials industry refers to the industry that provides various sectors of the national economy with raw materials, fuels and power. It includes smelting and processing of metals, coking and coke chemistry, chemical materials and building materials such as cement, plywood, and power, petroleum refining and coal dressing.

(3) Manufacturing industry refers to the industry that processes raw materials. It includes machine-building industry which equips sectors of the national economy, industries of metal structure and cement products, industries producing means of agricultural production, such as chemical fertilizers and pesticides.

According to the above principle of classification, the repairing trades, which are engaged primarily in repairing products of heavy industry are classified as heavy industry while these engaged in repairing products of light industry are classified as light industry.

Gross Industrial Output Value

(1) Definition: Gross industrial output value is the total volume of final industrial products produced and industrial services provided during a given period. It reflects the total achievements and overall scale of industrial production during a given period.

(2) Principles for calculation:

Statistics on industrial production follow the principle that all products produced by the enterprises and accepted during the reference period are to be included no matter whether they are sold or not during the reference period.

Determination of final products follow the principle that all products that are included in the calculation of grow industrial output value are the final products of the enterprise which have been accepted through quality check and require no further processing. If an enterprise has intermediate (semi-finished) products to sell, these intermediate products are considered as the final products of the enterprise.

Gross industrial output value is calculated following the principle of factory approach, i.e. industrial enterprise is used as the basic accounting unit in calculating the gross industrial output value. By this approach, value of the same product is not to be double counted, and the output value of different workshops (branch factories) should not be added. However, this approach does not exclude the possibility of double counting between enterprises.

(3) Content and calculation method: The old definition of gross industrial output value was modified during the national industrial census in 1995. The revised (new) definition of gross industrial output value consists of 3 components: value of the finished products during the reference period, income from external processing, and value of change in semi-finished products at the end and at the beginning of the reference period.

Value of the finished products during the reference period: refers to the value of all finished (semi-finished) industrial products that are produced during the reference period without the need for further processing, checked for acceptance, packed and put into the warehouse of the enterprise, including the value of own-produced equipment and the value of products provided to the projects under construction of the enterprise, and to other non-industrial or welfare units. Value of finished products during the reference period is calculated by the quantity of products produced using own materials multiplied by the average unit prices at which products are sold (excluding value-added tax). Own-produced equipment and products produced for own use are value at cost prices as in the case of enterprise accounting. Value of finished products does not include the value of finished products (semi-finished products) that are produced using the materials from the clients who make the orders.

Income from external processing: refers to income from contracted external processing of industrial products (including processing of industrial products using materials from the clients), and the income from industrial repairing work provided to other units. Income from external processing is calculated using information from the item "products sales income" in the enterprise accounting at the prices excluding value-added tax.

For income from services such as processing, repairing and installation of equipment provided to non-industrial units within the enterprise, if the accounting work of the enterprise is good enough to separate it from other records, and the share of such services is significant, it should also be included in the income from external processing.

Value of change in semi-finished products at the end and at the beginning of the reference period: refers to the value of change in semi-finished products at the end and at the beginning of the reference period, which generally can be obtained from accounting records of enterprises. If the enterprise accounting excludes the cost of semi-finished products, then it should not be included in the gross industrial output value, and vice versa.

(4) Changes in the coverage and method of calculation of gross industrial output value

Prior to 1984, the value of rural industry run by villages was classified into agriculture instead of industry. Since 1984, it has been included in the gross industrial output value. Method of calculation for the gross industrial output value was modified in the industrial census in 1995. The difference in the new method as compared with the old one is outlined below:

Principle in using full value vs. processing fee: The new method stipulates that all products produced using own materials are to be calculated with full value in reporting the gross industrial output value irrespective of sophistication of production, and for external processing, it allows calculation using processing fee. In the old method, however, the use of full value or processing fee was determined by the degree of sophistication of production in different branches of industries.

Principle in determining the value of change in semi-finished products: The new method requires that value of the change in semi-finished products should be included in the gross industrial output value if it is included in the accounting record of the enterprise, otherwise it should not be included. By the old method, it is determined by the type of enterprises in terms of production cycle. If the production cycle is over 6 months, the value of change in semi-finished products is included in the gross industrial output value, otherwise it is excluded.

Difference in prices: The new method uses prices excluding value-added tax in the calculation of gross industrial output value, while the old method used prices including value-added tax.

Value-added of Industry refers to the final results of industrial production of industrial enterprises in money terms during the reference period.

Industrial value-added can be calculated by two approaches: the production approach, i.e. gross industrial output value minus intermediate input plus value-added tax, and the income approach, i.e. income for various factors used in the course of production, including depreciation of fixed assets, remuneration of labourers, net of production tax, and operating surplus. Value-added of industry in the Yearbook is calculated by production approach as following:

Value-added of industry = gross industrial output industrial intermediate input + value-added tax

(1) Gross industrial output: refers to the total achievements of industrial production during a given period. Gross industrial output includes value of finished products, income from external processing, and value of change in semi-finished products at the end and at the beginning of the reference period. Since 1995, it was substituted by the gross industrial output value by new method.

(2) Industrial intermediate input: refers to purchased goods and paid services consumed during the industrial production of enterprises. Fees paid for services include fees paid for the services provided by material production sectors (industry, agriculture, wholesale and retail Tradess, construction, transport, post and telecommunications) and by non-material production sectors (insurance, banking, culture, education, scientific research, health and medical care, public administration, etc.). The determination of industrial intermediate input follows the principle that the goods and services must be purchased from outside and included in the gross industrial output, and that the goods and services are inputted into production and consumed (include low-value consumables) during the reference period.

Industrial intermediate input includes 5 components, namely direct consumption of materials, industrial intermediate input in manufacturing cost, industrial intermediate input in management cost, industrial intermediate input in marketing cost and expenditure on interest.

Total Assets refer to all economic resources, in monetary terms, that is owned or controlled by enterprises, including properties, creditors Equities and other economic rights of all forms. Classified by the degree of equitability, total assets include circulating assets, long-term investment, fixed assets, intangible assets and deferred assets, and other assets. Data on this indicator can be obtained by the year-end figures of total assets in the Assets and Liability Table of accounting records of enterprises.

Annual Average Value of Working Capitals refers to the average value of all working capitals of the enterprise during the reference period.

Annual Average of Net Value of Fixed Assets refer to average of the net value of fixed assets during the reference period, calculated with the following formula:

Annual Average of Net Value of Fixed Assets = sum of net value of fixed assets at the beginning and at the end of each month from January to December / 24.

Information on this indicator can be obtained from the beginning and ending figures of the original value of fixed assets and cumulative depreciation from the Assets and Liability Table of enterprises.

Net value of fixed assets refers to the original value of fixed assets minus depreciation over the years, i.e.:

Net value of fixed assets = original value of fixed assets -cumulative depreciation

Total Liabilities refer to payable liabilities of enterprises that have to repay in terms of money, assets or labour services. In terms of payment, it can be divided into Total Working liabilities and long-term liabilities. Data on this item is obtained from the ending figures on total liabilities from the Assets and Liability Table from the enterprises.

Owner's Equities refers to the wonershiip of net assets of enterprises by its investors.The net assets equal the total assets minus total liabilities of the enterprise,including the actual assets invested into the enterprise by investors,accumulation of capitals and operating surplus and non-distributed profits.The enterprise's assets is less than its liabilities if the sum of owner's Equities is smaller than zero.

Revenue from Principal Business refers to the annual accumulation of corresponding item in the "profit table"of the accountant. For enterprises that do not follow the 2001 Enterprises Accounting Standards,the year-end accumulation of revenue from the sales of products is used as a substitute.

Cost of Principal Business refers to the annual accumulation of corresponding item in the "profit table" of the accountantForenterprises that do not follow the 2001 Enterprise Accounting Standards,the year-end accumulation of cost for the sales of products is used as a substitute.

Tax and Extra Charges from Principal Business refers to the annual accumulation of corresponding item in the "profit table"of the accountant.For enterprises that do not follow the 2001 Enerprise Accounting Standards,the year-end accumulation of tax and extra charges from the sales of products is used as a substitute.

Total Profits refer to the final achievements of production and operation of the enterprises, represented by the total profits after deducting losses (loss is expressed by the negative figure). It is the sum of profits from operation, income from subsidies, investment earnings, net income from activities other than operation, and adjustment of profits and losses of previous years.

Value-added Tax Payable refers to the amount of the value-added tax which should be paid by the enterprises during the reference period. It is the sum of tax on sales, export rebate, and transferred tax on purchases of the current year, minus the tax on purchases of the current year. Value-added tax payable of small-size enterprises is determined by the taxable sales of the year multiplied by the tax rate.

Average Annual Number of Employed Persons Employed persons refer to all those who are employed in enterprises and receive remunerations there from, including currently working employees, retirees who are re-employed, teachers of local-run schools, as well as foreigners, staff from Hong Kong, Macao and Taiwan, part-time employees and persons with second job who are employed by the enterprise, and employees of other units temporarily working in the enterprises, but excluding former employees who left the enterprise with their employment records still kept by the enterprises.

Average number of employed persons refers to the number of employees everyday during the reference period, calculated with the following formula:

calendar dates in reference month

Quarterly average number = sum of monthly average number in reference quarter/3

Annual average number = sum of monthly average number in reference year/12

Aggregative Index on Economic Results of Industry refers to the current comprehensive index to evaluate the general level of economic results of industry and the performance quality of industrial economy. It is calculated as follows:

Aggregative Index on Economic Results of Industry=(Value of an Indicator on Economic Results in Reference Period/Standard Value of the Indicator×Weight) ÷Total Weight

Total Weight=100

Ratio of Profits, Taxes and Interests to Average Assets reflects the profit-making capability of all assets of the enterprise and is a key indicator manifesting the performance and management and evaluating the profit-making potential of the enterprise. It is calculated as follows:

Ratio of Profits, Taxes and Interests to Average Assets (%) = [(total profits + total taxes + interest payment) / average assets]×100%

In the above formula, total taxes is the sum of tax and extra charges on the sales of products and value-added tax payable; and average assets is the arithmetic mean of the sum of beginning assets and ending assets.

Monthly average number = sum of actual employees everyday in reference month/number of

Ratio of Debts to Assets reflect both the operation risk and the capability of the enterprise in making use of the capital from the creditors. It is calculated as follows:

Ratio of Debts to Assets (%) = (total debts / total assets)×100%

Both assets and debts are figures at the end of the reference period.

Turnover of Working Capita refers to the number of times of turnover of working capital in a given period of time, which reflects the speed of the turnover of working capital of industrial enterprises, and is calculated as follows:

Turnover of Working Capital=(sales revenue of products) / (average balance of total working capital)

In the above formula, average balance of total working capital refers to the arithmetic mean of the sum of working capital at the beginning and at the end of the reference period.

Ratio of Profits to Total Industrial Costs refers to the ratio of profits realized in a given period to the total costs in the same period, which reflects the economic efficiency of input cost and is calculated as follows:

Ratio of Profits to Total Industrial Cost (%)=(total profits/ total costs)×100%

Total Costs in the above formula is the sum of cost of products sold, marketing cost, management cost and financial cost.

第十三篇　建筑业

Chapter 13　Construction

资料整理：洪永华

Database Editor: Hongyonghua

简 要 说 明

本篇资料的主要内容及来源

本篇资料反映了全省建筑业基本情况，主要包括主要年份建筑业总产值及从业人员、建筑企业生产指标、财务指标等方面的内容。

本篇资料来源于建筑业统计年报，由省统计局固定资产投资统计处整理提供。

Brief Introduction

Main Content and Source of Data

Data in this chapter show the basic conditions of the construction industry in Fujian Province, mainly including the gross output value of construction, number of employed persons, major production indices and financial indicators.

Data in this chapter are based on the annual report of construction industry, and are compiled and provided by the Division of Investment and Construction Statistics of Fujian Provincial Bureau of Statistics.

13-1 建筑企业基本情况
Basic Situation of Construction Enterprises

年份 Year	单位数（个） Number of Construction Enterprises (unit)	#国有 State-owned	#集体 Collective-owned	从业人员（万人） Number of Persons Employed (10000 persons)	#国有 State-owned	#集体 Collective-owned	总产值（亿元） Gross Output Value (100 million yuan)	#国有 State-owned	#集体 Collective-owned
1978	146	65	81	4.54	2.34	2.20	3.31	1.88	1.32
1979	152	33	119	12.79	6.60	6.19	4.33	2.39	1.94
1980	241	34	207	15.15	7.11	8.04	4.93	2.30	2.63
1981	257	41	216	15.88	7.58	8.30	5.44	2.43	3.01
1982	273	41	232	15.99	7.56	8.39	6.33	2.91	3.42
1983	267	43	224	17.06	8.30	8.76	7.11	3.49	3.62
1984	832	51	243	30.45	9.17	9.79	12.97	4.88	4.22
1985	956	51	278	30.62	9.12	11.18	16.66	6.80	5.87
1986	951	47	280	30.48	9.17	11.01	17.40	7.44	5.78
1987	1037	47	296	33.25	10.55	11.50	20.75	9.12	6.74
1988	1028	47	293	28.99	8.85	9.76	23.20	10.58	6.95
1989	1001	48	307	30.67	8.48	11.17	29.87	12.33	9.95
1990	1009	49	308	30.98	8.24	11.51	32.54	13.36	11.30
1991	967	49	315	31.75	9.07	11.98	39.11	16.32	14.09
1992	985	70	314	34.45	10.42	13.03	54.13	22.65	19.43
1993	1236	146	441	41.00	13.37	14.81	101.97	46.89	35.61
1994	1379	163	567	40.60	13.50	14.86	149.69	73.91	53.60
1995	1376	170	552	46.90	15.24	20.36	190.85	97.53	62.56
1996	1576	202	1051	47.15	15.44	27.11	211.88	106.21	84.94
1997	1585	236	1056	47.36	17.44	22.46	227.00	107.49	84.43
1998	1707	263	1133	47.93	13.96	28.65	244.67	115.66	95.61
1999	1849	295	1069	47.28	13.53	23.54	251.17	123.23	90.74
2000	1846	283	976	41.37	13.46	19.99	271.15	131.82	89.53
2001	1708	237	787	44.09	12.49	19.12	369.06	139.51	129.47
2002	1672	224	465	49.34	12.42	16.09	408.81	149.02	102.91
2003	1606	138	326	59.99	10.48	15.15	557.31	158.37	107.40
2004	1782	141	266	58.45	9.37	9.66	679.35	181.08	91.05
2005	1878	132	210	81.72	12.93	9.30	889.41	194.89	88.01
2006	1914	106	113	95.33	11.05	5.99	1189.37	198.12	57.81
2007	2022	104	114	124.97	11.96	8.09	1596.69	243.22	90.29
2008	2398	101	90	153.90	18.15	6.51	1921.26	282.88	85.13
2009	2479	93	75	182.97	26.39	5.41	2302.37	361.57	60.09
2010	2606	93	73	229.57	29.32	4.21	3062.17	448.16	61.44
2011	2734	92	79	219.09	14.82	4.28	3873.87	507.57	75.13
2012	2959	93	81	249.64	12.49	4.50	4713.38	535.97	84.08
2013	3233	68	50	300.60	10.97	5.70	5812.37	397.91	100.02
2014	3734	75	46	321.76	14.48	5.89	7056.89	415.15	102.31
2015	4011	78	43	339.06	12.48	6.02	8003.09	461.08	103.72
2016	4223	82	39	360.63	13.01	4.16	8986.78	549.98	97.01
2017	4668	81	35	464.50	19.95	4.99	10478.31	539.32	97.06
2018	5581	78	33	488.76	22.76	5.35	11941.56	635.62	129.06
2019	6082	83	26	457.00	21.84	6.41	13164.44	743.52	169.39
2020	7027	80	26	483.79	22.24	8.00	14117.80	803.35	177.17
2021	8204	89	28	479.10	20.03	6.61	15810.43	890.03	179.22

注:1996年及以前年份含农村建筑队;1997至2002年为乡及乡以上四级以上建筑企业;2003年起统计范围为具有新资质等级的建筑企业。2019年起,统计范围为资质内施工总承包和专业承包建筑企业(下同)。

Note: In this table,the data include the individual construction team in rural before 1997,the data from 1997 to 2002 include the construction enterprises over town and town level, since 2003 the statistical coverage include the construction enterprises with new grade.

Data since 2019 included all general contracting and professional construction enterprises which possess qualification certificates.

13-1 续表
Continued

年份 Year	资产合计（亿元） Total Assets (100 million yuan)	利润总额（亿元） Total Profits (100 million yuan)	税金总额（亿元） Total Tax (100 million yuan)	房屋建筑面积(万平方米) Floor Space of Building Construction(10000 sq.m) 施工面积 Under Construction	竣工面积 Completed	按总产值计算的劳动生产率（元/人） Overall Labor Productivity by Gross Output Value
1978				416.57	183.40	3038
1979				610.14	275.90	3326
1980				673.38	30.70	3461
1981		0.30		758.34	358.86	3801
1982		0.46		802.22	366.12	4083
1983		0.59		805.37	385.80	4296
1984		0.65		832.13	426.68	7366
1985		0.70		951.87	475.25	8425
1986		0.60		892.56	457.40	9226
1987		0.66		930.84	463.20	9998
1988		0.44		987.97	399.30	12053
1989		0.48		1033.22	502.70	15359
1990		0.50		969.35	499.30	16788
1991		0.70		1061.58	519.10	19246
1992		0.77		1313.86	588.73	23863
1993	127.32	1.69	2.96	1863.70	747.20	28480
1994	189.05	2.16	4.21	2462.50	1029.30	37976
1995	237.86	1.86	5.43	3283.60	1371.10	48560
1996	312.93	2.39	7.42	3523.30	1424.10	47347
1997	357.46	2.84	8.16	3478.50	1546.70	47043
1998	410.03	2.61	10.34	3742.41	1494.34	56860
1999	427.84	2.55	9.54	3991.20	1825.00	63364
2000	445.80	2.55	11.65	4085.40	1729.00	64884
2001	461.10	8.85	14.72	4931.31	2436.95	86280
2002	511.06	9.04	13.28	5237.11	2393.50	93020
2003	631.12	11.58	19.10	6440.08	2952.12	108288
2004	641.72	15.70	23.10	7587.15	3587.05	117831
2005	784.23	19.46	31.42	10268.29	4191.35	120406
2006	906.31	30.98	40.60	13854.50	4825.62	127097
2007	1061.70	37.91	57.51	17743.89	6010.26	123490
2008	1274.48	52.40	71.76	20028.29	7637.76	111960
2009	1494.09	66.05	94.82	21690.97	7435.06	118616
2010	1767.68	87.91	107.69	28406.86	9095.78	134520
2011	2147.00	127.02	139.61	35674.45	10943.78	120330
2012	2628.52	152.82	166.44	41821.78	12343.77	182738
2013	3236.95	187.17	204.90	48254.03	13860.99	183213
2014	3925.84	235.38	245.39	57385.67	15392.71	204770
2015	4395.38	264.56	275.24	59277.33	16631.27	218782
2016	4921.27	282.60	299.75	62920.69	18121.20	225271
2017	5663.92	341.85	366.77	65711.82	16895.04	225584
2018	6703.65	393.80	451.45	72704.00	17644.24	244332
2019	7051.54	387.81	417.27	76606.34	17810.53	269231
2020	8081.66	417.94	392.59	82671.20	18231.74	285578
2021	9514.21	447.51	418.33	87230.72	19206.99	321185

13-2 建筑企业主要经济指标
Major Indicators of Construction Enterprises

项目 Item	2000	2005	2010	2020	2021
企业单位数（个） Number of Enterprises(unit)	1846	1878	2606	7027	8204
建筑业总产值（亿元） Gross Output Value (100 million yuan)	271.15	889.41	3062.17	14117.80	15810.43
建筑业竣工产值 Output Value of Completed	196.70	608.01	1742.46	6033.58	6531.60
房屋施工面积（万平方米） Floor Space of Building under (10000 sq.m)	4085.40	10268.29	28406.86	82671.20	87230.72
#本年新开工 Newly Started Building in Current Year	1937.23	5282.23	14349.31	26914.19	26144.29
房屋竣工面积（万平方米） Floor Space of Building(10000 sq.m)	1729.00	4191.35	9095.78	18231.74	19206.99
#住宅 Residential Building	995.08	2257.72	5474.72	12931.99	13520.30
年末从业人员（万人） Number of Employed Persons at the Year-end(10000 persons)	41.37	81.72	229.57	483.79	479.10
按总产值计算的劳动生产率（元/人） Overall Labor Productivity In Terms of Gross Output Value (yuan/person)	64884	120406	134520	285578	321185
工资总额（亿元） Total Wages(100 million yuan)	34.21	146.97	713.35	2810.68	3151.98
财务指标（亿元） Financial Indicators(100 million yuan)					
资本金合计 Total Capital	103.39	247.70	511.59	1805.78	1873.79
流动资产年末数 Circulating Funds at Year-end	343.64	608.16	1321.15	6703.66	7644.88
固定资产原值 Original Value of Fixed Assets	96.59	161.89	327.21	750.04	788.26
营业收入 Business Revenue	274.06	883.22	2816.29	11421.15	12598.03
主营业务收入 Revenue from Principal Business	267.96	872.12	2801.82	11267.30	12227.68
主营业务成本 Costs of Principal Business	239.53	787.44	2512.58	10291.83	11232.12
利润总额 Total Profits	2.55	19.46	87.91	417.94	447.51
#营业利润 Business Profits	17.24	51.10	168.45	415.55	448.98
利税总额 Total Pre-Tax Profits	14.20	51.46	195.61	810.53	865.84

13-3 国有经济建筑企业主要经济指标
Major Indicators of State-Owned Construction Enterprises

项目 Item	2000	2005	2010	2020	2021
企业单位数（个） Number of Enterprises(unit)	283	132	93	80	89
建筑业总产值（亿元） Gross Output Value (100 million yuan)	131.82	194.89	448.16	803.35	890.03
建筑业竣工产值 Output Value of Completed	90.38	136.78	167.59	266.30	295.12
房屋施工面积（万平方米） Floor Space of Building under (10000 sq.m)	1574.56	1862.81	3063.41	2948.29	2963.56
#本年新开工 Newly Started Building in Current Year	606.60	774.05	1417.80	662.69	643.91
房屋竣工面积（万平方米） Floor Space of Building(10000 sq.m)	546.36	655.17	498.51	560.58	448.29
#住宅 Residential Building	381.47	401.27	376.06	380.21	281.89
年末从业人员（万人） Number of Employed Persons at the Year-end(10000 persons)	13.46	12.93	29.32	22.24	20.03
按总产值计算的劳动生产率（元/人） Overall Labor Productivity In Terms of Gross Output Value (yuan/person)	96111	140828	158901	329150	400001
工资总额（亿元） Total Wages(100 million yuan)	14.46	26.56	88.03	116.09	148.44
财务指标（亿元） Financial Indicators(100 million yuan)					
资本金合计 Total Capital	29.60	33.00	44.25	88.44	80.68
流动资产年末数 Circulating Funds at Year-end	123.18	163.22	221.40	668.75	849.53
固定资产原值 Original Value of Fixed Assets	41.23	38.45	59.54	66.47	41.98
营业收入 Business Revenue	133.52	219.39	424.75	637.10	618.35
主营业务收入 Revenue from Principal Business	129.93	215.85	420.07	626.40	606.70
主营业务成本 Costs of Principal Business	115.89	196.03	386.16	588.60	570.63
利润总额 Total Profits	0.27	2.35	5.42	18.73	20.46
#营业利润 Business Profits	8.08	12.19	19.06	18.38	20.14
利税总额 Total Pre-Tax Profits	6.40	9.72	19.20	30.70	30.68

13-4 集体经济建筑企业主要经济指标
Major Indicators of Collective Construction Enterprises

项目 Item	2000	2005	2010	2020	2021
企业单位数（个） Number of Enterprises(unit)	976	210	73	26	28
建筑业总产值（亿元） Gross Output Value (100 million yuan)	89.53	88.01	61.44	177.17	179.22
建筑业竣工产值 Output Value of Completed	69.59	63.57	43.29	211.39	80.04
房屋施工面积（万平方米） Floor Space of Building under (10000 sq.m)	1783.01	1657.55	884.06	2386.84	2345.65
#本年新开工 Newly Started Building in Current Year	944.55	724.47	339.27	707.22	767.10
房屋竣工面积（万平方米） Floor Space of Building(10000 sq.m)	846.18	643.80	277.51	794.88	277.66
#住宅 Residential Building	496.95	427.31	196.10	760.97	245.99
年末从业人员（万人） Number of Employed Persons at the Year-end(10000 persons)	19.99	9.30	4.21	8.00	6.61
按总产值计算的劳动生产率（元/人） Overall Labor Productivity In Terms of Gross Output Value (yuan/person)	44526	91269	137908	266113	299923
工资总额（亿元） Total Wages(100 million yuan)	15.71	15.65	13.95	44.60	41.35
财务指标（亿元） Financial Indicators(100 million yuan)					
资本金合计 Total Capital	43.55	26.27	9.97	10.25	8.95
流动资产年末数 Circulating Funds at Year-end	144.02	67.18	33.75	55.87	53.28
固定资产原值 Original Value of Fixed Assets	35.50	18.98	6.50	3.41	3.61
营业收入 Business Revenue	93.00	89.07	51.92	101.42	106.52
主营业务收入 Revenue from Principal Business	91.48	88.05	51.61	101.20	105.90
主营业务成本 Costs of Principal Business	82.83	80.92	46.52	96.61	100.69
利润总额 Total Profits	1.03	1.39	1.10	2.20	2.25
#营业利润 Business Profits	5.19	3.75	3.05	1.65	1.92
利税总额 Total Pre-Tax Profits	4.72	4.70	3.02	4.02	4.02

13-5 各种资质等级建筑企业主要经济指标(2021年)
Major Indicators of Construction Enterprises by Grade(2021)

项目 Item	合计 Total	总承包 General Contract	一级及以上 First and Above	二级 Second	三级及其他 Third and Others	专业承包 Special Contract	一级 First and Above	二级 Second	三级及不分等级 Third and Others
企业单位数（个） Number of Enterprises(unit)	8204	6065	472	891	4702	2139	516	1239	384
建筑业总产值（亿元） Gross Output Value (100 million yuan)	15810.43	14419.93	9076.59	3145.03	2198.31	1390.50	729.71	462.88	197.91
建筑业竣工产值 Output Value of Completed	6531.60	6053.58	4006.93	1191.51	855.14	478.02	236.92	165.66	75.44
房屋施工面积（万平方米） Floor Space of Building under (10000 sq.m)	87230.72	84938.32	63865.27	14905.55	6167.49	2292.40	1075.40	691.03	525.97
#本年新开工 Newly Started Building in Current Year	26144.29	25370.55	17420.39	5601.10	2349.06	773.74	395.20	222.68	155.86
房屋竣工面积（万平方米） Floor Space of Building (10000 sq.m)	19206.99	18247.64	12547.55	3612.02	2088.07	959.35	392.50	537.88	28.97
#住宅 Residential Building	13520.30	13148.17	9564.57	2608.76	974.84	372.13	250.08	120.63	1.42
年末从业人员（万人） Number of Employed Persons at the Year-end(10000 persons)	479.10	441.59	279.89	94.48	67.22	37.52	17.94	14.04	5.53
按总产值计算的劳动生产率（元/人） Overall Labor Productivity In Terms of Gross Output Value(yuan/person)	321185	319566	320387	329417	303380	338989	372706	297964	335129
工资总额（亿元） Total Wages(100 million yuan)	3151.98	2881.71	2065.32	436.03	380.37	270.27	131.19	101.60	37.47
财务指标（亿元） Financial Indicators (100 million yuan)									
资本金合计 Total Capital	1873.79	1578.84	776.64	345.28	456.93	294.95	145.60	104.11	45.24
流动资产年末数 Circulating Funds at Year-end	7644.88	6806.70	4390.45	1072.63	1343.62	838.17	433.93	258.24	146.01
固定资产原值 Original Value of Fixed Assets	788.26	674.09	347.01	162.25	164.83	114.17	50.68	39.67	23.81
营业收入 Business Revenue	12598.03	11370.63	7839.00	1880.28	1651.35	1227.41	667.87	395.81	163.72
主营业务收入 Revenue from Principal Business	12227.68	11031.32	7672.52	1816.04	1542.77	1196.36	655.56	379.82	160.98
主营业务成本 Costs of Principal Business	11232.12	10167.96	7146.90	1647.23	1373.83	1064.16	583.10	337.18	143.88
利润总额 Total Profits	447.51	398.72	248.44	80.16	70.12	48.79	29.73	14.26	4.80
#营业利润 Business Profits	448.98	400.19	250.41	79.90	69.88	48.79	29.77	14.18	4.84
利税总额 Total Pre-Tax Profits	865.84	777.29	476.81	155.64	144.84	88.55	51.37	27.04	10.14

13-6 按行业分建筑企业主要经济指标(2021年)
Major Indicators of Construction Enterprises by Sector(2021)

项目 Item	房屋建筑业 Building	土木工程建筑业 Civil Engineering	建筑安装业 Installation	建筑装饰和其他建筑业 Building Decoration and Others
企业单位数（个） Number of Enterprises(unit)	4460	2282	383	1079
建筑业总产值（亿元） Gross Output Value (100 million yuan)	11203.69	3712.14	339.94	554.66
建筑业竣工产值 Output Value of Completed	4704.76	1461.39	168.12	197.33
房屋施工面积（万平方米） Floor Space of Building under (10000 sq.m)	78350.90	7819.05	127.42	933.34
#本年新开工 Newly Started Building in Current Year	22700.74	3157.55	75.96	210.04
房屋竣工面积（万平方米） Floor Space of Building(10000 sq.m)	16552.13	2146.68	82.06	426.12
#住宅 Residential Building	12115.50	1273.58	58.82	72.40
年末从业人员（万人） Number of Staff & Workers at the Year-end(10000 persons)	355.16	100.77	7.49	15.68
按总产值计算的劳动生产率（元/人） Overall Labor Productivity In Terms of Gross Output Value (yuan/person)	310037	352142	426812	316840
工资总额（亿元） Total Wages(100 million yuan)	2290.28	666.17	81.75	113.78
财务指标（亿元） Financial Indicators(100 million yuan)				
资本金合计 Total Capital	1154.42	517.01	82.37	120.00
流动资产年末数 Circulating Funds at Year-end	5269.97	1726.95	308.25	339.71
固定资产原值 Original Value of Fixed Assets	399.37	307.02	38.99	42.87
营业收入 Business Revenue	8883.29	2890.30	352.66	471.78
主营业务收入 Revenue from Principal Business	8606.46	2814.05	346.80	460.38
主营业务成本 Costs of Principal Business	7960.39	2550.24	308.87	412.62
利润总额 Total Profits	307.33	113.74	11.06	15.39
#营业利润 Business Profits	307.56	115.17	10.83	15.41
利税总额 Total Pre-Tax Profits	603.81	213.16	19.86	29.01

13-7 按经济类型分建筑企业主要经济指标(2021年)
Major Indicators of Construction Enterprises by Ownership(2021)

项目 Item	国有经济 State-owned	集体经济 Collect-owned	港澳台经济 Hong Kong, Macao and Taiwan Funded	外商经济 Foreign Funded	其他经济 Others
企业单位数（个） Number of Enterprises(unit)	89	28	19	9	8059
建筑业总产值（亿元） Gross Output Value	890.03	179.22	126.51	40.63	14574.04
建筑业竣工产值 Output Value of Completed	295.12	80.04	62.83	4.38	6089.24
房屋施工面积（万平方米） Floor Space of Building under	2963.56	2345.65	859.27	17.67	81044.57
#本年新开工 Newly Started Building in Current Year	643.91	767.10	184.42	9.36	24539.50
房屋竣工面积（万平方米） Floor Space of Building(10000 sq.m)	448.29	277.66	250.04	17.67	18213.33
#住宅 Residential Building	281.89	245.99	250.04		12742.38
年末从业人员（万人） Number of Staff & Workers at the Year-end(10000 persons)	20.03	6.61	4.04	0.30	448.12
按总产值计算的劳动生产率（元/人） Overall Labor Productivity In Terms of Gross Output Value (yuan/person)	400001	299923	323045	1146636	316995
工资总额（亿元） Total Wages(100 million yuan)	148.44	41.35	24.62	4.04	2933.52
财务指标（亿元） Financial Indicators(100 million yuan)					
资本金合计 Total Capital	80.68	8.95	6.90	3.15	1774.10
流动资产年末数 Circulating Funds at Year-end	849.53	53.28	52.04	36.62	6653.41
固定资产原值 Original Value of Fixed Assets	41.98	3.61	1.03	0.15	741.49
营业收入 Business Revenue	618.35	106.52	126.56	34.57	11712.03
主营业务收入 Revenue from Principal Business	606.70	105.90	126.50	34.54	11354.05
主营业务成本 Costs of Principal Business	570.63	100.69	122.55	31.65	10406.60
利润总额 Total Profits	20.46	2.25	2.38	2.28	420.15
#营业利润 Business Profits	20.14	1.92	2.38	2.12	422.42
利税总额 Total Pre-Tax Profits	30.68	4.02	4.94	3.17	823.03

13-8 房屋竣工建筑面积
Floor Space of Completed Building

单位：万平方米 (10000 sq.m)

项目	Item	竣工面积 Floor Space Completed		
		2015	2020	2021
合计	**Total**	**16631.27**	**18231.74**	**19206.99**
住宅房屋	Residential Building	10715.31	12931.99	13520.30
商业及服务用房屋	Building for Business and Service	1150.74	1176.89	1491.63
商厦房屋（批发和零售用房）	Wholesale and Retail Trade	498.94	501.42	616.15
宾馆用房屋（住宿用房）	Lodgings	126.68	65.09	38.27
餐饮用房屋（餐饮用房）	Gatering Services	30.60	7.35	4.58
商务会展用房屋	Business Showing	59.22	32.84	65.12
其他商业及服务用房屋（居民服务业用房）	Others	435.31	570.18	767.51
办公用房屋	Building for Office	969.45	711.67	712.45
科研、教育、医疗用房屋	Building for Scientific Research,Education,Medical	527.54	534.09	690.09
科学研究用房屋	Scientific Research	59.19	21.07	39.72
教育用房屋	Education	374.83	383.28	486.30
医疗用房屋（卫生医疗用房）	Medical	93.52	129.74	164.08
文化、体育、娱乐用房屋	Building for Culture, Sports and Entertainment	140.22	110.19	67.10
厂房及建筑物	Factory Building	2898.59	2542.22	2391.34
#厂房	Factory	1256.84	1427.95	1170.99
仓库	Storehouse	106.89	58.86	73.46
其他未列明的房屋建筑物	Others	122.53	165.83	260.62

13-9 各设区市建筑企业数(2021年)

Number of Construction Enterprises by City(2021)

单位：个 (unit)

地区 Area	合计 Total	总承包 Gereral Contract	一级及以上 First and Above	二级 Second	三级及其他 Third and Others	专业承包 Special Contract	一级 First	二级 Second	三级及不分等级 Third and Others
全 省 total	**8204**	**6065**	**472**	**891**	**4702**	**2139**	**516**	**1239**	**384**
福州市 Fuzhou	2012	1196	128	255	813	816	272	396	148
厦门市 Xiamen	1294	845	124	152	569	449	91	265	93
莆田市 Putian	512	456	34	41	381	56	1	43	12
三明市 Sanming	692	656	27	76	553	36	6	18	12
泉州市 Quanzhou	1164	725	76	114	535	439	106	271	62
漳州市 Zhangzhou	662	513	36	69	408	149	11	124	14
南平市 Nanping	620	577	9	38	530	43	11	17	15
龙岩市 Longyan	707	620	29	96	495	87	13	57	17
宁德市 Ningde	541	477	9	50	418	64	5	48	11

13-10 各设区市建筑企业期末从业人员数(2021年)

Number of Employed Persons of Construction Enterprises by City(2021)

单位：人 (person)

地区 Area	合计 Total	总承包 Gereral Contract	一级及以上 First and Above	二级 Second	三级及其他 Third and Others	专业承包 Special Contract	一级 First	二级 Second	三级及不分等级 Third and Others
全 省 total	**4791022**	**4415863**	**2798890**	**944801**	**672172**	**375159**	**179449**	**140395**	**55315**
福州市 Fuzhou	1932216	1769504	1214413	415806	139285	162712	97154	47153	18405
厦门市 Xiamen	841803	744838	482560	134195	128083	96965	34551	40275	22139
莆田市 Putian	224546	221718	143950	43331	34437	2828	0	2106	722
三明市 Sanming	306886	303731	126201	79874	97656	3155	989	417	1749
泉州市 Quanzhou	604989	543491	410284	88190	45017	61498	35436	20145	5917
漳州市 Zhangzhou	260170	246218	161388	42414	42416	13952	550	12603	799
南平市 Nanping	88347	79136	29452	10141	39543	9211	2711	3978	2522
龙岩市 Longyan	457872	437363	213564	107424	116375	20509	7533	10582	2394
宁德市 Ningde	74193	69864	17078	23426	29360	4329	525	3136	668

13-11 各设区市建筑企业劳动生产率(2021年)
Labor Productivity Construction Enterprises by City(2021)

单位：元/人 (yuan/person)

地区	Area	按总产值计算 In terms of Total Output value	#国有企业 State-Owned	#集体企业 Collective-Owned
全　省	**total**	**321185**	**400001**	**299923**
福州市	Fuzhou	298965	436531	296461
厦门市	Xiamen	365036	406792	398322
莆田市	Putian	362605	365506	
三明市	Sanming	295673	366842	
泉州市	Quanzhou	366819	317907	305698
漳州市	Zhangzhou	271947	310400	81775
南平市	Nanping	278730	445057	357970
龙岩市	Longyan	318773	266715	
宁德市	Ningde	267704	306403	

13-12 各设区市建筑企业房屋施工情况(2021年)
Basic Statistics on Floor Construction of Construction Enterprises by City(2021)

单位：万平方米 (10000 sq.m)

地区	Area	房屋建筑竣工面积 Floor Space of Buildings Completed	房屋建筑施工面积 Floor Space of Buildings under Construction	本年新开工 Newly Started Building in Current Year
全　省	**total**	**19206.99**	**87230.72**	**26144.29**
福州市	Fuzhou	7761.46	39487.47	11093.29
厦门市	Xiamen	3229.14	16434.98	5165.76
莆田市	Putian	1002.19	7009.05	2067.10
三明市	Sanming	1358.47	4005.40	1077.96
泉州市	Quanzhou	2730.82	8837.25	2861.54
漳州市	Zhangzhou	836.39	3530.83	1143.54
南平市	Nanping	248.73	973.46	262.79
龙岩市	Longyan	1886.57	6095.26	2260.62
宁德市	Ningde	153.22	857.02	211.69

13-13 各设区市建筑企业总收入(2021年)
Gross Income of Construction Enterprises by City(2021)

单位：万元　　(10000 yuan)

地区 Area	营业收入 Business Revenue	主营业务收入 Revenue from Principal Business	主营业务成本 Costs of Principal Business	营业利润 Business Profits	营业外收入 Other Incomes	其他业务利润 Profits of Others
全　省 total	**125980332**	**122276827**	**112321218**	**4489801**	**106953**	**62021**
福州市 Fuzhou	47613693	45648054	42231892	1509524	34714	29496
厦门市 Xiamen	22865848	22705747	21197714	484160	17894	19587
莆田市 Putian	6881014	6583191	6002964	280929	8299	749
三明市 Sanming	7767710	7739638	7092210	294110	2854	1102
泉州市 Quanzhou	18740140	17906548	16033380	1015418	20248	5794
漳州市 Zhangzhou	5907882	5735884	5227039	252132	4351	2780
南平市 Nanping	2177901	2061269	1873711	78481	2290	923
龙岩市 Longyan	12066603	11966451	10883404	525671	13650	1175
宁德市 Ningde	1959543	1930044	1778905	49377	2655	414

13-14 各设区市建筑企业利税总额(2021年)
Total Pre-tax Profits of Construction Enterprises by City(2021)

单位：万元　　(10000 yuan)

地区 Area	利税总额 Total Pre-tax Profits	#利润总额 Total Profits	#税金及附加 Taxes and Extra Charges from Principal Business	产值利税率 (%) Ratio of pre-tax Profits to Gross Output Value (%)	资产利税率 (%) Ratio of pre-tax Profit to Assets (%)
全　省 total	**8658425**	**4475123**	**1350918**	**5.5**	**9.1**
福州市 Fuzhou	2959652	1504682	388772	5.1	7.1
厦门市 Xiamen	947782	480617	96545	3.0	5.2
莆田市 Putian	622219	281992	146478	7.4	14.2
三明市 Sanming	655019	295307	131889	6.9	15.1
泉州市 Quanzhou	1747868	1022942	320703	8.0	14.6
漳州市 Zhangzhou	419836	249126	52484	5.4	7.0
南平市 Nanping	162723	79593	25516	6.5	6.4
龙岩市 Longyan	1031723	509962	178977	6.7	23.0
宁德市 Ningde	111604	50903	9555	4.9	6.5

主要统计指标解释

建筑业统计单位 指从事房屋、构筑物建造和设备安装活动的法人企业。建筑业法人企业应同时具备的条件是：①依法成立，有自己的名称、组织机构和场所，能够承担民事责任；②独立拥有和使用资产，承担负债，有权与其他单位签订合同；③独立核算盈亏，能够编制资产负债表。

建筑业总产值(即自行完成施工产值) 指以货币表现的建筑安装企业在一定时期内生产的建筑业产品和提供的服务的总和。建筑业总产值包括：

(1)建筑工程产值：指列入建筑工程预算内的各种工程价值。

(2)设备安装工程产值：指设备安装工程价值，不包括被安装设备本身价值。

(3)房屋、构筑物修理产值：指房屋、构筑物修理所完成的价值，但不包括被修理房屋、构筑物本身的价值和生产设备的修理价值。

(4)非标准设备制造产值：指加工制造没有定型的、非标准的生产设备的加工费和原材料价值，以及附属加工厂为本企业承建工程制作的非标准设备的价值。

房屋建筑施工面积 指在报告期内施工的全部房屋建筑面积，包括本期新开工的房屋面积、上期施工跨入本期继续施工的房屋面积、上期停缓建在本期恢复施工的房屋面积、本期竣工的房屋面积及本期施工后又停缓建的房屋面积。

房屋建筑竣工面积 指在报告期内房屋建筑按照设计要求全部完工，达到了住人和使用条件，经验收鉴定合格，正式移交使用单位的房屋建筑面积。

主营业务收入 指企业经营主要业务所实现的收入。如果会计“利润表”列示“主营业务收入”项目，则根据其本年累计数填报；或者，根据会计“主营业务收入”科目的本年各月贷方余额（结转前）之和填报，如未设置该科目，以“营业收入”代替填报。

利润总额 指企业在一定会计期间的经营成果，是生产经营过程中各种收入扣除各种耗费后的盈余，反映企业在报告期内实现的盈亏总额。利润总额为营业利润加上营业外收入，减去营业外支出后的金额，根据会计“利润表”中“利润总额”项目的本年累计数填报。

主营业务成本 指企业经营主要业务所发生的成本总额。根据会计“主营业务成本”科目的本年各月借方余额（结转前）之和填报。如未设置该科目，以“营业成本”代替填报。

Explanatory Notes on Main Statistical Indicators

Statistical Unit in the Construction Industry refers to corporate enterprise engaged in the construction of buildings and structures and in the installation of equipment.A corporate construction enterprise should have qualification certificates with independent accounting system,and should meet the following 3 requirements: ①being set up in line with relevant legal basis,having its full name,organization and location,and capable of taking civil liabilities; ② independently possessing and using its assets and assuming its liabilities,and entitled to sign contracts with other institutions;and ③ making independent accounts of its profits and losses,and capable of compiling its own balance sheet.

Gross Output Value of Construction (Output Value of Projects Under Construction) refers to total of construction products and services, expressed in money terms, completed by construction and installation enterprises during a given period of time. It includes:

(1) Output value of construction projects, that is the value of projects covered by the project budgets;

(2) Output value of installation projects, that is the value of the installation of equipment, (excluding the value of the equipment to be installed);

(3) Output value of repair of buildings and structures, that is the value created through the repairs of buildings or structures,but does not include the value of buildings or structures being repaired and the value of the repair of production equipment;

(4) Output valuc of manufactured non-standard equipment, that is the value of non-standard production equipment (including raw materials and manufacturing cost) made for the construction project, and the equipment manufactured by subsidiary workshops.

Floor Space of Buildings Under Construction refers to floor space of buildings under construction during the reference period, including newly started buildings,buildings started earlier and Continued during the reference period,and buildings suspended earlier but restarted during the reference period, buildings completed during the reference period, and buildings under construction and then suspended during the reference period.

Floor Space of Buildings Completed refers to the floor space of buildings that are completed in the reference period in accordance with the requirements of the design, up to the standard for putting them into use, and have been checked and accepted by concerned departments as qualified ones.

Revenue from Principal Business refers to the income realized by an enterprise in its main business. If the "main business income" item is listed in the accounting "income statement", it shall be filled in according to its cumulative amount of the current year; Alternatively, fill in according to the sum of the credit balance of each month of the current year (before carry forward) of the account "main business income". If this account is not set, fill in instead of "business income".

Total Profits refers to the operating results of an enterprise in a certain accounting period. It is the surplus of various incomes deducting various expenses in the process of production and operation, and reflects the total profit and loss of the enterprise in the reporting period. The total profit is the amount of operating profit plus non operating income minus non operating expenses, which is filled in according to the cumulative amount of the "total profit" item in the accounting "income statement" in this year.

Costs of Principal Business refers to the total cost incurred by the enterprise in operating its main business. Fill in and submit according to the sum of the debit balance (before carry forward) of each month of the current year in the account "main business cost". If this account is not set, fill in with "operating cost" instead.

第十四篇　交通运输和邮电通信业

Chapter 14　Transportation, Postal and Telecommunication Services

资料整理：陈洁

Database Editor: Chenjie

简要说明

本篇资料的主要内容及来源

本篇资料反映了全省交通运输业与邮电通讯业发展的基本状况，主要包括交通设施基本情况、客货运量及周转量、交通运输企业主要技术经济指标、沿海主要港口货物吞吐量、邮政和电信基本情况、民用汽车拥有量等方面的内容。

铁路资料来源于南昌铁路局，公路、水路和港口资料来源于福建省交通厅，民航运输资料来源于福建省民航局，邮电信资料来源于福建省通信管理局和福建省邮政管理局。

本篇资料由省统计局服务业处收集整理。

Brief Introduction

Main Content and Source of Data

Data in this chapter cover mainly the basic conditions of the development of transport, post and telecommunications in Fujian Province, including the basic conditions of transport, the freight traffic and passenger traffic accomplished by various means, major financial indices of related enterprises, cargo handled at principal sea ports and the basic conditions of post and telecommunication services.

Data on railways transportation come from the Nanchang Bureau of the Railway. Data on highways waterway and port come from the Bureau of the Transportation. Data on the civil aviation transport come from the Bureau of Fujian Aviation Administration. Data on telecommunication services come from the Telecommunication Bureau. Data on post are provided by the Post Company.

Data in this chapter are compiled and provided by the Division of Services Statistics of Fujian Provincial Bureau of Statistics.

14-1各类运输总量
Passenger Traffic and Freight Traffic

年份 Year	客运量（万人） Passenger Traffic (10000 persons)	旅客周转量（亿人公里） Passenger-Kilometers (100 million passenger-km)	货运量（万吨） Freight Traffic (10000 tons)	货物周转量（亿吨公里） Freight ton-kilometers (100 million ton-km)
1952	251	1.72	156	1.44
1957	1966	8.81	1553	10.07
1962	2634	16.97	1845	21.65
1965	3226	16.22	2948	39.47
1970	3324	17.59	2862	40.92
1975	5887	28.36	3747	53.73
1978	7928	35.73	4871	74.03
1979	9996	43.71	5149	80.63
1980	16676	62.37	7979	100.34
1981	20013	73.45	8302	103.34
1982	22570	82.01	9077	120.39
1983	24620	91.50	10175	131.78
1984	29155	109.50	11479	151.61
1985	33984	130.33	13317	161.97
1986	34426	137.09	16931	195.48
1987	35693	159.38	18231	225.02
1988	37216	175.91	20131	242.02
1989	39622	173.66	19859	270.06
1990	39495	175.40	20321	272.71
1991	34038	186.70	12124	267.26
1992	36283	205.17	19836	347.28
1993	40465	232.27	25824	434.02
1994	36416	240.56	28447	577.73
1995	40080	247.65	28922	608.61
1996	42956	267.20	30593	590.58
1997	43658	253.15	30496	605.78
1998	42047	279.76	30010	661.61
1999	41413	301.58	28637	746.71
2000	44203	333.97	29483	687.65
2001	47393	372.72	30547	779.92
2002	49134	392.00	31837	827.44
2003	48097	386.19	33422	1223.82
2004	53950	441.40	37279	1401.26
2005	55615	477.82	40400	1576.12
2006	59369	524.99	44304	1904.36
2007	64244	587.90	50500	2083.72
2008	72742	561.77	57254	2401.41
2009	76121	597.75	58231	2477.46
2010	77153	648.76	66159	2983.52
2011	81082	723.83	75272	3404.11
2012	83725	771.93	84417	3877.73
2013	56965	785.01	96718	3943.77
2014	60765	902.36	111779	4783.48
2015	54031	915.21	111063	5450.96
2016	54237	987.52	120379	6074.83
2017	54118	1086.22	132252	6785.16
2018	51435	1153.28	136974	7652.89
2019	49379	1190.02	133693	8296.62
2020	25490	661.97	139927	9020.34
2021	21893	650.89	166131	10164.20

注：2013年客运量数据因交通运输业统计范围变化有调整。

Note:Because the scope of Transportation Statistics changes,the Data of Traffic Passenger has been adjusted since 2013.

14-2 交通运输业基本情况
Basic Conditions of Transport

项目	Item	2000	2005	2010	2020	2021
铁路营业长度（公里）	Length of Railways in Operation(km)	1454	1613	2110	3774	3983
公路通车里程（公里）	Length of Highway(km)	53506	58286	91015	110118	111031
#高速公路	Expressway	351	1208	2350	5635	5810
内河通航里程（公里）	Length of Navigable Inland Waterways(km)	3701	3245	3245	3245	3245
客运量（万人）	Passenger Traffic(10000 persons)	44203	55615	77153	25490	21893
铁路	Railways	1428	1486	3640	7539	8350
公路	Highways	41696	52452	70714	14882	10522
水运	Waterways	726	985	1444	742	742
航空	Civil Aviation	353	692	1356	2327	2279
旅客周转量（亿人公里）	Passenger-kilometers (100 million passenger-km)	333.97	477.82	648.76	661.97	650.89
铁路	Railways	71.57	87.90	137.70	223.16	238.64
公路	Highways	223.44	309.99	346.68	90.64	74.52
水路	Waterways	1.44	1.39	2.14	0.77	0.82
航空	Civil Aviation	37.52	78.54	162.23	347.40	336.92
货运量（万吨）	Freight Traffic(10000 tons)	29483	40400	66159	139927	166131
铁路	Railways	2475	3601	3765	3750	5112
公路	Highways	22924	27579	45575	91137	110777
水运	Waterways	4078	9210	16803	45018	50224
航空	Civil Aviation	6	10	16	23	18
货物周转量（亿吨公里）	Freight Ton-Kilometers (100 million ton-km)	687.65	1576.12	2983.52	9020.34	10164.20
铁路	Railways	152.51	201.95	184.20	180.90	201.32
公路	Highways	175.83	238.25	578.32	1021.69	1233.16
水路	Waterways	358.63	1134.64	2218.88	7811.73	8724.61
航空	Civil Aviation	0.67	1.27	2.12	6.02	5.11
全社会机动车拥有量（辆）	Number of Motor Vehicles(unit)	1954426	4198416	7246919	12088602	12986515
#汽车	Automobiles	321278	742611	1996529	7313359	7815032
沿海主要港口货物吞吐量（万吨）	Freight Handled at Principal Seaports (10000 tons)	6944.17	19605.25	32687.01	62132.47	69190.28
福州港	Fuzhou	2425.48	7443.45	7124.79	24896.84	27352.42
厦门港	Xiamen	1965.26	4770.76	12728.05	20749.54	22755.99
泉州港	Quanzhou	1712.18	4046.16	8455.37	6679.98	8354.47
漳州港	Zhangzhou	418.72	2081.31	1202.47		
湄州湾港	Meizhouwan	201.34	1050.03	1755.99	9806.11	10727.39
宁德港	Ningde	221.19	213.54	1420.33		

注：1.2011年起，漳州港并到厦门港，宁德港并到福州港；

2.2015年起，泉州市港口中的湄洲湾南岸港区并入湄洲湾港统计，湄洲湾港、泉州港数据与往年不可比。

Note:1.Since 2011, Zhangzhou seaports divided to Xiamen Seaports,Ningde seaports divided to Fuzhou Seaports.

2.Since 2015,Meizhouwan seaports and Quanzhou seaports are not comparable with previous years.

14-3 各类运输工具拥有量（年底数）
Possession of Transport(End of Year)

项目	Item	2000	2005	2010	2020	2021
公路	**Highway**					
全社会机动车拥有量（辆）	Number of Motor Vehicles(unit)	1954426	4198416	7246919	12088602	12986515
#民用汽车	Automobiles	321278	742611	1996529	7313359	7815032
#载客汽车	Passenger Vehicles	156890	449592	1502963	6420715	6872634
大型	Large-Size		15623	24704	34689	34324
中型	Medium-Size		31203	39736	20401	18971
小型	Small-Size		362861	1384498	6336414	6793538
微型	Mini-Size		39905	54025	29211	25801
载货汽车	Trucks	154219	231351	451130	863337	910409
重型	Large-Capacity		16437	64942	156769	168826
中型	Medium-Capacity		40678	47062	18729	16846
轻型	Small-Capacity		147566	329155	678417	716877
微型	Mini-Capacity		26670	9971	768	278
三轮汽车	Tricycle				25	30
低速货车	Low speed truck				8629	7552
专项作业车	Special operation vehicle				29307	31989
水路	**Waterway**					
内河	Island River					
客轮	Passenger Vessel					
艘数（艘）	Number of Passenger Vessel(unit)	139	465	319	169	165
载客量（客位）	Passenger Capacity(seat)	7671	15319	9395	7723	7400
货轮	Cargo Vessel					
艘数（艘）	Number of Cargo Vessel(unit)	865	830	722	272	270
净载重量（吨）	Payload(ton)	67493	154777	313962	189738	221529
沿海	Coastal					
客轮	Passenger Vessel					
艘数（艘）	Number of Passenger Vessel(unit)	167	212	259	203	169
总吨（吨位）	Total Weight(ton)	4527	10706	16617	24979	25878
载客量（客位）	Passenger Capacity(seat)	7221	9764	15259	20413	20597
货轮	Cargo Vessel					
艘数（艘）	Number of Cargo Vessel(unit)	1313	1290	952	1059	1216
总吨（吨位）	Total Weight(ton)	787442	1681411	2593122	7950141	9487390
净载重量（吨）	Payload(ton)	1128810	2736521	4061378	12162201	14180767
远洋	Ocean					
货轮	Cargo Vessel					
艘数（艘）	Number of Cargo Vessel(unit)	190	81	91	57	50
总吨（吨位）	Total Weight(ton)	384749	543878	818337	1180173	1374210
净载重量（吨）	Payload(ton)	589392	769838	1297002	1790767	2043085

14-4 民用汽车拥有量

年份 Year	民用汽车总计（辆） Total(units)	载客汽车 Passenger Vehicles	大型 Large	中型 Medium	小型 Small	微型 Minicar	载货汽车 Trucks	重型 Heavy
1978	26148	5436					19056	
1979	30611	6388					22756	
1980	35999	7803					26719	
1981	39862	9101					29226	
1982	44316	10642					32006	
1983	46662	11750					33012	
1984	50966	14755					34710	
1985	63062	20908					40259	
1986	74490	25125					47244	
1987	83405	27341					53716	
1988	92218	29915					59180	
1989	102413	33722					63283	
1990	110208	37351					67320	
1991	121247	42267					73081	
1992	137272	50379					81086	
1993	166299	63815					95476	
1994	210404	76411					126228	
1995	200765	82319					111129	
1996	201300	87416					107480	
1997	221808	102238					111109	
1998	248062	115711					125044	
1999	278218	129613					140924	
2000	321278	156890					154219	
2001	366707	174359					172847	
2002	436254	226854	13602	31433	150756	31063	198201	9808
2003	520751	294034	14534	32526	209701	37273	214292	9261
2004	632739	354640	15112	32240	268634	38654	221759	16420
2005	742611	449592	15623	31203	362861	39905	231351	16437
2006	935410	601426	17877	35720	504444	43385	272312	21261
2007	1143059	773989	19171	37642	672830	44346	306995	25951
2008	1339836	947323	20815	38216	842699	45593	328518	27647
2009	1622123	1192518	22393	38913	1081539	49673	384572	51124
2010	1996529	1502963	24704	39736	1384498	54025	451130	64942
2011	2422264	1863029	26795	40178	1737509	58547	517735	75986
2012	2861244	2244527	28079	38936	2116229	61283	574870	82234
2013	3349445	2685948	28376	34761	2562331	60480	623600	91710
2014	3884930	3180576	28833	32621	3059603	59519	664812	102045
2015	4368030	3677895	31511	30037	3560075	56272	654994	103154
2016	4950939	4271132	32201	26919	4164053	47959	644292	102384
2017	5582343	4864625	33241	25037	4767594	38753	683473	115143
2018	6239188	5456288	35682	23568	5360949	36089	747687	130040
2019	6812772	5983444	35619	22012	5893693	32120	793208	140999
2020	7313359	6420715	34689	20401	6336414	29211	863337	156769
2021	7815032	6872634	34324	18971	6793538	25801	910409	168826

Possession of Civil Vehicles

中型 Medium	轻型 Light	微型 Minicar	三轮汽车 Tricycle	低速货车 Low speed truck	专项作业车 Special operation vehicle	其他汽车 Other	机动车驾驶员(万人) Number of Motor Drivers (10000 persons)	#汽车 Automobile Drivers
						1656	12.93	3.41
						1467		
						1477	17.81	4.69
						1535		
						1668		
						1900		
						1501		
						1895	24.39	6.46
						2121	33.77	8.90
						2348	38.17	10.05
						3123	46.10	11.09
						5408	49.10	11.96
						5537	52.84	12.87
						5899	58.13	14.16
						5807	64.36	26.31
						7008	75.64	32.20
						7765	115.40	23.39
						7317	143.32	31.84
						6404	167.81	44.08
						8461	203.33	57.30
						7307	228.02	65.31
						7681	255.93	73.24
						10169	300.43	86.84
						19501	282.18	91.50
50210	99815	38368				11199	315.51	104.59
49862	117418	37751				12425	350.54	119.01
41106	130409	33824				56340	379.30	148.29
40678	147566	26670				61668	442.79	176.70
45415	183797	21839				61672	485.50	201.19
49610	213939	17495				62075	537.80	242.62
48799	238084	13986				63995	571.65	248.55
47155	274372	11921				45033	632.89	335.71
47062	329155	9971				42436	692.10	395.26
47773	385704	8272				41500	753.72	461.83
45452	440384	6800				41847	818.16	533.87
37363	487858	6669				39897	876.77	586.15
34816	522174	5777				39542	943.46	662.96
31005	516264	4571				35141	1014.52	743.58
23700	514666	3542				35515	1102.05	838.86
21236	544741	2353				34245	1184.85	931.76
21243	594600	1804				35213	1260.00	1017.37
20085	630946	1178				36120	1342.74	1105.65
18729	678417	768	25	8629	29307		1403.45	1164.30
16846	716877	278	30	7552	31989		1470.97	1234.10

14-5 私人汽车拥有量

单位：辆

年份 Year	私人汽车 Total	载客汽车 Passenger Vehicles	大型 Large	中型 Medium	小型 Small	微型 Minicar	载货汽车 Trucks
1985	3610	308					3292
1986	5736	697					5038
1987	10869	1579					9286
1988	17537	3718					13782
1989	24894	7969					16864
1990	26786	8826					17940
1991	38693	11464					26674
1992	43801	13996					29539
1993	54632	17609					36642
1994	70125	21444					48237
1995	63513	23572					39500
1996	55805	19519					35938
1997	67289	26304					38987
1998	59282	20945					37908
1999	71788	24743					46542
2000	151664	64490					86256
2001	180452	81197					97975
2002	228318	116503	881	8759	82554	24309	111078
2003	287760	167499	772	8896	128012	29819	119459
2004	341427	217712	580	8422	177408	31302	122833
2005	420734	292894	413	8327	250720	33434	126890
2006	569852	414642	531	9812	367077	37222	153818
2007	775574	564416	639	10879	513874	39024	179081
2008	945292	717899	535	11349	665055	40960	196626
2009	1206193	943872	630	12041	885907	45294	234951
2010	1541509	1225667	720	12662	1162370	49915	290366
2011	1915787	1550413	789	13364	1481737	54523	341324
2012	2327918	1913841	795	13081	1842456	57509	390001
2013	2792295	2337830	772	10528	2269122	57408	431485
2014	3312330	2823431	858	9204	2756514	56855	465590
2015	3792753	3308677	732	7540	3246439	53966	464115
2016	4366767	3886916	462	5766	3834767	45921	459121
2017	4928775	4438450	410	4664	4396505	36871	471448
2018	5452399	4935482	374	4279	4896731	34098	498746
2019	5914008	5380036	376	3566	5346021	30073	516944
2020	6326715	5768711	317	3071	5738167	27156	549507
2021	6757914	6185378	229	2501	6158583	24065	563882

Possession of Private Vehicles

(unit)

重型 Heavy	中型 Medium	轻型 Light	微型 Minicar	三轮汽车 Tricycle	低速货车 Low speed truck	专项作业车 Special operation vehicle	其他汽车 Others
							10
							1
							4
							37
							61
							20
							555
							266
							381
							444
							441
							348
							1998
							429
							503
							918
							1280
3471	28928	51773	26906				737
3113	27535	62485	26326				802
5661	22336	71715	23121				882
5016	19010	83288	19576				950
6135	21503	109414	16766				1392
7389	23363	134076	14253				32077
7749	22467	154577	11833				30767
11450	22723	190293	10485				27370
15584	23792	241991	8999				25476
18746	24986	290048	7544				24050
20770	24691	338251	6289				24076
22614	20546	382194	6131				22980
26378	19895	414362	4955				23309
27890	17864	414047	4314				19961
27296	13933	414521	3371				20730
27181	12253	429756	2258				18877
27844	11684	457487	1731				18171
27295	10495	478031	1123				17028
26353	9136	505233	690	10	8085	8497	
23943	7208	525407	247	15	7062	8654	

14-6 运输线路长度（年底数）
Length of Transportation Routes(End of Year)

单位：公里 (km)

项目 Item	2000	2005	2010	2020	2021
铁路营业长度 Length of Railways in Operation	1454	1613	2110	3774	3983
#电气化长度 Electrified Railways	821	821	1498	3148	3357
公路通车里程 Length of Highway	53506	58286	91015	110118	111031
#绿化里程 Length of Greened Highways	28068	31010	45906	94919	99276
#养护里程 Length of Maintenced Highways	52776	57430	91009	110118	111031
按行政等级分 By Administrative Level					
国道 National Highways	2443	3129	4206	10982	11179
省道 Provincial Highways	5451	5763	6151	5722	5686
县道 County Highways	12527	12814	13485	14889	14911
乡道 Village Highways	27101	30579	35676	41525	41557
专用公路 Highway for Special Purpose	5984	6001	486	122	123
按技术等级分 By Technical Grade					
# 等级路里程合计 Total of Expressway and Class Highway	40637	47986	70655	95316	97876
高速公路 Expressway	351	1208	2350	5635	5810
一级 First Class	255	358	603	1481	1504
二级 Second Class	5515	6262	7373	11459	11742
三级 Third Class	3440	4518	6419	9251	9656
四级 Fourth Class	31076	35640	53910	67490	69164
内河通航里程 Length of Navigable Inland Waterways	3701	3245	3245	3245	3245

14-7 客货平均运距
Average Transport Distance of Passenger and Freight Traffic

单位：公里 (km)

年份 Year	平均运距 Average Transport Distance	铁路 Railway	公路 Highway	水运 Waterway	民用航空 Civil Aviation
旅客运输平均运距 Average Transport Distance of Passenger					
1978	45	184	33	21	
1980	44	212	31	27	
1985	38	261	29	29	71
1990	44	309	35	26	897
1995	61	403	41	35	949
1996	62	400	44	32	963
1997	58	429	39	29	967
1998	67	438	47	22	982
1999	73	449	52	20	995
2000	76	501	54	20	1062
2001	79	539	57	17	1045
2002	80	530	57	16	1040
2003	80	528	57	16	1074
2004	82	544	56	15	1095
2005	86	592	59	14	1135
2006	88	570	60	13	1151
2007	92	528	62	13	1187
2008	77	524	49	13	1182
2009	78	497	50	14	1187
2010	84	378	49	15	1196
2011	89	367	49	15	1234
2012	92	349	49	16	1282
2013	138	322	71	17	1305
2014	148	341	69	16	1367
2015	169	330	66	14	1425
2016	182	323	64	13	1524
2017	201	321	61	14	1615
2018	224	318	62	14	1662
2019	241	311	61	15	1661
2020	260	296	61	10	1493
2021	297	286	71	11	1478

14-7 续表
Continued

单位：公里 (km)

年份 Year	平均运距 Average Transport Distance	铁路 Railway	公路 Highway	水运 Waterway	民用航空 Civil Aviation
货物运输平均运距 Average Transport Distance of Freight					
1978	151	400	31	166	
1980	125	429	41	188	
1985	122	537	42	280	391
1990	134	547	55	454	964
1995	210	593	62	1051	1062
1996	193	565	58	908	1139
1997	199	603	57	908	1008
1998	220	611	63	993	1145
1999	261	603	84	1021	1086
2000	233	616	77	879	1135
2001	255	586	81	942	1143
2002	260	595	81	935	1132
2003	366	606	81	1320	1167
2004	376	586	83	1275	1214
2005	390	561	86	1232	1254
2006	430	553	89	1324	1279
2007	413	583	91	1281	1296
2008	419	565	126	1124	1326
2009	426	503	126	1251	1327
2010	450	489	127	1321	1339
2011	452	491	125	1354	1399
2012	459	469	130	1385	1450
2013	408	450	118	1276	1479
2014	428	440	118	1418	1505
2015	491	456	128	1513	1581
2016	505	444	128	1530	1814
2017	513	428	127	1623	2182
2018	559	419	134	1685	2462
2019	621	469	110	1688	2503
2020	645	482	112	1735	2642
2021	612	394	111	1737	2788

14-8 铁路运输情况
Railway Transportation

年份 Year	营业长度（公里） Length of Railways in Operation(km)	旅客发送量（万人） Passenger Traffic (10000 persons)	旅客周转量（亿人公里） Passenger-Kilometers (100 million passenger-km)	货物发送量（万吨） Freight Traffic (10000 tons)	货物周转量（亿吨公里） Freight Ton-kilometers (100 million ton-km)
1957	644	130	1.77	232	3.64
1962	841	476	8.17	267	12.47
1965	876	376	6.65	602	25.38
1970	876	432	7.56	694	27.97
1975	982	606	10.68	962	35.49
1978	1009	718	13.24	1261	50.40
1979	1009	840	16.20	1318	55.17
1980	1009	986	20.92	1320	56.56
1981	1009	997	23.16	1268	55.54
1982	1006	1102	24.34	1305	64.71
1983	1005	1223	28.44	1334	70.06
1984	1005	1349	32.71	1477	79.98
1985	1006	1349	35.25	1536	82.43
1986	1028	1363	37.18	1486	90.37
1987	1028	1423	40.40	1802	95.69
1988	1028	1551	46.24	1810	97.98
1989	1029	1485	44.49	1892	101.08
1990	1021	1234	38.13	1902	104.01
1991	1015	1235	41.10	1988	113.00
1992	1015	1332	49.01	2064	125.91
1993	1015	1556	62.28	2216	136.04
1994	1024	1685	68.01	2301	140.02
1995	1024	1662	67.05	2456	145.69
1996	1025	1466	58.63	2500	141.18
1997	1068	1401	60.09	2373	143.00
1998	1381	1399	61.25	2325	141.94
1999	1383	1480	66.38	2389	144.09
2000	1454	1428	71.57	2475	152.51
2001	1453	1372	73.90	2813	164.78
2002	1454	1446	76.65	2856	169.96
2003	1467	1417	74.85	3206	194.34
2004	1471	1568	85.30	3739	219.10
2005	1613	1486	87.90	3601	201.95
2006	1613	1730	98.60	3646	201.70
2007	1616	1911	100.98	3595	209.70
2008	1618	2066	108.30	3681	207.80
2009	2110	2083	103.60	3631	182.70
2010	2110	3640	137.70	3765	184.20
2011	2110	4696	172.30	3826	187.93
2012	2255	5295	184.78	3868	181.10
2013	2743	6502	209.21	3661	164.81
2014	2755	8345	284.91	3403	149.80
2015	3197	9256	305.34	2820	128.71
2016	3197	10496	338.61	2918	129.45
2017	3187	11624	373.61	3175	135.90
2018	3509	12096	385.20	3518	147.35
2019	3509	12741	396.25	4086	191.61
2020	3774	7539	223.16	3750	180.90
2021	3983	8350	238.64	5112	201.32

14-9 公路运输情况
Highway Transportation

年份 Year	公路通车里程(公里) Length of Highways (km)	汽车数(辆) Number of Vehicles(set)	客运量(万人) Passenger Traffic (10000 persons)	旅客周转量(亿人公里) Passenger-Kilometers (100 million passenger-km)	货运量(万吨) Freight Traffic (10000 tons)	货物周转量(亿吨公里) Freight Ton-kilometers (100 million ton-km)
1952	2839	1470	86	0.77	39	0.27
1957	6034	2118	1254	4.70	725	1.69
1962	13243	4872	1096	5.93	840	2.12
1965	14251	6304	2135	8.06	1455	3.30
1970	18136	7490	2195	8.52	1470	3.98
1975	24204	17189	4385	15.77	1972	6.46
1978	29109	26148	6285	20.53	2671	8.20
1979	32112	30611	8115	25.16	2832	9.14
1980	32577	35999	14593	38.54	5548	22.88
1981	32982	39862	17834	46.45	6041	24.54
1982	33827	44316	20197	53.73	6674	28.66
1983	34445	46662	22154	58.90	7633	31.72
1984	35020	50966	26487	72.51	8793	36.07
1985	35987	63062	31355	91.33	10531	44.54
1986	37175	74490	31643	96.04	13965	60.99
1987	38148	83405	32670	111.79	14970	78.65
1988	39124	92218	33955	121.30	16775	90.37
1989	39124	102413	36439	119.69	16276	89.53
1990	41011	110208	36639	128.27	16710	91.12
1991	41745	121247	31683	135.81	8924	74.43
1992	41882	137272	33668	142.47	15832	93.12
1993	43558	166299	37970	150.92	21276	111.48
1994	44608	210404	33916	149.08	23147	135.17
1995	46574	200765	37508	153.48	23444	145.41
1996	47196	201300	40474	177.30	24732	144.17
1997	47680	221808	41212	160.37	24562	139.18
1998	48021	248062	39618	187.37	23979	151.37
1999	50202	278218	38884	201.13	22162	185.35
2000	53506	321278	41696	223.44	22924	175.83
2001	53547	366707	44926	254.37	23193	187.03
2002	54155	436254	46570	264.89	24023	193.96
2003	54876	520751	45483	257.55	23884	193.50
2004	56208	632739	50862	286.52	25964	216.10
2005	58286	742611	52452	309.99	27579	238.25
2006	86560	935410	55713	335.28	29806	266.34
2007	86926	1143059	60088	375.44	34829	317.44
2008	88607	1339836	68409	338.06	38367	483.57
2009	89504	1622123	71586	360.26	40317	507.23
2010	91015	1996529	70714	346.68	45575	578.32
2011	92322	2422264	73259	360.15	52558	659.52
2012	94661	2861244	75044	368.52	59431	771.09
2013	99535	3349445	46895	330.64	69876	821.44
2014	101190	3884930	48580	334.95	82573	974.80
2015	104585	4368030	40394	267.29	79802	1020.25
2016	106757	4950939	39137	251.95	85770	1094.70
2017	108012	5582343	37585	227.83	95599	1214.05
2018	108901	6239188	34081	212.04	96576	1289.52
2019	109785	6812772	31199	189.99	87317	962.48
2020	110118	7313359	14882	90.64	91137	1021.69
2021	111031	7815032	10522	74.52	110777	1233.16

注：1.2006年及以后年份公路通车里程含村道。
2.2013年及以后年份公路客运量不包含城市公交，出租车在公路上的客运量。
3.2019年及以后年份货运量及周转量统计口径有调整，与以前年份不可比。

Note:1.Length of highways include village road since 2006.
2.Passenger traffic by highways do not include passenger traffic of the bus and taxi since 2013.
3.Since 2019, there has been adjustment to the statistical coverages of freight traffic and freight ton-kilometers, the data are hence not comparable with those in previous years.

14-10 水路运输情况
Waterway Transportation

年份 Year	内河航运里程（公里） Length of Navigable Inland Waterways (km)	#通航里程 Length of Waterways	客运量（万人） Passenger Traffic (10000 persons)	旅客周转量（亿人公里） Passenger-Kilometers (100 million passenger-km)	货运量（万吨） Freight Traffic (10000 tons)	货物周转量（亿吨公里） Freight Ton-kilometers (100 million ton-km)
1952	4078		165	0.95	117	1.16
1957	4315		582	2.35	596	4.75
1962	5141		1062	2.87	742	7.06
1965	4723		715	1.51	891	10.79
1970	3726		697	1.51	698	8.97
1975	3793		895	1.91	812	11.78
1978	3629		924	1.96	939	15.43
1979	3857		1040	2.35	999	16.32
1980	3857		1095	2.91	1111	20.90
1981	3857		1179	3.54	993	23.26
1982	3857		1266	3.34	1098	27.02
1983	3857		1237	3.36	1208	30.00
1984	3849		1312	3.28	1209	35.56
1985	3888		1273	3.70	1250	35.00
1986	3888		1401	3.74	1480	44.09
1987	3888		1567	4.07	1458	50.63
1988	3888		1664	3.92	1545	53.59
1989	3888		1646	4.44	1689	79.36
1990	3888		1567	4.02	1708	77.50
1991	3888		1047	2.71	1211	79.72
1992	3888		1174	3.08	1938	128.08
1993	3888		784	3.53	2330	286.26
1994	3888		600	2.41	2996	302.28
1995	3888		649	2.30	3017	317.01
1996	3888		714	2.29	3355	304.57
1997	3725		729	2.13	3555	322.92
1998	3725		728	1.60	3700	367.55
1999	3701		721	1.44	4079	416.48
2000	3701		726	1.44	4078	358.63
2001	3701		680	1.13	4535	427.39
2002	3701		643	1.03	4950	462.62
2003	3955	3245	707	1.11	6324	835.07
2004	3955	3245	897	1.32	7567	964.99
2005	3955	3245	985	1.39	9210	1134.64
2006	3955	3245	1148	1.50	10841	1434.92
2007	3955	3245	1320	1.75	12130	1553.84
2008	3955	3245	1305	1.67	15193	1708.39
2009	3955	3245	1340	1.83	14271	1785.85
2010	3955	3245	1444	2.14	16803	2218.88
2011	3955	3245	1596	2.41	18872	2554.34
2012	3955	3245	1701	2.72	21100	2922.99
2013	3955	3245	1711	2.85	23162	2954.71
2014	3955	3245	1794	2.87	25782	3655.72
2015	3955	3245	1996	2.84	28419	4298.52
2016	3955	3245	2016	2.72	31668	4846.44
2017	3955	3245	1925	2.78	33453	5429.82
2018	3955	3245	1929	2.75	36854	6209.37
2019	3955	3245	1821	2.66	42263	7135.60
2020	3955	3245	742	0.77	45018	7811.73
2021	3955	3245	742	0.82	50224	8724.61

注：2003年起货物运输量及货物周转量含厦门远洋总公司，与往年不可比。

Note:Since 2003 ,freight traffic and turnover ton-kilometers included the data of Xiamen Ocean Company, and it's not comparable with that in previous years.

14-11 民用航空情况
Basic Statistics of Civil Aviation

年份 Year	空港数（个） Number of Air Ports (unit)	旅客发送量（万人） Passenger Departing (10000 persons)	货物发送量（万吨） Freight Departing (10000 tons)	旅客周转量（万人公里） Passenger-kilometers (10000 person km)	货物周转量（万吨公里） Freight Ton-kilometers (10000 ton-km)
1978	1	1.15	0.02		
1979	1	1.10	0.04		
1980	1	1.94	0.06		
1981	2	3.12	0.08		
1982	2	5.11	0.11		
1983	3	5.50	0.18		
1984	2	6.66	0.29		
1985	2	7.00	0.11	500	43
1986	2	18.94	0.28	1300	300
1987	2	32.61	0.54	31200	500
1988	2	45.55	0.69	44500	800
1989	2	51.55	0.82	50400	900
1990	2	55.49	0.83	49800	800
1991	2	72.90	1.06	70800	1100
1992	2	108.68	1.54	106100	1700
1993	3	155.20	2.27	155400	2400
1994	3	214.60	2.79	210600	2600
1995	3	261.50	4.71	248200	5000
1996	3	301.20	5.82	289799	6627
1997	4	316.10	5.81	305534	6856
1998	4	301.96	6.49	295519	7432
1999	4	327.85	7.20	326223	7816
2000	4	353.25	5.84	375163	6700
2001	4	414.56	6.30	433095	7200
2002	4	475.51	7.62	494742	8623
2003	4	490.61	7.84	526763	9146
2004	5	623.24	8.78	682610	10655
2005	5	692.19	10.09	785426	12655
2006	5	778.50	10.96	896084	14017
2007	5	924.92	12.15	1097429	15742
2008	5	961.89	12.41	1137307	16458
2009	5	1112.39	12.66	1320686	16770
2010	5	1356.10	15.81	1622300	21200
2011	5	1531.65	16.65	1889700	23300
2012	5	1684.39	17.58	2159100	25500
2013	5	1857.21	19.18	2423081	28087
2014	5	2045.90	20.98	2796316	31631
2015	5	2385.01	22.09	3397446	34789
2016	6	2587.34	23.39	3942475	42424
2017	6	2983.98	24.72	4819880	53948
2018	6	3329.82	26.98	5532934	66423
2019	6	3618.06	27.71	6011270	69365
2020	6	2326.77	22.80	3474032	60231
2021	6	2279.02	18.33	3369179	51093

14-12 沿海港口货物吞吐量
Freight Handled at Principal Seaports

单位：万吨 (10000 tons)

年份 Year	总计 Total	福州港 Fuzhou	厦门港 Xiamen	泉州港 Quanzhou	宁德港 Ningde	湄州湾港 Meizhouwan	漳州港 Zhangzhou	吞吐总量指数 (以1950年为100) Index(1950=100)
1952	56.68	32.00	5.76	6.50	5.00	7.42		169.6
1957	165.96	85.87	54.87	9.60	8.38	7.24		496.7
1962	135.14	49.33	48.68	13.49	5.56	18.08		404.5
1965	239.87	57.75	110.53	34.10	10.20	27.29		718.0
1970	211.23	59.26	102.94	25.37	9.91	13.75		632.2
1975	284.26	120.00	104.27	23.26	20.33	16.40		850.8
1978	408.13	172.04	120.44	29.54	18.75	22.11		1174.5
1980	685.40	208.89	164.87	31.30	25.60	19.77		1802.2
1981	761.05	217.98	162.28	25.36	26.49	17.85		1841.8
1982	816.44	259.87	190.44	21.54	28.26	21.77		2110.7
1983	869.55	311.15	200.02	24.29	29.31	22.06		2294.2
1984	943.46	347.00	250.52	23.36	30.36	22.38		2623.7
1985	1114.09	357.15	290.97	26.02	51.53	31.60	61.84	2813.8
1986	1159.90	442.46	203.89	38.04	44.39	33.52	107.90	3241.8
1987	1303.36	439.61	417.01	42.24	46.36	40.79	105.63	3565.0
1988	1396.79	445.36	457.12	60.01	43.67	57.88	124.34	3785.0
1989	1614.99	597.90	499.45	59.78	47.71	59.58	135.90	4833.9
1990	1496.50	560.89	519.11	52.65	49.27	27.55	115.60	4479.2
1991	1706.38	725.07	581.87	125.28	97.64	41.26	130.04	5107.4
1992	1862.12	720.51	661.07	217.27	46.53	92.75	120.24	5573.5
1993	2679.09	939.66	940.39	469.54	111.53	57.23	153.47	8018.8
1994	3002.33	914.39	1166.50	558.06	139.68	82.12	125.47	8986.3
1995	3460.80	1098.89	1313.87	680.47	137.94	99.65	116.61	10358.6
1996	3959.00	1248.00	1553.00	804.00	138.00	86.00	130.00	11849.7
1997	4485.00	1371.00	1754.00	1006.00	124.00	78.00	151.00	13424.1
1998	4518.00	1288.00	1639.00	1111.00	183.00	108.00	189.00	13522.9
1999	5285.00	1481.00	1773.00	1521.00	182.00	136.00	192.00	15818.9
2000	6944.17	2425.48	1965.26	1712.18	221.19	201.34	418.72	20785.1
2001	8278.42	2961.29	2098.91	2102.08	261.00	320.80	534.34	24778.7
2002	10200.62	3906.72	2734.51	2122.85	185.38	480.41	770.75	30532.2
2003	12495.48	4753.07	3403.88	2511.53	141.78	600.16	1085.06	37401.1
2004	15834.76	5938.63	4261.37	3093.82	184.17	836.04	1520.73	47396.1
2005	19605.25	7443.45	4770.76	4046.16	213.54	1050.03	2081.31	58681.8
2006	23687.61	8847.82	7792.07	5134.93	447.00	1301.11	164.68	70901.0
2007	23602.90	6433.32	8117.20	6215.32	691.13	1612.74	533.19	70647.5
2008	27070.06	6702.59	9701.96	7224.30	1007.26	1802.26	631.69	81025.2
2009	30541.81	8094.10	11096.28	7666.34	1240.45	1542.38	902.26	91416.7
2010	32687.01	7124.79	12728.05	8455.37	1420.33	1755.99	1202.47	97806.7
2011	37278.95	10221.08	15653.55	9330.48		2073.84		111546.8
2012	41359.23	11410.22	17227.32	10371.51		2350.19		123755.9
2013	45475.19	12759.03	19087.83	10804.09		2824.25		136071.8
2014	49166.24	14391.14	20503.96	11200.70		3070.44		147117.0
2015	50282.09	13967.23	21022.52	7500.21		7792.14		150455.9
2016	50776.09	14515.66	20910.78	7512.28		7837.38		151934.1
2017	51995.49	14838.16	21116.25	7809.64		8231.45		155582.8
2018	55806.88	17876.32	21719.93	7839.73		8370.89		166987.4
2019	59483.99	21255.49	21343.91	7458.88		9425.71		177990.2
2020	62132.47	24896.84	20749.54	6679.98		9806.11		185915.0
2021	69190.28	27352.42	22755.99	8354.47		10727.39		207033.7

注：1.2011年起，漳州港并到厦门港，宁德港并到福州港。
2.2015年起，泉州市港口中的湄洲湾南岸港区并入湄洲湾港统计，湄洲湾港、泉州港数据与往年不可比。

Note:1.Since 2011, Zhangzhou seaports incorporate into Xiamen Seaports, Ningde seaports incorporate into Fuzhou Seaports.
2.Since 2015, Meizhou Bay South Area seaports of Quanzhou seaports incorporate into Meizhou Bay seaports, Meizhou Bay Seaports and Quanzhou Seaports are not comparable with previous years.

14-13 邮电通信业务情况
Basic Conditions of Postal and Telecommunication Services

年份 Year	邮电业务总量（亿元） Business Volume of Post and Telecommunications Service (100 million yuan)	邮政业务总量 Business Volume of Post	电信业务总量 Business Volume of Telecommunications Service	函件（亿件） Number of Letters Delivered(100 million piece)	固定电话用户（万户） Number of Fixed Telephone Subscribers (10000 household)	移动电话用户（万户） Mobile Phones Users (10000 household)
1952	0.13			0.18	0.60	
1965	0.60			0.80	3.24	
1970	0.60			0.67	3.19	
1975	0.86			0.84	4.46	
1978	1.01			0.88	5.88	
1980	1.22			1.15	6.57	
1981	1.35			1.19	6.86	
1982	1.40			1.19	7.28	
1983	1.53			1.21	7.84	
1984	1.72			1.32	8.83	
1985	2.08			1.52	10.14	
1986	2.31			1.61	11.15	
1987	2.80			1.75	11.07	
1988	3.72			1.90	14.45	
1989	5.42			1.77	17.91	
1990	7.32			1.62	22.82	
1991	9.51			1.68	29.04	
1992	14.69			2.04	42.75	
1993	24.22			2.56	75.00	
1994	36.48			2.84	117.73	
1995	52.75	4.26	48.50	3.16	168.65	15.50
1996	73.02	4.85	68.17	3.29	219.26	35.65
1997	99.52	5.62	86.98	3.03	285.51	77.82
1998	131.84	6.59	125.25	2.95	347.46	142.20
1999	179.93	7.98	171.95	2.50	436.25	281.29
2000	246.34	10.22	236.12	2.42	562.70	441.00
2001	194.43	17.71	176.72	2.38	750.28	619.97
2002	257.49	19.49	238.00	2.70	937.10	792.04
2003	318.24	22.36	295.88	2.82	1124.87	965.00
2004	426.76	22.62	404.14	2.62	1266.00	1134.00
2005	519.76	25.61	494.15	2.29	1398.53	1302.00
2006	633.04	27.93	605.11	3.05	1485.53	1538.91
2007	787.79	29.24	758.55	2.54	1482.00	1809.00
2008	883.43	32.65	850.78	2.67	1431.00	2368.00
2009	995.77	35.66	960.11	2.60	1245.00	2639.00
2010	1194.20	35.98	1158.22	2.52	1046.00	3022.00
2011	513.50	59.31	454.19	2.45	1015.00	3553.00
2012	594.90	78.69	516.21	2.46	1017.00	4049.00
2013	667.54	114.10	553.44	2.15	984.00	4303.00
2014	857.49	162.67	694.82	1.80	933.32	4276.73
2015	1065.89	217.23	848.66	1.29	888.54	4240.16
2016	889.21	300.69	588.52	1.09	815.70	4159.04
2017	1289.86	392.86	897.00	1.16	781.75	4295.03
2018	2525.74	499.04	2026.70	0.93	732.73	4553.52
2019	3880.76	646.01	3234.74	0.48	763.71	4720.32
2020	4764.94	856.48	3908.46	0.33	733.07	4739.28
2021	1005.31	474.78	530.53	0.25	707.16	4824.25

注：2021年起，邮电业务总量按2020年不变价计算.

Note:Since 2021,Business Volume of Post calculated at constant prices of 2020.

14-14 邮电业务总量
Business Volume of Postal and Telecommunication Services

年份 Year	邮电业务总量（亿元） Business Volume of Post and Telecommunications Service (100 million yuan)	电信业务总量（亿元） Business Volume of Telecommunication Services (100 million yuan)	快递业务量（万件） Express Mail Services (10000 piece)	集邮业务（万枚） Stamp Collection Business (10000 pcs)	互联网用户（万户） Internet Service Users (10000 household)	（固定）互联网宽带接入用户 Fixed Internet Users	移动互联网用户 Mobile Internet Users
1995	52.75	48.50					
1996	73.02	68.17					
1997	99.52	86.98					
1998	131.84	125.25		13050.82	3.85		
1999	179.93	171.95		13308.40	13.10		
2000	246.34	236.12		11007.97	70.70		
2001	194.43	176.72		8871.11	183.29		
2002	257.49	238.00		7775.50	253.57		
2003	318.24	295.88		5409.86	298.08		
2004	426.76	404.14		5569.77	285.44		
2005	519.76	494.15		4375.56	600.21		
2006	633.04	605.11		4364.30	760.83		
2007	787.79	758.55		4379.70	876.00		
2008	883.43	850.78	5577.00	4509.00	1240.00		
2009	995.77	960.11	6961.00	4196.80	1640.00		
2010	1194.20	1158.22	10069.00	3526.30	2388.00		
2011	513.50	454.19	15765.00	4567.70	2872.00		
2012	594.90	516.21	22594.00	5267.00	3461.00		
2013	667.54	553.44	44536.00	5606.00	3590.00		
2014	857.49	694.82	65417.31	5423.00	3859.04		
2015	1065.89	848.66	88786.20	5314.95	3963.83		
2016	889.21	588.52	128985.77	6222.02	4412.12		
2017	1289.86	897.00	166110.69	5112.36	4882.36		
2018	2525.74	2026.70	211613.44	3591.30	5474.00		
2019	3880.76	3234.74	261951.28	2803.00		1779.04	3915.80
2020	4764.94	3908.46	343189.82	2261.10		1831.02	3979.60
2021	1005.31	530.53	415012.26	1716.80		1985.14	4146.55

注：2021年起，邮电业务总量按2020年不变价计算。

Note:Since 2021,Business Volume of Post calculated at constant prices of 2020.

14-15 电信主要通信能力
Condition of Postal and Telecommunication Services

年份 Year	局用交换机容量（万门） Capacity of Local Telephone Exchanges (10 000 lines)	移动电话交换机容量（万户） Capacity of Mobile Telephone Exchanges (10000 household)	移动电话基站（个） Base Stations of Mobile Telephones (unit)	光缆线路长度（公里） Length of Optical Cable Lines (km)	长途光缆线路总长度 Length of Long Distance Optical Cable Lines
2002	1200	1109	7758	93212	18322
2003	1409	1174	9844	107085	19008
2004	1651	1371	16992	133894	23600
2005	1795	1574	17310	152162	24532
2006	1908	2296	20757	170943	24270
2007	1969	3721	26963	182844	18121
2008	1956	4629	33292	237445	20314
2009	1925	5741	50096	302749	20262
2010	1809	6282	60136	392803	21061
2011	1748	7180	78013	484873	21622
2012	1630	7703	87717	570312	22159
2013	1548	7726	98495	699226	21692
2014	1232	7895	138892	738003	22471
2015	922	8204	186535	831928	23278
2016	400	7964	218757	1025649	24282
2017	280	5614	231161	1261460	23483
2018	278	7418	231133	1556948	25336
2019	90	8637	290227	1589606	24733
2020	68	8862	323151	1548884	25010
2021		8862	345434	1683409	26218

14-16 邮政业网点及邮递路线
Postal Network and Postal Routes

项目	Item	2010	2015	2020	2021
营业网点（处）	Number of Offices (unit)	2254	6467	8365	11965
快递营业网点	Outlets for Express Services	2254	6453	6730	6349
信筒信箱（个）	Number of Post Boxes(unit)	14429	8730	7312	7291
农村投递路线（公里）	Rural Delivery Routes(km)	89432	92262	117538	117553
城市投递路线（公里）	Urban Delivery Routes(km)	40401	33147	68794	72378
邮政总长度（单程）（公里）	Length of Postal Routes(km)	218405	203778	298991	404389
#航空邮路	Airway	160227	129466	162565	160533
汽车邮路	Moter	43770	72387	136159	236543

注：2012年起，航空、汽车邮路不含EMS部分。
Note:Since 2012,Airway and Moter Postal Routes not included EMS.

14-17 设区市交通运输业基本情况(2021年)
Basic Conditions of Transportation by City(2021)

项目	Item	客运量（万人） Passenger Traffic (10000 persons)	旅客周转量（亿人公里） Passenger-Kilometers(100 million passenger-km)	货运量（万吨） Freight Traffic (10000 tons)	货物周转量（亿吨公里） Freight Ton-kilometers (100 million ton-km)	全社会机动车拥有量（万辆） Possession of Motor Vehicles (10000 units)	汽车 Automobiles
福建省	**Total**	**11263.83**	**75.34**	**161000.81**	**9957.77**	**1298.65**	**781.50**
福州市	Fuzhou	3803.50	24.32	40852.96	3520.95	204.61	165.60
#平潭	Pingtan	133.06	0.89	9009.19	1057.48	10.60	6.75
厦门市	Xiamen	1309.16	4.28	38428.01	2826.97	186.83	154.15
莆田市	Putian	410.32	6.50	4750.09	70.00	95.41	46.06
三明市	Sanming	364.22	2.54	9277.23	86.08	80.09	36.22
泉州市	Quanzhou	801.01	8.74	33817.46	2941.10	311.41	185.14
漳州市	Zhangzhou	547.39	4.12	8921.68	107.18	137.64	72.33
南平市	Nanping	734.70	5.30	5479.37	125.56	90.62	34.08
龙岩市	Longyan	814.48	4.81	11402.02	121.81	118.86	53.00
宁德市	Ningde	2479.05	14.74	8072.01	158.12	73.20	34.92

14-18 设区市邮电通信业务基本情况(2021年)
Basic Conditions of Postal and Telecommunication by City(2021)

项目	Item	邮政业务总量（亿元） Business Volume of Postal Services (100 million yuan)	电信业务总量（亿元） Business Volume of Telecommunication Services (100 million yuan)	固定电话用户（万户） Number of Fixed Telephone Subscribers at Year-end (10000 household)	移动电话用户（万户） Number of Mobile Telephone Subscribers at Year-end (10000 household)	（固定）互联网宽带接入用户（万户） Number of fixed Internet Users (10000 household)	移动互联网用户（万户） Number of mobil Internet Users (10000 household)	快递业务（万件） Pieces of Express Mail Services (10000 piece)	邮路总长度（单程）（公里） Length of Postal Route (km)
福建省	**Total**	**474.78**	**530.53**	**707.16**	**4824.25**	**1985.14**	**4146.55**	**415012.26**	**404389**
福州市	Fuzhou	78.22	136.50	159.33	1029.35	420.44	881.05	54353.58	150863
#平潭	Pingtan	1.18	4.33	6.10	40.88	18.82	36.40	736.87	550
厦门市	Xiamen	91.38	81.37	100.73	666.12	263.10	591.58	59050.73	89732
莆田市	Putian	28.77	35.83	51.11	351.66	146.95	296.93	19799.64	2152
三明市	Sanming	10.18	26.43	37.69	272.72	118.47	231.33	4766.69	6276
泉州市	Quanzhou	193.28	112.92	145.08	1060.28	437.21	915.04	216624.16	130503
漳州市	Zhangzhou	35.10	49.41	69.27	541.43	207.60	456.31	37001.03	4939
南平市	Nanping	12.56	26.76	37.74	289.09	120.13	246.14	6055.98	8492
龙岩市	Longyan	10.97	28.45	59.48	288.08	131.78	250.18	7506.02	4893
宁德市	Ningde	14.31	32.86	46.72	325.53	139.46	277.99	9854.42	6539

主要统计指标解释

铁路营业里程　又称营业长度(包括正式营业和临时营业里程)，指办理客货运输业务的铁路正线总长度。凡是全线或部分建成双线及以上的线路，以第一线的实际长度计算复线、站线、段管线、岔线和特殊用途线以及不计算运费的联络线都不计算营业里程。该指标可以反映铁路运输业基础设施的发展水平，也是计算客货周转量、运输密度和机车车辆运用效率等指标的基础资料。

铁路电气化里程　指在全部铁路营业里程中已安装了供电线路及设备，可以供电力机车牵引列车运行的区段的总里程。

公路里程　指在一定时期内实际达到《公路工程［WTBZ］技术标准 JTJ01-88》规定的等级公路，并经公路主管部门正式验收交付使用的公路里程数。包括大中城市的郊区公路以及通过小城镇街道部分的公路里程和桥梁、渡口的长度，不包括大中城市的街道、厂矿、林区生产用道和农业生产用道的里程。两条或多条公路共同经由同一路段，只计算一次，不得重复计算里程长度。该指标可以反映公路建设的发展规模，也是计算运输网密度等指标的基础资料。

货(客)运量　指在一定时期内，各种运输工具实际运送的货物(旅客)数量。该指标是反映运输业为国民经济和人民生活服务的数量指标，也是制定和检查运输生产计划、研究运输发展规模和速度的重要指标。货运按吨计算，客运按人计算。货物不论运输距离长短、货物类别，均按实际重量统计。旅客不论行程远近或票价多少，均按一人一次客运量统计；半价票、小孩票也按一人统计。

货物(旅客)周转量　指在一定时期内，由各种运输工具运送的货物(旅客)数量与其相应运输距离的乘积之总和。该指标可以反映运输业生产的总成果，也是编制和检查运输生产计划，计算运输效率、劳动生产率以及核算运输单位成本的主要基础资料。计算货物周转量通常按发出站与到达站之间的最短距离，也就是计费距离计算。计算公式为：

货物(旅客)周转量= 货物(旅客)运输量×运输距离

民用汽车拥有量　指报告期末，在公安交通管理部门按照《机动车注册登记工作规范》，已注册登记领有民用车辆牌照的全部汽车数量。汽车拥有量统计的主要分类：根据汽车结构分为载客汽车、载货汽车及其他汽车；根据汽车所有者不同分为个人(私人)汽车、单位汽车；根据汽车的使用性质分为营运汽车、非营运汽车和特种汽车；根据汽车大小规格不同载客汽车分为大型、中型、小型和微型，载货汽车分为重型、中型、轻型和微型。

邮电业务总量　指以价值量形式表现的邮电通信企业为社会提供各类邮电通信服务的总数量。邮电业务量按专业分类包括函件、包件、汇票、报刊发行、邮政快件、特快专递、邮政储蓄、集邮、公众电报、用户电报、传真、长途电话、出租电路、无线寻呼、移动电话、分组交换数据通信、出租代维等。计算方法为各类产品乘以相应的平均单价(不变价)之和，再加上出租电路和设备、代用户维护电话交换机和线路等的服务收入。该指标综合反映了一定时期邮电业务发展的总成果，是研究邮电业务量构成和发展趋势的重要指标。计算公式为：

邮电业务总量= Σ(各类邮电业务量×不变单价)+ 出租代维及其他业务收入= 邮电业务总量+电信业务总量

移动电话用户　指通过移动电话交换机进入移动电话网、占用移动电话号码的各类电话用户。包括签约用户和智能网预付费用户。一个移动电话号码统计为一户。

固定电话用户　指接入本地电信运营商固定电话网上的电话用户。包括：住宅用户、单位用户、公用电话用户等。按电话用户位置又分为市内电话用户和农村电话用户。1997 年以前，“市内电话用户”是指接入县城及县以上城市的电话网上的电话用户；“农村电话用户”是指接入县邮电局农话台及县以下农村电话交换点，以县城为中心(除市话用户外)联通县、乡(镇)、行政村、村民小组的用户。从 1997 年起，电话用户数分组调整为以用户所在区域划分为“城市电话用户”和“乡村电话用户”，与过去的按市内电话和农村电话划分方法不同。而电话用户总数、电话机总部数统计范围不变。

移动电话交换机容量　指移动电话交换机根据一定话务模型和交换机处理能力计算出来的最大同时服务用户的数量。

Explanatory Notes on Main Statistical Indicators

Length of Railways in Operation refers to the total length of the trunk line under passenger and freight transportation (including both full operation and temporary operation). The calculation is based on the actual length of the first line even if this line has a full or partial double track or more tracks, excluding double tracks, station sidings, tracks under the charge of stations, branch lines, special-purpose lines and the non-payable connecting lines. The length of railways in operation is an important indicator to show the development of the infrastructure for the railway transport, and also the essential data to calculate volume of passenger freight transport, traffic density and utilization efficiency of the locomotives and carriages.

Length of Electrified Railways refers to the length of the section of railways in operation in which the power supply lines and other equipment are installed for the running of electrified locomotives. The proportion of the length of electrified railways to the total length of railways in operation is an important indicator to show the modernization of railways.

Length of Highways refers to the length of highways which are built in conformity with the grades specified by the highway engineering standard formulated by the Ministry of Communications, and have been formally checked and accepted by the departments of highways and put into use. The length of highways includes that of the suburb highways at large and medium sized cities, highways passing through streets at small cities and towns, and also the length of bridges and ferries. It does not include the length of streets in big and medium-sized cities and highways built for the production purpose at factories, mines, forest areas and agricultural areas. If two or more highways go the same section of the way, the length of the section is only calculated for once and no duplication is allowed. The length of highways is an important indicator to show the development of the highway construction and to provide essential information to calculate the transport network density.

Freight (Passenger) Traffic refers to the volume of freight (passenger) transported with various means within a specific period of time. This indicator reflects the service of the transport industry towards the national economy and people's living conditions, as well as an important indicator used in formulating and monitoring transport production plans and research into the scale and pace of transport development. Freight transport is calculated in tons and passenger traffic is calculated in terms of number of persons. Freight transport is calculated in terms of the actual weight of the goods and takes no account of the type of freight and distance of travel. Passenger traffic is calculated by the principle that one person can be counted only once in one trip and takes no account of the travelling distance and ticket price. The passengers who travel with a half price ticket or a child's ticket is also calculated as one person.

Freight Ton-kilometers (Passenger-kilometers) refer to the sum of the products of the volume of transported cargo (passengers) multiplying by the transport distance. It is an important indicator to reflect the achievement of transportation industry. Normally, the shortest distance between the departure station and the destination station (i.e., the payable distance) is the basis to calculate the freight ton-kilometers. This is an import ant indicator to show the total results of the transport industry, to prepare and examine the transport plan and to measure the efficiency, the lab our productivity and t he unit cost of transport.The formula is as follows:

Possession of Civil Motor Vehicles refer to the total numbers of vehicles that are registered and received vehicles' license tags according to the Work Standard for Motor Vehicles Registration formulated by transport management office under department of public security at the end of reference period. They are divided into following categories according to the structure of motor vehicles: passenger vehicles, trucks and others; and private vehicles and vehicles for units use according to ownerships; working vehicles, non-working vehicles and special motor vehicles according to kind of usage; large passenger vehicles, medium passenger vehicles and small passenger vehicles, heavy trucks, light-heavy trucks and light trucks according to sizes of vehicles.

Business Volume of Post and Telecommunications refers to the total amount of post and telecommunication services, expressed in value terms, provided by the post and telecommunications departments for the society. Post and telecommunication services can be classified as letters, parcels, remittance, issue of newspapers and magazines, fast mail service, express mail service, savings deposits, stamps for collection, public and individual telegraph service, facsimiles, long-distance telephone service, leasing of telephone lines, urban paging service, mobile telephone service, data transfer and transmission, etc. The accounting approach is to multiply the service products of all types with their average unit price (constant price) to get sum of business value, plus income from other services such as leasing of telephone lines and equipment, maintenance of telephone switchboards and lines on behalf of customers . This indicator reflects the overall results of post and telecommunications service during a given period, and is important to study the composition of business service and the development of post and telecommunications service.The formula is as follows:

Business Volume of Post and Telecommunications= ∑(Transaction of Post and Telecommunication Service × Constant Price) + Income from Leasing, Maintenance and other Services

Mobile Telephone Subscribers refer to the persons who own mobile telephone numbers and are connected with the mobile telephone communication network through the mobile telephones witch boards, including contracted subscribers and prepaid subscribers for intelligent network. One mobile telephone is taken as a subscriber.

Local Telephone Subscribers refer to subscribers that are connected to the local telecommunication service provider through fix line network, including household subscribers, institutional subscribers and public telephones. They are also classified as city subscribers and rural subscribers according to locations. Before 1997, city subscribers referred to those connected to city telephone networks in county towns and cities, while village subscribers referred to those connected to village telephone stations at and below counties. Since 1997, the classification of telephone subscribers was modified on the basis of physical location of the subscribers as urban telephone subscribers and rural telephone subscribers , which is different from the previous classification of categorizing local telephones and rural telephones , while the definition of total subscribers and total number of telephones remain unchanged.

Capacity of Mobile Telephone Exchanges refers to the capacity of the maximum services provided to subscribers at onetime basing on a certain model and transacting capacity of the mobile telephone exchanges.

第十五篇　批发零售、住宿餐饮和旅游业

Chapter 15　Wholesales, Retail Sales, Hotels,Catering Service and Tourism

资料整理：戴斌 李志君 叶玲 陈彧
Database Editor: Daibin Lizhijun Yeling Chenyu

简要说明

本篇资料的主要内容及来源

本篇资料反映了全省国内市场发展情况、批发和零售业、住宿和餐饮业经营情况和旅游业发展情况，主要包括批发和零售业商品流转情况及财务状况、住宿和餐饮业经营情况及财务状况、社会消费品零售总额、旅游业等内容。

本篇资料中限额以上批发和零售业、住宿和餐饮业资料来源于批发和零售业、住宿和餐饮业统计年报资料，限额以下批发和零售业、住宿和餐饮业经营情况来源于抽样调查，旅游资料来源于省文化和旅游厅。

本篇资料由省统计局贸易外经统计处整理提供。

Brief Introduction

Main Content and Source of Data

Data in this chapter show the development of Fujian's domestic market, wholesale and retail trade, hotels and catering services, mainly including the circulation of commodities in the wholesale and retail trade, the total retail sales of consumer goods and the financial indices of related businesses and tourism etc.

Data in this chapter on main indicators for wholesale and retail trades, hotel and catering services above designated size are collected through comprehensive reporting system. Data on main indicators for wholesale and retail trades, hotel and catering services below designated size are collected by sample surveys.Data on tourism are provided by Fujian Culture and Tourism Administration.

Data in this chapter are collected and compiled by the Division of Trade and External Economic Relations Statistics of Fujian Provincial Bureau of Statistics.

15-1 社会消费品零售总额
Total Retail Sales of Consumer Goods

年份 Year	数值（亿元） Total (100 million yuan)	指数 Ratio(%) 以上年为100 Preceding Year=100	指数 Ratio(%) 以1950为100 Year of 1950=100	年份 Year	数值（亿元） Total (100 million yuan)	指数 Ratio(%) 以上年为100 Preceding Year=100	指数 Ratio(%) 以1950为100 Year of 1950=100
1951	4.71	122.3	122.3	1997	983.35	119.4	25547.6
1952	5.54	117.6	143.9	1998	1134.53	115.4	29482.0
1957	10.70	100.5	277.9	1999	1256.42	110.7	32636.6
1962	13.96	118.1	362.6	2000	1393.93	110.9	36193.9
1965	16.03	102.9	416.4	2001	1532.47	109.9	39777.1
1970	16.91	99.1	439.2	2002	1704.82	111.2	44232.2
1975	23.68	108.3	615.1	2003	1936.03	113.6	50247.8
1978	30.56	111.9	793.8	2004	2244.97	116.0	58287.4
1979	35.92	117.6	933.0	2005	2578.37	114.9	66972.2
1980	45.47	126.6	1181.0	2006	2999.96	116.4	77955.7
1981	51.47	113.2	1336.9	2007	3570.30	119.0	92767.2
1982	56.77	110.3	1474.5	2008	4327.60	121.2	112433.9
1983	62.59	110.3	1625.7	2009	5046.81	116.6	131097.9
1984	74.50	119.0	1935.1	2010	6015.22	119.2	156268.7
1985	96.04	128.9	2494.5	2011	7147.86	118.8	185647.2
1986	109.07	113.6	2833.0	2012	8316.03	116.3	215907.7
1987	126.06	115.6	3274.3	2013	9543.49	114.8	247862.1
1988	173.74	137.8	4512.7	2014	10843.47	113.6	281571.3
1989	202.30	116.4	5254.5	2015	12273.03	113.2	318738.7
1990	207.74	102.7	5395.8	2016	13702.96	111.7	356031.1
1991	230.99	111.2	5999.7	2017	15393.90	112.3	399823.0
1992	289.38	125.3	7516.4	2018	17178.37	111.6	446202.4
1993	376.63	130.2	9786.4	2019	18896.83	110.0	490822.7
1994	511.51	135.8	13289.9	2020	18626.45	98.6	483951.2
1995	658.65	128.8	17117.3	2021	20373.11	109.4	529442.6
1996	823.57	125.0	21396.7				

15-2 限额以上批发零售与住宿餐饮业企业基本情况
Basic Conditions of Enterprises above Designated Size in Wholesale and Retail Trades,Hotels and Catering Services

项目	Item	2005	2010	2019	2020	2021
法人企业（个）	**Number of Corporation(unit)**	**3107**	**4997**	**18828**	**20578**	**22693**
批发和零售业	Wholesale and Retail Trades	2499	3924	16404	17956	19876
住宿和餐饮业	Hotels and Catering Services	608	1073	2424	2622	2817
批发和零售业（亿元）	**Wholesale and Retail Trades (100 million yuan)**					
商品购进总额	Total Goods Purchase	2796.41	7707.09	34477.53	43004.25	60423.15
商品销售总额	Total Goods Sales	3051.03	8304.12	39334.09	45882.59	63349.14
商品库存总额	Total Goods Inventory	192.07	657.42	1753.40	2443.67	2473.81
住宿和餐饮业营业额（亿元）	**Total Sales in Hotels and Catering Services (100 million yuan)**	**79.36**	**197.63**	**570.51**	**484.61**	**612.69**

15-3 限额以上批发和零售企业基本情况(2021年)
Basic Conditions of Enterprises above Designated Size in Wholesale and Retail Trades(2021)

单位：万元　　(10000 yuan)

项目 Item	法人企业（个） Number of Corporation (unit)	商品购进额 Total Goods Purchase	商品销售额 Sales	#批发额 Wholesale	期末商品库存额 Inventory at the Year-end
合计 Total	**19876**	**604231475**	**633491360**	**546055931**	**24738148**
批发业 Wholesale	**12459**	**540833714**	**559235897**	**538351399**	**20601233**
按登记注册类型分 By Registration Category					
内资企业 Domestic Funded Enterprises	12105	512727981	528772186	509496843	19217608
#国有企业 State-owned Enterprises	30	4681490	7275286	7269051	238483
集体企业 Collective-owned Enterprises	24	274368	286457	245346	45047
有限责任公司 Limited Liability Corporations	816	209806447	205564709	203592881	8676279
股份有限公司 Share-holding Corporations Ltd.	18	34119363	34296274	34286110	815777
私营企业 Private Enterprises	11214	263835182	281337502	264092817	9441954
港澳台商投资企业 Funds from Hong Kong, Macao and Taiwan	181	11642761	12744683	12115546	413517
外商投资企业 Foreign Funded Enterprises	173	16462973	17719028	16739011	970108
按行业分 By Sector					
农、林、牧、渔产品批发 Wholesale of Agriculture,Forestry,Animal Husbandry and Fishery Products	338	15703460	16416228	16229940	1874189
食品、饮料及烟草制品批发 Wholesale of Food, Beverages and Tobaccos	1403	29609262	34355907	31903443	2380547
米、面制品及食用油批发 Wholesale of Rice, Wheat Products and Edible Oil	159	4669878	4651893	4491667	941762
烟草制品批发 Wholesale of Tobaccos	13	4458497	7056685	7048076	245571
纺织、服装及家庭用品批发 Wholesale of Textiles, Garments and Daily Consumer Articles	2687	60550496	67343471	61483909	1810362
服装批发 Wholesale of Garments	802	15667155	16952632	15694460	709736
日用家电批发 Wholesale of Family Electrical Equipments	109	1653728	1738644	1650586	142193
文化、体育用品及器材批发 Wholesale of Culture, Sports Products and Appliances	333	13312087	13933334	13324970	438628
医药及医疗器材批发 Wholesale of Medicines and Medical Appliances	457	8479552	9442420	9078059	831328
矿产品、建材及化工产品批发 Wholesale of Mineral Products, Building Materials and Chemical Products	5208	359301236	360176009	353438548	9523568
煤炭及制品批发 Wholesale of Coal and Its Products	275	44860218	46338316	46257308	1675797

15-3 续表1
Continued

单位：万元 (10000 yuan)

项目 Item	法人企业（个） Number of Corporation (unit)	商品购进额 Total Goods Purchase	商品销售额 Sales	#批发额 Wholesale	期末商品库存额 Inventory at the Year-end
石油及制品批发 Wholesale of Petroleum and Its Products	360	33683185	26499541	23647697	824960
金属及金属矿批发 Wholesale of Metal and Metal Mineral	1336	173490310	176211744	175456572	4178025
建材批发 Wholesale of Building Materials	1619	28461008	30475127	28751674	1161727
化肥批发 Wholesale of Chemical Fertilizer	71	1491121	1691877	1636032	126224
机械设备、五金产品及电子产品批发 Wholesale of Machinery, Equipment, Hardware,Transport and Electic Products	1415	26779904	28416050	26193090	1451014
汽车及零配件批发 Wholesale of Motor Vehicles	280	5574905	5700650	4977014	354056
计算机、软件及辅助设备批发 Wholesale of Computer Software and Supplementary Equipments	133	1462810	1580025	1399445	109638
贸易经纪与代理 Trade Broker and Agent	50	2196766	2205770	2156521	89336
其他批发业 Other Wholesale not Classified Elsewhere	568	24900952	26946707	24542919	2202261
零售业 Retail Trade	**7417**	**63397761**	**74255463**	**7704531**	**4136915**
按登记注册类型分 By Registration Category					
内资企业 Domestic Funded Enterprises	7209	52979352	61353295	5372783	3639086
#国有企业 State-owned Enterprises	10	13305	14398		777
集体企业 Collective-owned Enterprises	57	454631	574716	90805	6296
有限责任公司 Limited Liability Corporations	387	6921103	7937455	1058571	582096
股份有限公司 Share-holding Corporations Ltd.	15	2885641	3301297	1126386	151591
私营企业 Private Enterprises	6732	42694111	49511931	3097017	2897828
港澳台商投资企业 Funds from Hong Kong, Macao and Taiwan	93	2113630	2490324	110034	153644
外商投资企业 Foreign Funded Enterprises	115	8304778	10411844	2221715	344186
按行业分 By Sector					
综合零售 General Retail	630	6665080	7707289	239777	361887

15-3 续表2
Continued

单位：万元 (10000 yuan)

项目 Item	法人企业（个） Number of Corporation (unit)	商品购进额 Total Goods Purchase	商品销售额 Sales	#批发额 Wholesale	期末商品库存额 Inventory at the Year-end
百货零售 Retail of Consumer Goods	177	1957346	2368913	53073	84895
超级市场零售 Retail of Supermarkets	337	3892285	4339581	74714	250953
食品、饮料及烟草制品专门零售 Retail of Food, Beverages and Tobaccos	981	3917518	4573259	262030	274616
纺织、服装及日用品专门零售 Retail of Textiles, Garments, Shoes and Hats	365	3776602	5036473	743430	263092
服装零售 Retail of Garments	142	1872524	2619242	644706	166831
文化、体育用品及器材专门零售 Retail of Culture, Sports Products and Equipments	227	1927727	2152469	549597	207676
图书、报刊零售 Retail of Books,Newspapers and Magazines	13	668270	687236	313694	87531
医药及医疗器材专门零售 Retail of Medicines and Medical Appliances	210	1539023	1820183	182135	183668
西药零售 Retail of Medicines	159	1368774	1614701	169568	156575
中药零售 Chinese medicine	42	152992	186077	2898	25924
汽车、摩托车、零配件和燃料及其他动力销售 Retail of Motor Vehicles, Motorcycles Fuel and Parts	1534	25901235	29123969	3609402	1553003
汽车新车零售 Retail of Motor Vehicles	1041	16308186	17407093	475000	1179824
机动车燃油零售 Retail of Vehicles Fuel	324	8695043	10718617	3117173	316658
家用电器及电子产品专门零售 Retail of Family Electric Equipment and Product	590	2876976	3607573	128552	187026
家用视听设备零售 Retail of Family Electric Equipment	43	314021	348699	1871	18143
日用家电零售 Retail of Daily-use Electric Equipment	274	1385105	1964093	47024	84273
计算机、软件及辅助设备零售 Wholesale of Computer Software and Supplementary Equipments	127	516029	564316	32430	25585
通信设备零售 Retail of Telecommunicate Equipment	94	477722	520944	44190	45911
五金、家具及室内装饰材料专门零售 Retail of Hardware, Furniture and Inside Decoration Materials	599	3233690	3532558	200309	257937
货摊、无店铺及其他零售业 Retail of No Stores and Others	2281	13559910	16701690	1789300	848010

15-4 限额以上批发和零售企业年末资产及负债情况(2021年)
Main Financial Indicators of Enterprises above Designated Size in Wholesale and Retail Trades Corporation Enterprises(2021)

单位：万元 (10000 yuan)

项目 Item	资产总计 Total Assess	#流动资产合计 Total Circulating Funds	固定资产原价 Original Prices of Fixed Assets	负债总计 Total Liabilities	所有者权益合计 Total Creditors Equity
合计 Total	**233105897**	**167723727**	**11427526**	**158609239**	**70870869**
批发业 Wholesale	**205824292**	**150382525**	**6711491**	**140202211**	**62532124**
按登记注册类型分 By Registration Category					
内资企业 Domestic Funded Enterprises	188372920	135361141	5806935	128296930	57282105
#国有企业 State-owned Enterprises	3360250	2710563	558723	570976	2786659
集体企业 Collective-owned Enterprises	112876	101753	9176	94091	14329
有限责任公司 Limited Liability Corporations	69552992	47434950	1002342	46852422	22552319
股份有限公司 Share-holding Corporations Ltd.	17010189	8583527	45692	8672311	8337878
私营企业 Private Enterprises	98335479	76529715	4190580	72106645	23590270
港澳台商投资企业 Funds from Hong Kong, Macao and Taiwan	8339153	6892590	492223	5158343	3146320
外商投资企业 Foreign Funded Enterprises	9112219	8128794	412333	6746938	2103699
按行业分 By Sector					
农、林、牧、渔产品批发 Wholesale of Agriculture,Forestry, Animal Husbandry and Fishery Products	6281409	4815820	271426	4554360	1718627
食品、饮料及烟草制品批发 Wholesale of Food, Beverages and Tobaccos	21478401	15741143	1776444	12542770	8679402
米、面制品及食用油批发 Wholesale of Rice, Wheat Products and Edible Oil	2341131	1934036	134579	1886697	449887
烟草制品批发 Wholesale of Tobaccos	3139708	2534727	541312	356956	2782753
纺织、服装及家庭用品批发 Wholesale of Textiles, Garments and Daily Consumer Articles	27211421	18383597	1619961	16184866	9860514
服装批发 Wholesale of Garments	6305476	5582135	286611	4294978	1859374
日用家电批发 Wholesale of Family Electrical Equipments	807579	721350	15575	536831	265020
文化、体育用品及器材批发 Wholesale of Culture, Sports Products and Appliances	3855143	3035202	140491	2900260	919120
医药及医疗器材批发 Wholesale of Medicines and Medical Appliances	4426342	3616773	242419	3060210	1353009
矿产品、建材及化工产品批发 Wholesale of Mineral Products, Building Materials and Chemical Products	121894032	87630820	1902941	85968866	34698538

15-4 续表1
Continued

单位：万元　　(10000 yuan)

项目 Item	资产总计 Total Assess	#流动资产合计 Total Circulating Funds	固定资产原价 Original Prices of Fixed Assets	负债总计 Total Liabilities	所有者权益合计 Total Creditors Equity
煤炭及制品批发 Wholesale of Coal and Its Products	9559251	7006111	89959	6562737	2957763
石油及制品批发 Wholesale of Petroleum and Its Products	6525313	4616064	432797	4174492	2033278
金属及金属矿批发 Wholesale of Metal and Metal Mineral	52757390	38763626	470024	36862047	15765942
建材批发 Wholesale of Building Materials	18860446	15077547	427205	13733608	4847635
化肥批发 Wholesale of Chemical Fertilizer	1006499	819893	27081	572501	428592
机械设备、五金产品及电子产品批发 Wholesale of Machinery, Equipment, Hardware,Transport and Electic Products	11955221	10315917	484675	9020998	2789352
汽车及零配件批发 Wholesale of Motor Vehicles	2326259	1967793	74139	1890869	417646
计算机、软件及辅助设备批发 Wholesale of Computer Software and Supplementary Equipments	735664	669742	30526	480483	243400
贸易经纪与代理 Trade Broker and Agent	827230	599079	25044	594959	175707
其他批发业 Other Wholesale not Classified Elsewhere	7895093	6244174	248091	5374922	2337853
零售业 Retail Trade	**27281605**	**17341203**	**4716035**	**18407028**	**8338745**
按登记注册类型分 By Registration Category					
内资企业 Domestic Funded Enterprises	22143819	14705770	3650117	14500344	7108844
#国有企业 State-owned Enterprises	3371	1742	1981	842	1507
集体企业 Collective-owned Enterprises	54097	32645	15249	12374	36574
有限责任公司 Limited Liability Corporations	4498510	2913869	737456	2919815	1572433
股份有限公司 Share-holding Corporations Ltd.	2160618	1031633	434650	683557	1477061
私营企业 Private Enterprises	15423597	10723613	2458934	10883313	4018085
港澳台商投资企业 Funds from Hong Kong, Macao and Taiwan	1344459	780999	305219	798346	546113
外商投资企业 Foreign Funded Enterprises	3793327	1854434	760698	3108338	683788
按行业分 By Sector					

15-4 续表2
Continued

单位：万元 (10000 yuan)

项目 Item	资产总计 Total Assess	#流动资产合计 Total Circulating Funds	固定资产原价 Original Prices of Fixed Assets	负债总计 Total Liabilities	所有者权益合计 Total Creditors Equity
综合零售 General Retail	4024355	2160167	936845	3307902	682770
百货零售 Retail of Consumer Goods	2336982	1193715	470018	1804666	520297
超级市场零售 Retail of Supermarkets	1473299	857509	418579	1392198	64799
食品、饮料及烟草制品专门零售 Retail of Food, Beverages and Tobaccos	1756322	956842	563419	695523	963322
纺织、服装及日用品专门零售 Retail of Textiles, Garments, Shoes and Hats	2238810	1310983	126084	1800313	414013
服装零售 Retail of Garments	1306376	805363	47706	1066116	232029
文化、体育用品及器材专门零售 Retail of Culture, Sports Products and Equipments	1471952	1110907	206429	816011	638042
图书、报刊零售 Retail of Books,Newspapers and Magazines	906705	705191	131119	557372	349334
医药及医疗器材专门零售 Retail of Medicines and Medical Appliances	778986	526950	100305	458326	178273
西药零售 Retail of Medicines	631666	423246	79087	337660	151619
中药零售 Chinese medicine	134562	94228	20057	113371	21191
汽车、摩托车、零配件和燃料及其他动力销售 Retail of Motor Vehicles, Motorcycles Fuel and Parts	10521814	6344217	2003355	6760561	3701921
汽车新车零售 Retail of Motor Vehicles	5928589	4362679	967230	4473603	1406240
机动车燃油零售 Retail of Vehicles Fuel	4343477	1787941	976328	2148391	2193177
家用电器及电子产品专门零售 Retail of Family Electric Equipment and Product	1112714	886297	93881	779230	308965
家用视听设备零售 Retail of Family Electric Equipment	41514	37025	5433	18096	22721
日用家电零售 Retail of Daily-use Electric Equipment	756364	581384	56242	568780	172053
计算机、软件及辅助设备零售 Wholesale of Computer Software and Supplementary Equipments	114965	97339	15141	56600	55841
通信设备零售 Retail of Telecommunicate Equipment	136006	117489	5917	93374	41716
五金、家具及室内装饰材料专门零售 Retail of Hardware, Furniture and Inside Decoration Materials	929544	637984	209841	545175	325346
货摊、无店铺及其他零售业 Retail of No Stores and Others	4447107	3406857	475874	3243988	1126095

15-5 限额以上批发和零售企业财务状况(2021年)
Main Financial Indicators of Enterprises above Designated Size in Wholesale and Retail Trades Corporation Enterprises(2021)

单位：万元 (10000 yuan)

项目 Item	主营业务收入 Main Operating Income	营业成本 Operating Expenses	税金及附加 Tax and Extra Charges	营业利润 Profits of Business
合计 **Total**	**546373891**	**530553666**	**1483561**	**9713213**
批发业 **Wholesale**	**481220396**	**471975782**	**1243423**	**8125504**
按登记注册类型分 By Registration Category				
内资企业 Domestic Funded Enterprises	454057472	446737917	1203251	7250775
#国有企业 State-owned Enterprises	6475936	4898746	737825	703205
集体企业 Collective-owned Enterprises	254903	241038	1253	5779
有限责任公司 Limited Liability Corporations	176579121	174070427	146753	1836009
股份有限公司 Share-holding Corporations Ltd.	24751480	24528604	10810	965778
私营企业 Private Enterprises	245984076	242987750	306609	3739845
港澳台商投资企业 Funds from Hong Kong, Macao and Taiwan	11693630	10773020	17227	217435
外商投资企业 Foreign Funded Enterprises	15469294	14464845	22944	657294
按行业分 By Sector				
农、林、牧、渔产品批发 Wholesale of Agriculture,Forestry,Animal Husbandry and Fishery Products	15053791	14681311	9891	125985
食品、饮料及烟草制品批发 Wholesale of Food, Beverages and Tobaccos	30570401	27691253	780253	1439934
米、面制品及食用油批发 Wholesale of Rice, Wheat Products and Edible Oil	4318754	4150837	3166	25758
烟草制品批发 Wholesale of Tobaccos	6262624	4684009	734521	716568
纺织、服装及家庭用品批发 Wholesale of Textiles, Garments and Daily Consumer Articles	59214426	58109061	64339	1849226
服装批发 Wholesale of Garments	15075516	14380668	23574	659364
日用家电批发 Wholesale of Family Electrical Equipments	1571748	1503413	2222	27844
文化、体育用品及器材批发 Wholesale of Culture, Sports Products and Appliances	12116854	11735952	13943	137379
医药及医疗器材批发 Wholesale of Medicines and Medical Appliances	8415429	7671816	22744	198604
矿产品、建材及化工产品批发 Wholesale of Mineral Products, Building Materials and Chemical Products	306688985	304505905	227280	3556566

15-5 续表1
Continued

单位：万元 (10000 yuan)

项目 Item	主营业务收入 Main Operating Income	营业成本 Operating Expenses	税金及附加 Tax and Extra Charges	营业利润 Profits of Business
煤炭及制品批发 Wholesale of Coal and Its Products	38334341	37328415	39077	590455
石油及制品批发 Wholesale of Petroleum and Its Products	21305883	22790050	16367	249367
金属及金属矿批发 Wholesale of Metal and Metal Mineral	149572229	147867864	86043	1625066
建材批发 Wholesale of Building Materials	26648462	26100958	40317	380921
化肥批发 Wholesale of Chemical Fertilizer	1465433	1410181	2676	10759
机械设备、五金产品及电子产品批发 Wholesale of Machinery, Equipment, Hardware,Transport and Electic Products	24888375	24238209	37822	523930
汽车及零配件批发 Wholesale of Motor Vehicles	4777834	4957756	7078	38875
计算机、软件及辅助设备批发 Wholesale of Computer Software and Supplementary Equipments	1388983	1318627	2119	30380
贸易经纪与代理 Trade Broker and Agent	2017360	1988541	2310	8462
其他批发业 Other Wholesale not Classified Elsewhere	22254775	21353736	84843	285419
零售业 Retail Trade	**65153495**	**58577884**	**240138**	**1587710**
按登记注册类型分 By Registration Category				
内资企业 Domestic Funded Enterprises	54159680	48799119	208542	1402081
#国有企业 State-owned Enterprises	9668	10408	86	532
集体企业 Collective-owned Enterprises	529063	495997	1534	13862
有限责任公司 Limited Liability Corporations	7028566	6306720	23608	151753
股份有限公司 Share-holding Corporations Ltd.	2648304	2522492	4643	136159
私营企业 Private Enterprises	43932013	39453814	178601	1098656
港澳台商投资企业 Funds from Hong Kong, Macao and Taiwan	2257848	1863929	11885	50687
外商投资企业 Foreign Funded Enterprises	8735967	7914837	19711	134942
按行业分 By Sector				

15-5 续表2
Continued

单位：万元 (10000 yuan)

项目 Item	主营业务收入 Main Operating Income	营业成本 Operating Expenses	税金及附加 Tax and Extra Charges	营业利润 Profits of Business
综合零售 General Retail	6708122	5995124	28753	-49618
百货零售 Retail of Consumer Goods	1932488	1715796	16788	-1065
超级市场零售 Retail of Supermarkets	3853490	3449317	9664	-65436
食品、饮料及烟草制品专门零售 Retail of Food, Beverages and Tobaccos	4154356	3484524	32358	341943
纺织、服装及日用品专门零售 Retail of Textiles, Garments, Shoes and Hats	4501126	3576248	14677	183481
服装零售 Retail of Garments	2343066	1846153	7110	96036
文化、体育用品及器材专门零售 Retail of Culture, Sports Products and Equipments	1855819	1621409	21442	85517
图书、报刊零售 Retail of Books,Newspapers and Magazines	571671	474299	2400	25326
医药及医疗器材专门零售 Retail of Medicines and Medical Appliances	1584080	1396721	4289	65126
西药零售 Retail of Medicines	1394262	1246876	3571	65459
中药零售 Chinese medicine	172573	135073	669	-1322
汽车、摩托车、零配件和燃料及其他动力销售 Retail of Motor Vehicles, Motorcycles Fuel and Parts	25069440	23736021	77147	514843
汽车新车零售 Retail of Motor Vehicles	15452238	14732264	57843	178738
机动车燃油零售 Retail of Vehicles Fuel	8777033	8165902	17252	311275
家用电器及电子产品专门零售 Retail of Family Electric Equipment and Product	3203646	2817680	5752	49789
家用视听设备零售 Retail of Family Electric Equipment	313614	277150	446	29074
日用家电零售 Retail of Daily-use Electric Equipment	1734197	1466391	2976	786
计算机、软件及辅助设备零售 Wholesale of Computer Software and Supplementary Equipments	505806	470026	1165	15226
通信设备零售 Retail of Telecommunicate Equipment	467845	431091	881	1623
五金、家具及室内装饰材料专门零售 Retail of Hardware, Furniture and Inside Decoration Materials	2988750	2837740	12310	109227
货摊、无店铺及其他零售业 Retail of No Stores and Others	15088157	13112417	43410	287404

15-6 限额以上批发和零售企业主要效益指标(2021年)
Main Indicators Economic Benefit of Enterprises above Designated Size in Wholesale and Retail Trades(2021)

单位：% (%)

项目 Item	资产负债率 Assets Liability Rate	销售毛利率 Ratio of Gross Profits to Sales Revenue	经营费用率 Ratio of Operating Costs to Total Costs	成本费用利润率 Ratio of Profits to Costs
合计 Total	**68.0**	**2.9**	**3.5**	**1.8**
批发业 Wholesale	**68.1**	**1.9**	**2.6**	**1.7**
按登记注册类型分 By Registration Category				
内资企业 Domestic Funded Enterprises	68.1	1.6	2.4	1.6
#国有企业 State-owned Enterprises	17.0	24.4	6.1	13.2
集体企业 Collective-owned Enterprises	83.4	5.4	6.1	2.0
有限责任公司 Limited Liability Corporations	67.4	1.4	1.1	1.1
股份有限公司 Share-holding Corporations Ltd.	51.0	0.9	1.4	3.9
私营企业 Private Enterprises	73.3	1.2	3.3	1.6
港澳台商投资企业 Funds from Hong Kong, Macao and Taiwan	61.9	7.9	6.4	1.9
外商投资企业 Foreign Funded Enterprises	74.0	6.5	5.6	4.4
按行业分 By Sector				
农、林、牧、渔产品批发 Wholesale of Agriculture,Forestry,Animal Husbandry and Fishery Products	72.5	2.5	2.2	0.9
食品、饮料及烟草制品批发 Wholesale of Food, Beverages and Tobaccos	58.4	9.4	7.2	4.9
米、面制品及食用油批发 Wholesale of Rice, Wheat Products and Edible Oil	80.6	3.9	3.8	1.1
烟草制品批发 Wholesale of Tobaccos	11.4	25.2	6.1	13.9
纺织、服装及家庭用品批发 Wholesale of Textiles, Garments and Daily Consumer Articles	59.5	1.9	4.2	3.2
服装批发 Wholesale of Garments	68.1	4.6	5.6	4.7
日用家电批发 Wholesale of Family Electrical Equipments	66.5	4.3	3.3	1.8
文化、体育用品及器材批发 Wholesale of Culture, Sports Products and Appliances	75.2	3.1	3.1	1.2
医药及医疗器材批发 Wholesale of Medicines and Medical Appliances	69.1	8.8	7.1	2.4
矿产品、建材及化工产品批发 Wholesale of Mineral Products, Building Materials and Chemical Products	70.5	0.7	1.4	1.2

15-6 续表1
Continued

单位：%　　(%)

项目 Item	资产负债率 Assets Liability Rate	销售毛利率 Ratio of Gross Profits to Sales Revenue	经营费用率 Ratio of Operating Costs to Total Costs	成本费用利润率 Ratio of Profits to Costs
煤炭及制品批发 Wholesale of Coal and Its Products	68.7	2.6	1.6	1.4
石油及制品批发 Wholesale of Petroleum and Its Products	64.0	-7.0	1.3	1.1
金属及金属矿批发 Wholesale of Metal and Metal Mineral	69.9	1.1	0.9	1.1
建材批发 Wholesale of Building Materials	72.8	2.1	3.6	1.4
化肥批发 Wholesale of Chemical Fertilizer	56.9	3.8	3.8	0.8
机械设备、五金产品及电子产品批发 Wholesale of Machinery, Equipment, Hardware, Transport and Electic Products	75.5	2.6	3.9	2.0
汽车及零配件批发 Wholesale of Motor Vehicles	81.3	-3.8	2.8	0.8
计算机、软件及辅助设备批发 Wholesale of Computer Software and Supplementary Equipments	65.3	5.1	6.1	2.2
贸易经纪与代理 Trade Broker and Agent	71.9	1.4	3.6	0.4
其他批发业 Other Wholesale not Classified Elsewhere	68.1	4.0	5.3	2.1
零售业 Retail Trade	**67.5**	**10.1**	**10.7**	**2.5**
按登记注册类型分 By Registration Category				
内资企业 Domestic Funded Enterprises	65.5	9.9	10.4	2.7
#国有企业 State-owned Enterprises	25.0	-7.7	13.4	4.5
集体企业 Collective-owned Enterprises	22.9	6.2	6.2	2.5
有限责任公司 Limited Liability Corporations	64.9	10.3	10.9	2.4
股份有限公司 Share-holding Corporations Ltd.	31.6	4.8	5.8	5.2
私营企业 Private Enterprises	70.6	10.2	10.6	2.5
港澳台商投资企业 Funds from Hong Kong, Macao and Taiwan	59.4	17.4	18.4	2.2
外商投资企业 Foreign Funded Enterprises	81.9	9.4	11.0	1.6
按行业分 By Sector				

15-6 续表2
Continued

单位：%　　　　(%)

项目 Item	资产负债率 Assets Liability Rate	销售毛利率 Ratio of Gross Profits to Sales Revenue	经营费用率 Ratio of Operating Costs to Total Costs	成本费用利润率 Ratio of Profits to Costs
综合零售 General Retail	82.2	10.6	15.4	-0.7
百货零售 Retail of Consumer Goods	77.2	11.2	16.6	-0.1
超级市场零售 Retail of Supermarkets	94.5	10.5	16.2	-1.5
食品、饮料及烟草制品专门零售 Retail of Food, Beverages and Tobaccos	39.6	16.1	11.9	8.6
纺织、服装及日用品专门零售 Retail of Textiles, Garments, Shoes and Hats	80.4	20.5	23.3	4.0
服装零售 Retail of Garments	81.6	21.2	25.1	4.0
文化、体育用品及器材专门零售 Retail of Culture, Sports Products and Equipments	55.4	12.6	10.3	5.6
图书、报刊零售 Retail of Books,Newspapers and Magazines	61.5	17.0	13.9	4.7
医药及医疗器材专门零售 Retail of Medicines and Medical Appliances	58.8	11.8	13.7	4.1
西药零售 Retail of Medicines	53.5	10.6	12.7	4.6
中药零售 Chinese medicine	84.3	21.7	22.1	-0.5
汽车、摩托车、零配件和燃料及其他动力销售 Retail of Motor Vehicles, Motorcycles Fuel and Parts	64.3	5.3	5.8	2.1
汽车新车零售 Retail of Motor Vehicles	75.5	4.7	5.7	1.2
机动车燃油零售 Retail of Vehicles Fuel	49.5	7.0	6.0	3.6
家用电器及电子产品专门零售 Retail of Family Electric Equipment and Product	70.0	12.0	6.9	1.6
家用视听设备零售 Retail of Family Electric Equipment	43.6	11.6	4.3	10.0
日用家电零售 Retail of Daily-use Electric Equipment	75.2	15.4	7.5	0.0
计算机、软件及辅助设备零售 Wholesale of Computer Software and Supplementary Equipments	49.2	7.1	5.0	3.1
通信设备零售 Retail of Telecommunicate Equipment	68.7	7.9	8.6	0.4
五金、家具及室内装饰材料专门零售 Retail of Hardware, Furniture and Inside Decoration Materials	58.6	5.1	7.7	3.5
货摊、无店铺及其他零售业 Retail of No Stores and Others	72.9	13.1	13.9	2.0

15-7 亿元以上商品交易市场主要经济指标(2021年)
Main Indicator of Commodity Exchange Markets with Transaction Value over 100 Million Yuan(2021)

项目	Item	市场数（个）Number of Markets (unit)	摊位数（个）Number of Stalls (unit)	营业面积（平方米）Operation Area(sq.m)	市场成交额（万元）Transaction Value (10000 yuan)
总计	**Total**	**102**	**47963**	**2877133**	**11730212**
按经营环境分	By Operating Circumstance				
封闭式	Indoor	84	41406	2642527	10007349
露天式	Outdoor	5	1038	66787	968978
其他	Others	13	5519	167819	753885
按营业状态分	By Operating Status				
常年营业	Perennial Operation	101	47935	2875633	11719212
季节性营业	Seasonal Operation	1	28	1500	11000
其他	Others				
按经营方式分	By Operating Mode				
批发（或以批发为主）	Whole Sale	41	24869	1978064	9445611
零售（或以零售为主）	Retail	61	23094	899069	2284601
按市场类别分	By Market Category				
综合市场	General Markets	44	23683	770761	3901340
生产资料综合市场	Production Comprehensive Markets	1	200	5100	10690
工业消费品综合市场	Industrial Consumable Comprehensive Markets	3	5705	71638	940441
农产品综合市场	Agricaltural Products Comprehensive Markets	33	13642	312813	1494577
其他综合市场	Other Comprehensive Markets	7	4136	381210	1455632
专业市场	Specialized Markets	58	24280	2106372	7828872
生产资料市场	Markets for Means of Production	6	1615	308700	632227
农产品市场	Farm Produce Markets	30	10251	718064	4244517
食品饮料及烟酒市场	Markets for Food, Beverages, Tobacco and Liquor	2	2539	67221	135954
纺织、服装、鞋帽市场	Markets for Textiles, Clothing, Shoes and Hats	4	4841	214636	611013
日用品及文化用品市场	Markets for Daily Use Articles and Cultural Goods				
黄金、珠宝、玉器等首饰市场	Gold, Jewelry, Jade Markets	4	1860	242569	1247919
电器、通讯器材、电子设备市场	Markets for Electrical Appliances, Communication Appliances and Electronical Appliances	1	719	38000	96143
医药、医疗用品及器材市场	Markets for Medicine, Medical Materials and Medical Instruments	1	28	1500	11000
家具、五金及装饰材料市场	Markets for Furniture, Hardware and Decoration Materials	7	2093	443582	315362
汽车、摩托车及零配件市场	Markets for Cars, Motorcycles and Spare Parts	3	334	72100	534737
花、鸟、鱼、虫市场	Markets for Flower, Bird, Fish and Insects				
旧货市场	Second-hand Articles Markets				
其他专业市场	Other Specialized Markets				

15-8 亿元以上商品交易市场成交情况(2021年)
Transaction Value of Commodity Exchange Markets with Transaction Value over 100 Million Yuan(2021)

项目	Item	出租摊位数（个）Number of Stalls (unit)	市场成交额（万元）Transaction Value (10000 yuan)
总计	**Total**	**41174**	**11730212**
#粮油、食品类	Grain,Oil and Foods	19750	6137758
饮料类	Beverages	2860	332023
烟酒类	Tobacco and Liquor	270	257997
服装、鞋帽、针纺织品类	Garments,shoes,Caps and Textiles	8268	1485043
服装类	Clothing	6463	1143253
鞋帽类	Shoes and Hats	997	121776
针纺织品类	Knitwear and Textiles	808	220014
化妆品类	Cosmetics	81	7977
金银珠宝类	Gold,Silver and Jewelry	1388	1017955
日用品类	Articles for Daily Use	1013	338388
五金、电料类	Hardware and Electrical Materials	665	52809
体育、娱乐用品类	Sports and Recreation Articles	102	73224
电子出版物及音像制品类	E-journal and Video Products	11	354
家用电器和音像器材类	Household Appliances and Video Appliances	434	55383
中西药品类	Traditional Chinese and Western Medicines	87	17212
#西药类	Western Medicines	4	2731
中草药及中成药类	Chinese Herbal Medicine and Mid-product Medicine	78	13445
文化办公用品类	Cultural and Official Goods	599	91316
家具类	Furniture	840	165240
通讯器材类	Communication Appliances	81	5242
煤炭及制品类	Coal and Related Products		
木材及制品类	Wood and Wooden Products	479	76345
化工材料及制品类	Raw Chemical Materials	13	2559
金属材料类	Metal Materials	69	419329
建筑及装潢材料类	Building and Decoration Materials	2454	466077
机电产品及设备类	Mechanical and Electrical Products and Equipment	128	3871
汽车类	Vehicles	303	534737
种子饲料类	Seed and Feedstuff	123	31719
棉麻类	Cotton and Ramie		

15-9 限额以上住宿业企业基本情况(2021年)
Main Indicator of Enterprises above Designated Size of Hotels(2021)

项目	Item	法人企业（个）Number of Corporation (unit)	床位数（个）Number of Beds (unit)	餐位数（位）Number of seats (seat)
住宿业	**Hotels**	**1218**	**280678**	**441633**
按登记注册类型分	By Registration Category			
内资企业	Domestic Funded Enterprises	1123	248581	369017
#国有企业	State-owned Enterprises	19	3407	5582
集体企业	Collective-owned Enterprises	5	552	1323
有限责任公司	Limited Liability Corporations	137	51959	79206
私营企业	Private Enterprises	960	191692	281396
港澳台商投资企业	Funds from Hong Kong, Macao and Taiwan	59	18757	53556
外商投资企业	Foreign Funded Enterprises	36	13340	19060
按行业分	By Sector			
#旅游饭店	Tourism Hotel	697	199886	373227
一般旅馆	General Hotel	479	75830	60686
民宿服务	Home and Lodging Services	15	1162	3092
其他住宿业	Others	26	3725	4596

15-10 限额以上餐饮业企业基本情况(2021年)
Main Indicator of Enterprises above Designated Size of Catering Services(2021)

项目	Item	法人企业（个）Number of Corporation (unit)	年末餐饮营业面积（平方米）Operation Area (sq.m)	餐位数（位）Number of seats (seat)
餐饮业	**Catering Services**	**1599**	**2574424**	**871110**
按登记注册类型分	By Registration Category			
内资企业	Domestic Funded Enterprises	1545	2154974	772381
#国有企业	State-owned Enterprises	3	3185	800
有限责任公司	Limited Liability Corporations	40	76840	31746
私营企业	Private Enterprises	1501	2073849	739255
港澳台商投资企业	Funds from Hong Kong, Macao and Taiwan	25	164287	31628
外商投资企业	Foreign Funded Enterprises	29	255163	67101
按行业分	By Sector			
正餐服务	Dinner	1390	2058806	682820
快餐服务	Snack	83	363016	137289
饮料及冷饮服务	Drink and Cold Drink	42	40762	8199
餐饮配送及外卖送餐服务	Catering distribution	51	54036	21110
其他餐饮业	Others	33	57804	21692

15-11 限额以上住宿业和餐饮业企业经营情况(2021年)
Basic Conditions of Enterprises above Designated Size in Hotels and Catering Services(2021)

单位：万元 (10000 yuan)

项目	Item	营业额 Business Revenue	客房收入 From Hotel Rooms	餐费收入 From Meals	商品销售额 From Commodities Income	其他收入 From Others
合计	**Total**	**6126864**	**1193510**	**4404881**	**268792**	**259681**
住宿业	**Hotels**	**2519712**	**1133152**	**1178022**	**69358**	**139181**
按登记注册类型分	By Registration Category					
内资企业	Domestic Funded Enterprises	2108442	954369	983856	61176	109041
#国有企业	State-owned Enterprises	26343	13152	9703	120	3368
集体企业	Collective-owned Enterprises	6487	1751	4692		44
有限责任公司	Limited Liability Corporations	522168	231974	226854	12379	50962
私营企业	Private Enterprises	1548543	705434	741139	48669	53302
港澳台商投资企业	Funds from Hong Kong, Macao and Taiwan	268918	102167	147081	4662	15008
外商投资企业	Foreign Funded Enterprises	142353	76616	47084	3520	15133
按行业分	By Sector					
#旅游饭店	Tourism Hotel	1948331	802339	985436	47133	113423
一般旅馆	General Hotel	517054	302302	177476	15167	22110
民宿服务	Home and Lodging Services	12077	6477	4176	190	1233
其他住宿业	Other Hotel	41731	21993	10455	6868	2416
餐饮业	**Catering Services**	**3607152**	**60358**	**3226859**	**199434**	**120500**
按登记注册类型分	By Registration Category					
内资企业	Domestic Funded Enterprises	2775574	58537	2557312	87768	71958
#国有企业	State-owned Enterprises	2128	627	793	708	
有限责任公司	Limited Liability Corporations	79028	2658	71628	2859	1882
私营企业	Private Enterprises	2691982	55251	2483828	82826	70076
港澳台商投资企业	Funds from Hong Kong, Macao and Taiwan	242899	1196	217210	10677	13816
外商投资企业	Foreign Funded Enterprises	588679	626	452338	100990	34726
按行业分	By Sector					
正餐服务	Dinner	2229344	60053	2075523	69390	24378
快餐服务	Snack	967895		932431	14210	21254
饮料及冷饮服务	Drink and Cold Drink	239384		104638	102906	31840
餐饮配送及外卖送餐服务	Catering distribution	99810	305	53540	3003	42962
其他餐饮业	Others	70719		60726	9926	67

15-12 限额以上住宿和餐饮业企业年末资产及负债情况(2021年)
Assess and Liabilities of Enterprises above Designated Size in Hotels and Catering Services(2021)

单位：万元　(10000 yuan)

项目	Item	资产总计 Total Assess	流动资产合计 Total Circulating Funds	固定资产原价 Original Prices of Fixed Assets	负债总计 Total Liabilities	所有者权益合计 Total Creditors Equity
合计	**Total**	**10842459**	**4680091**	**4762977**	**6758221**	**4021186**
住宿业	**Hotels**	**9136648**	**3811277**	**4215278**	**5577189**	**3513965**
按登记注册类型分	By Registration Category					
内资企业	Domestic Funded Enterprises	5074305	1874659	2961541	3462928	1584071
#国有企业	State-owned Enterprises	97665	13632	99170	83515	13353
集体企业	Collective-owned Enterprises	1469	613	1586	850	619
有限责任公司	Limited Liability Corporations	1591489	563725	1117134	971443	620188
私营企业	Private Enterprises	3149206	1145558	1721382	2395006	727549
港澳台商投资企业	Funds from Hong Kong, Macao and Taiwan	992532	374391	675001	793016	199491
外商投资企业	Foreign Funded Enterprises	3069811	1562227	578735	1321245	1730403
按行业分	By Sector					
#旅游饭店	Tourism Hotel	7876842	3220271	3624589	4832523	3012365
一般旅馆	General Hotel	962552	428375	526298	700544	249096
民宿服务	Home and Lodging Services	242589	148468	26380	27996	214593
其他住宿业	Other Hotel	54626	14147	37996	16125	37871
餐饮业	**Catering Services**	**1705811**	**868814**	**547700**	**1181032**	**507222**
按登记注册类型分	By Registration Category					
内资企业	Domestic Funded Enterprises	1205892	689525	392649	736905	451535
#国有企业	State-owned Enterprises	1140	448	540	232	908
有限责任公司	Limited Liability Corporations	48754	17712	11578	32156	13880
私营企业	Private Enterprises	1149266	666087	379784	703760	430773
港澳台商投资企业	Funds from Hong Kong, Macao and Taiwan	208876	59522	89509	179708	29168
外商投资企业	Foreign Funded Enterprises	291044	119767	65541	264419	26520
按行业分	By Sector					
正餐服务	Dinner	1074417	574510	380094	685549	371427
快餐服务	Snack	434865	159519	136743	336444	98421
饮料及冷饮服务	Drink and Cold Drink	109288	87616	10232	104975	4199
餐饮配送及外卖送餐服务	Catering distribution	43560	32292	10493	26626	16935
其他餐饮业	Others	43681	14877	10137	27438	16240

15-13 限额以上住宿和餐饮业企业主要财务指标(2021年)
Main Financial Indicators of Enterprises above Designated Size in Hotels and Catering Services(2021)

单位：万元 (10000 yuan)

项目	Item	主营业务收入 Main Operating Income	营业成本 Operating Expenses	税金及附加 Tax and Extra Charges	营业利润 Profits of Business
合计	**Total**	**5772788**	**3687384**	**44326**	**61584**
住宿业	**Hotels**	**2367225**	**1332371**	**32088**	**-92126**
按登记注册类型分	By Registration Category				
内资企业	Domestic Funded Enterprises	1981860	1151446	24637	-58064
#国有企业	State-owned Enterprises	21379	7442	314	-7761
集体企业	Collective-owned Enterprises	6193	4628	80	386
有限责任公司	Limited Liability Corporations	496749	286099	7873	-43381
私营企业	Private Enterprises	1452940	847615	16257	-8503
港澳台商投资企业	Funds from Hong Kong, Macao and Taiwan	255665	130091	3415	-28900
外商投资企业	Foreign Funded Enterprises	129700	50834	4036	-5162
按行业分	By Sector				
#旅游饭店	Tourism Hotel	1836362	998555	25863	-88248
一般旅馆	General Hotel	482603	295830	5689	-3303
民宿服务	Home and Lodging Services	11509	9804	166	1039
其他住宿业	Other Hotel	36282	27827	368	-1711
餐饮业	**Catering Services**	**3405563**	**2355013**	**12238**	**153710**
按登记注册类型分	By Registration Category				
内资企业	Domestic Funded Enterprises	2636274	1944491	11520	127410
#国有企业	State-owned Enterprises	2120	1619	6	-235
有限责任公司	Limited Liability Corporations	69727	57092	365	1629
私营企业	Private Enterprises	2562210	1884872	11133	126861
港澳台商投资企业	Funds from Hong Kong, Macao and Taiwan	230446	87743	190	7105
外商投资企业	Foreign Funded Enterprises	538843	322779	528	19195
按行业分	By Sector				
正餐服务	Dinner	2111969	1442118	9992	105726
快餐服务	Snack	908684	639014	1623	29480
饮料及冷饮服务	Drink and Cold Drink	222687	158102	269	12030
餐饮配送及外卖送餐服务	Catering distribution	95391	77003	135	669
其他餐饮业	Others	66832	38776	220	5805

15-14 限额以上批发和零售业连锁企业基本经营情况(2021年)
Basic Conditions of Enterprises above Designated Size in Wholesale and Retail Trades(2021)

项目	Item	连锁总店数（个）Number of Head Chain Stores (unit)	年末门店数（个）Number of Stores (unit)			年末营业面积（平方米）Operation Area (sq.m)	年末从业人员（人）Persons Employ (person)	商品销售总额(万元) Total Sales (10000 yuan)
				直营店 Regular Chain	加盟店 Franchise			
总计	**Total**	**179**	**15555**	**9830**	**5725**	**14338559**	**180603**	**20488427**
批发业	Wholesale	6	1311	132	1179	414666	5974	839104
零售业	Retail Trade	173	14244	9698	4546	13923893	174629	19649323
按登记注册类型分	Grouped by Status of Registration							
内资企业	Domestic Funded Enterprises	159	12075	6451	5624	3498899	71065	6839654
#国有企业	State-owned Enterprises	5	176	176		165224	1475	1116709
有限责任公司	Limited-Liability Corporations	58	3042	2750	292	1352066	29911	2730797
股份有限公司	Share Holding Corporations Ltd.	13	1185	472	713	594763	4317	1172099
私营企业	Private Enterprises	82	7624	3040	4584	1363554	35104	1696497
港澳台商投资企业	Funds from HongKong, Macao,TaiWan	2	211	110	101	8610	662	43812
外商投资企业	Foreign Funded Enterprises	18	3269	3269		10831050	108876	13604962

15-15 限额以上住宿和餐饮业连锁企业基本经营情况(2021年)
Basic Conditions of Enterprises above Designated Size in Hotels and Catering Services(2021)

项目	Item	连锁总店数（个）Number of Head Chain Stores (unit)	连锁门店数（个）Number of Stores (unit)			营业面积（平方米）Operation Area (sq.m)	年末从业人员（人）Persons Employed (person)	营业收入（万元）Total Sales (10000 yuan)
				直营店 Regular Chain	加盟店 Franchise			
总计	**Total**	**21**	**1153**	**1067**	**86**	**311938**	**34978**	**539345**
住宿业	Hotels							
餐饮业	Catering Services	21	1153	1067	86	311938	34978	539345
按登记注册类型分	Grouped by Status of Registration							
内资企业	Domestic Funded Enterprises	10	284	201	83	78693	6448	144539
#有限责任公司	Limited-Liability Corporations	4	111	56	55	54331	5676	120657
私营企业	Private Enterprises	5	152	124	28	11426	524	17781
港澳台商投资企业	Funds from HongKong, Macao,TaiWan	4	270	270		83431	10474	147780
外商投资企业	Foreign Funded Enterprises	7	599	596	3	149814	18056	247026

15-16 入境游客人数
Number of Oversea Visitor Arrivals

单位：人次 (person-time)

年份 Year	合计 Total	外国人 Foreigner	台湾同胞 Compatriots from Taiwan	港澳同胞 Compatriots from Hong Kong and Macao	#香港同胞 Compatriots from Hong Kong
1979	115214	37522	59	77633	
1980	135059	43724	119	91216	
1981	173351	50498	874	121979	
1982	177835	52130	1670	124035	
1983	211529	69628	6832	135069	
1984	270443	82996	6654	180793	
1985	355748	102190	8593	244965	
1986	362320	126183	8709	227428	
1987	410821	135488	15693	259640	
1988	522082	110338	145838	265906	
1989	504594	81734	209491	213369	
1990	707903	105374	362815	239714	
1991	686023	141137	282003	262883	
1992	816076	182252	333290	300534	
1993	880344	211919	348037	320388	
1994	844503	228404	272194	343905	
1995	906406	256940	251509	397957	
1996	1045658	311861	271798	461999	
1997	1173932	360091	312767	501074	
1998	1217795	373884	355626	488285	
1999	1356042	409035	414622	532385	
2000	1613349	497466	477894	637989	
2001	1634841	465152	494211	675478	598004
2002	1848214	528015	571668	748531	685742
2003	1497164	459448	475220	562496	517123
2004	1728997	629173	491526	608298	565927
2005	1973894	723621	589373	660900	608059
2006	2298960	791160	740232	767568	706215
2007	2687453	1007969	801587	877897	799571
2008	2931908	986440	984761	960707	894813
2009	3120348	978350	1234255	907743	841895
2010	3681353	1152748	1569186	959419	879506
2011	4274232	1400156	1850715	1023361	928931
2012	4936738	1670078	2111586	1155074	1050746
2013	5121304	1782769	2136279	1202256	1091397
2014	5449833	1950628	2253899	1245306	1140972
2015	5914501	2142819	2381467	1390215	1279323
2016	6807912	2541193	2671983	1594736	1440834
2017	7754066	2928733	3132741	1692592	1523146
2018	9012403	3441938	3634961	1935504	1722028
2019	9582756	3732298	3876409	1974049	1735036
2020	2296740	939246	830244	527250	458473
2021	651054	309727	177457	163870	123700

注：2000年起合计项含接待海外一日游游客人数。
Note:Since 2000, the data of total items include the foreign tourists of one-day tour.

15-17 接待游客人数及旅游收入
Number of Tourists and Exchange Earnings

年份 Year	入境旅游人数（人次） Number of International Tourists (person-time)	#外国人 Foreigners	国际旅游外汇收入（万美元） Foreigners Exchange Earnings (USD 10000)	国内旅游人数（万人次） Domestic Tourists (10000 person-time)	国内旅游收入（亿元） Domestic Tourism Earnings (100 million yuan)	国内游客人均花费（元） Domestic Per Capita Expenditure (yuan)
1979	115214	37522				
1980	135059	43724				
1981	173351	50498				
1982	177835	52130				
1983	211529	69628				
1984	270443	82996				
1985	355748	102190				
1986	362320	126183				
1987	410821	135488				
1988	522082	110338				
1989	504594	81734				
1990	707903	105374				
1991	686023	141137				
1992	816076	182252				
1993	880344	211919				
1994	844503	228404				
1995	906406	256940				
1996	1045658	311861	55486			
1997	1173932	360091	61373	1900	110	579
1998	1217795	373884	65109	2100	146	695
1999	1356042	409035	72536	2513	190	756
2000	1613349	497466	89382	2942	231	785
2001	1634841	465152	94202	3322	268	806
2002	1848214	528015	110022	3931	333	848
2003	1497164	459448	91487	3711	311	839
2004	1728997	629173	106507	4643	463	996
2005	1973894	723621	130529	5684	578	1017
2006	2298960	791160	147100	6779	694	1023
2007	2687453	1007969	216918	8041	838	1042
2008	2931908	986440	239353	8690	875	1007
2009	3120348	978350	259900	9851	981	996
2010	3681353	1152748	297824	11957	1202	1005
2011	4274232	1400156	363444	14230	1444	1015
2012	4936738	1670078	422567	16660	1702	1022
2013	5121304	1782769	457338	19542	2003	1025
2014	5449833	1950628	491179	22888	2406	1051
2015	5914501	2142819	556140	26129	2798	1071
2016	6807912	2541193	662569	30864	3495	1132
2017	7754066	2928733	758803	37534	4571	1218
2018	9012403	3441938	909162	45139	6033	1337
2019	9582756	3732298	1024348	52697	7393	1403
2020	2296740	939246	206863	36981	4928	1332
2021	651054	309727	49168	40681	4862	1195

15-18 入境外国游客人数
Number of Oversea Visitor Arrivals by Country

单位：人次 (Person-time)

国别(地区)Country (Region)	2000	2005	2010	2015	2019	2020	2021
合计 Total	**497466**	**723621**	**1152748**	**2142819**	**3732298**	**939246**	**309727**
亚洲小计 Total of Asia	324260	478130	554661	1235503	2447527	519366	136146
#日本 Japan	97816	163198	169913	258934	402769	101799	66704
菲律宾 Philippine	31974	30668	36655	79534	148893	24714	1535
泰国 Thailand	4960	23093	12967	29860	71135	18997	1463
印度尼西亚 Indonesia	15748	16840	38728	65965	125055	19326	3501
马来西亚 Malaysia	69303	78826	94515	318983	622773	84522	7006
美洲小计 Total of America	66832	151136	426759	391121	534026	191601	83726
#美国 U.S.A	59256	136804	373081	285481	387726	125608	59587
加拿大 Canada	5727	11275	43576	58021	78756	43449	18095
欧洲小计 Total of Europe	29824	75692	132425	365247	484471	146264	69560
#英国 United Kingdom	5174	11832	24050	67286	80629	31840	10372
法国 France	3494	9233	15152	40255	53733	16075	7276
德国 German,FR	6887	17644	27639	69749	67545	23759	18848
意大利 Italy	3080	8414	15623	33051	43696	10660	5476
俄罗斯 Russia	1626	3063	8027	17428	49638	11142	5733
大洋洲小计 Total of Oceanic	5845	12485	26010	100762	158850	54893	11837
#澳大利亚 Australia	4587	10195	20125	69907	106058	34666	8522
新西兰 New Zealand	663	1606	5036	24782	34473	11767	2438
非洲小计 Total of Africa	2185	6178	12895	50186	107424	27122	8460

15-19 国内旅游人数及旅游收入（2021年）
Number of Domestic Tourists and Exchange Earnings(2021)

项目	Item	2021
国内旅游者人数（万人次）	**Total Number of Domestic Tourist (10000 person-time)**	**40680.51**
星级饭店、经营性非星级住宿设施接待人数	In Hotel	7868.15
居民家庭、自驾营地、露营地等接待人数	In Household	4313.94
一日游游客人数	For One Day	28498.42
国内旅游收入（亿元）	**Domestic Tourism Receipts(100 million yuan)**	**4862.34**
外省多日游游客消费	Consumption of Tourists from Other Provinces	1611.25
本省多日游游客消费	Consumption of Tourists Inside the Province	1935.02
一日游游客消费	Consumption of Tourists for One Day	1316.06

15-20 国内游客消费构成（2021年）
Consumption Composition of Domestic Tourists(2021)

单位：%　　(%)

项目	Item	2021
交给旅行社	Fees Paid to Tour Agencies	2.6
长途交通	Long Distance Transportation	13.5
住宿	Accommodation	19.7
餐饮	Food	22.7
购物	Shopping	16.10
游览	Visiting	9.1
文化娱乐	Entertainment	2.2
自驾车或租车	Self driving or car rental	10.8
休闲疗养	Leisure recuperation	1.1
其他	Others	1.9

15-21 国内游客构成（2021年）
Composition of Domestic Tourists(2021)

单位：% (%)

项目	Item	2021
按性别分	By Sex	
男	Male	49.1
女	Female	50.9
按年龄分	By Age	
16岁以下	Under 16	2.0
17−22岁	17-22	9.5
23−45岁	23-45	61.1
46−60岁	46-60	22.3
60岁以上	60 and over	5.2
按旅游目的分	By Aim of Tourist	
旅游度假目的	Travel and Vacation	88.9
观光游览	Tourism	48.1
休闲度假	Leisure Vacation	28.3
探亲访友	Visiting Relatives and Friends	5.7
宗教朝拜	Religious Worship	1.9
文化艺术欣赏	Appreciation of Culture and art	1.2
购物娱乐	Shopping and Entertainment	3.7
工作学习目的	Work and Study	7.3
商务活动	Business	2.3
会议培训	Conference training	0.7
学习交流	Study	2.1
其他工作学习活动	Others	2.2
医疗保健及其他	Health Care and Others	3.8
医疗保健	Health Care	0.2
其他	Others	3.6
按出游方式分	By Mode	
单位组织	Organized by Unit	4.5
旅行社	Travel Agency	2.0
个人亲友结伴	Relatives and Friends as Accompanies	93.5

15-22 各设区市国际旅游外汇收入
Foreign Exchange Earnings from International Tourism by City

单位：万美元 (USD 10000)

地区	Area	2000	2005	2010	2015	2019	2020	2021
福州市	Fuzhou	22173	27266	84299	119980	220559	57783	9201
厦门市	Xiamen	29920	55233	108552	238009	423821	94984	23411
莆田市	Putian	3476	2585	12922	23611	48904	6639	2274
三明市	Sanming	79	541	2034	4839	11719	996	1881
泉州市	Quanzhou	25428	37728	66737	112834	178892	24803	3749
漳州市	Zhangzhou	2902	1400	15455	32168	79335	13688	1804
南平市	Nanping	4792	5434	6680	17012	33887	4115	1679
龙岩市	Longyan	427	277	983	6002	20403	2192	2284
宁德市	Ningde	186	65	162	1434	4702	1059	2191
平潭综合实验区	Pingtan				251	2127	604	694

注：2012年以前，福州数据含平潭。
Note:Before 2012,The data of Fuzhou include Pingtan.

15-23 各设区市入境游客人数
Number of Foreign Tourists by City

单位：人次 (Person-time)

地区	Area	2000	2005	2010	2015	2019	2020	2021
福州市	Fuzhou	300269	308883	698607	966198	1734022	556315	88318
厦门市	Xiamen	494920	803144	1551864	2655924	3765050	931772	304394
莆田市	Putian	103103	110665	184737	269872	554651	101920	34109
三明市	Sanming	3037	9776	29018	5274	104261	13491	14972
泉州市	Quanzhou	485788	535381	770457	1110946	1762125	351659	104479
漳州市	Zhangzhou	49886	42089	247469	424399	813381	213911	40264
南平市	Nanping	162104	153595	173400	303955	493592	60201	16050
龙岩市	Longyan	8961	7969	22417	98168	252569	39160	22183
宁德市	Ningde	5281	2392	3384	25029	55035	15186	20400
平潭综合实验区	Pingtan				6836	48070	13125	5885

注：2012年以前，福州数据含平潭。
Note:Before 2012,The data of Fuzhou include Pingtan.

主要统计指标解释

社会消费品零售总额 指企业(单位、个体户)通过交易直接售给个人、社会集团非生产、非经营用的实物商品金额，以及提供餐饮服务所取得的收入金额。个人包括城乡居民和入境人员，社会集团包括机关、社会团体、部队、学校、企事业单位、居委会或村委会等。

网上零售额 指通过公共网络交易平台（包括自建网站和第三方平台）实现的商品和服务零售额之和。商品和服务包括实物商品和非实物商品（如虚拟商品、服务类商品等)。

商品购进额 指从本企业以外的单位和个人购进（包括从国外直接进口）作为转卖或加工后转卖的商品金额(含增值税)。商品购进包括:（1）从工农业生产者、批发和零售业、住宿和餐饮业、出版社或报社的出版发行部门和其他服务业等企事业单位和个体经营户购进的商品;（2）从机关、社会团体购进的商品;（3）从海关、市场管理部门购进的缉私和没收的商品;(4）从居民收购的废旧商品等。不包括:（1）企业为本单位自身经营用，不是作为转卖而购进的商品，如材料物资、包装物、低值易耗品、办公用品等;（2）未通过买卖行为而收入的商品，如接受其他部门移交的商品、借入的商品、收入代其他单位保管的商品、其他单位赠送的样品、加工回收的成品等;（3）经本单位介绍，由买卖双方直接结算，本单位只收取手续费的业务;（4）销售退回和买方拒付货款的商品;（5）商品溢余;（6）期货交易商品。

商品销售额 指对本单位以外的单位和个人出售的商品金额（包括售给本单位消费用的商品，含增值税)。商品销售包括:（1）售给个人和社会集团消费用的商品;（2）售给农业、工业、建筑业、服务业等国民经济各行业用于生产、经营用的商品，包括售予批发和零售业作为转卖或加工后转卖的商品;（3）对国（境）外直接出口的商品。不包括:（1）未通过买卖行为付出的商品，如因机构变动移交给其他企业单位的商品、借出的商品、归还受其他单位委托代保管的商品、付出的加工原料和赠送给其他单位的样品等;（2）促销返券所销售的、不计入营业收入的商品;（3）经本单位介绍，由买卖双方直接结算，本单位只收取手续费的业务;（4）未发生所有权转移的商品预付卡销售，如加油卡;（5)汽车维修、电话卡销售等服务性经济活动;(6）购货退回的商品;（7）商品损耗和损失;（8）出售本单位自用的废旧物资;（9）期货交易商品;（10）自来水供应企业、电力企业、天然气供应企业提供的水、电、气。

期末商品库存额 对于批发和零售业法人单位和个体经营户，是指报告期末取得所有权的全部商品金额(含增值税);对于批发和零售业产业活动单位，是指报告期末实际在库且归属法人具有所有权的全部商品金额（含增值税)。库存商品包括:（1）存放在本单位（如门市部、批发站、采购站、经营处）的仓库、货场、货柜和货架中的商品;（2）挑选、整理、包装中的商品;（3）已记入购进而尚未运到本单位的商品，即发货单或银行承兑凭证已到而货未到的商品;（4）寄放他处的商品，如因购货方拒绝付款而暂时存在购货方的商品;（5）委托其他单位代销（未作销售或调出）尚未售出的商品;（6)代其他单位购进尚未交付的商品。不包括:(1）所有权不属于本单位的商品，如商品已作销售但买方尚未取走的商品，代替他人保管、运输、加工的商品，代其他单位销售（未做购进或调入）而未售出的商品;（2）委托外单位加工的商品（包括本单位所属加工厂和其他生产单位加工生产尚未收回成品的商品);(3)外贸企业代理其他单位从国外进口，尚未付给订货单位的商品;（4）代国家储备部门保管的商品。

连锁总店（总部） 指负责连锁企业资源（商号、商誉、经营模式、服务标准、管理模式等）的开发、配置、控制或使用等功能的企业核心管理机构。连锁经营是指经营同类商品或服务，使用统一商号的若干店铺，在同一总店（总部）的管理下，采取统一采购或特许经营等方式，实现规模效益的组织形式，包括直营连锁、特许连锁和自愿连锁三种形式。其中，直营连锁是指连锁店铺由连锁公司全资或控股开设，在总部的直接控制下，开展统一经营的连锁经营形式;特许连锁是指拥有注册商标、企业标志、专利、专有技术等经营资源的企业（特许人),以合同形式将其拥有的经营资源许可其他经营者（被特许人）使用，被特许人按合同约定在统一的经营模式下开展经营，并向特许人支付特许经营费用的连锁经营形式;自愿连锁是指若干个店铺或企业自愿组合起来，在不改变各自资产所有权关系的情况下，以同一个品牌形象面对消费者，以共同进货为纽带开展的连锁经营形式。

亿元以上商品交易市场　指年成交额在亿元及以上的商品交易市场。商品交易市场是指经有关部门和组织批准设立，有固定场所、设施，有经营管理部门和监管人员，若干市场经营者入内，常年或实际开业三个月以上，集中、公开、独立地进行生活消费品、生产资料等现货商品交易以及提供相关服务的交易场所，包括各类消费品市场、生产资料市场等。

入境国际旅游者人数　指来中国参观、访问、旅行、探亲、访友、休养、考察、参加会议和从事经济、科技、文化、教育、宗教等活动的外国人、华侨、港澳同胞和台湾同胞的人数。不包括外国在我国的常驻机构，如使领馆、通讯社、企业办事处的工作人员；来我国常住的外国专家、留学生以及在岸逗留不过夜人员。

国际旅游(外汇)收入　指入境旅游的外国人、华侨、港澳同胞和台湾同胞在中国大陆旅游过程中发生的一切旅游支出，对于国家来说就是国际旅游(外汇)收入。

Explanatory Notes on Main Statistical Indicators

Total Retail Sales of Consumer Goods refer to the revenue received by enterprises (units, self-employed individuals) through direct sales of non-production and non-business physical commodities to individuals and social institutions, and revenue from providing catering services. Individuals include rural and urban households, population from abroad, social institutions include government agencies, social organizations, military units, schools, institutions, neighbourhood (village) committees, etc.

Online Retail Sales refer to the total retail sales of goods and services through public online trading platforms (including self-built websites and third-party platforms). Goods and services include physical goods and non-physical goods (such as virtual goods, service goods, etc.).

Total Purchases of Commodities refer to the total value of purchases of commodities by enterprises (establishments) from other establishments or individuals (including direct import from abroad) for the purpose of re-selling, either with or without further processing of the commodities purchased. The commodities include: (1) commodities purchased from agricultural and industrial producers, wholesalers, retailers, hotels and catering services, publishing houses and other enterprises, institutions and individual operators of service business; (2) commodities purchased from institutions and government departments; (3) smuggled or confiscated goods purchased from the customs authorities or market regulation agencies; (4) second-hand goods purchased from households. The commodities exclude (1) commodities purchased by enterprises (establishments) for use in their own business operation, commodities obtained without buying or selling procedures, such as materials, consumable goods of low value, office appliance, etc. (2) received goods without trading, such as goods handed over from others, borrowed goods, goods kept for others, donated goods from others, processed and retrieved goods, etc. (3) goods of direct settlement between buyer and seller with handling fees introduced by others, (4) goods returned or refused to pay by the buyer, (5) excessive goods, (6) futures trading commodities.

Total Sales of Commodities refer to value of commodities sold by the establishments to other establishments and individuals (including goods sold for self consumption, including VAT). The commodities include: (1) commodities sold to individuals and social groups for their consumption; (2) commodities sold to establishments in all industries for their production and operation, including agriculture, industry, construction, and catering services, including commodities sold to wholesale and retail establishments for re-selling, with or without further processing; (3) commodities for direct export to abroad. Excluded are (1) extended commodities without trading, such as goods handed over to other enterprises and institutions because of the change of organizations, lent goods, return of goods kept for others, extended processing materials and samples donated to others, (2) goods sold by coupon rebates that are not included in business income, (3) goods of direct settlement between buyer and seller with handling fees introduced by others, (4) prepaid cards for goods without transfer of ownership, such as gas cards, (5) Service-oriented economic activities such as automobile maintenance and telephone card sales, (6) goods returned after purchase, (7) damaged and spoiled goods, (8) waste and used goods of self-use, (9) futures trading commodities, (10) water, electricity and gas supplied by water supply enterprises, electric power enterprises and natural gas supply enterprises.

Total Stock of Commodities at End of Period For corporate units and self-employed individuals engaged in wholesale and retail trade, it refers to total value (including VAT) of commodities possessed at the end of the reference period; and for wholesale and retail establishments, it refers to the value (including VAT) of all commodities actually in stock and owned by their corporate units at the end of reference period. The commodities in stock includes: (1) commodities located in storage, garages, counters, and shelves of operating places of wholesale and retail trades (such as sale stores, wholesale centres, procurement stations and operating offices); (2) commodities in the process of being selected, sorted, and packed; (3) commodities not arrived but recorded as purchaseed in the account, i.e. commodities not arrived but payment receipts for the commodities from the sellers or the banks arrived; (4) commodities deposited in other places rather than places mentioned above, for instance: commodities in the hold of purchasers temporarily due to the refusal of payment; (5) commodities entrusted to other units to sell but not sold yet; (6) commodities purchased for other units but not delivered yet. Commodities not included as stock are those not owned by the enterprises (units), commodities on commission for processing, imported commodities of agency of foreign trade enterprise but not yet delivered to ordering units and finally those put in stock on behalf of the state reserves units.

Chain Head Stores (Headquarters) refer to the core leading stores responsible for development, allocation, administration and utilization of resources (name of stores, brand of stores, operation model, service standard, management way, etc.) of chain stores. Chain stores refer to the stores engaged in providing homogeneous commodities or services, with the central leadership of the head stores (headquarters) and guided by common policies, conduct centralized purchase and distributed selling of commodities, in order to gain better efficiency through standardized operation. The chain stores include regular chain stores, franchise chain stores and voluntary chain stores.

Regular Chain store refers to chain stores that are invested or controlled by the headquarters. They operate under direct and unified management from the headquarters.

Franchise chain store refers to the chain stores (franchisees) which are franchised with operation resources such as trade marks, names, patent and operation know-how by the franchisors in form of contract, and pay the operation fees to the franchisors.

Voluntary chain store refers to the stores operating jointly on the voluntary basis while maintaining their status of independent legal entities with full ownership of their assets. They sell goods of same brand from same channel of resources to the consumers.

Large Commodity Markets with Transaction Value over 100 Million Yuan refers to the commodity markets with an annual transaction at and above 100 million. The commodity markets refer to markets approved and managed by related departments, where there are fixed sites, facilities, managers and administrative offices, where there are a certain number of traders to operate for at least three months or all the year, where the commodities, including articles for daily consumption and capital goods and services, are traded in a centralized, independent and open way. Such markets include markets for daily goods, markets of capital goods, etc.

Number of Tourists Visitor arrivals refer to the number of foreigners, Chinese compatriots from Hong Kong, Macao and Taiwan Chinese (mainland) who come to China (mainland) for sight-seeing, vacation, visiting relatives, medical treatment, shopping, attending conference, or to engage in economic, cultural, sports and religious activities. In compiling statistics, each time of entering China is counted as one person-time.

Foreign Exchange Earnings from International Tourism refer to the total expenditures of foreigners, overseas Chinese, Chinese compatriots from Hong Kong, Macao and Taiwan during their stay in the mainland of China, which are earnings of foreign exchange from international tourism from the point of view from China.

第十六篇　科学和教育

Chapter 16　Science and Education

资料整理：王旨
Database Editor:Wangzhi

简 要 说 明

本篇资料的主要内容及来源

本篇反映全省科学技术活动和教育事业的发展情况。

科学技术部分主要包括了全省科技活动的规模、构成、布局和发展状况的资料，收录了全省有关部门年度的科技统计数据。反映科研机构、企业和高等院校三大科技活动主体单位的单位数、人员数和经费支出等情况，根据省科技厅、省教育厅、省人力资源和社会保障厅、省统计局科技统计综合年报汇总。专利申请受理量和授权量由省市监局提供。

教育部分包括高等教育、中等教育、初等教育、幼儿教育和各种类型的各级成人教育等，主要指标有各级各类学校的校数、在校学生数、招生数、毕业生数、教职工数、教师数等。教育统计资料主要由省教育厅提供，技工学校的资料来源于省人力资源和社会保障厅。

本篇资料由省统计局社会和科技统计处整理提供。

Brief Introduction

Main Content and Source of Data

Data in this chapter show the basic conditions of the activities of science and technology and development of Fujian's education.

In addition, data on the technical training schools are provided by the Department of Labor and Social Security.Data on science and technology cover mainly the scale, composition, distribution and development of the scientific and technological activities, including the statistical data of the departments concerned under the provincial government on science and technology in the table on the basic conditions of the scientific and technological activities show in a summary way the number of institutions and personnel in scientific and technological institutions, enterprises and universities and colleges, the three main bodies engaged in the scientific and technological activities as well as their expenditure. Data are collected and tabulated in accordance with the annual reporting scheme on science and technology statistics of the Provincial Commission of Science, Provincial Commission of Education, Provincial Human Resource and Social Guarantee Bureau,Provincial Office of Science, Technology and Industry for National Defence and the provincial Statistical Bureau.Data on the number of patent applications examined and certified are provided by Fujian Market Supervision Bureau.

Data on education cover the situations on higher education, secondary education, primary education, kindergartens and all kinds of adult education etc. The main indicators cover the number of schools of various levels and categories, students enrolled, new students enrolled, graduates, staff and workers and number of teachers etc. Data on education are mainly provided by the Provincial Commission of Education.

Data in this chapter are provided and compiled by the Division of Social, Science and Technology Statistics of Fujian Provincial Bureau of Statistics.

16-1 研究与试验发展（R&D）人员情况
Conditions of R&D Personnel

单位：人 (person)

年份 Year	合计 Total	科研机构 Science Research & Technical Development Institutions	高等院校 Higher Education Institutions	规模以上工业企业 Industrial Enterprises above Designated Size	大中型 Large-scale and Medium-scale Industrial Enterprises	其他 Others
2009	85745	3266	10144	59897	42766	12438
2010	101374	3358	12290	71222	54133	14504
2011	128614	3294	13198	94942	78297	17180
2012	158089	3587	14414	120671	95342	19417
2013	167041	4382	16633	130227	102040	15799
2014	185044	4791	18170	144021	112076	18062
2015	182811	4977	26035	134111	97605	17688
2016	201090	5405	28985	145083	104073	21617
2017	207608	5703	31827	145529	104536	24549
2018	243391	5781	35239	172832	118359	29539
2019	261612	6165	40561	180365	118887	34521
2020	270424	6686	43676	192160	123269	27902

16-2 各单位技术买卖情况
Basic Statistics of Technology Trade by Unit

项目	Item	2010	2015	2020	2021
买卖项数（项）	**Number(unit)**	**5137**	**4209**	**21886**	**32640**
机关法人	Government Agencies	301	561	1199	1697
事业法人	Institutions	613	631	4748	8243
社团法人	Mass Organizations	8	8	135	106
企业法人	Enterprises	4040	2912	15513	22081
自然人	Natural Person	72	25	87	209
其他组织	Other Corporation	103	72	204	304
买卖金额（万元）	**Value(10000 yuan)**	**381217**	**538645**	**3677282**	**4287919**
机关法人	Government Agencies	17918	57966	129405	145508
事业法人	Institutions	21319	20047	159916	237784
社团法人	Mass Organizations	121	412	1183	6965
企业法人	Enterprises	337572	450881	3354356	3766214
自然人	Natural Person	1922	733	6256	27203
其他组织	Other Corporation	2366	8607	26167	104245

16-3 研究与试验发展（R&D）活动指标
Indicators of Research and Development Activities

项目　Item	2000	2005	2010	2019	2020
R&D人员全时当量（人年） Full-time Equivalent of R&D Personnel(man-year)	**22420**	**35815**	**76737**	**171452**	**185622**
基础研究 Fundamental Research	2033	1452	3435	7666	6613
应用研究 Applied Research	3635	7005	8090	18242	19183
试验发展 Experimental Development	16752	27358	65218	145545	159826
#科学研究与开发机构 Science Research & Technical Development Institutions	1635	1336	2756	5464	6062
高等院校 Higher Education Institutions	964	1332	5892	16127	18997
大中型工业企业 Large-scale and Medium-scale Industrial Enterprises		14621	44062	83290	91255
R&D经费内部支出(亿元) Intramural Expenditure for R&D(100 million yuan)	**21.19**	**53.73**	**170.90**	**753.75**	**842.41**
基础研究 Fundamental Research	0.66	1.17	4.19	36.13	23.78
应用研究 Applied Research	1.41	5.13	9.49	50.87	59.01
试验发展 Experimental Development	18.30	46.82	157.22	666.75	759.61
#科学研究与开发机构 Science Research & Technical Development Institutions	1.38	2.35	6.54	34.09	25.99
基础研究 Fundamental Research		0.56	1.99	15.05	7.03
应用研究 Applied Research		0.80	2.80	6.86	9.39
试验发展 Experimental Development		0.78	1.75	12.17	9.57
高等院校 Higher Education Institutions	1.31	2.31	6.94	56.29	60.62
基础研究 Fundamental Research		0.59	1.82	19.84	13.75
应用研究 Applied Research		1.11	4.31	32.75	40.60
试验发展 Experimental Development		0.57	0.82	3.70	6.27
大中型工业企业 Large-scale and Medium-scale Industrial Enterprises		34.89	116.12	410.54	451.41
基础研究 Fundamental Research				0.005	0.120
应用研究 Applied Research		1.34	0.43	4.15	1.94
试验发展 Experimental Development		33.36	115.68	406.38	449.35
R&D经费内部支出按支出来源分 Intramural Expenditure for R&D by Expenditure Source					
政府资金 Government Funds	3.09	5.32	17.61	83.78	81.49
企业资金 Enterprises Funds	15.79	47.14	148.45	654.75	750.85
国外资金 Abroad Funds	0.37	0.13	1.38	0.03	1.22
其他 Others	1.94	1.14	3.46	15.19	8.85
R&D经费内部支出占GDP比重（%） Proportion of Intramural R&D Expenditure to GDP(%)	**0.56**	**0.82**	**1.16**	**1.78**	**1.92**

16-4 规模以上工业企业研究与试验发展（R&D）活动情况(2021年)
Research and Development Activities of Industrial Enterprises above Designated Size(2021)

项目 Item	规模以上工业企业数（个） Number of Enterprises (unit)	有R&D活动 With R&D Activities	有研发机构 With R&D Institutions	R&D人员（人） R&D Personnel (person)	R&D人员全时当量（人年） Full-time Equivalent of R&D Personnel (man-year)	R&D经费内部支出（万元） Intramural Expenditure for R&D (10000 yuan)	R&D经费外部支出（万元） External Expenditure for R&D (10000 yuan)
总计 Total	**20167**	**6908**	**1933**	**259342**	**186328**	**7716534**	**176977**
按企业规模分 Grouped by Size of Enterprises							
大型 Large	443	345	169	91200	66363	3297159	64395
中型 Medium	2249	1330	455	72629	52304	1964492	75648
小型 Small	14869	5092	1286	93929	66485	2349432	36809
微型企业 Micro	2606	141	23	1584	1176	105452	125
按隶属关系分 Grouped by Subordination							
中央 Central	78	40	9	4717	2804	211747	9117
地方 Region	270	111	47	10970	7917	447869	19691
其他 Others	19819	6757	1877	243655	175607	7056919	148169
按登记注册类型分 Grouped by Status of Registration							
内资企业 Sole Funded	17222	5793	1554	189510	135285	5701346	144438
国有企业 State-owned Enterprises	9	1	1	20	16	449	
集体企业 Collective-owned Enterprises	40	2		35	33	823	
股份合作企业 Cooperative Enterprises	19	6	1	89	43	1998	
联营 Joint Ownership Enterprises	3						
国有联营企业 State Joint Ownership Enterprises							
集体联营企业 Collective-owned Joint Ownership Enterprises	2						
国有与集体联营企业 State and Collective-owned Joint Ownership Enterprises							
其他联营企业 Other Joint Ownership Enterprises	1						
有限责任公司 Limited-Liability Corporations	911	373	119	24691	17036	1058825	32180
国有独资公司 State Sole Funded Corporations	105	28	7	2534	1493	40081	3650
其他责任有限公司 Other Limited-Liability Corporations	806	345	112	22157	15543	1018744	28530
股份有限公司 Share Holding Corporations Ltd.	77	59	36	12972	9362	477003	21910
私营企业 Private Enterprises	16163	5352	1397	151703	108794	4162249	90349
私营独资企业 Private Sole Funded Enterprises	223	40	4	769	426	14691	205

16-4 续表1
Continued

项目 Item	规模以上工业企业数（个） Number of Enterprises (unit)	有R&D活动 With R&D Activities	有研发机构 With R&D Institutions	R&D人员（人） R&D Personnel (person)	R&D人员全时当量（人年） Full-time Equivalent of R&D Personnel (man-year)	R&D经费内部支出（万元） Intramural Expenditure for R&D (10000 yuan)	R&D经费外部支出（万元） External Expenditure for R&D (10000 yuan)
私营合伙企业 Private Joint-venture Enterprises	58	5		44	36	2014	
私营有限责任公司 Private Limited-Liability Corporations	15430	4975	1249	118584	85629	3045085	42875
私营股份有限公司 Private Share Holding Corporations Ltd.	452	332	144	32306	22704	1100459	47269
其他企业 Other Enterprises							
港澳台商投资企业 Funds from HongKong,Macao,TaiWan	1830	681	220	42830	30493	1237823	20244
合资经营企业（港或澳、台资） Joint-venture Enterprises	396	167	58	9371	7002	240020	4180
合作经营企业（港或澳、台资） Cooperative Enterprises	4	1		10	1	902	
港、澳、台商独资经营企业 Enterprises with Sole Fund	1371	468	139	28561	19546	837890	9318
港、澳、台商投资股份有限公司 Share Holding Corporations Ltd.	54	43	22	4849	3909	158561	6746
其他港澳台商投资企业 Others	5	2	1	39	35	451	
外商投资企业 Foreign Funded Enterprises	1115	434	159	27002	20550	777366	12295
#中外合资 Joint Venture	264	128	42	7314	5635	205401	3320
中外合作 Cooperative Operation	8	5	2	368	219	10000	1258
外商独资 Venture Exclusively with Foreign Investment	823	285	109	17494	13323	497978	7189
外商投资股份有限公司 Share Holding Corporations Ltd.	20	16	6	1826	1373	63987	527
其他外商投资企业 Others							
按行业分 **Grouped by Sector**							
采矿业 Mining	298	46	8	750	526	19354	704
煤炭开采和洗选业 Coal Mining and Dressing	33	4	1	40	16	275	16
黑色金属矿采选业 Ferrous Metals Mining and Dressing	56	12	1	194	135	2433	44
有色金属矿采选业 Nonferrous Metals Mining and Dressing	42	8	2	222	140	7387	557
非金属矿采选业 Nonmetal Minerals Mining and Dressing	167	22	4	294	235	9260	88.4
制造业 Manufacturing	19457	6786	1912	254448	183366	7558887	169353

16-4 续表2
Continued

项目 Item	规模以上工业企业数（个） Number of Enterprises (unit)	有R&D活动 With R&D Activities	有研发机构 With R&D Institutions	R&D人员（人） R&D Personnel (person)	R&D人员全时当量（人年） Full-time Equivalent of R&D Personnel (man-year)	R&D经费内部支出（万元） Intramural Expenditure for R&D (10000 yuan)	R&D经费外部支出（万元） External Expenditure for R&D (10000 yuan)
农副食品加工业 Agricultural and Sideline Products Processing	1174	303	89	6649	4507	241580	3113
食品制造业 Food Manufacturing	652	256	92	6299	4261	135213	1172
酒、饮料和精制茶制造业 Wine,Drink and Tea Manufacturing	546	145	24	2955	2074	80046	955
烟草制品业 Tobacco Processing	7	5	4	379	256	4156	52
纺织业 Textile Industry	1182	357	81	11807	8893	225004	2849
纺织服装、服饰业 Textile Garments Products	1492	321	48	10230	7242	211044	488
皮革、毛皮、羽毛及其制品和制鞋业 Leather,Furs,Down and Relate Products	1438	407	89	18270	13378	352480	7991
木材加工和木、竹、藤、棕、草制品业 Timber Processing,Bamboo,Cane,Palm Fiber and Straw Products	874	243	35	3414	2485	93357	537
家具制造业 Furniture Manufacturing	447	117	33	3049	2175	62771	168
造纸和纸制品业 Papermaking and Paper Products	485	139	39	4866	3349	124233	162
印刷和记录媒介复制业 Printing and Record Medium Reproduction	312	81	23	2735	1783	64397	409
文教、工美、体育和娱乐用品制造业 Cultural,Educational and Sports Goods	1017	307	62	8353	6164	137047	897
石油加工、炼焦和核燃料加工业 Petroleum Processing,Coking and Nuclear Fuel Processing	49	15	4	334	212	29872	1275
化学原料和化学制品制造业 Raw Chemical Materials and Chemical Products	824	349	115	8765	6383	368729	3407
医药制造业 Medical and Pharmaceutical Products	209	137	59	5459	3708	197541	59485
化学纤维制造业 Chemical Fiber	111	56	11	3940	2851	193552	143
橡胶和塑料制品业 Rubber and Plastic Products	1049	400	130	12537	9292	313962	1477
非金属矿物制品业 Nonmetal Minerals Products	2006	588	106	16859	11389	370050	2341
黑色金属冶炼和压延加工业 Smelting and Pressing of Ferrous Metals	163	37	7	4237	3097	326781	1552
有色金属冶炼和压延加工业 Smelting and Pressing of Nonferrous Metals	171	66	27	4221	3037	246493	5270
金属制品业 Metal Products	1091	353	99	9786	6950	222909	340
通用设备制造业 General Equipment	799	360	97	11600	8869	279398	6034
专用设备制造业 Special Purpose Equipment	725	393	144	11703	8489	274356	6479

16-4 续表3
Continued

项目 Item	规模以上工业企业数（个） Number of Enterprises (unit)	有R&D活动 With R&D Activities	有研发机构 With R&D Institutions	R&D人员（人） R&D Personnel (person)	R&D人员全时当量（人年） Full-time Equivalent of R&D Personnel (man-year)	R&D经费内部支出（万元） Intramural Expenditure for R&D (10000 yuan)	R&D经费外部支出（万元） External Expenditure for R&D (10000 yuan)
汽车制造业 Car Manufacturing	400	186	60	8407	6345	260116	3773
铁路、船舶、航空航天和其他运输设备制造业 Railway,Watercraft,Aviation and others transportation Manufacturing	149	46	27	1664	1276	38048	245
电气机械和器材制造业 Electric Equipment and Machinery	813	416	151	26106	18232	1091723	12580
计算机、通信和其他电子设备制造业 Computer,Communication and other Electronic Equipment	749	482	192	42729	32022	1455608	40391
仪器仪表制造业 Instruments and Meters Machinery	229	141	37	4921	3403	99824	5081
其他制造业 Others Manufacturing	156	38	16	1237	746	29616	75
废弃资源综合利用业 Waste Resources and Materials Recovering	102	29	9	552	398	24198	370
金属制品、机械和设备修理业 Metals,Machinery and Equipment maintenance	36	13	2	385	101	4788	244
电力、热力、燃气及水生产和供应业 Production and Supply of Electric Power and Hot Power	412	76	13	4144	2436	138293	6920
电力、热力生产和供应业 Production and Supply of Electric Power and Hot Power	252	54	7	3655	2086	113708	6493
燃气生产和供应业 Production and Supply of Gas	65	8	3	237	160	10306	
水的生产和供应业 Production and Supply of Water	95	14	3	252	190	14279	428
按地市分类 **Grouped by City**							
福州市 Fuzhou	2860	1128	273	49117	36014	1681439	25923
#平潭 Pingtan	24	3	1	13	8	1471	2
厦门市 Xiamen	2747	1152	510	63845	46526	1540297	81145
莆田市 Putian	1142	353	143	14064	10225	455601	5030
三明市 Sanming	1750	424	73	8898	5766	342631	3781
泉州市 Quanzhou	6013	2075	394	64422	46781	1466314	18210
漳州市 Zhangzhou	2387	701	280	20797	15186	639451	22101
南平市 Nanping	987	435	86	9941	6588	243619	3050
龙岩市 Longyan	1183	511	125	14165	9970	589767	8501
宁德市 Ningde	1098	129	49	14093	9271	757417	9237

16-5 各类型专利申请和授权情况
Patent Applications and Granted by Category

单位：项 (unit)

年份 Year	专利申请数 Number of Patent Applicated Accepted	发明 Creation and Inventions	实用新型 Utility Models	外观设计 Designs	专利授权数 Number Of Patent Applicated Granted	发明 Creation and Inventions	实用新型 Utility Models	外观设计 Designs
1985	137	74	63		1	1		
1986	195	67	125	3	23		23	
1987	305	84	206	15	78	3	73	2
1988	420	90	320	10	132	13	114	5
1989	445	90	318	37	203	20	176	7
1990	540	95	374	71	276	25	239	12
1991	672	102	512	58	277	21	206	50
1992	928	171	661	96	352	17	295	40
1993	1271	199	729	343	850	36	697	117
1994	1510	202	725	583	733	22	455	256
1995	1979	200	816	963	933	17	439	477
1996	2626	224	971	1431	1196	15	468	713
1997	3018	226	1113	1679	1547	24	468	1055
1998	3393	201	1071	2121	2318	20	689	1609
1999	3381	240	1099	2042	2934	32	1089	1813
2000	4211	377	1516	2318	3003	93	1074	1836
2001	4971	361	1757	2853	3296	82	1107	2107
2002	6521	562	2233	3726	4001	63	1306	2632
2003	7236	797	2554	3885	5377	137	1658	3582
2004	7498	850	2524	4124	4758	160	1776	2822
2005	9460	1202	3182	5076	5147	242	1793	3112
2006	10351	1437	3445	5469	6412	310	2578	3524
2007	11341	2170	3878	5293	7761	336	3323	4102
2008	13181	2701	5141	5339	7937	530	3921	3486
2009	17559	3842	7844	5873	11282	824	4939	5519
2010	21994	5117	10846	6031	18063	1224	9664	7175
2011	32325	6896	16688	8741	21857	1945	12697	7215
2012	42773	8492	22081	12200	30497	2977	17708	9812
2013	53701	9884	25769	18048	37511	2941	22152	12418
2014	58075	12529	25410	20136	37857	3426	21013	13418
2015	83146	17663	44339	21144	61621	5730	34086	21805
2016	130376	27041	78176	25159	67142	7170	42110	17862
2017	128079	26460	76724	24895	68304	8718	39608	19978
2018	166610	37216	96225	33169	102622	9858	67822	24942
2019	153279	30083	87377	35819	98955	8963	61530	28462
2020	180399	35161	109187	36051	145929	10250	99956	35723
2021					153814	12561	105267	35986

注：1.2017年起，专利统计数据口径发生调整。
2.2021年起，知识产权管理部门不再统计专利申请数据。

Note:a)Since 2017，there has been adjustment to the statistical coverage of patent statistics.
b)Since 2021，intellectual management department on longer makes statistics on patent application data.

16-6 各单位专利申请授权情况
Patent Applications and Granted by Unit

单位：项 (unit)

项目 Item	合计 Total	个人 Individual	大专院校 Universities and College	科研单位 Research Institutions	企业 Enterprises	机关团体 Government Agencies and Organizations
申请专利数						
Number of Patent Applicated Accepted						
1990	540	371	22	27	71	49
1991	672	493	30	20	75	54
1992	928	699	29	11	76	113
1993	1271	853	36	29	163	190
1994	1510	964	25	33	157	331
1995	1979	1246	16	27	512	178
1996	2626	1608	47	22	923	26
1997	3018	1748	27	30	1202	11
1998	3393	2069	32	39	1245	8
1999	3381	2257	14	31	1074	5
2000	4211	2839	58	34	1271	9
2001	4971	3511	49	38	1361	12
2002	6521	4849	84	85	1493	10
2003	7236	5312	165	69	1677	13
2004	7498	5713	182	56	1536	11
2005	9460	7276	259	105	1812	8
2006	10351	7500	360	95	2376	20
2007	11341	7437	486	141	3249	28
2008	13181	7553	639	295	4632	62
2009	17559	7960	732	257	8552	58
2010	21994	8267	1035	422	12129	141
2011	32325	10625	1470	590	19340	300
2012	42773	14959	1863	650	25093	208
2013	53701	20771	2474	775	29362	319
2014	58075	17335	3632	807	35881	420
2015	83146	30317	5085	1200	45861	683
2016	130376	53104	6890	1560	68042	780
2017	128079	39718	7980	1688	77694	999
2018	166610	50159	11139	1571	102443	1298
2019	153279	36365	12744	1482	101515	1173
2020	180399	38783	10336	1556	128206	1518
2021						

注：1.2017年起，专利统计数据口径发生调整。
　　2.2021年起，知识产权管理部门不再统计专利申请数据。

Note:a)Since 2017，there has been adjustment to the statistical coverage of patent statistics.
　　b)Since 2021，intellectual management department on longer makes statistics on patent application data.

16-6 续表
Continued

单位：项 (unit)

项目 Item	合计 Total	个人 Individual	大专院校 Universities and College	科研单位 Research Institutions	企业 Enterprises	机关团体 Government Agencies and Organizations
授权专利数						
Number Of Patent Applicated Granted						
1990	276	192	25	16	38	5
1991	277	168	19	15	39	36
1992	352	247	18	12	42	33
1993	850	589	29	14	93	125
1994	733	477	20	16	82	138
1995	933	534	19	10	154	216
1996	1196	638	13	9	395	141
1997	1547	776	21	10	722	18
1998	2318	1232	9	2	1071	4
1999	2934	1712	29	22	1158	13
2000	3003	1945	30	13	1006	9
2001	3296	2078	38	28	1144	8
2002	4001	2930	35	19	1006	11
2003	5377	3979	58	34	1298	8
2004	4758	3465	82	33	1170	8
2005	5147	3903	87	25	1125	7
2006	6412	4827	146	43	1391	5
2007	7761	5531	177	39	2001	13
2008	7937	5214	275	57	2382	9
2009	11282	6385	376	82	4402	37
2010	18063	7714	535	135	9587	92
2011	21857	7501	703	173	13334	146
2012	30497	10161	652	197	18703	784
2013	37511	13666	1207	408	22106	124
2014	37857	11176	1671	439	24381	190
2015	61621	21007	3256	689	36321	348
2016	67142	24738	3395	708	38026	275
2017	68304	19279	4055	733	43814	423
2018	102622	27014	5180	986	68917	525
2019	98955	21311	6627	911	69323	783
2020	145929	31287	7898	1058	104717	969
2021	153814	24437	8399	1101	118585	1292

16-7 技术市场基本情况
Basic Statistics of Technical Market

项目 Item	合计 Total	技术开发 Technical Development	技术转让 Technical Transfer	技术咨询 Technical Advisory	技术服务 Technical Service
合同数（项）					
Number of Contract(unit)					
1990	8397	151	69	1029	7148
1991	3943	262	104	450	3127
1992	6140	354	270	782	4734
1993	4220	355	350	1172	2343
1994	5992	438	158	1010	4386
1995	4266	642	444	1051	2129
1996	6819	605	284	1310	4620
1997	6310	613	326	1812	3559
1998	5698	531	312	1094	3761
1999	6506	1041	404	1653	3408
2000	5597	731	393	1296	3177
2001	4589	688	346	567	2988
2002	4668	868	492	623	2685
2003	5496	1113	242	1149	2992
2004	5656	1191	204	1406	2855
2005	6510	1457	200	1503	3350
2006	5673	1585	122	1059	2907
2007	5047	1752	98	996	2201
2008	5196	1906	135	1173	1982
2009	4799	2265	231	781	1522
2010	5137	2811	290	639	1397
2011	4839	2954	272	575	1038
2012	5390	3654	216	926	594
2013	5361	3463	218	1135	545
2014	3797	2591	235	692	279
2015	4209	3064	314	327	504
2016	5220	3090	345	356	1429
2017	6008	3717	326	260	1705
2018	7753	4372	320	183	2878
2019	8786	4553	360	188	3685
2020	10943	4904	422	575	5042
2021	16320	6542	705	1128	7945

16-7 续表
Continued

项目 Item	合计 Total	技术开发 Technical Development	技术转让 Technical Transfer	技术咨询 Technical Advisory	技术服务 Technical Service
合同金额（万元）					
Amount of Contracts(10000 yuan)					
1991	6485	2942	848	407	2288
1992	13545	2935	2472	1124	7014
1993	18758	4058	4437	3113	7150
1994	25118	7629	1938	2783	12768
1995	30550	8960	6404	3914	11272
1996	46206	12635	7766	4477	21328
1997	57459	12924	9836	9066	25633
1998	69363	17323	9228	6063	36749
1999	80868	28268	6888	12477	33235
2000	172601	25411	75045	6701	65444
2001	136941	26488	62482	7752	40219
2002	128988	53778	41271	7399	26540
2003	166778	65108	47015	13001	41654
2004	141395	46021	59653	8989	26732
2005	171959	51837	79761	12574	27787
2006	144122	64191	46261	11288	22382
2007	168662	68989	72069	9696	17908
2008	191223	95052	35414	12954	47803
2009	262349	132945	64562	9691	55151
2010	381217	194219	84986	8519	93494
2011	534130	247146	194359	9176	83450
2012	735768	305585	328475	9120	92588
2013	539868	290407	145476	12237	91747
2014	508271	240243	239584	8142	20301
2015	538645	332784	169587	2792	33382
2016	1057125	731769	201710	4075	119570
2017	1032793	460102	402225	2676	167790
2018	1109488	598017	322392	4681	184399
2019	1459417	600920	191035	3365	664097
2020	1838641	682030	436262	7757	712592
2021	2143960	792098	427117	20497	904248

16-8 技术市场合同数与合同金额情况(2021年)
Basic Statistics of Technical Market Contract and Contract Amount(2021)

项目 Item	合同数 （项） Number of Contracts (unit)	合同金额 （万元） Amount of Contracts (10000 yuan)
合　计 **Total**	**16320**	**2143960**
按合同类别分 By Kind of Contract		
技术开发合同 Contract of Technical Development	6542	792098
技术转让合同 Contract of Technical Transfer	705	427117
技术咨询合同 Contract of Technical Advisory	1128	20497
技术服务合同 Contract of Technical Service	7945	904248
按服务目标分 By Service Aim		
农、林、牧、渔业发展 Development of Agriculture, Forestry, Animal Husbandry and Fishery	1639	25254
工商业发展 Development of Industry	1307	589950
能源生产、分配和合理利用 Production, Distribution and Use for Energy	584	64062
基础设施以及城市和农村规划 Infrastructure and Planning of Urban and Rural	382	12970
环境保护、生态建设及污染防治 Environmental Protection	763	64276
卫生事业发展 Health	423	57156
教育事业发展 Education	227	12335
社会发展和社会经济发展 Development of Social and Social Economy	7105	830499
非定向研究 Nondirectional Research	152	7069
民用空间探测及开发 Civil Space	62	2687
地球和大气层的探索与利用 Probe and Utilize of Earth and Atmosphere	53	6080
国防 National defense	38	3091
其他民用目标 Others	3585	468531
按技术流向分 By the Flaw of Technology		
本省 Native Province	11603	1009850
省外 Outside the Province	4717	1134110

16-9 地方国有企事业单位专业技术人员数
Number of Professional and Technical Personnel in local State-owned Enterprises and Institutions

单位：人 (person)

年份 Year	合计 Total	#工程技术人员 Engineering	#农业技术人员 Agriculture	#卫生技术人员 Health Care	#科学研究人员 Scientific Research	#教学人员 Teaching
1978	84117	30363	9290	24326	2789	17349
1979	89501	33507	10019	23181	3281	19513
1980	154241	39546	8292	25713	3186	49666
1981	168096	43823	9501	27664	3000	55607
1982	185383	51431	10602	30376	3232	59759
1983	291400	57852	13158	32492	2553	153274
1984	291913	52345	13670	32085	3663	158318
1985	308855	57986	15642	32697	3719	159859
1986	326646	65826	15351	35670	2711	169990
1987	363237	76424	15746	37189	2969	185971
1988	429162	78854	15800	40134	3005	201603
1989	470772	82248	16316	41377	3369	225623
1990	500783	88457	16211	44560	3571	240899
1991	478923	81500	13244	46346	2737	247627
1992	487634	83165	13290	45895	2695	255783
1993	484192	82631	12852	44972	2733	262393
1994	499806	84673	12854	46851	2519	269232
1995	509638	86132	12868	46421	3073	282294
1996	534016	87619	13500	50092	3179	300406
1997	555600	88338	14425	52211	3397	315846
1998	577184	88184	14517	54153	3652	337086
1999	590289	89012	14462	55498	3758	349978
2000	592765	86683	14495	56703	3798	354760
2001	587761	81635	14498	57343	4218	357930
2002	582288	74776	13844	58521	4128	361832
2003	574834	68822	13859	60623	4132	363626
2004	575058	65732	14218	61973	4232	363405
2005	581281	66294	14212	62967	4165	368136
2006	579696	65723	15425	64213	4411	363814
2007	586516	67607	13540	65439	4568	368380
2008	610062	67969	13023	85944	5836	370156
2009	611313	69135	13247	85901	6458	368590
2010	599406	66621	11781	90431	5070	361339
2011	626371	74246	11848	95128	6034	372207
2012	656091	71218	12617	97324	7144	367184
2013	672667	74872	13001	103566	8485	367894
2014	688199	76157	12962	106517	8771	372909
2015	677624	80289	13247	113119	9058	375467
2016	694074	86827	11973	114527	8798	380590
2017	702224	89515	12950	116238	8565	380596
2018	721428	95893	12841	116666	7519	363947
2019	729248	86129	12486	121358	7674	380581
2020	761770	107419	12330	123965	4342	388022

16-10 分行业地方国有企事业单位各行业技术人员数

Number of Specialized Technical Personnel in local state-owned Enterprises and Institutions by Sector

单位：人 (person)

行业 Sector	2005	2010	2015	2020
合　计 Total	**581281**	**599406**	**677624**	**761770**
按行业分 By Sectors				
农、林、牧、渔业 Agriculture, Forestry, Animal Husbandry and Fishery	25496	22813	22558	21394
采矿业 Mining and Quarrying	3233	3635	3240	3053
制造业 Manufacturing	16425	13744	12627	29255
电力、燃气及水的生产和供应业 Production and Supply of Electricity Gas and Water	4987	4175	5267	7251
建筑业 Construction	10719	8766	12809	19881
交通运输、仓储和邮政业 Transport, Storage and Post Services	12918	12670	18627	20746
信息传输、软件和信息技术服务业 Information Transmission,Software and Information Technology Services	1772	5261	7926	12530
批发和零售业 Wholesale and Retail Trade	6301	5253	4804	4911
住宿和餐饮业 Lodgings and Catering Services	829	703	765	1004
金融业 Finance	3690	6641	23748	27859
房地产业 Real Estate	4100	3783	5963	8345
租赁和商务服务业 Rent and Business Services	1936	2052	2955	4518
科学研究、技术服务和地质勘查业 Scientific Research,Ploytechnic Services and Geological Prospecting	11919	11925	14618	16988
水利、环境和公共设施管理业 Water Conservancy,Environment and Public Facilities Management	8304	7971	9983	12302
居民服务和其他服务业 Resident Services and Others	3220	3674	3962	14247
教育 Education	374351	370279	389241	392377
卫生、社会保障和社会福利业 Health Care,Social Ensure and Walfare	63307	94348	133027	124449
文化、体育和娱乐业 Culture, Sports and Entertainment	17116	14193	16601	18287
公共管理和社会组织 Public Management and Social Organizations	10658	7520	15229	22373
按三次产业分 By Three Strata of Industry				
第一产业 Primary Industry	25496	22813	22558	21394
第二产业 Secondary Industry	35364	30320	33943	59440
第三产业 Tertiary Industry	520421	546273	647449	680936

16-11 专任教师数和在校学生数
Number of Full-time Teachers and Students

年份 Year	专任教师数（人） Full-time Teachers(person)				在校学生数（万人） Student Enrollment(10000 persons)				每万常住人口拥有大学在校学生数(人) University & College Student Enrollment per 10000 Population (person)
	普通高等学校 Regular Institutions of Higher Educations	普通中等学校 Regular Institutions of Secondary Educations	#普通中学 Regular Secondary Schools	普通小学 Primary Schools	普通高等学校 Regular Institutions of Higher Educations	普通中等学校 Regular Institutions of Secondary Educations	#普通中学 Regular Secondary Schools	普通小学 Primary Schools	
1952	611	5242	4159	31937	0.47	11.55	9.64	102.59	3.9
1957	1811	7929	6727	42442	0.75	18.69	16.78	137.61	5.4
1962	3484	14609	12328	61998	1.91	23.81	21.74	157.81	17.1
1965	3033	19170	14294	127368	1.52	35.34	27.54	290.11	17.5
1970	1783	18684	18683	85294	0.07	38.68	38.67	238.19	0.4
1975	3142	35782	34680	140353	1.03	80.49	79.34	398.32	6.9
1980	6106	61128	57124	141812	3.86	114.73	109.41	376.42	22.7
1985	8137	64848	55465	138673	4.41	121.39	109.92	372.40	27.8
1990	8926	84535	69000	148789	5.56	120.69	104.85	337.08	28.6
1995	8354	109879	90400	166191	7.17	185.82	155.25	379.96	38.7
1996	8373	117657	98558	170791	7.34	212.91	181.85	392.01	40.8
1997	8646	124842	105279	176591	7.81	240.46	207.36	404.91	42.9
1998	8279	131910	111986	180587	8.52	253.42	220.05	401.97	45.7
1999	8853	138044	117312	183601	10.26	264.11	228.14	386.85	50.4
2000	9779	140769	120667	183547	13.14	269.46	233.50	369.10	61.0
2001	10716	145152	125866	181816	16.74	275.04	238.30	354.62	74.7
2002	12701	149963	131263	181457	19.73	279.19	240.76	339.18	88.0
2003	16663	155858	135778	177248	25.74	291.62	247.19	311.98	110.8
2004	20980	159838	139549	170962	32.57	299.84	252.10	286.94	123.5
2005	24919	164888	144310	166465	40.70	302.74	250.17	273.27	148.8
2006	28724	169568	148055	163350	46.13	300.26	243.07	269.22	172.9
2007	31444	172288	150636	160911	50.95	291.76	233.71	258.29	186.6
2008	33637	172904	151271	160347	56.26	284.82	226.18	247.15	201.6
2009	35841	173887	151785	156779	60.63	276.25	213.43	239.76	203.9
2010	37733	172901	151469	156601	64.78	260.22	198.21	238.89	214.4
2011	39747	171636	150170	155337	67.48	260.61	186.68	246.09	220.2
2012	41119	170041	148687	153941	70.14	255.09	181.09	252.73	230.0
2013	42905	169245	148564	154490	73.05	235.84	176.47	259.84	241.8
2014	43902	169151	148856	158698	74.85	224.53	175.48	274.63	251.3
2015	44791	168453	148428	162496	75.85	221.09	175.97	288.31	250.8
2016	44751	168992	149213	165910	75.64	222.91	178.95	298.67	243.8
2017	45398	170370	150600	168857	75.10	226.83	185.28	307.09	232.8
2018	46555	173068	152990	172012	77.24	233.77	192.10	321.39	233.8
2019	49120	177006	156590	177930	86.12	242.69	200.38	334.40	256.7
2020	52001	181505	160680	182617	94.72	257.68	211.66	343.61	255.0
2021	52856	190304	167541	198335	102.34	272.01	222.54	352.90	264.0

16-12 各级各类民办教育基本情况(2021年)
Basic Statistics on Private Schools by Level and Type of Schools(2021)

单位：人　(person)

项目	Item	学校数（所） Number of Schools (unit)	毕业生数 Number of Graduates	招生数 New Enrollment	在校学生数 Total Enrollment	教职工数 Teachers and Staff	#专任教师数 Full-time Teachers
民办高等教育	Private Higher Education	36	68650	106998	329856	20093	13864
民办高校	Private Institutions of Higher Education	31	52117	87984	262678	16115	11040
本科	Undergraduate Courses	11	24936	38279	119869	7904	5449
专科	Specialized Courses	20	27181	49705	142809	8211	5591
独立学院	Non-university Tertiary	5	16533	19014	67178	3978	2824
本科	Undergraduate Courses	5	16533	19014	67178	3978	2824
高中阶段教育	Senior Secondary Education	111	29173	51684	131912	25450	8966
高中	Private Regular Senior Secondary Schools	90	22789	36997	97714	24191	7439
中等职业学校	Private Vocational Secondary Education	21	6384	14687	34198	1259	1527
初中阶段教育	Junior Secondary Education	79	55745	67146	188957	9750	12357
初中	Private Regular Junior Secondary Schools	79	55745	67146	188957	9750	12357
民办普通小学	Private Regular Primary Schools	89	22867	22416	138668	5043	8848
民办幼儿园	Private Kindergartens	5816	292967	225608	720916	107881	54915

16-13 各类学校数
Number of Schools by Type

单位：所 (unit)

年份 Year	普通高等学校 Regular Institutions of Higher Educations	成人高等学校 Adult Institions of Higher Educations	中等职业教育 Secondary Vocational Education	普通中学 Regular Secondary Schools	#高中 Senior Secondary Schools	技工学校 Technical Schools	小学 Primary Schools	幼儿园 Kinder gartens
1952	5		51	178	67		9081	320
1957	4		41	213	101		12850	1144
1962	18	19	52	408	150		15550	1373
1965	10	2	67	429	152	4	34583	1916
1970	3		1	1301	199		25743	
1975	7	43	36	1089	767	1	33946	1902
1980	16	25	82	1148	821	28	28170	3608
1985	36	18	94	1180	451	35	26607	5210
1990	36	20	103	1362	415	43	19472	7958
1995	30	20	109	1771	404	54	15765	12748
1996	30	20	110	1834	397	85	15603	13315
1997	30	20	111	1880	409	135	15535	13033
1998	30	20	112	1902	427	138	14824	12612
1999	30	20	118	1893	440	110	14355	12522
2000	28	18	118	1921	477	119	13935	11885
2001	32	17	109	1988	523	101	13664	7398
2002	33	16	106	1998	559	93	12924	7329
2003	49	15	355	2006	592	93	12406	7064
2004	53	13	389	2022	614	98	11614	7200
2005	66	9	391	2030	627	93	10560	7541
2006	67	10	403	2020	636	95	9867	7550
2007	74	8	364	1984	616	96	9388	7567
2008	83	7	350	1963	610	91	8566	7508
2009	86	7	312	1936	606	94	7849	7137
2010	84	4	298	1903	575	95	6974	6179
2011	85	4	262	1830	559	71	5947	6813
2012	86	4	251	1783	543	71	5414	7183
2013	87	3	230	1782	544	69	5228	7419
2014	88	3	226	1781	542	66	5167	7591
2015	88	3	217	1780	540	62	5141	7748
2016	88	3	207	1778	533	62	5188	7791
2017	89	3	184	1774	534	62	5190	8041
2018	89	3	180	1784	538	62	5189	8161
2019	90	3	180	1793	544	62	5160	8664
2020	89	3	166	1812	550	62	5129	8756
2021	89	3	165	1822	557	65	5077	8836

16-14 各类学校专任教师数

Number of Full-time Teachers of School by Type

单位：人 (person)

年份 Year	普通高等学校 Regular Institutions of Higher Educations	中等职业教育 Secondary Vocational Education	普通中学 Regular Secondary Schools	#高中 Senior Secondary Schools	技工学校 Technical Schools	小学 Primary Schools	幼儿园 Kinder gartens
1952	611	1083	4159	892		31937	641
1957	1811	1202	6727	1790		42442	2127
1962	3484	2030	12328	3039		61998	3200
1965	3033	1729	14294	3201	111	127368	4300
1970	1783		18683			85294	
1975	3142	1081	34680	9607		140353	3789
1980	6106	3017	57124	12555	800	141812	14026
1985	8137	4721	55465	13025	1300	138673	18586
1990	8926	5969	69000	13641	2100	148789	26907
1995	8354	6703	90400	13306	2300	166191	40640
1996	8373	6739	98558	13727	2100	170791	41409
1997	8646	6927	105279	14632	2100	176591	42446
1998	8279	7149	111986	16394	2100	180587	41771
1999	8853	7162	117312	19295	2800	183601	40033
2000	9779	6920	120667	23170	2463	183547	39409
2001	10716	6798	125866	27411	2506	181816	26647
2002	12701	6100	131263	31514	2521	181457	25790
2003	16663	17357	135778	35853	2716	177248	27238
2004	20980	17266	139549	40132	2982	170962	28846
2005	24919	17457	144310	45328	3144	166465	31228
2006	28724	18216	148055	49593	3268	163350	31845
2007	31444	18197	150636	52169	3404	160911	33381
2008	33637	18229	151271	52531	3812	160347	33774
2009	35841	18290	151785	52339	3879	156779	36750
2010	37733	18000	151469	52136	3439	156601	38913
2011	39747	17781	150170	52375	3685	155337	53216
2012	41119	17710	148687	52049	3644	153941	59163
2013	42905	17187	148564	51578	3655	154490	65226
2014	43902	17102	148856	50923	3193	158698	70405
2015	44791	17103	148428	50463	2922	162496	74840
2016	44751	16732	149213	50424	3047	165910	79381
2017	45398	16479	150600	50720	3291	168857	85310
2018	46555	16485	152990	51144	3593	172012	90917
2019	49120	16780	156590	51950	3640	177930	97910
2020	52001	17000	160680	52750	3820	182617	99453
2021	52856	18693	167541	54804	4070	198335	112183

16-15 各类学校在校学生数
Number of Students Enrollment of School by Type

单位：万人 (10000 persons)

年份 Year	普通高等学校 Regular Institutions of Higher Educations	成人高等学校 Adult Institions of Higher Educations	中等职业教育 Secondary Vocational Education	普通中学 Regular Secondary Schools	#高中 Senior Secondary Schools	技工学校 Technical Schools	小学 Primary Schools	幼儿园 Kinder Gartens
1952	0.47		1.91	9.64	1.46		102.59	2.26
1957	0.75		1.91	16.78	3.88		137.61	7.11
1962	1.91	0.82	1.56	21.74	4.79		157.81	9.94
1965	1.52	1.46	2.00	27.54	5.18	0.14	290.11	12.52
1970	0.07		0.01	38.67	2.23		238.19	12.47
1975	1.03	0.52	1.10	79.34	20.76	0.05	398.32	12.38
1980	3.86	1.78	3.84	109.41	20.58	1.27	376.42	41.88
1985	4.41	2.94	4.34	109.92	19.90	1.61	372.40	52.03
1990	5.56	2.58	5.89	104.85	15.47	2.83	337.08	74.32
1995	7.17	4.71	9.68	155.25	16.52	4.55	379.96	103.24
1996	7.34	5.32	10.59	181.85	18.16	4.43	392.01	102.63
1997	7.81	5.70	11.27	207.36	21.38	4.73	404.91	92.11
1998	8.52	5.96	11.83	220.05	25.37	4.69	401.97	83.78
1999	10.26	5.79	12.89	228.14	30.78	5.02	386.85	81.91
2000	13.14	6.37	12.90	233.50	37.24	4.57	369.10	78.64
2001	16.74	7.17	13.40	238.30	44.04	4.88	354.62	73.40
2002	19.73	8.59	13.09	240.76	50.78	5.59	339.18	66.71
2003	25.74	9.86	37.76	247.19	57.52	6.64	311.98	69.58
2004	32.57	6.96	40.08	252.10	65.98	7.66	286.94	74.82
2005	40.70	7.45	44.77	250.17	73.25	7.87	273.27	82.67
2006	46.13	10.12	48.67	243.07	78.04	8.52	269.22	87.11
2007	50.95	10.11	49.43	233.71	77.68	8.62	258.29	91.93
2008	56.26	10.39	49.83	226.18	74.88	8.94	247.15	99.27
2009	60.63	9.95	54.00	213.43	71.91	8.29	239.76	107.72
2010	64.78	9.90	53.60	198.21	70.64	8.40	238.89	116.63
2011	67.48	10.37	57.31	186.68	70.95	8.72	246.09	131.92
2012	70.14	11.86	58.30	181.09	69.05	6.95	252.73	139.98
2013	73.05	14.39	52.51	176.47	65.65	6.86	259.84	143.29
2014	74.85	16.08	43.76	175.48	62.91	7.67	274.63	145.63
2015	75.85	15.47	39.67	175.97	62.63	5.45	288.31	151.26
2016	75.64	13.67	38.05	178.95	63.47	5.90	298.67	156.61
2017	75.10	10.34	34.55	185.28	63.71	7.00	307.09	165.49
2018	77.24	8.91	33.58	192.10	63.39	8.08	321.39	168.41
2019	86.12	9.18	33.48	200.38	63.93	8.83	334.40	169.59
2020	94.72	12.21	35.81	211.66	66.40	10.21	343.61	169.90
2021	102.34	15.80	37.54	222.54	69.93	11.94	352.90	167.27

16-16 各类学校招生数
New Students Enrollment of School by Type

单位：万人　　(10000 persons)

年份 Year	普通高等学校 Regular Institutions Of Higher Educations	成人高等学校 Adult Institions of Higher Educations	中等职业教育 Secondary Vocational Education	普通中学 Regular Secondary Schools	#高中 Senior Secondary Schools	技工学校 Technical Schools	小学 Primary Schools	幼儿园 Kinder gartens
1952	0.19		1.11	5.36	0.85		30.77	
1957	0.19		0.34	5.65	1.26		28.32	
1962	0.27		0.06	8.39	1.63		34.24	
1965	0.34		0.91	10.53	1.83	0.04	85.86	
1970	0.08		0.01	20.05	1.65		63.74	
1975	0.38		0.56	48.49	11.08	0.04	81.97	
1980	0.78		1.55	29.86	0.01	0.79	72.59	
1985	1.79		1.73	40.81	7.18	0.91	63.22	39.68
1990	1.72	0.77	1.91	40.17	5.69	1.16	56.74	50.12
1995	2.36	1.91	3.37	63.42	6.16	1.90	68.49	63.53
1996	2.47	1.97	3.57	69.85	7.05	1.84	71.45	61.89
1997	2.67	1.97	3.73	75.15	8.65	2.19	74.77	55.21
1998	2.91	2.04	3.93	77.16	10.18	1.95	63.50	49.71
1999	3.87	2.34	4.30	79.93	12.54	1.97	52.86	46.37
2000	5.06	2.56	3.48	81.81	15.18	2.12	49.34	43.67
2001	5.95	3.24	3.28	82.52	17.14	2.19	50.62	42.22
2002	6.89	3.54	4.23	82.49	19.35	2.60	47.52	36.86
2003	10.67	3.90	14.51	87.48	21.84	3.19	40.23	37.46
2004	11.99	3.73	15.46	87.10	25.57	3.36	36.49	40.09
2005	14.67	3.57	17.59	81.01	27.21	3.46	35.88	40.45
2006	15.17	3.62	19.45	79.78	27.41	3.60	41.24	42.36
2007	16.74	3.62	19.14	78.69	25.93	3.55	41.93	42.81
2008	18.91	3.55	18.94	73.84	24.25	3.58	39.91	44.78
2009	19.37	3.27	23.40	66.46	23.85	3.22	40.40	47.32
2010	20.25	3.60	20.15	62.62	24.31	3.30	42.60	52.91
2011	20.84	3.87	25.17	60.40	24.06	3.46	44.79	59.47
2012	21.35	4.71	24.08	60.05	21.87	2.79	46.75	60.94
2013	22.61	5.70	15.50	59.54	20.94	2.58	49.57	59.48
2014	21.91	6.07	14.09	58.04	20.86	2.69	52.95	59.86
2015	21.79	5.00	14.08	59.77	21.57	2.41	53.63	64.03
2016	21.16	3.37	13.70	62.60	21.71	3.22	53.08	62.48
2017	21.38	2.48	11.65	64.16	20.89	3.34	53.40	63.82
2018	23.86	3.56	12.29	66.25	21.08	3.78	60.84	65.78
2019	30.21	3.47	13.01	70.51	22.19	4.06	62.18	63.42
2020	30.25	5.57	13.27	75.01	23.29	4.81	61.70	67.39
2021	31.50	7.31	13.98	77.11	24.54	5.11	62.85	55.02

16-17 各类学校毕业生数
Number of Graduates of School by Type

单位：万人 (10000 persons)

年份 Year	普通高等学校 Regular Institutions of Higher Educations	成人高等学校 Adult Institions of Higher Educations	中等职业教育 Secondary Vocational Education	普通中学 Regular Secondary Schools	#高中 Senior Secondary Schools	技工学校 Technical Schools	小学 Primary Schools
1952	0.09		0.20	1.75	0.33		3.90
1957	0.08		0.37	3.85	0.97		9.05
1962	0.46		0.94	5.29	1.48		11.89
1965	0.43		0.38	5.38	1.24	0.01	15.34
1970	0.47			1.48	0.28		46.66
1975	0.21		0.34	22.20	7.75		44.03
1978	0.35		0.19	46.16	12.54		47.62
1979	0.08		0.61	51.52	17.90	0.05	43.29
1980	0.90		1.49	14.33	13.63	0.30	44.37
1981	1.56		1.64	40.40	16.30	0.47	47.29
1982	1.16		1.60	25.06	3.54	0.78	48.07
1983	0.73		1.35	27.15	7.84	0.72	50.82
1984	0.76		1.06	23.41	4.55	0.48	51.97
1985	0.79		1.01	24.65	4.48	0.60	55.43
1986	0.94		1.34	27.95	5.45	0.68	58.66
1987	1.44		1.77	28.70	6.47	0.81	59.11
1988	1.68		1.74	30.01	6.51	0.75	51.60
1989	1.73		1.69	28.59	6.22	0.80	49.52
1990	1.79	0.54	1.64	27.11	5.45	1.05	53.33
1991	1.80	0.87	1.93	25.16	4.57	1.11	51.52
1992	1.73	0.65	1.83	28.21	4.78	0.98	51.53
1993	1.65	0.65	1.89	32.90	5.37	1.07	51.05
1994	1.69	0.53	1.87	34.43	5.68	1.12	56.06
1995	2.04	0.85	2.25	38.43	5.57	1.49	62.56
1996	2.23	1.07	2.61	40.51	4.94	1.73	64.67
1997	2.14		3.02	47.25	4.95	1.70	67.57
1998	2.15		3.29	58.75	5.60	1.64	68.63
1999	2.07	1.67	3.21	64.24	6.40	1.55	69.59
2000	2.19	1.67	3.31	69.04	7.84	1.59	68.64
2001	2.84	1.58	2.60	69.65	9.37	1.41	67.44
2002	3.68	1.80	3.78	71.72	11.58	1.51	64.77
2003	4.78	2.33	11.12	73.33	13.95	1.68	66.97
2004	5.28	2.76	11.03	75.03	15.92	1.86	62.58
2005	6.48	2.83	11.00	75.94	18.26	2.56	54.71
2006	9.50	1.01	12.49	80.41	20.18	2.75	52.61
2007	11.41	3.24	12.37	79.88	23.40	2.51	53.51
2008	13.04	3.07	13.65	73.75	24.22	2.55	50.50
2009	14.28	3.11	14.97	72.69	24.90	2.62	43.90
2010	15.34	3.47	15.53	71.88	24.03	2.63	39.61
2011	17.37	3.23	16.20	68.98	22.63	2.38	37.20
2012	17.85	2.93	17.59	63.03	22.56	1.91	39.13
2013	18.72	3.45	15.08	60.32	23.18	5.55	39.85
2014	19.01	4.12	15.21	57.03	22.73	2.76	37.89
2015	19.47	4.30	13.84	57.13	20.81	1.69	38.84
2016	19.95	4.38	13.17	57.21	19.70	1.75	41.56
2017	20.44	5.29	11.78	55.74	19.65	1.62	43.82
2018	20.43	4.54	10.78	57.75	20.61	1.92	45.70
2019	20.02	3.00	11.04	60.96	21.02	2.24	48.79
2020	20.77	2.47	9.86	62.29	19.59	2.64	52.10
2021	22.47	3.60	9.91	64.46	19.64	2.46	52.82

16-18 平均每一专任教师负担学生数
Student-Teacher Ratio

单位：人　　(person)

年份 Year	普通高等学校 Regular Institutions of Higher Education	成人高等学校 Adult Institions of Higher Educations	中等职业教育 Specialized Vocational Education	普通中学 Regular Secondary Schools	#高中 Senior Secondary Schools	技工学校 Technical Schools	小学 Primary Schools	幼儿园 Kinder Gartens
1952	7.76		17.62	23.19	16.42		32.12	35.29
1957	4.17		15.91	24.94	21.70		32.42	33.42
1962	5.49		7.67	17.64	15.77		25.45	31.32
1965	5.01		11.56	19.27	16.20	12.79	22.78	29.23
1970	0.41		89.00	20.70			27.93	
1975	3.29		10.22	22.88	21.61	23.81	28.38	32.67
1978	4.97		12.02	21.99	21.91	17.17	26.86	34.15
1980	6.31		11.70	19.15	16.39	15.27	26.54	29.86
1985	5.42		9.19	19.82	15.28	12.58	26.85	27.99
1990	6.23	29.21	9.86	14.83	11.34	13.67	22.65	27.62
1995	8.58	29.21	14.45	17.04	12.42	19.60	22.86	25.40
1996	8.77	38.76	15.71	18.45	13.23	20.64	23.00	24.80
1997	9.03	42.01	16.26	19.70	14.61	22.83	22.90	21.70
1998	10.28	45.97	16.55	19.65	15.47	17.30	22.26	20.06
1999	11.53	48.03	18.00	19.45	15.95	18.07	21.07	20.48
2000	13.40	44.98	18.70	19.35	16.05	16.32	20.11	19.96
2001	15.62	48.16	19.72	18.93	16.07	19.52	19.50	27.55
2002	15.78	47.80	21.44	18.34	16.12	22.16	18.69	25.86
2003	15.88	50.53	21.70	18.20	16.02	24.46	17.61	25.58
2004	15.36	46.95	22.68	18.07	16.44	25.69	16.78	25.98
2005	16.35	34.80	25.58	17.34	16.17	25.03	16.41	26.50
2006	16.07	35.94	26.74	16.41	15.73	26.07	16.48	27.39
2007	16.23	59.35	27.16	15.52	14.88	24.95	16.05	27.52
2008	16.74	103.90	27.38	14.95	14.26	23.45	15.42	29.37
2009	17.92	90.45	29.53	14.06	13.74	21.38	15.29	29.31
2010	17.18	162.89	29.77	13.08	13.56	24.44	15.25	29.98
2011	17.00	165.00	32.20	12.43	13.54	17.82	15.85	24.80
2012	17.07	197.00	32.84	12.18	13.28	14.37	16.42	23.65
2013	17.03	310.00	30.55	11.08	12.73	15.54	16.82	21.97
2014	17.05	369.58	25.58	11.79	12.35	16.56	17.30	20.68
2015	16.93	345.35	23.19	11.86	12.41	18.66	17.74	20.21
2016	16.90	630.09	22.74	11.99	12.59	19.37	18.00	19.73
2017	16.54	429.00	20.97	12.30	12.56	21.28	18.19	19.40
2018	16.59	383.92	20.37	12.56	12.39	22.50	18.68	18.52
2019	17.53	392.18	19.96	12.80	12.30	23.71	18.79	17.32
2020	18.21	530.91	21.06	13.17	12.59	26.73	18.82	17.08
2021	19.36	728.32	20.08	13.28	12.76	29.33	17.79	14.91

16-19 研究生数
Number of Postgraduates

单位：人 (person)

年份 Year	在校学生数 Student Enrollment	招生数 New Student Enrollment	毕业生数 Graduates
1978	90	90	
1980	261	70	
1985	1064	564	324
1986	1246	460	226
1987	1520	557	268
1988	1490	499	504
1989	1350	364	462
1990	1198	366	497
1991	1122	403	425
1992	1268	445	275
1993	1372	512	394
1994	1967	806	374
1995	2248	739	434
1996	2445	933	694
1997	2773	1026	661
1998	3281	1218	701
1999	3907	1562	889
2000	5134	2179	929
2001	6828	2877	1119
2002	8862	3667	1452
2003	13266	5860	1871
2004	18273	7275	2820
2005	19500	7442	3222
2006	22798	8150	4560
2007	25580	8741	5725
2008	27062	8781	6899
2009	29012	9934	7790
2010	30933	10313	8159
2011	33896	11561	8207
2012	36035	11927	9511
2013	38190	12620	10179
2014	39312	12505	10878
2015	41338	13288	10969
2016	42731	14088	11968
2017	47587	17620	11973
2018	53129	18803	12245
2019	58710	20050	13301
2020	67333	24985	15455
2021	76592	26816	16543

16-20 职业技术培训机构基本情况(2021年)
Basic Statistics on Vocational/Technical Training Institutions(2021)

项目 Item	学校数（所） Number of Schools (unit)	注册学生数（人） Registered Students (person)	结业学生数（人） Graduates (person)	教职工数（人） Teachers and Staff (person)	#专任教师数 Full-time Teachers
总计	**1470**	**727505**	**776051**	**11042**	**7045**
Total					
职工技术培训学校(机构)	58	164363	233616	3934	3378
Vocational/Technical Training Schools					
#教育部门和集体办	56	163218	231398	3835	3298
Run by Education Departments and Collectives					
民办	2	1145	2218	99	80
Run by Private Institutions					
农村成人文化技术培训学校(机构)	1001	389202	363839	2535	761
Technical Training Schools for Adult Farmers					
#教育部门和集体办	923	377003	351399	1781	361
Run by Education Departments and Collectives					
民办	78	12199	10304	754	400
Run by Private Institutions					
其他培训机构(含社会培训机构)	411	173940	178596	4573	2906
Others					
#教育部门和集体办	17	25808	37473	292	279
Run by Education Departments and Collectives					
民办	394	148132	141123	4281	2627
Run by Private Institutions					

16-21 分科研究生数(2021年)
Number of Postgraduates by Subject(2021)

单位：人 (person)

项目	Item	在校学生数 Student Enrollment	招生数 New Student Enrollment	毕业生数 Graduates	博士生 Doctor 在校生数 Student Enrollment	博士生 Doctor 招生数 New Student Enrollment	博士生 Doctor 毕业生数 Graduates	硕士生 Master 在校生数 Student Enrollment	硕士生 Master 招生数 New Student Enrollment	硕士生 Master 毕业生数 Graduates
合计	**Total**	**76592**	**26816**	**16543**	**8969**	**2129**	**1271**	**67623**	**24687**	**15272**
学术型学位	**Academic Degree**	**33226**	**10901**	**7494**	**8546**	**1974**	**1242**	**24680**	**8927**	**6252**
哲学	Philosophy	320	90	61	128	23	16	192	67	45
经济学	Economics	1583	460	370	482	85	65	1101	375	305
法学	Law	2084	701	485	492	109	86	1592	592	399
教育学	Education	901	301	223	171	39	27	730	262	196
文学	Literature	1629	506	413	357	67	53	1272	439	360
历史学	History	520	142	130	173	30	25	347	112	105
理学	Science	9242	3081	1952	3018	693	431	6224	2388	1521
工学	Engineering	8625	2849	1881	1970	504	251	6655	2345	1630
农学	Agriculture	1735	523	475	432	88	78	1303	435	397
医学	Medicine	3134	1134	752	548	190	100	2586	944	652
管理学	Management	2728	854	624	689	132	93	2039	722	531
艺术学	Art	725	260	128	86	14	17	639	246	111
专业学位	**Professional Degree**	**43366**	**15915**	**9049**	**423**	**155**	**29**	**42943**	**15760**	**9020**
哲学	Philosophy									
经济学	Economics	1935	736	441				1935	736	441
法学	Law	2258	779	541				2258	779	541
教育学	Education	3881	1818	1123	146	30	8	3735	1788	1115
文学	Literature	1151	464	272				1151	464	272
历史学	History	60	24	14				60	24	14
理学	Science									
工学	Engineering	14125	5613	2830				14125	5613	2830
农学	Agriculture	2563	955	458				2563	955	458
医学	Medicine	5574	2063	1389	277	125	21	5297	1938	1368
管理学	Management	10246	2861	1685				10246	2861	1685
艺术学	Art	1573	602	296				1573	602	296

16-22 普通高等学校本科分科学生情况
Basic Statistics of Students in Higher Educational Institutions by Subject

单位：人　(person)

项目	Item	2015	2016	2017	2018	2019	2020	2021
在校学生数	**Number of Student Enrollment**	**491779**	**499185**	**497440**	**505489**	**518096**	**537206**	**559590**
哲学	Philosophy	516	530	157	163	154	164	180
经济学	Economics	39163	39882	39518	41029	41845	41945	41556
法学	Law	16423	16626	15963	15420	15159	15122	15646
教育学	Education	15040	15852	16618	18142	20050	22053	23047
文学	Literature	46540	44445	44496	45654	48111	51229	54109
历史学	History	1726	1447	1413	1432	1466	1523	1642
理学	Science	31260	29282	28564	27918	27621	28839	30342
工学	Engineering	165067	170337	171578	173511	175820	180387	188305
农学	Agriculture	9273	9766	9958	9969	9686	9609	9460
医学	Medicine	25768	26403	26677	27396	28705	30501	32419
管理学	Management	100154	102647	101017	101900	103551	105710	108701
艺术学	Art	40849	41968	41481	42955	44385	46496	48231
招生数	**Number of New Student Enrollment**	**128633**	**124729**	**125798**	**134812**	**140108**	**146421**	**153829**
哲学	Philosophy	194	215	18	25	18	25	31
经济学	Economics	9918	9969	10525	11283	10864	10346	10213
法学	Law	4078	3618	3364	3589	3687	3576	3874
教育学	Education	4266	4332	4601	5515	6403	6606	6646
文学	Literature	11474	10749	11330	12098	13122	14086	14855
历史学	History	382	334	312	341	358	365	411
理学	Science	7910	6828	6544	6867	7096	7859	7963
工学	Engineering	44798	44124	43450	46053	46573	49157	51904
农学	Agriculture	2655	2555	2481	2523	2397	2519	2571
医学	Medicine	5682	5570	5956	6867	7201	7494	7894
管理学	Management	26263	25795	26500	28317	29009	29394	32189
艺术学	Art	11013	10640	10717	11334	11837	12891	12934
毕业生数	**Number of Graduates**	**109789**	**112010**	**121774**	**120998**	**121645**	**124411**	**125132**
哲学	Philosophy	39	29	46	45	43	41	45
经济学	Economics	10395	9944	10531	9598	9602	9875	10317
法学	Law	3604	3799	4199	4368	4269	3876	3637
教育学	Education	3345	3375	3630	3871	4321	4611	4631
文学	Literature	11937	12087	11900	11076	10937	11487	12255
历史学	History	497	398	407	367	355	354	355
理学	Science	7765	7231	7006	7327	7103	6720	6464
工学	Engineering	35760	36261	39465	39357	40634	42389	40769
农学	Agriculture	2414	2042	2111	2319	2474	2451	2373
医学	Medicine	4654	4797	5596	6041	5747	5608	5716
管理学	Management	22561	24107	27062	26272	26232	26697	27901
艺术学	Art	6818	7940	9821	10357	9928	10302	10669

16-23 普通高等学校专科分科学生数(2021年)

Basic Statistics of Students in Higher Educational Institutions by Subject(2021)

单位：人 (person)

项目	Item	在校学生数 Total Enrollment	招生数 New Enrollment	毕业生数 Graduates
合计	**Total**	**463772**	**161182**	**99608**
农林牧渔大类	Agriculture, Forestry, Animal Husbandry and Fishery	5689	2265	1444
资源环境与安全大类	Resource Environment and Security	4806	2026	1056
能源动力与材料大类	Material and Energy	5406	1912	1214
土木建筑大类	Construction	41939	13033	9293
水利大类	Water Conservancy	2225	696	515
装备制造大类	Manufacturing	37909	13652	6965
生物与化工大类	Biology and Chemical Industry	2807	732	624
轻工纺织大类	Light and Textile Industry	3459	1079	1002
食品药品与粮食大类	Food,Medicine and Food	13467	5254	2785
交通运输大类	Transport	24730	9277	4927
电子信息大类	Electronic Information	66136	22530	14348
医药卫生大类	Medicine and Health	55110	19067	12971
财经商贸大类	Financial and Commercial Business	78634	25617	16319
旅游大类	Touring	13116	4450	3139
文化艺术大类	Culture and Art	41334	15252	7505
新闻传播大类	News Media	5582	1982	1316
教育与体育大类	Education and Sports	58536	21452	13103
公安与司法大类	Public Security and Judicature	1		7
公共管理与服务大类	Public Management and Service	2886	906	1075

16-24 成人高等学校分科学生情况

Basic Statistics of Students in Adult Higher Educational Institutions by Subject

单位：人 (person)

项目	Item	2000	2005	2010	2019	2020	2021
招生数	**Number of New Student Enrollment**	**25629**	**35695**	**36025**	**17993**	**26098**	**33178**
经济学	Economics	7577	3284	1904	239	312	449
法　学	Law	2232	1618	798	395	420	648
教育学	Education	1876	3626	5063	2949	4110	5434
文　学	Literature	5090	5952	2226	399	654	1233
历史学	History	384	209	36			
理　学	Science	1962	3052	352	33	117	269
工　学	Engineering	4733	6381	9142	4468	6401	9416
农　学	Agriculture	359	429	338	352	398	569
医　学	Medicine	1416	2811	4545	3761	7203	5749
管理学	Manage		8333	11621	5310	6291	9105
艺术学	Art				87	192	306
在校学生数	**Number of Student Enrollment**	**63663**	**74472**	**99038**	**48231**	**61058**	**75276**
经济学	Economics	19437	6464	5821	636	738	935
法　学	Law	5802	3897	2352	710	913	1192
教育学	Education	3991	7151	11746	7271	9516	12454
文　学	Literature	11496	13501	7489	959	1377	2289
历史学	History	774	556	116	3		
理　学	Science	3636	6404	1012	103	205	418
工　学	Engineering	13469	14255	24131	12492	15238	19749
农　学	Agriculture	1054	725	1190	940	1026	1285
医　学	Medicine	4004	5722	13041	9953	15059	16560
管理学	Manage		15797	32140	14925	16581	19756
艺术学	Art				239	405	638
毕业生数	**Number of Graduates**	**16742**	**28262**	**34699**	**15204**	**12819**	**18572**
经济学	Economics	6231	2765	2854	268	203	245
法　学	Law	2149	2018	1120	292	178	313
教育学	Education	681	3266	4537	2020	1774	2477
文　学	Literature	3368	5432	4309	253	216	321
历史学	History	245	307	75	3		
理　学	Science	520	2970	1178	63	15	56
工　学	Engineering	2526	4812	6323	4162	3566	4779
农　学	Agriculture	235	357	508	184	299	284
医　学	Medicine	787	1618	4025	3653	2068	4124
管理学	Manage		4717	9770	4239	4472	5877
艺术学	Art				67	28	96

注：1.由于学科分类变化，2015年起数据只含本科生。2.2000、2005、2010年文学中含艺术学。

Note:1.Due to the subject classification change, Since 2015,the data of contained only an undergraduate. 2.Literature of 2000、2005 and 2010 contains Art.

16-25 成人高等学校专科分科学生数(2021年)

Basic Statistics of Students in Adult Higher Educational Institutions by Subject(2021)

单位：人 (person)

项目	Item	在校学生数 Total Enrollment	招生数 New Enrollment	毕业生数 Graduates
合计	**Total**	**82769**	**39899**	**17430**
农林牧渔大类	Agriculture, Forestry, Animal Husbandry and Fishery	4566	1472	2222
资源环境与安全大类	Resource Environment and Security	332	269	23
材料与能源大类	Material and Energy	72	46	25
土木建筑大类	Construction	12451	6911	1585
水利大类	Water Conservancy			
装备制造大类	Manufacturing	4989	2587	672
生物与化工大类	Biology and Chemical Industry	314	145	207
轻工纺织大类	Light and Textile Industry			
食品药品与粮食大类	Food,Medicine and Food	290	158	55
交通运输大类	Transport	1068	321	248
电子信息大类	Electronic Information	4373	2182	845
医药卫生大类	Medicine and Health	6646	2694	2130
财经商贸大类	Financial and Commercial Business	32326	16031	6542
旅游大类	Touring	574	213	108
文化艺术大类	Culture and Art	667	273	125
新闻传播大类	News Media			
教育与体育大类	Education and Sports	9609	4178	2124
公安与司法大类	Public Security and Judicature	92	53	13
公共管理与服务大类	Public Management and Service	4400	2366	506

16-26 技工学校数、学生数和专任教师数
Number of Technical Schools,Students,Full-time Teachers

年份 Year	学校数（所） Schools (unit)	招生数（人） New Enrollment (person)	在校学生数（人） Total Enrollment (person)	毕业生数（人） Graduates (person)	专任教师数（人） Number of Full-time Teachers (person)
1985	35	9100	16100	6000	1300
1990	43	11600	28300	10500	2100
1995	54	19000	45500	14900	2300
1996	85	18400	44300	17300	2100
1997	135	21900	47300	17000	2100
1998	138	19500	46900	16400	2100
1999	110	19700	50200	15500	2800
2000	119	21180	45672	15939	2463
2001	101	21938	48832	14074	2506
2002	93	26000	55864	15140	2521
2003	93	31872	66439	16826	2716
2004	98	33568	76606	18621	2982
2005	93	34589	78691	25625	3144
2006	95	36003	85199	27466	3268
2007	96	35452	86221	25123	3404
2008	91	35811	89429	25518	3812
2009	94	32190	82922	26220	3879
2010	95	32965	84040	26263	3439
2011	71	34606	87225	23763	3685
2012	71	27855	69457	19142	3644
2013	69	25808	68648	55546	3655
2014	66	26913	76678	27602	3193
2015	62	24130	54524	16948	2922
2016	62	32244	59016	17500	3047
2017	62	33381	70021	16203	3291
2018	62	37794	80832	19219	3593
2019	62	40590	88270	22410	3640
2020	62	48060	102125	26370	3820
2021	65	51050	119364	24554	4070

注：1.2011年起招生数和在校生数含非全日制教育。
2.2012年起毕业生数含非全日制教育。

Note:a)Since 2011,New Enrollment and Total Enrollment include Part-Time education.
b)Since 2012,The Graduates include Part-Time education.

16-27 中等职业教育分科学生数(2021年)
Students in Secondary Vocational Schools by Field of Study (2021)

单位：人 (person)

项目	Item	毕业生数 Graduates	招生数 New Enrollment	在校学生数 Total Enrollment
合计	**Total**	**99079**	**139845**	**375367**
农林牧渔大类	Agriculture, Forestry, Animal Husbandry and Fishery	4550	6173	14370
资源环境与安全大类	Resources ,Environment and Safety	29	304	665
能源动力与材料大类	Energy,Power and Materials	175	321	702
土木建筑大类	Civil Engineering	6470	8906	21638
水利大类	Irrigation	184	126	290
装备制造大类	Equipment Manufacturing	6946	12407	31653
生物与化工大类	Biology and Chemical Engineering	435	492	1426
轻工纺织大类	Light Industry Textile	1325	1891	4774
食品药品与粮食大类	Food and Medicine	973	1597	3983
交通运输大类	Transport	8194	11557	31294
电子与信息大类	Electronics and Information	16399	25097	67855
医药卫生大类	Medicine and Health	7468	6870	22506
财经商贸大类	Finance and Trade	14536	22276	59901
旅游大类	Tourism	6159	8809	23836
文化艺术大类	Culture and Arts	7104	11370	29945
新闻传播大类	Journalism and Communication	2678	3780	10733
教育与体育大类	Education and Sports	15233	17241	48119
公安与司法大类	Public Security and Justice			
公共管理与服务大类	Public Management and Services	221	628	1677

注:2013年起毕业生数含非全日制教育。
Note:Since 2013,The graduates do not included full-time education.

16-28 小学学龄儿童入学率升学率和初中升学率
Enrollment Ratio of Primary School and Promotion Rate of Junior middle School

单位：% (%)

年份 Years	小学学龄儿童入学率 Enrollment Ratio of Primary School	小学升学率 Promotion Rate of Primary School	初中升学率 Promotion Rate of Junior middle School	年份 Years	小学学龄儿童入学率 Enrollment Ratio of Primary School	小学升学率 Promotion Rate of Primary School	初中升学率 Promotion Rate of Junior middle School
1990	99.10	64.96	49.71	2006	99.84	99.57	77.80
1991	99.32	70.64	58.58	2007	99.93	98.59	87.80
1992	99.47	76.24	58.20	2008	99.97	98.20	94.14
1993	99.63	83.77	59.99	2009	99.97	97.05	98.86
1994	99.68	82.63	57.40	2010	100.00	96.74	92.90
1995	99.70	91.89	57.29	2011	99.98	97.69	84.08
1996	99.75	97.51	55.32	2012	99.99	97.60	89.57
1997	99.80	97.80	53.80	2013	99.90	96.89	84.42
1998	99.84	97.80	47.60	2014	99.99	98.10	92.79
1999	99.83	97.02	49.88	2015	100.00	98.36	88.28
2000	99.86	97.27	49.97	2016	99.99	98.38	87.80
2001	100.08	97.05	40.60	2017	99.97	98.73	85.51
2002	99.40	97.68	58.70	2018	99.99	98.85	86.16
2003	99.65	98.03	65.60	2019	99.98	99.05	88.12
2004	99.72	98.34	69.42	2020	99.98	99.28	83.86
2005	99.79	98.34	77.66	2021	99.95	99.54	85.96

主要统计指标解释

研究与试验发展(R&D)　指为增加知识存量（也包括有关人类、文化和社会的知识）以及设计已有知识的新应用而进行的创造性、系统性工作，包括基础研究、应用研究和试验发展三种类型。基础研究和应用研究统称为科学研究。R&D 活动应当满足五个条件：新颖性、创造性、不确定性、系统性、可转移性（可复制性）。

基础研究　指一种不预设任何特定应用或使用目的的实验性或理论性工作，其主要目的是为获得（已发生）现象和可观察事实的基本原理、规律和新知识。其成果通常表现为提出一般原理、理论或规律，并以论文、著作、研究报告等形式为主。包括纯基础研究和定向基础研究。纯基础研究是不追求经济或社会效益，也不谋求成果应用，只是为增加新知识而开展的基础研究。定向基础研究是为当前已知的或未来可预料问题的识别和解决而提供某方面基础知识的基础研究。

应用研究　指为获取新知识，达到某一特定的实际目的或目标而开展的初始性研究。应用研究是为了确定基础研究成果的可能用途，或确定实现特定和预定目标的新方法。其研究成果以论文、著作、研究报告、原理性模型或发明专利等形式为主。

试验发展　指利用从科学研究、实际经验中获取的知识和研究过程中产生的其他知识，开发新的产品、工艺或改进现有产品、工艺而进行的系统性研究。其研究成果以专利、专有技术，以及具有新颖性的产品原型、原始样机及装置等形式为主。

R&D 人员　指参与研究与试验发展项目研究、管理和辅助工作的人员，包括项目(课题)组人员，企业科技行政管理人员和直接为项目(课题)活动提供服务的辅助人员。反映投入从事拥有自主知识产权的研究开发活动的人力规模。

R&D 人员全时当量　指全时人员数加非全时人员按工作量折算为全时人员数的总和。例如: 有两个全时人员和三个非全时人员(工作时间分别为20% 、30% 和 70%)，则全时当量为2+0.2+0.3+0.7=3.2 人年。为国际上比较科技人力投入而制定的可比指标。

专利　是专利权的简称，是对发明人的发明创造经审查合格后，由专利局依据专利法授予发明人和设计人对该项发明创造享有的专有权。包括发明、实用新型和外观设计。反映拥有自主知识产权的科技和设计成果情况。

发明　指对产品、方法或者其改进所提出的新的技术方案。是国际通行的反映拥有自主知识产权技术的核心指标。

实用新型　指对产品的形状、构造或者其结合所提出的适于实用的新的技术方案。反映具有一定技术含量的技术成果情况。

外观设计　指对产品的形状、图案、色彩或者其结合所作出的富有美感并适于工业上应用的新设计。反映拥有自主知识产权的外观设计成果情况。

普通高等学校　指通过国家普通高等教育招生考试,招收高中毕业生为主要培养对象,实施高等学历教育的全日制大学、独立设置的学院、独立学院和高等专科学校、高等职业学校及其他普通高教机构。大学、独立设置的学院主要实施本科及本科层次以上的教育。独立学院主要实施本科层次的教育。高等专科学校、高等职业学校实施专科层次的教育。其他普通高教机构是指承担国家普通招生计划任务不计校数的机构,包括普通高等学校分校、大专班等。

成人高等学校　指按照国家规定的设置标准和审批程序批准举办的，通过全国成人高等学校统一招生考试，招收具有高中毕业或同等学历的在职从业人员为主要培养对象，利用函授、业余、脱产等多种形式对其实施高等学历教育的学校。包括职工高等学校、农民高等学校、管理干部学院、教育学院、独立函授学院、广播电视大学、其他机构等。其他机构是承担国家成人招生计划任务不计校数的机构。

小学学龄儿童入学率　指调查范围内已入小学学习的学龄儿童占校内外学龄儿童总数(包括弱智儿童，不包括盲聋哑儿童)的比重。计算公式为:

小学学龄儿童入学率=已入小学学习的学龄儿童数/校内外学龄儿童总数×100%

Explanatory Notes on Main Statistical Indicators

Research and Development (R&D) refers to the creative and systematic work carried out to increase the knowledge stock (including knowledge about human, culture and Society) and design new applications of existing knowledge, including basic research, applied research and experimental development. Basic research and applied research are collectively referred to as scientific research. R&D activities shall meet five conditions: novelty, creativity, uncertainty, systematization and transferability (replicability).

Basic Research refers to a kind of experimental or theoretical work that does not preset any specific application or use purpose. Its main purpose is to obtain the basic principles, laws and new knowledge of phenomena and observable facts. The results are usually presented as general principles, theories or laws, and mainly in the form of papers, works, research reports, etc. Including pure basic research and targeted basic research. Pure basic research is a basic research that does not seek economic or social benefits, nor does it seek the application of achievements, but only for the purpose of adding new knowledge. Directional basic research is the basic research that provides some basic knowledge for the identification and solution of current known or future predictable problems.

Applied Research refers to the initial research carried out to acquire new knowledge and achieve a specific practical purpose or goal. Applied research is to determine the possible use of basic research results, or to determine new methods to achieve specific and predetermined goals. The research results are mainly in the form of papers, works, research reports, theoretical models or invention patents.

Experimental and Development refers to the systematic research conducted to develop new products and processes or improve existing products and processes by using the knowledge obtained from scientific research and practical experience and other knowledge generated in the research process. Its research results are mainly in the form of patents, proprietary technologies, and innovative product prototypes, original prototypes and devices.

R&D Personnel refer to persons engaged in research, management and supporting activities of R&D, including persons in the project teams, persons engaged in the management of S&T activities of enterprises and sup porting staff providing direct service to the research projects. This indicator reflects the size of personnel engaged in R&D activities with independent intellectual property.

Full-time Equivalent of R&D Personnel refers to the sum of the full-time persons and the full-time equivalent of part time persons converted by workload. For instance, if there are 2full-time persons and 3 part time workers (20%, 30% and 70%of working hours respectively on R&D activities), the full-time equivalent is 2+0.2+0.3+0.7=3.2 person-years. This is an internationally comp arable indicator of input of personnel in S&T activities.

Patent is an abbreviation for the patent right and refers to the exclusive right of ownership by the inventors or designers for the creation or inventions, given from the patent offices after due process of assessment and approval in accordance wit h the Patent Law. Patents are grant ed for inventions, utility model sand designs. This indicator reflects the achievements of S&T and design with in dependent intellectual property.

Inventions refer to the new technical proposals to the products or methods or their modifications. This is universal core Indicator reflecting the technologies with independent intellectual property.

Utility Models refer to the practical and new technical proposals on the shape and structure of the product or the combination of both. This indicator reflects the condition of technological results with certain technical content.

Designs refer to the aesthetics and industrially applicable new designs for the shape, pattern and color of the product, or their combinations. This indicator reflects the appearance design achievements with independent intellectual property.

Regular Institutions of Higher Learning refer to full-time universities, independent colleges, higher vocational schools and other ordinary higher education institutions that have passed the national general higher education enrollment examination, recruit high school graduates as the main training objects, and implement higher academic education. Universities and independent colleges mainly implement education at and above the undergraduate level. Independent colleges mainly implement undergraduate education. Colleges and universities and higher vocational schools carry out education at the junior college level. Other general higher education institutions refer to those institutions that undertake the tasks of the national general enrollment plan without counting the number of schools, including the branches of ordinary colleges and universities, junior college classes, etc.

Institutions of Higher Learning for Adults refer to educational establishments, set up in line with relevant rules approved by the government, enrolling staff and workers wit h senior secondary school or equivalent education, and providing higher education of schools.

Enrollment Rate of Primary School Age Children refers to the proportion of school age children enrolled at schools to the total number of school age children both in and outside schools (including retarded children, but excluding blind, deaf and mute children). The formula is:

Enrollment Rate of Primary School-age Children = (Total Primary School-age Children at Schools/Total Primary School-age Children Both at and Outside Schools) × 100%

第十七篇　文化和体育

Chapter 17　Culture and Sports

资料整理：王旨

Database Editor:Wangzhi

简要说明

本篇资料的主要内容及来源

本篇主要反映全省文化和体育事业发展情况。文化部分主要包括艺术、图书馆、群众文化、文物、广播、电视、新闻出版等文化事业的机构、人员及业务活动情况。体育部分包括群众体育和竞技体育，主要内容有竞技体育情况、运动员、教练员和裁判员人数等。

上述资料分别由省文化和旅游厅、省委宣传部、省广电局、省体育局等部门提供，是根据有关部门制定的统计报表制度进行统计、汇总整理而成的。

本篇资料由省统计局社会和科技统计处整理提供。

Brief Introduction

Main Content and Source of Data

Data in this chapter show the development of culture, sports and public health. Data on culture cover mainly the situations on institutions, personnel and business activities of arts, libraries, mass culture, cultural relics, broadcasting, films, televisions, news and publication etc. Data on Sports cover mass sports (sports for all) and athletics sports, including mainly the number of staff and workers in sports departments, number of athletes, coaches and referees etc.Data on Public health include mainly the number of institutions, personnel, hospital beds, number of patients treated and inpatients.

The above mentioned data are provide By the Provincial Department of Culture and Tourism，Publicity Department of Provincial Party Committee, Provincial Administration of Broadcasting, film and Television，Provincial Press and Publication House，the Provincial Commission of Sports, Department of Public Health. Data are collected and tabulated in accordance with the statistical reporting schemes stipulated by the departments concerned.

Data in this chapter are provided and compiled by the Division of Social, Science and Technology Statistics of Fujian Provincial Bureau of Statistics.

17-1 文化事业情况
Statistics on Culture

年份 Year	艺术表演团体(个) Art Performance Troupes(unit)	公共图书馆(座) Public Libraries (unit)	博物馆(座) Museums (unit)	图书出版总印数(万份) Number of Books Published (10000 copies)	期刊出版总印数(万份) Number of Magazines Published (10000 copies)	报纸出版总印数(万份) Number of Newspapers Published (10000 copies)	广播综合人口覆盖率(%) Listener Rating (%)	电视综合人口覆盖率(%) Viewer Rating (%)
1952	62	2		127	109	1916		
1957	113	10	1	1041	63	3559		
1962	119	10	9	1846	96	4221		
1965	115	12	13	3956				
1970	66	10	6					
1975	77	14	10					
1978	101	23	13	6818	388	14784	1.00	
1980	107	26	15	8246	960	14913	40.00	60.00
1985	104	65	24	15603	3375	35847	55.00	65.00
1986	101	68	25	12465	3450	39596	63.00	76.00
1987	98	70	34	17101	4177	44858	63.00	80.00
1988	97	71	42	17047	3429	44135	63.00	80.00
1989	92	73	51	15859	2765	36961	63.00	80.00
1990	91	74	58	16312	3157	41455	67.00	82.00
1991	89	74	61	17667	3688	44176	71.00	84.00
1992	89	75	64	19399	4258	45021	73.00	87.00
1993	90	75	63	17044	4350	45845	76.00	88.00
1994	91	75	62	19745	4004	49208	84.00	89.00
1995	91	78	64	18448	4239	51526	86.00	90.00
1996	91	79	70	21348	3891	53608	90.00	91.00
1997	92	78	76	23282	3974	55027	91.00	94.00
1998	94	80	76	21596	3899	59543	93.00	95.00
1999	93	82	77	21875	3990	64195	95.00	97.00
2000	96	81	81	20298	4463	68897	95.81	97.14
2001	93	82	80	17891	4470	73185	95.97	97.47
2002	94	82	80	19953	4089	79061	96.12	97.62
2003	94	82	79	15595	3937	79809	96.44	97.82
2004	94	83	79	13907	3450	89681	96.45	97.83
2005	91	84	82	10643	2841	87962	96.96	98.10
2006	92	85	84	9840	2902	97246	96.99	98.13
2007	92	85	85	8463	2870	99836	97.05	98.25
2008	90	85	89	7793	2935	103791	97.37	98.34
2009	90	85	93	7689	2828	82900	97.64	98.41
2010	93	86	94	7749	2940	99982	97.80	98.45
2011	93	86	96	8294	3677	111850	98.00	98.54
2012	74	87	94	9078	3660	118783	98.04	98.58
2013	77	88	98	8870	4920	120576	98.20	98.63
2014	72	88	98	8619	4426	111945	98.31	98.70
2015	70	90	98	8800	3970	106072	98.68	98.94
2016	70	90	98	9709	4215	90608	98.96	99.12
2017	426	90	123	10809	3032	83957	99.01	99.15
2018	454	91	128	11461	2481	78555	99.04	99.19
2019	453	93	130	14385	2158	73810	99.62	99.71
2020	558	97	132	13620	2017	69515	99.82	99.85
2021	545	96	140	15467	2003	65213	99.85	99.87

注：2017年起艺术表演团体中含民间艺术表演团体。下同。
Note:Since 2017,Art Performance Troupes included Fork Art Performance Troupes.

17-2 各类文化事业机构数
Number of Cultural Institutions

单位：个　　(unit)

年份 Year	艺术事业 Art Institutions		公共图书馆 Public Libraries	博物馆 Museums	群众文化事业 Mass Culture	
	艺术表演团体 Art Performance Groups	表演场馆 Art Centers			艺术（文化）馆 Art(Cultural) Centers	文化站 Cultural Stations
1952	62	32	2		72	152
1957	113	74	10	1	69	149
1962	119	48	10	9	80	47
1965	115	52	12	13	81	40
1970	66	31	10	6	56	34
1975	77	31	14	10	74	37
1978	101		23	13	82	35
1980	107	26	26	15	85	55
1985	104	55	65	24	88	134
1986	101	64	68	25	88	140
1987	98	67	70	34	88	143
1988	97	71	71	42	88	144
1989	92	71	73	51	89	145
1990	91	75	74	58	90	145
1991	89	75	74	61	90	128
1992	89	77	75	64	90	143
1993	90	77	75	63	90	126
1994	91	78	75	62	90	115
1995	91	78	78	64	90	159
1996	91	79	79	70	90	146
1997	92	78	78	76	90	149
1998	94	79	80	76	90	142
1999	93	79	82	77	90	143
2000	96	80	81	81	90	995
2001	93	83	82	80	90	1042
2002	94	78	82	80	90	1042
2003	94	76	82	79	88	1066
2004	94	74	83	79	88	1001
2005	91	76	84	82	90	1026
2006	92	69	85	84	90	1018
2007	92	67	85	85	91	1050
2008	90	68	85	89	92	1090
2009	90	53	85	93	94	1093
2010	93	51	86	94	95	1095
2011	93	49	86	96	95	1104
2012	74	53	87	94	95	1104
2013	77	49	88	98	98	1139
2014	72	57	88	98	97	1118
2015	70	56	90	98	97	1125
2016	70	58	90	98	97	1125
2017	426	59	90	123	97	1126
2018	454	54	91	128	97	1126
2019	453	57	93	130	97	1122
2020	558	64	97	132	98	1122
2021	545	72	96	140	97	1113

17-3 群众文化（艺术）馆站业务活动及经费情况(2021年)

Basic Statistics on Activities and Expenditures of Mass Art Centers and Cultural(2021)

项目	Item	总计 Total	群众文化（艺术）馆 Mass Cultural(Art) Centers	文化站 Cultural Stations
单位数（个）	Number of Units(unit)	1210	97	1113
从业人员（人）	Persons Employed(person)	4054	970	3084
举办展览（个）	Number of Exhibitions(unit)	3632	895	2737
组织文艺活动（次）	Art Performances and Story-telling Sessions(time)	16444	3659	12785
举办训练班（次）	Training Courses(time)	14285	6428	7857
培训人次（千人次）	Number of Persons Completing Courses(1000 person-times)	651	284	367
组织公益性讲座次数（次）	Number of Organization Public Lectures(time)	756	756	
本年收入总额（千元）	Total Income(1000 yuan)(1000 yuan)	540634	351202	189432
本年支出合计（千元）	Total Expenditures(1000 yuan)	553754	368922	184832

17-4 艺术表演团体按剧种分演出情况(2021年)

Basic Statistics on Art Performance Troupes by Genre(2021)

项目	Item	剧团数（个） Number of Institutions (unit)	从业人员（人） Number of Employed Persons (person)	本年新排上演剧目（个） Plays Showed this Year (unit)	演出场次（千场） Total Number of Performance (1000 shows)	演出观众人数（千人次） Number of Audience (1000 person-times)	艺术表演团体演出收入（千元） Total Income (1000 yuan)
艺术表演团体	**State-owned Art Performance Group**	**545**	**16285**	**135**	**74.8**	**30076**	**376067**
话剧、儿童剧、滑稽剧种	Drama,Children's play and Comedy Troupes	4	215	4	1.0	487	16262
歌舞、音乐类	Class of Song,Dance and Music	65	2331	38	10.5	1458	45742
杂技、魔术、马戏类	Class of Acrobatics,Magic and Circus	7	316	1	0.5	276	4758
京剧、昆曲类	Class of Beijing Opera and Kunqu Opera	2	136	1	0.2	81	1158
京剧	Beijing Opera	2	136	1	0.2	81	1158
地方戏曲类	Local Opera	370	8629	65	47.1	22986	192975
曲艺类	Folk Art	30	600	15	4.9	456	12733
综合性艺术表演团体	Comprehensive Performing Arts Groups	67	4058	11	10.6	4332	102439

17-5 图书、博物馆情况
Basic Statistics on Libraries and Museums

项目 Item	2016	2017	2018	2019	2020	2021
图书馆						
Libraries						
公共图书馆图书总藏量（千册）	30510	33220	37450	42419	46063	53118
Total Collections of Public Library(1000 volumes)						
#图书藏量	24140	26500	30006	34238	37448	42430
Total Collections of Books						
报刊藏量	2437	2550	2659	2910	3007	3206
Total Collections of Newspapers						
视听文献、缩微制品藏量	712	755	787	808	827	1512
Total Collections of Public Library						
组织各类讲座次数（次）	3384	2327	2451	3055	1267	1849
All kinds of Sessions for reader(time)						
各类讲座参加人次（千人次）	416	290	293	403	143	337
Number of Visitors(1000 person-times)						
举办展览次数（次）	836	1092	971	1048	900	1045
Number of Exhibitions(time)						
参观展览人次（千人次）	1738	2420	2653	2112	825	1296
Number of Exhibitions Persons(1000 person-times)						
举办培训班次数（次）	1368	2396	2395	2165	1000	1408
Training Courses(time)						
参加培训班人次（千人次）	119	1100	199	171	47	78
Number of Persons Completing Courses(1000 person-times)						
总流通人次（千人次）	26035	29701	33549	38912	16601	23420
Total Number of Circulation(1000 person-times)						
博物馆						
Museums						
文物藏品（件）	496026	606176	670838	679751	745277	748831
Collection of Cultural Relics(piece)						
#一级品	1083	1097	1094	1094	1115	1097
Grade one						
二级品	2988	3045	3055	3056	3714	3204
Grade two						
三级品	99682	103260	103022	104482	104000	102598
Grade three						
参观人次（千人次）	25454	29330	37154	41668	11937	17789
Number of Visitors(1000 person-times)						
#文物机构青少年参观人次	9068	9780	10720	11822	3388	5388
Number of Visitors						

17-6 图书出版情况
Basic Statistics on Book Published

年份 Year	图书种数(种) Number of Publications (kind)	本版图书种数 Book Publications of Original Edition	#新出 New Publications	总印数 (万册、万张) Total Printed Copies (10000 copies)	#租型 Copies for Rent	总印张 (千印张) Total Pointed Sheets (1000 sheets)	#租型 Copies for Rent	定价总金额 (万元) Total Priced Value (10000 yuan)
1978	347	180	150	6818	3709	258719	160714	
1979	335	157	152	7316	4557	293006	174064	
1980	448	224	197	8246	5459	318718	230922	
1981	606	405	358	12113	5716	448673	220433	3377
1982	620	430	376	9988	5324	335147	196042	2747
1983	903	694	520	11757	5084	374473	182416	3293
1984	979	782	588	11870	4523	424764	168286	4107
1985	1219	976	783	15603	5339	609847	183552	8495
1986	1341	1119	874	12465	5132	443306	192474	6572
1987	1454	1207	823	17101	5431	609655	203602	9702
1988	1434	1183	716	17047	5233	614164	202373	13970
1989	1734	1449	1035	15859	5164	579815	195930	16998
1990	1799	1518	1034	16312	5370	588903	198660	18774
1991	1956	1709	1096	17667	5367	687789	212078	26176
1992	2200	1939	1089	19399	6229	747055	255252	28563
1993	2237	1988	1404	17044	5820	692582	269185	33137
1994	2658	2379	1548	19745	6316	786552	306980	52794
1995	2346	2041	1285	18448	6554	799268	350580	60411
1996	2765	2456	1457	21348	7316	923246	392633	87917
1997	2713	2403	1400	23282	7740	1012534	444673	94820
1998	2864	2545	1551	21596	8188	1004826	475610	105493
1999	3250	2956	1688	21875	7942	1021736	458774	107293
2000	2879	2637	1518	20298	7062	969527	444525	99604
2001	2395	2140	1464	17891	7470	933277	475153	83157
2002	3011	2692	2127	19953	7752	1079027	511177	106245
2003	2950	2591	1881	15595	7236	935650	496601	96910
2004	3049	2641	1771	13907	6306	1123920	726166	91232
2005	2943	2623	1693	10643	5066	691813	394674	74571
2006	3002	2692	1793	9840	4458	687082	346972	71235
2007	2966	2678	2009	8463	3902	622153	285318	68507
2008	3471	3259	2265	7793	2501	491166	152947	76128
2009	3422	3246	2052	7689	2197	561484	147631	83165
2010	3574	3415	2320	7749	2169	585841	146601	86650
2011	3774	3568	2401	8294	2621	591332	182355	94065
2012	3629	3417	2329	9078	3078	683578	217612	106475
2013	3547	3320	2283	8870	3208	699137	233615	109569
2014	3653	3456	2442	8619	3099	660192	226916	108127
2015	3579	3395	2318	8800	3197	700447	234302	116504
2016	4154	3954	2620	9709	3309	792968	246575	143426
2017	4493	4289	2545	10809	3709	856126	262909	163964
2018	4568	4359	2372	11461	3677	927633	267531	180039
2019	4587	4379	2226	14385	4208	1112785	296365	213280
2020	4621	4405	2267	13620	4580	1109429	331109	231094
2021	5053	4834	2354	15467	4919	1244955	354248	274204

17-7 图书出版分类情况(2021年)
Composition of Books Published(2021)

项目 Item	图书种数(种) Book Publications of Original Edition (kind)	#本版图书新出 New Publications	总印数(万册、万张) Printed Copies (10000 copies)	#新出 New Publications	总印张(千印张) Printed sheets (1000 sheets)	#新出 New Publications
总　计 Total	**5053**	**2354**	**15467**	**2416**	**1244955**	**218080**
#使用“中国标准书号”合计 Publications with "China International Standard Book Number"	5053	2354	15467	2416	1244950	218075
马列主义、毛泽东思想 Marxism-Leninism,Mao Zedong Thought	5	1	1	0.06	326	11
哲学 Philosophy	50	27	38	13	5026	1828
社会科学总论 General Social Sciences	26	18	6	4	1127	646
政治、法律 Politics and Law	135	95	320	54	21718	4701
军事 Military Affairs	7		13		3088	
经济 Economics	150	106	42	23	8870	4055
文化、科学、教育、体育 Culture, Science, Education and Sports	2814	910	13439	1448	1065824	133875
语言、文字 Languages	96	43	52	13	4552	2044
文学 Literature	697	395	980	564	69598	33008
艺术 Arts	210	153	100	59	8640	6189
历史、地理 History and Geography	297	239	118	93	16884	13590
自然科学总论 General Natural Sciences	7	7	7	7	548	548
数理科学、化学 Mathematics and Chemistry	43	19	21	8	2398	943
天文学、地球科学 Astronomy and Geology	14	9	8	6	882	701
生物科学 Biology	39	29	39	27	3029	2572
医学、卫生 Medicine and Health Care	132	78	77	24	13383	3918
农业科学 Agricultural Science	57	29	30	10	3211	1302
工业技术 Industrial Technology	147	91	68	28	9902	4507
交通运输 Transportation	12	5	10	1	740	172
航空、航天 Aerospace	4	2	3	1	202	102
环境科学 Environmental Science	24	12	62	2	1873	303
综合性图书 General Books	87	86	33	32	3130	3058

17-8 书刊报纸出版情况
Books, Magazines and Newspapers Published

年份 Year	出版社（个） Publishing Houses (unit)	出版种数（种） Number of Publications(kinds)			总印数（万份） Printed Copies(10000 copies)		
		图书 Books	期刊 Magazines	报纸 Newspaper	图书 Books	期刊 Magazines	报纸 Newspaper
1978	1	347	8	4	6818	388	14784
1980	4	448	28	6	8246	960	14913
1985	9	1219	114	32	15603	3375	35847
1986	9	1341	119	31	12465	3450	39596
1987	9	1454	124	38	17101	4177	44858
1988	10	1434	126	31	17047	3429	44135
1989	10	1734	128	31	15859	2765	36961
1990	10	1799	123	31	16312	3157	41455
1991	10	1956	126	32	17667	3688	44176
1992	10	2200	134	35	19399	4258	45021
1993	10	2237	139	41	17044	4350	45845
1994	11	2658	150	43	19745	4004	49208
1995	11	2346	159	47	18448	4239	51526
1996	11	2765	159	47	21348	3891	53608
1997	11	2713	157	48	23282	3974	55027
1998	11	2864	159	48	21596	3899	59543
1999	11	3250	134	49	21875	3990	64195
2000	11	2879	187	61	20298	4463	68897
2001	11	2395	189	64	17891	4470	73185
2002	11	3011	186	66	19953	4089	79061
2003	11	2950	186	66	15595	3937	79809
2004	11	3049	176	58	13907	3450	89681
2005	11	2943	174	58	10643	2841	87962
2006	11	3002	174	59	9840	2902	97246
2007	11	2966	176	59	8463	2870	99836
2008	12	3471	174	59	7793	2935	103791
2009	12	3422	175	59	7689	2828	82900
2010	12	3574	175	59	7749	2940	99982
2011	12	3774	177	60	8294	3677	111850
2012	12	3629	176	46	9078	3660	118783
2013	11	3547	176	42	8870	4920	120576
2014	11	3653	176	42	8619	4426	111945
2015	11	3579	176	45	8800	3970	106072
2016	11	4154	176	42	9709	4215	90608
2017	11	4493	176	42	10809	3032	83957
2018	11	4568	176	43	11461	2481	78555
2019	11	4587	174	42	14385	2158	73810
2020	11	4621	174	42	13620	2017	69515
2021	11	5053	174	42	15467	2003	65213

注：2012年起报纸出版种类及印数不含校报。
Note:Since 2012,Number of Newspaper Publications do not included school-paper.

17-9 音像电子出版物出版情况
Publication on Audio-Video and Electronic Products

项目	Item	2010 种数（种）Type (kinds)	2010 数量（万张）Volume (10000 sheets)	2015 种数（种）Type (kinds)	2015 数量（万张）Volume (10000 sheets)	2020 种数（种）Type (kinds)	2020 数量（万张）Volume (10000 sheets)	2021 种数（种）Type (kinds)	2021 数量（万张）Volume (10000 sheets)
出版	Publication								
录音制品	Audio Products	86	70.22	31	6.79	15	1.95	22	3.52
录像制品	Video Products	414	321.01	28	16.72	29	12.55	12	3.25
电子出版物	E-journals	52	10.31	39	24.58	20	6.38	33	9.83
复制	Reproduction								
磁带制品	Tape Products		30.00		8.33		0.75		0.06
光盘制品	CD Products		4951.31		1082.88		11.98		9.52

17-10 广播电视事业发展情况
Statistics on Radio and Television

项目	Item	2010	2015	2020	2021
广播电台数量（座）	Number of Radio and TV(unit)				
广播电台	Radio	10	6	4	4
电视台	TV	10	7	5	5
广播电视台	Radio and TV	65	65	68	68
节目套数（套）	Number of Radio Programs(sets)				
广播	Radio	88	90	93	93
电视	TV	38	41	100	98
全年播出节目时间（万小时）	Length of Public Radio Programs Broadcasted(10000 hours)				
广播	Radio	50.58	52.41	52.62	52.91
电视	TV	33.40	36.49	42.35	47.66
全年节目制作时间（万小时）	Length of Radio Programs Produced (10000 hours)				
广播	Radio	25.09	25.37	25.20	23.99
电视	TV	5.54	7.40	5.54	5.54
人口覆盖率（%）	Coverage Rate of the Population(%)				
广播	Radio	97.80	98.68	99.82	99.85
电视	TV	98.45	98.94	99.85	99.87
有线广播电视用户（万户）	Users of Cable Radio and TV(10000 households)(10000 household)	613.16	730.68	726.77	733.45
#数字电视用户	Users of Digital TV	289.45	689.18	726.77	733.45
付费数字电视用户	Paying Users	18.90	306.81	551.41	534.95
#双向电视用户	Both-way Users		53.51	465.58	427.20
广播电视网络互联网用户数（万户）	Indicator(10000 household)		33.60	201.49	228.31
有线电视入户率（%）	Coverage Rate of the Population(%)	61.40	69.07	57.63	62.67
广播电视总收入（亿元）	Income of Radio and TV(100 million yuan)	45.83	99.34	210.50	314.26
实际创收收入（亿元）	Realized Income(100 million yuan)	38.38	71.96	164.24	252.86
#广告收入	Advertising Income	16.23	19.85	44.79	93.56
#广播广告收入	Radio	1.85	4.05	2.13	2.14
电视广告收入	TV	13.36	13.66	7.74	7.77
网络收入	Network Income	16.13	26.11	39.97	39.62
广播电视节目销售收入	Sales Revenue		3.65	5.12	9.51

17-11 广播电视制作播出情况
Statistics on Radio and Television Production and Broadcasting

项目 Item	2010	2015	2020	2021
广播				
Broadcasting				
本年广播节目制作（小时）	250854	253719	251980	239943
Produced Programs of Broadcasting the Current Year(hours)				
#新闻资讯类	50761	52818	57345	52786
News and Messages				
专题服务类	57467	66807	64619	56583
Special Service				
综艺益智类	79608	76749	62693	56242
General arts				
广告类	16489	17001	7559	7585
Adierticsement				
平均每日播音时间（小时）	1385	1436	1442	1450
Average Broadcasting Time per-day(hours)				
#播出自制节目	879	855	865	836
Homemade Program				
购买交换节目	34	86	126	154
Purchased Exchange Program				
电视				
Television				
有线广播电视用户数（万户）	613.16	730.68	726.77	733.45
Users of Cable TV(10000 household)				
#数字电视用户数	289.45	689.18	726.77	733.45
Users of Digital TV				
本年电视节目制作（小时）	55424	73986	55417	55382
Programs of Television the Current Year(hours)				
#新闻资讯类	20553	25814	25285	24223
News and Messages				
专题服务类	13377	18265	14112	14084
Special Service				
综艺益智类	4713	5519	2964	2381
General arts				
影视剧类	1052	495	253	302
Films and Plays				
广告类	5776	5914	4858	4407
Adierticsement				
本年制作电视剧（集）	287	108	150	339
Produced Television Plays the Current Year(volumes)				
平均每周播出时间（小时）	6406	6997	8144	9166
Average Television Time Per-week(hours)				
全年电视剧播出数（集）	105903	108101	129278	142042
Number of Television Plays the Current Year(volumes)				

17-12 各设区市有线电视用户数
Number of Users of Cable Television by City

单位：万户 (10000 households)

地区	Area	2000	2005	2010	2015	2020	2021
全　省	**Total**	**280.00**	**422.98**	**613.16**	**730.68**	**726.77**	**733.45**
福州市	Fuzhou	67.82	111.75	163.91	187.66	152.02	152.31
厦门市	Xiamen	25.19	37.28	64.60	80.83	74.26	77.90
莆田市	Putian	19.85	25.34	36.70	45.82	49.34	49.87
三明市	Sanming	19.98	31.20	39.69	49.93	51.94	52.56
泉州市	Quanzhou	41.64	68.07	97.47	126.48	139.76	139.79
漳州市	Zhangzhou	19.57	37.86	73.04	81.80	86.92	87.38
南平市	Nanping	35.31	44.69	55.58	64.85	67.09	66.53
龙岩市	Longyan	24.35	29.04	33.20	41.33	48.72	49.82
宁德市	Ningde	26.29	37.75	48.97	51.98	56.71	57.29

17-13 各设区市电视节目综合人口覆盖率
Television Coverage of Population by City

单位：% (%)

地区	Area	2000	2005	2010	2015	2020	2021
全　省	**Total**	**97.14**	**98.10**	**98.45**	**98.94**	**99.85**	**99.87**
福州市	Fuzhou	97.65	98.28	98.59	99.17	100.00	100.00
厦门市	Xiamen	97.05	99.59	98.68	100.00	100.00	100.00
莆田市	Putian	97.35	98.09	98.30	98.59	100.00	100.00
三明市	Sanming	98.28	98.59	99.08	99.17	99.63	99.70
泉州市	Quanzhou	97.60	98.15	98.18	98.39	99.93	99.95
漳州市	Zhangzhou	97.30	98.11	99.02	99.15	99.74	99.75
南平市	Nanping	96.07	97.44	98.13	98.64	99.45	99.54
龙岩市	Longyan	96.00	98.48	98.92	98.57	99.79	99.85
宁德市	Ningde	95.95	96.93	97.34	99.30	99.86	99.87

17-14 当年在聘技术等级运动员人数
Full-time Technological Athletes by Grade

单位：人 (person)

项目	Item	2015	2016	2017	2018	2019	2020	2021
等级运动员	**Number of Athletes in Grades**	**1469**	**1544**	**1163**	**1578**	**2161**	**967**	**1652**
#女	Female	585	606	451	646	861	349	659
国际级运动健将	International Master of Sports	7						
#女	Female	5						
国家级运动健将	National Master of Sports	66	8	2			12	
#女	Female	32	2	2			10	
一级运动员	First Grade Sportsman	405	398	313	421	555	234	423
#女	Female	163	165	104	186	230	113	185
二级运动员	Second Grade Sportsman	991	1138	848	1157	1606	721	1229
#女	Female	365	439	345	460	631	226	474

17-15 竞技体育比赛奖牌情况
Medals of Athletic Games

单位：枚

项目	Item	2000	2005	2010	2015	2020	2021
世界比赛	**International Games**	**8**	**25**	**37**	**18**		**9**
金牌	Gold Medals	6	15	15	12		4
银牌	Silver Medals	1	8	12	4		3
铜牌	Bronze Medals	1	2	10	2		2
亚洲比赛	**Asia Games**	**20**	**19**	**40**	**25**		**12**
金牌	Gold Medals	10	8	22	15		9
银牌	Silver Medals	6	8	7	5		3
铜牌	Bronze Medals	4	3	11	5		0
全国比赛	**National Games**	**191**	**134**	**111**	**108**	**136**	**124**
金牌	Gold Medals	67	46	48	40	42	49
银牌	Silver Medals	59	51	32	34	45	35
铜牌	Bronze Medals	65	37	31	34	49	40

注：1.2017年在全运会上与其他省份合作取得奖牌按0.5枚统计；
2.2020年受疫情影响无国际赛事。

Note:1.In 2017,The Number of Medals in cooperation with other provinces in the National Games is calculated by 0.5;
2.In 2020,No international events affected by the epidemic.

主要统计指标解释

文化事业机构　指从事专业文化工作和为专业文化工作服务的独立建制的单位。不包括这些单位另外举办独立核算的其他机构和各部门的业余文化组织。该指标主要反映文化事业机构发展规模水平。

艺术表演团体　指由文化和旅游部门主办或实行行业管理（经文化和旅游行政部门审批并领取营业性演出许可证），专门从事表演艺术等活动的各类专业艺术表演团体，含民间职业剧团。（不包括群众业余文艺表演团队）。

艺术表演观众人数（人次）　指售票、包场演出或民族地区免费演出的艺术表演观众人次数，不包括彩排审查和内部观摩演出的观看人次数。该指标主要反映观看专业艺术表演团体演出的效益规模。

等级运动员人数　是指经各级体育行政部门正式批准授予技术等级的运动员，分为国际级运动健将、运动健将、一级运动员、二级运动员。

Explanatory Notes on Main Statistical Indicators

Cultural Institutions refer to units, which have their own organizational system and independent accounting system and specialize in or serve cultural development. They exclude other establishments run by these cultural institutions and amateur cultural groups established by various departments. This indicator reflects the development of cultural units.

Art Troupe refer to all kinds of professional art performance groups, including folk professional troupes, which are sponsored by the cultural and tourism departments or are subject to industry management (approved by the cultural and tourism administrative departments and obtain business performance licenses) and are specialized in performing arts and other activities (excluding the mass amateur art performance team).

Number of Spectators at Art Performance refers to the number of attendants at commercial shows, completely booked shows or free shows given in minority national areas, and does not include the number of spectators at rehearsals for examination and internal shows for study. This indicator reflects beneficial results of.

Number of Athletes in Grades refers to the athletes who have been officially approved by the sports administrative departments at all levels to be awarded technical levels. They are divided into international athletes, athletes, first-class athletes and second-class athletes.

Explanatory Notes on Main Statistical Indicators

第十八篇　卫生事业

Chapter 18　Health

资料整理：王旨

Database Editor:Wangzhi

简 要 说 明

本篇资料的主要内容及来源

本篇主要反映全省卫生事业发展情况。主要内容为卫生机构、人员、床位数，医院诊疗人次及入院人数。

上述资料由省卫生和健康委员会提供，是根据有关部门制定的统计报表制度进行统计、汇总整理而成的。

本篇资料由省统计局社会和科技统计处整理提供。

Brief Introduction

Main Content and Source of Data

Data in this chapter show the development of culture, sports and public health. Data on culture cover mainly the situations on institutions, personnel and business activities of arts, libraries, mass culture, cultural relics, broadcasting, films, televisions, news and publication etc. Data on Sports cover mass sports (sports for all) and athletics sports, including mainly the number of staff and workers in sports departments, number of athletes, coaches and referees, number of stadiums and gymnasiums etc.Data on Public health include mainly the number of institutions, personnel, hospital beds, number of patients treated and inpatients.

The above mentioned data are provide By the Provincial Department of Hygiene and Health. Data are collected and tabulated in accordance with the statistical reporting schemes stipulated by the departments concerned.

Data in this chapter are provided and compiled by the Division of Social, Science and Technology Statistics of Fujian Provincial Bureau of Statistics.

18-1 医疗卫生机构和人员情况
Statistics of Health Institutions and Persons

项目 Item	医疗卫生机构数(个) Number of Health Institutions (unit)	#医院、卫生院 Hospitals	医疗卫生机构床位数(张) Number of Beds in Health Institution (set)	#医院、卫生院 Hospitals	卫生技术人员数(人) Medical Technical Personnel (person)	#执业(助理)医师数 Doctors	每千人口拥有 Per 1000 Persons 医疗卫生机构床位数(张) Number of Beds (set)	每千人口拥有 Per 1000 Persons 执业(助理)医师数(人) Doctors (persons)
1952	633	113	6933	5902	17281	11416	0.5	0.9
1957	2068	132	10898	9902	26076	15022	0.7	1.0
1962	7434	211	27058	16958	40560	18001	1.7	1.1
1965	6757	420	28246	21818	42692	20437	1.6	1.2
1970	4297	922	31520	25322	34876	15795	1.6	0.8
1975	3403	1070	44905	38746	47059	20404	1.9	0.9
1978	3809	1111	51505	45331	54855	22097	2.1	0.9
1979	4118	1117	52779	46121	56913	21393	2.1	0.9
1980	4191	1130	53001	46772	58764	21033	2.1	0.8
1985	4816	1154	58414	52041	74204	26992	2.1	1.0
1990	4885	1198	68073	60664	86772	35696	2.2	1.2
1995	4537	1257	73644	65919	92811	39130	2.3	1.2
1996	4543	1298	83684	75676	93614	40253	2.6	1.2
1997	10059	1306	88710	80935	94993	40775	2.7	1.2
1998	10159	1315	89280	81759	97361	41924	2.7	1.3
1999	10154	1313	90091	82259	97548	31652	2.7	1.0
2000	9807	1323	90091	82389	97569	41461	2.6	1.2
2001	9765	1331	89769	82125	99440	42414	2.6	1.2
2002	8740	1318	84599	80463	95059	40253	2.5	1.2
2003	8525	1323	86634	79503	96902	41252	2.5	1.2
2004	8672	1315	87836	80523	100502	43586	2.5	1.2
2005	7932	1318	88239	81268	100937	44309	2.5	1.2
2006	9652	1307	91533	84289	106586	46051	2.6	1.3
2007	9230	1307	89366	82603	111192	46628	2.5	1.3
2008	7773	1302	98482	90811	119250	50659	2.7	1.4
2009	6984	1288	104222	95980	127446	51959	2.8	1.4
2010	6999	1325	112334	103933	140133	55402	3.0	1.5
2011	7285	1355	123784	114824	155729	59225	3.3	1.6
2012	7584	1399	139172	129194	172532	63449	3.7	1.7
2013	7672	1421	156149	144132	189187	67087	4.0	1.7
2014	27913	1437	164781	152529	206545	75372	4.2	1.9
2015	27921	1450	173199	160011	213162	78173	4.4	2.0
2016	27658	1470	178902	165177	220889	80131	4.5	2.0
2017	27217	1489	183418	170440	231546	84045	4.5	2.1
2018	27588	1522	192513	178757	247346	91100	4.7	2.2
2019	27788	1560	202374	188146	263427	99532	4.9	2.4
2020	28152	1585	216753	202189	278397	105546	5.2	2.5
2021	28693	1600	223813	209421	294376	111058	5.3	2.7

注：1.2002年以前，执业(助理)医师数系医生数。
2.2002年及以后医疗卫生机构数为登记注册数。
3.2014年村卫生室计入医疗卫生机构数中。

Note:a)Before 2002, the number of doctors are the certified (assistant) doctors.
b)Since 2002, the number of medical and health institutions are the number of registrations.
c)In 2014, the village clinics were included in the number of medical and health institutions.

18-2 各类医疗卫生机构数
Number of Health Institutions

单位：个　　(unit)

项目 Item	2000	2005	2010	2015	2019	2020	2021
合　计 Total	**9807**	**7932**	**6999**	**27921**	**27788**	**28152**	**28693**
医院 Hospitals	**333**	**365**	**457**	**570**	**678**	**695**	**711**
基层医疗卫生机构 Grassroots Health Institutions	**9059**	**7220**	**6174**	**25875**	**26596**	**26949**	**27463**
社区卫生服务中心(站) Health service centers in Communities		392	499	528	663	706	725
卫生院 Rural Township Hospitals	990	953	868	880	882	890	889
门诊部 Clinics	87	303	432	512	1181	1409	1667
诊所、卫生所、医务室 Clinigues,Health Clinic,Infirmaries	7982	5572	4375	4945	6274	6771	7335
村卫生室 Village Clinics				19010	17596	17173	16847
专业公共卫生机构 Professional Public Health Institutions	**218**	**276**	**296**	**1402**	**420**	**403**	**392**
疾病预防控制中心 Sanitation and Antiepidemic Stations	101	93	94	96	96	98	100
专科疾病防治院 Specialized Prevention & Treatment Centers	73	34	25	23	24	22	23
健康教育所 Health Education Centers	33	7	1				
妇幼保健院、所、站 Maternity and Child Care Centers	11	89	87	87	91	95	94
急救中心 First-aid Centers		10	7	7	11	12	13
采供血机构 Blood Collected and Supplied Centers		10	9	9	9	9	10
卫生监督所 Sanitation Supervision Centers		33	73	86	87	88	87
计划生育技术服务机构 Family Planning Technical Service Institution				1094	102	79	65
其他卫生机构 Other Health Institutions	**197**	**71**	**72**	**74**	**94**	**105**	**127**
疗养院 Sanatorium	12	16	11	11	7	5	5
医学科学研究机构 Research Institutions of Medical Science	13	9	8	8	8	8	6
医学在职培训机构 Sanitation Supervision and Inspection Centers	36	26	25	23	16	15	17
其他 Other Institutions	136	20	28	32	63	77	99

注:2014年村卫生室计入医疗卫生机构数中。
Note:Since 2014,number of village clinics was included in health care institutions.

18-3 各类医疗卫生机构床位数
Number of Beds in Health Institutions

单位：张 (set)

项目 Item	2000	2005	2010	2015	2019	2020	2021
合　计 Total	**90091**	**88239**	**112334**	**173199**	**202374**	**216753**	**223813**
#医院 Hospitals	58505	58694	80938	129609	156893	169245	176316
疗养院 Sanatorium		2497	1769	2527	1558	1300	1060
社区卫生服务中心(站) Health service centers in Communities		516	2426	3201	3983	4334	4346
卫生院 Rural Township Hospitals	23884	22574	22995	30402	31523	32944	33105
门诊部 Clinics	485	116	77	39			
妇幼保健院、所、站 Maternity and Child Care Centers		2107	3383	5709	6628	7218	6827
专科疾病防治院 Specialized Prevention & Treatment Centers		1628	706	1681	1743	1666	2113

18-4 各类卫生技术人员数
Number of Medical Technical Personnel by Category

单位：人 (person)

项目 Item	2000	2005	2010	2015	2019	2020	2021
合　计 Total	97569	100937	140133	213162	263427	278397	294376
#执业医师 Chartered Doctors	31966	36668	48789	66162	85089	90384	95297
执业助理医师 Assistant Chartered Doctors	9495	7641	6613	12011	14443	15162	15761
注册护士 Certified Nurses	31430	34195	53820	90503	116284	122476	130171
药师（士） Pharmacists	9212	9128	10027	13865	15475	15993	16728
检验人员 Laboratory Technicians	3764	4620	7582	7720	9895	10532	11344

注:2014年起各类卫生技术人员数含村卫生室卫生技术人员。

Note:Since 2014,number of medical technical personnel of village clinics was included in number of medical technical personnel by category.

18-5 各类医疗卫生机构情况(2021年)
Statistics of Health Institutions by Category(2021)

项目 Item	医疗卫生机构（个） Number of Health Institutions (unit)	医疗床位（张） Hospital Beds (set)	卫生技术人员（人） Medical Technical Personnel (person)	#职业(助理)医师 Doctors	#注册护士 Certified Nurses
合　计 Total	**28693**	**223813**	**294376**	**111058**	**130171**
医院 Hospitals	711	176316	176424	57775	90143
综合医院 Integrated Hospitals	381	112015	123024	40788	63558
中医医院 Hospitals of Traditional Chinese Medicine	88	21856	23478	8335	10389
中西医结合医院 Hospitals Integrating Traditional Chinese Medicine with Western Medicine	9	3129	3507	1222	1732
民族医院 National Hospital	1	60	42	15	18
专科医院 Specialized Hospitals	224	38576	26063	7325	14299
护理院 Nursing Home	8	680	310	90	147
基层医疗卫生机构 Grassroots Health Institutions	27463	37451	95586	45690	33036
社区卫生服务中心(站) Health service centers in Communities	725	4346	14399	5982	5277
卫生院 Rural Township Hospitals	889	33105	34752	12588	12340
门诊部 Clinics	1667	0	20976	10938	7809
诊所、卫生所、医务室 Clinigues,Health Clinic,Infirmaries	7335	0	19080	10449	7067
村卫生室 Village Clinics	16847	0	6369	5733	543
专业公共卫生机构 Professional Public Health Institutions	392	8986	20266	7104	6378
疾病预防控制中心 Sanitation and Antiepidemic Stations	100	0	5200	2300	472
专科疾病防治院 Specialized Prevention & Treatment Centers	23	2113	999	365	375
妇幼保健院、所、站 Maternity and Child Care Centers	94	6827	11460	4182	4965
急救中心 First-aid Centers	13	46	366	145	193
采供血机构 Blood Collected and Supplied Centers	10	0	618	69	342
卫生监督所 Sanitation Supervision Centers	87	0	1503	0	0
计划生育技术服务机构 Family Planning Technical Service Institution	65	0	120	43	31
其他卫生机构 Other Institutions	127	1060	2110	489	614
疗养院 Sanatorium	5	1060	241	51	146
医学科学研究机构 Research Institutions of Medical Science	6	0	43	29	1
医学在职培训机构 Sanitation Supervision and Inspection Centers	17	0	49	25	15
其他 Others	99	0	1777	384	452

18-6 基层医疗卫生机构情况(2021年)
Statistics of Grassroots Health Institutions(2021)

项目 Item	社区卫生 Health Service Stations in Communities	卫生院 Health Institutes	门诊部 Outpatient Department	诊所、卫生所、医务室 Clinic,Health Clinic,Infirmaries	村卫生室 Village Clinics
机构数（个） **Number of Institutions(unit)**	**725**	**889**	**1667**	**7335**	**16847**
卫生技术人员数（人） **Number of Health Technical Personnel**	**14399**	**34752**	**20976**	**19080**	**6369**
#执业医师 Chartered Doctors	5037	8846	9190	8986	1522
执业助理医师 Assistant Chartered Doctors	945	3742	1748	1463	4211
注册护士 Certified Nurses	5277	12340	7809	7067	543
药师（士） Pharmacists	1371	3377	959	1091	93
检验人员 Laboratory Technicians	555	1649	540	42	0

18-7 农村村级卫生组织情况
Health Organizations in Rural Areas at Village Level

项目 Item	2000	2005	2010	2015	2020	2021
村设置医疗点数（个） Medical Treatment Stations of Villages(unit)	17476	18222	19976	19010	17173	16847
执业（助理）医师（人） Chartered(Assistant) Doctors(person)		2478	3390	3513	5107	5733
注册护士（人） Certified Nurses(person)			264	329	595	543
乡村医生和卫生人员数（人） Number of Rural Doctors and Medical Personnel(person)	30769	30384	28868	26902	19397	16793
乡村医生 Rural Doctors	20974	29139	28405	26113	18846	16650
卫生员 Medical Personnel	9795	1245	463	789	551	143

18-8 各类医院医疗服务情况
Medical Services of Hospitals

年份 Year	诊疗人数（万人次） Total Number Of Patients Treated	#门急诊 Out-patients And Emergency Patients	入院人数（万人） Hospital Admissions (10000 persons)	出院人数（万人） Hospital Discharged (10000 persons)	病床周转数（次） Turnover of Beds (time)
1980	1561.87	1543.53	51.58	51.47	22.90
1985	1895.08	1794.93	70.98	58.39	24.60
1986	1931.00	1828.71	72.62	72.43	24.30
1987	2425.69	2293.21	83.22	68.38	24.90
1988	2460.94	2428.99	88.62	88.56	25.70
1989	2299.53	2272.22	89.57	89.65	25.00
1990	2410.01	2380.83	91.62	57.60	24.70
1991	2471.20	2328.25	97.55	79.39	26.00
1992	2496.94	2488.74	93.18	93.14	24.90
1993	2930.23	2629.02	94.29	94.33	22.60
1994	2749.75	2614.02	100.03	98.29	23.50
1995	2709.47	2580.12	91.68	91.19	21.70
1996	2838.69	2565.51	79.10	79.09	19.00
1997	3249.23	2772.14	81.58	81.44	17.60
1998	3351.09	2932.52	85.10	84.54	18.10
1999	3157.56	2984.98	89.91	89.57	18.40
2000	3326.20	3097.08	98.76	99.26	20.77
2001	3201.92	2990.75	105.81	105.81	22.21
2002	3288.68	3027.07	128.70	110.23	22.73
2003	3430.00	3315.44	115.45	116.29	23.72
2004	3767.08	3685.85	129.57	129.53	24.79
2005	4248.77	4039.31	137.95	139.26	26.26
2006	4421.39	4305.12	152.28	152.13	26.81
2007	4674.58	4522.88	167.07	166.15	30.30
2008	5872.06	5786.21	205.17	204.78	30.97
2009	5850.61	5785.27	206.81	207.10	32.53
2010	6558.16	6525.56	271.45	270.89	34.08
2011	7200.56	7161.82	308.97	308.37	35.12
2012	8182.96	8121.59	364.95	364.41	37.32
2013	8772.14	8683.32	390.81	388.85	35.90
2014	9333.62	9238.56	411.46	410.71	35.20
2015	9310.82	9230.45	409.86	408.94	33.73
2016	9642.67	9569.44	425.27	424.45	33.49
2017	9881.51	9775.34	446.10	444.37	33.90
2018	10157.32	10038.41	467.93	467.77	33.70
2019	10851.16	10752.37	497.43	496.28	33.40
2020	9521.11	9416.75	448.60	449.01	28.40
2021	10721.89	10645.79	481.75	481.02	29.10

18-9 医院、卫生院、妇幼保健院医疗服务情况(2021年)

Medical Services of Hospitals,Institutes of Health and Health-Centers(2021)

项目 Item	诊疗人数（万人次） Number of Patients Treated (10000 person-times)	#门急诊 Out-patients And Emergency Patients	入院人数（万人） Hospital Admissions (10000 persons)	出院人数（万人） Hospital Discharged (10000 persons)	死亡率（%） Death Rate (%)	病床周转数（次） Turnover of Beds (time)	病床使用率（%） Usage of Beds (%)
医院 Hospitals	**10721.89**	**10645.79**	**481.75**	**481.02**	**0.18**	**29.10**	**73.53**
#综合医院 Integrated Hospitals	7771.59	7714.48	358.54	358.04	0.20	34.30	73.15
中医医院 Hospitals of Traditional Chinese Medicine	1763.95	1749.45	58.15	58.07	0.17	28.40	69.82
专科医院 Specialized Hospitals	962.02	960.14	54.92	54.74	0.04	14.90	76.96
卫生院 Rural Township Hospitals	**3945.39**	**3416.22**	**53.87**	**53.81**	**0.01**	**16.90**	**31.02**
妇幼保健院 Maternity and Child Care Centers	**938.01**	**922.53**	**19.54**	**19.59**	**0**	**31.60**	**43.04**

注:本表死亡率是指入院后死亡人数与入院人数之比。

Note:The death rate in this table is ratio death number to admission number after admission.

18-10 防病工作情况

Basic Condition of Disease Prevention

项目	Item	2010	2015	2019	2020	2021
甲乙类传染病发病总例数（万个）	Number of Incidence from infectious disease(A、B) (10000 unit)	10.61	22.82	22.12	15.31	16.31
传染病发病率(1/10万)	Incidence Disease Rate (1/100 000)	559.18	599.62	561.28	385.24	392.54
传染病死亡总人数（人）	Number of Death from infectious disease(person)	231	172	261	256	293
传染病死亡率(1/10万)	Death Rate (1/100 000)	0.64	0.45	0.66	0.64	0.71
结核病登记病人数(例)	Number of register of Tuberculosis (person)	20850	16602	15998	14650	13712
登记患病率（‰）	Register sicken Rate(‰)	0.57	0.44	0.41	0.37	0.33
结核病新发病人数(例)	Number of New Incidence from Tuberculosis(person)	19439	16016	14467	13785	12855
结核病登记新发病率(1/10万)	Register New Incidence Disease Rate (1/100 000)	54.00	42.44	36.99	34.98	30.95
“五苗”接种率（%）	Five Type of Bacterin inoculability Rate(%)	99.50	99.91	99.70	99.76	99.69
乙肝疫苗全程接种率（%）	Hepatitis B Bacterin Quite inoculability Rate(%)	99.75	99.94	99.76	99.78	99.75

18-11 法定报告传染病发病及死亡情况(2021年)
Incidence and Death from Infectious Diseases(2021)

项目	Item	发病率(1/10万) Incidence Disease Rate (per100 000)	死亡率(1/10万) Death Rate(per 100 000)	病死率（%） Mortality
总计	**Total**	**392.54**	**0.71**	**0.18**
病毒性肝炎	Viral Hepatitis	97.46	0.01	0.01
痢疾	Dysentery	0.43		
伤寒副伤寒	Typhoid and Paratyphoid Fever	0.97		
艾滋病	AIDS	2.58	0.62	24.21
淋病	Gonorrhea	13.89		
梅毒	Syphilis	50.36	0.01	0.02
麻疹	Measles	0.02		
百日咳	Whooping Cough	0.81		
流脑	Epidemic Encephalitis			
猩红热	Scarlet Fever	1.42		
出血热	Hemorrhage Fever	0.57		
狂犬病	Hydrophobia			100.00
布氏杆菌病	Brucellosis	0.44		
乙脑	Encephalitis B			
疟疾	Malaria	0.03		
新生儿破伤风	Newborn Tetanus			
肺结核	Pulmonary Tuberculosis	38.63	0.06	0.16

注:传染病死亡率指传染病死亡人数与全省常住人口之比,病死率指传染病死亡人数与患病人数之比。
Note:The death rate in this table is ratio the proportion deaths to total population.

18-12 前十位疾病死亡原因及构成(2021年)
Death Rate of 10 Major Diseases(2021)

项目 Item	占疾病死亡总人数比重(%) Mortality(%)	项目 Item	占疾病死亡总人数比重(%) Mortality(%)
城市 Urban	**93.85**	**农村 Rural**	**90.65**
恶性肿瘤 Malignant Tumor	28.31	恶性肿瘤 Malignant Tumor	31.50
心脏病 Heart Trouble	19.52	心脏病 Heart Trouble	15.42
脑血管病 Cerebrovasular Disease	16.39	脑血管病 Cerebrovasular Disease	15.24
损伤和中毒 Trauma and Toxicosis	9.83	损伤和中毒 Trauma and Toxicosis	11.47
呼吸系统疾病 Diseases of the Respiratory System	8.93	呼吸系统疾病 Diseases of the Respiratory System	8.03
内分泌、营养和代谢疾病 Endocrine,Nutritional & Metabolite Disease	3.81	内分泌、营养和代谢疾病 Endocrine,Nutritional & Metabolite Disease	3.21
消化系统疾病 Disease of the Digestive System	2.59	消化系统疾病 Disease of the Digestive System	2.17
神经系统疾病 Diseases of the Nervous System	2.49	神经系统疾病 Nervous System	1.92
泌尿生殖系统疾病 Diseases of the Genitourinary System	1.24	泌尿生殖系统疾病 Diseases of the Genitourinary System	0.92
传染病 Infectious Disease	0.74	精神障碍 Mental Disorder	0.77

主要统计指标解释

医疗卫生机构 医疗卫生机构 指从卫生健康行政部门取得《医疗机构执业许可证》,或从民政、工商行政、机构编制管理部门取得法人单位登记证书,为社会提供医疗保健、疾病控制、卫生监督服务或从事医学科研和医学在职培训等工作的单位。医疗卫生机构包括医院、基层医疗卫生机构、专业公共卫生机构、其他医疗卫生机构。

医院 包括综合医院、中医医院、中西医结合医院、民族医院、各类专科医院和护理院,不包括专科疾病防治院、妇幼保健院和疗养院。

卫生技术人员 包括执业医师、执业助理医师、注册护士、药师(士)、检验技师(士)、影像技师、卫生监督员和见习医(药、护、技)师(士)等卫生专业人员。不包括从事管理工作的卫生技术人员(如院长、副院长、党委书记等)。

执业医师 指《医师执业证》“级别”为“执业医师”且实际从事医疗、预防保健工作的人员,不包括实际从事管理工作的执业医师。执业医师类别分为临床、中医、口腔和公共卫生四类。

执业助理医师 指《医师执业证》“级别”为“执业助理医师”且实际从事医疗、预防保健工作的人员,不包括实际从事管理工作的执业助理医师。执业助理医师类别分为临床、中医、口腔和公共卫生四类。

Explanatory Notes on Main Statistical Indicators

Medical and Health Institutions refer to the units that obtain the practicing license of medical institutions from the health administrative departments, or obtain the registration certificate of legal entity from the civil affairs, industrial and commercial administration, and institution establishment management departments, and provide medical care, disease control, health supervision services for the society, or engage in medical research and on-the-job medical training. Medical and health institutions include hospitals, primary medical and health institutions, professional public health institutions, and other medical and health institutions.

Hospitals include general hospitals, traditional Chinese medicine hospitals, integrated Chinese and Western medicine hospitals, ethnic hospitals, various specialized hospitals and nursing homes, excluding specialized disease prevention and treatment centers, maternal and child health centers and sanatoriums.

Medical Technical Personnel include practicing doctors, practicing assistant doctors, registered nurses, pharmacists, inspection technicians, imaging technicians, health supervisors and interns (medicine, nursing, technical) and other health professionals. Excluding health technicians engaged in management work (such as president, vice president, Secretary of the Party committee, etc.).

Practicing Doctor refers to a person whose "level" in the doctor's license is "practicing doctor" and who is actually engaged in medical and preventive health care work, excluding a practicing doctor who is actually engaged in management work. Practicing doctors are divided into four categories: clinical, traditional Chinese medicine, oral and public health.

Practicing Assistant Doctors refer to those who are "practicing assistant doctors" in the "doctor license" and are actually engaged in medical and preventive health care work, excluding those who are actually engaged in management work. Practicing assistant doctors are divided into four categories: clinical, traditional Chinese medicine, oral and public health.

第十九篇　环境保护

Chapter 19　Environment Protection

资料整理：何祥伟

Database Editor:Hexiangwei

简要说明

本篇资料的主要内容及来源

本篇主要反映福建环境保护事业情况。主要内容包括城、乡水环境、大气环境、固体废物、生态环境、自然灾害和环境污染治理投资以及分行业工业污染治理情况。

本篇资料来源于省生态环境厅、水利厅、住建厅、交通厅、自然资源厅、应急管理厅、林业局、海洋与渔业局、地震局等。

本篇资料由省统计局能源统计处整理提供。

Brief Introduction

Main Content and Source of Data

This chapter contain information that reflect the condition and natural resources and data on development of environment protection ,Social welfare ,the judicial conditions, basic statistics on traffic accidents and fires etc in Fujian. including natural resources and natural condition, total water resources ,atmospheric environment, solid waste, environment noise , eco- environment protection , natural disasters and investments in the treatment of environmental pollution control ; the number of institutions and personnel, social welfare relief, and marital status etc.

The above mentioned data are provide By the Provincial Department of Ecology and Environment, the Provincial Department of Water Resources, the Provincial Department of Housing and Urban-Rural Development, the Provincial Department of Transport, the Provincial Department of Natural Resources, the Provincial Department of Emergency Management, the Forestry Bureau,the Provincial Department of Ocean and fisheries, Fujian Earthquake Agency.

Data in this chapter are provided and compiled by the Division of Energy of Fujian Provincial Bureau of Statistics.

19-1 环境保护基本情况
Basic Statistics on Environmental Protection

项目	Item	2010	2015	2020
水环境	**Water**			
降水量（毫米）	Precipitation(millimeters)	2084.30	1992.94	1439.10
水资源总量（亿立方米）	Water Resources(100 million cu.m)	1652.93	1325.93	760.31
地表水	Surface Water Resources	1651.68	1324.67	759.01
地下水	Grounwater Resources	353.81	332.33	243.51
人均水资源量（立方米/人）	Per Capita Water Resources(cu.m/person)	4480.19	3454.00	1830.32
用水总量（亿立方米）	Water Supply(100 million cu.m)	202.45	201.33	182.99
#农业	Agriculture	98.85	93.34	99.71
工业	Industry	81.26	72.47	41.07
生活	Living Consumption	21.05	32.22	32.96
废水排放总量（亿吨）	Waste Water Discharge(100 million ton)	23.85	25.69	35.03
化学需氧量排放量（万吨）	Discharge Amount of COD(10000 tons)	37.26	60.94	62.30
氨氮排放量（万吨）	Ammonia Nitrogen Discharge(10000 tons)	2.98	8.51	4.55
大气环境	**Atmosphere Environment**			
二氧化硫排放量（万吨）	Sulphur Dioxide Emission(10000 tons)	40.91	33.79	7.88
工业	Industry	39.12	31.71	6.13
城镇生活	Urban Living Consumption	1.78	2.08	1.74
氮氧化物排放量（万吨）	Nitrogen and Oxide(10000 tons)		37.90	25.82
工业	Industry		27.98	14.27
城镇生活	Urban Living Consumption		0.30	0.51
烟（粉）尘排放量（万吨）	Smoke Dust(10000 tons)		34.17	13.07
工业	Industry	24.01	32.18	9.44
城镇生活	Urban Living Consumption		1.15	3.49

19-1 续表
Continued

项目	Item	2010	2015	2020
固体废物	Solid Waste			
工业固体废物产生量（万吨）	Industrial Solid Wastes Produced(10000 tons)	7486.58	4956.27	6042.95
工业固体废物综合利用量（万吨）	Industrial Solid Wastes Utilized(10000 tons)	6214.89	3784.27	4016.18
危险废物产生量（万吨）	Hazardous Wastes(10000 tons)	8.01	37.31	138.55
生态环境	**Eco-Environment Protection**			
森林覆盖率（%）	Forest Coverage(%)	63.10	65.95	66.80
当年造林面积（万公顷）	Area of Reforestation of the Year(10000 hectare)	1.15	8.73	0.49
自然保护区数（个）	Number of Nature Reserves(unit)	92	92	
#国家级	National Level	12	16	
自然保护区面积（万公顷）	Area of Nature Reserves(10000 hectare)	45.36	45.50	
自然灾害	**Natural Disaster**			
发生地质灾害起数（起）	Geological Disaster	4189	225	27
发生地震灾害次数（次）	Seismic Disaster(time)			
海洋灾害发生次数（次）	Red Tide(time)	21	35	28
森林火灾次数（次）	Forest Fire(time)	131	114	55
环境污染治理投资	**Investment in the Treatment of Environmental Pollution**			
城市环境基础设施投资（亿元）	Investment in Urban Environmental Infrastructure(100 million yuan)	78.04	99.04	203.13
燃气	Gas Supply	6.08	8.97	9.06
排水	Drainage Works	14.54	29.99	115.25
园林绿化	Gardening and Greening	36.06	51.12	42.63
市容环境卫生	Environmental Sanitation	21.35	8.96	36.21

19-2 城市环境情况
Basic Statistics on City Enviroment

项目	Item	2010	2015	2020
城市个数（个）	Number of Cities(unit)	23	22	21
城区人口（万人）	Population of City(10000 persons)	750.41	869.77	1008.90
城市基础设施投资额（亿元）	Investment on Foundation Facilities (100 million yuan)	290.88	597.17	777.25
城市面积（平方公里）	Area of City(sq km)	4361.84	4368.15	3919.08
#建成区面积（平方公里）	Developed Area(sq.km)	1059.00	1413.54	1648.14
年底供水综合生产能力(万立方米/日)	Production Capacity of Top Water Supply at the Year-end(10000 cu.m/day)	676.42	717.03	889.99
全年供水总量（亿立方米）	Volume of Top Water Supply(100 million cu.m)	13.26	16.16	18.89
#生活用量	Water Consumption for Residential Use (100 million cu.m)	6.75	7.59	7.92
人均日生活用水量（升）	Per Capital Water Consumption for Residential Use(L)	186.62	176.93	214.47
用水普及率（%）	Percentage of Population with Access to Tap Water(%)	99.5	99.6	99.9
公交车标准运营车数（标台）	Number of Standard Public Vehicles under Operation(set)	11917	18783	19013
出租车运营车数（辆）	Number of Taxis under Operation at the Year-end(unit)	18684	24785	19518
煤气供应总量（亿立方米）	Gasworks Gas Supply(100 million cu.m)	0.27	0.30	0.09
#家庭用量（亿立方米）	Consumption of Gasworks Gas for Residential Use (100 million cu.m)	0.19	0.23	0.09
液化石油气家庭用量（万吨）	Consumption of Liguefied Petroleum Gas for Residential Use(10000 tons)	18.89	18.79	17.75
用气普及率（%）	Percentage of City Population with Access to Gas(%)	98.9	98.6	99.2
道路长度（公里）	Length of Paved Roads(km)	6756	8415	14386
道路面积（万平方米）	Area of Paved Roads(10000 sq.m)	12560	16303	26168
排水管道长度（公里）	Length of Sewage Pipes(km)	9686	13340	20114
建成区绿化覆盖率（%）	Ratio of Green Areas to City Areas(%)	41.0	43.0	44.6
公园绿地面积（公顷）	Green Areas of Park(hectare)	10972	15327	20763
人均公园绿地面积（平方米）	Per Capita Public Green Areas(sq.m)	10.99	12.98	14.94
公园个数（个）	Number of Parks and Zoos(unit)	392	555	716
公园面积（公顷）	Area of Parks and Zoos(hectare)	8819	11913	16129
生活垃圾清运量（万吨）	Volume of Garbage, Excrement and Urine Disposal(10000 tons)	417.30	608.06	878.54
城市生活垃圾无害化处理率(%)	Percentage of Garbage Disposal with Standard(%)	92.00	99.19	100.00
城市污水处理率(%)	Percentage of Sewage Disposal of City(%)	84.4	89.5	97.2
城市污水处理厂集中处理率(%)	Percentage of Sewage Collection Disposal in Factory of City(%)	76.9	87.5	93.4

注:2011年以前城区人口不含城区暂住人口。

Note:Before 2011,population of city do not included temporary population.

19-3 工业污染排放及处理利用情况
Emission and Treatment of Industrial Pollution

项目	Item	2010	2015	2020
企业基本情况	**Enterprises Status**			
汇总企业数（个）	Number of Enterprises(unit)	6080	5971	5255
工业废水	**Industrial Waste Water**			
废水治理设施数（套）	Number of Facilities for Treatment of Waste Water(sets)	3153	3547	3650
废水治理设施处理能力（万吨/日）	Handling Ability of Facilities for Treatment of Waste Water(10000 tons-day)	1135.44	661.44	1844.57
废水治理设施设备运行费用（亿元）	Operation Expenditure of Facilities (100 million yuan)	12.68	17.36	43.52
工业废水排放量（万吨）	Volume of Waste Water Discharged (10000 tons)	124168.21	90741.41	155188.73
#直接排入环境的	Discharged Directly	59215.46	76350.78	137536.43
工业废水中污染物排放量（吨）	Volume of Pollutants in Waste Water Discharged (ton)			
汞	Hydrargyrum	0.06	0.02	0.01
镉	Cadmium	0.45	0.62	0.08
六价铬	Hexadic Chromium	62.13	0.92	0.11
铅	Plumum	2.05	3.55	0.47
砷	Arsenic	1.32	3.08	0.19
挥发酚	Volatile Hydroxybenzene	10.06	1.97	0.68
氰化物	Cyanide	58.95	6.68	0.46
化学需氧量	Volume of Oxygen Required chemically	82946.13	72646.00	19581.69
石油类	Petroleum	565.24	335.38	55.73
氨氮	Ammonia and Nitrogen	6613.60	4066.34	763.56
工业废气	**Industrial Waste Gas**			
工业废气排放总量(亿立方米)	Total Volume of Waste Gas Emission (100 million cu.m)		17204.24	32955.82
废气治理设施数（套）	Number of Facilities for Treatment for Waste Gas(sets)	6470	9016	11033
#脱硫设施数	Number of Sulphur Removed Facilities	159	257	1288
废气治理设施设备运行费用（亿元）	Expenditure on Facilities for Treatment of Waste Gas(100 million yuan)	23.73	43.21	53.90

注:2011年起工业固体废物只含一般工业固体废物。

Note:Since 2011,industrial sold wastes only include common industrial solid wastes.

19-3 续表
Continued

项目	Item	2010	2015	2020
工业二氧化硫排放量（万吨）	Volume of Sulphur Dioxide Emission (10000 tons)		31.71	6.13
工业烟（粉）尘排放量（万吨）	Volume of soot Emission and Dust Emission (10000 tons)	24.01	32.18	9.44
工业固体废物	**Industrial Solid Wastes**			
工业固体废物产生量（万吨）	Volume of Industrial Solid Wastes Produced (10000 tons)	7486.58	4956.27	6042.95
工业固体废物综合利用量（万吨）	Volume of Industrial Solid Wastes Utilized in a Comprehesive way(10000 tons)	6214.89	3784.27	4016.18
综合利用往年贮存量（万吨）	Volume of Industrial Solid Wastes Accumulated in Previous Years and utilized in a Comprehesive way(10000 tons)	10.88	71.92	83.83
工业危险废物产生量（万吨）	Volume of Dangerous Wastes Produced (10000 tons)	8.01	37.31	138.55
危险废物利用处置量（万吨）	Volume of Dangerous Wastes Utilized in a Comprehesive way (10000 tons)	3.44	12.05	144.40
工业固体废物贮存量（万吨）	Volume of Industrial Solid Wastes Accumulated (10000 tons)	107.73	86.78	87.75
危险废物年末贮存量（吨）	Volume of Dangerous Wastes Accumulated(ton)	393.31	61916.02	24753.63
工业固体废物处置量（万吨）	Volume of Industrial Solid Wastes Treated (10000 tons)	1181.14	1157.39	2043.69
#处置往年贮存量	Volume of Industrial Solid Wastes Treated, Which have been Accumulated in Previous years	8.55	0.25	21.10
工业固体废物倾倒丢弃量（万吨）	Volume of Industrial Solid Wastes Discharged (10000 tons)	3.52	0.01	0.25

19-4 设区市废气排放情况（2020年）

单位：吨

项目	Item	二氧化硫排放量 Sulfur Dioxide	工业 Industry	城镇生活 Urban Living Consumption	集中式治理设施 Centralized Treatment Facilities	氮氧化物排放量 Nitrogen and Oxide
全　省	**Total**	**78816.70**	**61329.99**	**17379.19**	**107.52**	**258222.29**
福州市	Fuzhou	13977.49	13236.60	739.20	1.69	59542.18
厦门市	Xiamen	548.96	426.94	81.08	40.94	22034.94
莆田市	Putian	4289.69	2041.60	2240.04	8.05	9480.89
三明市	Sanming	10936.97	9361.85	1555.02	20.10	33483.87
泉州市	Quanzhou	13728.41	12903.65	800.19	24.57	51723.36
漳州市	Zhangzhou	9175.02	8856.74	318.27	0.00	25768.52
南平市	Nanping	13602.86	3529.40	10061.32	12.14	14512.12
龙岩市	Longyan	6551.98	5556.97	995.01	0.00	25780.07
宁德市	Ningde	5939.12	5350.04	589.06	0.02	15225.22
平潭综合实验区	Pingtan	66.21	66.21			671.11

19-5 设区市废水排放情况（2020年）

项目	Item	废水排放总量（万吨） Waste Water Discharge (10000 tons)	工业 Industry	城镇生活 Urban Living Consumption	集中式治理设施 Centralized Treatment Facilities	化学需氧量排放量（吨） Discharge Amount of COD (ton)	工业 Industry
全　省	**Total**	**350252.26**	**155188.73**	**194776.86**	**286.68**	**623003.51**	**19581.69**
福州市	Fuzhou	36059.21	5217.89	30770.86	70.46	70998.38	1844.62
厦门市	Xiamen	63264.55	25322.28	37908.68	33.59	54050.29	1114.92
莆田市	Putian	29132.43	2948.74	26177.49	6.20	73461.17	2355.22
三明市	Sanming	16858.86	4732.57	12100.74	25.54	34966.52	2301.00
泉州市	Quanzhou	40643.60	9357.47	31241.07	45.06	82983.41	4088.76
漳州市	Zhangzhou	116426.02	100261.98	16145.71	18.33	32791.12	4186.06
南平市	Nanping	14432.64	3036.07	11371.11	25.46	33872.59	1481.25
龙岩市	Longyan	13546.89	3311.19	10219.20	16.51	14559.51	1496.69
宁德市	Ningde	17808.88	901.56	16861.79	45.53	49803.99	652.61
平潭综合实验区	Pingtan	2079.17	98.98	1980.20		5459.26	60.57

Waste Gas Discharge by City(2020)

(ton)

工业 Industry	城镇生活 Urban Living Consumption	集中式治理设施 Centralized Treatment Facilities	烟（粉）尘排放量 Smoke Dust	工业 Industry	城镇生活 Urban Living Consumption	集中式治理设施 Centralized Treatment Facilities
142731.58	**5127.81**	**586.70**	**130747.56**	**94416.73**	**34876.78**	**79.02**
34459.51	603.47	18.63	20684.20	18875.52	1518.41	1.87
2176.37	78.17	270.30	4045.80	3643.12	167.63	20.04
4270.38	581.06	69.67	5770.96	1182.78	4488.09	36.00
25464.79	390.44	7.28	18048.07	14827.35	3114.43	4.69
33648.15	600.89	94.92	14790.30	12923.09	1638.95	11.12
14066.36	109.51	0.01	12035.25	11224.49	640.12	0.00
3771.84	2248.91	125.72	25793.13	5555.21	20125.85	5.29
15322.33	238.06	0.00	23052.73	20930.47	1991.76	0.00
9413.45	273.68	0.17	6120.87	4855.62	1191.21	0.01
138.40	3.62	0.00	406.26	399.07	0.33	0.00

Waste Water Discharge by City(2020)

农业 Agriculture	城镇生活 Urban Living Consumption	集中式治理设施 Centralized Treatment Facilities	氨氮排放量（吨） Ammonia Nitrogen Discharge (ton)	工业 Industry	农业 Agriculture	城镇生活 Urban Living Consumption	集中式治理设施 Centralized Treatment Facilities
170057.28	**433279.39**	**85.15**	**45542.50**	**763.56**	**11035.52**	**33729.95**	**13.47**
0.00	69149.05	4.71	3604.47	32.35	0.00	3571.36	0.76
0.00	52926.19	9.17	4879.32	26.21	0.00	4851.98	1.13
0.00	71104.99	0.96	6625.77	97.42	0.00	6528.32	0.03
0.00	32656.95	8.57	2810.63	46.07	0.00	2762.79	1.76
0.00	78890.57	4.09	5419.27	164.50	0.00	5254.40	0.36
0.00	28598.10	6.95	2715.36	176.36	0.00	2537.78	1.22
0.00	32371.75	19.59	2754.99	143.78	0.00	2610.13	1.09
0.00	13058.61	4.21	1269.68	39.53	0.00	1229.19	0.96
0.00	49124.49	26.90	4054.04	35.46	0.00	4012.43	6.16
0.00	5398.69	0.00	373.45	1.88	0.00	371.57	0.00

注:设区市、平潭化学需氧量、氨氮排放不含农业。

Note:The discharged of COD and ammonia nitrogen discharge of each city and Pingtan do not include agriculture.

19-6 设区市一般工业固体废物产生和处置情况（2020年）

Discharge and Disposal of Industrial Sold Waste by City(2020)

单位：万吨 (10000 tons)

项目	Item	工业固体废物产生量 Volume of Industrial Solid Wastes Produced	工业固体废物综合利用量 Volume of Industrial Solid Wastes Utilized	综合利用往年工业固体废物贮存量 Industrial Solid Wastes Utilized in Stocks	工业固体废物处置量 Volume of Industrial Solid Wastes Treated	处置往年工业固体废物贮存量 Industrial Solid Wastes Treated in Stocks	工业固体废物贮存量 Volume of Industrial Solid Wastes in Stocks	一般工业固体废物倾倒丢弃量（吨） Volume of Industrial Solid Wastes Discharged (ton)
全 省	**Total**	**6042.95**	**4016.18**	**83.83**	**2043.69**	**21.10**	**87.75**	**2539**
福州市	Fuzhou	839.47	733.30	0.62	104.03	0.65	3.40	1
厦门市	Xiamen	99.28	92.17	0.06	6.96	0.12	0.32	4
莆田市	Putian	172.12	165.56	0.55	7.13	0.03	0.01	0
三明市	Sanming	725.16	678.02	27.65	58.96	0.10	15.92	112
泉州市	Quanzhou	604.87	607.59	26.13	23.35	0.38	0.43	117
漳州市	Zhangzhou	454.79	407.65	1.38	45.41	0.09	3.20	131
南平市	Nanping	185.09	113.16	0.12	69.36	0.19	2.87	115
龙岩市	Longyan	2107.39	636.32	25.15	1478.18	1.22	19.05	2005
宁德市	Ningde	852.78	582.08	2.16	248.57	18.25	42.54	53
平潭综合实验区	Pingtan	2.00	0.32	0.0003	1.75	0.07	0	0

主要统计指标解释

水资源总量 一定区域内的水资源总量指当地降水形成的地表和地下产水量，即地表径流量与降水入渗补给量之和，不包括过境水量。

地表水资源量 指河流、湖泊、冰川等地表水体中由当地降水形成的、可以逐年更新的动态水量，即天然河川径流量。

地下水资源量 指当地降水和地表水对饱水岩土层的补给量。

地表水与地下水资源重复量 指地表水和地下水相互转化的部分，即在河川径流量中包括一部分地下水排泄量，地下水补给量中包括一部分来源于地表水的入渗量。

供水总量 指各种水源工程为用户提供的包括输水损失在内的毛供水量。

用水总量 指分配给用户的包括输水损失在内的毛用水量。按用户特性分为农业、工业、生活和生态用水四大类。

农业用水 包括农田灌溉和林牧渔业用水。林牧渔业用水指林果地灌溉、草地灌溉和鱼塘补水。

工业用水 按新水取用量计，不包括企业内部的重复利用水量。

生活用水 包括城镇生活用水和农村生活用水。城镇生活用水由居民用水和公共用水（含服务业、商饮业、货运邮电业及建筑业等用水）组成；农村生活用水除居民生活用水外，还包括畜用水在内。

城镇生活污水排放量 指城镇居民每年排放的生活污水。用人均系数法测算。测算公式为：

城镇生活污水排放量=城镇生活污水排放系数×市镇非农业人口×365

城镇生活污水中化学需氧量（COD）产生量 指城镇居民每年排放的生活污水中的COD的产生量。用人均系数法测算。测算公式为：

城镇生活污水中COD产生量=城镇生活污水中COD产生系数×市镇非农业人口×365

化学需氧量（COD） 测量有机和无机物质化学所消耗氧的质量浓度的水污染指数。

工业固体废物产生量 指报告期内企业在生产过程中产生的固体状、半固体状和高浓度液体状废弃物的总量，包括危险废物、冶炼废渣、粉煤灰、炉渣、煤矸石、尾矿、放射性废物和其他废物等；不包括矿山开采的剥离废石和掘进废石(煤矸石和呈酸性或碱性的废石除外)。酸性或碱性废石指采掘的废石其流经水、雨淋水的pH值小于4或pH值大于10.5者。

危险废物 指列入国家危险废物名录或根据国家规定的危险废物鉴别标准和鉴别方法认定的，具有爆炸性、易燃性、易氧化性、毒性、腐蚀性、易传染疾病等危险特性之一的废物。

工业固体废物综合利用量 指报告期内企业通过回收、加工、循环、交换等方式，从固体废物中提取或者使其转化为可以利用的资源、能源和其他原材料的固体废物量(包括当年利用往年的工业固体废物贮存量)，如用作农业肥料、生产建筑材料、筑路等。综合利用量由原产生固体废物的单位统计。

工业固体废物综合利用率 指工业固体废物综合利用量占工业固体废物产生量(包括综合利用往年贮存量)的百分率。计算公式为：

工业固体废物综合利用率=工业固体废物综合利用量/（工业固体废物产生量+综合利用往年贮存量）×100%

工业固体废物贮存量 指报告期内企业以综合利用或处置为目的，将固体废物暂时贮存或堆存在专设的贮存设施或专设的集中堆存场所内的数量。专设的固体废物贮存场所或贮存设施必须有防扩散、防流失、防渗漏、防止污染大气、水体的措施。

工业固体废物处置量 指报告期内企业将固体废物焚烧或者最终置于符合环境保护规定要求的场所，并不再回取的工业固体废物量(包括当年处置往年的工业固体废物贮存量)。处置方式有填埋(其中危险废物应安全填埋)、焚烧、专业贮存场(库)封场处理、深层灌注、回填矿井及海洋处置(经海洋管理部门同意投海处置)等。

工业固体废物排放量 指报告期内企业将所产生的固体废物排到固体废物污染防治设施、场所以外的数量，不包括矿山开采的剥离废石和掘进废石(煤矸石和呈酸性或碱性的废石除外)。

生活垃圾清运量　指报告期内收集和运送到垃圾处理厂(场)的生活垃圾数量。生活垃圾指城市日常生活或为城市日常生活提供服务的活动中产生的固体废物以及法律行政规定的视为城市生活垃圾的固体废物。包括：居民生活垃圾、商业垃圾、集市贸易市场垃圾、街道清扫垃圾、公共场所垃圾和机关、学校、厂矿等单位的生活垃圾。

生活垃圾无害化处理率　指报告期生活垃圾无害化处理量与生活垃圾产生量比率。在统计上，由于生活垃圾产生量不易取得，可用清运量代替。计算公式为：

生活垃圾无害化处理率=生活垃圾无害化处理量/生活垃圾产生量×100%

环境污染治理投资　指在工业污染源治理和城市环境基础设施建设的资金投入中，用于形成固定资产的资金。包括工业新老污染源治理工程投资、建设项目“三同时”环保投资，以及城市环境基础设施建设所投入的资金。

Explanatory Notes on Main Statistical Indicators

Total Water Resources refers to total volume of water resources measured as run-off for surface water from rainfall and recharge for groundwater in a given area, excluding transit water.

Surface Water Resources refers to total renewable resources which exist in rivers, lakes, glaciers and other collectors from rainfall and are measured as run-off of rivers.

Groundwater Resources refers to replenishment of aquifers with rainfall and surface water.

Duplicated Measurement Between Surface Water and Groundwater refers to mutual exchange between surface water and groundwater, i.e. run-off of rivers includes some depletion with groundwater while groundwater includes some replenishment with surface water.

Water Supply refers to gross water supply by supply systems from sources to consumers, including losses during distribution.

Water Use refers to gross water use distributed to users, including loss during transportation, broken down with use by agriculture, industry, living consumption and biological protection.

Water Use for Agriculture includes uses of water by irrigation of farming fields and by forestry, animal husbandry and fishing. Water use by forestry, animal husbandry and fishing includes irrigation of forestry and orchards, irrigation of grassland and replenishment of fishing pools.

Water Use for Industry refers to new withdrawals of water, excluding reuse of water within enterprises.

Water Use for Living Consumption includes use of water for living consumption in both urban and rural areas. Urban water use by living consumption is composed of household use and public use (including services, commerce, restaurants, cargo transportation, posts, telecommunication and construction). Rural water use by living consumption includes both households and animals.

Urban Non-industrial Waste Water Discharge refers to annual discharge of non-industrial waste water by urban households. It is estimated by per capita coefficient using the formula:

Urban non-industrial waste water discharge = urban non-industrial waste water discharge coefficient urban non-agricultural population 365

Volume of Chemical Oxygen Demand (COD) Generated by Urban Non-industrial Waster Water refers to chemical oxygen demand generated through the annual discharge of non-industrial waste water by urban households. It is estimated as:

Volume of chemical oxygen demand (cod) generated by urban non-industrial waster water = Coefficient of COD generated through urban non-industrial waste water × urban non-agricultural population × 365.

Chemical Oxygen Demand (COD) refers to index of water pollution measuring the mass concentration of oxygen consumed by the chemical breakdown of organic and inorganic matter.

Industrial Solid Wastes Produced refers to total volume of solid, semi-solid and high concentration liquid residues produced by industrial enterprises from production process in a given period of time, including hazardous wastes, slag, coal ash, gangue, tailings, radioactive residues and other wastes, but excluding stones stripped or dug out in mining (gangue and acid or alkaline stones not included). A stone is acid or alkaline depending on the pH value of the water below 4 or above 10.5 when the stone is in, or soaked by, the water.

Hazardous Wastes refers to those included in the national hazardous wastes catalogue or specified as any one of the following properties in the national hazardous wastes identification standards: explosive, ignitable, oxidizable, toxic, corrosive or liable to cause infectious diseases or lead to other dangers.

Industrial Solid Wastes Utilized refers to volume of solid wastes from which useful materials can be extracted or which can be converted into usable resources, energy or other materials by means of reclamation, processing, recycling and exchange (including utilizing in the year the stocks of industrial solid wastes of the previous year). Examples of such utilizations include fertilizers, building materials and road materials. The information shall be collected by the producing units of the wastes.

Ratio of Industrial Solid Wastes Utilized refers to the percentage of industrial solid wastes utilized over industrial solid wastes produced (including stocks of the previous years). It is calculated as:

Ratio of industrial solid wastes utilized = volume of industrial solid wastes utilized / (industrial solid wastes produced + stock of previous years) 100%

Stocks of Industrial Solid Wastes refers to volume of solid wastes placed in special facilities or special sites for purposes of utilization or disposal. The sites or facilities should take measures against dispersion, loss, seepage, and air and water contamination.

Industrial Solid Wastes Disposed refers to quantity of industrial solid wastes which are burnt or placed ultimately in the sites meeting the requirements for environmental protection and not salvaged or recycled (including disposition in the year of those wastes of previous years). The disposition includes landfill (Safe landfills should be conducted for hazardous wastes), incineration, containment spaces, deep underground disposal, backfill in mining pits and disposal at sea.

Industrial Solid Wastes Discharged refers to volume of industrial solid wastes discharged by producing enterprises to disposal facilities or to other sites. The wastes exclude stones stripped or dug from mining (gangue and acid or alkaline waste stones not included).

Consumption Wastes Transported refers to volume of consumption wastes collected and transported to disposal factories or sites. Consumption wastes are solid wastes produced from urban households or from service activities for urban households, and solid wastes regarded by laws and regulations as urban consumption wastes, including those from households, commercial activities, markets, cleaning of streets, public sites, offices, schools, factories, mining units and other sources.

Ratio of Consumption Wastes Treated refers to consumption wastes treated over that produced. In practical statistics, as it is difficult to estimate, the volume of consumption wastes produced is replaced with that transported. It is calculated as:

Ratio of consumption wastes treated = (consumption wastes treated / consumption wastes produced) ×100%

Investment in Environment Pollution Harnessing Projects refers to the proportion of investment in fixed assets in the total investment in harnessing industrial pollution and in the construction of urban environment infrastructure facilities. It includes investment in harnessing sources of industrial pollution, investment in environment protection facilities designed concurrently with construction projects, and investment in urban environment infrastructure facilities.

第二十篇　公共管理及其他社会活动

Chapter 20　Publish Administration and Others

资料整理：王旨

Database Editor:Wangzhi

简要说明

本篇资料的主要内容及来源

本篇主要反映全省社会服务，司法情况、安全生产事故等情况。主要内容包括社会服务机构、社会服务救济、婚姻状况等。

本篇资料来源于省民政厅、省司法厅等。

本篇资料由省统计局社会和科技统计处整理提供。

Brief Introduction

Main Content and Source of Data

This chapter reflects the Social welfare, judicial conditions, basic statistics on traffic accidents and fire accidents etc in Fujian. Including the organizations of social welfare, social welfare relief and marital status etc.

The above mentioned data are provide By the Department of Public Security and the Provincial Meteorological Bureau.

Data in this chapter are provided and compiled by the Division of Social, Science and Technology Statistics of Fujian Provincial Bureau of Statistics.

20-1 婚姻登记情况
Statistics of Marriages

单位：对 (couple)

年份 Year	结婚登记对数 Total number of Registered Marriages	内地居民登记结婚 Registered Marriages of Mainland	涉外及华侨、港澳台居民登记结婚 Regisered Marriages with Foreigner and the Citizen of Hong Kong,Macao,Taiwan	离婚登记对数 Total Number of Divorces	内地居民登记离婚 Divorces Marriages of Mainland	涉外及华侨、港澳台居民登记离婚 Divorces with Foreigner and the Citizen of Hong Kong,Macao,Taiwan
2000	261314	246171	15143	12035	11982	53
2001	252815	231327	21488	11546	11392	154
2002	256323	236695	19628	15321	15175	146
2003	280770	256112	24658	21541	21058	483
2004	294973	279488	15485	26515	25553	962
2005	272172	258551	13621	25786	23536	2250
2006	328698	314784	13914	35227	33759	1468
2007	350877	342916	7961	32646	30112	2534
2008	364892	356814	8078	33251	31414	1837
2009	360613	351989	8624	41441	40272	1169
2010	378792	371045	7747	43935	42703	1232
2011	382772	372761	10011	48413	47132	1281
2012	381887	371041	10846	56815	55467	1348
2013	395926	386043	9883	65007	63749	1258
2014	375330	368993	6337	70341	69168	1173
2015	349417	344309	5108	72589	71632	957
2016	314648	309569	5079	80169	79323	846
2017	291447	286595	4852	89801	88965	836
2018	273649	268292	5357	91597	90664	933
2019	240345	235234	5111	97560	96724	836
2020	205610	204644	966	93403	93103	300
2021	184833	183935	898	54643	54454	189

注：离婚对数不包括法院判决数。
Note:The number of divorces do not include court number.

20-2 社会救济情况
Statistics of Social Relief

项目	Item	2010	2015	2020	2021
社会救济	**Social Relief**				
城镇居民最低生活保障人数（人）	Number of Family Receiving Minimum Living Allowance in Urban Areas(person)	181530	129477	62379	64992
＃女性	Female	59498	50814	29041	30134
＃老年人	Old People	35936		14524	14830
＃残疾人	Disabled Persons	19764	20875	18498	19575
城市居民最低保障家庭数（户）	Number of Family Receiving Minimum Living Allowance in Urban Areas(household)	84876	75518	40921	42959
城市低保资金全年计划支出（万元）	The Annual Plan Expenditure of Minimum Living Allowance in Urban Areas(10000 yuan)	28851	53548	42484	45134
农村最低生活保障人数（人）	Number of Persons Receiving Minimum Living Allowance in Rural Areas(person)	713217	716811	452363	483970
＃女性	Female	194465	260786	199437	214693
＃老年人	Old People	174188	227503	122313	127951
＃未成年人	Minors	80935	78654	69723	77162
＃残疾人	Disabled Persons	85429	103180	91318	100460
农村居民最低生活保障家庭数（户）	Number of Family Receiving Minimum Living Allowance in Rural Areas(household)	305692	375987	248073	269202
农村低保资金全年计划支出（万元）	The Annual Plan Expenditure of Minimum Living Allowance in Rural Areas(10000 yuan)	56571	152879	232460	249509
城市特困人员供养人数（人）	Number of destitute People in Urban Areas(person)			5868	6163
城市特困人员全年供养支出（万元）	Support Expenditure of destitute People in Urban Areas(10000 yuan)			10210	13595
农村特困人员供养人数（人）	Number of destitute People in Rural Areas(person)			62044	60811
农村特困人员全年供养支出（万元）	Support Expenditure of destitute People in Rural Areas(10000 yuan)			91083	95742

20-3 提供住宿的社会服务机构数
Number of Social Service Agency of Accommodation Provider

单位：个 (unit)

项目	Item	2018	2019	2020	2021
合计	**Total**	**363**	**609**	**715**	**837**
养老机构	Pension Institutions	290	535	640	759
#社会福利院	Social Welfare Homes	63	65	65	79
精神疾病服务机构（社会福利医院）	Mental Disease Services (Social Welfare Hospitals)	13	13	14	12
儿童福利和救助保护机构	Child Welfare and Rescue Protection Agency	13	11	11	16
儿童福利机构	Baby Welfare Homes	11	10	10	15
未成年人救助保护机构	Juvenile Rescue Protection Agency	2	1	1	1
其他提供住宿机构	Other Agency of Accommodation Provider	47	50	50	50

20-4 提供住宿的社会服务机构基本情况(2021年)
Basic Statistics on Social Service Agency of Accommodation Provider(2021)

项目	Item	床位数（万张）Number of Beds (10000 set)	年末在院人数（万人）Number of Persons Housed in the year-end (10000 person)	社会（助理）工作师人数 Social (Assistant) Staff (person)
总计	**Total**	**11.37**	**4.32**	**567**
养老机构	Pension Institutions	10.56	3.86	395
社会福利院	Social Welfare Homes	2.18	0.35	168
特困人员救助供养机构	Extremely Poor People Salvage Agencies	2.02	0.83	23
其他各类养老机构	Others	6.36	2.18	204
精神疾病服务机构（社会福利医院）	Mental Disease Services (Social Welfare Hospitals)	0.41	0.35	45
儿童福利和救助保护机构	Child Welfare and Rescue Protection Agency	0.17	0.07	57
儿童福利机构	Baby Welfare Homes	0.17	0.07	55
其他提供住宿的服务机构	Other accommodation services	0.23	0.03	70
流浪乞讨人员救助管理机构	Relief management organization for Vagrants and beggars	0.20	0.02	67

20-5 主要年份律师 公证 调解工作情况
Basic Statistics on Lawyers, Notarization and Mediation in Select year

项目 Item	2000	2005	2010	2015	2020	2021
律师工作						
Lawyers						
律师事务所（个）	269	333	454	660	1141	1250
Number of Law Office(unit)						
专职律师（人）	1803	3115	4455	7211	11703	12834
Full-time Lawyers(person)						
兼职律师（人）	544	230	332	426	456	470
Part-time Lawyers(person)						
聘请常年法律顾问单位（个）	8384	9889	12876	16310	25937	28905
Number of Units with Permanent Legal Advisors(unit)						
律师业务情况						
Status of Lawyers'Business						
民事诉讼（件）	41213	56352	78765	128245	214651	261174
Civil Cases(case)						
行政诉讼（件）	2321	2221	2280	4010	9866	13830
Administrative Action(case)						
非诉讼法律事务（件）	14649	12259	10331	16905	44482	44456
Agent of Non-Litigious Legal Affairs(case)						
解答法律咨询和代写法律事务文书（件）	139391	129436	148256	180682	77788	77773
Agent of Legal Advisory Services (cases)						
公证工作						
Notarization						
公证处（个）	95	94	90	90	93	94
Number of Notary Offices(unit)						
公证人员（人）	612	644	726	979	1311	1327
Notarial Personnel(person)						
#公证员	397	373	374	417	453	483
Notaries						
办理公证书（件）	400748	418052	422154	491618	403413	464663
Number of Notarized Documents(piece)						
国内公证	108344	79364	130143	229152	315321	361120
Domestic Notarization						
涉外及港澳台	292404	338688	292011	262466	88092	103543
Notarization of Foreign-related,Hongkong, Macao & Taiwan Affairs						
调解工作						
Number of Mediation						
人民调解委员会（个）	17180	18354	18868	19817	20422	20086
Number of People's Mediation Committees(unit)						
调解人员（万人）	26.16	19.15	12.40	9.60	8.08	8.21
Number of Mediators(10000 persons)						
调解纠纷（万件）	15.87	14.52	15.30	17.26	17.05	20.63
Number of Disputes Mediated(10000 cases)						
专职司法助理员（人）	1103	1356	1842	2481	6329	5917
Number of Full-time Judicial Assistants(person)						

20-6 国内公证业务分类情况
Domestic Notarial Services by Type

单位：件 (piece)

项目	Item	2020	2021
办证件数	**Number of Certificates Handling**	**403413**	**464663**
合同（协议）	Contract(Agreement)	6764	6277
继承	Inheritance	34605	34108
委托	Delegation	96271	120833
声明	Statement	53625	40146
赠与	Bestowal	531	955
遗嘱	Testament	7729	6889
现场监督	Supervision	2316	2174
婚姻状况、亲属关系、收养关系	Marriage,Relatives,Adoption	13100	13642
出生、生存、死亡	Birth,Survival,Death	18795	20443
身份、经历、学历、学位、职务、职称	Identity,Experience,Degree,Job	2918	1595
有无违法犯罪记录	Criminal Record	12907	18084
公司章程	Article of association	6	16
保全证据	Evidence preservation	44079	63241
证书（执照）	Certificate(license)	32957	30952
签名（印章）	Certificate	18204	11777
文本相符	Text consistent	36290	36185
赋予执行效力	Effectiveness	10918	40926
执行证书	Perform certificate	53	678
抵押登记	Mortgage registration	1	4
提存	Escrow	78	173
保管	Safekeeping	23	8
其他	Others	11243	15557

20-7 全省安全生产情况(2021年)
Basic Statistics of Safety Production(2021)

项目 Item	安全生产事故起数（起）Number of Safety Production Accidents(unit)				安全生产事故死亡人数（人）Death of Safety Production Accidents(person)			
	合计 Total	一般事故 General accident	较大事故 Larger accident	重大事故 Major accident	合计 Total	一般事故 General accident	较大事故 Larger accident	重大事故 Major accident
总计 Total	**986**	**965**	**21**	**0**	**684**	**597**	**87**	**0**
按行业类型分 Grouped by Sector								
农林牧渔业 Agriculture, Forestry, Animal Husbandry and Fishery	8	8			8	8		
#农业机械 Agriculture Machinery								
渔业船舶 Fishery	3	3			3	3		
采矿业 Mining and Quarrying	6	6			7	7		
#煤矿 Coal Mine	2	2			3	3		
金属非金属矿山 Metal and Nonmetal Mine	4	4			4	4		
商贸制造业 Manufacturing	78	76	2		87	77	10	
#化工 Chemical Industry	5	5			7	7		
冶金机械 Metallurgical Machinery	62	60	2		69	59	10	
建筑业 Construction	100	97	3		115	101	14	
房屋建筑业 Housing Construction	32	30	2		41	30	11	
土木工程建筑业 Traffic Construction	23	22	1		26	23	3	
交通运输和仓储业 Transport and Storage Services	775	762	13		438	386	52	
#铁路运输业 Railway	18	18			12	12		
道路运输业 Road	744	737	7		390	367	23	
水上运输业 Waterway	6	1	5		25	0	25	
航空运输业 Air Transport	1		1		4		4	
其他行业 Others	19	16	3		29	18	11	

主要统计指标解释

提供住宿的社会服务机构　指能为老年人、残疾人、智障与精神病人、儿童等人员提供住宿的社会服务机构数。包括社会福利院、特困人员救助供养机构、其他各类养老机构、社会福利医院、儿童福利院、未成年人救助保护中心、流浪乞讨人员救助管理机构、安置农场以及其他提供住宿的机构。

律师　指依法取得律师执业证书，担任法律顾问，民事(刑事、行政)案件代理人、刑事案件辩护人、办理非诉讼业务，解答法律询问，代写法律事务文书等，为社会提供法律服务的人员。

公证人员　指在公证处工作的人员总称，包括公证处主任、副主任、公证员、公证员助理(助理公证员)和其他从事辅助性工作的人员。

公证文书　指公证处根据当事人申请，依照事实和法律，按照法定程序制作的，具有法律效力的司法证明文书。根据公证书用途和使用地，公证书分为国内公证书、国内经济公证书、涉外民事公证书、涉外经济公证书四类。

Explanatory Notes on Main Statistical Indicators

Social Service Institutions Providing Accommodation refer to the number of social service institutions that can provide accommodation for the elderly, the disabled, the mentally handicapped, the children, etc. Including social welfare institutions, relief and support institutions for the poor, other pension institutions, social welfare hospitals, children's welfare homes, minor rescue and protection centers, rescue and management institutions for Vagrants and beggars, resettlement farms and other institutions providing accommodation.

Lawyers are certified legal workers according to law, and who are employed by legal counseling firms to act as legal advisers, agents in criminal or civil lawsuits, or defenders in criminal lawsuits, or to handle non-litigious legal affairs, to advise on matters of law or t o write legal papers for others, and provide service to the public.

Notary Personnel refers to people working for notary offices including: directors, deputy direct or, notaries, assistant notaries, and other people providing assistance.

Notary Documents refer to the judicatory notary documents drawn up by the request of the party and are in accordance with facts and laws and following certain legal proceedings. According to usage and locality, the notary documents are divided into following 4 types: domestic notary documents, domestic economic notary documents, foreign-related civil notary documents and foreign-related economic notary documents.

第二十一篇　企业调查

Chapter 21　Enterprise Survey

资料整理：王昱 洪永华 陈彧

Database Editor: Wangyu Hongyonghua Chenyu

简 要 说 明

本篇资料的主要内容及来源

本篇资料主要包括工业、建筑业和贸易企业的主要企业名录。

营业收入前 300 家工业企业由省统计局工业交通统计处整理提供，建筑业总产值前 300 家建筑企业由省统计局固定资产投资统计处提供，主营业务收入前 300 家批发零售企业由省统计局贸易外经统计处提供。

Brief Introduction

Main Content and Source of Data

The data in this chapter mainly include main enterprises group in Industrial Enterprises, Construction Enterprises and Sale Enterprises.

Data of Top 300 Industrial Enterprises in Main Business Income are provided by the Division of Industry and Transport Statistics of Fujian Provincial Bureau of Statistics. Data of Top 300 Construction Enterprises in gross Annual Value are provided by the Division of Investment in Fixed Assets Statistics of Fujian Provincial Bureau of Statistics. Data of Top 300 Wholesale and Retail Enterprises in Main Business Income are provided by the Division of Trade and External Economic Relations Statistics of Fujian Provincial Bureau of Statistics.

21-1 营业收入前300家工业企业(2021年)
Top 300 Industrial Enterprises in Main Business Income(2021)

位次 No.	企业名称 Name	位次 No.	企业名称 Name
1	国网福建省电力有限公司	51	锐捷网络股份有限公司
2	宁德时代新能源科技股份有限公司	52	福建祥鑫股份有限公司
3	福建联合石油化工有限公司	53	福建亿鑫钢铁有限公司
4	中化泉州石化有限公司	54	宸鸿科技（厦门）有限公司
5	紫金矿业集团黄金冶炼有限公司	55	福建省长乐市山力化纤有限公司
6	戴尔（中国）有限公司	56	中铝瑞闽股份有限公司
7	福建三钢闽光股份有限公司	57	福州旭福光电科技有限公司
8	福建鼎信科技有限公司	58	福州市长乐锦源纺织有限公司
9	紫金铜业有限公司	59	福建省石狮市通达电子有限公司
10	中铜东南铜业有限公司	60	福建长源纺织有限公司
11	福建三宝钢铁有限公司	61	莆田市鑫龙鞋业有限公司
12	腾龙芳烃（漳州）有限公司	62	福建中锦新材料有限公司
13	冠捷电子科技（福建）有限公司	63	莆田市永丰鞋业有限公司
14	福建省金纶高纤股份有限公司	64	华阳电业有限公司
15	长乐恒申合纤科技有限公司	65	福建金源纺织有限公司
16	福建申远新材料有限公司	66	捷星显示科技（福建）有限公司
17	福建福欣特殊钢有限公司	67	福建省晋江福源食品有限公司
18	戴尔（厦门）有限公司	68	福建罗源小蕉轧钢有限公司
19	福建三宝特钢有限公司	69	福建景丰科技有限公司
20	福州京东方光电科技有限公司	70	福建龙净环保股份有限公司
21	龙岩烟草工业有限责任公司	71	泉州星竹鞋材有限公司
22	上海汽车集团股份有限公司乘用车福建分公司	72	福建圣农发展股份有限公司
23	厦门海峡黄金珠宝产业园有限公司	73	紫金矿业集团股份有限公司
24	福建永荣锦江股份有限公司	74	泉州福海粮油工业有限公司
25	厦门天马微电子有限公司	75	飞毛腿（福建）电子有限公司
26	宝钢德盛不锈钢有限公司	76	福州吴航钢铁制品有限公司
27	福建罗源闽光钢铁有限责任公司	77	九牧厨卫股份有限公司
28	厦门宝太生物科技股份有限公司	78	山鹰华南纸业有限公司
29	翔鹭石化（漳州）有限公司	79	福建华峰新材料有限公司
30	特步（中国）有限公司	80	福建华锦实业有限公司
31	福建大东海实业集团有限公司	81	福建元成豆业有限公司
32	厦门烟草工业有限责任公司	82	厦门银鹭食品集团有限公司
33	福建奔驰汽车有限公司	83	福建经纬新纤科技实业有限公司
34	安踏体育用品集团有限公司	84	福建美明达鞋业发展有限公司
35	福建泉州闽光钢铁有限责任公司	85	中国重汽集团福建海西汽车有限公司
36	福建吴航不锈钢制品有限公司	86	厦门宏发电声股份有限公司
37	福建福清核电有限公司	87	福建中景石化有限公司
38	正兴车轮集团有限公司	88	福建固美金属股份公司
39	联盛纸业(龙海)有限公司	89	漳州立达信光电子科技有限公司
40	福建省长汀金龙稀土有限公司	90	捷太格特转向系统（厦门）有限公司
41	漳州中科智谷科技有限公司	91	路达（厦门）工业有限公司
42	中海福建天然气有限责任公司	92	福建省长乐市第二棉纺织厂
43	长乐力恒锦纶科技有限公司	93	柯林(福建)服饰有限公司
44	福建宁德核电有限公司	94	福建省中江石化有限公司
45	福建百宏聚纤科技实业有限公司	95	福建恒利纸业有限公司
46	厦门厦钨新能源材料股份有限公司	96	福建凯邦锦纶科技有限公司
47	福建凯航再生资源有限责任公司	97	泉州市燃气有限公司
48	福建上杭太阳铜业有限公司	98	福建省南平铝业股份有限公司
49	福建省辉源金属制品有限公司	99	林德（中国）叉车有限公司
50	福建百宏石化有限公司	100	福建省闽中有机食品有限公司

21-1 续表1
Continued

位次 No.	企业名称 Name	位次 No.	企业名称 Name
101	厦门市三安半导体科技有限公司	151	福州兴广恒玻璃有限公司
102	福建冠睿电子科技有限公司	152	福州摩实达电子科技有限公司
103	厦门金龙联合汽车工业有限公司	153	福建德通金属容器股份有限公司
104	福建圣农食品有限公司	154	福建冠盖金属包装有限公司
105	福建省东鑫石油化工有限公司	155	福建百宏高新材料实业有限公司
106	福建新华源纺织集团有限公司	156	福建源盛纺织服装城有限公司
107	福建古雷石化有限公司	157	漳州中集集装箱有限公司
108	福建南平太阳电缆股份有限公司	158	漳州片仔癀药业股份有限公司
109	漳州蒙发利实业有限公司	159	福州恒展电子有限公司
110	福建天辰耀隆新材料有限公司	160	肯拓（泉州）户外用品有限公司
111	泉州恒耀服饰有限公司	161	厦门金鹭特种合金有限公司
112	益兴（福建）实业有限公司	162	厦门亿联网络技术股份有限公司
113	福建战地吉普户外服饰有限公司	163	漳州天福茶业有限公司
114	太龙（福建）商业照明股份有限公司	164	益海嘉里（泉州）粮油食品工业有限公司
115	福建恒利集团有限公司	165	厦门强力巨彩显示技术有限公司
116	昆胜高分子材料（福建）有限公司	166	福建圣农发展（浦城）有限公司
117	福建美得石化有限公司	167	厦门ABB低压电器设备有限公司
118	福建省石狮市通达电器有限公司	168	福建华源纺织有限公司
119	厦门金龙旅行车有限公司	169	匹克(中国)有限公司
120	福建三钢小蕉实业发展有限公司	170	福建省国联混凝土有限责任公司
121	福建中达管业有限公司	171	福建金德尚黄金有限公司
122	国投云顶湄洲湾电力有限公司	172	福州金缘鞋材有限公司
123	福州中民新能源有限公司	173	福州市长乐区华亚纺织有限公司
124	厦门盈趣科技股份有限公司	174	达利食品集团有限公司
125	福建省长乐市泰源纺织实业有限公司	175	福建新福达汽车工业有限公司
126	福建华电可门发电有限公司	176	福州翔隆纺织有限公司
127	华能国际电力股份有限公司福州电厂	177	福建莱克石化有限公司
128	福建唐源合纤科技有限公司	178	漳州正邦农牧科技有限公司
129	厦门钨业股份有限公司	179	福建晋江天然气发电有限公司
130	蜡笔小新(福建)食品工业有限公司	180	福建华佳彩有限公司
131	金强（福建）建材科技股份有限公司	181	福建宏远集团有限公司
132	国能神福（石狮）发电有限公司	182	福建省鸿山热电有限责任公司
133	福建合力泰科技有限公司	183	福建紫金贵金属材料有限公司
134	龙工(福建)机械有限公司	184	泉州鸿圣轻工有限公司
135	漳州鼎鑫工贸有限公司	185	晋江市七彩狐服装织造有限公司
136	国能（泉州）热电有限公司	186	达郎（福建）体育用品有限公司
137	联芯集成电路制造（厦门）有限公司	187	福建佳通轮胎有限公司
138	新大陆数字技术股份有限公司	188	厦门保沣实业有限公司
139	泉州市泉港富兴钢板有限公司	189	泉州嘉泰鞋业有限公司
140	泉州来亚丝卫生用品有限公司	190	福建星网锐捷通讯股份有限公司
141	厦门正新橡胶工业有限公司	191	金牌厨柜家居科技股份有限公司
142	玖龙纸业（泉州）有限公司	192	泉州东风鞋帽有限公司
143	福建晶安光电有限公司	193	厦门东方银祥油脂有限公司
144	福建烯石新材料科技有限公司	194	晋江腾达陶瓷有限公司
145	福建龙麟集团有限公司	195	泉州闽华电器有限公司
146	福建省永安万年水泥有限公司	196	莆田市巧圣家具有限公司
147	厦门三安光电有限公司	197	漳州旗滨玻璃有限公司
148	百威雪津啤酒有限公司	198	玉晶光电(厦门)有限公司
149	福建泉州宝辉珠宝首饰有限公司	199	中平神马（福建）科技发展有限公司
150	福建上润精密仪器有限公司	200	福建三钢（集团）三明化工有限责任公司

21-1 续表2
Continued

位次 No.	企业名称 Name	位次 No.	企业名称 Name
201	福建南平南孚电池有限公司	251	福建锦程高科实业有限公司
202	福建省长乐市正隆纺织有限公司	252	福建永盛金属制品有限公司
203	三六一度（中国）有限公司	253	福建申利卡铝业发展有限公司
204	福建省信达光电科技有限公司	254	泉州市沪航阀门制造有限公司
205	福建金磊纺织有限公司	255	福建省莆田荔兴轻工实业有限责任公司
206	宝宸(厦门)光学科技有限公司	256	福建马坑矿业股份有限公司
207	国投闽光（三明）城市资源有限公司	257	厦门华特集团股份有限公司
208	厦门璟鹭新能源材料有限公司	258	三棵树涂料股份有限公司
209	首钢凯西钢铁有限公司	259	福建省辉源达钢铁制品有限公司
210	科华数据股份有限公司	260	福建亚伦电子电器科技有限公司
211	泉州源利鞋材有限公司	261	福建省谋成水泥发展有限公司
212	惠安伟盛鞋业有限公司	262	漳平红狮水泥有限公司
213	福建思嘉环保材料科技有限公司	263	福建友谊胶粘带集团有限公司
214	福建源光电装有限公司	264	福建恒捷实业有限公司
215	大通（福建）新材料股份有限公司	265	建新轮胎（福建）有限公司
216	宁德国泰华荣新材料有限公司	266	国能（福州）热电有限公司
217	福建博那德科技园开发有限公司	267	晋江恒发陶瓷有限公司
218	万利（中国）有限公司	268	惠安金旺食品有限公司
219	长乐聚泉食品有限公司	269	厦门松霖科技股份有限公司
220	金冠(中国）食品有限公司	270	福建东水食品股份有限公司
221	福建紫金铜业有限公司	271	福建万华实业有限公司
222	达运精密工业（厦门）有限公司	272	泉州禾伦织造有限公司
223	晋江市鸿瀚纺织科技有限公司	273	正新(漳州)橡胶工业有限公司
224	福建长德蛋白科技有限公司	274	福建奋安铝业有限公司
225	福建省闽发铝业股份有限公司	275	安踏（中国）有限公司
226	福建省闽华电源股份有限公司	276	福建省闽宏建材实业有限公司
227	晋江市新合发塑胶印刷有限公司	277	福建省万达汽车玻璃工业有限公司
228	福建德胜能源有限公司	278	福建省福州市立峰纺织有限公司
229	福建万鸿纺织有限公司	279	厦门市波生生物技术有限公司
230	福建龙峰纺织科技实业有限公司	280	晋江新奥燃气有限公司
231	福州益得伦鞋材有限公司	281	昇兴集团股份有限公司
232	福安市同康金属制品有限公司	282	晋江市宏兴服饰织造有限公司
233	盈丰食品股份有限公司	283	泉州华尔宝树脂有限公司
234	福建省长乐金沙港纺织有限公司	284	漳州市昌龙汽车附件有限公司
235	福建统一马口铁有限公司	285	福建申马新材料有限公司
236	福建省天和纺织实业有限公司	286	三六一度(福建)体育用品有限公司
237	福建凯景新型科技材料有限公司	287	福建金鑫纺织有限公司
238	福建精联科技有限公司	288	厦门建霖健康家居股份有限公司
239	华能罗源发电有限责任公司	289	施耐德电气（厦门）开关设备有限公司
240	瓮福紫金化工股份有限公司	290	福建集成伞业有限公司
241	福建天电光电有限公司	291	泉州匹克鞋业有限公司
242	福建海峡铜业有限公司	292	福州泰宇混凝土有限公司
243	恒安（中国）纸业有限公司	293	厦门翔鹭化纤股份有限公司
244	福建三宏环保科技有限公司	294	福建省华普股份有限公司
245	瑞芯微电子股份有限公司	295	福建新创锦纶实业有限公司
246	星宸科技股份有限公司	296	泉州艺龙美术工艺有限公司
247	浪潮（厦门）计算机科技有限公司	297	莆田市来克体育用品有限公司
248	福建森源家具有限公司	298	厦门华夏国际电力发展有限公司
249	福建浔兴拉链科技股份有限公司	299	晋江市三福纺织实业有限公司
250	福建经纬集团有限公司	300	中纺粮油（福建）有限公司

21-2 建筑业总产值前300家企业(2021年)
Top 300 Construction Enterprises in Gross Annual Value(2021)

位次 No.	企业名称 Name	位次 No.	企业名称 Name
1	中建海峡建设发展有限公司	51	福建省工业设备安装有限公司
2	中建四局建设发展有限公司	52	厦门特房建设工程集团有限公司
3	福建建工集团有限责任公司	53	福建磊鑫（集团）有限公司
4	福建省华荣建设集团有限公司	54	福建森正建设集团有限公司
5	福建省永泰建筑工程公司	55	福建省日誉建设集团有限公司
6	福建九鼎建设集团有限公司	56	厦门中联永亨建设集团有限公司
7	永富建工集团有限公司	57	福建省雄盛建筑工程有限公司
8	福建省沈澄建设集团有限公司	58	中国水利水电第十六工程局有限公司
9	福建省惠东建筑工程有限公司	59	中铁(福州)投资有限公司
10	福建省闽南建筑工程有限公司	60	福建省八方建筑工程有限公司
11	中建海峡（厦门）建设发展有限公司	61	福建路桥建设有限公司
12	福建华航建设集团有限公司	62	中晟海峡建设有限公司
13	海峡宏基建工集团有限公司	63	福建省透堡建筑工程有限公司
14	中交一公局厦门工程有限公司	64	厦门源昌城建集团有限公司
15	福建宏盛建设集团有限公司	65	新纪建工集团有限公司
16	福建省二建建设集团有限公司	66	福建博业建设集团有限公司
17	福建路港（集团）有限公司	67	福建联泰建设工程有限公司
18	中铁二十二局集团第三工程有限公司	68	福建省五洲建设集团有限公司
19	福建一建集团有限公司	69	福建省安泰建筑工程有限公司
20	福建发展集团有限公司	70	中国电建集团航空港建设有限公司
21	名筑建工集团有限公司	71	中铁海峡建设集团有限公司
22	福建省民益建设工程有限公司	72	福建才溪建设集团有限公司
23	华辉建工集团有限公司	73	福建荣建集团有限公司
24	中交三航（厦门）工程有限公司	74	福建省同源建设工程有限公司
25	福建省涵城建设工程有限公司	75	中建八局(厦门)建设有限公司
26	泉发建设股份有限公司	76	福建永东南建设集团有限公司
27	福建省五建建设集团有限公司	77	中建力天集团有限公司
28	福建六建集团有限公司	78	中城投集团第八工程局有限公司
29	中铁一局集团厦门建设工程有限公司	79	福建省龙祥建设集团有限公司
30	福建巨岸建设工程有限公司	80	福建远舟港湾建设工程有限公司
31	福建省九龙建设集团有限公司	81	福建省中马建设工程有限公司
32	福建金鼎建筑发展有限公司	82	福建省恒基建设股份有限公司
33	福建省顺安建筑工程有限公司	83	福建省晓沃建设工程有限公司
34	福建璟榕工程建设发展有限公司	84	中建（福建）建设有限公司
35	福建省兴岩建设集团有限公司	85	方圆建设集团有限公司
36	福建省东霖建设工程有限公司	86	中交四航局第五工程有限公司
37	中建协和建设有限公司	87	福州建工(集团)总公司
38	中交建宏峰集团有限公司	88	中铁十七局集团第六工程有限公司
39	中建三局（厦门）建设有限公司	89	福建中冶永行建设工程有限公司
40	福建来宝建设集团有限公司	90	至永建设集团有限公司
41	福建卓越建设工程开发有限公司	91	福建弘祥建设工程有限公司
42	福建成森建设集团有限公司	92	福建省利恒建设工程有限公司
43	福建省百盛建设发展有限公司	93	福建省禹澄建设工程有限公司
44	福建省荔隆建设工程有限公司	94	福建华建工程建设有限公司
45	福建惠丰建筑工程有限公司	95	乐嘉建设工程有限公司
46	福建七建集团有限公司	96	中建远南集团有限公司
47	福建省融旗建设工程有限公司	97	福建省泰宏建设工程有限公司
48	福建铭泰集团有限公司	98	万图建设集团有限公司
49	中铁二十四局集团福建铁路建设有限公司	99	莆田中建建设发展有限公司
50	福建新华夏建工集团有限公司	100	福建省冠辉建设工程有限公司

21-2 续表1
Continued

位次 No.	企业名称 Name	位次 No.	企业名称 Name
101	福建省长鸿建设集团有限公司	151	福建泉州市二建工程有限公司
102	福州第七建筑工程有限公司	152	福建省亿方建设工程有限公司
103	福州市一建建设股份有限公司	153	厦门安能建设有限公司
104	福州市城投建筑有限公司	154	闽晟集团城建发展有限公司
105	飞阳建设工程有限公司	155	福建恒声建设集团有限公司
106	福建省嘉晟建设发展有限公司	156	福建省新华都工程有限责任公司
107	福建永旺建设集团有限公司	157	福建省晋南建设集团有限公司
108	聚璜集团有限公司	158	福建省高华建设工程有限公司
109	福建大华鑫建设工程有限公司	159	福建省中木建设集团有限公司
110	福建省实盛建设工程有限公司	160	中建富林集团有限公司
111	亿耀（福建）建设有限公司	161	福建平祥建设工程有限公司
112	福建三建工程有限公司	162	神州建设集团有限公司
113	鑫泰建设集团有限公司	163	凯辉集团（福建）有限公司
114	海曜建工集团有限公司	164	中建鑫宏鼎环境集团有限公司
115	福建省隆盛建设工程有限公司	165	福建巨铸集团有限公司
116	福建第一公路工程集团有限公司	166	福建登凯成龙建设集团有限公司
117	福建省水利水电工程局有限公司	167	福建勤马集团有限公司
118	福建蓝海市政园林建筑有限公司	168	福建绿恒建筑工程有限公司
119	中核工建设集团第四工程局有限公司	169	福建大舟建设集团有限公司
120	永太建设集团有限公司	170	福州亿力电力工程有限公司
121	恒富建设集团有限公司	171	福建铭瑞建设工程有限公司
122	福建拓海建设工程有限公司	172	福建省永泰县第三建筑工程有限公司
123	福建省汤头建筑工程有限公司	173	福建省送变电工程有限公司
124	福建闽清一建建设发展有限公司	174	福建省吴航建筑工程有限公司
125	恒晟集团有限公司	175	福建晟亿集团有限公司
126	福建省国筑建设工程有限公司	176	福建省上杭县宏庄建筑工程有限公司
127	福建省筑信建设集团有限公司	177	福建联美建设集团有限公司
128	厦门树鑫建设集团有限公司	178	中建五局海西投资建设有限公司
129	福建省凡士建设集团有限公司	179	恒亿集团有限公司
130	中建一局集团东南建设有限公司	180	厦门鲁班源房屋营造有限公司
131	中磐建设集团有限公司	181	福建博成建筑工程有限公司
132	福建省南安市第一建设有限公司	182	中铁福船海洋工程有限责任公司
133	宇旺建工集团有限公司	183	福建省昊立建设工程有限公司
134	福建省汇恒达建筑工程有限公司	184	厦门市建安集团有限公司
135	大成工程建设集团有限公司	185	中交上航（福建）交通建设工程有限公司
136	福建西南建设有限公司	186	福建上杭广厦建设有限公司
137	紫金矿业建设有限公司	187	福建省明丰建设集团有限公司
138	福建省惠一建设工程有限公司	188	中星联丰建设集团有限公司
139	福建互助建筑工程有限公司	189	福建星原建设工程发展有限公司
140	福建省兴创建设集团有限公司	190	福建省海天建设工程有限公司
141	福建省惠裕建设工程有限公司	191	厦门电力工程集团有限公司
142	海峡建工集团有限公司	192	厦门泰睿坤建设工程有限公司
143	泉州亿兴电力工程建设有限公司	193	漳州市建筑工程有限公司
144	福州市第三建筑工程公司	194	福建省博晟建筑工程有限公司
145	龙岩市西安建筑工程有限公司	195	福建省榕圣市政工程股份有限公司
146	福建省闽楚建设工程有限公司	196	福建胜奇工程建设有限公司
147	中建旷博（福建）有限公司	197	福建省惠房建设工程有限公司
148	福建冶地恒元建设有限公司	198	海峡福环建工集团有限公司
149	福建省国泰建设有限公司	199	福建泉润建设工程有限公司
150	中汇建筑集团有限公司	200	福建恒盛建筑集团有限公司

21-2 续表2
Continued

位次 No.	企业名称 Name	位次 No.	企业名称 Name
201	厦门市大方舟建设有限公司	251	精易建工集团有限公司
202	福建省浦口建筑工程有限公司	252	福建实联建设有限公司
203	福建省涵禹建设工程有限公司	253	福建省诚毅工程建造有限公司
204	福建省杭辉建设工程有限公司	254	水玲龙（福建）建设工程有限公司
205	福建省邮电工程有限公司	255	福建众亨泰建设工程有限公司
206	福建省金通建设集团有限公司	256	福建汇达建筑工程有限公司
207	福建省华策建设集团有限公司	257	福建省九建建筑工程有限公司
208	福建省巨龙建设工程有限公司	258	福建鑫达建设集团有限公司
209	福建九翔龙建设工程有限公司	259	新鸿天装饰工程有限公司
210	中呈建设集团有限公司	260	福建荣冠环境建设集团有限公司
211	福建联谊建筑工程有限公司	261	北京建工集团（厦门）建设有限公司
212	福能联信建设集团有限公司	262	中兴华骏建设有限公司
213	福建径坊建造工程有限公司	263	福建恒景建设工程有限公司
214	中环宏岸建设发展有限公司	264	福建省柏裕建筑工程有限公司
215	福建京源建设工程有限公司	265	华宇（福建）置业集团有限公司
216	福州闽龙铁路工程有限公司	266	中建四海建设开发有限公司
217	福建兴万祥建设集团有限公司	267	中铁（厦门）投资有限公司
218	福建新纪建设集团有限公司	268	福建省源昌建设工程有限公司
219	福建省恒鼎建筑工程有限公司	269	福建省惠三建设发展有限公司
220	福建安兆建设有限公司	270	福建省睿煌建筑工程有限公司
221	福建省协兴建设有限公司	271	福建鑫泷鼎建设工程有限公司
222	福建荣成建设工程有限公司	272	中城建设有限责任公司
223	中建二局（厦门）建设有限公司	273	福建创盛建设有限公司
224	福建鑫陆建设集团有限公司	274	福建中凯建设工程有限公司
225	福建海瑞工程建设有限公司	275	福建省弘基建设工程有限公司
226	福建红珊瑚建设有限公司	276	福建易顺建筑工程有限公司
227	福建省东昇建设工程有限公司	277	福建屹立建设工程有限公司
228	千易建设集团有限公司	278	福建国辉建设工程有限公司
229	厦门海投工程建设有限公司	279	福建省兴盛建设工程有限公司
230	福建省中嘉建设工程有限公司	280	福建中奥建筑工程有限公司
231	福建承昌建设工程有限公司	281	厦门城健建设有限公司
232	福建省桃城建设工程有限公司	282	福建金川建筑工程有限公司
233	福州市中霖工程建设有限公司	283	福建省悦科建筑工程有限公司
234	中建闽泰建设开发有限公司	284	鑫中坤建设工程有限公司
235	达顺建设集团有限公司	285	厦门思总建设有限公司
236	福建省泉州市东海建筑有限公司	286	福建省同天建设工程有限公司
237	福建金田建设工程有限公司	287	仙游县建工投资集团有限公司
238	福建省榕源建设工程有限公司	288	万崇建设有限公司
239	福建省世新工程营造有限公司	289	厦门集三建设集团有限公司
240	福建永宏建设工程有限公司	290	厦门市捷安建设集团有限公司
241	福建省天柱建设工程有限公司	291	福建中联建设工程有限公司
242	中国电建集团福建工程有限公司	292	福建中恒嘉建设有限公司
243	福建建中建设科技有限责任公司	293	福建创邦建筑工程有限公司
244	福建省华实建设工程有限公司	294	福建鑫远建工有限公司
245	中交鹭建有限公司	295	福建森宏建设工程有限公司
246	厦门上建建设集团有限公司	296	宇烈建工集团有限公司
247	福建省城弘建设集团有限公司	297	福建省永同达建筑工程有限公司
248	福建巧匠建筑工程有限公司	298	中锦骏业建设有限公司
249	福建省中隧建设工程有限公司	299	中盛华勋建设有限公司
250	三明客家源建设工程有限公司	300	福建省渚港建工发展有限公司

21-3 主营业务收入前300家批发零售企业(2021年)
Top 300 Wholesale and Retail Enterprises in Main Business Income(2021)

位次 No.	企业名称 Name	位次 No.	企业名称 Name
1	厦门国贸集团股份有限公司	51	厦门航空开发股份有限公司
2	福建兴大进出口贸易有限公司	52	福建三钢国贸有限公司
3	厦门象屿铝晟有限公司	53	昌富利（厦门）有限公司
4	厦门信达股份有限公司	54	福建达利发展有限公司
5	福建闽光云商有限公司	55	厦门建发物资有限公司
6	厦门象屿物流集团有限责任公司	56	紫金矿业集团（厦门）金属材料有限公司
7	厦门建发物产有限公司	57	厦门海投供应链运营有限公司
8	点钢科技有限公司	58	福建信通贸易有限公司
9	中化石油成品油销售有限公司	59	厦门鑫同玺供应链管理有限公司
10	厦门建发金属有限公司	60	福建省烟草公司泉州市公司
11	中石化森美（福建）石油有限公司	61	福建安越服饰有限公司
12	厦门海翼国际贸易有限公司	62	厦门海投经济贸易有限公司
13	厦门建发矿业资源有限公司	63	厦门象屿矿业有限公司
14	福化工贸（漳州）有限公司	64	厦门象屿化工有限公司
15	厦门建发纸业有限公司	65	福建永辉超市有限公司
16	厦门国贸石化有限公司	66	厦门市明穗粮油贸易有限公司
17	建发物流集团有限公司	67	福建省榕江进出口有限公司
18	厦门建发原材料贸易有限公司	68	一柏国际贸易有限公司
19	成大物产（厦门）有限公司	69	厦门振丰能源有限公司
20	福建省长一实业有限公司	70	厦门黄金投资有限公司
21	厦门建发能源有限公司	71	中煤京闽（福建）工贸有限公司
22	厦门国贸金属有限公司	72	福建阳光集团有限公司
23	漳州市九龙江集团有限公司	73	厦门合兴包装印刷股份有限公司
24	福建世德久晟贸易有限公司	74	福建省烟草公司福州市公司
25	厦门海峡供应链发展有限公司	75	厦门信达矿业资源有限公司
26	福建漳龙集团有限公司	76	厦门象屿农产品有限责任公司
27	中石化化工销售（福建）有限公司	77	厦门国贸有色矿产有限公司
28	宁德正威发展有限公司	78	百威东南销售有限公司
29	厦门国贸矿业有限公司	79	福建省万展信息科技有限公司
30	厦门京东东和贸易有限公司	80	斐乐服饰有限公司
31	盛屯矿业集团股份有限公司	81	斐乐体育有限公司
32	厦门港务贸易有限公司	82	福州民天实业有限公司
33	厦门国贸纸业有限公司	83	福建炼油化工有限公司
34	漳州路桥物资发展有限公司	84	厦门象屿资源有限公司
35	均和（厦门）控股有限公司	85	福建永荣控股集团有限公司
36	中国石油天然气股份有限公司福建销售分公司	86	福建逸坤化纤有限公司
37	厦门国贸能源有限公司	87	中国石化销售有限公司福建石油分公司
38	福建新东联国际贸易有限公司	88	厦门信和达电子有限公司
39	福建力聚物流有限公司	89	厦门栢瑞供应链服务有限公司
40	盛屯金属有限公司	90	厦门路桥国际贸易有限公司
41	厦门安踏有限公司	91	象屿宏大供应链有限责任公司
42	厦门国贸农产品有限公司	92	福建省烟草公司漳州市公司
43	厦门安踏电子商务有限公司	93	厦门集昌供应链管理有限公司
44	厦门翔熙供应链管理有限公司	94	龙岩市龙地贸易有限公司
45	海峡石化产品交易中心有限公司	95	晋江辉豪化工有限公司
46	泉州展志钢材有限公司	96	厦门海易航供应链物流有限公司
47	厦门同顺供应链管理有限公司	97	均和（厦门）能源有限公司
48	福清中金有色金属材料有限公司	98	厦门国贸同歆实业有限公司
49	上杭县紫金金属资源有限公司	99	厦门国贸铜泽贸易有限公司
50	福建三安集团有限公司	100	厦门建发化工有限公司

21-3 续表1
Continued

位次 No.	企业名称 Name	位次 No.	企业名称 Name
101	福建凯晟鸿贸易有限公司	151	厦门西海控股有限公司
102	厦门东茂祥和供应链有限公司	152	厦门金港口石化有限公司
103	福州开发区新电燃料有限公司	153	福建康泰再生资源利用有限公司
104	福建华锦贸易有限公司	154	紫金国际贸易有限公司
105	福建省超盛化工工贸有限公司	155	福建福化古雷石油化工有限公司
106	厦门安踏服饰有限公司	156	福建省晋江市进出口有限公司
107	福建点増贸易有限公司	157	厦门信息集团商贸有限公司
108	厦门兴锦皓石油化工有限公司	158	均和（厦门）供应链管理有限公司
109	福建三棵树建筑材料有限公司	159	厦门象屿速传供应链发展股份有限公司
110	福建省石油化工供销有限公司	160	福建青企实业有限公司
111	福建省创造者贸易有限公司	161	紫金矿业物流有限公司
112	福建青拓再生资源开发有限公司	162	厦门金圆产业发展有限公司
113	福建云通供应链有限公司	163	厦门德金贸易有限公司
114	紫森（厦门）供应链管理有限公司	164	福建闽侯永辉商业有限公司
115	中化石油福建有限公司	165	漳州伊莱福食品有限公司
116	福建省盛泰航空燃料有限公司	166	福州朴朴电子商务有限公司
117	福州城投均和供应链管理有限公司	167	晋江市大长江钢管实业有限公司
118	福建省烟草公司厦门市公司	168	瑞幸咖啡（中国）有限公司
119	福建亚升石化有限公司	169	坤健控股（厦门）有限公司
120	全骏达实业有限公司	170	泉州象屿石化有限公司
121	福建恒安集团厦门商贸有限公司	171	福建省烟草公司南平市公司
122	福建昊润石化有限公司	172	厦门恒兴集团有限公司
123	厦门三裕丰能源有限公司	173	新天钢国贸矿业有限公司
124	厦门万翔物流投资有限公司	174	福建省烟草公司龙岩市公司
125	龙岩交发睿通商贸有限公司	175	厦门海沧保税港区供应链有限公司
126	厦门宝拓资源有限公司	176	福建力争石化有限公司
127	福建省龙岩市国贸有限公司	177	福建新华发行（集团）有限责任公司
128	厦门欣枫情商贸有限公司	178	中化石化销售（福建）有限公司
129	连江县一福再生资源有限公司	179	福建元恒再生资源有限责任公司
130	福清青拓供应链管理有限公司	180	厦门乔丹发展有限公司
131	厦门象屿同道供应链有限公司	181	平潭鼎信商贸有限公司
132	青拓集团有限公司	182	厦门市信达安贸易有限公司
133	晋江裕福集团有限公司	183	厦门信和达供应链有限公司
134	龙岩投创商贸有限公司	184	福安市益卓商贸有限公司
135	瑞钢联（福建）国际贸易有限公司	185	厦门象屿新能源有限责任公司
136	福建龙福实业发展有限公司	186	华彬快速消费品销售（福建）有限公司
137	厦门宝达纺织有限公司	187	晋江锦兴贸易有限公司
138	福建国海燃料有限公司	188	福建隆百融国际能源发展有限公司
139	厦门特步投资有限公司	189	福建锦江泓晟贸易有限公司
140	福建闽海能源销售有限公司	190	晋江市德明钢材实业有限公司
141	福建省福能物流有限责任公司	191	福建湛华智能科技有限公司
142	龙工（中国）机械销售有限公司	192	厦门中合逸化工贸易有限公司
143	鑫东森集团有限公司	193	厦门中合发实业有限公司
144	象晖能源（厦门）有限公司	194	福建省路路达石油制品有限公司
145	福州喜盈门实业有限公司	195	福建省烟草公司莆田市公司
146	福建省烟草公司三明市公司	196	中煤京闽（莆田）工贸有限公司
147	厦门晟茂有限责任公司	197	中国航油集团福建石油有限公司
148	福建东铭国际贸易有限公司	198	平潭青拓金属材料有限公司
149	均达升（厦门）控股有限公司	199	厦门闽嘉华石化有限公司
150	福州速传保税供应链管理有限公司	200	厦门航开保税贸易有限公司

21-3 续表2
Continued

位次 No.	企业名称 Name	位次 No.	企业名称 Name
201	仙游青拓环保科技有限公司	251	泉州晟创商贸有限公司
202	福建申远贸易有限公司	252	宁德海螺水泥有限责任公司
203	厦门嘉联恒进出口有限公司	253	海量（厦门）资源有限公司
204	厦门迅达国际贸易有限公司	254	福建申宏国际贸易有限公司
205	福建省旅发联合能源有限公司	255	厦门融银贸易有限公司
206	厦门建益达有限公司	256	厦门象屿鑫成供应链有限公司
207	厦门夏商国际贸易有限公司	257	福建芝龙石油化工有限公司
208	中国厦门国际经济技术合作有限公司	258	厦门兴汇能源有限公司
209	紫金矿业物流（厦门）有限公司	259	福建众盈化工有限公司
210	厦门安踏贸易有限公司	260	荣鑫盛(厦门)商贸有限公司
211	厦门华闽盛屯物产有限公司	261	厦门国贸物产有限公司
212	厦门夏商粮食发展有限公司	262	厦门大亮贸易有限公司
213	中海油销售福建有限公司	263	福州锦泽石化有限公司
214	福州麦多万嘉超市有限公司	264	福州中宝汽车销售服务有限公司
215	莆田市众鞋网络科技有限公司	265	莆田市永盛投资有限公司
216	福建省福农农资集团有限公司	266	福建虹鑫实业有限公司
217	道普（厦门）石化有限公司	267	厦门市嘉晟对外贸易有限公司
218	新中冠智能科技股份有限公司	268	厦门芗江进出口有限公司
219	晋江福华化工有限公司	269	紫金矿业集团黄金珠宝有限公司
220	国药控股福州有限公司	270	福州麒铠商贸发展有限公司
221	福建省南安市进出口有限公司	271	厦门圣德达元贸易有限公司
222	厦门隆昌晟商贸有限公司	272	国药控股福建有限公司
223	福建省烟草公司宁德市公司	273	福建万展供应链管理有限公司
224	元气森林（厦门）食品有限公司	274	旭达（厦门）商贸有限公司
225	厦门嘉晟供应链股份有限公司	275	福建苏宁易购商贸有限公司
226	厦门路桥工程物资有限公司	276	福建闽海能源有限公司
227	金控均和（福州）供应链有限公司	277	厦门禹港有限公司
228	福建高速中化石油有限公司	278	福建采木工业互联网科技有限公司
229	必达（厦门）国际贸易有限公司	279	厦门海峡投资有限公司
230	福建启润贸易有限公司	280	天辰能化（福州）国际贸易有限公司
231	福建正集科技有限公司	281	福建同春药业股份有限公司
232	晋江市汇品进出口贸易有限公司	282	福建和锦贸易有限公司
233	福州展志钢铁有限公司	283	福州恒基石化有限公司
234	厦门中烨恒发能源科技有限公司	284	厦门朴朴电子商务有限公司
235	厦门象盛镍业有限公司	285	福建苏闽石油有限公司
236	晋江宝华钢材有限公司	286	厦门新纸源电子商务有限公司
237	福建顾盈贸易有限公司	287	厦门昌兴格瑞商贸有限公司
238	福州新投创业投资有限公司	288	福州轻工进出口有限公司
239	厦门建发轻工有限公司	289	中海石油福建新能源有限公司
240	漳州城投商贸发展有限公司	290	福建三元金属有限公司
241	福建达亿贸易有限公司	291	厦门育哲集团有限公司
242	福建福泰钢铁有限公司	292	厦门匹克贸易有限公司
243	福建长隆石油化工有限公司	293	厦门利联吉昌贸易有限公司
244	福建三木建设发展有限公司	294	厦门宏发电声科技有限公司
245	福建闽讯实业有限公司	295	福建中联钢信电子商务有限公司
246	福建省建筑材料设备有限责任公司	296	福州建发实业有限公司
247	厦门建发股份有限公司	297	永春九牧厨卫有限公司
248	中化（泉州）石油销售有限公司	298	福建省粮油食品进出口集团有限公司
249	晋江市新长江精密钢管制造有限公司	299	漳州新业贸易有限公司
250	厦门傲农投资有限公司	300	厦门国贸化工有限公司

第二十二篇　市县国民经济主要指标

Chapter 22　Main Economic Indicators of City and County

资料整理：孙晶洁 邹宾宇 徐林 范李功 杨威 饶晓燕 王昱 陈群 沈超 陈洁 王旨 戴斌 吴新榕 郑骁喆 郭宏杨

Database Editor: Sunjingjie Zoubinyu Xulin Fanligong Yangwei Raoxiaoyan Wangyu Chenqun Shenchao Chenjie Wangzhi Daibin Wuxinrong Zhengxiaozhe Guohongyang

简要说明

本篇资料的主要内容及来源

本篇资料反映了全省各市（县）经济社会事业发展基本情况，主要包括地区生产总值、人口、从业人员、工业、投资、社会消费品零售总额、财政、职工工资和教育、卫生等方面的内容。

本篇资料由省统计局各相关专业处室整理提供。

Brief Introduction

Main Content and Source of Data

Data in this chapter show the development in society and economy of Urban districts or counties or cities on the county level, mainly including GDP, population, employed persons,, industry, investment, total retail sales of consumer good，finance, income of rural households, wage of staff and works, education and public health.

Data on this chapter are compiled and provided by the related department of Bureau of Fujian Provincial Bureau of Statistics.

22-1 地区生产总值(2021年)
Gross Domestic Product(2021)

单位：亿元 (100 million yuan)

地区	Area	地区生产总值 Gross Domestic Product	第一产业 Primary Industry	第二产业 Secondary Industry	第三产业 Tertiary Industry	工业 Industry	建筑业 Construction	人均GDP（元） Per Capita GDP(yuan)
全　省	**Fujian**	**48810.36**	**2897.74**	**22866.32**	**23046.30**	**17787.60**	**5140.55**	**116939**
福州市	**Fuzhou**	**11324.48**	**637.03**	**4289.80**	**6397.66**	**2758.62**	**1548.49**	**135298**
福州市辖区	District under Fuzhou							
鼓楼区	Gulou	2362.19		403.73	1958.45	96.39	307.53	351778
台江区	Taijiang	659.25		101.56	557.69		101.56	159819
仓山区	Cangshan	1030.11	1.81	419.27	609.02	323.77	97.17	88841
马尾区	Mawei	639.84	13.05	362.24	264.54	240.01	122.67	217632
晋安区	Jin'an	1063.28	8.48	284.41	770.38	152.41	132.31	134167
长乐区	Changle	1143.90	70.41	690.31	383.18	636.09	54.39	142720
福清市	Fuqing	1414.04	123.52	665.73	624.79	500.60	165.40	100859
闽侯县	Minhou	881.16	51.69	452.96	376.51	347.78	105.46	87765
连江县	Lianjiang	671.44	173.41	252.95	245.08	184.10	79.57	104341
罗源县	Luoyuan	359.06	55.06	184.25	119.74	157.50	27.00	139440
闽清县	Minqing	389.78	38.77	217.56	133.45	88.87	131.42	151077
永泰县	Yongtai	339.31	60.51	173.36	105.44	19.74	153.68	119687
平潭县	Pingtan	339.20	40.30	81.45	217.45	11.36	70.32	86975
厦门市	**Xiamen**	**7033.89**	**29.06**	**2882.89**	**4121.94**	**2162.84**	**745.57**	**134491**
厦门市辖区	District under Xiamen							
思明区	Siming	2258.08	3.27	373.73	1881.08	96.52	277.44	211431
海沧区	Haicang	938.24	1.64	565.10	371.50	504.92	60.50	156244
湖里区	Huli	1539.41		621.14	918.27	438.92	206.11	149168
集美区	Jimei	876.00	3.35	448.41	424.24	368.17	80.88	82719
同安区	Tong'an	640.36	11.11	340.62	288.64	308.44	32.41	73226
翔安区	Xiang'an	781.79	9.69	533.89	238.21	445.86	88.23	131173
莆田市	**Putian**	**2882.96**	**136.63**	**1506.48**	**1239.85**	**1226.88**	**281.97**	**89672**
莆田市辖区	District under Putian							
城厢区	Chengxiang	538.76	10.41	200.62	327.72	141.23	59.67	98314
涵江区	Hanjiang	639.42	17.36	427.07	194.98	361.45	66.32	133073
荔城区	Licheng	618.81	17.42	331.40	269.99	268.17	63.74	91675
秀屿区	Xiuyu	527.63	68.57	272.47	186.59	225.01	47.89	87212
仙游县	Xianyou	558.34	22.86	274.92	260.56	231.01	44.35	61593
三明市	**Sanming**	**2953.47**	**325.09**	**1503.35**	**1125.03**	**1078.56**	**428.05**	**118852**
三明市辖区	District under Sanming							
三元区	Sanyuan	674.39	19.35	338.14	316.90	261.85	76.58	165130
沙县区	Shaxian	354.44	33.08	206.54	114.82	147.08	60.36	141436
永安市	Yong'an	487.99	38.65	285.43	163.91	233.34	52.50	141549
明溪县	Mingxi	121.85	21.60	58.43	41.81	37.61	20.89	124460
清流县	Qingliu	156.95	25.16	77.75	54.04	32.63	45.25	134032
宁化县	Ninghua	226.64	30.37	99.42	96.85	51.56	48.26	86553
大田县	Datian	249.38	46.61	124.13	78.64	109.75	14.68	83154
尤溪县	Youxi	248.02	53.87	92.00	102.15	75.92	16.34	72500
将乐县	Jiangle	180.48	21.36	89.13	69.99	63.31	26.04	125157
泰宁县	Taining	102.16	15.43	45.81	40.92	22.77	23.10	98419
建宁县	Jianning	151.18	19.61	86.57	45.00	42.73	44.04	132147
泉州市	**Quanzhou**	**11304.17**	**232.77**	**6436.24**	**4635.16**	**5758.60**	**685.19**	**128165**
泉州市辖区	District under Quanzhou							
鲤城区	Licheng	705.01	0.15	347.58	357.28	314.77	32.90	164530
丰泽区	Fengze	807.48	1.91	152.22	653.35	92.86	59.47	113650
洛江区	Luojiang	333.13	5.20	207.47	120.46	179.39	28.08	132458

注：1.本表按当年价格计算。2.本表为2021年初步核算数。

Note:a)Data in this table are calculated at current prices.b)Data in this table are preliminary accounting number in 2021.

22-1 续表
Continued

单位：亿元　(100 million yuan)

地区	Area	地区生产总值 Gross Domestic Product	第一产业 Primary Industry	第二产业 Secondary Industry	第三产业 Tertiary Industry	工业 Industry	建筑业 Construction	人均GDP（元） Per Capita GDP(yuan)
泉港区	Quangang	657.80	11.76	497.03	149.01	436.99	60.13	184258
石狮市	Shishi	1072.51	27.79	476.63	568.09	430.18	46.58	156001
晋江市	Jinjiang	2986.41	20.78	1825.27	1140.36	1758.68	72.62	144585
南安市	Nan'an	1536.36	33.44	919.15	583.77	858.15	61.58	100877
惠安县	Hui'an	1491.13	35.43	1051.57	404.14	879.06	172.78	143862
安溪县	Anxi	845.61	56.99	435.02	353.60	360.50	74.69	84308
永春县	Yongchun	541.23	26.81	330.04	184.38	298.61	31.50	128254
德化县	Dehua	327.48	12.51	194.25	120.72	149.40	44.86	97756
漳州市	**Zhangzhou**	**5025.40**	**530.28**	**2461.44**	**2033.68**	**1953.30**	**511.45**	**99218**
漳州市辖区	District under Zhangzhou							
芗城区	Xiangcheng	827.34	12.89	374.63	439.82	264.51	110.28	129070
龙文区	Longwen	375.89	5.12	137.66	233.10	91.14	46.83	123000
龙海区	Longhai	1265.78	80.87	790.88	394.03	625.14	168.20	132674
长泰区	Changtai	375.23	22.29	256.60	96.33	210.22	46.51	163320
云霄县	Yunxiao	236.75	44.82	93.76	98.17	79.20	14.59	57540
漳浦县	Zhangpu	583.61	97.84	223.15	262.62	181.50	41.76	68700
诏安县	Zhao'an	328.27	62.14	164.91	101.22	148.60	16.31	58583
东山县	Dongshan	204.40	41.62	71.94	90.84	50.81	21.19	92742
南靖县	Nanjing	365.90	74.76	167.03	124.12	145.96	21.12	119851
平和县	Pinghe	271.49	52.75	76.65	142.09	62.56	14.09	59867
华安县	Hua'an	190.74	35.18	104.22	51.33	93.66	10.56	142236
南平市	**Nanping**	**2117.58**	**346.36**	**754.55**	**1016.67**	**491.73**	**263.03**	**79162**
南平市辖区	District under Nanping							
延平区	Yanping	438.69	39.03	166.57	233.09	65.80	100.82	96948
建阳区	Jianyang	268.68	44.08	98.75	125.85	68.02	30.76	78561
邵武市	Shaowu	257.04	32.61	108.58	115.85	80.23	28.37	93980
武夷山市	Wuyishan	224.68	30.04	74.78	119.86	51.02	23.78	86250
建瓯市	Jian’ou	295.62	56.71	101.57	137.34	75.18	26.43	68350
顺昌县	Shunchang	140.62	21.47	49.10	70.06	39.10	10.01	78778
浦城县	Pucheng	181.74	40.71	55.06	85.98	38.78	16.29	61193
光泽县	Guangze	120.47	46.13	35.10	39.24	28.71	6.40	93030
松溪县	Songxi	85.54	14.54	29.83	41.17	17.18	12.66	65551
政和县	Zhenghe	104.50	21.06	35.21	48.23	27.72	7.50	58544
龙岩市	**Longyan**	**3081.78**	**303.28**	**1321.87**	**1456.63**	**887.35**	**434.52**	**112886**
龙岩市辖区	District under Longyan							
新罗区	Xinluo	1109.03	53.31	517.92	537.80	397.72	120.20	130628
永定区	Yongding	312.10	37.47	122.70	151.93	66.43	56.27	96477
漳平市	Zhangping	295.03	37.48	119.00	138.54	80.25	38.75	116381
长汀县	Changting	318.15	39.70	129.64	148.81	82.47	47.17	79838
上杭县	Shanghang	466.36	55.66	189.75	220.95	108.44	81.30	123868
武平县	Wuping	286.76	39.54	116.84	130.38	71.65	45.18	103150
连城县	Liancheng	294.35	40.11	126.03	128.22	80.38	45.64	117272
宁德市	**Ningde**	**3151.08**	**359.81**	**1746.16**	**1045.12**	**1500.88**	**247.01**	**100034**
宁德市辖区	District under Ningde							
蕉城区	Jiaocheng	1098.59	48.02	789.46	261.11	707.01	82.99	174657
福安市	Fu'an	680.41	57.73	430.39	192.28	380.78	50.05	111543
福鼎市	Fuding	454.24	69.32	232.60	152.32	196.62	36.33	82068
霞浦县	Xiapu	310.22	80.84	93.04	136.34	73.25	20.09	65103
古田县	Gutian	223.43	51.24	65.26	106.93	49.92	15.35	69172
屏南县	Pingnan	105.51	16.13	36.24	53.13	28.58	7.71	75633
寿宁县	Shouning	110.75	18.22	38.39	54.14	25.62	12.79	62570
周宁县	Zhouning	90.12	8.91	27.37	53.84	16.97	10.41	60481
柘荣县	Zherong	77.82	9.39	33.40	35.02	22.14	11.29	84126

22-2 地区生产总值指数(2021年)
Indices of Gross Domestic Product(2021)

单位：以上年为100 (preceding year=100)

地区	Area	地区生产总值 Gross Domestic Product	第一产业 Primary Industry	第二产业 Secondary Industry	第三产业 Tertiary Industry	工业 Industry	建筑业 Construction	人均GDP Per Capita GDP
全　省	**Fujian**	**108.0**	**104.9**	**107.5**	**108.8**	**109.0**	**102.5**	**107.3**
福州市	**Fuzhou**	**108.4**	**106.0**	**107.3**	**109.3**	**109.2**	**104.1**	**107.2**
福州市辖区	District under Fuzhou							
鼓楼区	Gulou	108.0		103.1	108.8	110.2	102.1	108.2
台江区	Taijiang	108.6		110.4	108.3		110.4	109.2
仓山区	Cangshan	109.5	101.6	111.0	108.5	110.4	113.5	106.8
马尾区	Mawei	103.5	106.4	100.6	107.4	105.5	91.9	101.9
晋安区	Jin'an	108.0	105.9	105.5	108.9	110.4	100.1	108.0
长乐区	Changle	109.4	106.1	108.5	111.7	108.5	108.6	107.8
福清市	Fuqing	110.6	106.1	109.7	112.5	110.6	106.7	109.7
闽侯县	Minhou	109.4	106.4	110.8	108.2	111.6	108.2	106.4
连江县	Lianjiang	107.2	106.0	105.7	109.6	107.6	103.2	106.5
罗源县	Luoyuan	107.3	106.0	107.3	107.8	106.9	109.7	106.0
闽清县	Minqing	106.2	106.0	105.3	107.8	108.1	104.1	105.8
永泰县	Yongtai	105.9	105.7	106.4	105.3	104.8	106.6	105.0
平潭县	Pingtan	105.8	105.9	90.7	112.3	114.6	87.8	105.8
厦门市	**Xiamen**	**108.1**	**105.3**	**106.7**	**109.0**	**109.2**	**100.1**	**106.4**
厦门市辖区	District under Xiamen							
思明区	Siming	108.2	106.7	102.7	109.3	112.5	99.4	108.3
海沧区	Haicang	111.9	93.2	114.7	108.1	117.4	95.3	108.5
湖里区	Huli	107.2		104.1	109.4	105.1	104.6	107.5
集美区	Jimei	106.8	104.6	108.3	105.3	112.3	91.9	104.0
同安区	Tong'an	106.8	107.2	104.2	110.1	104.2	105.1	104.5
翔安区	Xiang'an	107.3	105.1	105.1	112.7	105.7	102.2	103.9
莆田市	**Putian**	**106.4**	**103.7**	**105.7**	**107.4**	**105.7**	**106.0**	**105.7**
莆田市辖区	District under Putian							
城厢区	Chengxiang	107.7	102.8	106.7	108.5	106.9	106.2	106.4
涵江区	Hanjiang	106.0	100.4	106.2	106.1	106.2	106.2	106.0
荔城区	Licheng	108.2	106.1	106.7	110.2	107.3	104.2	106.9
秀屿区	Xiuyu	103.8	103.6	104.0	103.6	103.4	107.1	103.6
仙游县	Xianyou	106.0	105.4	105.1	107.0	104.9	106.7	105.5
三明市	**Sanming**	**105.8**	**105.8**	**104.0**	**108.0**	**103.2**	**106.3**	**106.2**
三明市辖区	District under Sanming							
三元区	Sanyuan	107.1	105.6	105.8	108.5	105.5	107.1	106.9
沙县区	Shaxian	106.5	104.6	105.1	109.5	105.3	104.9	106.4
永安市	Yong'an	106.3	105.2	105.8	107.4	105.6	106.5	106.4
明溪县	Mingxi	106.2	104.9	105.2	108.4	104.7	106.2	108.5
清流县	Qingliu	98.8	105.4	90.4	109.2	75.9	105.3	101.7
宁化县	Ninghua	107.3	106.3	105.3	109.7	104.3	106.6	107.6
大田县	Datian	106.6	106.4	104.9	109.5	104.8	105.8	106.8
尤溪县	Youxi	107.6	106.4	105.9	109.8	105.3	109.1	107.7
将乐县	Jiangle	105.5	106.6	105.8	104.8	105.4	107.1	106.5
泰宁县	Taining	96.2	105.7	88.0	102.7	75.0	106.8	97.8
建宁县	Jianning	104.4	106.0	105.4	102.1	105.1	105.8	105.0
泉州市	**Quanzhou**	**108.1**	**103.3**	**107.3**	**109.4**	**108.3**	**99.6**	**107.5**
泉州市辖区	District under Quanzhou							
鲤城区	Licheng	109.9	77.4	110.6	109.3	109.3	125.3	109.8
丰泽区	Fengze	106.0	100.7	101.9	106.9	108.8	92.2	103.7
洛江区	Luojiang	113.9	108.2	109.8	121.7	111.5	99.7	111.4

注：1.本表按不变价格计算。2.本表为2021年初步核算数。

Note:a)Data in this table are calculated at current prices.b)Data in this table are preliminary accounting number in 2021.

22-2 续表
Continued

单位：以上年为100　　(preceding year=100)

地区	Area	地区生产总值 Gross Domestic Product	第一产业 Primary Industry	第二产业 Secondary Industry	第三产业 Tertiary Industry	工业 Industry	建筑业 Construction	人均GDP Per Capita GDP
泉港区	Quangang	90.1	104.6	86.4	103.8	86.2	87.4	89.1
石狮市	Shishi	110.4	99.8	109.9	111.4	111.4	97.7	110.0
晋江市	Jinjiang	110.5	96.8	111.6	108.9	112.2	100.4	110.3
南安市	Nan'an	109.8	103.2	110.9	108.5	111.6	101.0	109.3
惠安县	Hui'an	109.0	104.1	107.8	112.6	109.4	100.0	108.2
安溪县	Anxi	110.5	104.3	111.9	109.9	113.2	105.4	110.7
永春县	Yongchun	106.1	106.9	104.0	109.7	106.1	86.8	106.4
德化县	Dehua	111.6	104.3	112.4	111.1	112.0	113.9	110.4
漳州市	**Zhangzhou**	**107.7**	**105.4**	**107.0**	**109.0**	**107.6**	**104.6**	**107.5**
漳州市辖区	District under Zhangzhou							
芗城区	Xiangcheng	107.8	107.1	108.3	107.4	109.5	105.4	106.9
龙文区	Longwen	109.1	107.4	106.5	110.5	106.2	107.4	105.8
龙海区	Longhai	108.8	104.7	109.5	108.4	111.4	103.0	108.7
长泰区	Changtai	107.5	104.7	106.6	110.5	106.7	106.2	107.1
云霄县	Yunxiao	101.9	106.6	93.9	108.3	92.0	106.5	101.9
漳浦县	Zhangpu	109.8	105.7	110.4	110.8	111.3	106.1	109.6
诏安县	Zhao'an	108.5	104.1	109.6	109.5	109.9	106.7	109.4
东山县	Dongshan	103.5	101.9	98.0	108.8	94.9	106.6	103.1
南靖县	Nanjing	105.3	106.4	100.1	112.2	100.0	100.7	106.3
平和县	Pinghe	106.1	106.7	106.5	105.8	107.8	100.7	107.2
华安县	Hua'an	108.1	106.8	106.2	113.1	106.9	100.4	109.2
南平市	**Nanping**	**106.5**	**105.8**	**103.8**	**108.7**	**106.5**	**98.8**	**106.6**
南平市辖区	District under Nanping							
延平区	Yanping	104.4	106.9	98.8	108.0	103.6	95.8	106.4
建阳区	Jianyang	106.2	106.1	103.6	108.4	104.1	102.4	103.7
邵武市	Shaowu	107.8	105.8	108.8	107.4	111.0	102.6	108.4
武夷山市	Wuyishan	107.6	105.5	101.6	112.3	104.2	96.0	102.7
建瓯市	Jian’ou	105.2	105.7	103.1	106.5	104.1	100.0	107.8
顺昌县	Shunchang	110.0	106.0	107.4	113.2	108.2	104.3	114.0
浦城县	Pucheng	106.6	105.1	105.3	108.3	107.4	100.1	107.2
光泽县	Guangze	108.0	105.0	111.6	108.5	115.5	95.9	111.3
松溪县	Songxi	105.8	104.9	103.0	108.2	102.4	103.8	102.9
政和县	Zhenghe	107.9	107.0	107.0	108.8	108.1	103.1	104.8
龙岩市	**Longyan**	**107.7**	**104.8**	**108.1**	**108.0**	**109.6**	**105.0**	**107.3**
龙岩市辖区	District under Longyan							
新罗区	Xinluo	107.0	104.8	106.9	107.4	107.9	103.4	105.6
永定区	Yongding	108.2	104.3	109.7	108.1	110.9	108.3	109.5
漳平市	Zhangping	108.5	104.6	109.8	108.6	111.0	107.1	108.5
长汀县	Changting	107.0	104.7	106.8	107.8	106.9	106.7	106.7
上杭县	Shanghang	109.4	105.1	110.2	110.1	117.7	101.3	109.0
武平县	Wuping	106.4	104.4	107.3	106.4	107.5	107.0	106.4
连城县	Liancheng	108.0	105.2	108.8	108.3	109.5	107.5	107.8
宁德市	**Ningde**	**113.3**	**103.5**	**119.4**	**108.1**	**124.9**	**94.6**	**112.7**
宁德市辖区	District under Ningde							
蕉城区	Jiaocheng	129.8	101.1	142.3	108.4	150.4	98.0	127.0
福安市	Fu'an	106.2	103.6	105.0	109.3	107.0	92.7	105.9
福鼎市	Fuding	100.5	104.2	95.9	105.9	97.0	90.7	100.2
霞浦县	Xiapu	112.8	103.3	128.7	109.6	141.7	97.3	112.5
古田县	Gutian	106.4	103.8	113.0	104.2	119.4	96.8	106.8
屏南县	Pingnan	113.5	104.1	134.8	106.1	153.6	93.3	113.9
寿宁县	Shouning	105.1	104.9	97.2	110.9	107.8	81.5	105.6
周宁县	Zhouning	114.3	106.0	115.6	115.2	127.9	100.1	113.9
柘荣县	Zherong	100.5	104.2	93.9	105.9	91.3	99.2	100.5

22-3 年末户籍统计人口数(2021年)
Total Population at Year-end(2021)

单位：万人 (10000 persons)

地区	Area	年末户籍统计总人口 Total Population at Year-end	按性别分 By sex 男 Male	女 Female
全　省	**Fujian**	**3943.83**	**2025.79**	**1918.05**
福州市	**Fuzhou**	**723.36**	**367.51**	**355.84**
福州市辖区	District under Fuzhou	300.94	149.47	151.47
鼓楼区	Gulou	61.33	29.98	31.35
台江区	Taijiang	32.17	15.75	16.42
仓山区	Cangshan	66.59	32.34	34.25
马尾区	Mawei	19.11	9.43	9.68
晋安区	Jin'an	44.89	21.81	23.07
长乐区	Changle	76.86	40.16	36.70
福清市	Fuqing	140.02	72.09	67.93
闽侯县	Minhou	72.13	36.55	35.58
连江县	Lianjiang	67.64	35.08	32.56
罗源县	Luoyuan	26.91	14.03	12.88
闽清县	Minqing	32.20	16.96	15.24
永泰县	Yongtai	38.23	20.34	17.89
平潭县	Pingtan	45.29	23.00	22.29
厦门市	**Xiamen**	**281.68**	**137.59**	**144.10**
厦门市辖区	District under Xiamen	281.68	137.59	144.10
思明区	Siming	88.63	42.89	45.74
海沧区	Haicang	27.85	13.35	14.50
湖里区	Huli	39.04	19.29	19.75
集美区	Jimei	42.50	20.52	21.98
同安区	Tong'an	43.13	21.40	21.72
翔安区	Xiang'an	40.54	20.14	20.40
莆田市	**Putian**	**366.69**	**187.43**	**179.26**
莆田市辖区	District under Putian	248.73	126.36	122.37
城厢区	Chengxiang	44.57	22.27	22.29
涵江区	Hanjiang	45.20	22.43	22.78
荔城区	Licheng	62.37	31.11	31.26
秀屿区	Xiuyu	96.59	50.55	46.04
仙游县	Xianyou	117.97	61.07	56.90
三明市	**Sanming**	**286.80**	**150.23**	**136.57**
三明市辖区	District under Sanming	57.04	28.65	28.39
三元区	Sanyuan	29.98	14.74	15.24
沙县区	Shaxian	27.06	13.91	13.16
永安市	Yong'an	32.57	16.72	15.85
明溪县	Mingxi	11.59	6.04	5.55
清流县	Qingliu	15.21	8.01	7.20
宁化县	Ninghua	36.91	19.45	17.47
大田县	Datian	41.19	22.53	18.66
尤溪县	Youxi	44.71	24.18	20.53
将乐县	Jiangle	18.55	9.66	8.89
泰宁县	Taining	13.68	7.09	6.59
建宁县	Jianning	15.34	7.90	7.43
泉州市	**Quanzhou**	**771.27**	**399.22**	**372.05**
泉州市辖区	District under Quanzhou	123.25	61.49	61.76
鲤城区	Licheng	28.55	13.79	14.76
丰泽区	Fengze	31.54	15.06	16.48

22-3 续表
Continued

单位：万人　(10000 persons)

地区	Area	年末户籍统计总人口 Total Population at Year-end	按性别分 By sex 男 Male	女 Female
洛江区	Luojiang	21.10	10.92	10.18
泉港区	Quangang	42.05	21.72	20.34
石狮市	Shishi	36.59	18.41	18.18
晋江市	Jinjiang	123.25	62.68	60.56
南安市	Nan'an	166.60	88.04	78.56
惠安县	Hui'an	105.47	53.46	52.02
安溪县	Anxi	120.72	64.40	56.32
永春县	Yongchun	59.84	31.83	28.01
德化县	Dehua	35.55	18.90	16.65
漳州市	**Zhangzhou**	**526.20**	**269.80**	**256.40**
漳州市辖区	District under Zhangzhou	181.46	90.02	91.44
芗城区	Xiangcheng	49.03	23.85	25.18
龙文区	Longwen	20.08	9.63	10.45
龙海区	Longhai	91.20	45.79	45.41
长泰区	Changtai	21.14	10.76	10.39
云霄县	Yunxiao	46.79	24.70	22.09
漳浦县	Zhangpu	94.88	48.88	45.99
诏安县	Zhao'an	68.37	35.76	32.61
东山县	Dongshan	22.29	11.20	11.09
南靖县	Nanjing	35.42	18.19	17.23
平和县	Pinghe	60.66	32.52	28.14
华安县	Hua'an	16.34	8.53	7.81
南平市	**Nanping**	**315.15**	**162.83**	**152.32**
南平市辖区	District under Nanping	85.39	43.69	41.71
延平区	Yanping	49.03	25.12	23.91
建阳区	Jianyang	36.37	18.57	17.80
邵武市	Shaowu	29.97	15.34	14.63
武夷山市	Wuyishan	24.77	12.55	12.21
建瓯市	Jian'ou	54.20	28.06	26.14
顺昌县	Shunchang	22.74	11.77	10.97
浦城县	Pucheng	41.90	21.67	20.23
光泽县	Guangze	16.04	8.39	7.65
松溪县	Songxi	16.55	8.67	7.87
政和县	Zhenghe	23.60	12.69	10.90
龙岩市	**Longyan**	**317.02**	**164.89**	**152.13**
龙岩市辖区	District under Longyan	108.50	55.12	53.38
新罗区	Xinluo	61.09	30.07	31.02
永定区	Yongding	47.41	25.05	22.36
漳平市	Zhangping	29.03	15.31	13.72
长汀县	Changting	54.68	29.07	25.62
上杭县	Shanghang	51.54	26.73	24.81
武平县	Wuping	39.34	20.54	18.81
连城县	Liancheng	33.91	18.12	15.79
宁德市	**Ningde**	**355.66**	**186.29**	**169.37**
宁德市辖区	District under Ningde	53.78	27.09	26.69
蕉城区	Jiaocheng	53.78	27.09	26.69
福安市	Fu'an	67.37	35.48	31.88
福鼎市	Fuding	60.51	31.34	29.17
霞浦县	Xiapu	54.93	28.87	26.07
古田县	Gutian	42.06	22.29	19.77
屏南县	Pingnan	18.85	10.10	8.75
寿宁县	Shouning	26.03	14.00	12.03
周宁县	Zhouning	21.09	11.37	9.72
柘荣县	Zherong	11.05	5.77	5.28

22-4 年末常住人口数(2021年)
Total Population at Year-end(2021)

单位：万人 (10000 persons)

地区	Area	常住人口数 Total Population on Census	城镇人口 Urban	乡村人口 Rural	城镇化水平(%) Lever of Township (%)
全　省	**Fujian**	**4187.00**	**2918.34**	**1268.66**	**69.7**
福州市	**Fuzhou**	**842.00**	**614.66**	**227.34**	**73.0**
福州市辖区	District under Fuzhou	415.60	380.09	35.51	91.5
鼓楼区	Gulou	67.30	67.30	0.00	100.0
台江区	Taijiang	41.30	41.30	0.00	100.0
仓山区	Cangshan	116.90	116.90	0.00	100.0
马尾区	Mawei	29.60	26.08	3.52	88.1
晋安区	Jin'an	79.50	77.51	1.99	97.5
长乐区	Changle	81.00	51.00	30.00	63.0
福清市	Fuqing	141.00	75.86	65.14	53.8
闽侯县	Minhou	101.50	61.31	40.19	60.4
连江县	Lianjiang	64.60	32.88	31.72	50.9
罗源县	Luoyuan	25.90	18.57	7.33	71.7
闽清县	Minqing	25.90	11.42	14.48	44.1
永泰县	Yongtai	28.50	12.48	16.02	43.8
平潭县	Pingtan	39.00	22.07	16.93	56.6
厦门市	**Xiamen**	**528.00**	**475.70**	**52.30**	**90.1**
厦门市辖区	District under Xiamen	528.00	475.70	52.30	90.1
思明区	Siming	106.20	106.20	0.00	100.0
海沧区	Haicang	61.50	60.10	1.40	97.7
湖里区	Huli	102.50	102.50	0.00	100.0
集美区	Jimei	107.80	97.40	10.40	90.3
同安区	Tong'an	89.00	66.80	22.20	75.1
翔安区	Xiang'an	61.00	43.00	18.00	70.5
莆田市	**Putian**	**322.00**	**204.47**	**117.53**	**63.5**
莆田市辖区	District under Putian	231.20	156.19	75.01	67.6
城厢区	Chengxiang	54.90	39.71	15.19	72.3
涵江区	Hanjiang	48.10	38.31	9.79	79.7
荔城区	Licheng	67.60	50.67	16.93	75.0
秀屿区	Xiuyu	60.60	27.50	33.10	45.4
仙游县	Xianyou	90.80	48.27	42.53	53.2
三明市	**Sanming**	**248.00**	**157.98**	**90.02**	**63.7**
三明市辖区	District under Sanming	65.90	55.60	10.30	84.4
三元区	Sanyuan	40.88	37.98	2.90	92.9
沙县区	Shaxian	25.02	17.62	7.40	70.4
永安市	Yong'an	34.45	24.85	9.60	72.1
明溪县	Mingxi	9.68	5.19	4.49	53.6
清流县	Qingliu	11.62	5.99	5.63	51.5
宁化县	Ninghua	26.17	12.62	13.55	48.2
大田县	Datian	29.98	16.21	13.77	54.1
尤溪县	Youxi	34.22	17.21	17.01	50.3
将乐县	Jiangle	14.34	8.51	5.83	59.3
泰宁县	Taining	10.26	6.10	4.16	59.5
建宁县	Jianning	11.38	5.70	5.68	50.1
泉州市	**Quanzhou**	**885.00**	**616.85**	**268.15**	**69.7**
泉州市辖区	District under Quanzhou	176.30	150.87	25.43	85.6
鲤城区	Licheng	42.90	42.90	0.00	100.0
丰泽区	Fengze	72.00	72.00	0.00	100.0
洛江区	Luojiang	25.50	15.68	9.82	61.5

22-4 续表
Continued

单位：万人　　(10000 persons)

地区	Area	常住人口数 Total Population on Census	城镇人口 Urban	乡村人口 Rural	城镇化水平(%) Lever of Township (%)
泉港区	Quangang	35.90	20.28	15.62	56.5
石狮市	Shishi	68.90	59.32	9.58	86.1
晋江市	Jinjiang	206.90	143.80	63.10	69.5
南安市	Nan'an	152.70	97.12	55.58	63.6
惠安县	Hui'an	104.10	60.69	43.41	58.3
安溪县	Anxi	100.20	52.50	47.70	52.4
永春县	Yongchun	42.20	26.12	16.08	61.9
德化县	Dehua	33.70	26.49	7.21	78.6
漳州市	**Zhangzhou**	**507.00**	**318.90**	**188.10**	**62.9**
漳州市辖区	District under Zhangzhou	213.38	160.86	52.52	75.4
芗城区	Xiangcheng	64.20	58.23	5.97	90.7
龙文区	Longwen	30.62	28.11	2.51	91.8
龙海区	Longhai	95.51	60.46	35.05	63.3
长泰区	Changtai	23.05	14.06	8.99	61.0
云霄县	Yunxiao	41.19	22.78	18.41	55.3
漳浦县	Zhangpu	85.00	48.03	36.98	56.5
诏安县	Zhao'an	56.07	27.03	29.04	48.2
东山县	Dongshan	22.08	14.48	7.60	65.6
南靖县	Nanjing	30.56	16.56	14.00	54.2
平和县	Pinghe	45.30	21.97	23.33	48.5
华安县	Hua'an	13.42	7.20	6.22	53.6
南平市	**Nanping**	**267.00**	**160.20**	**106.80**	**60.0**
南平市辖区	District under Nanping	79.40	53.90	25.50	67.8
延平区	Yanping	45.10	32.60	12.50	72.3
建阳区	Jianyang	34.30	21.30	13.00	62.0
邵武市	Shaowu	27.30	21.80	5.50	79.8
武夷山市	Wuyishan	26.10	16.10	10.00	61.7
建瓯市	Jian'ou	43.10	22.60	20.50	52.4
顺昌县	Shunchang	17.80	9.20	8.60	51.8
浦城县	Pucheng	29.60	14.30	15.30	48.5
光泽县	Guangze	12.90	6.50	6.40	50.7
松溪县	Songxi	13.00	6.50	6.50	49.7
政和县	Zhenghe	17.80	9.30	8.50	52.4
龙岩市	**Longyan**	**273.00**	**173.63**	**99.37**	**63.6**
龙岩市辖区	District under Longyan	117.20	89.99	27.21	76.8
新罗区	Xinluo	85.00	73.03	11.97	85.9
永定区	Yongding	32.20	16.97	15.23	52.7
漳平市	Zhangping	25.30	14.85	10.45	58.7
长汀县	Changting	39.90	21.50	18.40	53.9
上杭县	Shanghang	37.70	19.50	18.20	51.7
武平县	Wuping	27.80	14.90	12.90	53.6
连城县	Liancheng	25.10	12.88	12.22	51.3
宁德市	**Ningde**	**315.00**	**195.93**	**119.07**	**62.2**
宁德市辖区	District under Ningde	63.20	43.92	19.28	69.5
蕉城区	Jiaocheng	63.20	43.92	19.28	69.5
福安市	Fu'an	61.00	40.38	20.62	66.2
福鼎市	Fuding	55.40	35.84	19.56	64.7
霞浦县	Xiapu	47.70	29.53	18.17	61.9
古田县	Gutian	32.20	16.36	15.84	50.8
屏南县	Pingnan	13.90	7.05	6.85	50.7
寿宁县	Shouning	17.60	8.96	8.64	50.9
周宁县	Zhouning	14.80	7.98	6.82	53.9
柘荣县	Zherong	9.20	5.91	3.29	64.2

22-5 年末常住人口数（2011-2020年）
Total Population at Year-end(2011-2020)

单位：万人 (10000 persons)

地区	Area	2011	2012	2013	2014	2015	2016	2017	2018	2019	2020
全　省	**Fujian**	**3784.0**	**3841.0**	**3885.0**	**3945.0**	**3984.0**	**4016.0**	**4065.0**	**4104.0**	**4137.0**	**4161.0**
福州市	**Fuzhou**	**735.0**	**747.0**	**760.0**	**775.0**	**780.0**	**787.0**	**806.0**	**817.0**	**824.0**	**832.0**
福州市辖区	District under Fuzhou	370.0	375.1	380.2	386.1	388.4	391.3	399.3	404.5	407.5	410.7
鼓楼区	Gulou	69.5	69.5	69.4	69.3	68.9	68.6	68.5	68.3	67.6	67.0
台江区	Taijiang	44.9	44.6	44.4	44.2	43.5	42.9	42.8	42.5	41.8	41.2
仓山区	Cangshan	80.9	84.4	88.0	92.1	94.8	97.7	103.5	107.8	111.3	115.0
马尾区	Mawei	24.1	24.7	25.3	26.0	26.4	26.8	27.6	28.2	28.7	29.2
晋安区	Jin'an	80.3	80.4	80.4	80.3	80.2	80.1	80.0	79.7	79.5	79.0
长乐区	Changle	70.3	71.5	72.7	74.2	74.6	75.2	76.9	78.0	78.6	79.3
福清市	Fuqing	126.8	128.7	130.5	132.7	133.0	133.8	136.4	137.9	138.7	139.4
闽侯县	Minhou	70.1	73.1	76.2	80.6	82.3	84.7	89.3	92.9	96.1	99.3
连江县	Lianjiang	57.7	58.6	59.5	60.6	60.8	61.2	62.5	63.3	63.7	64.1
罗源县	Luoyuan	21.5	22.0	22.5	23.1	23.4	23.7	24.4	24.9	25.3	25.6
闽清县	Minqing	24.3	24.5	24.8	25.1	25.2	25.3	25.5	25.6	25.7	25.7
永泰县	Yongtai	25.6	26.0	26.3	26.8	26.9	27.0	27.6	27.9	28.0	28.2
平潭县	Pingtan	39.0	39.0	40.0	40.0	40.0	40.0	41.0	40.0	39.0	39.0
厦门市	**Xiamen**	**384.0**	**403.0**	**418.0**	**441.0**	**454.0**	**465.0**	**478.0**	**496.0**	**512.0**	**518.0**
厦门市辖区	District under Xiamen	384.0	403.0	418.0	441.0	454.0	465.0	478.0	496.0	512.0	518.0
思明区	Siming	97.1	99.9	101.1	103.6	104.5	104.6	104.8	105.8	106.5	107.4
海沧区	Haicang	33.8	35.8	39.2	43.7	45.7	48.0	50.4	54.2	57.8	58.6
湖里区	Huli	97.8	100.5	102.4	102.7	102.8	103.1	103.3	103.2	103.1	103.9
集美区	Jimei	65.3	70.1	74.0	80.0	84.1	87.4	91.1	96.8	102.2	104.0
同安区	Tong'an	55.3	59.4	62.3	67.4	70.4	73.1	77.4	81.6	85.2	85.9
翔安区	Xiang'an	34.7	37.3	39.0	43.6	46.5	48.8	51.0	54.4	57.2	58.2
莆田市	**Putian**	**285.0**	**291.0**	**295.0**	**300.0**	**303.0**	**306.0**	**309.0**	**313.0**	**318.0**	**321.0**
莆田市辖区	District under Putian	200.8	205.4	208.7	212.7	215.3	217.9	220.5	223.8	228.0	230.6
城厢区	Chengxiang	43.2	44.7	45.9	47.4	48.5	49.6	50.8	52.1	53.6	54.7
涵江区	Hanjiang	47.5	48.0	48.1	48.3	48.2	48.0	47.9	47.9	48.1	48.0
荔城区	Licheng	52.2	54.1	55.7	57.6	59.1	60.7	62.1	63.9	65.9	67.4
秀屿区	Xiuyu	57.9	58.6	59.0	59.4	59.5	59.6	59.7	59.9	60.4	60.5
仙游县	Xianyou	84.2	85.6	86.3	87.3	87.7	88.1	88.5	89.2	90.0	90.5
三明市	**Sanming**	**251.0**	**250.0**	**250.0**	**250.0**	**251.0**	**251.0**	**251.0**	**251.0**	**250.0**	**249.0**
三明市辖区	District under Sanming	60.8	61.4	62.0	62.6	63.3	64.0	64.6	65.4	65.7	65.9
三元区	Sanyuan	38.0	38.3	38.7	39.1	39.4	39.7	39.8	40.4	40.7	40.8
沙县区	Shaxian	22.9	23.1	23.3	23.5	23.9	24.3	24.8	24.9	25.0	25.1
永安市	Yong'an	34.7	34.7	34.9	34.9	34.8	34.8	34.5	34.6	34.5	34.5
明溪县	Mingxi	10.3	10.2	10.2	10.2	10.2	10.1	10.1	10.1	10.1	9.9
清流县	Qingliu	13.6	13.4	13.0	12.8	12.8	12.9	12.9	12.6	12.3	11.8
宁化县	Ninghua	27.2	26.8	26.7	26.7	26.7	26.7	26.7	26.6	26.3	26.2
大田县	Datian	31.2	30.9	30.8	30.7	30.7	30.6	30.6	30.5	30.1	30.0
尤溪县	Youxi	35.2	35.1	34.9	34.9	34.9	34.9	34.5	34.6	34.3	34.2
将乐县	Jiangle	14.9	14.8	14.8	14.7	14.9	14.6	14.6	14.6	14.6	14.5
泰宁县	Taining	11.0	10.9	10.8	10.8	11.0	10.7	10.8	10.6	10.6	10.5
建宁县	Jianning	12.0	11.8	11.8	11.7	11.7	11.7	11.7	11.5	11.5	11.5
泉州市	**Quanzhou**	**828.0**	**840.0**	**846.0**	**853.0**	**858.0**	**864.0**	**870.0**	**873.0**	**876.0**	**879.0**
泉州市辖区	District under Quanzhou	148.4	152.0	156.0	158.8	160.9	163.9	167.2	168.9	171.3	173.2
鲤城区	Licheng	41.4	41.4	42.1	42.5	42.5	42.5	42.5	42.7	42.8	42.8
丰泽区	Fengze	55.4	57.1	58.8	61.0	62.5	64.2	66.2	67.4	69.0	70.1
洛江区	Luojiang	19.5	20.8	21.8	22.1	22.3	22.7	23.5	23.9	24.4	24.8
泉港区	Quangang	32.1	32.7	33.3	33.2	33.6	34.5	35.0	34.9	35.1	35.5

注：1.2011–2019年数据根据第七次全国人口普查修订；
　　2.三元区数据包含原梅列区数据。

Note:a)The data from 2011 to 2019 are estimated on the basis of the seventh Population Census.
　　b)The data of Sanyuan include Meilie.

22-5 续表
Continued

单位：万人 (10000 persons)

地区	Area	2011	2012	2013	2014	2015	2016	2017	2018	2019	2020
石狮市	Shishi	65.1	66.2	66.6	67.4	67.6	67.5	67.6	68.0	68.3	68.6
晋江市	Jinjiang	201.5	203.5	204.0	205.3	205.2	205.7	205.9	206.0	206.2	206.2
南安市	Nan'an	144.2	146.3	147.2	147.7	148.5	150.1	150.4	151.2	151.5	151.9
惠安县	Hui'an	96.4	97.5	98.7	100.6	101.1	101.0	102.0	102.3	102.6	103.2
安溪县	Anxi	98.8	100.0	99.5	99.9	100.1	100.6	100.6	100.8	100.6	100.4
永春县	Yongchun	45.1	45.0	44.5	43.6	44.0	43.7	43.8	43.2	42.5	42.2
德化县	Dehua	28.5	29.5	29.5	29.7	30.6	31.5	32.5	32.6	33.0	33.3
漳州市	**Zhangzhou**	**489.0**	**493.0**	**496.0**	**498.0**	**501.0**	**503.0**	**505.0**	**507.0**	**506.0**	**506.0**
漳州市辖区	District under Zhangzhou	185.7	190.3	192.9	195.2	198.6	201.8	204.9	208.7	210.1	212.7
芗城区	Xiangcheng	55.8	56.6	58.0	58.9	60.0	60.8	61.7	62.7	63.2	64.0
龙文区	Longwen	18.7	20.7	20.8	21.6	23.0	24.6	25.8	28.1	28.8	30.5
龙海区	Longhai	89.9	91.3	92.2	92.6	93.2	93.8	94.6	95.0	95.2	95.3
长泰区	Changtai	21.3	21.7	21.9	22.1	22.4	22.6	22.8	22.9	22.9	22.9
云霄县	Yunxiao	41.6	41.5	41.5	41.5	41.4	41.4	41.3	41.3	41.2	41.1
漳浦县	Zhangpu	81.8	82.3	83.1	83.6	84.1	84.5	84.6	84.7	84.8	84.9
诏安县	Zhao'an	59.7	59.7	59.6	59.3	59.1	58.7	58.4	57.9	57.0	56.0
东山县	Dongshan	21.4	21.5	21.7	21.8	21.9	21.9	21.9	21.9	21.9	22.0
南靖县	Nanjing	33.3	32.9	32.9	32.7	32.5	32.2	31.9	31.5	31.1	30.5
平和县	Pinghe	49.6	49.3	49.0	48.8	48.5	48.0	47.6	46.9	46.2	45.4
华安县	Hua'an	15.9	15.5	15.3	15.1	14.9	14.5	14.4	14.1	13.7	13.4
南平市	**Nanping**	**266.0**	**265.0**	**264.0**	**266.0**	**268.0**	**268.0**	**269.0**	**268.0**	**268.0**	**268.0**
南平市辖区	District under Nanping	76.2	76.7	76.7	77.2	79.1	79.4	79.7	79.5	79.6	79.5
延平区	Yanping	47.1	47.4	47.4	47.6	47.8	48.0	47.9	47.2	46.9	45.4
建阳区	Jianyang	29.1	29.3	29.3	29.6	31.3	31.4	31.8	32.3	32.7	34.1
邵武市	Shaowu	27.7	27.8	27.7	27.8	27.7	27.7	27.8	27.7	27.6	27.4
武夷山市	Wuyishan	23.5	23.2	23.2	23.5	23.6	23.6	23.8	23.7	23.7	26.0
建瓯市	Jian’ou	45.5	45.8	45.6	45.9	45.7	45.6	45.7	45.4	45.3	43.4
顺昌县	Shunchang	19.2	19.0	18.9	19.0	19.1	19.1	19.2	19.1	19.1	17.9
浦城县	Pucheng	30.6	30.3	30.1	30.3	30.2	30.0	30.0	29.9	29.9	29.8
光泽县	Guangze	13.5	13.1	13.1	13.5	13.6	13.6	13.7	13.6	13.7	13.0
松溪县	Songxi	12.6	12.2	12.0	12.0	12.1	12.2	12.2	12.3	12.3	13.1
政和县	Zhenghe	17.2	16.9	16.7	16.8	16.9	16.8	16.9	16.8	16.8	17.9
龙岩市	**Longyan**	**258.0**	**261.0**	**263.0**	**265.0**	**268.0**	**269.0**	**270.0**	**270.0**	**271.0**	**273.0**
龙岩市辖区	District under Longyan	104.3	107.2	108.9	110.9	112.4	113.5	114.9	114.8	115.8	117.3
新罗区	Xinluo	68.5	71.8	73.8	76.3	77.9	79.3	81.3	81.6	82.8	84.8
永定区	Yongding	35.8	35.4	35.1	34.6	34.5	34.2	33.6	33.2	33.0	32.5
漳平市	Zhangping	24.2	24.4	24.4	24.5	24.9	24.9	25.0	25.1	25.3	25.4
长汀县	Changting	39.4	39.5	39.7	39.7	39.8	39.8	39.6	39.7	39.7	39.8
上杭县	Shanghang	37.4	37.4	37.5	37.4	37.7	37.8	37.7	37.6	37.4	37.6
武平县	Wuping	27.8	27.7	27.7	27.7	28.0	27.9	27.8	27.8	27.8	27.8
连城县	Liancheng	24.9	24.8	24.8	24.8	25.2	25.1	25.0	25.0	25.0	25.1
宁德市	**Ningde**	**288.0**	**291.0**	**293.0**	**297.0**	**301.0**	**303.0**	**307.0**	**309.0**	**312.0**	**315.0**
宁德市辖区	District under Ningde	46.5	48.0	48.8	50.8	52.7	54.3	57.1	58.5	60.5	62.6
蕉城区	Jiaocheng	46.5	48.0	48.8	50.8	52.7	54.3	57.1	58.5	60.5	62.6
福安市	Fu'an	57.2	57.7	58.0	58.6	59.2	59.5	59.9	60.2	60.7	61.0
福鼎市	Fuding	53.5	53.8	54.0	54.2	54.5	54.6	54.8	54.9	55.1	55.3
霞浦县	Xiapu	46.4	46.6	46.7	46.8	47.0	47.1	47.3	47.4	47.5	47.6
古田县	Gutian	32.7	33.0	33.2	33.5	33.7	33.2	32.9	32.6	32.5	32.4
屏南县	Pingnan	13.8	13.8	13.8	13.8	13.9	13.9	13.9	14.0	14.0	14.0
寿宁县	Shouning	17.6	17.6	17.6	17.6	17.7	17.7	17.8	17.8	17.8	17.8
周宁县	Zhouning	11.4	11.5	11.9	12.6	13.2	13.6	14.1	14.4	14.7	15.0
柘荣县	Zherong	8.9	9.0	9.0	9.1	9.1	9.1	9.2	9.2	9.2	9.3

22-6 年末常住人口城镇化率（2011-2020年）
Urbanization rate of Total Population at Year-end(2011-2020)

单位：%　　　　(%)

地区	Area	2011	2012	2013	2014	2015	2016	2017	2018	2019	2020
全　省	**Fujian**	**58.1**	**59.3**	**60.8**	**62.0**	**63.2**	**64.4**	**65.8**	**67.0**	**67.9**	**68.8**
福州市	**Fuzhou**	**63.1**	**64.1**	**65.6**	**66.7**	**68.0**	**69.0**	**70.3**	**71.4**	**71.8**	**72.5**
福州市辖区	District under Fuzhou	86.5	87.0	87.8	88.3	88.9	89.3	90.0	90.5	90.6	90.9
鼓楼区	Gulou	100.0	100.0	100.0	100.0	100.0	100.0	100.0	100.0	100.0	100.0
台江区	Taijiang	100.0	100.0	100.0	100.0	100.0	100.0	100.0	100.0	100.0	100.0
仓山区	Cangshan	100.0	100.0	100.0	100.0	100.0	100.0	100.0	100.0	100.0	100.0
马尾区	Mawei	69.1	71.5	75.3	77.9	80.3	82.2	85.0	86.9	87.1	87.9
晋安区	Jin'an	97.4	97.4	97.4	97.4	97.4	97.4	97.4	97.4	97.4	97.5
长乐区	Changle	42.6	44.6	47.5	49.6	51.8	53.6	56.0	57.9	58.8	60.0
福清市	Fuqing	39.7	41.3	43.8	45.5	47.4	48.7	50.7	52.1	52.6	53.6
闽侯县	Minhou	46.1	47.8	50.5	51.8	54.2	55.8	57.5	58.9	59.3	60.1
连江县	Lianjiang	36.8	38.4	40.7	42.5	44.3	45.7	47.6	49.1	49.7	50.7
罗源县	Luoyuan	39.6	42.6	46.6	50.1	53.7	57.2	61.4	65.2	67.9	71.6
闽清县	Minqing	31.9	33.3	35.3	36.8	38.1	39.2	41.1	42.6	43.0	43.8
永泰县	Yongtai	33.1	34.3	36.4	37.6	38.9	40.0	41.3	42.4	42.8	43.3
平潭县	Pingtan	37.7	38.8	40.5	42.5	44.5	46.7	48.9	51.0	52.5	53.7
厦门市	**Xiamen**	**88.5**	**88.6**	**88.7**	**88.8**	**88.9**	**89.0**	**89.1**	**89.1**	**89.2**	**89.4**
厦门市辖区	District under Xiamen	88.5	88.6	88.7	88.8	88.9	89.0	89.1	89.1	89.2	89.4
思明区	Siming	100.0	100.0	100.0	100.0	100.0	100.0	100.0	100.0	100.0	100.0
海沧区	Haicang	91.7	92.8	93.8	94.7	95.2	95.7	96.2	96.8	97.1	97.7
湖里区	Huli	100.0	100.0	100.0	100.0	100.0	100.0	100.0	100.0	100.0	100.0
集美区	Jimei	85.4	85.6	85.9	86.9	87.6	88.2	88.9	89.3	89.8	90.3
同安区	Tong'an	69.4	70.6	71.1	72.2	72.9	73.5	73.9	74.3	74.9	75.1
翔安区	Xiang'an	56.9	57.7	58.2	59.1	59.7	60.4	61.0	61.3	61.8	61.9
莆田市	**Putian**	**50.9**	**51.8**	**53.6**	**55.3**	**56.6**	**58.1**	**59.6**	**61.0**	**61.7**	**62.7**
莆田市辖区	District under Putian	56.7	58.0	59.8	61.7	62.8	63.9	64.8	65.4	66.0	66.8
城厢区	Chengxiang	66.9	67.2	67.2	67.3	68.8	70.0	70.5	70.8	71.0	71.9
涵江区	Hanjiang	78.2	78.2	78.2	78.2	78.3	78.5	78.6	78.6	78.6	79.4
荔城区	Licheng	65.8	68.7	68.7	69.1	70.4	71.6	72.8	73.2	73.8	74.2
秀屿区	Xiuyu	23.4	24.4	30.8	36.5	37.8	39.3	40.5	41.9	43.1	43.9
仙游县	Xianyou	37.0	37.0	38.5	39.8	41.4	43.7	46.7	49.9	50.8	52.4
三明市	**Sanming**	**51.6**	**52.3**	**53.7**	**55.2**	**56.6**	**58.0**	**59.6**	**61.0**	**61.9**	**63.2**
三明市辖区	District under Sanming	77.0	77.2	78.2	79.4	80.0	81.0	82.3	83.0	83.7	84.2
三元区	Sanyuan	88.3	88.7	89.0	89.9	90.4	90.8	91.8	91.9	92.2	92.7
沙县区	Shaxian	58.0	58.1	60.1	61.9	63.0	64.9	67.1	68.7	69.7	70.2
永安市	Yong'an	62.4	62.5	63.4	65.1	66.7	67.5	69.5	71.1	71.6	72.0
明溪县	Mingxi	45.6	46.2	46.3	46.4	46.6	47.9	49.0	50.5	51.1	52.4
清流县	Qingliu	40.3	41.0	42.3	43.9	44.8	45.0	45.4	47.2	48.5	50.8
宁化县	Ninghua	30.7	31.8	33.6	36.1	39.2	42.2	45.0	45.6	46.3	48.2
大田县	Datian	43.0	44.0	45.0	46.8	48.5	49.4	50.8	52.8	53.6	54.0
尤溪县	Youxi	37.1	37.4	39.0	40.3	42.0	43.6	45.1	46.8	48.0	48.8
将乐县	Jiangle	47.3	47.8	49.4	51.0	52.0	53.2	54.9	55.6	56.4	58.7
泰宁县	Taining	43.6	44.6	45.3	46.0	46.5	48.6	49.3	51.1	52.1	58.1
建宁县	Jianning	35.2	35.9	37.9	39.8	41.0	42.8	44.8	46.2	47.0	49.6
泉州市	**Quanzhou**	**58.7**	**59.5**	**61.0**	**62.3**	**63.5**	**64.6**	**66.0**	**67.1**	**67.9**	**68.5**
泉州市辖区	District under Quanzhou	80.6	80.7	81.2	82.1	82.9	83.4	83.9	84.3	84.7	85.0
鲤城区	Licheng	100.0	100.0	100.0	100.0	100.0	100.0	100.0	100.0	100.0	100.0
丰泽区	Fengze	100.0	100.0	100.0	100.0	100.0	100.0	100.0	100.0	100.0	100.0
洛江区	Luojiang	49.5	50.0	51.6	53.1	54.7	56.4	57.6	58.3	58.5	58.7
泉港区	Quangang	41.2	42.0	43.5	45.8	48.0	49.7	51.6	52.6	54.1	55.7

注：1.2011—2019年数据根据第七次全国人口普查修订；
　　2.三元区数据包含原梅列区数据。

Note:a)The data from 2011 to 2019 are estimated on the basis of the seventh Population Census.
　　b)The data of Sanyuan include Meilie.

22-6 续表
Continued

单位：万人　　　　(10000 persons)

地区	Area	2011	2012	2013	2014	2015	2016	2017	2018	2019	2020
石狮市	Shishi	74.0	74.3	75.9	76.7	77.4	78.2	80.1	82.2	84.5	86.0
晋江市	Jinjiang	59.2	60.3	61.9	63.1	63.8	64.7	66.3	67.7	68.2	68.7
南安市	Nan'an	50.9	51.5	53.0	54.4	55.5	56.7	58.6	60.1	61.4	61.7
惠安县	Hui'an	49.6	50.2	51.8	53.1	54.8	56.2	56.8	56.8	56.7	70.7
安溪县	Anxi	34.8	35.9	37.8	40.3	42.5	44.6	46.5	47.4	49.0	49.6
永春县	Yongchun	53.0	53.6	55.5	56.4	57.4	58.3	59.1	60.2	60.6	61.3
德化县	Dehua	69.6	69.8	71.4	72.4	73.1	73.9	74.8	76.2	77.1	78.1
漳州市	**Zhangzhou**	**47.8**	**50.4**	**52.1**	**52.9**	**54.5**	**56.1**	**57.8**	**59.4**	**60.7**	**61.4**
漳州市辖区	District under Zhangzhou	63.3	64.9	65.9	66.5	67.5	68.9	70.5	72.1	73.2	73.8
芗城区	Xiangcheng	88.6	88.7	88.9	89.1	89.2	89.2	89.3	89.4	89.4	89.4
龙文区	Longwen	82.9	83.3	83.9	84.3	85.1	86.6	88.1	89.8	90.8	90.9
龙海区	Longhai	48.5	50.4	51.8	51.8	53.1	55.2	57.5	59.5	60.9	61.3
长泰区	Changtai	42.3	46.2	48.7	49.8	51.1	52.7	54.0	55.1	57.5	59.4
云霄县	Yunxiao	40.4	42.2	43.6	44.7	46.4	47.9	49.8	51.6	53.7	54.6
漳浦县	Zhangpu	38.8	42.9	45.0	45.7	47.6	49.5	51.2	52.7	54.4	54.8
诏安县	Zhao'an	34.3	37.6	39.2	39.8	41.2	42.6	43.9	45.2	45.6	45.8
东山县	Dongshan	49.4	51.1	53.0	53.7	54.6	56.0	57.4	58.6	61.1	64.2
南靖县	Nanjing	41.3	43.6	45.5	46.9	48.2	49.4	50.6	51.7	52.7	52.9
平和县	Pinghe	33.5	36.4	38.6	40.0	41.9	43.4	45.5	46.7	47.2	47.5
华安县	Hua'an	38.5	41.1	44.2	46.7	49.0	50.8	51.9	52.6	53.3	53.3
南平市	**Nanping**	**51.2**	**51.8**	**52.6**	**53.4**	**54.4**	**55.3**	**56.5**	**57.5**	**58.5**	**59.7**
南平市辖区	District under Nanping	60.4	60.9	61.3	61.8	62.5	63.4	64.5	65.6	66.6	67.6
延平区	Yanping	65.2	65.7	65.8	66.1	67.0	67.9	68.9	69.3	70.2	72.1
建阳区	Jianyang	52.5	53.1	54.1	54.9	55.7	56.6	58.0	60.1	61.5	61.6
邵武市	Shaowu	66.9	67.2	67.5	67.5	68.0	68.5	69.1	72.1	76.3	79.6
武夷山市	Wuyishan	52.9	53.3	54.3	55.1	55.9	56.7	58.0	59.0	60.1	61.4
建瓯市	Jian'ou	43.0	43.7	44.7	46.5	48.4	50.0	51.1	51.5	51.9	52.0
顺昌县	Shunchang	45.9	46.2	47.2	48.0	48.8	49.7	50.1	51.2	51.3	51.4
浦城县	Pucheng	42.8	43.3	44.3	45.1	45.8	46.7	47.7	47.9	48.1	48.1
光泽县	Guangze	42.0	42.3	43.3	44.1	45.3	46.1	47.0	48.0	48.9	50.4
松溪县	Songxi	41.3	42.0	43.0	43.8	44.5	45.4	47.4	48.4	48.9	49.2
政和县	Zhenghe	40.2	41.2	42.4	43.2	43.9	44.7	46.8	47.7	48.9	51.9
龙岩市	**Longyan**	**47.5**	**49.7**	**51.4**	**52.1**	**54.1**	**55.6**	**57.7**	**59.2**	**60.6**	**62.9**
龙岩市辖区	District under Longyan	59.4	60.4	61.1	61.7	65.1	66.3	68.0	70.4	72.7	76.0
新罗区	Xinluo	69.8	70.1	70.8	70.8	74.3	75.4	76.2	79.1	82.2	85.8
永定区	Yongding	39.5	40.8	40.8	41.7	44.3	45.3	48.1	48.8	48.9	50.3
漳平市	Zhangping	50.5	52.1	52.1	53.1	53.7	54.2	54.6	56.1	56.2	58.2
长汀县	Changting	44.6	46.0	46.0	46.1	46.3	48.4	51.4	52.4	52.6	53.5
上杭县	Shanghang	33.6	38.2	41.6	42.1	43.9	45.8	48.3	49.0	49.2	51.5
武平县	Wuping	32.6	36.0	42.0	44.1	45.7	47.4	48.5	49.1	51.2	53.2
连城县	Liancheng	37.2	38.9	41.9	42.1	42.6	43.2	47.6	48.4	48.6	49.7
宁德市	**Ningde**	**49.6**	**50.6**	**52.1**	**53.2**	**54.3**	**55.4**	**56.9**	**58.2**	**59.5**	**61.0**
宁德市辖区	District under Ningde	59.9	60.5	61.8	62.6	63.4	64.1	65.3	66.2	67.2	68.2
蕉城区	Jiaocheng	59.9	60.5	61.8	62.6	63.4	64.1	65.3	66.2	67.2	68.2
福安市	Fu'an	58.7	59.3	60.1	60.7	61.4	62.0	62.8	63.4	64.3	65.1
福鼎市	Fuding	51.9	53.0	54.5	55.6	56.8	57.9	59.3	60.7	62.0	63.5
霞浦县	Xiapu	40.7	42.4	45.1	47.2	49.1	51.0	53.6	55.8	58.2	60.9
古田县	Gutian	36.0	37.2	39.0	40.3	41.7	43.0	45.0	46.2	47.8	49.6
屏南县	Pingnan	38.1	39.1	40.6	41.7	42.8	43.9	45.5	46.5	47.9	49.3
寿宁县	Shouning	42.2	42.9	43.8	44.6	45.4	46.1	47.1	47.9	48.8	49.8
周宁县	Zhouning	44.7	45.4	46.5	47.3	48.1	48.9	49.6	50.8	51.8	52.8
柘荣县	Zherong	57.4	57.9	58.6	59.2	59.7	60.3	61.0	61.6	62.3	63.0

22-7 固定资产投资(2021年)
Total Investment in Fixed Assets by City and County(2021)

地区	Area	固定资产投资(不含跨区项目) Investment in Fixed Assets		房地产开发投资 Real Estate Development	
		数值(亿元) Value(100 million)	比上年增长（%) Growth Rate over Preceding Year(%)	数值(亿元) Value(100 million)	比上年增长（%) Growth Rate over Preceding Year(%)
全　省	**Fujian**	**19083.28**	**6.0**	**6195.61**	**2.8**
福州市	**Fuzhou**	**5330.27**	**5.9**	**2248.81**	**8.6**
鼓楼区	Gulou	244.99	11.0	133.72	61.0
台江区	Taijiang	127.30	-28.4	79.42	-36.9
仓山区	Cangshan	743.52	12.7	549.38	26.5
马尾区	Mawei	144.18	-28.4	27.15	-69.8
晋安区	Jin'an	486.08	-23.0	331.31	-19.6
长乐区	Changle	793.67	24.1	224.87	72.0
福清市	Fuqing	877.37	15.5	287.55	18.7
闽侯县	Minhou	721.20	15.1	289.19	15.5
连江县	Lianjiang	479.66	11.2	77.86	-5.4
罗源县	Luoyuan	217.97	21.2	16.59	-17.9
闽清县	Minqing	137.99	13.0	45.18	105.2
永泰县	Yongtai	142.77	8.5	82.63	23.2
平潭县	Pingtan	211.19	-16.5	103.98	-5.4
厦门市	**Xiamen**	**2696.44**	**11.3**	**1069.66**	**1.3**
思明区	Siming	245.00	2.7	137.61	15.2
海沧区	Haicang	425.26	15.2	147.09	1.7
湖里区	Huli	507.34	13.7	276.81	-4.3
集美区	Jimei	399.37	4.3	142.07	-28.7
同安区	Tong'an	348.45	13.2	137.91	7.1
翔安区	Xiang'an	771.01	13.7	228.16	30.8
莆田市	**Putian**	**1871.24**	**1.9**	**409.00**	**3.4**
城厢区	Chengxiang	286.48	10.2	110.76	17.5
涵江区	Hanjiang	369.22	6.4	83.88	8.5
荔城区	Licheng	367.77	7.0	129.15	26.9
秀屿区	Xiuyu	577.46	-7.2	41.69	-22.3
仙游县	Xianyou	269.69	4.5	43.52	-36.4
三明市	**Sanming**	**1111.88**	**9.0**	**160.65**	**6.2**
三元区	Sanyuan	230.29	10.1	62.12	4.4
沙县区	Shaxian	93.64	18.0	18.96	-12.1
永安市	Yong'an	95.56	17.4	7.74	-29.0
明溪县	Mingxi	72.46	16.9	2.40	-0.9
清流县	Qingliu	60.53	14.0	8.27	291.2
宁化县	Ninghua	102.74	17.0	15.62	37.6
大田县	Datian	101.64	17.7	5.67	-48.3
尤溪县	Youxi	76.00	18.6	14.91	10.5
将乐县	Jiangle	108.87	16.2	7.88	-16.1
泰宁县	Taining	75.63	16.5	13.67	140.8
建宁县	Jianning	66.56	17.9	3.42	-10.9
泉州市	**Quanzhou**	**2576.14**	**3.6**	**962.99**	**0.0**
鲤城区	Licheng	86.46	15.2	50.02	-15.9
丰泽区	Fengze	178.91	-2.8	108.61	4.3
洛江区	Luojiang	121.33	4.3	57.72	15.8
泉港区	Quangang	112.13	-5.6	23.31	-43.3
石狮市	Shishi	195.31	2.3	68.11	12.9

22-7 续表
Continued

地区	Area	固定资产投资(不含跨区项目) Investment in Fixed Assets		房地产开发投资 Real Estate Development	
		数值(亿元) Value(100 million)	比上年增长（%） Growth Rate over Preceding Year(%)	数值(亿元) Value(100 million)	比上年增长（%） Growth Rate over Preceding Year(%)
晋江市	Jinjiang	570.55	7.6	188.30	2.9
南安市	Nan'an	445.96	14.4	125.98	5.5
惠安县	Hui'an	352.03	-13.0	156.45	2.9
安溪县	Anxi	321.53	3.6	100.98	-19.2
永春县	Yongchun	82.90	8.0	29.17	13.9
德化县	Dehua	109.04	22.5	54.35	26.4
漳州市	**Zhangzhou**	**2036.51**	**8.2**	**586.32**	**-13.6**
芗城区	Xiangcheng	300.09	8.1	75.11	-26.1
龙文区	Longwen	237.46	7.6	123.81	-10.5
龙海区	Longhai	410.36	-2.5	140.15	-26.5
长泰区	Changtai	155.37	15.1	64.26	-8.9
云霄县	Yunxiao	155.15	15.1	32.23	107.0
漳浦县	Zhangpu	319.68	17.1	57.61	5.5
诏安县	Zhao'an	67.14	-5.5	26.44	-43.3
东山县	Dongshan	79.30	26.9	21.95	-12.4
南靖县	Nanjing	140.17	19.1	30.72	115.8
平和县	Pinghe	94.46	13.5	5.90	-41.8
华安县	Hua'an	76.58	-1.3	8.13	-24.4
南平市	**Nanping**	**1378.17**	**0.1**	**231.97**	**-1.6**
延平区	Yanping	145.36	-6.5	35.63	-1.8
建阳区	Jianyang	172.32	0.9	65.34	15.5
邵武市	Shaowu	175.07	1.8	17.21	-36.1
武夷山市	Wuyishan	214.50	0.2	30.43	5.6
建瓯市	Jian’ou	198.45	-5.8	29.42	-19.4
顺昌县	Shunchang	105.23	1.9	14.50	66.8
浦城县	Pucheng	117.89	-1.1	16.05	-32.0
光泽县	Guangze	59.31	9.0	7.89	1.0
松溪县	Songxi	85.67	9.3	9.76	53.1
政和县	Zhenghe	104.37	6.6	5.74	43.4
龙岩市	**Longyan**	**1120.86**	**8.5**	**251.11**	**9.1**
新罗区	Xinluo	321.32	2.4	157.94	12.2
永定区	Yongding	163.64	10.8	10.03	28.0
漳平市	Zhangping	126.81	14.8	18.28	15.8
长汀县	Changting	118.13	14.8	24.29	36.7
上杭县	Shanghang	175.02	7.0	23.41	0.0
武平县	Wuping	98.06	17.3	11.48	39.9
连城县	Liancheng	117.89	6.7	5.68	-65.4
宁德市	**Ningde**	**961.77**	**6.2**	**275.10**	**11.3**
蕉城区	Jiaocheng	345.82	24.0	114.80	51.3
福安市	Fu'an	148.03	-7.9	29.42	-36.2
福鼎市	Fuding	151.01	8.1	37.00	0.2
霞浦县	Xiapu	130.89	4.2	41.46	-4.1
古田县	Gutian	45.84	-12.9	13.79	-3.5
屏南县	Pingnan	37.73	-6.6	19.41	33.6
寿宁县	Shouning	31.38	1.9	4.45	159.0
周宁县	Zhouning	38.97	-3.9	11.93	21.4
柘荣县	Zherong	32.12	-11.7	2.82	-40.3

22-8 城乡居民人均可支配收入(2021年)
Annual Per Capita Disposable Income of Urban and Rural Households(2021)

单位：元 (yuan)

地区	Area	城镇居民人均可支配收入 Per Capita Disposable Income of Urban Households		农村居民人均可支配收入 Per Capita Net Income of Rural Households	
		数值 Value	比上年增长（%） Ratio(%)	数值 Value	比上年增长（%） Ratio(%)
全　省	**Fujian**	**51140**	**8.4**	**23229**	**11.2**
福州市	**Fuzhou**	**53421**	**8.4**	**25201**	**11.2**
福州市辖区	District under Fuzhou				
鼓楼区	Gulou	62850	8.1		
台江区	Taijiang	58324	8.2		
仓山区	Cangshan	49711	8.3		
马尾区	Mawei	58990	7.9	32375	10.4
晋安区	Jin'an	54071	8.9	25679	10.8
长乐区	Changle	55032	8.6	28837	11.4
福清市	Fuqing	54281	8.6	29870	11.5
闽侯县	Minhou	50834	9.2	24180	11.5
连江县	Lianjiang	43878	8.2	23044	10.9
罗源县	Luoyuan	39769	8.1	19393	11.9
闽清县	Minqing	38360	9.1	19148	11.3
永泰县	Yongtai	36935	7.7	18620	10.8
平潭县	Pingtan	46866	8.3	20904	11.5
厦门市	**Xiamen**	**67197**	**9.6**	**29894**	**12.3**
厦门市辖区	District under Xiamen				
思明区	Siming	81224	9.7		
海沧区	Haicang	61664	10.1	36948	12.7
湖里区	Huli	66226	9.9		
集美区	Jimei	60252	9.6	36200	12.9
同安区	Tong'an	56461	9.1	27564	12.0
翔安区	Xiang'an	47730	8.9	27045	11.7
莆田市	**Putian**	**44101**	**7.5**	**22892**	**9.9**
莆田市辖区	District under Putian				
城厢区	Chengxiang	50854	8.0	25444	10.3
涵江区	Hanjiang	41987	7.5	21898	9.2
荔城区	Licheng	49300	7.0	26063	10.6
秀屿区	Xiuyu	36888	8.3	23756	9.3
仙游县	Xianyou	37870	7.2	20643	9.9
三明市	**Sanming**	**42315**	**7.8**	**21617**	**10.7**
三明市辖区	District under Sanming				
三元区	Sanyuan	47121	7.2	23971	8.9
沙县区	Shaxian	43269	8.2	24303	11.2
永安市	Yong'an	43263	7.5	22583	8.7
明溪县	Mingxi	35464	6.8	20131	10.5
清流县	Qingliu	37008	7.0	20617	10.9
宁化县	Ninghua	34588	9.5	20134	12.5
大田县	Datian	42645	8.4	21874	11.1
尤溪县	Youxi	40293	6.5	22294	11.2
将乐县	Jiangle	40738	7.9	21855	10.6
泰宁县	Taining	38777	7.7	20485	10.9
建宁县	Jianning	35452	8.7	20338	11.0
泉州市	**Quanzhou**	**55011**	**7.9**	**25911**	**10.4**
泉州市辖区	District under Quanzhou				
鲤城区	Licheng	53224	8.1		
丰泽区	Fengze	64604	7.5		
洛江区	Luojiang	48199	7.8	22329	12.0
泉港区	Quangang	41725	7.0	24829	9.4
石狮市	Shishi	69759	7.6	31981	10.2

22-8 续表
Continued

单位：元 (yuan)

地区	Area	城镇居民人均可支配收入 Per Capita Disposable Income of Urban Households		农村居民人均可支配收入 Per Capita Net Income of Rural Households	
		数值 Value	比上年增长（%） Ratio(%)	数值 Value	比上年增长（%） Ratio(%)
晋江市	Jinjiang	59023	8.1	30201	10.4
南安市	Nan'an	54743	8.0	27811	10.8
惠安县	Hui'an	51909	8.1	26587	9.6
安溪县	Anxi	38459	8.2	20909	9.2
永春县	Yongchun	38043	8.5	20382	12.2
德化县	Dehua	40838	8.3	19933	10.1
漳州市	**Zhangzhou**	**43309**	**8.3**	**23582**	**11.7**
漳州市辖区	District under Zhangzhou				
芗城区	Xiangcheng	48764	8.0	23586	11.9
龙文区	Longwen	49807	8.2	25234	10.3
龙海区	Longhai	44755	9.0	24696	11.3
长泰区	Changtai	45141	8.4	24643	10.9
云霄县	Yunxiao	38272	7.9	21665	11.6
漳浦县	Zhangpu	44003	7.9	25807	11.7
诏安县	Zhao'an	36143	9.6	21216	12.9
东山县	Dongshan	43129	8.3	27281	13.0
南靖县	Nanjing	39296	9.7	22862	14.3
平和县	Pinghe	36938	5.7	23005	10.8
华安县	Hua'an	40123	7.6	22746	10.3
南平市	**Nanping**	**39353**	**7.8**	**20431**	**10.1**
南平市辖区	District under Nanping				
延平区	Yanping	40329	7.3	22219	9.0
建阳区	Jianyang	40711	8.8	20629	10.9
邵武市	Shaowu	41145	7.3	23634	11.5
武夷山市	Wuyishan	40579	8.5	22430	12.4
建瓯市	Jian’ou	39096	6.6	21624	7.4
顺昌县	Shunchang	36085	8.2	19591	10.5
浦城县	Pucheng	36732	7.0	18817	10.4
光泽县	Guangze	35962	8.7	17384	7.7
松溪县	Songxi	34687	8.1	15817	9.5
政和县	Zhenghe	34718	7.6	16388	11.8
龙岩市	**Longyan**	**43785**	**8.9**	**22716**	**12.7**
龙岩市辖区	District under Longyan				
新罗区	Xinluo	47989	7.8	26703	11.6
永定区	Yongding	46099	8.4	23745	12.7
漳平市	Zhangping	41667	9.5	22649	11.6
长汀县	Changting	31769	9.6	20587	13.4
上杭县	Shanghang	47896	9.4	22458	14.0
武平县	Wuping	41255	9.0	21674	12.6
连城县	Liancheng	37616	8.6	20688	12.9
宁德市	**Ningde**	**40615**	**9.4**	**21282**	**11.7**
宁德市辖区	District under Ningde				
蕉城区	Jiaocheng	42665	10.0	21333	10.7
福安市	Fu'an	43748	10.3	22211	11.9
福鼎市	Fuding	43196	9.1	21505	11.5
霞浦县	Xiapu	40309	8.6	21696	12.5
古田县	Gutian	38530	10.0	22522	11.2
屏南县	Pingnan	33549	8.3	19126	11.2
寿宁县	Shouning	31718	9.6	18636	12.7
周宁县	Zhouning	34953	9.5	19756	11.6
柘荣县	Zherong	32937	9.2	18825	12.1

22-9 地方一般公共预算收入(2021年)
Budgetary Revenue of Local Government(2021)

单位：万元 (10000 yuan)

地区	Area	地方一般公共预算收入 Budgetary Revenue of Local Government	#增值税 Value-added Tax	#企业所得税 Enterprises' Income Tax	#个人所得税 Individual Income Tax
全　省	**Fujian**	**33833815**	**9290518**	**4545232**	**2183292**
福州市	**Fuzhou**	**7498470**	**2172189**	**1014886**	**588613**
福州市辖区	District under Fuzhou				
鼓楼区	Gulou	350091	118855	96045	0
台江区	Taijiang	176213	43867	23633	0
仓山区	Cangshan	273930	90329	39019	0
马尾区	Mawei	229543	64909	39332	1615
晋安区	Jin'an	266105	68681	38822	0
长乐区	Changle	623831	262029	45680	36899
福清市	Fuqing	1047928	301082	161241	97309
闽侯县	Minhou	951796	255851	96467	25678
连江县	Lianjiang	365767	127410	29608	51791
罗源县	Luoyuan	118489	40521	16200	11645
闽清县	Minqing	184629	123673	16109	3839
永泰县	Yongtai	131833	39980	26536	2561
平潭县	Pingtan	549251	145639	74206	147804
厦门市	**Xiamen**	**8809560**	**2210959**	**1226621**	**930780**
厦门市辖区	District under Xiamen				
思明区	Siming	732267	221827	100979	105920
海沧区	Haicang	401350	100239	96783	19137
湖里区	Huli	555552	154837	92411	97229
集美区	Jimei	475255	87298	43593	18514
同安区	Tong'an	306625	81025	44887	16356
翔安区	Xiang'an	266146	59824	34230	15785
莆田市	**Putian**	**1537834**	**453488**	**183964**	**38670**
莆田市辖区	District under Putian				
城厢区	Chengxiang	251258	68917	21762	3895
涵江区	Hanjiang	236106	76272	44219	5661
荔城区	Licheng	306217	98435	23502	7590
秀屿区	Xiuyu	235712	90928	45398	4208
仙游县	Xianyou	267164	97687	31032	11136
三明市	**Sanming**	**1135125**	**343767**	**99606**	**68802**
三明市辖区	District under Sanming				
三元区	Sanyuan	117970	35998	10954	3313
沙县区	Shaxian	104815	39263	7743	9670
永安市	Yong'an	200224	57368	18129	38739
明溪县	Mingxi	35887	11322	5108	1066
清流县	Qingliu	45343	15287	6199	1061
宁化县	Ninghua	70056	16722	5041	1311
大田县	Datian	78070	25548	7399	2055
尤溪县	Youxi	89491	21664	4637	1639
将乐县	Jiangle	70084	16739	6983	3764
泰宁县	Taining	29426	7661	2075	455
建宁县	Jianning	34294	7904	2937	540
泉州市	**Quanzhou**	**5045352**	**1470269**	**709325**	**375575**
泉州市辖区	District under Quanzhou				
鲤城区	Licheng	135489	38726	16497	6039
丰泽区	Fengze	178730	47809	20104	8945
洛江区	Luojiang	154047	54149	21967	2699

22-9 续表
Continued

单位：万元 (10000 yuan)

地区	Area	地方一般公共预算收入 Budgetary Revenue of Local Government	#增值税 Value-added Tax	#企业所得税 Enterprises' Income Tax	#个人所得税 Individual Income Tax
泉港区	Quangang	280648	123264	52531	5526
石狮市	Shishi	401419	107095	32296	16541
晋江市	Jinjiang	1462000	425794	221690	198356
南安市	Nan'an	586235	181185	68922	75727
惠安县	Hui'an	408641	141050	100293	10067
安溪县	Anxi	329445	79080	43811	10110
永春县	Yongchun	131944	32010	13925	8356
德化县	Dehua	146328	50334	13697	4784
漳州市	**Zhangzhou**	**2461845**	**614425**	**295582**	**51439**
漳州市辖区	District under Zhangzhou				
芗城区	Xiangcheng	188736	53832	16704	6701
龙文区	Longwen	138891	35382	19430	2831
龙海区	Longhai	249471	66074	55054	3523
长泰区	Changtai	134889	57980	12088	6162
云霄县	Yunxiao	78686	17767	6729	2473
漳浦县	Zhangpu	366346	18248	26972	5209
诏安县	Zhao'an	77643	20166	8329	1593
东山县	Dongshan	113640	35704	18838	1745
南靖县	Nanjing	98057	36539	9103	2346
平和县	Pinghe	63764	17594	3757	990
华安县	Hua'an	59457	23538	3890	892
南平市	**Nanping**	**1022955**	**275024**	**101439**	**30817**
南平市辖区	District under Nanping				
延平区	Yanping	73555	19394	8951	1821
建阳区	Jianyang	138317	35678	10656	3228
邵武市	Shaowu	141199	28731	15399	3172
武夷山市	Wuyishan	98197	25846	5148	3026
建瓯市	Jian'ou	112026	25269	8965	1635
顺昌县	Shunchang	57149	24286	3241	1909
浦城县	Pucheng	72628	16721	7330	1041
光泽县	Guangze	46974	11757	6405	5592
松溪县	Songxi	28050	7371	2162	678
政和县	Zhenghe	41503	13980	5007	826
龙岩市	**Longyan**	**1694576**	**504118**	**173131**	**41415**
龙岩市辖区	District under Longyan				
新罗区	Xinluo	258520	70820	33384	6017
永定区	Yongding	109989	30461	15852	4336
漳平市	Zhangping	103448	38569	10306	3769
长汀县	Changting	101525	27087	13995	2331
上杭县	Shanghang	303409	83137	30420	9695
武平县	Wuping	105038	28398	11535	2258
连城县	Liancheng	79146	17794	6842	2537
宁德市	**Ningde**	**1580483**	**526361**	**237483**	**57177**
宁德市辖区	District under Ningde				
蕉城区	Jiaocheng	248370	96818	52328	18733
福安市	Fu'an	363022	161747	60693	4429
福鼎市	Fuding	234144	53573	36433	5415
霞浦县	Xiapu	134134	31824	8269	2631
古田县	Gutian	83413	28109	6485	1342
屏南县	Pingnan	35091	13327	3557	882
寿宁县	Shouning	35091	13327	3557	882
周宁县	Zhouning	39539	12253	3349	527
柘荣县	Zherong	33974	18372	2184	571

22-10 一般公共预算支出(2021年)
Budgetary Expenditures of Local Government(2021)

单位：万元 (10000 yuan)

地区	Area	一般公共预算支出 Budgetary Expenditure	#一般公共服务支出 Expenditure for General Public Service	#教育支出 Expenditure for Education	#科学技术支出 Expenditure for Science	#农林水事务支出 Expenditure for Agriculture Forestry and Water Conservancy
全　省	**Fujian**	**52109259**	**4558163**	**10838450**	**1520033**	**3655517**
福州市	**Fuzhou**	**9257278**	**792376**	**1902209**	**396952**	**618053**
福州市辖区	District under Fuzhou					
鼓楼区	Gulou	309401	40426	102222	7944	3456
台江区	Taijiang	222283	32144	63167	3440	1698
仓山区	Cangshan	350544	47199	108624	10306	7291
马尾区	Mawei	275888	37176	59056	4296	6840
晋安区	Jin'an	338292	30668	73739	4607	43714
长乐区	Changle	833458	59221	159764	31677	58289
福清市	Fuqing	1263551	86202	307131	12390	87732
闽侯县	Minhou	987252	86959	195217	15993	51401
连江县	Lianjiang	760708	48127	167746	14892	73930
罗源县	Luoyuan	250678	39917	57856	3284	27594
闽清县	Minqing	352892	31674	66386	1365	56708
永泰县	Yongtai	339029	35943	65916	533	55186
平潭县	Pingtan	853167	83109	114991	215341	33578
厦门市	**Xiamen**	**10600014**	**857841**	**1791918**	**505626**	**227726**
厦门市辖区	District under Xiamen					
思明区	Siming	1093038	81601	277911	39716	745
海沧区	Haicang	708629	87098	196844	24793	16800
湖里区	Huli	812780	74573	161028	5499	3519
集美区	Jimei	846537	65967	256047	27892	53466
同安区	Tong'an	832287	54598	222144	9228	43103
翔安区	Xiang'an	590780	71277	175530	2006	17127
莆田市	**Putian**	**2472677**	**278241**	**652798**	**16193**	**163979**
莆田市辖区	District under Putian					
城厢区	Chengxiang	318369	34418	97715	1805	20654
涵江区	Hanjiang	260887	45657	80538	834	20115
荔城区	Licheng	366318	31449	97762	2224	30037
秀屿区	Xiuyu	370329	69322	110005	744	26978
仙游县	Xianyou	548006	34302	150804	2677	47002
三明市	**Sanming**	**3118997**	**299198**	**714111**	**19086**	**389831**
三明市辖区	District under Sanming					
三元区	Sanyuan	211994	23399	59177	1018	23229
沙县区	Shaxian	273837	28926	62263	1744	28902
永安市	Yong'an	310661	47924	74521	2329	14821
明溪县	Mingxi	143138	13080	36093	1386	22951
清流县	Qingliu	165282	15970	36885	345	28441
宁化县	Ninghua	297912	26852	71712	1564	51594
大田县	Datian	299920	22698	91221	392	37446
尤溪县	Youxi	308682	21518	81680	366	56900
将乐县	Jiangle	198358	21565	39201	2464	24636
泰宁县	Taining	151546	13929	28919	315	27840
建宁县	Jianning	183982	12904	34149	239	45127
泉州市	**Quanzhou**	**6701520**	**529898**	**1689926**	**174994**	**495414**
泉州市辖区	District under Quanzhou					
鲤城区	Licheng	203466	20829	57925	6700	8199
丰泽区	Fengze	225335	17850	69592	11073	3549
洛江区	Luojiang	166076	20808	44713	4675	10957

22-10 续表
Continued

单位：万元 (10000 yuan)

地区	Area	一般公共预算支出 Budgetary Expenditure	#一般公共服务支出 Expenditure for General Public Service	#教育支出 Expenditure for Education	#科学技术支出 Expenditure for Science	#农林水事务支出 Expenditure for Agriculture Forestry and Water Conservancy
泉港区	Quangang	270777	23157	78052	3973	11567
石狮市	Shishi	483274	36013	98373	19550	19887
晋江市	Jinjiang	1239816	63196	303925	50835	94121
南安市	Nan'an	923609	61130	253645	23293	80908
惠安县	Hui'an	582655	47691	136148	11827	41239
安溪县	Anxi	657572	67350	240598	7862	55988
永春县	Yongchun	379144	32907	99154	3664	45660
德化县	Dehua	331899	29702	80930	6174	50985
漳州市	**Zhangzhou**	**4214965**	**418091**	**948608**	**33552**	**252807**
漳州市辖区	District under Zhangzhou					
芗城区	Xiangcheng	245193	29143	56265	1650	9860
龙文区	Longwen	155658	19375	61597	4840	4069
龙海区	Longhai	403449	40796	101881	1342	26554
长泰区	Changtai	244650	25496	70085	2109	23918
云霄县	Yunxiao	253816	24572	71774	859	29499
漳浦县	Zhangpu	562539	49650	133626	829	33955
诏安县	Zhao'an	289683	28325	68998	1207	31598
东山县	Dongshan	218450	14761	43912	799	8609
南靖县	Nanjing	233050	26434	44046	1856	18229
平和县	Pinghe	243126	16823	54610	3986	27587
华安县	Hua'an	139102	20291	26866	238	10501
南平市	**Nanping**	**3086064**	**243587**	**594101**	**26139**	**438428**
南平市辖区	District under Nanping					
延平区	Yanping	235807	18055	46908	1846	44992
建阳区	Jianyang	316462	33363	65256	3388	49414
邵武市	Shaowu	336058	21420	64819	2019	50770
武夷山市	Wuyishan	252623	16918	49908	2310	53043
建瓯市	Jian'ou	321663	23579	85284	2540	47157
顺昌县	Shunchang	236865	17495	40311	928	35184
浦城县	Pucheng	315992	22173	68865	1838	50747
光泽县	Guangze	161999	13193	35059	1101	36016
松溪县	Songxi	140763	14688	29505	1951	17820
政和县	Zhenghe	196924	14699	32443	1803	38352
龙岩市	**Longyan**	**3441604**	**346750**	**780330**	**122490**	**368020**
龙岩市辖区	District under Longyan					
新罗区	Xinluo	535034	54124	157501	42488	57568
永定区	Yongding	280843	25713	90207	1481	40728
漳平市	Zhangping	257147	26216	63814	7010	40022
长汀县	Changting	397708	33732	95954	2766	68996
上杭县	Shanghang	575127	51164	124119	40377	67510
武平县	Wuping	275521	29214	63398	7157	41503
连城县	Liancheng	269498	31239	71210	8646	28515
宁德市	**Ningde**	**3440640**	**327293**	**708281**	**80237**	**428546**
宁德市辖区	District under Ningde					
蕉城区	Jiaocheng	416996	53911	116088	19406	49344
福安市	Fu'an	483856	58808	102757	3585	76023
福鼎市	Fuding	411649	29599	96603	1540	47514
霞浦县	Xiapu	419528	32684	90439	778	54253
古田县	Gutian	296317	25414	63379	566	54657
屏南县	Pingnan	198748	16911	41615	558	33261
寿宁县	Shouning	198748	16911	41615	558	33261
周宁县	Zhouning	191937	13767	34222	2858	31326
柘荣县	Zherong	136937	14892	30254	8457	20170

22-11 金融机构货币存贷款余额(2021年)
Deposits and Loans of Financial institutions by Country and City(2021)

单位：亿元 (100 million yuan)

地区	Area	金融机构人民币各项存款余额 RMB Deposits of National Banking System	#非金融企业存款 Non-Financial Enterprises	住户存款 Household Deposits	金融机构人民币各项贷款余额 RMB Loans of National Banking System	#短期贷款 Short-term Loans	#中长期贷款 Medium-term & Long-term Loans
全　省	**Fujian**	**60557.26**	**17894.45**	**26248.19**	**65920.32**	**19356.43**	**42475.16**
福州市	**Fuzhou**	**18745.21**	**5735.02**	**6271.04**	**21185.70**	**4686.78**	**15750.50**
福州市辖区	District under Fuzhou	12428.60	4411.75	2816.03	14958.31	3080.29	11217.63
鼓楼区	Gulou						
台江区	Taijiang						
仓山区	Cangshan						
马尾区	Mawei	990.16	284.28	451.34	908.37	217.00	669.75
晋安区	Jin'an						
长乐区	Changle	1138.99	286.94	543.27	1385.42	487.77	860.95
福清市	Fuqing	1684.89	283.31	1029.02	1331.15	328.14	989.85
闽侯县	Minhou	757.74	146.65	413.19	699.48	135.28	559.83
连江县	Lianjiang	561.92	71.64	344.42	634.92	127.19	507.24
罗源县	Luoyuan	175.93	28.21	104.80	230.37	67.64	160.63
闽清县	Minqing	211.51	21.06	154.94	130.77	41.58	88.67
永泰县	Yongtai	216.34	47.10	128.32	190.72	32.66	158.02
平潭县	Pingtan	579.13	154.08	285.72	716.17	169.24	537.94
厦门市	**Xiamen**	**14055.16**	**5457.02**	**3302.42**	**14582.96**	**4289.84**	**9104.48**
厦门市辖区	District under Xiamen						
思明区	Siming						
海沧区	Haicang						
湖里区	Huli						
集美区	Jimei						
同安区	Tong'an						
翔安区	Xiang'an						
莆田市	**Putian**	**2514.91**	**416.29**	**1501.99**	**2465.29**	**574.09**	**1869.72**
莆田市辖区	District under Putian	2028.66	379.04	1142.73	2116.17	466.32	1629.77
城厢区	Chengxiang						
涵江区	Hanjiang						
荔城区	Licheng						
秀屿区	Xiuyu						
仙游县	Xianyou	486.24	37.25	359.26	349.12	107.78	239.95
三明市	**Sanming**	**2188.28**	**466.36**	**1189.97**	**1882.32**	**457.56**	**1353.98**
三明市辖区	District under Sanming	690.41	241.04	238.47	692.82	174.09	476.68
三元区	Sanyuan						
沙县区	Shaxian	232.47	50.71	136.10	211.20	46.04	159.79
永安市	Yong'an	260.44	43.07	160.35	267.37	78.99	183.59
明溪县	Mingxi	95.56	13.64	58.38	42.39	13.26	26.91
清流县	Qingliu	83.61	12.76	52.15	53.34	12.00	38.64
宁化县	Ninghua	184.13	23.92	112.55	115.38	17.49	95.86
大田县	Datian	146.20	21.43	100.10	126.82	27.01	99.30
尤溪县	Youxi	197.65	21.00	145.11	158.76	42.20	112.14
将乐县	Jiangle	110.95	17.61	73.99	90.31	19.44	68.72
泰宁县	Taining	86.45	10.28	52.92	61.65	11.54	47.97
建宁县	Jianning	100.41	10.90	59.87	62.28	15.51	44.39
泉州市	**Quanzhou**	**9652.83**	**2819.57**	**4403.33**	**8862.14**	**3003.94**	**5295.75**
泉州市辖区	District under Quanzhou	3104.32	992.63	1049.42	3304.49	941.84	1943.66
鲤城区	Licheng						
丰泽区	Fengze						
洛江区	Luojiang						
泉港区	Quangang						

22-11 续表
Continued

单位：亿元　　(100 million yuan)

地区	Area	金融机构人民币各项存款余额 RMB Deposits of National Banking System	#非金融企业存款 Non-Financial Enterprises	住户存款 Household Deposits	金融机构人民币各项贷款余额 RMB Loans of National Banking System	#短期贷款 Short-term Loans	#中长期贷款 Medium-term & Long-term Loans
石狮市	Shishi	827.16	150.23	462.42	813.42	329.78	466.02
晋江市	Jinjiang	2368.10	838.08	1014.45	1810.71	705.10	1032.43
南安市	Nan'an	1301.01	249.58	796.02	1091.51	401.95	665.77
惠安县	Hui'an	897.01	363.81	401.79	697.54	292.59	385.74
安溪县	Anxi	605.98	138.88	356.68	631.37	162.59	464.90
永春县	Yongchun	281.19	35.05	192.36	201.35	60.01	137.61
德化县	Dehua	268.07	51.31	130.18	311.75	110.08	199.62
漳州市	**Zhangzhou**	**3822.22**	**929.20**	**2018.22**	**4031.62**	**1125.46**	**2779.16**
漳州市辖区	District under Zhangzhou	1588.86	551.08	559.71	1719.15	545.89	1075.81
芗城区	Xiangcheng						
龙文区	Longwen						
龙海区	Longhai	711.52	154.04	416.19	879.13	177.45	686.79
长泰区	Changtai	179.82	35.64	107.63	141.05	50.67	89.61
云霄县	Yunxiao	188.52	20.60	127.89	202.12	47.73	153.52
漳浦县	Zhangpu	432.01	97.58	258.86	511.11	88.41	421.69
诏安县	Zhao'an	165.91	10.64	129.80	137.52	56.50	80.83
东山县	Dongshan	132.92	20.55	93.14	156.14	39.75	116.31
南靖县	Nanjing	156.45	12.96	117.67	106.93	42.80	56.92
平和县	Pinghe	194.26	18.76	152.09	130.15	51.07	76.00
华安县	Hua'an	71.96	7.33	55.24	48.32	25.19	21.69
南平市	**Nanping**	**2383.90**	**387.54**	**1421.27**	**1871.33**	**475.58**	**1338.45**
南平市辖区	District under Nanping	643.08	124.97	289.80	559.41	126.39	396.60
延平区	Yanping						
建阳区	Jianyang	336.52	98.44	171.13	344.75	52.01	291.14
邵武市	Shaowu	230.54	26.31	150.67	181.87	48.86	130.94
武夷山市	Wuyishan	205.62	29.70	134.81	187.37	46.76	137.92
建瓯市	Jian’ou	286.73	25.14	210.44	186.62	48.28	136.34
顺昌县	Shunchang	146.99	14.62	103.28	95.65	26.26	62.91
浦城县	Pucheng	223.11	25.84	157.05	113.64	34.88	75.13
光泽县	Guangze	96.27	15.12	61.74	85.33	40.37	44.96
松溪县	Songxi	87.78	11.00	63.89	49.96	25.30	23.80
政和县	Zhenghe	127.27	16.40	78.47	66.73	26.49	38.72
龙岩市	**Longyan**	**2543.77**	**711.05**	**1186.02**	**2734.31**	**782.08**	**1906.49**
龙岩市辖区	District under Longyan	1243.86	426.29	464.15	1593.84	419.32	1142.35
新罗区	Xinluo						
永定区	Yongding	186.02	20.61	121.66	161.94	61.08	100.82
漳平市	Zhangping	159.83	26.45	106.51	150.15	50.21	99.92
长汀县	Changting	243.58	29.59	150.60	217.06	70.46	146.18
上杭县	Shanghang	428.68	169.12	157.66	333.21	103.08	217.08
武平县	Wuping	152.56	23.30	101.28	156.90	42.17	114.70
连城县	Liancheng	129.23	15.68	84.16	121.22	35.77	85.44
宁德市	**Ningde**	**2642.18**	**938.08**	**1180.20**	**2671.54**	**599.99**	**1947.20**
宁德市辖区	District under Ningde	1137.93	656.95	254.13	1017.38	196.99	740.81
蕉城区	Jiaocheng						
福安市	Fu'an	416.59	124.20	203.58	338.42	67.60	232.55
福鼎市	Fuding	347.88	58.72	224.99	554.76	115.04	436.85
霞浦县	Xiapu	213.24	41.35	126.95	283.90	66.89	216.99
古田县	Gutian	213.57	20.80	156.73	192.67	64.07	128.49
屏南县	Pingnan	87.38	8.40	63.24	93.34	21.96	71.18
寿宁县	Shouning	89.80	9.55	66.97	61.29	30.97	29.72
周宁县	Zhouning	78.72	9.98	50.56	76.85	20.11	54.44
柘荣县	Zherong	57.08	8.14	33.06	52.93	16.35	36.17

22-12 主要农产品产量(2021年)
Output of Major Agricultural Products(2021)

单位：吨 (ton)

地区	Area	粮食 Grain Crops	油料 Oil-bearing	蔬菜 Vegetables	食用菌 Edible Fungus	茶叶 Tea	园林水果 Fruit	肉类 Meat	水产品 Aquatic Products
全　省	**Fujian**	**5064194**	**233090**	**15404606**	**1460439**	**487901**	**7630188**	**2865369**	**8530729**
福州市	**Fuzhou**	**489842**	**56106**	**4476953**	**267567**	**46660**	**935953**	**210119**	**2971828**
福州市辖区	District under Fuzhou	76301	2043	918310	9345	2566	60144	35172	391287
鼓楼区	Gulou								
台江区	Taijiang								
仓山区	Cangshan			35743					2926
马尾区	Mawei	1507	65	42403			10792	5925	186390
晋安区	Jin'an	4015		151560	692	2399	6800	7796	773
长乐区	Changle	70779	1978	688604	8653	167	42552	21451	201198
福清市	Fuqing	108120	33221	817123	3413	472	141417	60863	567041
闽侯县	Minhou	58301	2495	1257320	24136	2006	180598	40024	22594
连江县	Lianjiang	42552	834	121492	1707	12805	27265	17207	1281199
罗源县	Luoyuan	34330	332	146792	169364	8674	64506	12960	221202
闽清县	Minqing	53994	3042	515326	33644	3737	191248	16442	7650
永泰县	Yongtai	97435	7348	638278	25958	16400	267839	18125	11757
平潭县	Pingtan	18809	6791	62312			2936	9325	469098
厦门市	**Xiamen**	**25443**	**4104**	**554285**	**30878**	**1575**	**75291**	**35669**	**69577**
厦门市辖区	District under Xiamen	25443	4104	554285	30878	1575	75291	35669	69577
思明区	Siming								55446
海沧区	Haicang	403	42	26063			3573	658	799
湖里区	Huli								
集美区	Jimei	1272	231	51414	20	6	30899	1522	2008
同安区	Tong'an	13036	1270	251366	2618	1565	29475	17327	2361
翔安区	Xiang'an	10732	2561	225442	28240	4	11344	16162	8963
莆田市	**Putian**	**186404**	**40825**	**659574**	**36736**	**4001**	**208101**	**96009**	**1015435**
莆田市辖区	District under Putian	102054	32149	529034	11854	836	83193	70839	999517
城厢区	Chengxiang	12221	2329	19042	3	33	23303	33649	59039
涵江区	Hanjiang	23362	2580	102765	11851	784	41066	10397	59785
荔城区	Licheng	24628	2659	335837		19	17826	9894	84736
秀屿区	Xiuyu	41843	24581	71390			998	16900	795957
仙游县	Xianyou	84350	8676	130540	24882	3165	124908	25169	15918
三明市	**Sanming**	**952081**	**14476**	**1994911**	**157673**	**51978**	**987450**	**223105**	**118095**
三明市辖区	District under Sanming	93939	1763	358684	11375	4925	306899	56184	11515
三元区	Sanyuan	18878	431	182013	2314	599	198628	27727	2685
沙县区	Shaxian	75061	1332	176671	9061	4326	108271	28458	8830
永安市	Yong'an	65883	1279	317753	7309	2154	116281	27745	13911
明溪县	Mingxi	81360	1863	101092	9045	3857	65463	8838	8090
清流县	Qingliu	80862	2190	106416	3501	2475	78678	13968	27610
宁化县	Ninghua	179157	3258	179030	9083	6228	20501	20008	10940
大田县	Datian	89264	1143	511388	23050	14870	113411	26345	8600
尤溪县	Youxi	136148	939	233865	51537	13876	114010	34643	10660
将乐县	Jiangle	77359	986	73998	19179	830	34129	14817	5145
泰宁县	Taining	57958	746	26921	15519	991	1424	10520	14004
建宁县	Jianning	90149	309	85764	8075	1772	136654	10037	7620
泉州市	**Quanzhou**	**504236**	**46882**	**1048414**	**98612**	**93876**	**158433**	**197832**	**1050918**
泉州市辖区	District under Quanzhou	23403	5630	80391	167	563	7947	21543	105082
鲤城区	Licheng	313	29	10230	62		299		117
丰泽区	Fengze	280	68	5500	100	1	346	86	13215
洛江区	Luojiang	11703	2382	35703		97	4138	11619	1681
泉港区	Quangang	11107	3151	28958	5	465	3164	9838	90069

注：本表粮食产量中的稻谷产量为原报面积推算的抽样调查数，非稻谷部分产量为全面统计数，肉类产量中猪、禽产量全省为抽样调查数。
Note:The grain output in this table is calculated on spot check basis,including medium-pig production and poultry production.Part of rice production is comprehensive.

22-12 续表
Continued

单位：吨 (ton)

地区	Area	粮食 Grain Crops	油料 Oil-bearing	蔬菜 Vegetables	食用菌 Edible Fungus	茶叶 Tea	园林水果 Fruit	肉类 Meat	水产品 Aquatic Products
石狮市	Shishi	5133	557	25444	56		2419	22	394649
晋江市	Jinjiang	23525	6786	196339	9466		4552	6011	239077
南安市	Nan'an	153739	9021	135655	21181	1278	25922	72446	57513
惠安县	Hui'an	55745	20095	78726	95	40	2701	26896	250540
安溪县	Anxi	92281	3564	265953	959	78715	16455	29584	1603
永春县	Yongchun	88430	602	140733	64690	11577	72139	24338	898
德化县	Dehua	61980	627	125173	1998	1703	26298	16992	1556
漳州市	**Zhangzhou**	**417551**	**33015**	**2479468**	**441624**	**62466**	**3837190**	**400911**	**2083813**
漳州市辖区	District under Zhangzhou	3648	5315	519835	215726	3310	392631	90444	20693
芗城区	Xiangcheng	3225	498	47339	48963	165	62257	16532	12237
龙文区	Longwen	423	114	42385	1155	345	1574	5389	8456
龙海区	Longhai	51767	1530	274279	164035	117	191931	51025	434508
长泰区	Changtai	38898	3173	155832	1573	2683	136869	17498	25252
云霄县	Yunxiao	48684	2884	186541	17775	1510	284769	25217	267854
漳浦县	Zhangpu	113560	13909	734036	51883	275	245065	62502	420948
诏安县	Zhao'an	72390	5439	297931	2022	15772	247465	26790	449220
东山县	Dongshan	9291	2218	71556			8313	7107	436590
南靖县	Nanjing	38073	1700	358531	127441	7953	336514	135769	18171
平和县	Pinghe	23476	349	199187	2317	13013	2115524	25435	6850
华安县	Hua'an	17764	1201	111851	24460	20633	206909	27646	3727
南平市	**Nanping**	**1182990**	**11858**	**1528705**	**167126**	**83775**	**399238**	**935693**	**91611**
南平市辖区	District under Nanping	267420	1587	417460	36422	6922	60185	85288	19482
延平区	Yanping	58746	668	200309	15957	307	15018	70672	10101
建阳区	Jianyang	208674	919	217151	20465	6615	45167	14616	9381
邵武市	Shaowu	181512	4345	110852	14115	9876	11482	19298	17726
武夷山市	Wuyishan	99372	1729	155310	11960	23883	20213	12443	6934
建瓯市	Jian'ou	212545	1238	334448	9990	18418	217456	30036	13726
顺昌县	Shunchang	46876	344	50411	75582	272	75717	14759	4667
浦城县	Pucheng	210932	1829	95171	4038	2008	2170	245412	10765
光泽县	Guangze	62658	430	78633	5813	1346	1636	428260	11284
松溪县	Songxi	51791	194	113790	8276	8348	4543	6684	5193
政和县	Zhenghe	49884	162	172630	930	12702	5836	93513	1834
龙岩市	**Longyan**	**828492**	**19140**	**1625554**	**53416**	**25317**	**461923**	**668938**	**64201**
龙岩市辖区	District under Longyan	151108	3826	282934	3622	2761	186851	271187	11016
新罗区	Xinluo	49630	2324	135058	1362	1108	17319	184044	6549
永定区	Yongding	101478	1502	147876	2260	1653	169532	87143	4467
漳平市	Zhangping	61322	1076	264195	26814	13653	56010	36612	6675
长汀县	Changting	173445	5231	271647	5652	1885	19933	80570	12341
上杭县	Shanghang	157791	3227	380281	4874	1848	105209	155328	8778
武平县	Wuping	156246	1300	183078	9111	3569	71804	74051	13044
连城县	Liancheng	128579	4480	243419	3343	1601	22116	51190	12347
宁德市	**Ningde**	**477155**	**6684**	**1036742**	**206807**	**118253**	**566609**	**97094**	**1065251**
宁德市辖区	District under Ningde	26200	1487	97435	406	7914	37437	13276	221728
蕉城区	Jiaocheng	26200	1487	97435	406	7914	37437	13276	221728
福安市	Fu'an	76817	2045	301041	6993	27204	224496	14870	103292
福鼎市	Fuding	63863	302	183707	17848	37499	42965	7035	232843
霞浦县	Xiapu	42576	1696	116795	306	9057	82675	10720	479214
古田县	Gutian	116753	446	83577	138499	1072	111736	16214	19119
屏南县	Pingnan	46891		73176	23640	645	13044	18371	3256
寿宁县	Shouning	53140	128	107220	11834	20555	38916	6741	2364
周宁县	Zhouning	26761	358	47063	2286	8034	11889	5828	2139
柘荣县	Zherong	24154	222	26728	4995	6273	3451	4039	1296

22-13 农作物播种面积(2021年)
Sown Areas of Farm Crops(2021)

单位：千公顷 (1000 hectares)

地区	Area	农作物播种面积 Sown Areas of Farm Crops	粮食作物 Grain Crops	稻谷 Rice	薯类 Sweet Potato	豆类 Bean	非粮作物 Non-grain Crops
全　省	**Fujian**	**1705.65**	**835.13**	**599.35**	**154.78**	**42.60**	**870.52**
福州市	**Fuzhou**	**268.44**	**86.33**	**39.26**	**37.73**	**7.19**	**182.12**
福州市辖区	District under Fuzhou	44.08	12.39	5.55	6.74	0.09	31.69
鼓楼区	Gulou						
台江区	Taijiang						
仓山区	Cangshan	1.69					1.69
马尾区	Mawei	2.34	0.28	0.12	0.11	0.03	2.06
晋安区	Jin'an	6.77	0.58	0.10	0.46	0.01	6.19
长乐区	Changle	33.28	11.54	5.32	6.17	0.05	21.75
福清市	Fuqing	57.82	18.97	6.75	9.69	2.34	38.85
闽侯县	Minhou	54.51	11.03	4.98	4.33	1.21	43.48
连江县	Lianjiang	13.39	7.21	4.32	2.19	0.64	6.17
罗源县	Luoyuan	15.24	6.23	3.11	2.46	0.62	9.01
闽清县	Minqing	29.38	9.55	6.38	2.10	0.95	19.83
永泰县	Yongtai	44.44	17.27	8.18	6.73	1.17	27.18
平潭县	Pingtan	9.58	3.68	0.00	3.51	0.16	5.90
厦门市	**Xiamen**	**22.01**	**4.10**	**1.89**	**1.85**	**0.10**	**17.90**
厦门市辖区	District under Xiamen	22.01	4.10	1.89	1.85	0.10	17.90
思明区	Siming						
海沧区	Haicang	1.14	0.07	0.04	0.03	0.00	1.06
湖里区	Huli						
集美区	Jimei	2.93	0.21	0.12	0.07	0.01	2.72
同安区	Tong'an	9.50	2.18	1.32	0.54	0.06	7.32
翔安区	Xiang'an	8.44	1.63	0.40	1.20	0.03	6.80
莆田市	**Putian**	**67.80**	**30.51**	**17.16**	**8.81**	**3.08**	**37.29**
莆田市辖区	District under Putian	45.78	16.92	6.93	7.37	1.91	28.86
城厢区	Chengxiang	3.35	1.94	1.01	0.48	0.23	1.41
涵江区	Hanjiang	9.10	3.77	2.75	0.69	0.26	5.33
荔城区	Licheng	15.94	4.13	2.27	1.34	0.46	11.81
秀屿区	Xiuyu	17.39	7.08	0.90	4.87	0.96	10.31
仙游县	Xianyou	22.01	13.58	10.24	1.44	1.17	8.43
三明市	**Sanming**	**309.20**	**161.31**	**118.75**	**19.60**	**11.19**	**147.88**
三明市辖区	District under Sanming	31.80	14.71	11.86	1.49	0.47	17.10
三元区	Sanyuan	9.80	3.00	2.09	0.41	0.27	6.80
沙县区	Shaxian	22.01	11.71	9.77	1.08	0.21	10.30
永安市	Yong'an	23.86	10.83	8.20	0.86	0.69	13.03
明溪县	Mingxi	25.84	14.35	9.02	1.70	2.57	11.49
清流县	Qingliu	43.05	14.87	9.34	2.43	1.56	28.18
宁化县	Ninghua	52.71	31.82	21.11	3.12	3.80	20.88
大田县	Datian	39.56	16.52	9.81	4.59	1.06	23.04
尤溪县	Youxi	35.34	22.41	17.37	3.87	0.46	12.93
将乐县	Jiangle	19.33	12.13	10.61	0.73	0.23	7.19
泰宁县	Taining	14.62	9.66	8.20	0.52	0.12	4.97
建宁县	Jianning	23.07	14.00	13.23	0.28	0.23	9.07
泉州市	**Quanzhou**	**165.19**	**86.95**	**55.02**	**28.88**	**1.32**	**78.24**
泉州市辖区	District under Quanzhou	9.45	3.97	1.47	1.95	0.12	5.48
鲤城区	Licheng	0.46	0.05	0.01	0.03	0.01	0.41
丰泽区	Fengze	0.55	0.05	0.01	0.05		0.49
洛江区	Luojiang	4.21	1.91	0.83	0.71	0.06	2.30

22-13 续表
Continued

单位：千公顷 (1000 hectares)

地区	Area	农作物播种面积 Sown Areas of Farm Crops	粮食作物 Grain Crops	稻谷 Rice	薯类 Sweet Potato	豆类 Bean	非粮作物 Non-grain Crops
泉港区	Quangang	4.23	1.95	0.63	1.16	0.06	2.28
石狮市	Shishi	2.87	1.11	0.11	0.93	0.04	1.76
晋江市	Jinjiang	15.61	3.44	0.49	2.57	0.17	12.17
南安市	Nan'an	38.32	25.88	22.21	3.35	0.15	12.44
惠安县	Hui'an	21.40	10.79	3.05	6.86	0.48	10.61
安溪县	Anxi	35.13	18.21	9.56	8.16	0.26	16.91
永春县	Yongchun	25.26	14.24	11.43	2.66	0.06	11.01
德化县	Dehua	17.15	9.30	6.69	2.40	0.04	7.85
漳州市	**Zhangzhou**	**176.80**	**61.54**	**46.32**	**8.90**	**2.93**	**115.26**
漳州市辖区	District under Zhangzhou	40.24	14.22	0.28	0.18	0.21	26.02
芗城区	Xiangcheng	3.12	0.61	0.28	0.12	0.21	2.50
龙文区	Longwen	2.07	0.06	0.00	0.05	0.01	2.01
龙海区	Longhai	22.52	7.52	5.67	1.24	0.19	15.00
长泰区	Changtai	12.53	6.02	3.09	0.32	0.54	6.50
云霄县	Yunxiao	17.61	7.12	6.11	0.75	0.23	10.49
漳浦县	Zhangpu	50.06	15.94	11.51	3.12	0.88	34.12
诏安县	Zhao'an	22.96	10.41	8.72	1.11	0.43	12.55
东山县	Dongshan	4.94	1.42	0.01	1.35	0.05	3.52
南靖县	Nanjing	21.74	5.90	5.49	0.15	0.21	15.84
平和县	Pinghe	10.20	3.92	3.37	0.27	0.11	6.28
华安县	Hua'an	9.05	2.62	2.05	0.42	0.07	6.43
南平市	**Nanping**	**303.67**	**187.33**	**150.73**	**13.19**	**9.13**	**116.33**
南平市辖区	District under Nanping	68.99	41.47	35.93	2.33	0.99	27.52
延平区	Yanping	21.21	9.87	7.99	0.71	0.56	11.34
建阳区	Jianyang	47.78	31.60	27.95	1.62	0.43	16.18
邵武市	Shaowu	46.56	31.57	22.47	3.54	2.18	14.99
武夷山市	Wuyishan	26.85	14.99	12.60	0.84	0.75	11.86
建瓯市	Jian’ou	51.29	33.60	22.37	3.54	3.93	17.70
顺昌县	Shunchang	12.78	8.01	6.87	0.29	0.41	4.77
浦城县	Pucheng	43.51	31.75	28.31	0.94	0.53	11.76
光泽县	Guangze	19.53	10.05	9.28	0.22	0.24	9.47
松溪县	Songxi	15.01	7.85	6.75	0.26	0.02	7.17
政和县	Zhenghe	19.14	8.04	6.14	1.23	0.08	11.09
龙岩市	**Longyan**	**220.12**	**127.13**	**112.20**	**10.57**	**2.54**	**92.99**
龙岩市辖区	District under Longyan	40.37	23.56	21.66	0.95	0.13	16.82
新罗区	Xinluo	14.36	7.60	6.49	0.34	0.06	6.76
永定区	Yongding	26.02	15.96	15.17	0.62	0.07	10.06
漳平市	Zhangping	22.18	9.40	8.41	0.77	0.11	12.78
长汀县	Changting	42.36	25.49	21.76	2.60	0.72	16.87
上杭县	Shanghang	46.39	24.28	21.63	1.63	0.72	22.11
武平县	Wuping	35.05	24.05	23.27	0.43	0.29	11.00
连城县	Liancheng	33.77	20.36	15.48	4.19	0.57	13.41
宁德市	**Ningde**	**172.43**	**89.92**	**58.02**	**25.24**	**5.11**	**82.51**
宁德市辖区	District under Ningde	11.06	5.30	3.11	1.62	0.32	5.76
蕉城区	Jiaocheng	11.06	5.30	3.11	1.62	0.32	5.76
福安市	Fu'an	36.68	15.91	7.50	6.77	1.56	20.78
福鼎市	Fuding	31.02	12.85	5.60	5.53	1.53	18.17
霞浦县	Xiapu	17.71	8.43	4.00	3.80	0.52	9.27
古田县	Gutian	26.20	20.05	17.73	2.03	0.17	6.15
屏南县	Pingnan	12.92	7.93	6.80	0.73	0.12	5.00
寿宁县	Shouning	17.95	10.24	5.90	3.35	0.64	7.71
周宁县	Zhouning	8.95	4.80	3.61	0.89	0.18	4.15
柘荣县	Zherong	9.95	4.43	3.77	0.53	0.07	5.52

22-14 规模以上工业增加值增速(2021年)
Growth Rate of Value-added of Industrial Enterprises above Designated Size(2021)

单位：% (%)

地区	Area	比上年增长 Ratio	轻工业 Light Industry	重工业 Heavy Industry
全　省	**Fujian**	**9.9**	**10.8**	**9.0**
福州市	**Fuzhou**	**9.5**	**3.4**	**15.8**
福州市辖区	District under Fuzhou			
鼓楼区	Gulou	10.0	6.5	10.9
台江区	Taijiang			
仓山区	Cangshan	9.6	9.1	10.8
马尾区	Mawei	6.4	2.1	10.5
晋安区	Jin'an	8.9	9.1	8.5
长乐区	Changle	8.8	3.3	26.5
福清市	Fuqing	11.1	2.5	15.9
闽侯县	Minhou	12.0	5.0	16.6
连江县	Lianjiang	9.1	-1.6	16.0
罗源县	Luoyuan	7.6	14.3	6.9
闽清县	Minqing	7.5	20.7	4.9
永泰县	Yongtai	6.5	8.1	3.6
平潭县	Pingtan	12.1	-20.5	13.5
厦门市	**Xiamen**	**11.9**	**14.4**	**10.5**
厦门市辖区	District under Xiamen			
思明区	Siming	17.9	-16.6	24.2
海沧区	Haicang	23.7	32.1	10.7
湖里区	Huli	6.1	5.6	6.2
集美区	Jimei	14.2	18.5	11.4
同安区	Tong'an	4.7	-3.1	17.8
翔安区	Xiang'an	6.2	-2.0	8.2
莆田市	**Putian**	**7.0**	**6.1**	**8.9**
莆田市辖区	District under Putian			
城厢区	Chengxiang	9.6	7.8	19.1
涵江区	Hanjiang	6.9	4.1	12.1
荔城区	Licheng	9.9	9.5	12.5
秀屿区	Xiuyu	3.6	-4.4	9.0
仙游县	Xianyou	5.6	8.0	-1.1
三明市	**Sanming**	**3.6**	**4.0**	**3.4**
三明市辖区	District under Sanming			
三元区	Sanyuan	4.7	15.6	2.5
沙县区	Shaxian	3.9	3.7	4.1
永安市	Yong'an	4.2	-3.1	6.9
明溪县	Mingxi	3.4	6.8	1.4
清流县	Qingliu	-28.5	-33.3	-26.8
宁化县	Ninghua	3.6	2.4	4.9
大田县	Datian	3.7	10.4	2.0
尤溪县	Youxi	4.5	3.8	6.4
将乐县	Jiangle	4.4	5.9	3.2
泰宁县	Taining	-30.5	-33.3	-29.6
建宁县	Jianning	4.0	2.1	5.5
泉州市	**Quanzhou**	**9.1**	**10.1**	**7.6**
泉州市辖区	District under Quanzhou			
鲤城区	Licheng	10.5	8.8	16.6
丰泽区	Fengze	9.8	10.4	9.2
洛江区	Luojiang	13.5	13.2	14.4

22-14 续表
Continued

单位：%　　　　(%)

地区	Area	比上年增长 Ratio	轻工业 Light Industry	重工业 Heavy Industry
泉港区	Quangang	-20.4	-14.4	-21.3
石狮市	Shishi	13.5	14.7	10.5
晋江市	Jinjiang	13.5	12.7	16.3
南安市	Nan'an	13.0	7.8	15.7
惠安县	Hui'an	10.4	7.3	14.0
安溪县	Anxi	14.6	15.0	13.9
永春县	Yongchun	5.0	-0.1	24.5
德化县	Dehua	13.9	17.9	0.3
漳州市	**Zhangzhou**	**10.9**	**8.6**	**13.0**
漳州市辖区	District under Zhangzhou			
芗城区	Xiangcheng	10.0	4.8	18.7
龙文区	Longwen	10.6	7.1	19.9
龙海区	Longhai	14.4	-14.4	49.2
长泰区	Changtai	10.1	36.3	-28.2
云霄县	Yunxiao	-13.7	-7.2	-21.2
漳浦县	Zhangpu	25.5	35.9	14.8
诏安县	Zhao'an	12.3	10.1	22.0
东山县	Dongshan	-5.0	-2.9	-9.6
南靖县	Nanjing	0.1	-0.2	0.3
平和县	Pinghe	9.5	6.9	11.5
华安县	Hua'an	9.6	8.0	10.5
南平市	**Nanping**	**8.6**	**8.5**	**8.7**
南平市辖区	District under Nanping			
延平区	Yanping	6.1	7.0	5.6
建阳区	Jianyang	4.7	5.3	3.9
邵武市	Shaowu	14.8	12.3	17.8
武夷山市	Wuyishan	1.1	1.2	-13.6
建瓯市	Jian’ou	2.8	8.0	-4.5
顺昌县	Shunchang	12.7	-28.4	48.4
浦城县	Pucheng	6.2	8.6	-4.1
光泽县	Guangze	25.7	26.8	0.0
松溪县	Songxi	1.5	-1.7	8.7
政和县	Zhenghe	9.5	10.3	7.3
龙岩市	**Longyan**	**8.4**	**5.1**	**10.7**
龙岩市辖区	District under Longyan			
新罗区	Xinluo	8.4	8.7	8.1
永定区	Yongding	9.5	17.9	6.8
漳平市	Zhangping	7.8	-3.1	12.7
长汀县	Changting	4.8	0.8	8.3
上杭县	Shanghang	16.2	-10.5	16.8
武平县	Wuping	4.6	-24.2	18.2
连城县	Liancheng	7.0	4.0	9.9
宁德市	**Ningde**	**32.5**	**60.3**	**13.1**
宁德市辖区	District under Ningde			
蕉城区	Jiaocheng	70.9	69.1	71.3
福安市	Fu'an	5.0	-27.3	5.5
福鼎市	Fuding	-15.0	-38.0	-3.3
霞浦县	Xiapu	65.6	115.7	-8.9
古田县	Gutian	4.9	2.3	9.1
屏南县	Pingnan	129.5	364.3	0.9
寿宁县	Shouning	1.2	-5.1	4.4
周宁县	Zhouning	20.6	-64.8	56.8
柘荣县	Zherong	-16.4	-3.6	-31.3

22-15 规模以上工业企业主要财务指标(2021年)
Financial Indicators of Industrial Enterprises above Designated Size(2021)

单位：亿元 (100 million)

地区	Area	固定资产净额 Total Value of Fixed Assets	流动资产合计 Circulating Funds	营业收入 Sale of Products	利润总额 Total Profits	利税总额 Total Pre-tax Profits
全 省	**Fujian**	**12365.91**	**24160.78**	**65768.32**	**4980.00**	**6367.37**
福州市	**Fuzhou**	**2937.23**	**4127.77**	**11938.54**	**852.29**	**1054.68**
福州市辖区	District under Fuzhou	1024.40	1983.07	6496.59	410.40	497.31
鼓楼区	Gulou	294.65	127.74	418.60	15.72	26.92
台江区	Taijiang					
仓山区	Cangshan	53.77	340.71	1107.13	39.21	51.97
马尾区	Mawei	121.60	471.34	860.02	38.58	53.69
晋安区	Jin'an	43.24	143.10	718.80	35.15	48.85
长乐区	Changle	511.14	900.18	3392.04	281.74	315.87
福清市	Fuqing	1152.07	1095.06	2404.58	205.46	247.53
闽侯县	Minhou	170.22	494.14	1338.68	92.02	136.97
连江县	Lianjiang	254.44	247.47	662.11	88.04	93.42
罗源县	Luoyuan	202.13	175.08	652.41	33.17	47.15
闽清县	Minqing	83.58	68.74	272.23	21.39	28.62
永泰县	Yongtai	26.34	38.07	88.17	1.65	2.87
平潭县	Pingtan	24.06	26.13	23.76	0.17	0.83
厦门市	**Xiamen**	**1568.48**	**5149.66**	**7815.91**	**665.59**	**887.69**
厦门市辖区	District under Xiamen	1568.48	5149.66	7815.91	665.59	887.69
思明区	Siming	264.10	315.08	514.95	37.18	48.64
海沧区	Haicang	331.70	1287.84	1965.61	259.68	383.07
湖里区	Huli	120.61	882.64	1522.71	108.71	126.26
集美区	Jimei	186.44	873.78	1159.34	96.09	114.64
同安区	Tong'an	223.78	820.49	1202.77	72.88	97.34
翔安区	Xiang'an	441.84	969.84	1450.53	91.06	117.73
莆田市	**Putian**	**794.01**	**1229.20**	**4204.86**	**282.21**	**332.42**
莆田市辖区	District under Putian	660.98	989.88	3462.72	220.62	256.78
城厢区	Chengxiang	21.92	95.61	454.22	29.79	34.07
涵江区	Hanjiang	204.32	243.88	1235.59	73.08	86.01
荔城区	Licheng	43.73	280.80	861.24	37.49	46.52
秀屿区	Xiuyu	281.54	341.72	760.31	85.64	92.11
仙游县	Xianyou	133.03	239.32	742.14	61.59	75.64
三明市	**Sanming**	**687.27**	**831.41**	**5288.80**	**179.95**	**232.85**
三明市辖区	District under Sanming	366.23	360.99	2376.79	114.49	142.86
三元区	Sanyuan	310.26	235.72	1364.41	88.68	112.27
沙县区	Shaxian	55.97	125.27	1012.38	25.81	30.59
永安市	Yong'an	109.93	182.12	1004.59	19.38	27.64
明溪县	Mingxi	14.36	25.62	163.38	8.96	10.58
清流县	Qingliu	12.64	18.67	54.53	7.22	9.12
宁化县	Ninghua	20.44	20.25	197.02	5.69	7.59
大田县	Datian	41.63	66.91	574.91	6.08	11.41
尤溪县	Youxi	35.35	69.65	400.03	5.10	6.89
将乐县	Jiangle	63.77	57.03	256.48	4.67	7.24
泰宁县	Taining	7.92	10.04	32.02	1.11	1.47
建宁县	Jianning	15.00	20.13	229.04	7.24	8.06
泉州市	**Quanzhou**	**2643.94**	**5564.78**	**19304.75**	**1610.64**	**2046.32**
泉州市辖区	District under Quanzhou	397.07	959.99	3159.05	293.77	415.10
鲤城区	Licheng	65.57	324.10	583.70	65.83	78.89
丰泽区	Fengze	77.54	105.84	260.84	22.48	27.80
洛江区	Luojiang	60.27	139.85	726.48	84.13	90.47
泉港区	Quangang	193.70	390.20	1588.03	121.32	217.94
石狮市	Shishi	231.74	422.42	1317.67	75.36	91.59

22-15 续表
Continued

单位：亿元 (100 million)

地区	Area	固定资产净额 Total Value of Fixed Assets	流动资产合计 Circulating Funds	营业收入 Sale of Products	利润总额 Total Profits	利税总额 Total Pre-tax Profits
晋江市	Jinjiang	549.68	2168.29	6306.95	397.96	518.23
南安市	Nan'an	322.11	897.67	3178.26	293.32	339.20
惠安县	Hui'an	815.20	737.85	2905.27	293.08	385.18
安溪县	Anxi	239.30	203.11	1152.04	138.41	161.94
永春县	Yongchun	47.80	124.17	908.71	99.73	108.04
德化县	Dehua	40.99	51.02	376.37	19.00	27.02
漳州市	**Zhangzhou**	**1457.89**	**2370.87**	**6904.88**	**642.25**	**762.70**
漳州市辖区	District under Zhangzhou	804.26	1330.56	4197.26	408.37	482.10
芗城区	Xiangcheng	339.97	331.75	1107.37	119.63	143.83
龙文区	Longwen	35.61	132.77	353.88	29.12	34.66
龙海区	Longhai	317.99	637.16	2116.27	203.05	231.79
长泰区	Changtai	110.69	228.88	619.74	56.57	71.82
云霄县	Yunxiao	26.81	64.34	176.63	11.79	14.91
漳浦县	Zhangpu	451.38	487.94	848.26	24.96	47.83
诏安县	Zhao'an	33.54	106.82	418.85	49.72	53.38
东山县	Dongshan	30.43	125.49	193.77	20.80	26.99
南靖县	Nanjing	52.85	114.90	508.80	69.01	74.04
平和县	Pinghe	17.92	47.88	248.43	26.21	28.87
华安县	Hua'an	40.70	92.94	312.88	31.39	34.58
南平市	**Nanping**	**447.28**	**554.47**	**1521.18**	**80.61**	**111.37**
南平市辖区	District under Nanping	153.23	221.64	570.27	26.62	39.80
延平区	Yanping	120.58	136.59	369.32	20.02	27.71
建阳区	Jianyang	32.65	85.05	200.95	6.60	12.09
邵武市	Shaowu	86.30	94.95	253.70	19.36	24.54
武夷山市	Wuyishan	16.10	21.59	45.99	2.59	3.45
建瓯市	Jian'ou	18.12	44.45	138.61	10.48	13.38
顺昌县	Shunchang	19.80	25.29	86.78	4.10	5.84
浦城县	Pucheng	52.76	47.87	138.46	5.61	8.88
光泽县	Guangze	56.84	53.34	138.04	2.55	3.45
松溪县	Songxi	10.38	21.22	79.05	5.45	6.77
政和县	Zhenghe	33.75	24.12	70.28	3.85	5.26
龙岩市	**Longyan**	**550.48**	**1230.86**	**3630.64**	**231.50**	**422.69**
龙岩市辖区	District under Longyan	253.23	651.72	1363.79	93.87	249.06
新罗区	Xinluo	199.67	575.85	1175.60	83.36	234.26
永定区	Yongding	53.56	75.87	188.19	10.51	14.80
漳平市	Zhangping	64.73	88.73	269.92	14.77	20.76
长汀县	Changting	49.14	91.76	297.28	25.18	27.59
上杭县	Shanghang	110.45	287.72	1207.45	56.28	75.76
武平县	Wuping	38.10	60.79	203.70	16.20	21.42
连城县	Liancheng	34.83	50.14	288.50	25.20	28.10
宁德市	**Ningde**	**1279.31**	**3101.79**	**5158.73**	**434.96**	**516.66**
宁德市辖区	District under Ningde	450.79	2168.05	2366.11	188.44	222.68
蕉城区	Jiaocheng	450.79	2168.05	2366.11	188.44	222.68
福安市	Fu'an	205.55	504.80	2015.26	187.22	210.65
福鼎市	Fuding	490.33	240.55	428.54	42.72	57.52
霞浦县	Xiapu	52.10	86.64	124.69	4.83	6.86
古田县	Gutian	22.55	29.59	71.61	3.54	7.20
屏南县	Pingnan	18.99	21.83	23.05	1.53	2.11
寿宁县	Shouning	14.53	20.52	55.13	3.11	4.30
周宁县	Zhouning	12.07	9.10	25.44	1.60	2.36
柘荣县	Zherong	12.39	20.70	48.89	1.98	2.99

22-16 运输邮电基本情况(2021年)
Basic Indicators of Transportation and Post(2021)

单位：公里 (KM)

地区	Area	农村投递路线总长度 Rural Delivery Routes	公路通车里程 Length of Highways in Operation
全　省	**Fujian**	**117553**	**111031**
福州市	**Fuzhou**	**17123**	**12218**
福州市辖区	District under Fuzhou		
鼓楼区	Gulou		
台江区	Taijiang		
仓山区	Cangshan		84
马尾区	Mawei		227
晋安区	Jin'an		495
长乐区	Changle	1804	1137
福清市	Fuqing	3242	2168
闽侯县	Minhou	3916	1743
连江县	Lianjiang	1436	1254
罗源县	Luoyuan	1045	1002
闽清县	Minqing	1194	1536
永泰县	Yongtai	1878	1926
平潭县	Pingtan	1241	647
厦门市	**Xiamen**	**11312**	**2130**
厦门市辖区	District under Xiamen		
思明区	Siming		64
海沧区	Haicang		206
湖里区	Huli		60
集美区	Jimei		263
同安区	Tong'an		1029
翔安区	Xiang'an		509
莆田市	**Putian**	**4504**	**6460**
莆田市辖区	District under Putian		
城厢区	Chengxiang		695
涵江区	Hanjiang		1177
荔城区	Licheng		610
秀屿区	Xiuyu		1298
仙游县	Xianyou	1641	2680
三明市	**Sanming**	**10761**	**15699**
三明市辖区	District under Sanming		
三元区	Sanyuan		1018
沙县区	Shaxian	1503	1290
永安市	Yong'an	1287	1783
明溪县	Mingxi	550	1162
清流县	Qingliu	844	941
宁化县	Ninghua	1006	1594
大田县	Datian	1540	1854
尤溪县	Youxi	1446	2682
将乐县	Jiangle	802	1246
泰宁县	Taining	548	953
建宁县	Jianning	693	1177
泉州市	**Quanzhou**	**30145**	**18503**
泉州市辖区	District under Quanzhou		
鲤城区	Licheng		183
丰泽区	Fengze		313
洛江区	Luojiang		519
泉港区	Quangang		511
石狮市	Shishi	1163	547
晋江市	Jinjiang	9755	2050
南安市	Nan'an	8278	3382
惠安县	Hui'an	2464	1201
安溪县	Anxi	1996	4701
永春县	Yongchun	1623	2737
德化县	Dehua	1124	2359
漳州市	**Zhangzhou**	**12814**	**12780**
漳州市辖区	District under Zhangzhou		
芗城区	Xiangcheng		331
龙文区	Longwen		202
龙海区	Longhai	2805	1450
长泰区	Changtai	524	1088
云霄县	Yunxiao	530	838
漳浦县	Zhangpu	2444	2021
诏安县	Zhao'an	984	1228
东山县	Dongshan	806	441
南靖县	Nanjing	1167	2052
平和县	Pinghe	981	1738
华安县	Hua'an	535	1390
南平市	**Nanping**	**9970**	**16103**
南平市辖区	District under Nanping		
延平区	Yanping		2218
建阳区	Jianyang	1345	1541
邵武市	Shaowu	928	1718
武夷山市	Wuyishan	846	1397
建瓯市	Jian'ou	1204	2659
顺昌县	Shunchang	868	1257
浦城县	Pucheng	1214	1979
光泽县	Guangze	767	1093
松溪县	Songxi	390	841
政和县	Zhenghe	1001	1398
龙岩市	**Longyan**	**9150**	**14825**
龙岩市辖区	District under Longyan		
新罗区	Xinluo		2223
永定区	Yongding	1047	1924
漳平市	Zhangping	1541	2152
长汀县	Changting	1320	2546
上杭县	Shanghang	1274	2218
武平县	Wuping	1519	1766
连城县	Liancheng	1090	1996
宁德市	**Ningde**	**11773**	**12314**
宁德市辖区	District under Ningde		
蕉城区	Jiaocheng		1239
福安市	Fu'an	3180	2133
福鼎市	Fuding	1394	1736
霞浦县	Xiapu	2037	1536
古田县	Gutian	1154	1675
屏南县	Pingnan	758	946
寿宁县	Shouning	924	1392
周宁县	Zhouning	731	951
柘荣县	Zherong	598	706

22-17 普通教育专任教师及在校学生数(2021年)
Number of Full-time Teachers and Students Enrollment in Regular Schools(2021)

单位：人 (person)

地区	Area	专任教师数 Full-time Teachers			在校生数 Students Enrollment		
		普通高中 Regular Senior Secondary Schools	普通初中 Regular Junior Secondary Schools	小学 Primary Schools	普通高中 Regular Senior Secondary Schools	普通初中 Regular Junior Secondary Schools	小学 Primary Schools
全　省	**Fujian**	**54804**	**112737**	**198335**	**699277**	**1526120**	**3528993**
福州市	**Fuzhou**	**9234**	**19542**	**35412**	**123922**	**281247**	**634307**
福州市辖区	District under Fuzhou	4400	8429	16003	60980	133442	306761
鼓楼区	Gulou	1427	1937	3145	19834	31907	63601
台江区	Taijiang	463	778	1517	6776	12078	27378
仓山区	Cangshan	925	2097	4851	13240	35901	89831
马尾区	Mawei	392	692	983	4724	7977	18199
晋安区	Jin'an	430	1214	2505	5564	19953	51036
长乐区	Changle	763	1711	3002	10842	25626	56716
福清市	Fuqing	1750	3841	7262	24097	55263	118219
闽侯县	Minhou	731	1825	3449	9585	26061	66968
连江县	Lianjiang	783	1897	3101	10087	24292	50571
罗源县	Luoyuan	258	670	1166	3067	8441	20852
闽清县	Minqing	355	881	1462	4259	9499	19433
永泰县	Yongtai	375	831	1135	4677	9940	20156
平潭县	Pingtan	582	1168	1834	7170	14309	31347
厦门市	**Xiamen**	**4743**	**10312**	**20144**	**62304**	**146125**	**385133**
厦门市辖区	District under Xiamen	4743	10312	20144	62304	146125	385133
思明区	Siming	2038	2745	4687	26870	39195	85204
海沧区	Haicang	310	1190	2420	4301	15459	45743
湖里区	Huli	134	1549	3237	1678	22673	59511
集美区	Jimei	954	1881	3629	11201	27191	72176
同安区	Tong'an	913	2055	4160	12052	28331	76162
翔安区	Xiang'an	394	892	2011	6202	13276	46337
莆田市	**Putian**	**5317**	**9271**	**15545**	**74416**	**134654**	**287180**
莆田市辖区	District under Putian	3746	6354	11106	51471	95839	207726
城厢区	Chengxiang	923	1641	2518	11206	23003	46740
涵江区	Hanjiang	741	1208	2004	10587	15500	34685
荔城区	Licheng	1234	1726	3312	16507	29561	67395
秀屿区	Xiuyu	848	1779	3272	13171	27775	58906
仙游县	Xianyou	1571	2917	4439	22945	38815	79454
三明市	**Sanming**	**4013**	**7784**	**13039**	**47543**	**95519**	**224923**
三明市辖区	District under Sanming	1190	1982	3142	15754	26234	57383
三元区	Sanyuan	662	1013	1710	8603	13657	32612
沙县区	Shaxian	528	969	1432	7151	12577	24771
永安市	Yong'an	509	1024	1700	5610	12118	28678
明溪县	Mingxi	143	257	496	1280	2470	6122
清流县	Qingliu	174	312	672	2106	4869	10424
宁化县	Ninghua	470	841	1359	5329	11094	23784
大田县	Datian	444	1026	1939	5203	13046	36717
尤溪县	Youxi	529	1149	1678	5859	11171	30426
将乐县	Jiangle	239	520	756	2703	6360	13094
泰宁县	Taining	154	322	646	1798	3851	9205
建宁县	Jianning	161	351	651	1901	4306	9090
泉州市	**Quanzhou**	**11727**	**24592**	**46991**	**151831**	**354996**	**842164**
泉州市辖区	District under Quanzhou	2935	5178	9040	35908	73847	160417
鲤城区	Licheng	1364	2042	2980	15926	30887	53810
丰泽区	Fengze	596	1323	2572	7933	19889	47836
洛江区	Luojiang	424	639	1299	6289	9109	22980

22-17 续表
Continued

单位：人 (person)

地区	Area	专任教师数 Full-time Teachers			在校生数 Students Enrollment		
		普通高中 Regular Senior Secondary Schools	普通初中 Regular Junior Secondary Schools	小学 Primary Schools	普通高中 Regular Senior Secondary Schools	普通初中 Regular Junior Secondary Schools	小学 Primary Schools
泉港区	Quangang	551	1174	2189	5760	13962	35791
石狮市	Shishi	887	1693	3605	12545	27733	68651
晋江市	Jinjiang	2197	4791	10589	30793	74162	192807
南安市	Nan'an	1878	4016	8153	23711	56275	145353
惠安县	Hui'an	1351	2977	5303	15721	35220	97655
安溪县	Anxi	1364	3568	6273	19529	58457	106672
永春县	Yongchun	649	1500	2260	7923	17590	37978
德化县	Dehua	466	869	1768	5701	11712	32631
漳州市	**Zhangzhou**	**7378**	**14779**	**23167**	**87784**	**185029**	**420391**
漳州市辖区	District under Zhangzhou	3439	5944	9662	41237	80906	179641
芗城区	Xiangcheng	1420	2077	2692	17869	32349	52073
龙文区	Longwen	286	599	1576	3664	8584	28716
龙海区	Longhai	1484	2651	4416	17236	33467	80139
长泰区	Changtai	249	617	978	2468	6506	18713
云霄县	Yunxiao	603	1305	2104	7409	15678	32852
漳浦县	Zhangpu	1002	2573	3433	13024	31856	75367
诏安县	Zhao'an	587	1613	2531	7563	20813	49107
东山县	Dongshan	338	529	973	2870	6603	17415
南靖县	Nanjing	456	839	1290	4654	9022	20701
平和县	Pinghe	666	1571	2426	7983	14474	35175
华安县	Hua'an	287	405	748	3044	5677	10133
南平市	**Nanping**	**3758**	**8401**	**13121**	**47107**	**108069**	**194393**
南平市辖区	District under Nanping	1058	2372	3871	13192	31042	58396
延平区	Yanping	598	1427	2194	7512	17733	31972
建阳区	Jianyang	460	945	1677	5680	13309	26424
邵武市	Shaowu	341	840	1213	3978	9540	19062
武夷山市	Wuyishan	264	733	1157	3650	9051	18235
建瓯市	Jian’ou	549	1385	2135	7448	20175	32896
顺昌县	Shunchang	437	691	852	5465	5785	10571
浦城县	Pucheng	445	1044	1455	6040	13589	19156
光泽县	Guangze	226	429	812	2545	5259	8876
松溪县	Songxi	199	371	655	2031	5405	11260
政和县	Zhenghe	239	536	971	2758	8223	15941
龙岩市	**Longyan**	**4324**	**8786**	**15357**	**48696**	**96252**	**263651**
龙岩市辖区	District under Longyan	1636	3453	6701	19491	40332	111222
新罗区	Xinluo	1017	2154	4581	12842	27741	78232
永定区	Yongding	619	1299	2120	6649	12591	32990
漳平市	Zhangping	326	846	1405	4587	8921	24056
长汀县	Changting	692	1333	2571	8755	16480	44737
上杭县	Shanghang	789	1247	1835	6801	12760	35652
武平县	Wuping	443	952	1541	4774	9579	24811
连城县	Liancheng	438	955	1304	4288	8180	23173
宁德市	**Ningde**	**4310**	**9270**	**15559**	**55674**	**124229**	**276851**
宁德市辖区	District under Ningde	846	1721	3212	10137	24609	58907
蕉城区	Jiaocheng	846	1721	3212	10137	24609	58907
福安市	Fu'an	971	1823	2856	13008	28253	54568
福鼎市	Fuding	649	1499	2805	9144	20502	49922
霞浦县	Xiapu	540	1237	2167	7670	18562	46195
古田县	Gutian	409	1054	1464	4955	10251	23095
屏南县	Pingnan	208	503	792	2295	5156	11194
寿宁县	Shouning	293	650	921	3858	7094	12449
周宁县	Zhouning	247	498	782	2891	5738	11763
柘荣县	Zherong	147	285	560	1716	4064	8758

22-18 卫生主要指标(2021年)
Main Indicators of Sanitation(2021)

地区	Area	卫生机构数（个） Number of Health Institutions (unit)	卫生机构床位数（张） Number of Beds in Health Institutions (set)	卫生技术人员数（人） Medical Technical Personnel (person)	执业（助理）医师 Medical practitioner	#注册护士 Registered Nurse
全　省	**Fujian**	**28693**	**223813**	**294376**	**111058**	**130171**
福州市	**Fuzhou**	**5158**	**44605**	**73237**	**27753**	**32437**
福州市辖区	District under Fuzhou	2250	29503	52024	20076	23268
鼓楼区	Gulou	437	10811	20214	7996	8946
台江区	Taijiang	267	5387	10215	3827	4877
仓山区	Cangshan	555	5280	9358	3634	4116
马尾区	Mawei	133	548	1200	495	503
晋安区	Jin'an	456	4922	7302	2719	3368
长乐区	Changle	402	2555	3735	1405	1458
福清市	Fuqing	817	4608	7298	2730	3304
闽侯县	Minhou	506	2039	3719	1441	1384
连江县	Lianjiang	433	2239	3111	1165	1302
罗源县	Luoyuan	246	1608	1396	469	614
闽清县	Minqing	326	1560	1655	491	791
永泰县	Yongtai	275	1377	1419	522	602
平潭县	Pingtan	305	1671	2615	859	1172
厦门市	**Xiamen**	**2284**	**20272**	**40602**	**16859**	**17798**
厦门市辖区	District under Xiamen	2284	20272	40602	16859	17798
思明区	Siming	577	8598	15674	6514	7016
海沧区	Haicang	220	1628	3425	1403	1501
湖里区	Huli	390	4796	10269	4080	4631
集美区	Jimei	372	1636	4110	1799	1659
同安区	Tong'an	470	1705	3714	1657	1515
翔安区	Xiang'an	255	1909	3410	1406	1476
莆田市	**Putian**	**1372**	**16282**	**18365**	**6745**	**8074**
莆田市辖区	District under Putian	965	12242	14187	5235	6126
城厢区	Chengxiang	224	3127	4114	1547	1974
涵江区	Hanjiang	201	2088	2402	875	1080
荔城区	Licheng	280	4825	5884	2077	2373
秀屿区	Xiuyu	260	2202	1787	736	699
仙游县	Xianyou	407	4040	4178	1510	1948
三明市	**Sanming**	**2616**	**16401**	**19465**	**7149**	**8663**
三明市辖区	District under Sanming	2207	14282	16777	6173	7532
三元区	Sanyuan	275	4043	5248	1887	2471
沙县区	Shaxian	265	1418	1585	594	716
永安市	Yong'an	356	2655	3039	1202	1413
明溪县	Mingxi	109	462	701	283	258
清流县	Qingliu	134	680	846	273	365
宁化县	Ninghua	288	1470	1707	600	745
大田县	Datian	421	1728	1530	537	670
尤溪县	Youxi	359	1826	2121	797	894
将乐县	Jiangle	156	875	1117	395	474
泰宁县	Taining	128	706	841	330	361
建宁县	Jianning	125	538	730	251	296
泉州市	**Quanzhou**	**5338**	**45061**	**50113**	**19383**	**21616**
泉州市辖区	District under Quanzhou	858	12283	18657	6835	8641
鲤城区	Licheng	200	6549	9208	3107	4653
丰泽区	Fengze	308	3621	6940	2725	2972
洛江区	Luojiang	157	775	941	383	353
泉港区	Quangang	193	1338	1568	620	663
石狮市	Shishi	380	3160	3275	1428	1322

22-18 续表
Continued

地区	Area	卫生机构数（个） Number of Health Institutions (unit)	卫生机构床位数（张） Number of Beds in Health Institutions (set)	卫生技术人员数（人） Medical Technical Personnel (person)	执业（助理）医师 Medical practitioner	#注册护士 Registered Nurse
晋江市	Jinjiang	1151	6961	8212	3381	3132
南安市	Nan'an	1114	6911	6057	2666	2380
惠安县	Hui'an	527	5645	4798	1903	2036
安溪县	Anxi	611	5411	4768	1673	2238
永春县	Yongchun	382	2821	2536	813	1027
德化县	Dehua	315	1869	1810	684	840
漳州市	**Zhangzhou**	**3969**	**29298**	**32679**	**11867**	**14431**
漳州市辖区	District under Zhangzhou	3059	23645	27150	10007	12461
芗城区	Xiangcheng	375	8425	10160	3663	4905
龙文区	Longwen	218	1240	2468	928	1127
龙海区	Longhai	943	4467	4797	1858	2203
长泰区	Changtai	157	1095	1102	407	486
云霄县	Yunxiao	281	2071	2013	606	1001
漳浦县	Zhangpu	681	3747	4243	1649	1826
诏安县	Zhao'an	404	2600	2367	896	913
东山县	Dongshan	157	1193	1281	409	461
南靖县	Nanjing	306	1320	1586	671	553
平和县	Pinghe	292	2366	2033	570	752
华安县	Hua'an	155	774	629	210	204
南平市	**Nanping**	**2172**	**16333**	**18424**	**6430**	**8375**
南平市辖区	District under Nanping	514	5921	6901	2297	3286
延平区	Yanping	302	3727	4167	1443	1963
建阳区	Jianyang	212	2194	2734	854	1323
邵武市	Shaowu	184	1943	2078	740	976
武夷山市	Wuyishan	230	1147	1320	517	560
建瓯市	Jian’ou	332	2626	2632	930	1198
顺昌县	Shunchang	224	631	1042	358	456
浦城县	Pucheng	293	1765	1677	586	693
光泽县	Guangze	108	748	858	339	367
松溪县	Songxi	145	661	874	279	389
政和县	Zhenghe	142	891	1042	384	450
龙岩市	**Longyan**	**2850**	**20474**	**21721**	**7862**	**9920**
龙岩市辖区	District under Longyan	951	10176	11517	4259	5454
新罗区	Xinluo	634	7984	9557	3473	4658
永定区	Yongding	317	2192	1960	786	796
漳平市	Zhangping	335	1282	1485	599	615
长汀县	Changting	428	3009	2555	794	1203
上杭县	Shanghang	493	2062	2339	946	902
武平县	Wuping	396	2142	2007	688	893
连城县	Liancheng	247	1803	1818	576	853
宁德市	**Ningde**	**2934**	**15087**	**19770**	**7010**	**8857**
宁德市辖区	District under Ningde	551	3340	5315	1919	2531
蕉城区	Jiaocheng	551	3340	5315	1919	2531
福安市	Fu'an	513	2447	3509	1340	1575
福鼎市	Fuding	488	2364	3570	1216	1714
霞浦县	Xiapu	322	2104	2548	822	1083
古田县	Gutian	412	1412	1671	651	667
屏南县	Pingnan	178	755	713	234	299
寿宁县	Shouning	205	1242	1117	388	491
周宁县	Zhouning	154	921	823	223	305
柘荣县	Zherong	111	502	504	217	192

22-19 社会消费品零售总额(2021年)
Total Retail Sales of Consumer Goods(2021)

单位：亿元　　(100 million yuan)

地区	Area	社会消费品零售总额 Total Retail Sales of Consumer Goods 数量 Value	比上年增长(%) Ratio(%)
全　省	**Fujian**	**20373.11**	**9.4**
福州市	**Fuzhou**	**4549.41**	**7.7**
福州市辖区	District under Fuzhou	3455.02	6.6
鼓楼区	Gulou	1377.10	10.6
台江区	Taijiang	287.36	17.0
仓山区	Cangshan	548.19	9.9
马尾区	Mawei	204.14	9.4
晋安区	Jin'an	840.22	-7.3
长乐区	Changle	198.00	24.9
福清市	Fuqing	380.19	18.7
闽侯县	Minhou	318.34	7.1
连江县	Lianjiang	178.06	7.7
罗源县	Luoyuan	62.82	17.8
闽清县	Minqing	51.19	12.5
永泰县	Yongtai	43.07	-2.5
平潭县	Pingtan	60.72	3.3
厦门市	**Xiamen**	**2584.07**	**12.7**
厦门市辖区	District under Xiamen	2584.07	12.7
思明区	Siming	1007.07	22.3
海沧区	Haicang	300.97	4.0
湖里区	Huli	526.35	11.3
集美区	Jimei	225.02	16.7
同安区	Tong'an	394.84	0.1
翔安区	Xiang'an	129.82	7.7
莆田市	**Putian**	**1745.75**	**8.3**
莆田市辖区	District under Putian	1402.11	11.0
城厢区	Chengxiang	627.79	15.2
涵江区	Hanjiang	157.04	-3.7
荔城区	Licheng	504.54	15.0
秀屿区	Xiuyu	112.74	-3.3
仙游县	Xianyou	343.64	-1.5
三明市	**Sanming**	**851.87**	**9.0**
三明市辖区	District under Sanming	305.04	8.0
三元区	Sanyuan	200.42	7.0
沙县区	Shaxian	104.62	9.9
永安市	Yong'an	141.01	10.1
明溪县	Mingxi	26.69	13.1
清流县	Qingliu	53.06	8.7
宁化县	Ninghua	65.96	9.1
大田县	Datian	60.67	11.2
尤溪县	Youxi	71.39	10.8
将乐县	Jiangle	58.26	10.3
泰宁县	Taining	30.08	-1.1
建宁县	Jianning	39.71	10.4
泉州市	**Quanzhou**	**5819.72**	**11.3**
泉州市辖区	District under Quanzhou	1215.71	14.1
鲤城区	Licheng	419.74	23.5
丰泽区	Fengze	559.87	6.9
洛江区	Luojiang	85.45	25.2
泉港区	Quangang	150.64	12.5
石狮市	Shishi	617.16	13.6
晋江市	Jinjiang	1640.96	8.4
南安市	Nan'an	814.98	10.4
惠安县	Hui'an	560.97	11.0
安溪县	Anxi	642.18	13.0
永春县	Yongchun	185.05	9.9
德化县	**Dehua**	**142.73**	**13.6**
漳州市	Zhangzhou	1804.57	6.3
漳州市辖区	District under Zhangzhou	912.15	7.1
芗城区	Xiangcheng	313.29	5.7
龙文区	Longwen	235.24	6.4
龙海区	Longhai	264.32	6.8
长泰区	Changtai	99.30	14.7
云霄县	Yunxiao	112.01	-1.3
漳浦县	Zhangpu	258.39	6.0
诏安县	Zhao'an	108.50	9.0
东山县	Dongshan	86.63	4.7
南靖县	Nanjing	109.59	5.6
平和县	Pinghe	104.60	5.0
华安县	Hua'an	45.86	11.4
南平市	**Nanping**	**761.00**	**8.3**
南平市辖区	District under Nanping	207.15	8.0
延平区	Yanping	110.88	8.0
建阳区	Jianyang	96.27	7.9
邵武市	Shaowu	126.44	9.5
武夷山市	Wuyishan	73.23	11.4
建瓯市	Jian'ou	156.20	7.2
顺昌县	Shunchang	33.90	7.0
浦城县	Pucheng	45.01	8.2
光泽县	Guangze	23.70	17.5
松溪县	Songxi	36.06	5.7
政和县	Zhenghe	59.29	5.7
龙岩市	**Longyan**	**1376.54**	**9.3**
龙岩市辖区	District under Longyan	641.12	9.0
新罗区	Xinluo	499.32	7.9
永定区	Yongding	141.80	13.3
漳平市	Zhangping	115.39	11.2
长汀县	Changting	168.48	9.3
上杭县	Shanghang	165.86	8.6
武平县	Wuping	149.89	7.8
连城县	Liancheng	135.81	11.9
宁德市	**Ningde**	**880.17**	**6.6**
宁德市辖区	District under Ningde	171.88	7.6
蕉城区	Jiaocheng	171.88	7.6
福安市	Fu'an	163.22	9.1
福鼎市	Fuding	204.59	3.9
霞浦县	Xiapu	108.13	10.3
古田县	Gutian	95.13	8.0
屏南县	Pingnan	41.00	5.5
寿宁县	Shouning	32.27	0.8
周宁县	Zhouning	28.28	2.0
柘荣县	Zherong	35.68	3.8

22-20 社会保险和低保情况(2021年)

Statistics on Social Insurance and Minimum Living Allowance(2021)

单位：万人 (10000 persons)

地区	Area	期末参加基本养老保险职工人数 People Participated in Basic Pension Insurance at the Year-end	期末参加城乡居民社会养老保险人数 People Participated in Residents of Social Endowment Insurance in Urban and Rural Areas	期末参加基本医疗保险人数 People Participated in Basic Medical Insurance at the Year-end	城镇居民最低生活保障人数 Number of Urban Residents Entitled to Minimum Living Allowance	农村居民最低生活保障人数 Number of Rural Residents Entitled to Minimum Living Allowance
全　省	**Fujian**	**1110.33**	**1597.43**	**3872.06**	**6.50**	**48.40**
福州市	**Fuzhou**	**201.16**	**252.29**	**689.33**	**0.87**	**6.01**
福州市辖区	DistrictunderFuzhou	144.52	56.12	362.43	0.53	1.05
鼓楼区	Gulou		1.30	65.23	0.05	
台江区	Taijiang		1.27	37.76	0.16	
仓山区	Cangshan		6.09	64.35	0.14	0.13
马尾区	Mawei	10.26	5.20	21.73	0.06	0.13
晋安区	Jin'an		4.73	42.18	0.08	0.09
长乐区	Changle	9.04	37.54	131.18	0.04	0.71
福清市	Fuqing	20.79	70.26	69.24	0.10	0.96
闽侯县	Minhou	13.13	30.46	73.90	0.03	0.90
连江县	Lianjiang	6.05	31.17	57.29	0.03	0.88
罗源县	Luoyuan	3.95	11.66	24.42	0.04	0.57
闽清县	Minqing	4.44	14.88	28.50	0.03	0.50
永泰县	Yongtai	3.44	17.67	33.07	0.05	0.58
平潭县	Pingtan				0.04	0.57
厦门市	**Xiamen**	**291.46**	**25.79**	**457.20**	**0.82**	**0.44**
厦门市辖区	DistrictunderXiamen	291.46	25.79	457.20	0.82	0.44
思明区	Siming	81.86	1.40		0.22	
海沧区	Haicang	27.94	2.48		0.05	0.03
湖里区	Huli	71.90	0.83		0.10	
集美区	Jimei	39.22	1.49		0.07	0.04
同安区	Tong'an	33.90	7.87		0.14	0.29
翔安区	Xiang'an	21.47	11.71		0.24	0.09
莆田市	**Putian**	**41.75**	**173.63**	**326.97**	**0.26**	**4.94**
莆田市辖区	DistrictunderPutian	33.53	115.95	224.05	0.23	2.98
城厢区	Chengxiang	0.77	19.24	37.25	0.03	0.43
涵江区	Hanjiang	7.91	22.63	41.58	0.08	0.57
荔城区	Licheng	0.91	22.86	53.72	0.11	0.51
秀屿区	Xiuyu	4.08	51.22	84.39		1.47
仙游县	Xianyou	8.22	57.68	102.92	0.03	1.95
三明市	**Sanming**	**45.94**	**125.38**	**261.66**	**0.47**	**3.93**
三明市辖区	DistrictunderSanming	40.25	101.14	218.14	0.38	3.09
三元区	Sanyuan	6.59	4.97	17.3155	0.09	0.08
沙县区	Shaxian	5.14	12.16	25.75	0.05	0.33
永安市	Yong'an	7.49	12.05	30.63	0.08	0.27
明溪县	Mingxi	1.71	5.89	10.84	0.03	0.20
清流县	Qingliu	1.93	6.98	13.46	0.02	0.27
宁化县	Ninghua	2.74	17.24	31.17	0.04	0.60
大田县	Datian	4.20	19.11	35.76	0.03	0.65
尤溪县	Youxi	3.73	22.74	39.51	0.03	0.70
将乐县	Jiangle	2.39	9.41	16.91	0.03	0.26
泰宁县	Taining	1.70	7.01	12.76	0.03	0.23
建宁县	Jianning	1.60	7.82	13.84	0.03	0.34
泉州市	**Quanzhou**	**189.85**	**375.57**	**719.48**	**0.89**	**7.12**
泉州市辖区	DistrictunderQuanzhou	66.12	41.44	129.62	0.29	0.91
鲤城区	Licheng	12.87	4.37	19.96	0.08	
丰泽区	Fengze	19.80	6.13	30.92	0.09	
洛江区	Luojiang	6.12	9.21	20.69	0.02	0.19
泉港区	Quangang	5.44	21.74	36.60	0.10	0.73

注：1.期末参加基本养老保险职工人数及期末参加基本医疗保险人数中，全省总数含省本级，市辖区总数含市本级；
2.期末参加基本养老保险职工人数不含离退休。

Note:a)In the number of people participate in basic pension insurance and basic medical insurance at the year-end, data of the province include provincial level, data of each city include city level.
b)Number of People Participate in basic pension insurance at the year-end do not include Retirees.

22-20 续表
Continued

单位：万人 (10000 persons)

地区	Area	期末参加基本养老保险职工人数 People Participated in Basic Pension Insurance at the Year-end	期末参加城乡居民社会养老保险人数 People Participated in Residents of Social Endowment Insurance in Urban and Rural Areas	期末参加基本医疗保险人数 People Participated in Basic Medical Insurance at the Year-end	城镇居民最低生活保障人数 People Receiving Minimum Living Allowance in Urban Areas	农村居民最低生活保障人数 People Receiving Minimum Living Allowance in Rural Areas
石狮市	Shishi	13.44	18.97	36.38	0.17	
晋江市	Jinjiang	49.04	61.59	120.28	0.25	0.75
南安市	Nan'an	20.19	88.15	147.25	0.04	1.74
惠安县	Hui'an	16.58	57.57	98.43	0.07	1.04
安溪县	Anxi	11.47	61.59	102.61	0.04	1.4915
永春县	Yongchun	6.42	30.18	52.03	0.02	0.75
德化县	Dehua	6.59	16.09	32.87	0.02	0.44
漳州市	**Zhangzhou**	**104.40**	**225.66**	**483.86**	**1.34**	**8.28**
漳州市辖区	DistrictunderZhangzhou	85.26	161.17	350.04	1.09	5.98
芗城区	Xiangcheng	14.42	10.81	24.93	0.25	0.23
龙文区	Longwen	0.31	7.60	12.86	0.17	0.05
龙海区	Longhai	13.31	44.34	69.90	0.26	1.36
长泰区	Changtai	6.76	8.54	21.09	0.03	0.40
云霄县	Yunxiao	5.62	20.06	42.17	0.11	0.98
漳浦县	Zhangpu	12.99	42.26	85.92	0.15	1.47
诏安县	Zhao'an	5.23	27.57	61.54	0.13	1.49
东山县	Dongshan	4.64	9.51	20.56	0.10	0.26
南靖县	Nanjing	5.25	17.45	28.31	0.05	0.58
平和县	Pinghe	6.31	28.71	53.56	0.08	1.18
华安县	Hua'an	2.93	8.82	15.44	0.02	0.29
南平市	**Nanping**	**52.18**	**137.18**	**286.56**	**0.82**	**5.18**
南平市辖区	DistrictunderNanping	22.03	33.58	79.13	0.26	1.09
延平区	Yanping	7.71	17.07	37.27	0.19	0.61
建阳区	Jianyang	6.28	16.51	32.80	0.07	0.48
邵武市	Shaowu	5.66	12.65	27.84	0.11	0.48
武夷山市	Wuyishan	4.03	10.66	22.87	0.06	0.33
建瓯市	Jian'ou	4.84	24.01	49.09	0.11	0.87
顺昌县	Shunchang	3.66	10.27	20.28	0.08	0.37
浦城县	Pucheng	4.39	19.79	37.84	0.06	0.81
光泽县	Guangze	2.78	7.43	14.69	0.06	0.32
松溪县	Songxi	1.94	7.98	14.43	0.03	0.35
政和县	Zhenghe	2.84	10.81	20.41	0.06	0.54
龙岩市	**Longyan**	**69.89**	**140.25**	**279.97**	**0.32**	**5.59**
龙岩市辖区	DistrictunderLongyan	39.19	41.36	100.82	0.08	1.35
新罗区	Xinluo	20.68	17.91	51.55	0.07	0.35
永定区	Yongding	6.02	23.45	37.17	0.01	1.00
漳平市	Zhangping	4.24	14.64	26.11	0.05	0.64
长汀县	Changting	7.77	24.72	46.26	0.10	0.93
上杭县	Shanghang	9.08	24.76	45.09	0.04	1.12
武平县	Wuping	5.44	19.67	33.27	0.03	0.89
连城县	Liancheng	4.17	15.10	28.41	0.02	0.67
宁德市	**Ningde**	**72.53**	**141.68**	**328.44**	**0.72**	**6.91**
宁德市辖区	DistrictunderNingde	31.96	16.91	57.06	0.10	0.60
蕉城区	Jiaocheng	20.56	16.91	48.96	0.10	0.60
福安市	Fu'an	13.29	27.13	60.52	0.13	1.37
福鼎市	Fuding	10.71	25.19	57.60	0.10	0.93
霞浦县	Xiapu	5.28	21.81	49.01	0.13	0.99
古田县	Gutian	3.71	17.57	36.78	0.07	0.61
屏南县	Pingnan	1.63	8.80	16.73	0.02	0.56
寿宁县	Shouning	2.62	10.01	22.66	0.06	0.85
周宁县	Zhouning	1.59	9.58	17.86	0.03	0.60
柘荣县	Zherong	1.73	4.68	10.21	0.09	0.40

《福建统计年鉴-2022》光盘（CD-ROM）介绍

《福建统计年鉴—2022》（光盘）是一部信息高度密集的统计资料书的电子版。全书系统收录了2021年福建省全省及各地区、各部门经济和社会发展各方面的统计数据，以及重要年份福建国民经济主要指标的统计数据，是一部全面反映福建经济和社会发展情况的资料性年刊。

全书内容分为22个部分：1.综合；2.国民经济核算；3.人口、就业和职工工资；4.固定资产投资；5.对外经济；6.能源；7.人民生活；8.价格指数；9.城市概况；10.财政金融；11.农业；12.工业；13.建筑业；14.交通运输和邮电通信业；15.批发零售、住宿餐饮和旅游业；16.科学和教育；17.文化和体育；18.卫生事业；19.环境保护；20.公共管理和其他社会活动；21.企业调查；22.市县国民经济主要指标。各篇末均附有《主要统计指标解释》。

《福建统计年鉴—2022》（光盘）为中英文双语版，操作简便，还设有转换Excel文件功能。

Introduction to CD-ROM

Fujian Statistical Yearbook 2022 (CD-ROM) is an annual statistic publication of comprehensive information with highly density. The yearbook covers very comprehensive data in 2021 and some selected data series in important years of provincial and regional levels and in different departments , reflects various aspects of Fujian social and economic development.

The CD-ROM contains the following twenty-two chapters: 1.General Survey； 2.National Economy Accounting；3. Population,Employment and Wages；4.Investment in Fixed Assets；5.Foreign Trade；6. Energy；7. People's Living Conditions；8.Price Indices；9.General Survey of Cities；10.Finance；11.Agriculture；12.Industry；13.Construction；14. Transportation, Postal and Telecommunication Services；15.Wholesale,Retail Trades, Hotels, Catering Services and Tourism；16.Science and Education；17.Culture and Sports；18.Health；19. Environment Protection；20.Publish Administration and Others；21. Enterprise Survey；22.Main Economic Indicators of City Prefecture and County. At the end of each chapter, Explanatory Notes on Main Statistical Indicators are included.

Fujian Statistical Yearbook 2022 (CD-ROM) is Compiled in Chinese and English and is Easy to used. The Tables in the CD-ROM can be converted to Excel Documents.

光盘（CD-ROM）操作说明

系统要求：Windows98及以上版本　IE4.0以上浏览器

显示设置：建议使用800×600像素分辨率

运行方法：光盘插入驱动器后自动运行，或直接运行INDEX.HTM文件

How to use the CD-ROM

System Requirement: Windows 98 or above versions, IE4.0or above browsers.

Monitor:800*600 resolution suggested.

How to Start: The CD-ROM will run automatically once inserted into the driver or run INDEX.htm.